中国编辑学会第22届年会征文获奖论文集
编辑委员会

JIANSHE GAOSUZHI BIANJI DUIWU
TUIDONG CHUBAN GAOZHILIANG FAZHAN

建设高素质编辑队伍　推动出版高质量发展

中国编辑学会第22届年会获奖论文（2021）

中国编辑学会　编

人民出版社

Contents

目　录

一个高端的年会，一个学术的年会 .... 郝振省　1
充分发挥编辑名家的引领作用 .... 乔还田　4

一　等　奖

坚持做精品，开创出版“新时代” .... 迟　云　3
新时代出版高质量发展刍议 .... 周　熠　14
“十四五”时期我国编辑队伍建设的价值定位与路径选择 .... 张　恰　23
对新时代骨干编辑人才培养的认识与思考 .... 张立科　32
主题出版顶层设计：认知拓展、践行路径和效益展望 .... 何军民　43
创新发展引领深度融合　新兴技术赋能出版转型 .... 李新华　54
学术期刊编辑应强化“底线思维” .... 李新根　65
编辑审稿应提倡“结构检查法” .... 夏　昆　刘　妮　74

“双减”政策下教辅出版路径新探寻 …… 冉红平 84

二等奖

新中国成立以来中国出版业高质量发展的历史演进与现实路径
…… 刘浩冰 邱伟杰 97
“现代纸书”推动出版业高质量发展的作用机制分析
…… 刘永坚 白立华 施其明 郭雪吟 113
提高编辑的八个能力 做好以人民为中心的出版工作 …… 周 伟 121
新时代涉台图书编辑素质提升的六个维度 …… 张万兴 131
新时代编辑继续教育的必要性及对策研究 …… 鞠 华 141
唯变不变：打造学习型编辑团队 …… 李 潇 154
出版融合背景下图书编辑的思维融合 …… 许 建 162
融合背景下编辑职业规划研究 …… 康培培 李晨玮 171
集知播识探新径 多途同归酿书香 …… 吕 潇 179
融媒体时代科技编辑的角色重构与创新 …… 卢 颖 188
理论型主题出版：必要、必然和必须 …… 刘清田 196
人工智能、5G、区块链：出版业未来发展的新技术因素
…… 赵鑫莹 任晓敏 206
融合出版时代纸质图书交互体验式阅读的建构路径
…… 郑志亮 袁志恒 傅柏燃 217
融合开发典籍文献 传承弘扬优秀文化 …… 马爱梅 225
融合发展背景下专业出版市场逻辑和商业模式演化探析
…… 唐 亮 李 锋 234

深入参与国家社科基金后期资助项目规划、撰写、申报……刘 溪 244
编辑组稿推动力的作用机制和路径选择……朱胜龙 268
略论词曲标点的规范与形式……周海鸣 278
浅谈如何打造新时代原创少儿英语读物……祁 佳 292
城市阅读空间的场景革命与知识生产……江 凌 袁化云 298

三等奖

铸就学术津梁 锻造精品名刊……马伊颀 327
大型地方文化丛书出版质量管理与提升路径……朱金波 胡 新 337
文化复兴背景下编辑全面提升传统文化素养的路径探析……丛艳姿 350
数字化背景下纸媒编辑应当具备的能力……王 俊 362
涵育审美品质：融媒时代编辑素质提升的新路径……郑 艳 370
人工智能背景下高校编辑出版学人才培养改革初探
……张 琦 李 晶 379
借力党史教育，提高出版社编辑党员的核心素质……王高阳 388
新时代童书编辑如何锻造编辑力……刘 源 396
高素质技术编辑的成长路径探析……陈红昌 刘向辉 404
新时代科技图书编辑的核心素质——创新……胡占杰 412
主题出版项目化运作实践与思考……王 威 419
主题出版物如何接地气……黄永辉 426
透过岁月沧桑 思悟深沉红色……李 姗 433
融媒生态下经典出版与精品编辑策略思考……郝 雨 李 娟 440
媒介融合下的出版产业链转型……张立园 453

我国数字教材的媒介融合设计思想初探 …… 王 军 462

5G背景下VR/AR童书发展新机遇及应对策略 …… 秦红玉 472

知识类短视频用户需求的演变趋势研究 …… 石姝莉 刘泽晋 480

从简帛到App …… 朱 滔 491

在全媒体语境下如何推广经典读物阅读策略研究 …… 靳 莉 499

浅议基础研究学术出版与创新 …… 许佳颖 金佩雯 509

严格核查，深入思考，积极沟通，将引文编校落到实处 …… 杨威威 519

探究新时代纸质书籍设计形态创新的思维模式 …… 孙达铭 533

新业态下古籍编辑怎样做出版 …… 蒋 浩 544

家风家训对弘扬中华优秀传统文化的作用 …… 胡艳丽 553

危机与变局：疫情下我国图书市场发展格局演变及应对策略 …… 程顺祺 565

出版社构建自媒体矩阵的法律风险防控 …… 郭向南 577

浅谈出版行业对于直播营销的适应性 …… 鲍卓尔 585

实体书店个性化文化服务空间转型策略研究 …… 郭 梦 徐立萍 594

地理媒介学视域下实体书店的转型升级 …… 王 强 605

一个高端的年会，一个学术的年会

郝振省

同志们，朋友们：

我们的会议马上就要闭幕了。我们开了一个高端的年会，一个总结的年会，一个表彰的年会和一个学术的年会。当然，也是一个团结的年会，一个成功的年会，我们为这种团结和成功感到由衷的喜悦。

首先讲开了一个高端的年会，这是因为有邬书林理事长代表业务相关的兄弟协会，给我们带来了美好的祝福，分析了国内国际出版传媒业的形势和趋势，并且提出了重要的希望和期待。中宣部出版局张怀海二级巡视员代表中宣部出版局，肯定了学会一年来的各项工作，传达了部局的重要精神，提出了进一步做好学会工作、做好编辑出版工作的任务要求。今天机械工业出版社党委书记兼总编辑郭锐同志受李奇社长的委托，代表会议的东道主机械工业出版社向我们介绍了该社在品牌建设、精品打造、改革拓展方面的成就与经验。所有这些都使年会处在高端致远的氛围之中。

我们说开了一个总结的年会，是说由我代表协会领导班子做了一个比较务实的工作报告，这个报告向大家汇报了学会一年来8个方面的工作成绩。从成绩里面我们追溯了三点体会或者叫作三条准经验。一是学习必须坚持，必须深入，因为我们党的基本理论、基本路线、基本方略既是科学的世界观，又是科学的方法论；二是工作必须求真，必须务实，无论是抓学术著作，还是抓课题调研，无论是抓质量检查，还是抓继续教育，都要求倾注精力，聚精会神，一抓到底，作出实绩；三是方向必须坚守，必须拓展，就是要咬住“编辑”二字，进入主阵地，举好学术旗，育好编辑人，推出精品书。然后在成绩和三条准经验之后，进行了“8+2”的工作部署与任务安排。这个总结报告为新一年的总体工作发布了任务书，谋划了路线图。

我们说开了一个表彰的年会，是说我们向优秀的专委会和地方学会颁发了证书和奖金，有科技专委会、中国编辑学研究中心以及吉林和山西两家地方学会获得殊誉，确实为我们树立了榜样。虽然获奖名额有限，但地方各省市学会会长和专委会主任以及秘书长们等诸同事，确实为地方学会和专委会的工作付出了心血和智慧，彰显了编辑出版人对党的忠诚品质及奉献精神。我从内心是这么认识的，我们的同志也是这么认识的。我们向一二三等奖的论文奖获得者颁发了证书和奖金，征文获奖是很不容易的，从388件中筛选出60件，而获奖论文及征文活动已经成为学会作为哲学社会科学学术社团的重要标志，也成为编辑出版人追求学术理论建设的重要制度设计。

我们说开了一个学术的年会，就是我们刚刚结束的以“建设高素质编辑队伍，推动出版高质量发展”为题的高峰学术论坛。我们这8位出版界的高端学术权威及成功企业家，都有很精到的思想和很精辟的论述，他们的名字就值得我们特别的尊重。他们所说所论的题目也成为一个重要的引领。他们的名字和演讲题目分别是：于殿利同志，题目是“出版学科建设应处理好三大关系”；李岩同志，题目是“新时代出版人的使命与担当”；

黄书元同志，题目是“出版如何在新时代交出新答卷”；贺耀敏同志，题目是“加快话语体系建设是我国出版编辑队伍的时代责任”；马国仓同志，题目是“推动出版业高质量发展，新时代优秀编辑要打好三张牌”；皮钧同志，题目是“高质量出版与编辑力的重塑”；李奇同志，题目是“专业出版机构转型升级和融合发展的路径探索”；聂振宁同志，题目是“从全民阅读8大新观点，看编辑出版者的使命与责任”。这些名家和论题不只是分量重和能引领，而且内容也紧紧地咬住队伍建设和高质量发展，向理论和学术的深层掘进。我在主持论坛过程中，也对各位大家的演讲做了学习性点评和肯定。其实仔细聚焦他们的观点和思想，可能会有更深刻的体验和更丰硕的收获。

这次会议由于工作方面的原因，马国仓同志、黄强同志、王利民同志离开了学会副会长的职务。我们要向国仓同志、黄强同志和利民同志表示由衷的感谢和不舍的友情，感谢你们作为副会长，长期以来为学会提供了帮助和支持，希望继续得到你们的帮助和支持。经过批准，我们正在完成手续，补选冯文礼同志、张廷凯同志、李红岩同志作为学会的副会长，我们向三位即将到任的副会长表示衷心的祝贺和充分的期待。

最后让我们在习近平新时代中国特色社会主义思想的指引下，满怀信心，继往开来，埋头苦干，勇毅前行，一起来为即将过去而收获满满的2021年，为即将到来且充满希望的2022年，为我们这次年会的团结和成功，为我们的友谊和事业送上热烈的祝贺与衷心的祝愿。

谢谢大家。

充分发挥编辑名家的引领作用

——十大“优秀出版编辑”点评

乔还田

2018年，中国编辑学会组织了首届中国十大“优秀出版编辑”的评选活动。这一奖项是报请原新闻出版广电总局和中宣部同意，经国务院全国评比达标表彰工作协调小组批准的，是面向编辑工作者的首个独立的全国性奖项。从启动到圆满结束，始终严格按照上级领导部门批准的程序、要求和规矩进行，受到业界的高度重视和全力支持。2018年11月27日，在中国编辑学会第19届年会开幕式上，举行了隆重的颁奖仪式。十大“优秀出版编辑”的事迹和“颁奖词”受到与会者的一致好评，认为他们获此殊荣是实至名归。这十位工作在一线的编辑以自己的实际行动，担当起了传承、弘扬、创新中华优秀传统文化、革命文化、先进文化的重要使命。他们是新时代编辑工作者的榜样、楷模和标杆。

一、情系编辑事业

《优秀出版编辑评选办法》中明确要求，参选者必须具有15年以上从事编辑工作的经历。荣获首届十大“优秀出版编辑”者，最长的编龄是63年，最短15年，平均28.5年。他们从业以来“干一行、爱一行、钻一行”，无私奉献，情系编辑出版事业，具有突出的示范引领作用。

巢峰在他63年的出版生涯中，长期担任辞海编辑委员会委员、副主编、常务副主编，历经《辞海》第三版、第四版、第五版、第六版4个版本的编纂出版工作。《辞海》事业是他情之所系，就像他自己深情告白的：“这么多年来，我的生命就是跟编纂《辞海》交织在一起的。我老了，但我相信《辞海》不会老。”

在1979年至2009年《辞海》第三版至第六版的编纂出版过程中，他充分施展了作为出版家和辞书编纂家的才干。2012年至2013年，离休后的巢峰全力投入到《辞海》(第六版)的内容解剖中，统筹各方面力量对《辞海》近80门学科的内容质量进行全面的检查和解剖，形成一篇篇翔实、深刻的解剖报告，为《辞海》(第六版)的修订工作打下了扎实的基础。其后，又为《辞海》(第七版)编纂方案、编纂手册提出一系列意见，为正式修订做出了极大贡献。2015年《辞海》(第七版)编纂工作正式启动，从第七版定位、特色的确定到词目收录、释文修订原则的确立，从作者队伍的选聘到编辑队伍的培养等，他都积极给予指导，以他丰富的经验为第七版的编纂保驾护航。

巢峰还倾心投入到《大辞海》多个分卷的编纂出版工作中。《大辞海》是在《辞海》基础上按照学科分卷编纂的特大型综合性辞典。2002年正式启动，至2015年38卷42册出齐。全书收词总计约28.5万条目、5000余万字、8000余幅图片，分为体育卷、中国古代史卷、数理化力学卷、机械电气卷、环境科学卷、天文学—地球科学卷、哲学卷、医药科学卷、中国文学卷、外国文学卷等。作为《大辞海》的常务副主编，从《大辞海》

的分卷设置、各卷的框架设计到词目、释文审稿等，巢峰都倾注了大量心血。

郑海燕入行近20年，始终在孜孜不倦地耕耘。她认为，编辑首先要专业、乐业、敬业。“编辑要从自己最拿手的专业图书入手，逐步掌握编辑的基本技能，不断积累编辑经验，平时可以准备一个错题本，把日常编辑过程中易出错、常出错以及易忽略的问题集中在错题本上，常翻常学，不断巩固和提升编辑技能。只有喜欢这份工作，才能静下心来，做到乐业和敬业。”郑海燕袒露：她一直满怀工作热情，恨不得时刻浸泡在书稿里，入行第一年视力就下降300度，只为他人作嫁衣。干了近20年，蓦然回首，发现自己仍然浸泡在书稿里，依旧乐此不疲，深感“为人民出好书”责任重大，苦苦思索如何多出精品力作。她强调：干编辑这一行要耐得住寂寞，要无悔于付出，忙碌中要不忘初心，时刻牢记“为人民出好书”的使命，让更多的作品沉淀下来，实现“双效益”。谈到职业感言，她说：十年一梦，我已做梦近20年，将过不惑之年。近20年的职业生涯，经历了出版社的改革、出版行业的变革，我依然坚守自己的专业、职业，从文字编辑到策划编辑，再向全能型编辑努力。作为一名出版人，希望作者和读者，在拿到自己策划和编辑的图书时，能看出编辑对作者、内容的取舍，对文字的字斟句酌、辨微识疵，对封面和版式的偏好以及对市场的定位，对发行方向的努力和对读者的追求。纵然技术日新月异、市场竞争激烈，内容为王、质量制胜仍是法宝。逐梦路上，我仍将以一颗高标准严要求的责任心，爱岗敬业，一如既往地追寻高品质、双效益、能沉淀、被认可的精品好书。

何军民执着于儿童文学的编辑出版工作。他说：少儿出版领域藏龙卧虎，整个出版界更是人才济济，无论具体从事什么性质的编辑工作，只有始终保持学习的习惯和能力，才能适应新时代的新要求。“编辑工作，要求我们面对作品时既要‘进得去’，也要‘出得来’。也就是说，既不能一味欣赏，也不能一概否定。我们要以比普通读者更高的标准来看待书稿，不要让个人偏好影响对作品质地的判断，这样才能调动更广泛视域内的资源为作品锦上添花。”他的努力，得到了丰厚的回报。不仅荣获首届“中国好编辑”、中国出版政府奖优秀编辑奖等称号，还多次获得安徽出版集团“优秀员工”“优秀青年岗位能手”、安徽少儿社“党员之星”“先进个人”等称号。2016年7月1日，在安徽少儿社为庆祝中国共产党建党95年周年举行的表彰活动上，被授予“优秀党员”称号。2016年5月，所在编辑室获得安徽省总工会授予的“工人先锋号”称号，并被推荐参加全国“工人先锋号”评选，受到《中国新闻出版广电报》、安徽电视台、《安徽日报》等主流媒体重点报道。在创利方面：从2011年到2013年，连续三年蝉联安徽少儿社第一名，2014年、2015年、2016年连续3年居安徽少儿社前三名（2016年为第一名）。2010年至2016年，6年创利超过700万元，年均创利超过100万元。所编多种图书发行量名列行业前茅，其中“小橘灯·校园纯小说”系列累计印刷超过100次，发行量近100万册；《少年与海》自2014年2月上市以来，不仅获得“五个一工程”图书奖等30多项省部级以上荣誉，而且一直保持旺销势头，累计印刷24次，发行近15万册，成为双效图书的行业标杆；“动物小说大王沈石溪自选精品集(升级版)”等多种图书聚焦“绿水青山”主题，形成了比较具有优势的生态图书品牌集群，累计印刷近200次，发行量200多万册，创造了少儿图书市场上的“安少版动物小说”现象。2015年，他带领只有6个人的团队实现全年发货码洋1亿零174万元，打造了安徽少儿社建社30多年来的第一个“亿元编辑部”，也是安徽出版界在新中国成立以来一般图书板块的第一个“亿元编辑部”。

郑殿华认为，编辑必须对出版怀有敬意，始终葆有思想的广博性、深刻性、辩证性和独立性，把出版作为自己终生的追求，增强事业心、责任心和使命感，将编辑出版行为与国家、民族、时代融为一体，从人类社会发展规律和中华民族伟大复兴的需求中找准定位，并围绕这些问题去策划出版选题，唯有如此，才能策划出传世之作。当你真正把编辑工作当作事业，真正怀着对读者、作者和译者负责的态度，运用自己的聪明、智慧和汗水，用心去对待每一部书稿，把作者的书稿当成是自己的宝贝去看待，用心去编辑加工时，你会发觉一切都不一样了。作为一名编辑，还要有无私奉献的精神。“蜂采百花成蜜后，为谁辛苦为谁甜？”这正是编辑工作的伟大。当编辑看到自己的作者踌躇满志的时候，看到自己的读者爱不释手的时候，那由衷的快乐别人是永远也体会不到的。他担任责编的《亲历出版三十年——新时期出版纪事与思考》入选第二届“三个一百”原创图书项目；担任项目负责人的《钱锺书手稿集·外文笔记》获“第四届政府出版奖图书奖”；担任项目负责人和责编之一的“中华现代学术名著丛书”、“汉译世界学术名著丛书”、《中俄关系历史档案文件集》等入选国家出版基金项目、“十二五”、“十三五”国家重点图书重大出版工程规划项目。由于编辑业绩突出，他入选了中国出版集团第一批“三个一百”人才和中国出版集团优秀骨干编辑，并于2017年被评为中国出版集团公司十佳编辑人才。在管理工作中，他稳健谦逊的工作作风和突出的工作业绩同样受到了广泛的好评，被授予2012—2014年度中国出版集团公司精神文明建设先进个人，2016年度中国出版集团优秀共产党员，并从2012年至2016年连续5年被评为商务印书馆优秀中层管理者。

杨宗元自豪地说：我在学术出版的岗位上无论是做文编，还是做策划和管理工作，始终兢兢业业、尽职尽责、精益求精。学术出版是我一生的事业，它不能带给我财富，也不会带给我显赫的地位，但它是学术发展和人类文化传承的桥梁，我愿意在这个领域执着守望。由于她始终坚守在学术出版领域，付得起辛苦，耐得住寂寞，先后获得国家级奖项3项，国家级项目10项，国家级“走出去”项目13项；获得省部级奖项15项；入选国家社科基金后期资助项目10种。

在蔡敏看来，对于“为他人作嫁衣”、略显枯燥的编辑工作而言，要尽可能从中获得存在感、满足感和获得感，“文物考古值得花点精力，并不是所有的都值得付出如此精力，但我们做的这些是可以传世的，这就很重要。”看着书柜中排列整齐的《新中国出土墓志》，蔡敏动容地说道：“作为这套书的第二代编辑，我编了十几年。在我退休之前，是编不完的，还得有人接着往下编。文化遗产的积累和传承，出版在其中发挥着重要作用。我们今天是在替后代人工作，经济上没有轰动的效果。但是一想到肩头沉甸甸的使命，就不敢懈怠，要坚持做下去。”“时代在变化，对于编辑的要求也在发生着变化。年轻人要依照新的时代要求规划自己的职业生涯。”

面对出版业越来越多的变化与挑战，如何坚守自己作为编辑的职业理想和情怀？韩敬群表示：具体的出版工作总是会有成与不成，在不同的时期，我们总会遭遇不同的挑战，甚至遭逢职业的倦怠。想到我们从这个深爱的职业中的获取，作为一名原创文学编辑，想到自己能够始终置身于文学的现场，身临其境地参与、见证中国当代原创文学的生成过程，或者还能在其中贡献绵薄之力，我想，很多的挑战都是可以坦然面对的。

他经常说：“不要把编辑看成‘饭碗’，要看作一项职业、事业。对于用心做书的编辑，每做一本书都会留下一个故事。对于沉浸其中乐此不疲的人，编辑的乐趣是无时无处不在的。”

韩敬群憧憬道：“我心目中理想的出版是：造福社会，造就自己。我们出版好书，为社会提供好的精神食粮，有益于世道人心，同时因为追求做最好的出版，就会要求自己不断与这个民族、这个时代最优秀的思想者、写作者打交道，浸润日久，自己做人做事都会深受影响，得到提升。”

显而易见，十大“优秀出版编辑”步入这个职场，不是一时的冲动，而是理性的思考和选择。他们干这一行不是把这份职业视为一种谋生的、混饭吃的饭碗，而是具有较高的职业操守和职业素养。他们喜欢、热爱、珍视这个职业，把精心打造思想精深、艺术精湛、制作精良的作品视为自己的职责和使命。

二、始终坚持正确的出版导向

新时代的编辑一定要坚持党性原则，坚定政治信念，要有使命感，要始终坚持正确的导向。正确的导向，包括政治导向、政策导向、内容导向、价值导向、文化导向。要严格“三审制度”。不为任何违反规定、内容有害、基调低下、格调低下、品位低下、不利于社会团结进步的选题、稿件提供发表、出版便利。

业界有人形象地比喻：编辑这个角色如同一个挑担子的人，这副担子，一头是作者，一头是读者。作者的作品通过我们的手，才能到达读者手上。有时候，不少年轻人是因为读到了一本好书，影响了他的人生道路。也曾经有一个罪犯在忏悔时说，他的犯罪是因为看了一本导向不好的书。由此可见，编辑肩上的担子有多么得重！

十大“优秀出版编辑”的事迹说明，他们始终能够坚持正确的出版导向，给社会、给读者提供的都是正能量的、积极向上的精神产品，没有提供内容有害、基调低下、格调低下、品位低下的坏书和垃圾产品。

巢峰1945年加入中国共产党，是一个有着76年党龄的党员。离休后他仍然不放松对自己的要求，认真学习党的十九大和历届全会精神，加深对全面深化改革重要性的认识，深入学习习近平总书记系列重要讲话精神，进一步提高思想理论水平，坚定理想信念。巢峰作为老领导、老专家，一方面积极给领导班子提出批评意见；另一方面在整改落实方案的制定及执行过程中，认真进行监督，为上海辞书社乃至上海世纪出版集团党的群众路线教育实践活动取得实效并形成长期管用的机制，做出了很多贡献。

巢峰充分认识到社会主义核心价值观的深刻内涵和重要意义，主动提出自己要做社会主义核心价值观的引领者、推动者，并在日常工作、生活中认真践行。在文明单位创建及各项捐款、捐书等活动中积极行动，给全社员工树立了一个标杆，有力促进了辞书社培育和践行社会主义核心价值观活动的开展。

郑殿华认真学习习近平新时代中国特色社会主义思想，正确贯彻执行党的方针、政策，政治立场坚定，遵守职业道德，廉洁正派，有很强的政治意识、大局意识、把关意识，在审稿工作中一贯坚持导向原则。他说：作为一名出版人、一个新时代的编辑，要时刻想着读者，以对读者高度负责的态度去想选题，按照“以科学的理论武装人，以正确的舆论引导人，以高尚的精神塑造人，以优秀的作品鼓舞人”的要求，策划选题时要始终坚持正确的出版方向，认真学习相关政策、法规，加强政治意识、大局意识、责任意识，牢固地把社会效益放在第一位，在追求经济效益的同时，丝毫不能放松应有的社会责任。坚持出精品、出品牌，出版真正反映当代最优秀文化成果的著作，出版更多的具有科学性、时代性、民族性、创新性、内容健康、思想向上、形式通俗、为广大读者所欢迎的图书，把最好的精神食粮奉献给社会，奉献给人民大众，满足人民日益增长的精神文化需要。出版质量是品牌的生命，我们要始终坚持编印发一体化管理，把编辑的五大职能与各业务环节实现无缝对接，实现选题环节注重思想学术含量，编校环节注重质量流程控制，印装环节注重技术工艺管理。

他还强调：出版工作具有很强的政治性，编辑工作中，认真把好政治导向关是最重要、最关键的，是首要的考察维度，是编辑工作的重中之重，社科类图书的政治性问题更应该注意，要多疑、善疑、会疑，能够敏锐地发现书稿中的不妥之处。导向问题是把“双刃剑”，一方面，触碰了底线，一票否决；另一方面，绷紧政治意识这根弦，有利于实现社会效益乃至经济效益的最大化，有利于精品力作的打造。

大家知道，道德问题是社会普遍关注的问题，也是党和国家非常重视的问题，特别是随着时代的发展变化，道德问题也呈现出了一些新的特点。杨宗元从选题策划就坚持正确的导向，策划了一套“当代中国社会道德理论与实践研究丛书”，涉及的主题包括：陌生人社会伦理、数字化生存的道德空间、网络社会道德建设研究、政德论、消费与生态悖论、分配正义等等问题，这套书第一辑一共 10 册，2017 年申请到了国家出版基金项目，通过严格的选题质量和流程管理，这套书出版后在国家出版基金的检查评比中获得了优秀的好成绩，使中国人民大学出版社获得了一个申报出版基金项目的奖励名额。2020 年申报“当代中国社会道德理论与实践研究丛书·第二辑”也获得了国家出版基金的支持。

黄一九始终认为，坚持为读者服务，是出版工作的神圣使命结合行业特点的具体体现，因此要从读者的阅读需求出发，策划选题、组稿编辑、出版销售，这样才能取得双效。1995年，他提出《九亿农民健康教育读本》的选题计划。因该读本符合广大农民需要，填补了广大农村健康教育的空白，引起了从中央到地方有关领导及专家们的高度重视。稍后，他在全国发起“湖南省《九亿农民健康教育读本》的读书活动”，在社会上引起了强烈的反响，发行了6万多套。为了让不识字的农民也能听懂，他于2002年又策划出版了姊妹篇《亿万农民健康促进广播稿》。这些图书的出版，为改变我国广大农村卫生状况，改变农民的卫生习惯起到了积极的作用，为“三农”奉献了一分力量。分别荣获中宣部第六届精神文明建设“五个一工程”一本好书奖和湖南省“五个一工程”好书奖。黄一九始终以高度的政治责任感来对待出版工作。在出版导向方面，他认为：“科技出版，虽然以出版自然科学方面图书为主，但同样担负着教化和育人的重要职责，因此在政治和政策方面的把关要更加引起高度重视。”

何军民注重学习和坚持习近平新时代中国特色社会主义思想和党的基本路线，注重学习、贯彻、落实习近平总书记系列重要讲话和党的十九大精神，政治素质高，导向意识强，注重对照编辑名家的标准进行理论知识的学习，注重不断提升业务工作水平，注重坚持马克思主义新闻出版观，遵纪守法，廉洁自律，诚信从业，严格执行党中央关于把社会效益放在首位的政策精神，带领编辑部一班人努力奋斗，取得了突出成绩，给所在行业树立了优秀的榜样，所在编辑室被安徽省委宣传部树立为“两学一做”典型。

游道勤政治素质好，全局观念强，忠诚党的出版事业，热爱出版工作，认真遵守党和国家的出版方针、出版法律法规，坚持原则，遵纪守法，艰苦奋斗，廉洁自律，表现出较高的政治素质、良好的道德素养和优良的工作作风。

郑海燕在策划和编辑图书的过程中，认真贯彻执行党的出版方针政策，负责出版的书稿中没有发生任何违反党和国家政策的问题。始终坚持“质量第一”“以社会效益为最高准则，实现社会效益与经济效益的双丰收”。

30多年来，蔡敏以母校的赠言“勤奋、严谨、求实、创新”为座右铭，自觉坚持党的基本路线和社会主义的出版方针，注重职业道德和修养的提高，对工作认真负责。

吴雪梅在从事编辑出版工作的25年中，认真贯彻党的教育方针，坚持正确的出版方向，深入学习贯彻习近平新时代中国特色社会主义思想，特别是关于新闻出版和高等教育工作的新理念新思想新论述。

几十年来，他们严格按照国家和上级规定，如《著作权法》《出版管理条例》《图书、期刊、音像制品、电子读物重大选题备案办法》《图书出版管理规定》《图书质量保障体系》《关于进一步加强图书审读工作的意见》等行事，对图书生产流程的每一个环节，包括选题策划、组稿、加工、印检等，严格把关，避免出现任何政治性错误。他们清楚地认识到，这些法规、条例、办法，规定了哪些书可以做，哪些不可以做；书里哪些内容是禁止的，不能出现，是红线，是底线，不能碰。碰了，越了线就要付出代价，受到处分，甚至丢了饭碗。所以，该备案的书稿就备案，该送审的书稿就送审，一切按制度、按规矩办事，不折不扣地按流程办事，从未打过擦边球。

实践证明，他们具有很高的政治素养和理论素养，在政治方面具备敏锐的观察力和鉴别力。他们认为，政治素养既是一种态度，也是一种能力。不是喊几句空洞的口号、搞一些苍白的表态就意味着政治素养高了，而是要扎扎实实地把政治意识落实在策划选题和审读书稿里面。因为一本书、一篇文章如果在文字上出了一些差错，还可以补救，而一旦在政治上出了问题，对党和国家的危害是巨大的，对一个出版社、一本杂志、一个编辑来说，有可能是灭顶之灾。所以，他们练就了一双双政治慧眼，能够时刻绷紧政治这根弦，把讲政治摆在第一位，没有走偏走邪，迷失过方向。

现在，有些书刊内容质量出了问题，究其原因，主要在于编辑缺乏导向把关的清醒意识，缺乏从意识形态、出版安全的高度看待编辑工作的自觉性。对书稿中存在的导向问题或浑然不觉，或麻痹大意，有意无意间为违禁有害的内容开了“绿灯”。有些内容导向问题不是显性的，是隐含在字里行间，一不小心，就会从眼皮底下溜过去。所以，业界的编辑人员特别是年轻编辑理应向十大“优秀出版编辑”学习，导向上要守住阵地，不踩红线，谨记导向是1，其他都是0。政治导向出了问题，是一票否决。要做到学理上认同，学术上把关，任何时候任何情况下都不能有丝毫松懈。要始终绷紧政治导向这根弦，时刻高悬政治成本这一达摩克利斯之剑，不放过每一个细节，万万不可“带病”出书。业界已有这方面的多起沉痛教训，一定要避免重蹈覆辙！

三、着力打造主题出版物

唱响时代主旋律，倡导主题出版是中国出版业的一个特色，一道亮丽的风景线。每年，中宣部都要下达做好主题出版的通知。通知要求各出版单位务必加强组织领导，明确路线图、时间表；强化导向把关，加强选题、内容把关，加强作品整体基调、格调、品位把关；提高出版质量，严格执行“三审三校”制度，加强各环节质量控制；着力开拓创新，提高原创能力，积极探索新载体新路数；严守出版纪律，认真落实重大选题备案工作规定，严禁违规出版。而且，每年中宣部都会组织主题出版重点出版物评审、宣传推介、展示展销，入选的重点出版物与国家出版基金项目衔接，经基金办组织专家评审通过后予以资助。

由于多年来主题出版扮演着回应时代与社会新命题、承载国家核心价值观的角色，在弘扬主旋律、传播正能量、巩固主流意识形态、宣传普及党和国家大政方针政策方面发挥了巨大的作用，所以，业界从不同视角、不同层面点赞主题出版。

显而易见，在新时代，主流媒体、主题宣传、主题出版必须做强做大。做好主题出版不仅是一项任务，更应当成一种自觉，一种使命，一种责任与担当。新时代的编辑必须理直气壮、责无旁贷地做好主题出版，自觉地履行举旗帜、聚民心、育新人、兴文化、展形象的使命任务，强化主题出版的政治担当、历史担当和文化担当。

从十大“优秀出版编辑”的事迹看，他们在组约、编辑、出版主题出版方面是一大亮点，推出了一些既叫好又叫座的主题出版精品图书。这些出版物在唱响主旋律、壮大正能量，满足广大人民群众对优秀文化产品的需求方面发挥了重要作用。

郑海燕在中国改革开放30周年、新中国成立60周年、落实习近平总书记系列重要讲话精神（如提出全面深化改革、“四个全面”战略布局）等重要节点、重要节日时，策划了一批重点图书。有的入选中宣部、新闻出版总署重点选题，有的被列为国家出版基金项目、“十三五”规划项目、国家社科基金成果文库，有的被评为“五个一工程”图书类特别奖，有的被纳入农家书屋书单，有的被列为全国党员教育培训精品教材，有的被评为优秀理论通俗读物。她作为人民出版社的骨干编辑，经常被领导抽调参加编辑党和国家主要领导同志的重要文献，如2006年《江泽民文选》、2009年《朱镕基答记者问》、2011年《朱镕基讲话实录》、2013年《朱镕基上海讲话实录》、2014年《邓小平文集》、2016年《胡锦涛文选》和《习近平总书记系列重要讲话读本》、2017年《习近平谈治国理政》第二卷和《习近平谈治国理政》第一卷修订，以及中宣部编写的历年《理论热点面对面》、“马工程”教材《马克思主义政治经济学概论》，2011年中组部第三批全国干部培训教材《金融发展与风险防范》和2015年中组部第四批全国干部培训教材《加快转变经济发展方式》，等等。

游道勤在纪念建党90周年、迎接党的十八大、宣传党的十八大精神、宣传中国梦和社会主义核心价值观、纪念辛亥革命100周年、纪念抗日战争胜利70周年等国家重大出版活动中，策划、编辑出版了一批有分量的图书。如《中国有个毛泽东》《中国红军》《中国苏区史》《井冈山革命根据地历史研究丛书》《井冈山斗争史话》《中央革命根据地历史资料文库》《长征日志》《中国共产党怎样解决民族问题》《中国共产党怎样解决发展问题》

《信仰永恒：中国共产党人的故事》等。这些精心打造的出版物，有的被列入国家出版基金项目，有的入选国家“十三五”重点出版规划，有的荣获中华优秀出版物奖或优秀原创图书奖，有的获“五个一工程”一本好书奖，有的获中国图书奖，有的获全国优秀党建读物奖。

他们的经验说明，要做好主题出版，需要做到以下几点：

其一，要高度重视主题内容政治性、思想性、导向性和公益性的性质，确保产生积极的社会效益和经济效益是主题出版工作的重要原则和目标。游道勤强调，主题出版必须始终坚持高扬主旋律，要围绕“马克思主义为什么行”“中国共产党为什么能”“中国特色社会主义为什么好”，致力于讲好中国共产党和中国特色社会主义的故事；要围绕弘扬社会主义核心价值观，研究阐释和传承中华民族精神、中国共产党革命精神和以改革创新为核心的时代精神，弘扬真善美、鞭笞假恶丑；要坚持以人民为中心，着力于反映人民群众的伟大创造和对美好幸福生活的追求，记录新时代、反映新时代、讴歌新时代。在这个过程中，要坚持政治性与学理性的统一，要努力做到客观、准确、真实，使作品能真正起到激励人、鼓舞人的作用。

其二，必须认真学习原典，进行调查研究，做深度思考。不学习，思想会疆化，跟不上时代的节拍。只有准确理解、吃透中央的精神，才能避免造成对中央精神错误地、歪曲地解读、阐释和传递。打造主题出版的精品力作必须做好两门功课：一门是必修课，另一门是选修课。必修课是：他们认真学习历次党代会、中央全会报告、公报、决议、决定等能反映会议主旨和精神的重要文件，时刻关注全国人大和国务院以及中央部委等颁布的法律、行政法规，紧密追踪全国两会上最能反映民意期待的焦点提案。选修课是：他们平时就留意《新闻联播》和《人民日报》以及新华社、人民网、“学习强国”等主流媒体发布的各种政策信息和有关时政新闻。不做好这两门功课，打造主题出版高地就会成为一句空话。

其三，做主题出版必须提前策划，尤其是配合重大纪念活动，应是今年研究、明年布局、后年甚至是几年以后策划主题活动和出版重点图书。

如果不提前布局，仓促上阵，准备不足，很容易搞成急就章。如果做成急就章，应景之作，就会无人问津，出得快，淘汰得也快。

其四，主题出版物要凸显“六性”。所谓“六性”，即时政性、时效性、时代性、创新性、可读性、学术性。时政性、时效性、时代性、可读性是主题出版图书的必然属性。原创性和学术性则是主题出版物能够经得起时间检验，且得以传之久远的必备条件。与学术类图书相比，主题出版图书在表现形式方面更注重于党政干部和老百姓的阅读兴趣，力求做到文字流畅，语言活泼；与大众畅销书相比，主题出版图书旨在服务于党和国家的大局，是宣传国家大政方针的有力抓手，政治倾向极为鲜明。所以，要做强做亮主题出版，就必须精准把握这类图书的属性和特色，依据其内容的思想高度、理论高度、出版价值，划分成不同层次，否则，便无法打磨出“双效益”的精品力作。

第一，凸显了时政性。从狭义上讲，主题出版类图书就是时政类主题出版图书。所以，时政性是主题出版图书的最大特色。所谓时政性，就是要体现当前党和国家大政方针政策，体现党和国家每年举办的重大节庆纪念活动，体现党和国家最新关注和重视的重要人物、重大事件等。因此，主题出版图书的策划，务必凸显其时政性。要以思想引领选题及其内容，做好时代的思想生产。十大“优秀出版编辑”的事迹中，不乏这方面的案例。如郑海燕在纪念改革开放30年做了9本书，其中6本书纳入中宣部和新闻出版总署《强国之路——纪念改革开放30周年重点书系》，3本书进入“百种纪念改革开放30周年重点图书”；纪念改革开放40年做了3本书，《中国农村改革40年》《中国对外开放40年》《实施乡村振兴战略五十题》都被纳入中宣部主题出版重点出版物；新中国成立70年策划了一套《新中国经济发展70年丛书》，入选国家出版基金项目，收到很好的效果，打磨出一批有思想深度、文化厚度、情感温度的优秀作品来。

纪念辛亥革命100周年时，由游道勤等策划、联合全国17家人民出版社一起出版的《辛亥革命全景录》丛书，收到很好的效果，受到中宣部领导的表扬，要求总结经验，坚持下去。这个合作模式非常好，后来全国

20多家人民出版社又陆续推出《中国改革开放全景录》丛书、《中国抗日战争全景录》丛书。

第二，凸显了时效性。时效性是主题出版图书的又一个属性和鲜明特色。有些主题出版图书只有在相关时期内，才会产生较大需求与影响。比如，党的代表大会学习辅导读本、各种法律法规辅导读本、党和国家政治文件单行本、政府白皮书等。在那些相关的时间段里，既有一般读者需求，又有团体购买，媒体也会主动关注。倘若一个主题学习活动已经启动，相关图书还没有跟上，那就难以收到预期的效果。要始终清楚，主题学习活动启动阶段是最需要读本的时候，也是各出版社竞争最激烈的时刻，哪家出版社抢了先机，它就占领了销售的主阵地，它就掌握了主题出版的主动权。所以，策划主题出版图书，出版时间上必须“适时”，要兑现一个“快”字，切忌一个“慢”字。所以，出版单位务必未雨绸缪，对某一时期的时政热点和特定主题要保持高度敏感，选准选题策划切入点和切入时机，及时推出高质量的产品。十大“优秀出版编辑”的事迹中，不乏这方面的案例。郑海燕说，“做时政类图书最大的感受是抢市场很重要”。她做《“四个全面”学习读本》就是和时间赛跑。2015年2月24日，她从“人民日报评论”公众号获悉，《人民日报》论协调推进“四个全面”的重磅系列评论员文章第一篇将于第二天见报。立刻意识到这是一个值得去做的好选题，于是立即联系《人民日报》评论部，达成了合作意向。经过社领导同意后，第二天就赶往人民日报社签订合同。那天正下着大雪，郑海燕带着合同，撑着伞，小心翼翼地踏雪前行。签完合同，她中午回到办公室，下午就接到了对方电话，说人民日报出版社找到人民日报社的社长要合作出版这本书。好在合同已经签订，“再晚几个小时这本书就变成别家出版社的了”。《“四个全面”学习读本》抢占市场先机，销量超过了30万册。

第三，凸显了时代性。主题出版图书的策划必须体现时代感，要紧扣党和国家新时代主题主线，唱响时代主旋律，准确把握时代脉搏，弘扬社会正能量。当前主题出版图书策划就是要唱响新时代主旋律，全方位深刻阐释习近平新时代中国特色社会主义思想，彰显新时代在以习近平同志为核心的党中央坚强领导下进行马克思主义中国化的伟大理论和实践创造。十大“优秀出版编辑”策划、编辑的一些书就凸显了这一特色。如郑海燕策划、责编的《“四个全面”学习读本》，出版后《人民日报》《光明日报》以及人民网、光明网等各大主流媒体纷纷报道，销量28万册；《中国新发展理念》（1万册）、《中国精准脱贫攻坚十讲》（1.6万册）、《互联网+未来空间无限》（2万册）被评为第三届全国党员教育培训教材创新教材；《家风》结合中华优秀传统文化，谈家风是什么以及家风对社会、对国家的重要性，销量超过7.5万册；《中国经济新常态》销售3万册。

特别是她参与策划、由人民日报社组织编写的《习近平讲故事》一书，好读易懂、言约旨深，是深入学习领会习近平总书记系列重要讲话精神的通俗读本、生动教材。大家知道，习近平总书记的讲话、文章中，常常用讲故事的方式传达深意、感染他人，把深刻的思想、抽象的理论，转化为鲜活的故事、生动的例子，具有直抵人心的力量。这些故事承载了习近平总书记对内政外交国防、治党治国治军的深刻思考，深蕴中国智慧、体现中国道路。该书从习近平总书记数百篇讲话和文章中，精选出体现他治国理政新理念新思想新战略的109则故事，加以完整呈现和解读。出版后销量超过170万册，荣获第十四届精神文明建设“五个一工程”图书类特别奖。

黄一九策划、责编的《哈军工传》《神七纪实》《中国航空史》《漫步太空》《不会尘封的记忆——百姓生活30年》《青春那些事》等，荣获中宣部“五个一工程”奖、中国出版政府奖、中华优秀出版物奖、第三届“三个一百”原创图书出版工程等国家级大奖。

第四，凸显了创新性。主题出版图书要出彩，要达到高水准，没有强烈的竞争意识，没有创新的方式方法是不行的。十大“优秀出版编辑”的事迹中，不乏这方面的案例。如：2016年5月17日，习近平总书记主持召开哲学社会科学工作座谈会并发表重要讲话。同年12月30日国务院发布了《关于加快构建中国特色哲学社会科学的意见》。《意见》指出，要加快构建中国特色哲学社会科学学术体系，强调要不断推进知识创新、理论创新、方法创新，提升学术原创能力和水平，推动学术理论中国化。对于学术书的策划而言，习近平总书记的讲话和《意见》具有重要的指导意义。杨宗元在认真学习这些文件的同时，她关注到中国人民大学哲学院教授姚新中在一段时间里先后发表了《推动当代中国哲学向“大哲学”转型》(《人民日报》2016 年 4 月 26 日)、《当代中国哲学的返本与开新》(《光明日报》2016 年 11 月 9 日)、《当代中国哲学的结构困境》(《哲学研究》2016 年第 3 期）等重要理论文章，杨宗元感觉到这是在一系列扎实研究基础上对学术理论创新的重要探索，通过跟姚新中接触，了解到他确实正在做中国人民大学科学研究基金项目“当代中国哲学创新研究”。杨宗元认为这样的选题不仅站在学科、学术前沿，而且与贯彻落实习近平总书记讲话和《意见》的精神极为契合，于是果断地向社里提交了选题论证报告。该书后来入选国家出版基金项目，出版后列入 2019 年中华学术外译图书目录，韩文和德文两个语种得到了全国社科规划办中华学术外译项目的支持。

游道勤指出：要按照精细储备、精准出版和精品出版的理念，创新主题出版的内容、形式、载体、渠道，在分众化上多下功夫，推出各种有针对性的主题图书；要适应移动化、碎片化、图像化的信息传播趋势和接受习惯，坚持媒体融合，实现资源共享，推动主题图书多元衍生转化，让丰富的内容通过丰富的载体得到丰富的呈现。

第五，凸显了可读性。要是没有可读性，就会遭遇库存化浆的命运，即使依靠行政手段推动发行也无法取得预期的阅读效果，读者买了也会成为书架上的摆设。所以，对于重大主题的表达，一定要避免出现生硬、概念化，要杜绝简单说教、空洞无物、高高在上的文风；要生动活泼，“硬话软说、长话短说、空话不说”。十大“优秀出版编辑”策划、编辑的一些图书很有可读性，娓娓道来，“接地气”，让读者愿意看，能够吸引人、感染人。如韩敬群组织推出的徐坤的长篇小说《八月狂想曲》在第十一届“五个一工程”奖评选中名列优秀文学作品第一名。由他担任责编之一的《大平原》在第十二届“五个一工程”奖评选中名列长篇小说第一名，总排名第二名。何军民策划、责编的《少年与海》不仅获得“五个一工程”图书奖等30多项省部级以上荣誉，而且一直保持旺销势头，累计印刷24次，发行了近15万册，成为双效图书的行业标杆。游道勤策划、责编的《爱我中华　健康成长》《最美中国梦》《航标：话说社会主义核心价值观》《军旗飘扬丛书》等，印数均在5万册以上，多者近百万册，产生了较为显著的社会效益和经济效益。他担任责任编辑的《中国有个毛泽东》（青年版）、《筑成我们新的长城》分别荣获1994年度和1995年度中宣部“五个一工程”一本好书奖。

2015年11月，国家高层领导人先后在不同场合多次提到了“供给侧结构性改革”，这个新名词一时成为中国经济热点中最火的关键词，也激发了郑海燕策划该选题的强烈意愿。首先面临的问题是请谁来写？主要针对哪个范围的读者群？郑海燕一开始约请的作者无法按约定时间交稿，她就从时效性、权威性和读者定位方面重新考虑，邀请到了国家行政学院经济学教研部张占斌主任。作者最初的提纲并不合意，郑海燕就提出了自己的思路，从“为什么？是什么？怎么办？怎么看？”四个角度入手，分四章梳理清楚中国供给侧结构性改革的逻辑思路和路径。收到书稿后，她又建议作者补充了相关的主题图，图文并茂，真正做到了通俗易懂。功夫不负有心人，此书成为全国获评第七届优秀理论通俗读物奖的八本书之一。

游道勤的做法是：在开展主题书编辑工作过程中，要按照中宣部倡导的，注意要以事实说话、以数据说话、以典型说话、以百姓获得感说话，少一些结论和概念，多一些事实和分析；少一些空泛说教，多一些真情实感；少一些抽象道理，多一些鲜活事例。要善于讲故事，用小切口折射大主题、小故事反映大时代。

第六，凸显了学术性。主题出版不可凑一时之热闹，不能浅尝辄止、浮光掠影，仅仅停留在应景之作或“急就章”层面，也不能狭隘地理解主题出版，一说到主题出版就定位于解读某个文件中某句话的精神，而应该从国家发展、时代变迁、社会和文明的演进多角度挖掘资源，要把内容的深刻性作为主题出版物的一种追求。中国的主题出版应该升华为独特的知识体系，要让这种独特的知识体系成为中国社会前进的精神动力和智力推手，也成为人类文明的一个重要组成部分，向世界文化贡献中国智慧和中国文化。事实上，有一些主题出版图书的专业性是很强的。而专业性强的主题出版图书就必须依赖于严谨的学术架构和学科分类，只有具备较强学术功底的作者才能打磨出有生命力的文字。尤其是，要让更多的优秀作品走向世界，且能有效传播代表中国高度的学术声音，能够以学术标准弘扬中国主题文化，讲究学术性是必需的。十大“优秀出版编辑”策划、编辑的一些图书就颇有学术水准。如游道勤：《中国苏区史》出版后获中华优秀出版物奖提名奖，《中国共产党怎样解决民族问题》出版后获总署“三个一百”优秀原创图书奖。担任策划和组稿的《中国共产党治国理政研究丛书》《中国经济特区建设史》入选国家“十三五”重点出版规划。担任策划和责任编辑的《中央苏区史》于2002年获中国图书奖，《中国苏区史》获2012年中国优秀出版物提名奖。

杨宗元策划的《重读马克思：文本及其思想（十二卷本）》《中国传统文化与人类命运共同体》《源远流长——科学社会主义与中国特色社会主义理论体系源流关系研究》等多部图书都入选了年主题出版重点出版物选题。特别是《重读马克思：文本及其思想》，这套十二卷本的书，是献给马克思诞辰200周年的厚礼！是由北京大学知名教授聂锦芳主持的国家社科基金重大项目，是聂教授带领的团队在多年追踪世界学术前沿、广泛搜集文献资料和悉心解读内容基础上推出的重要成果。聂锦芳感言道：我对文本细节的过分强调和对解释的客观性的严格要求，无疑大大增加了他们工作和学习的负担；感谢国内外前辈和同行的理解、支持和帮助，尤其是德国专家所给予的“马克思应该感谢您！”的评论，让我既感欣慰更觉诚惶诚恐！

古语说得何等的精辟：“不谋万世者，不足谋一时；不谋全局者，不足谋一域。”新时代的主题出版是篇大文章。新时代的编辑应当以十大“优秀出版编辑”为榜样，从战略思维出发，不断深化对主题出版的认识，精准把握主题出版图书的属性和特色，厚植其内容，创新其形式，探索其融合发展之道，做强做亮主题出版，夯实主题出版的高地，打磨出更多优质的“双效益”的精品力作来。

四、潜心打磨品牌图书

什么是品牌？有人说，品牌包括品质与招牌，它对一个企业来说，意味着生命，是核心竞争力的体现。有人说：品牌凝结着一种文化格调，引领着风尚和潮流；品牌也揭示出一种综合素养，是企业战略素质、运营素质、制度素质、人才素质、产品素质、营销素质和文化素质的集中反映和形象表达。

图书是一种特殊商品。近年来，多数出版社非常重视“塑造品牌”，进行“品牌化经营”。业界流行“睹书思社”的说法，一位著名的出版史专家说：“出版社并不因它经营管理的才能出名，而是因它所出版的书出名。”可见，那些能让出版社出名，进而引发读者“睹书思社”的书，就是那些能够体现出版社品位的特色品牌书。品牌图书可谓出版社的立社之本、强社之本、优社之本。一个出版社如果没有品牌产品，早晚会被市场淘汰。

从十大“优秀出版编辑”打造、获奖的出版物看，他们是业界打造品牌图书的高手。

巢老一生致力于《辞海》的编纂、编辑工作。《辞海》历几代学人不懈奋斗传承接力，字字推敲、句句锻造，被誉为集众多学科精粹之大成的“标准书”。有人说，《辞海》是“无墙的大学”，担得起“为人师者”，非准确、清晰，而不可成；有人说，遇到问题或疑惑，“对不对，查《辞海》”成为民间共识。2016年12月29日，习近平总书记致信祝贺《大辞海》出版暨《辞海》第一版面世80周年，指出：“《辞海》和《大辞海》是大型综合性词典，全面反映了人类文明优秀成果，系统展现了中华文明丰硕成就，为丰富人民精神世界、增强人民精神力量作出了积极贡献。希望大家坚定文化自信，坚持改革创新，打造传世精品，通过不断实施高质量的重大文化工程，为培育和践行社会主义核心价值观、增强国家文化软实力、建设社会主义文化强国作出新的更大的贡献！”这充分体现了以习近平同志为核心的党中央对《辞海》《大辞海》工作的充分肯定和勉励。

郑殿华认为：品牌建设的基本原则要坚持守正出新。品牌需要长期的培育，要有延续性，且需要不断创新。商务无论是自身，还是生产的产品，都具有延续性。延续不易，创新更难。品牌需要维护。商务品牌百年而不衰，关键是几代商务人为适应时代的变化要求而不断改革，善纳人才，广拓思路，不断学习，使商务的出版能够适应大时代的深刻变革，继续稳步发展。一家出版单位有几个品牌图书并不难，难的是自身能否成为品牌，品牌是无形的，但它将是未来市场竞争的利剑，甚至将发挥决定性作用，而其价值更是难以用金钱来进行衡量。

郑殿华特别注重图书的品质与效益，能够深入把握商务印书馆核心的人文社科学术著译作的特点及精髓，以大型经典项目、核心项目的选题策划和后续出版工作为抓手和突破点，以特色产品线建设为带动，规划和推进了“汉译世界学术名著丛书”“中华现代学术名著丛书”“中华当代学术著作辑要”“大师文集”“国际文化版图研究文库”等的规模化、系列化出版，为集团构建出版物的国家知识体系和商务印书馆核心竞争力的提高及企业形象的提升做出了重要贡献。

“中华现代学术名著丛书”是商务印书馆倾力打造的可与“汉译世界学术名著丛书”相媲美的一项大型文化工程，是商务印书馆承担的首个国家出版基金重大项目和“十二五”国家重点图书出版规划项目，旨在全面整理百年来国内优秀学术成果，为中华学术文化的积累与传承奠定基础。该项目第一批计划出书100种，时间紧、任务重，要顺利完成必须做好全局的统筹工作，必须在各个环节都付出最大的努力。郑殿华担任项目组负责人，协调和组织团队共同工作。多次召开项目组专门会议进行部署，要求一定按时高质量地完成出版任务。为便于工作的精细化，将项目组又细分为文史哲组、政经法组、文化宗教组。项目组制定了编辑体例和项目质量跟踪管理措施，明确了操作方式，精心制订计划，将图书根据版权联系、编辑加工、市场营销等情况分辑出版。项目组设立学术秘书，负责敦促进度、组织营销；各学科都有专人负责确定书目，联系版权，组织导读年表，从而保证各学科的系统性。为保证出版有序推进，进度表被公开张贴并随时记录新进展，并且由学术秘书每周给各个编辑和出版部门发出进度提示。在细致入微的统筹引导下，书稿完成了高速流转，按时出版。“中华现代学术名著丛书”（第一批）100种图书，结项时被评选为优秀出版项目。出版后，引起学术界和读书界的极大关注，获得了良好的社会反响。有著名学者评价：“商务印书馆‘中华现代学术名著丛书’的出版，是一件值得学术界庆贺的大事，为中华学术的传承和进步做出了巨大的贡献。”新华社、中央电视台、《人民日报》等几十家媒体刊登报道。“中华现代学术名著丛书”（第一批，100种）获“第六届中国出版集团公司出版综合奖”。此后，郑殿华又策划主持了“中华现代学术名著丛书”（第二批，100种），入选2014年度国家出版基金资助项目、“十二五”国家重点图书重大出版工程规划项目，已顺利完成。策划主持的“中华现代学术名著丛书”（第三批，100种）入选“十三五”国家重点图书重大出版工程规划项目。“中华现代学术名著丛书”（200种）被国家新闻出版广电总局列入“迎接党的十九大重点出版物”。

他还主张，应当提升单本学术著译作的学术含量。对于面向小众的图书，内容质量的唯一标准就是“一流”。要加强品牌的创新能力（横向创新，品牌延展，种新树；纵向创新，使原有的树更丰满），力争做大做强，形成系列特色产品体系，力求有所发展。对汉译名著、中华名著等进行多维度开发，对原有选题重新整理、推陈出新。

黄一九说：“编辑一定要有属于自己的编辑思路，形成体系，而不能东一榔头西一棒子。”明确提出“树立品牌意识，开创、巩固、发展品牌图书”，狠抓畅销书、常销书等品牌图书的生产。为此，湖南科学技术出版社制定了《品牌项目发展管理方案》《品牌项目发展基金的筹措和管理办法》，把品牌项目发展管理作为维护和发展品牌图书的一项重要措施，大力推进品牌图书的建设。他亲自操刀，出版了《时间简史（插图版）》《世界是平的》等一大批有影响的图书。霍金的《时间简史（插图版）》《时间简史（普及版）》在全国引起强烈反响，并掀起一股“霍金”热；《世界是平的》累计销量超过百万册，引发了国内阅读该书的热潮。人们热议“管理平天下”，有 600 多家企业高层管理人员做到人手一本，有的地方领导要求处以上干部阅读该书，并要写读书心得。他责编的 180 万字学术巨著《临床胆石病学》受到中国科学院院士吴孟超的肯定。反映 20 世纪科学巨人爱因斯坦生平全部文献的《爱因斯坦全集》（中文版），成为科技出版的一块丰碑。他的这些“神操作”使湖南科学技术出版社形成了以出版科普类图书、医卫类图书、生活类图书为主要板块的崭新出版格局。

吴雪梅善于把握高校的教学改革方向和教学需求，策划、编辑出版了一大批优秀教材，使高教社出版的生命医学类教材始终处于行业的领先地位。她说：编辑的精品意识应体现在对学科发展和教改趋势把握得精准，对图书内容质量把控得精心，对编校质量追求精益求精，装帧设计达到精良。在 20 世纪 90 年代，高校“面向 21 世纪课程体系与教学内容改革”实施之初，生命科学的研究已经全面进入到分子水平，但是“分子生物学”课程还只有少数高校开设。她通过广泛的高校课程调研，敏锐地意识到“分子生物学”课程将会在越来越多的高校开设，具有较好的市场前景，因此马上着手组织教材的编写工作。她选择了国家杰出青年基金获得者、已在北京大学开设“分子生物学”课程的美国海归博士朱玉贤教授作为主编，并提出了分子生物学教材的编写原则和要求。由于分子生物学是前沿学科，她还考虑到研究生以及专业考研人员的市场需求，因此，在编辑加工、版式设计、用纸、印装、定价等方面也花了大量的精力，力争做成精品。该书出版后反响热烈，首次印刷 5000 册当年就销售一空。该书被教育部认定为生命医学类第一本“面向 21 世纪教材”，成为范本和标杆，还获得了全国优秀科技图书奖二等奖和第四届国家图书奖提名奖。目前已出版第 5 版，累计销量已超过 50 万册。朱玉贤教授也于 2011 年当选为中国科学院院士。还有《病理学》《医学免疫学》《医学微生物学》等 18 种图书，受到了专家的认可和师生的普遍欢迎，自2014年陆续出版以来，累计实现销量25万余册，在高教社不占优势的医学教材领域拓展了市场，提高了竞争力。近两年来，在高教社传统优势的生命科学领域品牌教材的修订中也全面采用新形态教材的做法，继续引领教材的建设与出版。

吴雪梅感慨道：从我入社之初，老编辑们就告诉我高教社的教材都要细致打磨，推出精品；后来我们的读者告诉我，我们喜欢高教社的书，因为它权威，可读性强，版式装帧设计也好看实用；我的作者告诉我，我们非常愿意在高教社出书，因为你们对学科发展的把握和对教学改革的理解对我们很有启发，在高教社出版提升了我的作品……再后来，高教社把精品化作发展战略。近30年的耳濡目染、摸爬滚打，让我深切地认识到，精品意识是一名编辑的基本素质和基本能力。

韩敬群从1996年起，策划组织了“百年人生丛书”，成为北京出版集团的著名图书品牌。这套自述丛书，包括周一良的《毕竟是书生》、吴冠中的《生命的风景》、周汝昌的《天·地·人·我》、杨宪益的《漏船载酒忆当年》等，旨在“汇聚各行各业的知识分子，以他们的视角和观察，讲述自己和这个世纪同行同进的故事，来盘点回望这个世纪”。该丛书曾带动了1997年中国知识界的反思热。

2001年1月至2006年1月，他又策划并组织出版了“大家小书”丛书及其衍生产品《大家小书·洋经典》，被新闻出版总署列入“十一五”重点出版规划。“大家小书”至今仍是北京出版集团在传播中华优秀传统文化方面的标志性品牌图书，受到各方面广泛好评。

北京十月文艺出版社在韩敬群总编辑的率领下，有一批图书先后获得国家级大奖。如长篇小说《八月桂花遍地开》《八月狂想曲》《大平原》《上庄记》连续四届获得“五个一工程”奖；《八月桂花遍地开》《乔伊斯传》《状元媒》《生命树》《秘境》分别获首届及第三、第四届中国政府出版奖图书奖提名奖；《西藏最后的驮队》获鲁迅文学奖；《中国京剧图史》获中华优秀出版物奖。2015年，《耶路撒冷》《吾血吾土》《三个三重奏》《六人晚餐》《认罪书》等一批优秀作品参评第九届茅盾文学奖并进入前二十提名，《耶路撒冷》《吾血吾土》进入前十提名。这些作品是公认的品牌书。

郑海燕总是叮嘱新入行的编辑不要走捷径，不能为了追逐热点、抢占市场而寻求短平快的逐利模式。“编辑应将追求质量、提升品质作为一个长久的目标和方向，要不求多，只求精；要不求快，只求好，唯如此，精品才会不断涌现。”

杨宗元带领中国人民大学学术出版中心创立了一个学术品牌，叫守望者，2016年出版第一本书《正义的前沿》，她们的出版理念是“守望学术、传承经典、开拓新知”。她们设计了自己的标识，2019年3月中国新闻出版广电报对这个品牌做了专访，4月《中国出版传媒商报》以《出版圈那些调性十足的图书品牌》做了报道。这个学术品牌不断地推出优秀的图书，影响力越来越大。杨宗元倡导：优秀编辑除了继承和维护原有的品牌，自己也要有品牌意识和开创精神。既在内容品质上精益求精，提供高水平的内容，也要有精美的外在形式，要增强视觉识别，注重品牌宣传。

显而易见，精心打造品牌图书是一项系统工程，必须进行全方位的理性思维。十大“优秀出版编辑”这些精心打造品牌图书的高手，给我们的启示是：一个出版社在读者心目中的形象、地位和影响力，是由其品牌出版物决定的。品牌图书既是一个出版社的文化符号，也是一个出版社实力的象征，更是一个出版社发展壮大的最佳通行证。所以，新时代的编辑必须肩负起神圣的出版使命，树立高度的文化自觉意识，为增强我国的文化软实力，打造更多的优质品牌图书。

五、执着践行工匠精神

何谓工匠精神？“心诚则志专而气足，千磨百折而不改其常度，终有顺理成章之一日。”这是近代名人对工匠精神的精准阐释。若将这种止于至善、精益求精、执着专一、着力追求完美与极致的精神融于日常的编辑工作，就是要对文字报以敬畏之心，如履薄冰，始终坚守文化价值的底气，能够树立文化自觉的意识；既有耐心又有耐力，能够经年累月坚持一丝不苟，做到多一分精心、少一分粗心、多一分专注、少一分浮躁；在把握文化品质、思想内涵、学术价值、语句规范、知识准确等方面，力求做到字斟句酌，反复推敲，精准定位。

古往今来，我们的先贤哲人执着专一地践行工匠精神的事例不胜枚举。战国末年，吕不韦主持编纂《吕氏春秋》，为达到尽善尽美的程度，让人把全书誊抄一遍，悬挂于咸阳城门，“延诸侯游士宾客有能增损一字者予千金”。此种纠谬纠错法即为“一字千金”典故的来历。西汉称帝年间，刘向、刘歆父子组织编辑整理皇家藏书时提出“一人读书，校其上下，得谬误，为校；一人持本，一人读书，若冤家相对，为雠”的校雠法，一直为后世点赞、沿用。当代编辑名家叶圣陶感悟道：“加工之事，良非易为，必反复讽诵，熟谙作者之思路，深味作者之意旨，然后能辨其所长所短，然后能就其所长所短而加工矣。”这三个经典的编书故事，对工匠精神施于打造文化精品作了最好的诠释。

十大“优秀出版编辑”的事迹说明，他们一直践行工匠精神，当他们坐在办公桌前，就是静下心来认认真真地审读稿子。精品力作都是通过他们“死抠”、精雕细琢而成。

业界许多人知道，新中国成立后，《辞海》历经五版，形成了“一丝不苟，字斟句酌，作风严谨”的辞海精神。一代代的专家学者和出版工作者秉持着这种精神，潜心磨砺，打造了《辞海》这一经久不衰的时代精品。巢峰是辞海精神的践行者，并对此大力倡导。在历次与《辞海》有关的重要会议上，在对辞书社青年编辑进行培训的讲座上，在与同人的交流中，都能听到他对辞海精神的阐发和推崇。他曾在接受采访时说：“‘一丝不苟、字斟句酌’‘板凳要坐十年冷，文章不许一字空’……出版单位要有严谨的精神、严格的作风、严明的纪律、严肃的制度，工作中对每个数据、每个引文都要逐一核对，对每个标点、每个符号都要认真推敲。马虎草率、粗制滥造，是最为令人鄙视和唾弃的作风。”可以说，辞海精神已经刻写进了巢峰的生命中。

巢峰撰文指出：任何出版物的生产都离不开编辑。由于出版物的种类不同，编辑发挥的作用也就不同。和学术著作、小说相比较，《辞海》的编辑工作量要大得多。可以说，各学科交稿后，从作者方面来看已经百分之百完成任务，但从编辑方面来看，这些稿件仅仅是未经雕琢的“璞玉”。巢峰透露，编纂第五版时，所有审稿者以严肃的态度认真把关，提出了详细的审稿意见：某个收400余个条目的学科，终审意见有21页（16开纸）；某个收900余个条目的学科，终审意见有22页；某个有1700余个条目的学科，复审意见有99页。条目合并后的编辑工作主要有两项——三次通读和八种专项检查。通读由资深编辑和特约编审负责。第一次是通读原稿，十六人分四组进行，保证每个条目都有四人看过；第二次是通读二校样，十二人也分四组进行，并且保证通读的内容与原稿通读不重复，每个条目都至少有三人看过；第三次由四人分别按文科、理工科有重点地通读三校样中的百科条目。专项检查包括对字形、注音、中国地名、外国地名、外语、参见系统和图片的检查。正是基于这种层层设防，严格把关的一丝不苟、字斟句酌的辞海精神，使得《辞海》在读者心目中的地位越来越高，其品牌价值和市场影响力也越来越大。

蔡敏说：曾经有人戏称编辑艺术是“一门缺憾的艺术”，这是指编辑工作是在作者创作的基础上进行的，带有很浓的“被动”因素，很难尽善尽美。其实，编辑工作实际上是一项减少缺憾的工作。确切地说，是通过编辑及相关各方的共同努力，减少缺憾的工作。——但愿通过自己的努力，使图书中的“缺憾”降到最低。

蔡敏还说：“编辑工作是个良心活儿。”“有人说我要求严、标准高，中国有句古话说得好，‘求乎上，得乎中；求乎中，得乎下’。对于图书的编辑质量，要做到自己心中有杆秤。”他强调，“自己作为一名编辑所体现出来的工作态度，即严谨、细致、认真，并且在与作者交往的过程中能让对方感受到这种端正的工作态度。”

“她这个人太认真，有时候你会觉得她认真过了头，特别是对书稿文字的‘死抠’”，杨宗元的一位同事这样点评她。杨宗元则和同事们常说的一句话是:“无论你在哪个岗位，无论出书的压力有多大，要始终把图书质量放在第一位。”

《康德著作全集》是中国人民大学出版社倾心打造的重点出版项目，是“十五”国家重点图书出版规划项目、北京市社会科学理论著作出版资金重点资助项目。康德著作历来以艰深著称，2002 年杨宗元刚一入社，社里就把这项艰巨的任务交给了她。这一做，就是十年。她不仅把自己当作编辑，努力改正书稿中存在的错误，更把自己当作一个读者，把没有错误但觉得不好懂的地方都用铅笔加批注，为译者李秋零教授润色译文提供参考。她的工作得到李秋零教授的好评，李教授认为她“编辑业务精熟”，使“汉译《康德著作全集》避免了诸多生涩和错误之处”。全集出版后在学界引起了广泛的反响，获得了教育部第六届社会科学优秀成果奖，译者李秋零教授也因全集的翻译而获得中国人民大学校长特别奖。

她责编的《中国的儒学统治》一书是由刘绪贻老先生 20 世纪 30 年代在美国出版的博士论文翻译过来的。93 岁高龄的老先生交稿前又将译文认真审读了一遍，告诉出版社不必在编辑上花太多的功夫，希望尽快出书。后来对杨宗元坚持认真编校有些不满。杨宗元在电话中心平气和地对刘老说:“您等等，我们发给您的疑问表，您看看再说。”结果，当刘老认真阅读了包括十几处问题的疑问表后，发现杨宗元纠正了他几十年前的多处错误和疏漏，由衷地感激，给杨宗元发邮件表示“深为感佩”。

《饶宗颐二十世纪学术文集》是中国人民大学出版社的重点项目，共计二十卷。饶先生学识渊博，书稿内容艰深且涉及面较广，尤其是整部文集最难的甲骨卷的下卷以及甲骨索引。杨宗元责编时，解决了书稿中的许多疑难问题，而且改正了很多台湾版留下的错误。经饶宗颐先生审定后，给予了“这套书经人大社的编辑加工可以留存后世”的极高评价。

那些年，为了核对几个重要引文，杨宗元常常会钻进人大图书馆，一待就是一天。有时候，她还得跑到国家图书馆查阅资料。后来，她专门注册了超星数字图书馆、中国知网账号，同时自己花数千元配齐了马恩全集、选集，列宁全集、选集，毛泽东、邓小平、江泽民的文集，以及

“二十四史”“儒家十三经”等经典的电子版，为查找引文提供了方便，也大大节约了时间。

郑殿华深刻认识到：编辑工作作为为他人作嫁衣的工作，面临的问题多，压力大，甚至繁杂、琐碎、枯燥，作为一名编辑，要有“咬定青山不放松”的坚守精神，有把冷板凳坐热的准备和勇气，只有甘于寂寞，耐心细致，坚持“质量为王”的准则，才能把稿子编辑加工好，才能做到“一字不略过”。作为一名编辑，要养成高度的职业敏感和灵敏的职业“嗅觉”，培养严谨、细致的工作作风，把严谨的工作态度贯穿在编辑加工的整个过程，将细心落实在每一个版面、每一个标题、每一个注释中，竭尽全力查证文字数据讹误，善于从司空见惯中发现不同寻常之处，注重每一个细节，不能放过一个疑点，做到全面分析，具体深入，整体处理，精准无误。即使处理名家或质量较好的书稿时，也要防止大意。

他策划的“中华现代学术名著丛书”收录了陈达先生在民国时出版的《南洋华侨与闽粤社会》一书。他责编时，发现其中一个注释中引用了当年地方县志的一个材料，提到“匪患”，经查证，这里所谓“匪患”实际是当年国民党对红军的蔑称。于是，进行了相应的处理。再如，在《中国官僚政治研究》一书中，凡涉及《中国近百年史》的作者“李剑农”处都写成了“李剑华”，从1948年原版至今成书60余年，反复再版都没发现，核实引文后最终予以确认。

郑殿华强调，编校过程中必须关口前移，严格把关，从责任编辑开始，树立精品意识，自觉地从建设先进文化的思想高度和学理层面来认识和把握编校工作。书稿应实行“四审”制暨“三审加一审”制，即编辑、主任和分管领导三审，必要时送审读室，该备案的一定要备案。

蔡敏也始终执着于编辑工作。他常说：“当我们坐在办公桌前，要做的就是认认真真看稿子。”从事编辑工作32年，他笑称难免会有“职业病”。“有人说我爱挑错别字，还有人说我要求太严、标准太高。”在蔡敏的办公桌上经常放着待付梓的稿样，每份都有不同颜色的便贴纸齐整地随页标注，胶带、卡尺、《现代汉语词典》……办公“家伙”样样齐全。一个人，一张桌，很多书，30余年来，蔡敏始终以母校北京大学的赠言“勤奋、严谨、求实、创新”为座右铭，做好自己经手的每一本书。在蔡敏看来，编辑要尊重作者，但是不能盲信作者，很多材料要去复核，“编辑的工作实际上就是拾遗补阙，认真、细致是编辑最基本的要素，你越认真，指出的疑问越多，作者越高兴”。

吴雪梅至今清楚地记得刚入职时担任《现代分子生物学》责编的经历。为了把这部书做成精品，她在编辑加工、版式设计、用纸、印装、定价等方面花了大量精力。“作者最初交来的插图有500幅之多，而把所有插图放在一本书中显然不妥。”为了让书稿更为精练、主线突出，她用了整整一周的时间，把插图和内容一一进行关联匹配，用将近30个例子，说明了一些图被删掉的原因。几番“拉锯”，这位大科学家最终被这位初出茅庐的小编说服，砍掉了200余幅插图，令全书的页数大为精简。该书后来被教育部认定为生命医学类第一本“面向21世纪教材”。以此为范本和标杆，吴雪梅后来又策划出版了一批“面向21世纪教材”，其中《微生物学》《动物生物学》《免疫学导论》等获得了国家级优秀教材奖，成为国内生命科学领域最具影响力的教材。这些教材的出版和不断修订，有力推动了高校相应课程的持续建设。

黄一九也很严谨、较真。出版《湖南药物志》时，他和另一位责编李忠，与湖南省中医药研究院、湖南中医学院等有关人员组成专门的编委会，对图书目录样稿、条目设置、索引设置等进行详细的研究探讨。为了确保质量，该书仅校对就达8次之多。经过近7年的努力，《湖南药物志》于2005年面世后，被专家评价为“集湖南药物之大成，汇三湘名医之精华”，并荣获首届中国出版政府奖。

韩敬群坦言道：“我们在十月文艺出版社提倡编辑与作者同行共进、共同成长的专业精神，提倡‘毫无遗憾’的编辑风格，努力把编辑力的建设作为我们出版竞争力的重要基石。看起来这似乎是卑之无甚高论，只是出版的基础性的ABC，但我们却在这老实笨拙的ABC的践行中收获良多。”

“编辑工作由一个点生发，可以无穷衍生，重要的是每个环节都能做足、做透。”韩敬群的话，道出了优秀编辑们追求卓越的共同心声。

十大“优秀出版编辑”的案例充分说明，只有对编辑工作抱有如临深渊、如履薄冰的态度，做到精益求精、精雕细刻，才能打造出优质的精品力作。新时代的编辑一定要“认真搞好出版工作”，以十大“优秀出版编辑”为榜样，向他们学习，不折不扣地践行工匠精神。让编辑的职业病——挑毛病，成为一种被作者和读者点赞的美德。只有这样，才能打造出更多的、有生命力的传世佳作，做到“书比人长寿”。

六、他们多是学者型编辑

显而易见，编辑的核心能力是选择能力或者说鉴赏能力，这个能力离不开文化素养、学术素养的支撑。出版社出什么，不出什么，多出什么，少出什么，其选择过程反映出编辑的气魄、眼光、学历和人文情怀，反映出编辑的文化素养、学术素养、市场把握能力。

选题确定下来以后，对作者的选择，对作者书稿的编辑处理，对作品呈现方式的选择，对出版工艺的选择，都离不开编辑的文化素养。只有具备相当的学术文化素养，才有可能具备清晰的逻辑分析能力，才有可能具有灵活的头脑，才有可能产生源源不断的编辑创意。

很难想象一个文化素养不高、一个没有文化情怀的编辑，能够打造出思想精深、艺术精湛、制作精良的传世佳作。尤其在审稿这一环节，没有文化素养和学术素养作支撑，怎么能够把好内容关。只有具备较高的文化素养和学术素养才有可能驾驭那些具有很高思想价值、文化价值、艺术价值，但因作者本人表述能力受到某些制约，而存在严重缺陷的书稿，通过编辑的智力贡献，帮助作者弥补不足，提升质量，实现最大价值。不同编辑对同一部书稿进行编辑加工，因编辑含量不同，会使图书品质存在较为明显的差异。经过编辑二度创作的书稿会打上较为明显的编辑个性化的印迹。

实践也证明，编辑的专业水准与职业素养决定着图书的品质与质量，编辑角色存续的关键在于专业化。一个编辑如果没有真才实学，很难提出有价值的选题，很难对书稿做出准确的判断，更谈不上进一步提高书稿的质量，充其量只是统一一下全书的格式，改几个错别字而已。曾经发生过这样的笑话：有的编辑面对一部学术价值“含金量极高”的书稿，觉得平淡无奇，以致把精华当作糟粕删掉；反之，本是一部没有任何创意，且是学术上的“二道贩子”的书稿，也就是我们讲有剽窃、抄袭行为的书稿，竟以为发现了“新大陆”，佩服得五体投地。难怪资深编辑要这么说：如果编辑和作者在学问方面找不到共同语言，无法进行对话，那么，必然会给交流书稿意见带来诸多不便，肯定被作者瞧不起。

由此可见，编辑工作决不只是简单的“来料加工”，除此之外，还包含大量创造性的劳动，对于作者进一步完善、提升作品的水准和价值不可或缺。

十大“优秀出版编辑”的事迹告诉我们：他们不仅具有一定的学术教育背景，熟悉某一学科专业，能够与作者进行学术对话，有能力编辑专业学术著作，而且还能把握社会和学术的发展趋势，引领学术思潮的发展方向，设计出新的学术前沿课题，带动学术界从事社会所需要的学术研究，并进而推动学术和社会的进步——因为他们都是学者型编辑。

巢峰既是一位颇有成就的编辑出版工作者，又是一位出版和辞书理论的专家。他早年致力于政治经济学研究，后将政治经济学理论贯穿于出版领域，率先从事有中国特色社会主义出版理论的研究。1983年，他的论文《出版物的特殊性》荣获首届优秀出版论文奖。此后陆续发表了《出版物的价值构成》《图书市场竞争论》《有中国特色社会主义的图书生产》等百余篇文章。他的著述于2007年汇集为《政治经济学论稿》《出版论稿》。2011年、2013年相继推出《巢峰辞书学论稿》、辞书评论著作《辞书记失：一百四十三个是与非》，对推进出版学、辞书学的研究，以及指导辞书编纂的实际工作发挥了重要作用。

杨宗元说：一个编辑要想成为优秀的编辑就是需要不断地学习，积累，总结经验，成为学者型编辑。她是这样说的，也是这样做的。她在编辑加工完成《康德著作全集》之后，总结十年来的译稿编辑加工经验，撰写了《以规范为准绳提高译稿质量》发表在《中国编辑》2012 年 11 月上。在策划、管理多个大型学术出版项目之后，又撰写了《精耕细作打造学术精品——大型学术出版项目的管理》发表在《中国编辑》2018 年 11 月上。正是在不断学习总结编辑经验，研究编辑规律的过程中，不断成长起来。作为学术编辑，杨宗元还思考了《用学术素养助力精品出版》《打造提升中国学术话语权的原创精品》等问题，撰文分别发表在《中国新闻出版广电报》2020 年 1 月 6 日和《中国出版传媒商报》2020 年 1 月 6 日上。

杨宗元认为，除了在编辑业务上做专家外，也应在自己专业领域里进行耕耘，这样才能更好地与作者交流，提高对作品的鉴赏力。所以，她在编辑之余，独立撰写了学术专著《道德理由的追寻》《学者的责任》等书；还参与到其他学者承担的重大项目中，如《中国共产党思想道德建设史》《中国化马克思主义伦理思想研究》等；她撰写的多篇学术论文如《略论道德情感在道德推理中的作用》等，发表在《伦理学研究》《中国高校社会科学》《道德与文明》等核心期刊上。

何军民十分注重及时对业务工作进行理论思考和经验总结，尤其在学术研究方面表现突出。他的审稿报告和业务论文多次获得全国性大奖：2014 年获首届全国审稿报告大赛二等奖，2015 年获得第二届全国审稿报告大赛三等奖；业务论文两次获中国编辑学会少儿读物专业委员会论文评选一等奖，一次获中国编辑学会年会学术征文二等奖，一次获中国编辑学会年会学术征文三等奖。他撰写的《论新时代出版单位总编辑职业功能的四大支点》在业界颇有影响力。他提出，新时代的出版单位总编辑在明确其“法人第一助手或主要助手”职业地位的认识前提下，从创意、产品、人才、技术四个方面用力，科学规划原创，切实打造高峰，重视培养人才，积极推动融合，就能够推动编辑队伍形成完整的能力体系，就能够真正做到把社会效益放在首位、实现社会效益和经济效益相统一，从而更好地推动出版单位履行好“举旗帜、聚民心、育新人、兴文化、展形象”的使命任务。截至2017年11月，他共出版和发表专著、论文、书评、书讯100多部（篇）。专著《旧邦新命》、合著《学术视域中的现代出版》等由安徽人民出版社等全国百佳出版单位出版。

游道勤从事编辑出版过程中，结合大学阶段所学专业，撰写了一系列历史类文章。参与组织编写《中国伪书大观》（执笔撰写6万字）；2011年，江西人民出版社建社60周年前夕，在广泛搜集资料的基础上，执笔撰写了《江西人民出版社六十年历程》一文（2万余字，收录于《往事如昨》）。他非常重视图书的宣传评价与编辑出版工作规律的探讨。先后撰写了《红井冈的动人篇章》《人民军队早期历史的精彩华章》《中国苏维埃运动的全景式观照》等书评等；撰写了《浅论图书编辑的质量意识》《试论出书结构的优化》《关于提高图书整体质量的几点思考》《图书编辑人员的“五要”与“五不要”》《精细准确编制索引　提升学术出版质量——江西人民出版社全力打造学术出版规范》等文章。

黄一九主张，“一个编辑应该努力把自己培养成专家型编辑，既有编辑学的技能，又是某一领域的专业人才”。在他看来，编辑是杂家，更应是某一个方面的行家。他撰写过多部著作和论文。他主编的《科技编辑工作手册》已成为众多科技图书编辑工作者的案头参考书，撰写的《科普图书的出版现状与对策》获首届中华优秀出版物（论文）奖。

郑海燕说：力争成为全能型编辑，即挖得出选题、抓得住作者、编得出稿子、推得出图书、带得出团队、写得出文章。她不断加强理论学习和研究，积极发表论文和书评。工作17年来，共发表6篇论文、5篇书评、1篇译文，参与编写2部经济学著作、翻译2部经济学译著。

蔡敏先后撰写了多篇文章推介优秀图书。如《两唐书舆（车）服志校释稿评介》（1994年《古籍整理情况简报》，介绍孙机《中国古舆服论丛》）、《雪域佛国——阿里古格王国遗址》（中国100个重大考古发现，广西人民出版社1998年版，介绍《古格故城》）、《战国典籍的重大发现——郭店楚墓竹简介绍》（1998年《古籍整理情况简报》，介绍《郭店楚墓竹简》）；并被新闻出版署约请到古籍编辑业务培训班授课。授课提纲收入全国古籍整理出版规划领导小组编辑、齐鲁书社出版的《古籍编辑工作漫谈》（2003年）一书中，成为培训班的常用教材之一。

韩敬群著有《编辑的光辉宝藏》一书。全书分为四辑，第一辑“书道尊严”，是相对宏观、偏于理性地对所经历的中国出版业态变化的观察和思考。第二辑“高山仰止”，写他的一些作者——董乐山、周汝昌、谢晋、吴冠中等文化大家前辈，与他们交往中带给他的乐趣和收获。第三辑“书过留痕”，他撰写了书评。第四辑“书边残墨”，他在工作中写了一、二、三审意见。有专家点赞这些文字是：编辑入门与提高的经验谈；敞开当代文学精品书的生产现场；在文学的高度，得失兼论的书话文字。

郑殿华积极进行学术研究和理论探索，出版和发表了《巴比伦古文化探研》（合著）、《世界古代文明史研究导论》（参著）、《中西古代历史、史学与理论比较研究》（参著）、《县郡渊源考》、《论春秋时期的楚县与晋县》、《试谈以编印发一体化为抓手，做更多“双效”图书》等论著。

所以，业界的编辑同人，特别是年轻的编辑理应以他们为榜样，写一点属于自己的东西，成为一个有学问的人，成为一个学者型编辑。

他们的事例还告诉我们，练笔首先要从写好审读报告做起。审读报告既是编辑职业素养的直接载体，更能显示出编辑的认知能力和鉴赏水平。责任编辑理应从政治角度、学术价值、思想价值、文化价值、理论价值、科技价值，以及材料取舍、写作体系、文字水平等方面对书稿做出准确的评估。从审读中形成想法到变成文字，写出一份有分析、有内容的审读报告，可谓一段苦旅，是一个升华过程，对提高编辑自身的业务水平、写作能力有极大的好处。现在，业界对审读报告越来越重视，认为认真研究现阶段审读报告的特点、完善创新，已成为提升图书质量、打造精品力作的重要抓手。

审读报告写得再好，影响也是有限的，只有复审、终审两三个人知道。所以，审读报告写好了，再修改一下、提炼一下，将其变成一篇书评美文。书评发表后，不仅可使自己责编的图书扩大影响，起到宣传和广告效应，而且责任编辑也能逐渐地扬名，让本单位同行、读书界朋友、学术界朋友知道你的水平和能力，从而认可你。所以，千万别小瞧书评效应，别把书评视为“小儿科”，好的书评的影响力甚至比一篇论文、比一本书还要大。中国顶级的权威刊物《中国社会科学》屡屡把精彩的书评放在首篇。为什么？因为被评论的那本书的水准虽然高，而书评人的水平更高，视野更宽更广，其点评、导读更令读者折服。

在写好审读报告和书评的基础上，更应结合本职工作，搞一点学术研究。编辑撰写学术论文既可以是专业性的（比如经济、哲学、历史、教育、科技、文学等方面的），也可以是编辑理论和编辑实务方面的。这样，你就成为学者型编辑了，可以和作者平等对话了。

七、做出版融合的压舱石

大家知道，以前，人类阅读、传播文化，主要的途径、主要的载体是纸质图书。现在，网络数字化受到读者特别是青年人的普遍欢迎。

可以说，数字化阅读已经进入了几乎每一个人的生活，已经成为一种重要的阅读方式是不争的事实。对于青年人来说，如果没有网络就像丢了魂似的，一天会过得无聊至极。

早在 2015 年第二届世界互联网大会上，习近平总书记就提出：“可以说，世界因互联网而更多彩，生活因互联网而更丰富。”“我们的目标，就是要让互联网发展成果惠及 13 亿多中国人民，更好造福各国人民。”（2021 年人口普查公布的全国人口是 14.1 亿）

《中国互联网发展报告 2020》显示，截至 2019 年年底，中国网仅光缆线路总长就达到 4750 万公里，是世界第一！其中有 70%都是近五年铺设的。截至 2019 年年底，我国移动互联网用户规模达 13.19 亿，占全球网民总规模的 32.17%，也是全球第一。

自 2020 年年初的新冠肺炎疫情以来，人们与互联网的关系更加紧密了。新冠肺炎疫情期间，娱乐、生鲜食品、在线办公、在线教育、在线阅读、医疗资讯等线上需求强劲，带动了相关互联网平台收入和业务量大幅增长，支撑整个互联网和相关服务业维持正增长态势，互联网行业营业收入正式迎来个位数增长时代。我们发现人们的工作、生活、娱乐已经被互联网所全面渗透。数字化生活已经是人们生活不可或缺的组成部分，信息消费快速升级，消费场景快速变化，网络数字化的消费习惯已然形成，需求已经开始释放。

从新冠肺炎疫情暴发以来的经济统计数字来看，数字经济增长最快，网络阅读、线上教育、网络游戏、有声阅读、直播等，均表现出两位数以上的增长势头。实践证明，内容产业和传播业是数字经济发展的切入点，信息技术也偏爱在内容产业找到落脚点，甚至电子商务也首先在图书销售领域落地开花。

显而易见，新时代的编辑一定要充分认识数字出版的重要性、必要性、紧迫性。我们既要充分利用互联网发展所带来的内容丰富、传播便利、服务广泛的优势，也要高度重视媒体格局变化所带来的舆论导向、网络沉迷和信息安全等现实问题。同时，我们更要清醒地看到，当前我国出版融合发展正处在爬坡过坎的关键期，传统出版与新兴出版从“相加”到真正完全“相融”还有不小距离，技术创新、编辑创新和理念创新还有很大的提升空间。我们要充分认识到数字出版在我国出版业由大变强进程中所承担的重要责任，增强融合发展工作的责任感、紧迫感、自觉性、坚定性。面向“十四五”的谋篇布局，要紧紧抓住信息技术在内容产业深入渗透的机遇期，在内容生产、传播服务、经营管理的全过程进行手段创新和方法创新，利用好互联网技术尤其是移动互联网技术的成果，深入推进技术与内容深度融合，通过充分实施数字出版精品战略，创新理念、内容、体裁、形式、方式、手段、业态、体制、机制，持续提高优质内容供给能力和数字出版精品生产能力、传播能力。

十大“优秀出版编辑”事迹的一个亮点，就是他们比一般编辑提前注意到互联网给传统出版带来的变革。在数字时代，当读者的阅读时间和内容呈现碎片化特征时，这些优秀编辑用高超的营销能力抢占了读者的注意力，把优质的、系统的内容传播到受众之中。

郑殿华认为，“完成新时代编辑的重要使命离不开与时俱进”。新时代编辑要有与新的出版形态相适应的技能。只有从单纯的文字编辑向全媒体编辑转型，主动学习了解数字出版的相关知识，掌握新的技术手段，把传统出版的影响力向网络空间延伸，推动内容生产向数据化生产、用户参与生产转变，才能快速适应新形势、新业态下编辑转型的机遇与挑战。

郑殿华作为一名“60后”编辑，没有表现出对数字出版的“水土不服”。他说：“年轻编辑适应能力强，敢于尝试，是出版融合的发动机，但我们经验丰富，对内容把控能力强，是出版融合的压舱石。”

近年来，商务印书馆大力实施出版转型战略，提出努力再造一个“数字的、科技的和智能的新商务”的发展目标，一步步走向通过内容创新推动知识服务的道路，如正在打造的商务印书馆人文社科知识服务平台项目就是其中之一。

商务印书馆人文社科知识服务平台的建设体现了数字编辑与传统编辑“1+1>2”的合作效果。在该项目的策划与组织中，以郑殿华为代表的传统编辑积极参与其中，从平台内容的策划到项目的申报及组织实施，倾注了大量心血。他们充分利用商务印书馆的品牌、资源、作者和服务优势，对平台数据的属性进行标引，组织作者资源录制，用创新与进取弘扬了“商务精神”。

郑殿华深有感触地说：“从该平台的建设来看，传统编辑体现出的学习力从根本上解决了数字内容生产与传统内容生产脱钩的问题，证明了作为一名新时代的编辑，在新的出版业态之下所应具有的专业水平与创新能力。”

近年来，在国家精品在线开放课程建设和MOOCs影响日趋深远的背景下，吴雪梅借鉴国内外的成功经验，积极探索高等教育出版社数字出版新模式，取得了良好的成效。2009年，她作为核心成员提出了“课程出版”新概念，并在社内率先实践“数字课程”出版与定制应用的新型业务模式。

通过版权保护和出版运营，形成了优质教学资源共建共享、持续利用的有效机制。近年来组织策划和出版了一批“数字课程”，如北京大学的《演化生物学》、武汉大学的《微生物学》、北京师范大学的《基础生态学》和《普通动物学》、福建农林大学的《生态文明》、复旦大学的《儿科学》等，既有名师名课，也有配合高校“双一流”建设的新型课程。这些课程为高校提供课程定制应用服务，受到高校师生的广泛好评，为高校教学改革提供了有力支持。专家认为这一出版模式的创新，丰富和发展了教育出版的理念与内涵，也为教育出版的可持续发展探索了新路，对传统教育出版的转型升级具有重要理论意义和实践价值。她作为第二作者在《中国编辑》2015年第6期上发表了《互联网时代教育出版新模式的思考与实践》，该论文2016年12月获得“第六届中华优秀出版物奖全国优秀出版科研论文奖”。

她带领的生命科学与医学出版事业部，数字出版已成为新的业务增长点，累计数字出版与服务收入超过2000万元，支撑事业部实现了利润连续7年持续稳定增长，也成为高教社数字出版与产业转型升级的排头兵。

后续追踪还发现：2020年以来，面对新型冠状病毒感染肺炎疫情，高校延迟开学，为贯彻落实习近平总书记关于坚决打赢疫情防控阻击战的重要指示精神和党中央、国务院决策部署，以及教育部发布《应对新型冠状病毒感染肺炎疫情工作领导小组办公室关于在疫情防控期间做好普通高等学校在线教学组织与管理工作的指导意见》，吴雪梅和她的团队积极响应，快速行动，凭借优质数字课程，依托高教社数字课程云平台，为高校提供免费在线课程定制服务，帮助高校便捷地实现“停课不停教、停课不停学”。

吴雪梅颇为自信地说：随着信息技术、网络技术的快速发展，知识的传播方式和人们的学习模式发生了极大的改变，这给我们出版人带来了新的机遇与挑战；高校“双一流”建设，国家对教材建设的高度重视，对我们做教育出版的是更大的机遇。要成为一名优秀的编辑，应当有意识地培养自己的精品意识、国际视野和创新能力，用我们的激情、智慧和汗水，把握时代给予我们的机遇，去浇灌那块属于我们的田野。

郑海燕在做好图书策划和编辑的同时，也积极开拓宣传渠道，通过微信及公众号、微博、读书会、网媒、纸媒以及线上线下的立体式宣传，扩大图书影响力。她在人民出版社首创编辑部门微信公众号——“经济学书吧”，订阅数超过 1 万多人，并与人民出版社读者服务部合作开通了微店，在推广图书的宣传页面直接嵌入购买链接，方便读者一键购买，达到宣传效果和目的。

杨宗元的体会是：高端学术著作属于小众产品，要扩大学术图书的影响力，必须借助物联网进行宣传。除了直播以外，抖音号、视频号，不一而足。她策划的守望者的 4 号图书《西方思想的起源》，就请作者聂敏里等学者进行在线“哲学是希腊人的精神奇迹吗”的对话。活动预告的累计浏览量为 10 万 +，实时观看视频人数一场达到 1.47 万，当天视频的浏览量达到 5 万以上。这个数据对于一般的学术书而言是非常抢眼的。又如：《关于善恶的对话》一书上市前，杨宗元带领她的团队寄送样书约请著名哲学家刘擎、周濂推荐这本图书；图书出版之后，约请何家弘、何怀宏、周濂、刘玮举办了一场题为“道德与幸福：一场关于善恶的对话”的直播活动，各平台实时观看人数累计达到 10 万次以上，既扩大了图书的影响，又引发了听众对于人性与社会的深入思考。

他们的故事说明：面对传统出版与新兴出版业态融合发展的必然趋势，新时代的编辑必须提升四种能力：一是加强互联网思维，能够运用互联网思维重新整合传统的出版内容；二是掌握数字出版技术，知道选择哪一种形式、哪一种手段可以精彩展现传统出版内容的亮点；三是懂得多媒体、跨媒体的营销推广手段；四是通过对数据的甄别、挖掘、整合，能够将提炼出的有价值的信息，融入编辑工作，转化为生产力。通过对大数据的分析，把握、预测选题的趋势，选择优秀的作者和高质量的稿件，并根据收集到的国际数据寻求版权合作。

习近平总书记提出：“建设网络强国，要把人才资源汇聚起来，建设一支政治强、业务精、作风好的强大队伍。‘千军易得，一将难求’，要培养造就世界水平的科学家、网络科技领军人才、卓越工程师、高水平创新团队。”他指出：“做好网上舆论工作是一项长期任务，要创新改进网上宣传，运用网络传播规律，弘扬主旋律，激发正能量，大力培育和践行社会主义核心价值观，把握好网上舆论引导的时、度、效，使网络空间清朗起来。”

当下，出版编辑界迫切需要复合型领军人才。这类人才，既具有一定的专业知识背景，熟悉数字出版技术与传播；又具有较强的学习创新能力、市场意识和产品研发能力、服务意识和组织协调能力。业界的编辑朋友们，让我们共同努力，做好出版融合发展这篇大文章！

一 等 奖

坚持做精品，开创出版“新时代”

迟　云

一、做好精品出版是出版事业代代相传的职责和使命

作为社会精神和先进文化的载体，精品图书是一个国家和民族的文化印记，标志着一个民族的思想深度、文化厚度和精神高度，反映着一个国家、一个时代的文化创造能力和水平，是推动社会进步的重要工具。做好精品出版是出版与生俱来的职责和使命，是每一家出版企业、每一个出版人永恒的坚守和追求。

（一）精品出版是新时代赋予出版的使命和担当

以习近平同志为核心的党中央，对宣传文化领域提高质量、多出精品寄予厚望。2019 年，习近平总书记在考察读者出版集团时指出：“要提倡

多读书，建设书香社会，不断提升人民思想境界、增强人民精神力量，中华民族的精神世界就能更加厚重深邃。为人民提供更多优秀精神文化产品，善莫大焉。”

我国的经济已由高速增长阶段转向高质量发展阶段，与之相适应，出版业也进入了高质量发展的新时代。减量控规模，提质增效益，把“出版大国”建成“出版强国”，既要求出版业以高质量的产品和服务供给，丰富人民群众的精神文化生活，提升人民群众的文化素养，提升社会精神文明发展水平，更要求讲好中国故事，传播好中国声音，提升中国在全球的影响力和话语权。

从2018年开始，国家有关管理部门开始通过调控书号等行政手段，督促图书出版单位由增加品种数的粗放式增长向着重质量的精细化增长转型。2021年度出版工作电视电话会议上，中宣部副部长张建春强调，“出版业要紧扣高质量发展主题，坚定不移贯彻新发展理念，坚持质量第一、效益优先，牢固树立精品意识，切实转变发展方式，深化出版供给侧结构性改革，加快构建新发展格局，推出更多优秀出版产品，更好地满足人民群众精神文化生活新期待”。

（二）精品出版是出版企业的立身之本和品牌根基

精品出版是出版企业实现社会效益的重要保证。中宣部《图书出版单位社会效益评价考核试行办法》规定，“图书出版单位绩效考核为综合性考核，需兼顾社会效益和经济效益，并把社会效益放在首位，社会效益评价考核的占比权重在50%以上”，社会效益考核结果将直接影响出版单位的评奖推优、出版资源配置、政策资金扶持等各个方面。图书出版单位社会效益评价考核指标和评分标准中，出版质量、文化和社会影响、产品结构和专业特色三项指标的合计分值达到88分。什么样的书能获奖、能入选各类重点项目？什么样的书能体现出版社的品牌特色？什么样的书能承载出版社的社会责任？毫无疑问，肯定是精品书。

精品出版能够为出版企业带来可观的经济效益。真正的精品书，内容、质量、市场都是一流的。很多精品书一问世就成为畅销书，经济效益自然可观；有的精品书市场反应可能没有立竿见影，但只要是真正的精品，一定会成为常销书、常青树，由此带来的经济效益也将是绵延不绝的。

精品出版是出版企业打造品牌、提高市场竞争力最有效的手段。品牌是企业重要的无形资产，是参与市场竞争的核心要素。企业建立自己的品牌有很多方法，但是最重要、最有效的手段，还是打造品牌产品。我们对一家企业的了解，通常都是始于其在同类市场上响当当的产品。对出版企业来说，精品图书就是品牌产品。很多少年儿童因为“笑猫日记”系列和“罗尔德·达尔”系列而了解了明天出版社继而产生了对明天出版社的品牌忠诚度，愿意持续去关注明天出版社更多的图书产品。

（三）精品出版是出版人的初心和梦想

每一代出版人都有自己的职责和使命，但无论时代如何变迁，“以书为伴”“出好书”始终是出版人的安身立命所在。被周恩来总理称为“出版事业模范”的杰出编辑、出版家邹韬奋先生曾说：“我生性不做事则已，既做事就要做到像样。”身为一名出版人，如果整个职业生涯没有一部或者几部能拿得出手的精品，甚至没有参与过一部精品的出版过程，将是一个莫大的遗憾。编辑殚精竭虑策划精品，呕心沥血打造、培育精品，精品则如一块一块朴实的方砖垒砌起高台成就人才。出版人的初心、理想和抱负，就是通过艰辛的努力，成功地推出一部又一部精品图书得以实现的。

二、做“功在当代，利在千秋”的精品出版

1994 年年初，全国新闻出版局局长会议第一次提出“提高质量，多出精品”后，“多出精品”便成为出版业的焦点。21 世纪以来，“出精品”更是出版行业的高频词，社会呼吁出版业多出精品，读者对精品更是有了越来越高的期待和标准。

（一）精品图书要经得起读者评价、专家评价、市场检验

习近平总书记站在国家管理的角度指出，精品之所以“精”，就在于其思想精深、艺术精湛、制作精良。优秀作品应该有筋骨、有道德、有温度，应该是思想性、艺术性、观赏性的有机统一，应该彰显信仰之美、崇高之美，传播当代中国价值理念、体现中华文化精神、反映中国人审美追求，形象地告诉人们什么是真善美、什么是假恶丑，什么是值得肯定和赞扬的，什么是必须反对和否定的，有正能量、有感染力，像蓝天上的阳光、春季里的清风一样，能够启迪思想、温润心灵、陶冶人生，能够扫除颓废萎靡之风。他强调，一部好的作品，应该是经得起人民评价、专家评价、市场检验的作品，应该是把社会效益放在首位，同时也应该是社会效益和经济效益相统一的作品。这些重要论述，为我们深刻理解把握什么是高质量作品、什么是新时代的精品力作提出了明确的指向。

判断一部作品是不是精品，并不能仅仅看她是不是获了大奖、是不是规模宏大，也不能只看她的思想内容或是装帧设计、印装品质，亦不能仅仅看她是不是稳居销量排行榜前列，这些虽是精品的衡量条件，却不是决定标准，精品需要从思想内容、编校水平、装帧设计、印装质量、市场反响等各个方面综合考量，既要有“有趣的灵魂”，也要有“好看的皮囊”，还要被大众接受和喜爱，要“功在当代，利在千秋”，传播得开来，留存得下去。

（二）准确把握不同类别图书精品的内涵和标准

2021年4月，中国图书评论学会在北京召开了“精品图书与全民阅读高端论坛”，与会专家就主题出版与人文社科、少儿、文学艺术、科普四大类精品图书的出版提出了精品的定义和标准：优秀的主题出版物既要保持高端性和严肃性，也要贴近实际、贴近生活、贴近读者，要让“专业人员不觉浅，普通大众不感深”；少儿精品图书要具有导向正确、贴近时代、主题鲜明等昂扬向上的精神力量，具有让孩子懂得热爱生命、敬畏自然、歌颂成长等弘扬真善美的文学力量，具有吸引儿童、服务儿童、快乐儿童的文化力量；文学精品图书要具备三个基本要素，即强烈的读者意识和深厚的人民情怀、坚守现实主义精神和个性表达、叙事和语言的民族化风格和创造性转化；优秀的科普图书要将科学与人文完美结合，做到信、达、雅，信是准确，达是流畅生动，雅是好看。

出版内容涉及社会的方方面面，学科繁杂，林林总总，每一个归属类别的图书都应当有自己的精品标准。这个标准或许会因为类别不同而呈现出不同的特点要求，但有一个共同点，就是一个好的品质、好的形象、好的影响，就是我们每一个编辑心心念念地不停追求的完美。

三、正视问题，厘清精品出版的制约因素

目前，我国年出版图书约50万种，其中有20万种左右新书。庞大的出版规模之下，重复出版、跟风出版、高库存等问题屡见不鲜。日益加大的经营、考核压力之下，出版企业和编辑滋生的急功近利倾向，导致不愿在精品出版上投入过多的资金和精力，长此以往，精品出版无疑会陷入一种恶性循环。

（一）出版单位缺乏对精品出版的长远认识和规划

出版单位作为独立的经营个体，既要在日益激烈的市场竞争中谋得一席之地，还要努力完成上级部门的各项绩效考核任务。近年来，在新媒体新技术的冲击下，读者转场现象日益突出，传统出版业面临着前所未有的危机和考验；同时，纸价一路飙升，印刷、人工、仓储、物流等各项成本不断增加，出版社的生产、经营成本越来越高，有些经济基础比较薄弱的出版社甚至面临着严峻的生存危机。精品出版从选题策划到文稿的加工、设计、生产，再到推广和维护，需要一定的生产周期，有的项目甚至在前期就需要比较大的资金和人力投入，受限于各方面因素，有的出版社把工作重心转向了一些投资小、见效快、利润丰厚的多元项目，对精品出版的重要性在认识上产生了偏差，在行动上缺少长远的规划和措施。

（二）缺乏优秀的编辑人才

一是人才断层问题。二十世纪八九十年代至二十一世纪初是传统出版业的黄金时期，吸引了一大批优秀人才投身行业。随着时代的变迁，这批中坚力量陆续退出历史舞台，人才断层问题日渐突出。二是出版行业的吸引力下降，优秀人才“引不来”也“难留住”。不能否认，一方面相较于金融、IT等许多新兴行业，出版行业的薪资水平及各种福利待遇缺乏竞争优势，个体收入、职业前景等各方面的差距，把很多有情怀、有水平，但也有生存压力的优秀年轻人挡在了门外；另一方面编辑人才素质强调的是创意，而支撑创意的是视野、灵性和思想的深刻，编辑人才招聘过程中考察考核的一般化甚至平庸化，也导致了编辑队伍基础素质的降低。更值得关注的是，与人才引进质量得不到保证的同时，优秀出版人才向其他行业外流的情况也时有发生。三是优秀编辑人才需要一定的成长周期。一名优秀的编辑，不仅要有扎实的学术功底，还要具备一定的策划创意能力、项目执行能力和市场拓展能力，一名能担大任的编辑，没有五到十年的成长期是不行的。除了编辑自身的努力，出版社的培养、保护措施也同样重要，出版单位良好的成长环境是优秀编辑成长的基本保证。

（三）优质内容资源的争夺日益激烈

精品出版，“内容为王”。互联网时代，信息传播速度快，创作进入活跃期，似乎人人都可以著书立说，对出版单位来说，内容资源的选择和储备日益丰富。然而，这一片繁荣的背景，掩映的却往往是繁杂，作者水平和内容质量的参差不齐成为出版事业很大的隐患。精品出版不仅需要我们花费更多精力去发掘和甄别，也需要更多的资金投入去抢夺真正有水准、有价值的优质内容。

第一，高端作者一稿难求。名家名作是精品出版的保障，但真正的大家、名家只是少数，其稿费、版税等酬劳也都价格不菲，对出版机构和编辑的要求标准也较高，只有少数有品牌、有实力的出版单位才有可能得到这些高端作者的著作。要建立与高端作者的有效联系，需要出版社和编辑具备强烈的进取心和过人的胆与识。

第二，优质书稿的市场竞争日趋激烈。近几年，民营文化公司发展迅猛，已逐渐成为出版行业的一支重要力量，它们机制灵活，市场触觉敏锐，经营效率较高，舍得投入重金抢夺优质资源，使得优质出版资源的抢夺战愈演愈烈，而传统的国有出版社因为受到决策机制等因素的影响，往往缺少竞争优势。

第三，书稿质量鱼龙混杂。快餐式阅读的盛行，让很多急功近利者有空可钻，他们为博眼球、赚吆喝，出奇出新，创作肤浅的内容娱乐消遣大众，有的甚至带有导向错误和学术硬伤，这就需要出版企业和编辑以高度的责任感、职业敏锐度和高超的专业水准滤掉敷衍劣作，并在众多的内容创作者中精准挑选、培养优质的作者。

不能否认，出版社的发展积淀、经济基础等或多或少都会对精品出版产生一定的影响，但最大的制约因素还是眼界和思想。思路决定出路，态度决定高度，思想不解放，认识就不会到位，人力资源上就不会有配置，财务保障上就不会有投入，激励措施上就不会有机制，长此以往，我们的精品出版很难有大的突破。

四、坚定信心，以精品出版引领出版事业迈向新高峰

精品出版，是从结果的角度讲的。精品出版应当建立在价值出版的基础之上。为了价值出版做精品出版，才会有自觉主动的原动力。

（一）要坚定做好精品出版的信心和决心

做精品出版，是对出版社和编辑的基本要求。做精品出版意味着生产、生存和生机，不做精品出版意味着失职、失责和失败。将精品出版作为一个主题来讨论，是因为现实中一些出版社重视程度不够、措施不力、效果不显，还存在着这样那样的问题。所以，坚定精品出版的信心和决心，具有非常强的现实意义。

一是国家的引导和支持。随着国家综合国力的明显提升，从政策到资

金，国家不断加大对精品出版的扶持力度，引导、鼓励、扶持出版机构长期做好精品出版，作家、学者们也在国家各类科研基金的支持下，创作了大量优秀成果，积极寻求与出版单位的合作。资金和优质作者、优质内容的困局在一定程度上得到了缓解，这种情况是真实存在的，但却不是社会平均按计划分配的，而是通过市场的原则和规律来进行资源配置的，所以它需要出版社和编辑去竞争。

二是出版市场环境的改善。一方面，中央已发出声音，强化反垄断和防止资本无序扩张。针对网上书店低折扣和线上线下同书不同价问题，有关部门也已经给予注意，出版人也在行动，社会各方共同维护行业良好的经营秩序，值得期待。另一方面，国家对侵权、盗版行为打击力度日益加大，版权保护制度体系日趋完善，出版人含辛茹苦、呕心沥血打造出的精品内容有望得到有效保护。6 月 1 日，第三次修正的《中华人民共和国著作权法》的施行，必将进一步激发全社会对创作成果的尊重意识、对版权价值的认知态度和广大作者的创作热情。

（二）要把立足特色、找准定位作为精品出版的基础

立足特色，找准定位，需要“有所为”“有所不为”。需要出版社领导层根植于出版社历史发展的优势沉淀和现实市场需求，对未来发展做出清晰的判断，制定科学的发展规划并持久而切实地落实。一方面，珍惜并维护好本社原有品牌的生命力及美誉度，让老品牌历久弥新；另一方面，深挖出版特色和优势资源，打造不可替代或者替代度很低的产品，形成特色板块和产品线，练就自己的看家“绝活”。

（三）要建立健全经营管理机制，为精品出版提供不竭的动力

精品出版涉及出版流程的方方面面，出版社必须建立一套系统、科学、完善的精品出版生产、运行、激励机制并持久地落实下去，精品出版才能有不竭的动力。

一是建立选题策划和论证机制。做好精品出版，必须从源头抓起，提高选题策划的精准度、精细度、专业度，提升选题论证的决策水平，去粗取精，好中选优。中信出版社副总编辑王菲菲总结了选题策划和筛选的

16字诀：“人无我有，人有我先，人先我响，人响我反”，值得我们思考和借鉴，我理解，其本质就是领异标新，追求独特的差异化。

二是建立导向把关和质量监管机制。确保精品出版的导向正确、内容健康、质量优良，导向和质量这根弦，永远都要绷紧。绷紧这根弦，要靠领导重视，更靠督导、督查等流程机制正负激励的管控。

三是建立沟通协调机制。打造一部精品，仅靠编辑部门的努力是不够的，借用读客文化合伙人沈骏的话，“产品是读者的购买理由，包装就是放大购买理由，文案就是证明购买理由，营销就是传播购买理由”。可见，一部精品的背后，凝结着编辑、美编、印制、市场等出版各环节的智慧和力量，必须要有完善的协同体系，各部门通力合作，确保各出版环节落实到位、精益求精，缩短出版周期，抢占市场先机。

四是建立扶持激励机制。一方面，通过资金的扶持，为精品出版解决后顾之忧。高质量制作精品图书的相关环节成本都是很高的。优质作者优质内容的高版税不说，以封面设计为例，请一位工作经验10年以上的资深设计师来设计一个封面，需要5000元人民币。所以，有人说，做精品出版只砸钱不行，不砸钱万万不行。另一方面，通过激励奖励政策，充分调动大家做精品的主动性和积极性。精品出版通常是“慢工出细活”，因此，出版社如何看待精品出版常常会影响到项目责任人的精神和工作状态，要通过合理、规范的激励、奖励措施引导大家正确认识精品出版的价值和意义，创造以追求精品出版为荣的企业氛围，形成鼓励精品、倡导精品的文化态度和思维、行事定势。

五是建立宣传推介机制。充分挖掘产品的亮点、价值和独特性，做好线上线下的立体化宣传推广。“酒香也怕巷子深”，图书作为一种文化产品，同样也无法逃脱这个商业规则。在浩如烟海的图书市场中，怎样让我们的好书触及更多的读者，是我们必须要认真解决的问题。尽管现在众多的出版社都已加大了宣传营销的力度，但是从理念到手段，都还需要进一步提升。

“每一本书都是有灵魂的生命”，要用最适合的方式去向读者介绍她，把她最独特、最吸引人的一面展现出来，同时，也要揣摩市场和读者的心理，好好想想怎样才能引起他们的阅读兴趣，而不是机械地完成新书发布会、推送几条微信消息、发几篇书评、请专家做评价等这些“固定动作”。今日头条的图书营销，以讲故事博眼球，在博眼球中凸显图书的价值，做法就值得我们学习借鉴。要精准营销、有效营销，做好对线上线下渠道的数据分析，研究通过适当的营销方式服务读者的阅读需求，夺取巨大的市场空间。

六是建立人才保障机制。作为轻资产的出版创意产业，人才就是核心竞争力。要善于发现人才、引进人才、使用人才、留住人才，形成尊重人才、爱护人才的传统，为人才的成长创造有利条件。创意型的人才，可能有这样那样的特点，要增强包容心，要扬其所长，避其所短，为他们的成长优化环境。

（四）要抓好选题、作者、编辑三大核心资源，这是做好精品出版的关键

一是选题资源。要做好精品出版，出版社必须有一定数量的“三高”选题储备，即“内容层次高，作者水平高，实现率高”。结合出版特色和定位，储备一批特色选题；准确把握和服务党和国家工作大局，储备一批主题出版选题；围绕国家重点图书出版规划，储备一批具有重大出版价值的选题；围绕“推动中华优秀传统文化创造性转化创新性发展”储备一批中华优秀传统文化选题；围绕市场需求，储备一批市场上叫得响、读者欢迎的选题。好选题要具备“时机先、特色足、引领强、品质优”的特点。

二是建立并维护好作者群。“用精神和品德来团结作者”，是作家夏衍赞誉出版大家邹韬奋的名言。拥有稳固合作的优秀作者，是一个出版社人文内涵和出版实力的标志。因此，既要扩大“朋友圈”，发现优秀作者，寻求合作机会，也要用品德、学养和良好的企业文化氛围维护好优质的老作者。在以版权资源为经营基础的出版社这一点特别重要。做好作者资源库的建设，既可以高效地为精品的策划寻找到合适的作者，也可以避免因为编辑人员的流动而导致的作者资源流失。

三是建立一支强有力的编辑队伍。不仅要在优秀人才的选拔和引进上定好标准、把好关，更要优化环境、完善机制，为优秀人才提供能干事、能成事的平台，培养一批“有识有度，又博又专，能入能出，不卑不亢，边干边学”的优秀编辑。既要继承和发扬“传帮带”的优良传统，做好编辑梯队的建设，更要做好编辑结构的配置，根据编辑的专业背景和特长，分类别、分层次且有针对性地培养策划型编辑、学者型编辑、案头型编辑。特别是优秀的策划型编辑，是目前做好精品出版迫切需要的力量，要切实重视起来。

一部精品的诞生，会受到环境、机遇等方方面面的影响，外因固然重要，但内因才是根本。关于编辑业务的提升，现在普遍的问题还是策划能力不足。视野不开阔、悟性不灵敏、思想不活跃、意蕴不深刻、与现实的关联度不紧密等，仍然是困惑精品出版的老问题。我曾提出编辑要注意提升自己的六种能力，即增强成就人生的内生动力，增强把握大势的能力，增强选题策划能力，提高约稿组稿的鉴别和沟通能力，提升编辑加工的案头能力，培养由杂家到专家的特色能力。这六种能力，作为编辑的基本素养，什么时候都不会过时。

（作者单位：山东出版集团）

新时代出版高质量发展刍议

周　熠

中国的出版企业，经历了较长的事业单位阶段。到21世纪初，开始转企改制。“2002年，党的十六大召开，提出了加强文化公共服务和发展文化产业的任务，更提出了文化体制改革的思路。在国家文化体制改革的大背景下，出版单位的改革进入政企分开、转企改制的新阶段，其中也包括放松所有制的管制，让民营也能够得到长足发展；接下来就是兼并重组，集团化发展，对接资本市场，出版企业上市。到2010年，除人民出版社、盲文出版社、藏学出版社、民族出版社等少数出版社外，其他出版社已经转制为企业。截止到2017年，我国已有出版传媒上市公司43家。”①转企、集团化、上市，一方面激活了出版业的生产力，另一方面强

① 陈香：《中国出版事业改革开放四十年》，《中华读书报》2018年12月19日。

化了出版企业在市场中逐利的愿望。为追求利润最大化，一些出版企业追求规模效应，放松了对出版品位和出版质量的要求。而“衡量一个国家出版的强弱，不是仅看其出版业规模的大小、出版的数量，而是主要看其传播知识、传递信息、传承文明的水平，其中尤其关键的是反映当代的创新成果的能力，这是话语权的核心所在”①。

出版亟须转型升级。党的十九大报告明确提出“高质量发展”的要求，经历十多年规模化高速发展后，“高质量发展”成为新时代出版发展主题词。

如何实现出版高质量发展？这是一个宏大的话题。结合十多年的工作实践，浅述几点认识。个人之言，微知薄见。

一、回归价值本质

数字技术的发展，再造了编印发流程，极大地缩短了出版周期。究竟是借助技术以海量内容来赚快钱，还是保持传统以制作精良的精品内容来赢得市场口碑？这是困扰出版人的一个问题，也是出版高质量发展要解决的一个问题。

如何解答？答案是回归价值本质。

回归价值本质，是近些年来出版界的普遍呼吁。2017 年 8 月，出版人杂志记者采访上海世纪出版集团原总裁陈昕时，他就曾指出：在近两三年间，我们也观察到，行业不管从政策引导层面，还是从业者的共识方面，都将出版的文化属性和社会效益重新提到了一个新的高度。②华中师范大学出版社社长周挥辉在 2018 年 1 月接受《中华读书报》采访时说：“出版社终究要回归出版的本质，重塑出版价值观，不能太看重一些短平

① 邬书林：《坚持高质量发展　服务创新型国家战略　加快推进出版强国建设》，《中国出版》2021 年第 1 期。

② 邢明旭：《陈昕：出版人应重拾自己的骄傲》，《出版人》2017 年第 8 期。

快选题的眼前利益。”[①]2020年1月，在“叙事与想象：中信出版2020年度合作伙伴大会”上，中信出版集团董事长王斌发表了题为《相信细水长流的力量》的致辞。他认为，中国这个全世界潜力最大的出版市场，在经过高速发展后，开始理性回归：从市场经济主导到科技数据主导，终将回归本质，按文化自身的规律发展。[②]

为改变出版企业过分注重经济效益的现象，2018年11月，中央全面深化改革委员会第五次会议审议通过《关于加强和改进出版工作的意见》，强调要加强内容建设，深化改革创新，完善出版管理，着力构建把社会效益放在首位、社会效益和经济效益相统一的出版体制机制。这为出版高质量发展指明了方向。

新时代出版要在“双效统一”原则指引下，坚守出版传播知识、传递信息、传承文明的职责，打造原创精品图书，以优秀的内容产品促进文化发展繁荣、传递中国价值。

二、深耕主业，打造原创精品图书

出版业是内容产业，出版业的竞争，是以优质内容为基础的竞争。无论是集团化，还是上市，出版企业的目的都不是为了壮大资本，而是为了整合资源，深耕主业，增强在世界文化产业竞争中的核心竞争力，为文化强国贡献力量。增强核心竞争力，最重要的是策划、出版原创精品图书。

通过长达百年的奋斗，中国正在重返世界舞台中央。党的十八大以来，中国前所未有地走近世界舞台中央。中国的发展、中国的作用正在不断吸引世界目光。讲好中国故事，传播好中国声音，展示真实、立体、全面的中国，呼唤原创精品；形成同我国综合国力和国际地位相匹配的国际

① 陈菁霞：《周挥辉：努力做好一名高校出版新兵》，《中华读书报》2018年1月10日。

② 张诗莹：《人文时代，出版终将回归本质》，中国青年网，2020年1月13日。

话语权，呼唤原创精品。

（一）补足原创短板

原创精品是能惠及当代、传之后世的经典作品，其具有穿越时空的科学和文化价值。

改革开放以来，中国出版在原创和引进版权上共同发力，出版了众多能够留存久远的优秀作品。总的来说，在教育、人文社科、科学技术、经济管理、文艺少儿等板块，都有不少引进版权的图书成为经典且畅销或常销的作品。而原创图书中，经典畅销或常销的作品以文艺少儿和人文社科类作品居多，科学技术、经济管理和教育类作品有待深入挖掘。

在文学领域，我国作家和世界交流比较频繁，文学杂志和出版社的文学出版发展平稳，随着数字出版的飞速发展，网络文学成为一股强劲的发展力量。国内，设有茅盾文学奖、鲁迅文学奖、全国少数民族创作“骏马奖”、冰心散文奖、人民文学奖、十月文学奖等非常多的文学奖项，出版和创作之间形成了良性的互动，众多作家和作品被推介到国外，更是收获了诺贝尔文学奖、雨果奖等世界大奖。文学创作人才辈出，文学编辑代代相承。进入新时代，更是强化了对网络作家的关注和扶持，许多数字出版平台设立了网络文学奖，一大批网络文学作家成为原创新生力量。文学出版的繁荣与发展值得其他出版板块学习与借鉴。尽管如此，中国文学的世界影响力还有待提升，文学出版要助力中国文学提升思想性和艺术性，使其成为中国思想传播的重要通道。

在人文社科领域，近年来，我国主题出版图书亮点多，成绩显著。这类图书中产生了不少社会效益和经济效益俱佳的好作品，其中很多作品被推介到国外，向外国读者展现了我国新时代经济、政治、文化、社会和生态文明建设的巨大成就。其中一批展示我国治理体系和治理能力现代化建设的图书，强有力地传递了中国价值、中国发展观，展现了中国特色社会主义制度的优越性。与此同时，因主题出版对主题有特殊的限制，对时间节点要求比较高，因此不可避免地存在主题重复、内容重复的现象。针对这类情况，需在源头上把关，即关注全国的知名作者，在一段时间内，一个作者研究一个主题，只能出版一本专著；在一段时间内，一个作者研究相关的主题，不能出版过多的作品。只有在源头上把好关，才能避免重复投入，避免因创作时间短，难出精品。此外，出版机构还可扩大视野，培养正在成长的优质作家。

科学技术类板块是我国图书出版的主要短板。2019年8月，中国科协、中宣部、教育部、科技部联合印发《关于深化改革　培育世界一流科技期刊的意见》，意见中讲道："国家创新能力根植于知识创造、汇聚与传播及其生态环境。科技期刊传承人类文明，荟萃科学发现，引领科技发展，直接体现国家科技竞争力和文化软实力。我国已成为期刊大国，但缺乏有影响力的世界一流科技期刊，在全球科技竞争中存在明显劣势，必须进一步深化改革，优化发展环境。"我国科学技术出版吹响了新的号角。在图书出版方面，我国缺乏科学技术与哲学思想相结合、面向未来、在世界知识传播方面具有引领性地位的原创好作品，如《世界是平的》《第三次工业革命》这类佳作。

党的十八大以来，我国经济在世界上占有越来越重要的地位。按购买力平价计算，中国在2014年已经成为全球第一大经济体；按名义GDP总量来计算，中国在2018年已达到美国的66%，成为全球第二大经济体。目前，中国已经是具有全球影响力的贸易大国。2020年，《财富》世界500强上榜企业中，中国共有133家，历史上第一次超过美国。中国经济的腾飞引起世界瞩目。与此同时，图书出版中经济管理类板块有了质的飞跃。近年来，中国经济管理类图书热销榜上，越来越多中国作家作品上榜，原创图书的比例已经超过引进版权图书的比例。但是，热销的此类原创图书中，分析中国经济发展政策、描述经济发展现状的品种比较多，宏观经济学方面的重量级作品比较少。中国还缺少具有世界影响力的经济学理论著作或经济管理类图书。

总的来说，中国出版业不缺形而下的以中国为中心、具体描述中国社会状况的原创作品，缺的是站在世界中心、结合科技发展、面向人类发展未来的形而下的哲思之作。对此，习近平总书记如是说："我国哲学社会科学在国际上的声音还比较小，还处于有理说不出、说了传不开的境地。”[①]基于此，中国出版亟须挖掘能在世界传播中国真理的理论家，策划能在世界传播的中国哲学社会科学经典作品。

（二）发扬工匠精神

在2016年的《政府工作报告》中，李克强总理明确提出：鼓励企业开展个性化定制、柔性化生产，培育精益求精的工匠精神，增品种、提品质、创品牌。在2017年的《政府工作报告》中，他又一次明确：要大力弘扬工匠精神，厚植工匠文化，恪尽职业操守，崇尚精益求精，完善激励机制，培育众多“中国工匠”，打造更多享誉世界的“中国品牌”，推动中国经济发展进入质量时代。

中国出版业高质量发展，不能缺少出版人的工匠精神。

首先，要找回职业自信。二十世纪八九十年代，是中国出版的黄金时期，出版人的社会地位非常高。进入二十一世纪，中国出版全面进入市场竞争序列，出版人的地位有所下降，出版人不再如以往一般自信。而出版的价值，决定了编辑是值得尊重的职业。中国出版协会常务副理事长邬书林2021年在湖南省图书音像电子出版专业技术人员培训班上，鼓励听课的编辑说：“出版人要有自信，出版是为天地立心，为生民立命，为往圣继绝学，为万世开太平。”

其次，要恪尽职业操守。出版物是思想和知识的沉淀物，具有锻造心灵的作用。出版人要对出版物的质量负责，不能将粗制滥造的产品投放市场。尤其是教育类图书，越发要求管控图书质量，不能因为一本内容不合格的图书，影响青少年身心健康发展。

再次，要崇尚精益求精。慢工出细活，所有精品都是反复打磨才得以成型。从选题策划到书稿修改，再到设计排版、文字校对，每一个流程都需要编辑发挥精益求精的精神。选题策划阶段需要做好调研，物色好作者，与作者沟通交流进一步完善策划方案；书稿修改阶段，不迷信权威，

① 《习近平谈治国理政》第二卷，外文出版社2017年版，第346页。

参考相关资料，对作者提出专业的修改意见；设计排版和文字校对阶段，是将文稿编排成书的阶段——设计前，要将书稿的特色提炼出来，要给设计师提供设计样本或设计理念；文字校对要借助专业校对人员，保证校对质量。做一本书的过程，就是工匠打磨一个产品的过程，每一个细节都得用心。只有这样，才能打造思想精深、内容精湛、制作精良的精品力作。

三、对接研究机构，建设内容研发平台

内容是出版的根基。无论技术如何发展，它只是“术”。无论是数字出版还是纸质图书出版，出版的王道还是内容。今日头条之所以创业成功并发展迅猛，是因为创业团队利用“术”极大地扩张内容影响力。出版的高质量发展，核心还是基于内容生成的高质量发展。

优质出版内容从哪里来？各级思想、文化、科研研究机构是重要内容生产基地。各级人民政府智库、中央和地方党史研究院、各级图书馆和博物馆研究部门、各级协会，大学院校研究院或研究中心等，是优质内容的重要来源地。这些地方聚集了一大批高端的学术人才，他们或集体研究，或个体研究，其成果涉及政治、经济、文化、社会发展等各方面。出版业的高质量发展，离不开他们的支持。出版人要有“拿来精神”，将朋友圈延伸到他们之中，了解他们的研究动态，将他们的研究成果转化为具有传播力的精品图书。

出版人自身也要有研究精神，关注学术文化发展动态，研究社会热点问题，研究内容传播规律。出版企业也可以成立研究中心，助力企业转型升级。

中信出版社便成立了主题出版研究中心。2021年9月，中信出版集团董事长王斌在接受《中国新闻出版广电报》记者采访时介绍说：“它承载的不仅仅是出书这件事，以研究、智库为基础的出版模式和在主流中保持出版的活力才是它的根本要义。”中信出版社主题出版研究中心已经有

一个相对完善的宏大规划，形成了几大体系、几大重大项目和一个学术共同体，"'我们已经签约了20余位专家，正在加快进展'。在中心内部，每周王斌都带着大家一起开题研究，如同做论文一样"①。

四、分工协作，扩大图书影响力

技术和行业的发展，加快了人才分工。就出版业而言，编辑已分化为纸质图书编辑和数字出版编辑。在此基础上，又分为策划编辑、营销编辑和校对编辑。出版发行也早已实现线上线下同步，且已形成线上销售高于线下的局面。这种局面，对发行人员有了更高的要求。不仅要掌握不同省份读者购买的趋向性、实体店推广的新技巧，还要研究网络书店图书上架的规律，图书呈现页面对呈现元素的细节要求，读者在网上购书的购买心理等。基于此，图书发行也往往分化为线上发行员和线下发行员，而线上线下又是可以互动的。此外，技术推动图书生产流程大大缩短，市场新书上市周期短，为促进销售，策划编辑、营销编辑和发行人员之间的沟通协调越发重要。

盘活内容资源，需要深化人才管理，加强分工协作，提高工作效率，扩大出版企业的市场影响力。

首先，要强化策划编辑的"发动机"作用。"出版的繁荣，来自于有活力的社会、有收入保障的优秀的创作者、有信念和专业水准的图书策划人。"②策划编辑是出版业内容生产的"发动机"。策划编辑不仅要有较高的理论修养，能和高层次的作者深入对话，还要了解出版全流程，能在策划之初理清选题实现的路径。策划编辑必须对内容质量负责，跟进内容产品的设计和销售。在策划编辑、营销编辑和校对编辑中，策划编辑是核

---

① 刘蓓蓓：《上市2年，中信出版做了什么?》，"版话儿"公众号，2021年9月11日。

② 张诗莹：《人文时代，出版终将回归本质》，中国青年网，2020年1月13日。

心，其他编辑需要配合策划编辑做好工作。

其次，要提升发行人员的素质，以发行反向促进营销。图书的市场影响力，需要营销编辑和发行人员共同发力。图书营销虽然重要，但是能不能实现销售，取决于发行人员的努力。图书产品是文化产品，发行人员需有一定文化品位，从而能向市场准确推荐图书，能收集市场信息，反馈给营销人员，助力营销人员更有针对性地做好营销推广。发行人员还需跟进技术革新，开辟新的销售渠道，如某些手机应用程序上的销售。

再次，要加强数字出版编辑与传统纸质图书编辑间的交流与合作，用数字出版激活传统纸质出版的内容资源，实现共赢。目前，数字出版平台内容良莠不齐，精品纸质图书的内容进入数字出版平台，可提升数字出版的质量。数字出版编辑，可以通过对纸质图书内容进行重新设计排版，音频、视频转换等，将纸质图书进行数字化传播。还可利用网络传播直面读者的特性，帮助营销编辑推广图书。纸质图书编辑则可为数字出版编辑提供创意策划，双方合力打造精品。

2013 年 11 月，习近平总书记在考察山东时强调：一个国家、一个民族的强盛，总是以文化兴盛为支撑的，中华民族伟大复兴需要以中华文化发展繁荣为条件。出版能增加文化积累，推进文化创新；能优化文化选择，促进文化交流。立足新时代，为中华文化发展繁荣贡献重要力量是出版时不我待的历史责任。使命在肩，责任在肩。出版人坚守高质量发展的要求，回归价值本质，发扬匠人精神，以精品原创图书传递中国思想力量，展示中华文明新的时代风采，孕育民族复兴的伟大力量；强化分工合作，以现代企业精神，创造出版新业态新形态，奠定文化强国的出版基础。

（作者单位：湖南人民出版社）

“十四五”时期我国编辑队伍建设的价值定位与路径选择

张　恰

《中华人民共和国国民经济和社会发展第十四个五年规划和2035年远景目标纲要》明确提出“推进社会主义文化强国建设”。出版强国建设是文化强国建设的重要组成部分，是新时代出版业高质量发展的重要战略目标。建设出版强国，必须拥有一支政治坚定、业务精湛、爱岗敬业、一专多能、数量充足的编辑人才队伍，这是新时代新目标对出版业的新要求①。在“十四五”规划的开局之年，总结“十三五”时期我国编辑队伍建设的经验，布局规划“十四五”时期我国编辑队伍建设的发展蓝图，确定编辑队伍建设的价值定位与发展路径，成为亟待研究的重要课题。

---

① 孙文科：《关于加强编辑队伍建设的几点思考》，《中国编辑》2018年第6期。

一、“十四五”时期我国编辑队伍建设的研究缘起

对编辑队伍建设开展研究，是“十四五”时期加强编辑队伍建设的前提和基础。开展这一研究，主要基于以下三方面的考量。

（一）时代呼唤：推动出版业高质量发展的需要

高质量发展是我国经济社会发展的主旋律，也是出版业发展的时代主题。“十四五”时期，出版业要实现高质量发展，关键是要培养一支高素质的编辑队伍。没有一支高素质的编辑队伍，出版业的高质量发展就无从谈起。在论及“什么是高质量发展的出版业”时，柳斌杰认为：“有出版职业理想的人是出版高质量发展的第一推动力，实现高质量发展必须把政治素质较高、专业能力较强的队伍建设放在第一位”①。可以讲，编辑队伍是出版业发展的第一推动力。因此，深入研究如何加强编辑队伍建设，成为推动出版业高质量发展的重要研究课题。

（二）政策引领：落实党和国家相关政策的需要

“十三五”以来，党和国家在编辑队伍建设方面出台了一系列政策文件，不断加强对编辑队伍建设的顶层设计和指导。2018年11月，中央全面深化改革委员会第五次会议审议通过的《关于加强和改进出版工作的意见》提出了“加强出版人才队伍建设”的总体要求，成为指导新时代编辑队伍建设的纲领性文件；2018年12月，中宣部印发了《图书出版单位社会效益评价考核试行办法》，将“队伍建设”纳入图书出版单位社会效益评价考核体系；2020年9月，国家新闻出版署、人力资源社会保障部印发了新修订的《出版专业技术人员继续教育规定》。对于编辑队伍建设的一系列政策文件，我们需要在深入研究的基础上制定落地的工作方案，化解政策执行过程中可能遇到的矛盾和问题，确保相关政策落到实处。

---

① 柳斌杰：《开拓中国出版业高质量发展新时代》，《中国出版》2020年第22期。

（三）现实需求：补齐编辑队伍建设中问题短板的需要

近年来，我国编辑队伍建设在取得突出成绩的同时，还存在着一些问题短板。较为突出的问题体现在以下几个方面：编辑队伍建设的制度体系不够完善，比如，编辑职业道德建设方面的专题宏观指导性文件缺乏，出版单位的人才脱颖而出的体制机制亟待形成，编辑绩效评估体系尚待完善①。编辑队伍建设不均衡、不充分的问题比较突出，部分编辑素质能力难以适应新时代出版业改革发展需要，编辑队伍的核心素养和能力需要进一步提升；有的编辑责任担当和使命意识不强，有职业倦怠感，缺乏开拓进取的精神②。编辑业务基础素质不过硬；重使用轻培养现象比较突出；各种培训普遍流于形式；缺乏行之有效的激励机制③。由于对编辑队伍建设的发展规律研究不够深入，一些编辑队伍建设的重要理论与实践问题得不到有效解决，导致在编辑队伍建设中经验性、随意性问题时有发生。以上关于编辑队伍建设的各种问题，必须通过有效的系统研究来加以解决。

二、“十四五”时期我国编辑队伍建设的价值定位

价值作为事物发展的一种引导性力量，规定着事物发展的应然方向。正确的价值定位，是谋划我国编辑队伍建设“十四五”发展规划的前提和基础。“十四五”时期，我国编辑队伍建设应有明确、清晰的价值定位，聚焦高质量发展、构建体系、关注本体等关键的价值取向，沿着正确的方向发展。

（一）实现高质量发展

编辑队伍建设只有实现高质量发展，才能为出版业的高质量发展提供

① 吕建生：《打造高素质编辑队伍，推动出版高质量发展》，出版商务网，http://www.cptoday.cn/news/detail/10847。

② 宋永刚：《新时代如何加强编辑队伍建设》，《中国编辑》2018 年第 6 期。

③ 王创国：《新时代编辑队伍建设存在的问题及对策》，《中国报业》2019 年第 23 期。

强有力的人才支撑。因此，高质量发展应成为“十四五”时期我国编辑队伍建设的核心价值定位。结合我国编辑队伍建设的实际情况，高质量的编辑队伍建设具有以下含义：第一，高质量的编辑队伍建设意味着强调“提质增效”的发展内涵，以“提质增效”为主线贯穿“十四五”时期编辑队伍建设的全过程。第二，高质量的编辑队伍建设强调通过科学的发展规划、现代化的治理体系和治理能力、有效的政策供给、合理的资源配置，实现编辑队伍专业素质的大幅提升以及编辑队伍人才结构的显著优化。第三，高质量的编辑队伍建设强调实现高效能和高效率，高效能意味着较好地完成编辑队伍建设的“十四五”发展目标，高效率意味着以较低的队伍建设投入获得较高的队伍建设产出。

（二）注重构建体系

构建体系的含义是聚散为整，将零散的东西组成一个整体，构成一个体系，以发挥最大的功效。编辑队伍建设是一个内部要素结构十分复杂的系统，需要我们坚持系统观念，加强全局性谋划、战略性布局、整体性推进。从这一价值定位出发，“十四五”时期，我们要统筹推进编辑队伍建设的供给侧结构性改革，补短板，强弱项，构建由编辑职业资格考试与准入制度、编辑继续教育制度、编辑职称制度等构成的编辑队伍建设制度体系，充分发挥制度体系的“组合拳”优势，使之体系完备、科学规范、运行有效，以实现编辑队伍建设各项制度的有效衔接。

（三）关注本体价值

当前，我国编辑队伍建设存在着过于追求工具价值而忽视本体价值的倾向。工具价值主要体现为促进出版业改革发展所需要的人力资源开发工作，重视编辑队伍建设在其中发挥先导性、保障性和持续性作用的社会功能。编辑队伍建设的本体价值是服务于编辑专业发展，要求从编辑专业成长的需求出发，促进编辑的有效学习，进而使编辑队伍的专业素质得到整体提升。为实现编辑队伍建设的高质量发展，编辑队伍建设的价值取向应兼顾工具价值与本体价值的统一性特征，不仅要促进出版业的改革发展，更要关注本体价值，追求“以人为本”的价值内涵，促进编辑个体实现专业发展。

三、“十四五”时期我国编辑队伍建设的路径选择

在“十四五”开局之年，应做好我国编辑队伍建设的五年发展整体规划，深入落实《关于加强和改进出版工作的意见》提出的“加强出版人才队伍建设”总体要求，遵循编辑人才的成长规律，加强编辑队伍的治理体系和治理能力现代化建设，以提高编辑专业素质能力为发展目标，以强化编辑职业道德养成为首要任务，以大力推进编辑专业化为关键抓手，以关键制度的体系化构建为发展动力，以科研为支撑引领，不断优化顶层设计和深化改革创新，积极探索编辑队伍建设的发展路径。

（一）以德为先：构建编辑职业道德养成的长效机制

职业道德是评价编辑素质的第一标准。因此，要以德为先，锻造过硬的政治素养，常态化地推进编辑职业道德的培育涵养，把编辑职业道德养成作为编辑队伍建设常抓不懈的第一要务。长效机制是管根本的、管长远的，是推进编辑职业道德培育涵养必不可少的有力保证，为此，要构建编辑职业道德养成的长效机制，为编辑队伍的健康发展提供强大的动力支持。

构建编辑职业道德养成的长效机制，主要从以下几个方面入手：一是将编辑职业道德修养纳入编辑全员培训的必修内容，构建编辑职业道德教育的继续教育课程体系，创新编辑职业道德的教育方式，通过榜样引领、情景体验、案例研修、名社考察等生动活泼的形式，激发编辑涵养职业道德的内生动力；二是完善出版单位编辑队伍的思想政治工作组织管理体系，注重思想政治教育，引导编辑自觉培育与践行社会主义核心价值观；三是建立健全各级各类编辑荣誉制度和定期表彰奖励制度，加强优秀编辑宣传力度，增强编辑职业的认同感、归属感和荣誉感，激励编辑安心乐编，使编辑享受有尊严的专业生活；四是建立编辑职业道德违规惩戒机制，规定底线规范，依法依规查处编辑失德失范问题，使编辑知敬畏，存戒惧。

（二）关键抓手：大力推进编辑专业化进程

在提高编辑队伍专业素质的整体策略中，编辑专业化是最有成效、最有前途的中长期策略。2019 年 3 月颁布的《关于加强和改进出版工作的意见》提出了“加强出版人才队伍建设”的三项总体要求，即“锻造过硬政治素养，锤炼高强业务本领，弘扬优良工作作风”，这三项总体要求都聚焦到提升编辑“专业素质”这一关键点上，成为“十四五”时期我国编辑队伍建设的主流话语和发展目标。随着我国出版业的快速发展，编辑专业化更多地关注编辑个体的专业发展问题，编辑专业化的目标已从对外在条件的追求转向内在素质的提升。因此，在“十四五”时期，应明确编辑专业化在编辑队伍建设中的优先发展地位，将大力推进编辑专业化作为编辑队伍建设的关键抓手。

完善出版职业资格准入制度和考试制度。“十四五”时期，应完善出版职业资格准入制度和考试制度，充分发挥“选用适编者从业”的门槛作用，有效把住编辑队伍的入口关。比如，建立正常的编辑人才淘汰机制，使严重违规人员自动“出局”①；扩大出版专业技术人员职业资格考试的覆盖范围，将数字编辑纳入考试体系中；考虑在出版职业资格考试中增加面试这一评价形式，将申请者的专业认同、个性品质和实践思维等非认知品质的考察纳入评价体系中，全面考察申请者的专业素养。

组织研制编辑队伍建设的相关标准。标准引领是编辑队伍建设实现高质量发展的重要路径之一。当前，我国编辑队伍建设无标准可依的问题十分突出，已成为制约编辑队伍建设发展的瓶颈。针对编辑队伍建设标准缺失的问题，应组织研制编辑专业标准以及在此基础上的编辑培训课程标准、编辑培训机构认证标准、编辑培训质量评估标准、编辑出版学专业认证标准等，逐步构建编辑队伍建设的标准体系，以发挥标准在编辑队伍建设质量提升中基础性的引领作用。

---

① 李文娟：《我国编辑人才队伍的发展现状与对策研究》，《出版与印刷》2017 年第 4 期。

健全“自下而上”的编辑专业发展制度。2019年颁布的《图书出版单位社会效益评价考核试行办法》将“内部制度和队伍建设”设定为出版单位社会效益评价考核体系的一级指标，特别规定了四项评分标准，为编辑队伍建设在出版单位层面落到实处提出了具体要求。为补齐出版单位层面的短板，应健全“自下而上”的编辑专业发展制度，建立适合出版单位自身特点的编辑研修机制，完善编辑发展培训制度、激励制度、保障制度和督导制度，调动出版单位关于编辑队伍建设以及编辑个人专业发展的积极性和主动性，解决不同出版单位存在的个性化需求问题，因人而异地制定编辑专业发展规划，推动编辑终身学习和专业自主发展。

（三）持续改进：注重提升编辑继续教育的针对性和实效性

继续教育是编辑队伍建设的基础性、战略性工作。2020年版的《出版专业技术人员继续教育规定》与2010年版的《出版专业技术人员继续教育暂行规定》相比，特别增加了“注重质量”“注重实效”的继续教育原则，标志着我国编辑继续教育由规模发展向质量提升的转型。提升培训质量，注重提升编辑继续教育的针对性和实效性，应成为“十四五”时期我国编辑继续教育的主旋律。

为提升编辑继续教育的针对性和实效性，应着眼于从以下几个方面进行改进：第一，强化分层分类的精准化培训，确保按需实训；第二，实行编辑培训需求调研分析制度，确保培训内容契合一线编辑的实际需求；第三，创新培训模式与方法，灵活采取案例式、探究式、参与式、情境式、讨论式、任务驱动式等模式与方法；第四，探索建立编辑自主选学机制，强化培训自主性；第五，加强培训者队伍建设，统筹建好培训专家库，为编辑提供优质的培训资源；第六，规范培训管理，建设全国编辑培训管理信息系统，加强对各地培训的动态监测，定期开展培训质量评估，发布年度培训发展报告。

（四）有机衔接：推进出版教育的职前培养与职后培训一体化

编辑的专业发展应贯穿出版教育的职前培养与职后培训的全过程，即学历教育与非学历教育的一体化。当前的出版教育存在一个弊端，即编辑的职前培养与职后培训分别由开设编辑出版专业的高校和省级出版专业技术人员职业技能鉴定机构实施，彼此之间前后脱节，课程体系各自为政，造成编辑培养与培训缺乏过渡性和连续性，低水平重复问题比较突出。

“十四五”时期，应贯通现有的出版教育体系，打破条块分割以及旧有的分工、体制阻隔，改变培养与培训分离的状态，充分发挥高校的学科优势，培养和培训高素质编辑，在课程设置上与时俱进，融通学业两界，重视出版实践需求，不断完善“政产学研用”相结合的高校编辑出版人才培养模式，实现职前培养与职后培训的有机衔接。比如，为解决出版业对出版人员继续教育需求的不断增加与出版学专业继续教育供给质量不理想的矛盾，出版学应积极转型，加强对继续教育的关注，加大师资力量的投入和课程体系的研发①。

（五）多措并举：完善数字出版人才体系

为主动适应出版转型升级、推进出版融合发展的需要，出版行政主管部门应多措并举，完善数字出版人才体系，加大数字出版人才队伍建设的政策支持力度，统筹做好出版业紧缺和急需的数字出版人才培养工作。完善数字出版人才体系，主要包括以下几个方面：第一，加强数字出版从业人员的在职培训教育，提升从业人员在数字出版的内容创新、形式创新、服务创新和管理传播方式创新中发挥作用的能力②。第二，完善以出版企业为主体，职业院校为基础，学校教育与企业培养紧密联系、政府推动与社会支持相结合的数字出版人才培养培训体系。比如，实施数字出版“千人计划”2.0版。第三，建设新型科技智库，培育高精尖人才，进一步提升和培养出版机构、科研院所和技术企业的数字出版高级人才③。第四，采取更加积极的数字出版人才引进政策，进一步推动互联网企业与传统出

① 李永强：《新时代出版学升级的时代之需、学理之问、行业之要》，《出版科学》2021年第1期。

② 孙寿山：《进一步提高数字出版人才队伍建设水平》，《中国新闻出版广电报》2021年3月9日。

③ 张新新：《“十三五”的数字出版人才政策与实践研究——以政产学研一体化为视角》，《出版广角》2016年第19期。

版企业的人才流动和交流。

（六）支撑引领：加强对编辑队伍建设研究的规划和指导

科学研究是我国编辑队伍建设的重要组成部分，对编辑队伍建设具有重要的支撑、引领作用。“十四五”时期，应加强对编辑队伍建设研究的规划和指导，对这一研究的范畴和内容进行结构化、系统化建构，重点开展对编辑队伍建设的全局性、前瞻性、规律性问题的专题研究，不断深化对编辑队伍建设的规律性认识，以理论研究成果支撑、引领我国编辑队伍建设的高质量发展。

加强对编辑队伍建设研究的规划和指导，在主攻方向上，应确立服务实践需求的原则，以编辑队伍建设的重大战略问题和实践问题为主攻方向；在研究内容上，围绕编辑队伍建设的问题与对策、路径与机制、政策文本及其实施的有效性、制度体系构建的效能、编辑人才成长规律、编辑专业素质结构、编辑专业标准等一系列热点、难点问题，开展深入研究；在研究范式与方法上，创新研究范式，综合运用各种研究方法，加强理论研究、实证研究、比较研究和跨学科研究，改变当前学理分析不足、实证研究缺乏的状况，催生一批高质量的编辑队伍建设研究成果。

当前，做好我国编辑队伍建设的“十四五”规划，需要上升到事业发展的战略高度，前瞻思考，系统研究，扎实推进，这样才能建设一支政治素养过硬、业务本领高强、工作作风优良的编辑队伍，推动我国编辑队伍建设走上提质增效的快车道。

（作者单位：东北师范大学出版社）

对新时代骨干编辑人才培养的认识与思考

张立科

党的十九届五中全会明确提出到2035年建成文化强国的远景目标，并强调在“十四五”时期推进社会主义文化强国建设。这是以习近平同志为核心的党中央基于历史和现实、着眼全局和长远做出的战略决策。出版是文化强国建设的重要组成部分，做好新时代出版工作，对于提升国家文化软实力具有重要作用。

编辑人才是编辑出版事业发展的基础力量，新时代、新形势对编辑出版工作提出了新要求，可以说建设高素质编辑人才队伍是推动社会主义文化强国建设的前提和基础。骨干编辑是出版单位方向领域的领军人，是职业化的高素质编辑，他们业务理论精、专业能力强、综合素质高，一般是出版单位的中层领导干部，担任业务部门的分社领导或编辑部主任等职务，不仅在出版单位中发挥着业务主导与核心的作用，还对整个出版行业的发展具有重要的引领示范作用。骨干编辑人才（业务部门领导或编辑部主任）培养已经成为编辑人才队伍建设的核心所在。本文从分析新时代骨干编辑人才培养的要求入手，重点介绍如何做好新时代骨干编辑人才培养工作。

一、把握新时代对骨干编辑人才培养的要求

党的十九大报告指出，我国经济已由高速增长阶段转向高质量发展阶段。党的十九届五中全会进一步指出，“十四五”时期经济社会发展要以推动高质量发展为主题，强调把新发展理念贯穿发展全过程和各领域，实现更高质量、更有效率、更加公平、更可持续、更为安全的发展。出版是我国文化事业和文化产业的重要组成部分，对文化产业实现高质量发展具有不可低估的作用。中共中央、国务院《关于加强出版工作的决定》指出：“编辑工作是整个出版工作的中心环节，是政治性、思想性、科学性、专业性很强的工作，又是艰苦、细致的创造性劳动。”可见，出版发展质量的水平在很大程度上取决于编辑队伍，尤其是骨干编辑人才队伍的建设水平。

面对新时代新形势新任务新目标，习近平总书记对宣传思想干部提出了新要求，“要不断掌握新知识、熟悉新领域、开拓新视野，增强本领能力，加强调查研究，不断增强脚力、眼力、脑力、笔力，努力打造一支政治过硬、本领高强、求实创新、能打胜仗的宣传思想工作队伍”。出版行业是我国宣传思想领域的重要阵地，习近平总书记关于“四力”的重要论述，为做好新时代编辑人才培养指明了努力方向，提出了重要遵循。骨干编辑作为编辑出版队伍中的中坚力量，小到对一个出版社的生存发展，大到对整个出版行业的繁荣兴盛，都有非常重要的作用。骨干编辑应该坚定不移地贯彻落实党中央关于高质量发展的重要部署，立足新坐标，找准新定位，努力提高政治素质，增强“四力”，不断提升业务本领，为更丰富

的高质量出版物提供强有力的出版支撑，全面深入推进出版高质量发展，更好地承担起举旗帜、聚民心、育新人、兴文化、展形象的使命任务。

二、全面强化新时代骨干编辑人才的认知

新时代对骨干编辑人才提出了更高的要求，骨干编辑要适应新时代的新要求，首先就要提升自己的思想认知。出版工作是意识形态工作的前沿阵地，作为骨干编辑，首要任务就是要了解出版行业的使命任务，全面提升自己的政治素质。同时，骨干编辑作为出版社方向领域的领军人，还要对部门职责和本职岗位有清晰的认识。

（一）对出版行业的认知

出版是记录历史、传承文明、传播思想文化的重要载体，是推动社会经济发展、科技能力提升、文明传承和文化创新的重要力量。出版通过产出精神文化产品，影响人们的世界观、人生观、价值观。党中央高度重视出版工作，《关于加强和改进出版工作的意见》指出："出版是党的宣传思想工作的重要组成部分，是促进文化繁荣兴盛、建设社会主义文化强国的重要力量。"这"两个重要"充分体现了出版行业的意识形态属性、文化属性和产业属性，是对出版行业重要性和特殊性的高度总结。

出版行业担负着为实现党和国家的总任务、总目标提供精神动力、智力支持、思想保证和良好舆论环境的重要任务。编辑作为出版从业人员，应该具备过硬的政治素质，"政治素质既是一种态度，也是一种能力"①。骨干编辑应该牢记出版的社会责任和历史使命，坚持马克思主义的出版观，坚持中国特色社会主义文化发展道路，坚持为人民服务，为社会主义服务，加强内容创新，坚持把社会效益放在首位，实现社会效益和经济效益相统一，努力为人民群众提供更加丰富、更加优质的出版产品和服务。

① 黄书元：《编辑如何提高政治素养》，《中国新闻出版广电报》2020年3月23日。

（二）对部门职责的认知

骨干编辑作为出版单位方向领域的领军人，应该对所在部门的部门职责有准确的认知，要能够处理好全局和局部的关系。要明确部门的发展定位，对自己所在部门的业务领域要有洞见，只有准确把握行业发展的规律，敏锐抓住市场的需求，才能带领部门实现业务增长；要清楚部门的主责主业，知道部门的发展方向、发展目标、业务主航道是什么，部门是出版单位整体的组成部分，骨干编辑要将部门的规划和发展放到出版单位全局的业务规划和发展中考虑，做好主责主业，形成部门的核心竞争力和业务护城河，为出版单位整体的发展作出贡献。

（三）对本职岗位的认知

除了要落实好出版单位和部门的相关要求外，骨干编辑还要立足岗位职责，发挥好“引”和“导”的作用。“引”就是业务引领，骨干编辑作为业务领域的排头兵，要紧紧抓住“责任”二字，把自己作为部门发展的重要责任人，率先垂范，“牢牢抓住高质量发展这个牛鼻子”，做好业务，推动部门出版业务实现高质量发展。“导”就是指引方向，“方向决定结果”只有方向正确，才能取得好的效果。骨干编辑作为业务领域的领军人，应该对经济社会发展规律、政策环境、市场变化、未来的出版方向等有敏锐的感知力和洞察力，要能够抓住时机，选准方向，带领广大编辑不断开拓新的业务方式，实现部门持续发展。

三、全面培养新时代骨干编辑人才的能力

“功以才成，业由才广”，编辑的业务能力是出版事业实现可持续发展的根本所在。美国资深编辑柯蒂斯在《编辑人的世界》中提到“今天的编辑和老一辈编辑不同的是，他们必须十八般武艺样样俱全，既要精通书籍制作、行销、谈判、促销、广告、新闻发布、会计、销售、心理学、政治、外交等等，还必须有绝佳的编辑技巧”。可见，随着时代的发展，对

编辑能力的要求开始覆盖出版、营销的全过程，而骨干编辑作为编辑队伍中的佼佼者，不仅需要具备突出的业务能力，还要在编辑队伍中发挥领头羊的作用，带好队伍，切实推动团队的发展。

（一）做好业务是核心

1. 要注重调查研究

“出版是时代的同行者”，出版工作要服务读者、服务社会，而读者和社会的情况在不断地发生变化。如果编辑不做调查研究，只是闭门造车，依靠老习惯进行判断，策划的选题就会脱离时代。只有走出去，做好调查研究，对市场进行充分的调研和反复的论证，更准确地了解选题涉及领域的新发展、消费者诉求的新变化、行业营销的新趋势等，才能大浪淘沙，选出“金子”。“没有调查研究就没有发言权”，调查研究要基于实际做出判断，调查的内容应该包括业务数据、行业发展、自身情况等方面。数据是策划的基础和前提，数据可以帮助编辑打开视野、了解变化，因此编辑应该对各种业务数据了如指掌；智者见于未萌，优秀的编辑要能见人所未见，对于行业未来的发展规律，要通过调查研究来判断和发现；要了解自身的情况，对所在部门或者单位的发展优势、不足、机会、问题等都要有清楚的了解，知己知彼，方能从更长远的角度制定发展规划，从而占尽先机。

2. 要强化选题论证

选题是出版工作的龙头，有学者认为“在整个图书利润总额中，选题策划的利润贡献率一般在50%左右，有时甚至高于50%”①。可以说选题好坏有时甚至能决定一个出版单位的命运。出版单位的发展要以优质选题和重点选题项目为支撑，对骨干编辑来说，最重要的工作就是要做好选题。当然，好选题也不是凭空得来的，还需要经过深入的论证过程。选题

① 刘敬文：《时代需要什么，我们就策划什么》，《出版广角》2016年第22期；郝振省：《出版改革进程与编辑队伍成长》，《现代出版》2019年第1期；聂震宁：《致青年编辑的十二封信》，人民教育出版社2020年版；中国韬奋基金会韬奋著作编辑部编：《韬奋全集》第7卷，上海人民出版社1995年版，第203页。

论证的过程是一个思考琢磨的过程，编辑与编辑之间、编辑与作者之间，对标行业内公认的“好书”“畅销品”，分析论证选题的优势和劣势，从而碰撞出思想的火花，不仅能够达到筛选选题的目的，还能帮助提升选题的质量。最后，选题论证还要注重标准化，要把思考琢磨的逻辑过程“可视化”。笔者建议可以沿着“细分市场—目标读者—产品定位—产品实现(成本、价格、渠道、营销等)”的思考路径来进行选题论证。

3. 要做好布局规划

纲举而目张，选题布局体现了编辑对未来出版方向和选题思路的规划，能决定一个方向领域未来的发展走向，是骨干编辑应该重点抓，而且必须抓好的工作。骨干编辑在做选题布局时，应该从产品线和重点品两个方面着手。产品线建设是选题布局能与社会发展趋势相匹配的重要保证，在规划产品线时，应该充分结合出版单位以及部门在作者、编辑、市场等方面的资源优势，考虑方向领域在整体图书市场的占比情况以及未来市场变化趋势，在充分调研和分析的基础上，构建具有领先优势、双效显著、单品效益突出的产品线。重点品是指为出版单位业绩作出突出贡献，或者是有重要探索价值和意义的图书选题。重点品布局要突出“分层、一流”的原则，分层就是在分析同类市场、同类图书的基础上，打造具有突出亮点和竞争力，能够覆盖不同市场区间的优质选题；一流就是要做代表出版社品牌，具有启迪性、引领性和市场号召力的精品。

4. 要紧抓作者资源

作者资源非常重要，拥有一批好作者，是一个编辑的实力和能量所在。抓好作者资源建设的关键在编辑，在作者资源开发方面，笔者觉得骨干编辑要做到三点。首先是专，编辑要具备一定的专业水准，要对自己准备开发的图书的价值、思路及要实现的既定目标都非常清晰，这样才能按图索骥，找到适合的作者。其次是识，编辑要能够识人，作者形形色色，编辑要能够优中选优，做好选择。在选择作者资源时，可以使用“开打一扇窗”法则，也就是找到作者中的“关键一人”，这个关键作者应该是某一领域内的代表人物，编辑可以通过获得“关键一人”的支持，从而在该领域内实现整体资源的拓展。最后是诚，编辑对作者要以诚相待，要能与重要的作者一起思考，要帮助作者一起完成作品创作，要主动帮助作者谋划未来的发展，实现共生共赢。

5. 要优化过程管理

确定选题、选定作者之后，就进入了书稿撰写和出版环节。这个环节不仅对图书的质量和品质有决定作用，还与图书的经济效益密切相关。在这个环节，骨干编辑要能够从部门发展的高度，精细化地管理、控制好整个过程，要能对图书的进度、印刷数量、入库时间、成本率等进行精细的测算、规划和控制，从而高质量地完成图书出版流程。以图书定价管理为例，定价关系图书成本，与利润密切相关，是图书出版过程中非常重要的一环。骨干编辑在确定图书定价时，要本着“在兼顾市场竞争的情况下，体现图书的价值”的原则，综合考虑出版社的利益和读者的接受度，为图书拟定合理的定价。

（二）带好队伍是关键

1. 提高站位，要具备大局观

站得高才能看得远，作为一个团队或者一个部门的领头人，骨干编辑要提高自己的站位。首先要站得高，做事或者思考问题时要站在发展全局的角度，部门的决策、规划要服从服务于单位整体的发展规划，当单位的整体规划与自己部门、领域的规划发生冲突时，要能够舍弃小我，顾全大局。其次要有兼容性，每个人都有缺点有长处，骨干编辑要能包容团队每个人的特色和不同，最大限度地发挥每个人的长处，求同存异，形成最大合力，打造一个高效有战斗力的团队，以便更好地推进部门工作。

2. 锤炼作风，要起表率作用

天下之事，虑之贵详，行之贵力。骨干编辑要有责任心，要尽心尽责，担当实干，对自己的本职工作，不犹豫、不懈怠、不畏难，用自己的行为带动、影响团队成员。好的作风是一种无形的力量，有润物细无声的作用，能潜移默化地影响团队中的每个成员。骨干编辑作为团队的领导者，除了自己要做好表率，保持优良作风，还要在团队内部中倡导简单和谐的风气。团队成员要把精力放在本职工作上，大家围绕共同目标，一起努力奋斗，共同进步。

3. 优化考核，要能激发活力

骨干编辑要用好赏与罚，通过科学合理的考核机制，充分调动团队每个成员的积极性，激发部门活力。具体来说，一是要明确岗位要求，让每一个编辑了解自己的岗位职责以及部门领导对自己的期望，包括对过程和结果的考核要求，这样编辑对未来的努力方向才会更清晰。二是要做好量化考核，“不让雷锋吃亏”，通过设置科学的绩效考核机制，将绩效分配向奋斗者倾斜，让奋斗者在经济上得到实惠。三是激励机制要合理，激励机制要综合考虑过程和结果、当前努力和历史贡献，并能兼顾各年龄层编辑的要求，既能让年轻编辑的工作热情得到保护，也能让核心骨干不产生懈怠情绪，让每一个团队成员都有内生动力，从而保证部门整体的活力和战斗力。

4. 培育新人，要建后备力量

部门要发展，人才尤其是年轻人才是关键。骨干编辑要尊重人才、爱护人才、培养人才，为部门年轻编辑的成长创造良好条件。要教方法，年轻编辑一般都具备一定的基础水平和专业水平，但是他们在出版方面的技能还不够。骨干编辑要着重教授他们出版的方法，让他们实现从专业思维向出版思维的转化。要给项目，用项目带动年轻人的成长，通过实际项目，指导策划思路，推荐优秀资源，给予正面激励，不仅把年轻人“扶上马”，还要“送一程”。要重激励，除了在业务上的指导和帮助，还要加强对年轻编辑的激励评价，让年轻编辑能安其岗、得其所、留得下，使优秀的年轻编辑团队尽快成长壮大起来。

5. 管放有度，要发挥主动性

与一般的编辑相比，作为一个团队或者一个部门的负责人，骨干编辑要承担更多的责任和压力，因此骨干编辑要学会分解目标和任务，“千斤重担人人挑，个个头上有指标”，要将目标和结果作为考核基础，该放手时要大胆放手，该亲力亲为时，要发挥好榜样引领作用。“主好要，则百事详；主好详，则百事荒。”作为管理者，不需要事必躬亲，要在关键点上管，在目标上管，这样才能不陷入具体事务的泥沼；要对团队成员充分授权，这样不仅可以将任务压力分解下去，还能激发团队成员的“内生”动力。另外，一个编辑团队成员的能力是分层的，管理者还要做好分层管理，对主动性、能力强的多放手，对年轻、经验不足的多帮手，以便团队的力量得以最大化地发挥。

四、全面提升新时代骨干编辑人才的素养

“你要小心你的思想，因为它会变成你的语言；你要小心你的语言，因为它会变成你的行动。”编辑的个人素养不仅会影响编辑的工作表现和未来发展，往大了说，还会影响一个出版单位图书的质量、品质和价值，甚至影响整个出版单位的发展。因此，骨干编辑要与时俱进，保持终身学习的习惯，不断提升自己的文化素养、创新思维、担当意识和奋斗精神，正如出版家邹韬奋所言，“我个人是在且做且学、且学且做的，做到哪里，学到哪里，除了在前进的书报上求锁钥外，无时不惶惶然请益于师友、商讨于同志”。

（一）文化素养

出版物是文化产品，作为“文化的守望者”“知识的摆渡人”，编辑个人的文化素质决定了编辑的视野，并直接影响其所策划选题、图书的质量和品位。邹韬奋、叶圣陶等编辑大家用自己的经历证明，一个好编辑的核心能力不仅体现在编辑力上，更体现在他的洞察力、判断力、鉴赏力和思辨力上，而这些能力的高低都与编辑的文化素养程度息息相关。骨干编辑要多读中国传统文化经典著作，只有不断从传统文化中汲取力量，才能策划出具有文化传承价值、能够代表这个时代、具有中国特色的精品力作；要多读哲学著作，提升辩证思维能力，培养宽广的视野和独到的眼光，增强对出版内容质量和市场发展趋势的判断力；要与时代同行，多读理论篇

章，确保在选题规划和方向把握上与党和国家的发展战略以及经济社会发展的方向相一致。

（二）创新思维

创新是出版的动力和源泉，出版致力于传播新知识、新思想、新文化，编辑是否具有创新思维，关系到编辑产出的图书是否能代表时代发展趋势，是否能经得起市场和时间的检验。因此，骨干编辑要具备多元创新思维，才能在出版工作中处于主动地位。要具备策划创新思维，把创新意识融入选题策划和图书出版过程中，不断推陈出新，挖掘具备新思想、新知识、新信息的原创性选题，探索全新的出版形式，力求做到人无我有、人有我优。要具备融合创新思维，中央多次下发指导性文件，大力推动传统出版和新兴出版的融合，出版工作者应该积极适应全媒体时代发展的大势，深入领会媒体深度融合的含义、要求和意义，在业务工作中立足产品形态、传播方式、消费方式的创新，开发符合时代要求的精品出版物。

（三）担当意识

骨干编辑是部门各项工作的先行者、推动者和落实者，是推动部门和单位发展的中坚力量，既要履行示范作用又要落实领导责任，因此需要具备担当意识，要勇于担当，乐于担当，还要善于担当。要敢于直面困难，遇到发展中的问题不回避、不退缩，敢于迎难而上，积极主动寻找对策，解决难题。要敢于挺身而出，在关键时刻、紧急关头，要能够站出来、顶上去，冲在前面，干在前面，表现出敢于担当的坚强意志，发挥好先锋模范作用。要敢于直面错误，在工作上出现失误时，在摸索新业务发展方向出现困难时，不推诿、不躲闪，勇于正视错误、勇于担当责任，这是对团队领导人胸襟、品行和素质的重要考量。

（四）奋斗精神

党的十九大至今，奋斗是习近平总书记讲话中一个重要的关键词，习近平总书记强调“新时代是奋斗者的时代”，号召我们要把奋斗精神融于岗位、融于日常。荣誉、成绩都是干出来的，骨干编辑的使命和责任就是要为实现出版单位的发展目标而努力奋斗，这是一个团队领导者应具备的基本职业素养。这里所说的奋斗精神不仅指艰苦奋斗精神，更指的是一种顽强拼搏、永不言败的勇气，一种直面困难、坚忍不拔的品格。在工作中，骨干编辑要能够尽心尽力，碰到新情况、新问题，能够承受住压力，以不达目的誓不罢休的精神状态，用心思考，不断攻坚克难，找到合理的解决方法；要保持激昂奋进的姿态和精气神，不论是在取得一定的成绩时，还是在遇到发展中的阻力时，始终能够保持使命感、危机感、饥饿感，积极奋斗，永不停下为单位、为行业贡献力量、创造价值的脚步。

五、结语

中国编辑学会郝振省会长在《中国编辑》的改刊词中说："一个品牌出版社的最核心资产其实就是其以资深编辑、专家型编辑为领军的整个编辑团队或群体，而这个团队或群体的学术理论素养如何，对编辑业务、经验教训总结提炼得如何，其发现力、策划力如何，从小里讲，决定一本书、一种刊的命运；从中里说，决定一家出版社、一家期刊社的命运；从大里看，决定整个出版业的命运与发展。"骨干编辑作为出版单位的"核心资产"，他们的能力和素质的培养不仅要跟上行业发展的要求，更要跟上时代发展的步伐和要求。"十四五"时期，我国文化产业发展将迎来重要的战略机遇期，我们要站在整个出版行业发展的高度，认识加强骨干编辑队伍建设的重要意义，久久为功，培养具备"胸有大业、肩有担当、腹有诗书、术有专攻"品质的优秀编辑，不断为出版行业的发展注入新鲜血液和新的活力，为社会主义文化强国建设奠定坚实基础。

（作者单位：人民邮电出版社）

主题出版顶层设计：认知拓展、践行路径和效益展望

何军民

党的十八大以来，出版单位更加自觉地将主题出版作为提升社会效益的重要抓手，全国范围内主题出版工作迅速呈现佳作迭出的良好局面。据学者周蔚华统计和分析，“十三五”期间，在22个图书分类中，马克思主义、毛泽东思想类图书每年出版超过600种，总印数除个别年份有所下降外均有较大幅度增长，例如2018年与2017年相比，该类图书新版增长19.17%，重印增长36.90%，总印数增长121.56%，总印张增长135.40%，定价总金额增长131.15%，这些数据都远远高于图书市场平均增长率。① 主题出版板块在经过兴起、快速发展、爆发式增长等常规阶段以后，目前已经呈现出行业全面参与的积极态势。这种情况的出现，意味着出版业界

① 周蔚华：《“十三五”时期的主题出版：回顾与展望》，《中国出版》2020年第22期。

和学界要把抓好主题出版顶层设计作为一个核心课题加以重视。有鉴于此，本文拟在拓展有关主题出版顶层设计基本认知基础上对其践行路径和未来效益等具体问题进行相对深入的考察，以引发相关人士的深入思考，从而为主题出版精品力作打造准备更加丰富的理论资源。

一、认知拓展：正确理解主题出版顶层设计的科学内涵

"顶层设计"最初是一个工程学术语，本义是统筹考虑项目各层次和各要素，追根溯源，统揽全局，在最高层次上寻求问题的解决之道。鉴于"顶层设计"一词已在主题出版有所应用，我们有必要回归其工程学本源，在三个重要维度上有效拓展当代中国出版界关于主题出版顶层设计的认知视野，以便更好发挥这一术语对于搞好新形势下主题出版工作的现实指导作用。

（一）主题出版顶层设计是一项包含多层的系统工程

说起主题出版顶层设计，很多人容易将其简单等同于出版管理部门的宏观规划。这样的理解，显然矮化和窄化了顶层设计的重要意义，不利于发挥出版行业各个部门、各个层次人员在打造主题出版精品力作方面的主动性。搞好新时代主题出版工作，要求出版行业，特别是出版企业经营管理人员和一线编辑以更加开阔的视野看待主题出版的顶层设计。我们要把主题出版顶层设计看作一项密切关联出版行政部门、企业经营管理者和编辑群体，主体多元，层次丰富的系统工程。狭义地理解主题出版顶层设计，很有可能导致出版企业将从事主题出版工作视为一项不得不为的政治任务，其成效必将大受影响。事实上，尽管实施初期确由出版管理部门强力主导，但经过近些年的发展，对出版企业来说，主题出版早已由管理部门"要我做"变成了"我要做"。正是因为全行业发生了这样根本的态度转变，新时代主题出版才在2018年以后迎来了爆发式增长。倡导针对主

题出版顶层设计的更宽视野，有助于主题出版整体水平的切实提高。

（二）一线编辑在主题出版顶层设计中起着枢纽作用

鉴于主题出版顶层设计的成效需要在政策落实和选题推进过程中得到检验，而且编辑作为出版事业的核心，其对主题出版顶层设计的理解和执行能力在事关主题出版顶层设计成败的各项指标中占有特别的权重，笔者认为，如果将主题出版顶层设计视为一个有机系统的话，其中承担主题出版选题策划、书稿加工等实务性工作的一线编辑在这个系统中无疑起着极其重要的枢纽作用。只有一线编辑把主题出版视为一项系统工程而有长期、中期、短期规划，着眼于个人职业生涯、作者队伍建设、营销推广方案等进行全方位谋划，根据自身岗位职能搞好主题出版顶层设计，既向上对接国家宏观政策和经营管理层整体谋划，又向下有序推进选题策划、沟通作者等各种具体任务，主题出版顶层设计才有实际意义。不能实现或实现效果不好的主题出版顶层设计将会失去其权威性，最后必定会沦为一纸空文。从这个角度看，我们必须充分重视一线编辑在主题出版顶层设计系统中的决定性作用，必须改变过去那种或者将一线编辑排除在主题出版顶层设计之外，或者事实上将一线编辑置于主题出版顶层设计边缘位置的偏见。充分考虑一线编辑重要性的主题出版顶层设计才是完整的顶层设计，因而才是科学的顶层设计。

（三）主题出版顶层设计要基于产品线建设稳步推进

从根本属性上说，主题出版顶层设计是一种面向全局和整体的宏观规划，但是我们同时也要充分考虑出版业的实践性特征。主题出版工作的核心是围绕国家各方面工作大局和重大主题开展出版活动，要使这些出版活动对目标读者真正起到入脑入心的效果，出版企业特别是一线编辑必须形成自己的顶层设计方案，久久为功，本着打造具有鲜明特征文化精品的原则妥善安排出版节奏，以便通过品牌特征明显的优秀出版物展现顶层设计的思路和效果。这就要求出版企业和一线编辑在出版全流程中都贯彻图书产品线思维，“即出版人员（以编辑为主体）从核心出版资源库中选取合适元素，按照经过科学论证的设计方案进行配置，必要时可对既定方案进行调整和完善，最后形成主题一致、层次分明、结构合理、目标清晰、规模适当的图书产品集合”①。如果不基于图书产品线思维进行主题出版顶层设计，那么各个层面的主题出版活动都很可能散漫无章，主题出版工程就难以充分发挥其综合效益。

基于以上认知拓展，我们可以把新时代条件下的主题出版顶层设计理解为一项针对主题出版活动而进行，具有全面性、稳定性和长期性特征的系统规划。从层级上看，主题出版顶层设计包含各级出版行政部门、出版企业经营管理层和一线编辑等主体，而一线编辑在其中起着重要枢纽作用，其效果的持续彰显有赖于图书产品线思维的科学贯彻。

二、践行路径：主题出版顶层设计质量提升的基本方向

虽然主题出版顶层设计立足于宏观和全局，具有很强的规划性特征，但其质量如何，从根本上决定于各个参与主体对其基本思路和原则的科学落实。从这个意义上说，关于主题出版顶层设计践行路径的探索就显得非常重要。在笔者看来，落实主题出版顶层设计思路和原则，应从以下五个方面进行。

（一）钻研理论政策，提高政治站位

从2012年起，国家出版行政部门开始以核心主题命名式的工作通知对当年主题出版工作作出全局性安排，自2015年起，更是以年度命名的聚合式选题方向取代核心主题命名式的主题出版工作通知，使“主题出版重点出版物选题”正式从围绕党和国家核心工作展开的时效性出版活动转变为年度例行工作②。对这些通知的主体内容进行系统考察可以发现，中

① 何军民：《图书产品线：基本结构、成立支点和效益赋能》，《中国编辑》2021年第1期。

② 庄莹：《从顶层设计到选题创新——主题出版重点出版物研究（2012—2020）》，《编辑之友》2020年第10期。

宣部以及出版行业归属中宣部管理之前的国家新闻出版广电总局，其各年度明确的主题出版选题重点，无论是习近平新时代中国特色社会主义思想等常态化内容，还是西藏民主改革60周年等节点性内容，都在党和国家相关文件中被反复提及。也就是说，各个年度对主题出版选题重点予以明确的专门通知，从根本上是党和国家大力宣传、提倡、推进、贯彻的重要理论政策的高度凝练和概括。这一事实意味着，要搞好主题出版重点出版物选题的策划，认真研读中宣部发布的年度通知是前提，而要真正领会通知精神，则必须切实提高政治站位，时刻关注党和国家领导人发布的重要指示、提出的重要理论和有关部门推出的重要政策，结合权威部门解读和专家研究成果深入领会其精神实质，养成从全局、系统、宏观、深层角度考虑问题的习惯，还要能够将理论和政策研读成果转化为选题设计等方面的现实出版生产力，最终以精品佳作为载体实现主题出版顶层设计的初衷。不认真钻研理论政策，不切实提高政治站位，主题出版顶层设计就会从一开始失去正确方向。

（二）坚持问计于民，聚集优势资源

一般来说，主题出版顶层设计通常遵循自上而下的程序进行，且在“上”的出版行政部门和企业经营管理层发挥着把方向、定基调的作用。例如，有研究者把2003年至2007年视为主题出版发展的第一阶段，认为在这个阶段“出版社主要的力量投放在体制机制改革、市场的开发和资本的运营，尽管在配合着政府的管理从事主题出版，但无论认识还是作为都较为有限”①。然而，从实际情况看，出版行政部门的有关原则指导和制度安排毫无疑问只有通过一线编辑的具体编辑出版活动才能够真正产生效益，一线出版编辑活动的质量是检验主题出版顶层设计质量的最有说服力的标准。从这个意义上说，主题出版顶层设计，必须完成“从一线编辑出版实践中来，到一线编辑出版实践中去”的闭路循环。无论是出版行政部门发布有关指导意见以进行宏观布局，还是各个出版单位根据出版行政部

① 谢清风：《主题出版的提出、发展、问题和展望》，《现代出版》2018年第6期。

门宏观布局进行企业范围内的相对系统的选题部署，都必须“问计于民”，真正倾听下一级单位基于工作实践而提出的完善性、提升性建议，并切实追踪效果反馈，以便更好提高后续顶层设计水平。没有问计于民的顶层设计势必变成出版行政部门或者企业经营管理者的独角戏，难以有效应对全局意义上的复杂情况。

（三）打牢学术根基，确保内容品质

主题出版的顶层设计，要着眼向公众有效传播基于中国改革发展全局性和重大热点问题的学术成果，而不是简单宣传政策理论原文或者对其进行浅层次解释说明。从这个意义上说，无论是出版行政部门的主题出版全局安排，还是一线编辑着眼产品线建设的主题出版选题规划，都要充分考虑相关领域和学科的总体研究状况，特别是占据学术研究前沿的创新性成果。出版行政部门的全局安排要以总体上有利于引导精品学术成果的创造性转化为旨归，通过有效引导把精品学术成果转化成读者喜闻乐见的文化精品，以推动中国特色哲学社会科学“三大体系”的构建，增强全体中国人民对于中国特色社会主义的道路自信、理论自信、制度自信、文化自信。一线编辑以选题规划为主要手段的顶层设计，把选题创意和内容表达建立在可靠的学术研究基础上，使选题规划总体上具有学术体系的特征，从长期看必然催生更多既有坚实学术根基又有很强读者适应性的高品质选题。“编辑要时刻关注学术研究前沿和学界动态，多与专家学者打交道、交朋友，了解每一个专家的研究方向、当前的研究重点、已有的学术成果、已出版的著作，以及语言风格。只有聚合了一批优质的作者资源，有好的策划灵感时才能有的放矢，精准找到最适合、最能胜任的作者。”①打牢学术根基，确保内容品质，是主题出版顶层设计的题中应有之义。

（四）力推品牌带动，厘清转型方向

“高质量主题出版要求项目之间能够很好地衔接起来，整个板块显示

---

① 陈光耀：《试议新时代主题出版精品的打造》，《中国编辑》2019年第6期。

出很强的系统性，塑造具有高辨识度的产品品牌。”①要使顶层设计切实带动出版两个效益建设，各个层面的主题出版主体必须将品牌思维内嵌于顶层设计过程之中。从出版行政部门角度而言，贯彻品牌思维的一个重要途径是做出目标性鲜明的重大制度安排，以发挥对主题出版全局的决定性影响。国家出版行政部门从 2012 年开始发布的年度主题出版工作通知就是这样一种重大制度性安排。例如，历年通知都将社会主义核心价值体系或社会主义核心价值观、中国特色社会主义作为选题重点，这些重点因其得到长期坚持，具有很高的稳定性、很广的参与度，各出版单位和一线编辑能够围绕这些重点持续、稳定地开发优秀选题。从出版企业角度看，他们把出版行政部门全局性的顶层设计和企业层面实施性的顶层设计结合起来，按照自身实际打造主题出版精品，形成有一定辨识度的出版品牌，进而构建目标清晰、主题衔接、层次分明、结构完整的产品线，就能够有效引导一线编辑有效转化各个层面的顶层设计智力成果，最终带动两个效益的整体提升。

（五）关注新兴技术，推动呈现升级

“面对新媒体带来的巨大冲击，传统媒体利用新兴技术进行转型升级是必然趋势。”②在移动互联网和人工智能等新兴技术飞速发展的新时代背景下，主题出版的传播和接受效果如何，很大程度上取决于其对于新兴技术的融合。从这个意义上说，主题出版顶层设计，应将新兴技术运用作为一个重要维度，要根据优质内容的热点属性精准确定目标读者，然后根据目标读者的阅读需求创新内容和外观呈现手段，把顶层设计的思路体现于表达和装帧等具象化手段之中，以强化顶层设计的实际效果。从管理角度看，至少从 2012 年开始，国家出版行政部门已经明确将新兴技术纳入主题出版全局性安排，2012 年的《关于报送迎接党的十八大主题出版重点

---

① 何军民：《主题出版高质量发展的突出特征和创新路径——以中宣部主题出版重点出版物选题为中心的历时性研究》，《中国出版》2021 年第 7 期。

② 黄楚新、邵赛男：《跨越与突破：媒体融合纵深发展的路径》，《中国编辑》2021 年第 3 期。

选题的通知》中就将当时尚属新兴技术产品的“音像电子出版物”单列为一类。然而，从实际情况看，这种引导效果并不明显，主要表现：一是10年来产生显著影响的“音像电子出版物”屈指可数，远远没有纸质图书那样呈现精品迭出的局面；二是很多新兴技术并没有与传统出版整体融合，大量的出版融合只是在纸质图书成形之后进行简单的音视频附加。这说明，出版单位和一线编辑还没有真正将新兴技术运用提到职业自觉层面，也就没有充分认识到新兴技术对于传统出版升级转型的根本重要性。有鉴于此，出版单位和一线编辑要切实转变思维，将新兴技术全方位嵌入自身层面主题出版顶层设计作为一项基本原则，以推动新时代的主题出版呈现出全新格局。

三、效益展望：科学认识主题出版顶层设计的赋能机制

无论是出版行政部门基于管理职能而进行的主题出版顶层设计，还是出版单位和一线编辑基于精品打造而进行的主题出版顶层设计，其生命力都必须落实在效益创造上。从赋能机制的角度看，主题出版顶层设计至少可以在三个方面为出版行业创造效益作出切实贡献。

（一）有助于把握正确导向

如上所述，作为一个整体概念的主题出版顶层设计至少涉及各级出版管理部门、出版企业和一线编辑这三个具体层面。各个层面的主题出版顶层设计，虽具体任务不同，但在紧紧围绕党和国家工作大局和重大主题进行选题规划和策划这一点上则是高度一致的。搞好主题出版顶层设计，为各个层面主题出版进行导向把握指示了明确路径。各级主题出版参与主体只有具备明确的顶层设计自觉性，才能把导向管理的各项要求积极内化于主题出版各个环节之中，有效推进主题出版各项走深走实。从这个意义上讲，主题出版顶层设计通过为导向管理有效保驾护航，实质性地提升了主

题出版的整体效益。从行政管理角度看，出版单位和一线编辑这两个层面的顶层设计实际上是对国家层面宏观指导和业务层面实际执行的有机结合，由于这两个层面的主体认真领会党和国家理论、路线、方针、政策的精神实质并将其有效转化为创意之源，进而选择最有把握的方向精耕细作，国家层面的顶层设计就发挥了指南针和方向盘的作用，承担选题实施任务的主题出版主体就找到了明确的主攻方向，并且因为集中精力于主攻方向而更加熟悉内容资源，从而得以不断增强导向把握能力。搞好顶层设计有利于增强出版人的导向把握能力，而强大的导向把握能力有利于他们形成明确的主攻方向，有了明确主攻方向又有助于出版人加深对主题出版的整体理解，从而有助于其顶层设计能力的提升，这样就形成了一个良性循环。

（二）有助于培养领军人才

主题出版高质量发展，核心动力在于人才。这个“人才”，包括对出版业极为关键的两个方面，一个是高水平作者，另一个是高水平编辑。从选题角度看，主题出版顶层设计要求一线编辑基于系统、长时段和稳定性等原则来考虑问题，自觉地对选题进行方向把控和结构设计，这样策划出来的选题，建立在编辑专业能力、企业品牌和作者资源等方面优势基础上，一般都能成为主题出版编辑的编辑代表作，而拥有主题出版编辑代表作，无疑是主题出版领军编辑的典型特征。随着领军型主题出版编辑的增多，主题出版精品出版物必然不断涌现，主题出版才会呈现佳作迭出的喜人态势。从创作角度看，主题出版顶层设计可以从三个层面为培养领军型作者服务：一是国家出版行政部门的顶层设计为作者指明了时代课题、历史巨变之所在，为他们提供了创作主题和灵感，能够让他们更好地投身于记录新时代、书写新时代、讴歌新时代的伟大事业；二是出版企业的顶层设计为所有创作者提供了适合展现其政策领悟力和主题转化力的重要平台，使他们能够根据自身兴趣特点、专业特长确定内容深耕领域，从而不断提升作品思想品质和艺术感染力；三是一线编辑的顶层设计能够给作者具体创作活动提供理论参考，帮助作者加深对重大政策的理解，并在作品中转化这种理解成果。受到出版方面顶层设计指导的作者增强了目的性，能够更加自觉地坚持“以人民为中心”的创作导向，更有可能成为创作潮流的引领者。

（三）有助于推进融合转型

之所以说主题出版顶层设计能够发挥推动出版融合转型的作用，是因为主题顶层设计推动了体系完备的优质内容资源库的构建。在现有主题出版顶层设计框架中，国家出版行政部门通过以年度主题出版选题重点为代表的全局性规划对全国范围的主题工作作出总体安排，并利用“五个一工程·一本好书”、国家出版基金、中国好书等重大评选工程对规划效果进行效益评估，大大提升了主题出版在整个出版格局中的比重。各出版单位和一线编辑根据年度选题重点策划符合规划方向、展现自身优势的精品出版物。通过多个层面持续多年的努力，出版业已经建立了内容丰富、体系完备的优质主题出版内容资源库。据统计，自2015年以来的6年里，由国家出版行政部门主持评选的“主题重点出版物选题”共评出638种；“五个一工程·一本好书”共评选了15次，评出图书472种，其中大量广受读者欢迎的精品力作如《习近平讲故事》《抗日战争》《理论自信》《少年的荣耀》《少年与海》等，都是典型的主题出版精品。此外，新闻出版“五年规划”中单列了主题出版专项，党的十八大以来国家出版基金显著加强了对主题出版项目的支持力度。这些措施，推动了出版行业整体积极推进主题出版的浓厚氛围的形成。这些精品出版物都是出版融合转型中新兴媒体技术能够而且必然加以有效利用的优质资源，而这些优质资源之所以能够出现，从根本上说得益于主题出版顶层设计的高质量，特别是进入新时代以来的主题顶层设计的高质量。

四、结语

作为新时代中国特色社会主义出版工作的独有板块，主题出版既有

“出版”属性，又有“主题”属性。从“出版”角度来说，我们要高度重视其实践性品格，为此要根据出版规律做好编辑加工、装帧设计、营销推广等具体工作。但是，我们也要特别注意，一味强调关注细节不能保证主题出版工作实现高质量发展。做好新时代主题出版工作，不仅要求有关主体时刻关注国家大事、时代大势并积极学习党和国家重大方针政策，而且要将这种关注和学习成果有效转化，而促成这种有效转化的关键一步，就是包含多个层级的主题出版顶层设计。正确认识主题出版顶层设计核心要义，遵循主题出版按顶层设计基本路径，科学认识主题出版顶层设计赋能机制，能够切实增强我们搞好新时代主题出版工作的职业自信。在科学主题出版顶层设计的指导下，新时代主题出版工作必将呈现双效不断提升的良好局面。

（作者单位：安徽人民出版社）

创新发展引领深度融合
新兴技术赋能出版转型

李新华

2020年10月，中共中央第十九届五中全会审议通过了《中共中央关于制定国民经济和社会发展第十四个五年规划和二〇三五年远景目标的建议》，提出了我们国家2035年基本实现社会主义现代化远景目标，其中包括：关键核心技术实现重大突破，进入创新型国家前列；建成文化强国、教育强国、人才强国、体育强国、健康中国，国民素质和社会文明程度达到新高度，国家文化软实力显著增强等目标；明确要在未来坚定不移地建设质量强国、网络强国和数字中国，落实媒体深度融合并实施全媒体传播工程，发展数字经济，推进数字产业化和产业数字化，推动数字经济和实体经济深度融合。新时代，在新发展理念的指导下，出版深度融合需要问题导向，在总结经验、科学研究的基础上，形成出版融合高质量发展的内驱动力和高效行动。

一、创新发展引领深度融合

习近平总书记在党的十八届五中全会上提出了五大发展理念，“创新”居于首位。他指出，坚持创新发展，必须把创新摆在国家发展全局的核心位置，不断推进理论创新、制度创新、科技创新、文化创新等各方面创新，让创新贯穿党和国家一切工作，让创新在全社会蔚然成风。对于出版行业而言，创新发展是实现出版深度融合的必然要求。

（一）出版融合发展的难点和痛点

2013 年，由中宣部、国家新闻出版广电总局、财政部三个主管部门联合发起，中央文化企业数字化转型升级工程启动，以新闻出版业“基础软硬件改造”“特色资源库建设”“行业级运营平台”的“三步走”战略为里程碑，开启了全国出版业转型升级的变革时代。经过十余年的探索，从最初的“数字化转型升级”到“出版融合发展”，再到“推动融合向纵深发展”，出版行业积累了大量产品、平台的建设经验。在学术研讨与科学研究日趋深入的同时，各出版单位面临着类似的出版融合发展的难点和痛点问题：融合程度难以深入，出版社及业务部门的整体融合推进困难；机制体制建设不能满足快速、高效融合发展的要求；适应“出版融合”工作要求的复合型人才短缺；数字出版资金投入问题，数字版权保护问题；等等。

分析其形成的原因，主要包括：一是相对于传统的出版社而言，整体推进融合发展没有成熟的模式、道路等可供借鉴，大家都是摸着石头过河，虽形成了一些经验，但难以被其他出版社复制；二是对于近年在传媒文化产业中完成转企改制的出版社而言，全面推进融合发展意味着对刚刚配套完备的体制机制进行再一次新的变革，需要设计出适合本社融合发展的一套新的制度体系，这需要投入极大的管理成本，且制度体系的重建需要经过时间的打磨和实践的考验；三是出版融合发展面临着资本、网络平台、自媒体等多种文化产业新兴力量的挑战，面对激烈市场竞争，需要开拓诸多不熟悉的业务领域；四是新技术不断冲击尚未成熟的融合业态，真正出现了“慢进也退”的发展局面，这对出版社传统业务人才队伍转型和复合型专业人才队伍建设提出了很高的要求；五是多数出版社尚未形成相对成熟的融合业务盈利模式，导致短期投入远大于同期产出，出版社融合发展战略及项目决策的难度加大。

（二）解决难点和痛点的关键在于创新

以上难点和痛点问题的解决一如问题的出现，是新形势下陆续出现的新问题，需要我们以新思想为指导，以创新的思维解决问题，从而开创融合发展的新局面。

1. 观念创新

观念指引行动。出版融合的观念创新需要在三个层面推进：一是出版社领导层（最高决策层）的观念创新是源头。只有出版社最高决策层创新了思想，把融合视为关乎出版社前途命运的大事，把融合的工作要求融入出版社发展的顶层设计与各项制度建设中，融合才能成为出版社的整体行动，避免不必要的出版融合“做与不做”争论。二是中层干部的观念创新是关键。中层干部是各部门的管理负责人，只有他们创新了思想，把出版社领导层的融合决策理解到位，才能带领团队大胆突破原有的思维定式，把融合落实在部门融合转型的具体实践中，回答好出版融合“如何做”的问题。三是员工的观念创新是支撑。员工是融合决策的执行者，只有他们不断创新观念，才能把融合变成出版专业工作的基本面，体现在产品设计里、个人职业发展的规划里，回答好出版融合“谁来做”的问题。

从2013年开始，数字化战略成为人卫社发展的核心战略，当年出台《人民卫生出版社数字出版战略规划（2013—2020）》；2015年开展融合发展的大讨论，解放思想，确定了实现传统媒体部门、新兴媒体部门能超越本部门利益，从人卫社的整体利益考虑，互为借力、互为融合，每个员工都认识到必须从融合发展的旁观者逐渐成为参与者、推动者的目标，并明确了若干具体举措。如组织召开中层干部“推动传统出版与新兴出版融合发展”研讨会，结合人卫社“每月一讲”开展融合发展的系列业务培训，系统总结五年制本科临床医学数字教材、口腔医学等专业数字教材的经验，就纸质教材与数字教材融合发展、纸质图书和富媒体图书综合开发的基本流程和质量标准进行充分讨论，等等。

从产品到平台，从融合试点部门到融合纳入所有部门绩效考核指标体系，从投入大于产出到2020年实现近亿元的融合收入再到“十四五”数字板块大幅高于传统出版增长率的发展目标，人卫社党委、董事会高度重视数字出版战略规划的顶层设计和政策引导，全社“一盘棋”持续推动传统媒体与新兴媒体从“相加”到“相融”。面向未来，《人民卫生出版集团改革三年行动实施方案（2020—2022)》明确“推进产业布局优化和结构调整”，围绕提升国有企业自主创新能力，对科技型子公司研发投入和研发成果进行量化考核；加强数字化顶层设计，实现规划管控，确保整体布局落地；加快推动数字技术与传统出版及相关服务业的融合应用等改革举措。《人民卫生出版集团“十四五”发展规划》明确把“坚持创新驱动发展”作为主要指导思想与原则之一，把“纵深推进数字化发展战略”作为主要发展战略之一，将“传统媒体与新媒体深度融合发展工程”作为七大重点工程之一，建设国家级数字出版平台和转型升级融合发展基地。人卫社一步步地推动出版融合，实现了“三步跨越、四步迈进、八步发展”迭代升级，探索出了一条深度融合发展之路。

2. 体制创新

体制需与时俱进。体制创新是观念创新的体现，是出版社决策层为融合发展战略所做的顶层设计和创造的宏观环境。随着出版融合的不断深入，人卫社不断完善管理机制和内部工作体系以适应新的发展模式。

2013年，人卫社电子音像部升级为人民卫生电子音像出版社有限公司，成为专门的数字出版落地执行单位。2015年，开启“传统媒体与新媒体融合推进年”专题年计划，大力推动“观念、机制、体制、人才、服务”五大融合；成立“智慧数字中心”负责全社数字转型的协调和统筹规划；选择部分业务中心作为融合试点部门。2016年，成立“新兴媒体出版战略规划和信息化工作委员会”，由董事长挂帅任主任委员，总经理、总编辑任常务副主任委员，全面统筹协调出版转型升级工作。2017年开始，为每个业务中心量身打造数字融合业务平台，为整体融合创造条件。“十三五”期间，人卫社把加快科技融合转型升级、探索纸数融合营销模式作为主要的发展举措，将“传统媒体与新媒体深度融合发展工程”作为重点工程，“融合”成为全社上下一以贯之的重点工作，并取得了丰硕的成果。

3. 机制创新

机制服务业务。结合发展中遇到的新情况、新问题、新机遇，人卫社不断寻找解决问题的办法和制定更有针对性的管理制度。融合初期，重点在建立融合产品的管理流程，并逐步完善，畅通工作渠道；融合渠道畅通后，以各业务中心能独立完成融合的产品策划与管理作为机制创新的重点。

一是创新融合产品的选题策划论证机制。2015年开始，人卫社开始对选题提出数字出版建议。随着管理机制的逐步完善，数字融合纳入人卫社选题“三三一一”论证体系，逐步实现一次策划多种产品、一种产品多种形态、一种形态多种传播途径的全程立体策划。2020年人卫社选题数字融合率为49%，2021年上半年为55%。以选题为源头，人卫社推动全体编辑融合出版业务能力的提升，所有的业务中心及部门都具备策划融合产品的能力。二是创新数字资源的内容建设机制。如制定《医学数字资源建设规划（2019—2022)》，在传承创新的基础上整体推进资源建设及标准建设；出台《数据资源使用管理办法》，建立对外使用管理和内部有偿使用管理细则，鼓励资源在内部高效利用的同时，创新开展“内容资源＋技术研发”的对外合作模式，与腾讯、阿里健康、科大讯飞等技术企业优势互补、合作共赢；建设人卫内容云平台，借助智能技术手段实现数字资源的统一存储、管理、利用和保护；积极探索医学数字内容及数字产品质检工作机制和标准；等等。三是强化出版融合的考核机制。如全社的效益考核中，2017年开始将“融合效益”纳入全社各部门的指标考核体系，从“定性指标为主”到“定性和与定量指标结合”，再到“定量指标为主”，至 2021 年完全纳入“社会效益”“经济效益”指标中，体现了考核指标对融合发展的指挥棒作用。四是制订《电子书同步出版协同运行管理办法》等系列数字融合业务的管理制度，通过制度创新不断推动融合业务的逐步深入。

4. 人才培养创新

人才是发展的保障。2016 年，人卫社开展了融合编辑培养的现状、问题和建议的调查研究，就部门认为实现融合最大的困难——传统编辑业务任务繁重、人力资源匮乏、缺乏激励机制、融合流程不够了解等问题提出了解决措施，将形成的《融合编辑业务人才培养方案》报董事会专门研究，并明确将“把每位编辑培养成能从事传统、新兴、融合出版的复合型编辑”作为工作目标，自此开始了人卫社系统培养复合型编辑人才的征程。

2016 年以来，人卫社通过出版融合人才的跨部门交流与培养、以选题数字融合率考核推动各编辑部门人员具备融合业务能力的人员比例逐年增高，加大内训和外培的工作力度等主要举措，使绝大多数编辑具备了策划、管理、出版融合产品的经验与能力；2018 年人卫社建立了数字出版人才培养体系及“数字编辑”岗位；2019 年有了第一个“数字编辑”序列的编审人才，畅通了传统编辑向复合型编辑人才转型和成长的通道。在子公司建立更加灵活、更具吸引力的人才激励机制，加快数字人才引进和梯队建设。如人卫智数科技公司创新实施以高质量的融合“项目”吸引和留住高水平人才的机制，人卫投资公司探索实施“股份激励”等措施。人卫社持续加大数字人才的培养力度，不断创新数字出版人才的管理和激励机制。

5. 服务创新

实现从产品到服务的发展，是人卫社融合发展的一条主线。一般而言，只要为用户提供一个强需求产品就足以成功。但是如果想做好平台，仅给用户提供产品是远远不够的，要以用户需求为导向，满足用户需求的同时不断提高服务水平。

“十三五”期间，人卫社以“健康中国，数字人卫”为核心理念，以构建智能智慧终身服务为目标，出版融合取得实效。2020 年数字融合收入 9000 多万元，比 2015 年增长 100%以上。顶层设计数字出版战略规划和融合机制，组织实施数字资源建设规划。设立智慧数字中心，创新发展电子音像、智数科技两家数字出版全资子公司。围绕人卫社的核心用户，建设运营医学数字教材、人卫慕课、人卫开放大学、人卫融合教材、人卫 e 教、中国医学教育题库、人卫 3D/VR/AR 软件、“人卫助手”系列等平台及产品，整合人卫社融合产品资源创新开拓模拟医学业务板块，创建“人卫健康”、人卫强国号、人卫快手号等新媒体平台，建设新 ERP、人卫内容云、OA 等 20 多个内部信息化系统。

“十四五”期间，人卫社将坚持“以用户为中心”，推动平台整合，不断优化用户体验和提升用户黏度。如完成人卫知识数字服务体系建设；升级建设人卫继续医学教育网，探索建立线上线下相结合的培训模式；形成以“中国医学教育题库”等为核心的强势产品阵营；持续迭代开发人卫知识管理平台、人卫助手运营管理平台、人卫助手系列 App、人卫 INSIDE 等，打造以数字互联网为传播媒介的新价值链体系，完成适用于医学人工智能应用的术语库、规则库、标准知识库的建设；等等。

二、新兴技术赋能出版转型

技术进步是社会变革的驱动力，融合出版的创新和发展离不开新兴技术。以先进技术驱动融合纵深发展，是解决融合程度较浅之问题的关键。

（一）两部《指导意见》强调了新技术推动融合纵深发展的重要性

2014 年 8 月，中央全面深化改革领导小组第四次会议审议通过《关于推动传统媒体和新兴媒体融合发展的指导意见》，强调推动传统媒体和新兴媒体融合发展，要坚持以先进技术为支撑、以内容建设为根本，推动传统媒体和新兴媒体在内容、渠道、平台、经营、管理等方面的深度融合。“十三五”期间，出版融合相关技术研发加速，5G、人工智能、区块链等技术赋能出版产业，为出版转型升级和高质量发展注入了新的动力。2020 年 9 月，中共中央办公厅、国务院办公厅印发了《关于加快推进媒体深度融合发展的意见》，增加了 5G、区块链、人工智能 3 项新兴技术，吸纳了最新的传播技术运用。

（二）人卫社运用新技术赋能出版转型的具体实践

人卫社注重出版融合发展新趋势的学习，公司党委、董事会多次集体学习相关内容，并要求各部门各单位学习新技术，加强科技公司的调研与战略合作，利用新技术为人卫社的优质内容赋能，从而使已有的资源产生新的价值，更好地服务卫生健康事业发展。

狠抓项目管理，始终坚持将新技术融入新产品。2013 年，人卫社出版了国内首套医学数字教材；2014 年，“人卫慕课”成为全球首个医学专业慕课平台；2015 年，人卫开放大学正式启动建设；2016 年，人卫社启动“一书一码”和融合教材建设，中国临床决策辅助系统正式上线，运用 VR 技术的《人卫 3D 系统解剖学》出版；2017 年，以临床医学第九轮规划教材为代表的 2000 余种融合教材通过二维码引入视频动画、案例、在线试卷等数字内容，得到了广大师生的支持和好评；2018 年，增强现实（AR）内容发布，启动建设中国医学教育题库；2019 年，《眼视光虚拟仿真实训系统》（眼视光 VR）正式发布；2020 年，以“医学专业人才终身服务”为目标，引入“中台”理念，启动现有融合教材、题库、慕课、考试、电子书等平台整合；2021 年，人卫富媒体资源库平台、融合教材出版编审平台等获得软件著作权证书，截至文章撰写日，人卫社及子公司已获得 71 个软件著作权证书。

面向未来，人卫社“十四五”发展规划明确加强自主研发创新，在持续高质量富媒体内容研发的基础上，充分利用新技术，整合力量和资源，研发高科技含量的系列产品，促进中国医学教育题库、AR/VR、“人卫助手”、人卫模拟医学教育服务等系列人卫产品的质量和服务居于同行业领先水平等发展举措。

三、几点反思

（一）出版融合是系统工程

出版社的融合发展不能只满足于用单纯的数字技术将图书媒介的内容转移到移动端，或仅通过技术将图书进行碎片化发布在新媒体平台。如果整个出版流程的商业模式没有发生质的转变，技术就永远只是手段。因此，出版融合需要顶层设计、全盘布局，要结合各出版社的基础条件，逐步实现传统出版社的内容资源和出版流程的彻底再造，将传统线性的编、印、发等业务由分散管理转向整体布局，从源头上将编辑资源、作者资源、图书资源、财务资源和人力等管理等资源进行统一配置的集约化管理，真正实现资源整合、数据融合、业务贯通。

（二）大数据是出版融合成功的基础

数据是出版行业未来竞争的核心资源。人卫社成立68年来积累的优质、权威内容形成的大数据优势，是人卫社实现深度融合的坚实基础。将全端数据采集贯穿流程始终，传统出版行业可逐步建立专家投稿系统、资源管理系统、知识管理平台、客户关系管理系统、内容管理平台、云平台等数字信息化平台，并将其业务流程之间的关联作为抓手，把编辑作为采集数据第一手和最灵敏的触角，将收集和整理数据的规则作为数据质量的保障。

（三）有效配置各类资源是内容产生新价值的关键

传统出版行业资源丰富但彼此分散、种类庞多但鲜有关联，资源不能高效利用和有效配置就是一种浪费。将资源进行统筹管理并不是简单地将资源分类罗列上传云端，而是通过信息数据采集和管理手段让资源在整合与分析过程中产生新的价值，最终精准匹配更多需求。比如腾讯公司推出微信公众号平台初衷仅是为用户提供优质的内容和资讯服务，随着公众号定位越来越清晰，细分领域将人群精准分割。腾讯公司迅速捕捉到不同人群的阅读习惯所形成的大数据价值，于是置入流量主与广告主两大体系，让流量主为广告带来用户，让广告主为流量变现，利用大数据进行的简单而有效的资源配置，是精准投送、资源有效配置的极佳案例。

（四）融合业务标准建设是融合高质量发展的必然要求

出版行业的作者遴选系统、专家申报系统、编辑发稿系统、生产印务系统、销售发行系统、仓储物流系统、资源管理系统、人力财务系统等虽然有各自一套逻辑构架，但彼此之间业务关联和逻辑比较模糊，数据没有相互交叉渗透。要想形成环环相扣、彼此支撑的业务链条，就需要在现阶段割裂的系统平台资源层面建立统一数据录入编码规则，在技术层面建立统一开发框架，在业务平台层面建立统一信息系统整合标准和统一的框架拆分原则，在专家作者和用户等人力层面统一线上线下消费行为并形成用户标签，集成常用的图书和产品支付方式，并进行统一归口。当数据的规则和标准逐渐建立起来后，数据之间的逻辑关联就会自动显现出来。

（五）内容资源与新技术的有机融合是出版融合的关键

无论是5G技术、云计算技术、大数据技术，还是区块链技术、语义分析技术……如果技术不能与业务紧密联系，技术就是无源之水、无本之木，无法发挥真正的价值；过度强调数据的重要性而忽略应用场景，也不能从根本上革新出版模式。传统出版的数字化转型升级不是技术升级，而是内容资源与新技术的有机融合；这种融合不是“强加”，而是内容充分发挥其价值确实“需要”技术，只有实现这样的结合，技术才能真正地赋能出版，实现高质量的出版转型。

参考文献

[1] 中共中央办公厅、国务院办公厅：《中共中央办公厅国务院办公厅印发〈关于加快推进媒体深度融合发展的意见〉》，2020年9月26日，http://www.gov.cn/zhengce/2020-09/26/content_5547310.htm。

[2]《中共中央关于制定国民经济和社会发展第十四个五年规划和二〇三五年远景目标的建议》，2020年11月3日，baijiahao.baidu.com/s?id=1682333037641207465&mfr=spider&for=pc。

[3] 王雪凝：《推动媒体融合纵深发展》，《中国新闻出版广电报》2020年4月23日。

[4] 闫松、陈妙然：《人卫社：走出“舒适圈”领跑“融合潮”》，《中国新闻出版广电报》2019年12月30日。

[5] 周蔚华、陈丹丹：《2020年中国出版融合发展报告》，《科技与出版》2020年第6期。

[6] 杜贤：《探索深度融合发展之路——以人卫社创新融合为例》，《出版参考》2020年第2期。

[7] 张新新：《出版转型的体系性思考与理论建构》，《中国编辑》2020年第9期。

[8] 刘建华：《新时代出版业融合发展的十大落点》，《中国出版》2021年第16期。

[9] 尹琨：《5G为出版业带来哪些想象》，《中国新闻出版广电报》2019年3月13日。

[10] 李伟：《做好数据治理更快更好地推进数字化转型》，http://www.xinhuanet.com/fortune/2019-12/02/c_1125298138.htm。

[11] 赵兴峰：《数字蝶变：企业数字化转型之道》，电子工业出版社2019年版。

（作者单位：人民卫生出版社）

学术期刊编辑应强化“底线思维”

李新根

近年来，明显违背常识的“奇葩论文”时有出现，例如，2021年4月底，一篇题为《熟鸡蛋变成生鸡蛋（鸡蛋返生）——孵化雏鸡的实验报告》的论文由于明显违背常理而引发网络热议。无独有偶，《冰川冻土》2013年第5期刊发的《生态经济学集成框架的理论与实践》由于作者在文中大谈“导师的崇高感和师娘的优美感”，在2020年1月初引起舆论关注和网络热议，而文中的导师就是该刊的主编，最后，该文被撤稿，该刊主编引咎辞职。这些“奇葩论文”不仅给学术共同体抹黑，消解了求真务实的科学精神，而且严重损害了学术期刊的公信力，产生了广泛的不良影响。究其原因，这些论文之所以能够公开发表，除了作者学风浮躁、急功近利等自身原因之外，更关键的原因在于学术期刊对稿件的评审把关流程形同虚设，期刊编辑缺乏底线思维。

底线思维是指在认识世界和改造世界的过程中，划清并坚守底线，尽力化解风险，避免最坏结果，同时争取实现最大期望值的一种积极的思维①。在学术期刊出版工作中，面对复杂敏感的社会形势和艰巨繁重的发展任务，风险与挑战日趋严重，编辑必须坚持底线思维，增强忧患意识，严格遵守各项法律法规和行业自律准则，提高防范化解风险的能力②。科研净土不容灰色利益链，学术殿堂难容虚假钻空子，学术期刊编辑只有不断强化“底线思维”和“守土有责”意识，严把稿件质量关，真正做到“守土尽责”，才能保证学术期刊的学术质量和出版质量，从而实现期刊的健康可持续发展，同时为净化学术风气和维护良好的学术生态贡献期刊及编辑的一分力量。

一、牢固树立政治意识，坚守政治底线

辩证唯物主义指出，质变是事物越过关键节点而发生的根本性变化。这种变化要么突破上限，实现事物的跃升和进步；要么跌破下限，导致事物的衰退甚至灭亡。所谓底线，就是事物发生衰退的“下限”，想要保持事物的健康发展，底线就是不可逾越的界限；否则，事物的性质就会发生根本性变化。

对期刊出版工作而言，政治问题既是“底线”，也是“红线”。学术期刊坚守政治底线是指学术期刊编辑在选稿、组稿、审稿和编辑出版过程中要始终坚持正确的政治方向和社会主义办刊宗旨，高度重视意识形态工作，将意识形态有关内容贯穿于学术期刊编辑出版各个环节、全流程。

① 张琳：《习近平关于“底线思维”重要论述的理论阐释》，《思想理论教育导刊》2020年第11期。

② 洪岩：《论底线思维的逻辑前提、核心意识和实践要求》，《思想政治教育研究》2020年第6期。

（一）始终坚持正确的政治方向和办刊宗旨

政治质量是保障期刊整体质量的“生命线”，坚持正确的政治方向和办刊宗旨是确保期刊发展行稳致远的“压舱石”。无论是人文社科期刊还是科技期刊，政治属性和政治质量都是第一位的，它决定着学术期刊的立场、观点和导向。学术期刊编辑讲政治，就是要保证自己编辑出版的学术期刊站稳政治立场、刊准学术观点、端正出版导向①。编辑要深入系统地学习习近平新时代中国特色社会主义思想，不断提高自身政治理论水平和政治素养，认真贯彻党和国家关于新闻宣传工作和期刊出版工作的法律法规和政策要求，自觉承担起“举旗帜、聚民心、育新人、兴文化、展形象”的使命任务②，坚持以正确的舆论引导人，牢记自身的社会责任。对于不符合期刊办刊宗旨和栏目设置的稿件，应态度坚决明确地告知作者并及时退稿，确保所刊发的论文都符合办刊宗旨。

（二）不断增强政治素养和政治鉴别力

学术期刊具有鲜明的意识形态属性，因此，学术期刊编辑应将讲政治摆在极端重要的位置，坚持正确的政治方向，坚定政治立场，坚守政治纪律，切实增强“四个意识”、坚定“四个自信”、做到“两个维护”，在思想和行动上同党中央保持高度一致。在此基础上，更为重要的是，编辑应不断增强政治素养和政治鉴别力，准确判断和辨别作者投稿中存在的舆论导向和意识形态问题，对不符合四项基本原则的各种思潮提高警惕，正确区分学术问题和政治问题③，对丑化、诋毁或否定中国共产党领导的政治观念坚决说不，旗帜鲜明地反对披着学术研究外衣从事反党反社会主义勾当的假学术行为，将坚守政治底线的思想意识转化为“守土

---

① 张之晔、张品纯、李伟：《新时代科技期刊编辑的核心素养要求是又红又专》，《编辑学报》2021 年第 3 期。

② 宋媛、徐淼、郭有成：《高校哲学社会科学工作者的“底线思维”》，《北京教育》2017 年第 1 期。

③ 《习近平在全国宣传思想工作会议上强调　举旗帜聚民心育新人兴文化展形象　更好完成新形势下宣传思想工作使命任务》，人民网，http://media.people.com.cn/n1/2018/0823/c40606-30245183.html。

尽责”的自觉行动。

（三）谨慎对待涉及敏感问题的稿件

对稿件中涉及敏感问题的内容应保持高度重视，既不可视而不见更不能擅作主张，而应该以高度的责任感和使命感严格按照期刊出版管理有关规定谨慎处理。那种认为政治问题或敏感问题只是期刊主编的事或是党员干部的事的认识，是极其错误的。只要从事学术期刊编辑出版工作，就必须保持清醒的政治头脑和政治敏感①，不管是不是期刊负责人，编辑一旦遇到涉及敏感问题的稿件，都应该及时指出来，提交给编辑部领导或编委会集体讨论。涉及敏感问题的内容主要包括：涉及党和国家领导人的选题、图片和表述；涉及党和国家重要方针政策的选题和表述；涉及重大历史问题的选题、图片和表述；涉及军事、外交、保密等内容的选题、图片和表述；涉及灾情疫情、社会稳定等重大突发事件的选题和表述；涉及港澳台以及疆域和地图的选题、图片和表述；涉及民族问题和宗教问题的选题、图片和表述；等等。

二、严把稿件质量关，坚守学术底线

稿件的质量从根本上决定着期刊的质量，只有对所有稿件进行严格把关，才能保证期刊的整体水平。2021 年 5 月 9 日，习近平总书记在给《文史哲》编辑部全体编辑人员回信中强调“增强做中国人的骨气和底气”，指出“高品质的学术期刊就是要坚守初心、引领创新，展示高水平研究成果，支持优秀学术人才成长，促进中外学术交流”②。总书记的重要指示精神，是对所有学术期刊编辑的要求，我们要在办刊实践中坚决贯彻落实。

---

① 张之晔、张品纯、李伟：《新时代科技期刊编辑的核心素养要求是又红又专》，《编辑学报》2021 年第 3 期。

② 《习近平给〈文史哲〉编辑部全体编辑人员回信》，新华网，http://www.xinhuanet.com/politics/leaders/2021-05/10/c_1127428314.html。

（一）严格落实“三审三校”制度，严把内容质量关

国家新闻出版署 2020 年 5 月印发了《报纸期刊质量管理规定》，其中第九条明确指出：“报纸、期刊出版单位应当落实‘三审三校’等管理制度，加强业务培训，保证出版质量。”“三审三校”制度是保证期刊内容质量的关键，能否严格落实“三审三校”制度事关期刊学术质量和出版质量。这其中，对于学术期刊而言，“三审”制是前提和基础，具体包括责任编辑初审，编辑室主任或特邀专家复审，主编（或由其授权的具有正、副编审专业技术职务的人员）终审。“三审”制中的每一个审次都是一道程序和关口，各自具有不可替代的职责，三者均不可或缺[①]。只有经过多人多轮评审，才能使认识更加深刻，对稿件的判断更加符合实际，当然，“三审”制中的各审次要求各有侧重。初审是“三审”的基础，责任编辑必须逐字逐句地审读稿件全部内容，对稿件的政治方向、思想品位、学术性、知识性、科学性、文章结构和语言文字等各方面进行评审把关，对其学术质量、社会效益、文化价值、出版价值等进行评判，并提出取舍意见和修改建议。复审应审读稿件全部内容，对稿件质量和初审报告提出意见，做出总体性评价。终审应根据初审和复审意见，对稿件的出版导向、学术质量、社会效果、是否符合党和国家政策法规等进行评价，并对稿件是否录用做出决定。

只要“三审”中各个环节都真正切实履行审稿职责，对稿件内容严格把关，并且将各审稿环节的审稿意见及审稿人信息长期保存留档，以备出现问题时复查和问责，那些学术质量低劣、逻辑混乱、粗制滥造、违背常识甚至与办刊宗旨严重不符的稿件就不会顺利通过评审。各种“奇葩论文”之所以最终能堂而皇之地刊发出来，说到底就是因为期刊的“三审”制未能严格执行到位，要么审稿流程本身就不规范，要么有规范的审稿流程却未能严格执行，而是存在各种形式的变通。

---

① 范军：《关于健全和完善出版单位“三审”制度的思考》，《编辑学刊》2020 年第 3 期。

（二）建立健全编辑业务流程规范并严格执行，杜绝人情稿和关系稿

“木桶原理”告诉我们一只水桶能装多少水取决于它最短的那块木板；而“破窗效应”指出环境中的不良现象如果被放任存在，会诱使人们争相仿效，甚至变本加厉。因此，我们在工作中必须坚持底线思维，从最薄弱的环节入手，补齐制度短板和弱项，只有这样，才能防止事物往坏的方向发展。一本期刊的整体质量和学术声誉是通过一篇篇论文反映出来的。只有通过优化编辑业务流程并严格执行，以质量为唯一评判标准，一视同仁公平公正地处理所有作者投稿，不因关系亲疏远近和权力地位高低而区别对待。正所谓“勿以恶小而为之”，只有对每一篇稿件的政治质量和学术质量都严格把关，才能将低水平稿件尽可能排除在外，使真正优秀的论文脱颖而出。具体来讲，编辑业务流程内部应该公开透明，任何编辑人员都不能担任两个或两个以上审核流程，即一篇稿件的各个审核环节均由不同人员承担。这样能最大限度地发挥不同人员的审核把关作用，同时也具有互相监督的效果，能最大限度减少乃至杜绝人情稿和关系稿。

（三）不断提高编辑学术把关能力，降低内容差错率

编辑活动的首要特征是选择性，编辑进行稿件选择的标准和行动逻辑就是批判性思维，可以说，没有批判性思维就做不好编辑工作。培养批判性思维最重要的是要增强“眼力”即学术把关能力。编辑要提高学术把关能力，首先要博览群书，形成广博的知识结构。批判性思维必然以目标领域的思想观点为参照系，只有对目标领域的知识熟悉才能有的放矢地运用批判性思维。因此，编辑应该不断加强专业知识的学习，广泛涉猎和掌握相关学科的基本概念、基础知识和前沿动态，使自己成为具备广博知识结构的杂家①。编辑只有具有广博的文化视野和跟踪学科前沿的前瞻意识，才能对稿件内容的科学性和创新性、语言表达的准确性、研究方法的可靠性、逻辑推理的严密性等方面进行准确判断。此外，编辑要掌握认知技

① 刘火苟：《深度编辑视域下的批判性审稿实施路径探讨——以基础教育文稿为例》，《中国编辑》2020年第1期。

能，有针对性地进行评判和选择。批判性思维的认知技能包括分析技能、推理技能和评价技能，表现为对概念、论据、语境和方法等要素的充分考察。编辑只有掌握相关认知技能，才能合理高效地运用批判性思维对稿件进行审理，否则就会事倍功半。例如，在稿件的审阅过程中，编辑应先顺着作者的研究思路去理解和认同论文内容，同时也要进行逆向思维，跳出作者的研究思路，从读者和他者的角度去推敲论文内容，考察作者所说的是否合理、准确、完整。

三、抵制学术不端行为，坚守道德底线

在学术期刊编辑出版工作中，编辑人员必须坚持底线思维，抵制各种形式的学术不端行为，在净化学术风气和加强学术诚信建设中发挥自身应有的作用，这事关学术期刊的健康发展乃至生死存亡。

（一）强化稿件审核力度，杜绝学术不端行为

随着学术论文在教师职称晋升、课题申报及结项、学生毕业、奖学金评定等人才评价和学术奖励中的重要性愈发凸显，不断增加的学术论文发表需求和有限的学术期刊版面供给之间的矛盾不断加剧。近年来，学术论文抄袭剽窃、一稿多投、图片造假等学术不端行为时有发生，这不仅浪费了学术资源，阻碍科技创新，而且败坏了学术研究风气，破坏学术生态环境，对科学研究事业发展进步产生严重制约。

学术期刊承担着传播学术新知和弘扬学术风气的神圣使命，期刊编辑出版必须严把学术质量关，采取各种措施，尽可能杜绝各种形式的学术不端行为。编辑在工作实践中要夯实底线思维，提高学术不端风险意识，甄别各种形式的学术不端行为。一方面，要强化编辑学术把关职责，提高警惕性，对可疑稿件加大审查力度。编辑应在收稿和论文刊发前至少两次利用检测软件进行查重，对重复率过高和检测系统中显示存在多次查重记录且一开始查重的重复率偏高的稿件进行重点审查，通过人工比对和人机结

合等方式，避免学术不端行为的发生。不仅要注意防范抄袭剽窃、篡改数据、一稿多投等显性学术不端行为①，而且对虚假标注资助来源、不当署名、观点剽窃等隐性学术不端行为也要加强甄别和防范②。另一方面，要严格规范审稿流程，进行更加科学和严格的同行评议。学科同行专家对论文内容和论文可能涉及的相关文献更加熟悉，不仅可以对论文的学术质量和创新性进行准确评价，而且更可能发现其中存在的学术不端行为。

（二）坚持依法规范办刊，追求学术公平正义

在对投稿论文可能存在的学术不端行为进行严格审查的同时，学术期刊更要加强自身建设，坚持依法规范办刊，在树立良好学风方面真正发挥表率作用。只有这样，才能做到底气足、腰杆硬，从而更坚决地抵制各种学术不端行为。一个时期以来，在期刊评价尤其是唯影响因子、“SCI 至上”等思想的不良影响下，学术期刊之间的竞争日趋激烈。为了提高期刊学术质量和社会影响力，很多期刊在加强选题策划和组稿、狠抓学术质量等方面下功夫，取得了长足进步，但也有少数期刊只重视眼前利益缺乏长远眼光，为了追求短期利益甚至不惜违规办刊。例如，有的期刊编辑为追求影响因子等学术评价指标的快速提升，采取作者自引、期刊互引甚至有偿引用等违规违法方式，而未能脚踏实地遵循学术规律办刊；还有的期刊编辑为追求短期经济利益，不顾学术规范，大肆刊发毫无学术质量和出版价值的“垃圾论文”，获取不当利益，将期刊的办刊宗旨和社会效益抛之脑后。少数期刊办刊过程中的种种乱象给期刊出版整体形象造成了严重的负面影响，政府主管部门应加大监管和处罚力度，对存在严重违规甚至违法行为的期刊进行严肃处理，处以停刊整顿直至吊销出版许可证。

“学术乃天下之公器。”期刊编辑应坚持依法规范办刊原则，坚持社会效益为主、社会效益与经济效益相统一的原则，摒弃急功近利、“金钱至

① 温凤英：《高校科技期刊网站出版伦理制度建设研究》，《中国科技期刊研究》2020 年第 2 期。

② 李新根、付示威：《科技论文作者署名异化及其治理路径》，《编辑学报》2021 年第 1 期。

上”等错误思想，遵循学术期刊办刊规律，加强选题策划和组稿力度，坚持公平公正原则，选择和刊发政治导向正确、学术质量高、社会效益好的优秀论文，不断提升期刊的学术质量和社会影响力，确保学术期刊的健康长远发展。

（三）加强编辑队伍建设，提高学术道德水平

编辑人员是学术期刊编辑出版工作的组织者和“操盘手”，其综合素质的高低是影响学术期刊办刊质量和学术声誉的决定性因素，也是有效防范期刊出版产生“学术腐败”等重大风险的关键。例如，有的期刊编辑敬业精神不强，在工作中把关不严，使某些存在学术不端行为的稿件蒙混过关；有的编辑滥用职权，给“人情稿”和“关系稿”大开方便之门，甚至与某些中介机构沆瀣一气，买卖版面，大肆进行权钱交易。

学术期刊编辑部一方面应增强社会责任意识和文化使命感，不仅要注重经济效益，更要注重社会效益；另一方面应大力加强编辑队伍建设，通过定期举办政治理论学习、编辑业务研讨、继续教育培训等多种途径不断提高编辑人员的学术把关能力和思想道德水平，努力建设一支善于学习、精益求精，甘为人梯、乐于奉献，道德高尚、热心为读者和作者服务的高素质编辑队伍。编辑人员更要主动加强自身学习和道德修养，对待作者投稿应一视同仁，公正地对待每一位作者，不因稿件来自普通作者而轻视，也不因稿件来自知名专家而盲目推崇。自觉抵制各种形式的“人情稿”和“关系稿”，坚决抵制权学、钱学交易等不良社会风气，为净化学术风气和营造良好的学术生态作出期刊编辑应有的贡献。

（作者单位：东北大学学报）

编辑审稿应提倡"结构检查法"

——以王阳明《教条示龙场诸生》系列选题策划出版为例

夏　昆　刘　妮

面对各种学科、各种来源的稿件，编辑审稿需要行之有效的切入方法。通过参与王阳明《教条示龙场诸生》系列选题的策划出版，笔者对编辑审稿方法和编辑人才培养有了新的认识和体验，与大家分享。

一、结构检查法是编辑审稿的重要方法

如何审稿，是编辑面临的最亟须、最重要、最棘手的问题。编辑审稿的方法很多，见智见仁。笔者认为从微观、中观、宏观角度划分，编辑审

稿主要有三种方法：表达纠错法、体例规范法、结构检查法。

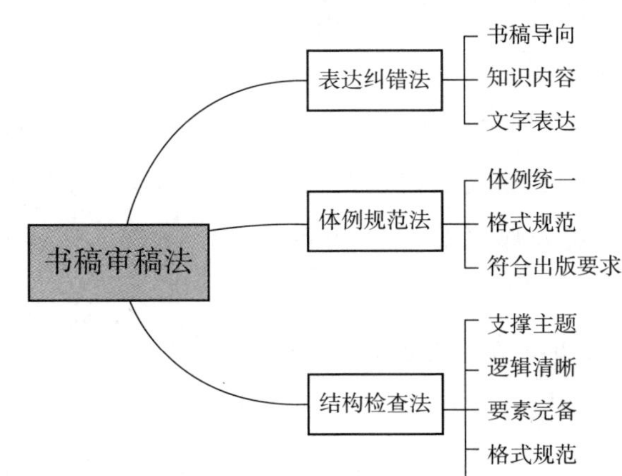

（一）表达纠错法

“表达纠错法”是编辑加工过程中经常使用的方法，功用在于纠错增值，使稿件符合出版物质量管理规定。这个过程花费时间最多、碰到的问题最烦杂，编辑需要逐字逐句地精读，对书稿进行检查、修改、润色。

表达纠错是预审需要过的一关，主要目的是消灭差错，确保文字、知识、导向的正确。扎实的文字编辑能力是预审工作的基本功，也是文稿的质量保障。审稿人要敢于质疑、勤查多问、存疑必究，把稿件看好、看精、看细。

表达纠错法是从稿件的细微处着手，编辑发现的稿件问题都是微观的、细节的、局部的，只能解决语言、知识表达的问题。

（二）体例规范法

“体例规范法”功用在于使稿件符合图书出版管理规定，体现编辑工作的规范性和条理性，目的在于使稿件符合出版要求且格式规范、体例统一，主要包括以下三个方面：

一是确保稿件的主题符合出版政策规定。

二是确保稿件的编写格式规范。字数多、规模大的图书，特别是丛书或者多位作者合作的稿件，常常会出现体例不统一的情况，需要编辑统一体例格式。编辑可以根据稿件中已经采用的格式，按照“少数服从多数”的规则修改体例。

三是具体项目的规范。包括规范用语如术语、专业名词、人名、机构名、地名等；按照出版物的文字规范，规范数字用法和计量单位；规范相关项目格式如作者署名、作者单位、图表、注释、参考文献等项目。

体例规范法解决书稿的中观问题。

（三）结构检查法

“结构检查法”是从整体的、宏观的角度审稿，是对稿件的总体质量进行把关的过程，是审稿过程中常用的方法，结构检查法的目的在于确定稿件的主题主线、总体框架、内容结构是否符合要求，从而决定稿件的取舍，提出修改的建议。

结构检查法主要检查以下三个方面：一是检查作品的框架结构，看结构是否符合主题主线要求，支撑主题主线；二是检查学理体系和知识体系，看逻辑层次是否清晰，知识体系是否完备；三是检查知识归类是否合理，体例是否统一，表达是否正确。

结构检查法解决书稿的宏观问题。

（四）结构检查法是最重要的方法

“先定结构，后定细节”可以减少编辑工作的盲目性。只有经过检查确认接受出版的稿件，才可以通过表达纠错法和体例规范法对文本细节进行精雕细刻，不能本末倒置。如果先进入纠错和规范环节，看完后发现稿件整体不可取或结构要做比较大的调整，前期的表达纠错和体例规范工作就付诸东流了。

结构检查法比表达纠错法、体例规范法更为宏观，是编辑审稿的重要方法，结构是书稿主题主线的体现，结构是知识表达的指导。预审时要抓住主要矛盾，应提倡结构检查法。

二、五级标题是结构检查的主要内容

“结构作为一种方法，它包含着某种技术性、强制性、智慧上的诚实性，也包含着某种逻辑关系的运算技艺和可操作的特点。”① 审稿人要培养和提高结构检查的能力。

（一）掌握书稿结构是结构检查的前提

稿件是由关键词、知识点、知识群、要素版块、书稿框架、文稿主题逐层堆积形成的金字塔结构。稿件结构包括学理结构和知识结构两个方面。学理结构是指全文用什么理论、什么方法、什么逻辑指导框架的搭建，知识结构是指全文用了哪些知识来丰富完善稿件的内容。

“书稿结构层次犹如树木的主干，能够在形式上使整部作品内容主线清晰、条理分明。层次标题应醒目、简洁，是各章节内容的高度概括提炼。合理设置各层次标题对书稿本身的信息传递至关重要。”②

结构逻辑合理的稿件往往形成健全的学理结构和知识结构，给人以体例合理、重点突出、层次分明、照应周密之感。

掌握书稿结构是结构检查的前提，在结构检查的过程中，把握稿件基本内容，归纳出稿件的一般性特点和最重要的特征。

（二）五级标题是书稿结构的体现

书稿通常有篇、章、节、目、段落、关键词等层次。结合编辑工作实际，我们将标题层级划分为五级：一级标题为章、二级标题为节、三级标题为目、四级标题为子目、五级标题为细目。各个层级的标题是稿件有序排列的内容要点，有一定的逻辑性和层次性。章、节、目三级标题展示书稿的框架结构，即书稿的目录。子目、细目二级标题展示书稿的知识结构，即书稿的关键词或索引。借助五级标题基本可以理清书稿结构的

① 唐流德：《学术著作书稿初审中的结构意蕴》，载东方清：《论责任编辑的工作——中国编辑学会第五届年会论文选》，中国建筑工业出版社 2001 年版，第 272—275 页。

② 胡娇：《掌握编辑加工要点，提高图书编校质量》，《出版参考》2021 年第 4 期。

问题。

结构检查就是对学理结构和知识结构进行检查，判断它们是否科学合理。借助目录，检查书稿的学理结构、逻辑层次以及各个层次板块的要素是否齐备；借助索引，检查书稿的知识结构，检查书稿的主题词和关键词，确定稿件的知识构成以及知识体系是否完备。

（三）五级标题的检查方法的运用

梳理书稿结构有助于结构检查和结构创建，借助五级标题，可以帮助我们了解稿件的主旨主线、学理体系、逻辑层次、知识体系。

一是判断一级标题是否能支撑书稿的主题，同级标题的内容是否有重复和缺失；二是判断各标题层级之间的逻辑关系，层级是否混乱，是并列关系还是从属关系；三是判断上一层级的标题是否能够涵盖下一层级的标题的全部内容。

结构检查法实际上是编辑运用撰稿逻辑指导审稿，帮助作者整理写作思路，对相关内容或补充或删减，突出稿件重点，优化稿件结构体系，为作者提出切实可行的建议。

三、结构创建是选题策划的基本要素

结构创建是编辑审稿时对书稿存在的结构问题提出意见，指导修改重建，或是选题策划时提出选题大纲，是编辑的创造性活动。结构检查与结构创建同题异用，是一种呼应关系。结构创建是编辑审稿和选题策划的重要内容，是编辑审稿的工作流程。

（一）结构创建是编辑改稿的路径之一

结构创建指在结构检查中，如果编辑否定了书稿的某一部分结构，或整个书稿结构，就要对作者提出优化书稿结构意见或重建新的书稿结构，这就是结构创建。

编辑参与结构创建改变了编辑被动参与编辑加工的消极状态，从案头工作发展到介入选题的创意策划。“编辑工作者自身的策划意识激活，则生动反映出编辑主体意识的完善，发展由传统的‘工具型’人格向自主的‘决策型’人格飞跃。”①

运用结构检查的方法看稿并参与结构创建是编辑能力的体现。编辑要在看稿实践中发现问题、思考问题、解决问题，培养逻辑思维的习惯和能力，提供作者认可的结构方案。这是获得作者信任、与作者建立长期合作的基础。

（二）结构创建是选题策划的基本元素

在结构检查的过程中编辑会发现各种各样的问题，依据工作实际，笔者将问题分为三类：第一类是编辑能解决的一般文字问题，如删除不同层级中重复的内容、调整段落顺序、重新划分段落等，编辑有把握的可以直接处理；第二类是需要作者解决的问题，如专业性、学术性问题，编辑可以提出来请作者处理；第三类是编辑和作者都暂时解决不了的重要问题，这就意味着你可能发现新的选题方向。

编辑需要对选题有较深入的认识，才有可能提出结构创建的建议，才可能参与选题策划。“虽然依旧‘隐身幕后’，但编辑活动已不是简单的劳作，早已升级为基于客户需求的宏观布局与创意投入，具有无限无极的创意空间和无穷无尽的想象力。”② 这种宏观布局与创意投入就是结构创建。

选题策划就是提出具体的选题设想。其中最核心的问题就是出版物主题的确定和结构的设计，作者选择、形式设计、出版营销建议等是建立在主题和结构确立的基础之上的。从这个角度来说，结构的创建是选题策划的基本要素，结构创建的能力在出版物的策划中至关重要。

（三）结构延展是选题实施的重要条件

选题实施，有赖于策划者对各种资源的整合，使各种资源产生最大合力。编辑对选题结构认识加深，对主题、结构、知识的把握，是参与、引

---

① 赵运通：《编辑策划的理论界说》，《出版发行研究》1999 年第 3 期。

② 周国清、胡戈特：《多元变革语境下的编辑主题观——从“为人做嫁”谈起》，《中国编辑》2021 年第 7 期。

领项目组织实施的重要条件。

物色合适的作者，对选题的最终呈现至关重要。“编辑在物色作者时要向作者明确组稿意图和写作要求。为作者提供能激活创作激情的题材，为读者提供满足阅读诉求的图书是编辑选择作者的标准。”①

编辑对主题和结构了然于心，有助于编辑找到写作水平、写作风格与选题的主题、内容相适应的作者。

“编辑是集创造型、组织型、实施型于一身的杂家。”② 编辑人才是指熟悉编辑出版流程，具有扎实的编辑加工能力、善于选题创意策划、能够组织出版项目的编辑。青年编辑要在改稿、策划、实施中逐步提升自己的能力。

四、结构检查法运用的典型案例

习近平总书记参加全国两会贵州代表团审议时特别指出：“王阳明曾在贵州参学悟道，贵州在弘扬传统文化方面有独特优势，要继续深入探索，深入挖掘，创造出新的经验。”同年，在纪念孔子诞辰 2565 周年国际学术研讨会暨国际儒学联合会第五届会员大会开幕会上习近平总书记指出：“努力实现传统文化的创造性转化、创新性发展，使之与现实文化相融相通，共同服务以文化人的时代任务。”

为贯彻落实习近平总书记指示精神，我们依托当地文化资源优势，策划出版了一系列阳明文化读物，包括一套校本教材《立志与成长》《立志与成才》、一本历史纪实小说《龙场四训》和一本国学漫画《阳明说》。围绕王阳明《教条示龙场诸生》系列选题的策划、开发，是编辑运用结构检查和结构创建对书稿进行策划创意、创意拓展、项目组织的一个典型案例。

① 曹维琼、张忠兰：《微观编辑学》，人民出版社 2018 年版，第 21 页。

② 徐明松：《谈谈选题、组稿与编辑的职业意识》，《上海大学学报》1987 年第 4 期。

（一）结构检查：发现原稿问题

受时下流行的中华优秀传统文化进校园编写思路的影响，修文一中校本教材编写组提交了校本教材原稿《传习录——中华优秀传统文化读本》。

看稿审稿，应先弄清书稿结构。编辑运用结构检查法，指出原稿存在的问题，否定了原有的结构形式。原稿是一本常见的传统文化汇编教材，存在的主要问题包括：一是编写思路不清楚，框架结构不清晰；二是主题主线不突出，知识点众多、层次不明，知识结构混乱；三是教材特色不典型，没有突出地方文化特色。

编辑拿到校本教材原稿，如果直接按照表达纠错法或体例规范法的原则，按常规只对书稿进行表达纠错、体例规范，就不会发现书稿存在的诸多问题。出版原版的校本教材，最多也就是众多传统文化汇本中的一种。

（二）结构创建：引领教材重构

编辑转换视角，调整思路，拟定涵盖阳明文化和地方特色的新结构。提出了修文一中作为“良知教育示范学校”，应该以阳明文化为主题，以《教条示龙场诸生》一文中提出的“立志、勤学、改过、责善”四训为主线，重构新的校本教材结构。

龙场四训是龙冈书院的教规学规，育才成材理念是教育赋能的通适主题。新的校本教材围绕“四训”介绍王阳明其人、其事、王阳明与修文的渊源、王阳明在贵州留下的诗文札记，为学生呈现一个丰满而立体的王阳明。

北京大学教授文东茅评价说“本书不只是一本介绍乡土知识的校本教材，而是在尝试以一种‘简易而广大’的方式弘扬优秀传统文化、践行‘知行合一’‘致良知’思想”。北京师范大学教授王文静认为“本书的出版与应用，可厚植根本，惠及当下”。

（三）结构转换：策划小说选题

在校本教材的编辑出版过程中，编辑发现王阳明的教育思想是发展演变的，其过程故事性很强，决定转换校本教材的结构，创意策划历史小说《龙场四训》。校本教材呈现“四训”这个“点”，小说可以实现连“点”成“线”，描绘出王阳明教育思想发展演变的脉络。

小说初稿分“悟道、立志、勤学、改过、责善、证道”六章，既是小说叙事的外部框架，又有知识的内在逻辑。

对初稿进行结构检查后，编辑提出两点优化建议。其一，没有充分突显“龙场四训”的意义和价值。《教条示龙场诸生》是由龙场悟道引出的教育哲学、人生哲学，是面对水平参差的学生提出的一致要求，小说应该对“四训”的思考、提出、发展、演变有所交代，点明小说主题。其二，悟道的背景没有交代清楚。很多读者是第一次接触王阳明，应在此处说明王阳明被贬的缘由。

编辑进一步和作者沟通对话，最终小说调整为“遭贬、悟道、四训、立志、勤学、改过、责善、证道”八章。悟道与证道首尾呼应，用具体内容证明悟出的“道”是人生至理。

（四）结构延展：参与漫画编绘

王阳明讲学的故事画面感强，师生之间的对话又极富有引导性和启发性，用漫画的表现形式会更加生动，编辑在实践中衍生出漫画《阳明说》的创意。

漫画是包括图像与文字的特殊文本，漫画脚本的撰写对漫画的最终呈现有至关重要的作用。在确定漫画绘制者后，参与前面两个选题的责任编辑，在策划创意和编辑加工中，积累了大量的第一手资料，对王阳明一生的轨迹和其思想的发展演变有了清晰的了解，无疑是漫画脚本创作最合适的人选。

编辑参与漫画编绘，进一步细化漫画的框架结构，提炼王阳明教育思想的关键词，设计漫画的故事主题，经过层层细化，梳理出五十余个王阳明的教学故事，充分发挥编辑在该项目中的出版引领作用，助推项目组织实施。

五、结语

王阳明《教条示龙场诸生》系列选题是传统文化进校园创造性转换、创新性发展的一种尝试。在该系列选题的策划出版中，编辑通过结构检查、结构创建、结构转换、结构延展的运用，从校本教材的修改创意，到历史小说的策划创意，再延展到国学漫画的项目策划并参与实施，完成了从被动地编辑加工到主动地选题策划的角色转换，也是编辑职业体验的升华，充分展示了编辑的出版引领作用。

编辑实践证明，结构检查对编辑工作具有两重功用，一是指导编辑加工，二是指导选题策划。书稿结构检查是编辑工作中的重要内容，是编辑层级划分的标准，是编辑成长的见证。因此，编辑看稿审稿应提倡“结构检查法”。

参考文献

[1] 唐流德：《学术著作书稿初审中的结构意蕴》，载东方清：《论责任编辑的工作——中国编辑学会第五届年会论文选》，中国建筑工业出版社 2001 年版。

[2] 胡娇：《掌握编辑加工要点，提高图书编校质量》，《出版参考》2021 年第 4 期。

[3] 赵运通：《编辑策划的理论界说》，《出版发行研究》1999 年第 3 期。

[4] 周国清、胡戈特：《多元变革语境下的编辑主题观——从“为人做嫁”谈起》，《中国编辑》2021 年第 7 期。

[5] 曹维琼、张忠兰：《微观编辑学》，人民出版社 2018 年版。

[6] 徐明松：《谈谈选题、组稿与编辑的职业意识》，《上海大学学报》1987 年第 4 期。

（作者单位：贵州人民出版社）

“双减”政策下教辅出版路径新探寻

冉红平

减轻义务教育阶段学生作业负担和校外培训负担的“双减”政策成为社会各界热议的话题。“双减”政策的落地，给减负涉及的教培、在线教育等行业带来了一定的冲击和影响，教辅出版也不例外。“双减”政策后的教辅出版充满了变数，而以教辅出版为主业的出版单位，在“双减”政策下有哪些出版新路径可以探寻，非常值得研究。

一、减负政策的变迁及《“双减”意见》的出台

（一）近年减负专项政策的变迁

中小学生“减负”一直是社会各界共同关切的重要问题，也是国家教

育改革的重点方向。为了减轻有损中小学生身心健康的过重学业负担，让家长树立科学的育儿观念，“减负”势在必行。从 2013 年到目前，为了形成校内外协同育人的良好局面，国家出台了一系列相关政策和文件（见图 1），对减轻学业负担、提升教学质量等方面开展系列整治工作。

减负政策的变迁

2013年3月19日	《关于开展义务教育阶段学校“减负万里行”活动的通知》
2013年8月22日	《小学生减负十条规定》
2014年3月8日	《关于开展义务教育阶段学校“减负万里行·第2季”活动的通知》
2018年2月13日	《关于切实减轻中小学生课外负担 开展校外培训机构专项治理行动的通知》
2018年3月20日	《关于加快推进校外培训机构专项治理工作的通知》
2018年8月6日	《关于规范校外培训发展的意见》
2018年12月29日	《中小学生减负措施》
2020年5月9日	《义务教育六科超标超前培训负面清音（试行）》

图 1 减负政策的变迁

（二）“双减”政策的形成与出台

2021 年年初，为了学生的健康成长和全面发展，教育部加快了减负政策出台的步伐，从 1 月 15 日至 4 月 25 日，陆续出台了有关中小学手机、睡眠、读物、作业、体质管理的“五项管理”规定（见图 2），为基础教育系统性改革和切实减轻学生负担正式拉开了帷幕。

7 月 24 日，中共中央办公厅、国务院办公厅印发了《关于进一步减轻义务教育阶段学生作业负担和校外培训负担的意见》（以下简称《“双减”意见》），明确提出减轻学生过重作业负担、提升学校课后服务水平、完善家校社协同机制等内容。至此，社会各界期待已久、史上最严最全的“双减”政策全面落地。

针对学校作业数量过多、质量不高、功能异化等突出问题，提出中小学生作业功能、总量、类型、质量等管理的“十条要求”。

提出开齐开足体育与健康课程、保证体育活动时间、提高体育教学质量等八个方面的加强体质健康管理工作的要求。

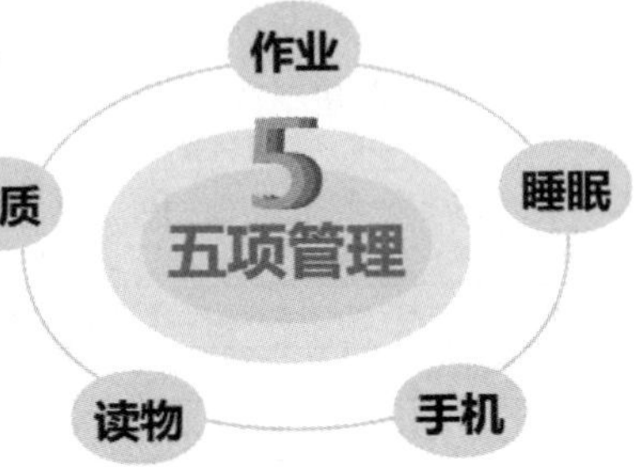

作业、校外培训、游戏等都要为学生睡眠让路，保证不同年龄段中小学生的睡眠时间，并首次提出可“中断”作业等，为睡眠让路。

规范了教材、教辅之外的、进入校园供中小学生阅读的课外读物进校园的管理办法，列出了课外读物的推荐原则和需要符合的基本标准，特别提出了不得推荐或选用的中小学生课外读物的 12 条负面清单。

中小学生原则上不得将个人手机带入校园，禁止带入课堂；学校不得用手机布置作业或要求学生用手机完成作业。

图 2 “五项管理”规定的具体内容

二、“双减”政策对教辅出版的主要影响

“双减”政策落地后，多数人把关注的目光投向了“双减”政策对教育培训（以下简称“教培”）行业的影响，从而忽视了“双减”政策对教辅出版的影响。显而易见的是，作为双减另一支撑点的“减轻学生作业负担”、提供线上免费教育资源和学习资源等政策，都将对教辅出版带来影响。

（一）五项管理规定的影响

1. 加强对学生作业和睡眠的管理缩减了校园教辅的厚度

加强作业和睡眠管理这两项规定，既对作业功能、总量、类型方式等提出明确要求，也硬性规定了学生睡眠时间的量和学校的作息时间，此外还特别提出 3 个“中断机制”，要求作业、校外培训、游戏等都要为学生的睡眠让路。这两项管理对减轻学生的课业负担大有裨益，但对进入校园的教辅图书却大有影响。虽然说近些年减负和“一科一辅”的政策规范了

进入校园的教辅图书数量，加强作业和睡眠的管理也不会从数量上减少进入校园的教辅图书数量，但由于作业的量有限制而会要求图书变薄。通常情况下，图书的变薄意味着印张的减少，在印张定价不变的情况下，图书的码洋及利润均会下降。

2. 加强对手机的管控限制了部分出版融合

现实当中，学生的不当使用手机已经对学校管理和学生自身的健康和发展带来了不小的负面影响。为保护学生视力，促进学生身心健康发展，教育部印发了加强对手机管理的文件。在学校、家长、教育督导部门三方“严抓共管”下，学生接触手机的机会和时间会比目前减少不少，这就降低了学生手机扫二维码或登录网站进行在线学习的概率，进而影响了教辅图书的融媒体内容及网络学习资源的使用频率。

3. 对课外读物进校园更加细化的管理办法增加了教辅读物进校园的难度

为规范课外读物进校园管理，防止问题读物进入中小学校园（含幼儿园），充分发挥课外读物育人功能，教育部制定了《中小学生课外读物进校园管理办法》。这一《办法》对教材、教辅之外的正规出版物（含数字出版产品）进入中小学校园制定了管理办法，列出了内容方面要求的主题鲜明、内容积极等正面清单和不得推荐或选用的中小学生课外读物的十二项负面清单。此外，还进一步明确了课外读物推荐的“五性”原则和责任主体。所有这些规定的细化和明确要求，都提高了对图书的要求，从而增加了教辅图书进入校园的难度。

（二）《“双减”意见》对教辅出版的影响

《“双减”意见》出台，首先影响的是教培行业，各地大型教培机构纷纷裁员或转型，但同时《“双减”意见》也会对教辅出版产生一定影响。这种影响既体现在对教辅出版形成冲击，也体现在给教辅出版带来的机遇上。

1.《“双减”意见》对教辅出版形成冲击

（1）“全面压减作业总量和时长”的规定在量上限定了教辅的量

《“双减”意见》中的“全面压减作业总量和时长”分类明确了学生的

作业总量和时长，要求学校要确保小学一、二年级不布置家庭书面作业，可在校内适当安排巩固练习；小学三至六年级书面作业平均完成时间不超过60分钟，初中书面作业平均完成时间不超过90分钟。然而，现实当中的教辅作业量，各科加起来远远超出了《“双减”意见》对这个时长的规定。这样的结果便是教辅出版单位要按照规定的总量和时长对教辅进行减量，否则将不得不退出校园。教辅减量基本意味着教辅码洋和利润的双下降，进而影响出版单位的效益。

（2）“分层、弹性和个性化作业”迫使同步教辅出版做出调整

当前进入校园的主流作业类教辅，其课后作业虽然也分巩固、提升等层次，但大而全，基本都是优生差生全部在使用，层次、弹性和个性化区分不明显。对于现实当中存在的这一问题，《“双减”意见》明确指出，“鼓励布置分层、弹性和个性化作业”。这样清楚而明确的规定，势必迫使出版教辅，尤其是出版课后作业的出版单位打乱以前的设计思路，按照新的要求重新进行作业设计。这样无论在人力、物力上都使得出版单位加大了投入力度。

（3）“免费线上学习服务”冲击了教辅出版的部分网络教育资源与学习资源

线上的数字教育资源和学习资源一部分是教学资源或网络课程，由用户直接付费购买使用，另一部分则是依附于图书需要通过扫二维码付费使用。现实当中，出版单位或民营公司大多都是“零利润”地维持经营，而《“双减”意见》明确提出要向学生免费提供高质量的各年级各学科学习资源，必然会对教辅出版融合产品形成冲击，会对部分线上教辅产品和教育服务内容产生影响，而且，随着免费的线上学习服务资源逐步形成完整体系，会对当前付费的网络教育资源与学习资源造成巨大冲击。《“双减”意见》出台后，由国家中小学网络云平台提供的中小学免费网络课程就很受欢迎。这个云平台的网络课程一是免费，二是讲解者都是名优教师，因此会对付费使用的同类型网络教育资源形成一定的冲击。

（4）对义教阶段考试的新要求使研发新型教辅迫在眉睫

义务教育阶段涵盖小学和初中阶段，中考则是义务教育阶段的结束。《“双减”意见》对义务教育阶段的课堂教学质量和高中招生（即中考），都提出了明确要求，尤其对义教阶段的阶段性评价考试提出了不少新要求，而这些新要求在不久便会贯穿于考试改革当中。反映在教辅研发方面，就是要按照考试的新要求，即按降低了考试难度、改进了考试方式和实行等级制赋分来研发《“双减”意见》后的新型教辅。为此，我们理应在《“双减”意见》刚刚落地之际，即刻启动新型教辅的研发工作，尽快研发出符合《“双减”意见》要求的新型教辅并占得市场先机。

2.《“双减”意见》带给教辅出版一定的机遇

（1）符合“双减”政策的分层作业需求量会急速猛增

《“双减”意见》中，有关作业的规定多达5条，分别从管理机制、作业总量、设计质量、完成指导等方面进行了明确指导。其中除明确了作业的时长外，还在内容方面要求“合理调控作业结构，确保难度不超国家课标”“设计符合年龄特点和学习规律、体现教育导向”“布置分层、弹性和个性化作业”等。这些详细而明确的规定无疑要求教辅出版单位推翻以前的设计理念，按照意见要求的做法重新设计课后作业，尤其是符合意见规定的作业。就目前进入校园的主流同步教辅图书来看，基本呈现两类，一类是课前预习、课堂探究、课后提升类的学案，另一类是纯课后作业。可以确定的是，这两类图书目前均达不到《“双减”意见》要求的“分层、弹性和个性化”。因此，倘若出版单位能尽快研发出符合“双减”政策的多样化分层作业来，那必然受到教育主管部门的肯定、学校的欢迎和学生的满意。

（2）服务于课后阅读、兴趣小组的综合素养类教辅图书会受到青睐

提高课后服务质量方面，《“双减”意见》要求学校“为学有余力的学生拓展学习空间，开展丰富多彩的科普……阅读、兴趣小组及社团活动等”。一方面，《“双减”意见》要求学校在课后为学生提供丰富优质的阅读媒介和兴趣特长发展空间。另一方面，课后作业限量后，学生的课后剩余时间增加，学生可以自主地学习自己感兴趣的东西，或参加某个兴趣小

组或社团活动。因此，无论从学校整体配备出发，还是从学生剩余时间学习需求出发，都会对服务于课后的科普、阅读、兴趣小组等综合素养类的教辅图书有需求。当然，这些综合素养类的教辅图书，有可能是学校集中馆配，也有可能是学生自主购买。总之，这类图书的销量肯定大有涨幅。

（3）家庭教育类图书会有拓展空间

完善的家校合作关系能更好地促进学生的健康成长，有利于培养学生良好的行为习惯。为此，《“双减”意见》首次提出“家校社协同机制”，要求进一步明晰家校育人责任，密切家校沟通，推进协同育人共同体建设。在这个“育人共同体”中，除了学校、社会外，家长也是主体之一。更何况，随着课后作业的减少、校外学科类培训课程的禁止，学生在家的时间会增加。因此，部分教育学生的责任会回归到家庭内部。从目前的情况来看，大多数家庭会选择通过图书教育孩子或抓好学习。这就无形中会提高低年级阶段的亲子类图书和高年级阶段自主配套学习资料的销量。此外，针对《“双减”意见》中提出的“家长学校”和“网上家庭教育指导平台”，出版单位也可以针对性地研发一些支撑家校共育的纸质或数字产品，用以密切家校之间的联系与信息沟通，进而促进家庭教育和学校教育形成合力。

三、“双减”政策下教辅出版的创新路径探寻

（一）加强适应新形势的教辅编辑团队建设

加强教辅编辑团队建设，培养教辅编辑与时俱进的研发能力，是新形势下教辅出版转型的基础性工作。与以往不同，“五项管理”规定和《“双减”意见》对教辅出版，尤其是对同步类教辅，无论是在总量、时长，还是在内容、类别方面都作了明确规定。这些规定要求未来的教辅出版必须紧跟形势，出版符合“双减”政策要求的新型教辅。因此，出版单位要对教辅编辑进行政策性和技能性的培训，让其深入学习并熟悉“双减”政策，

理解国家出台“双减”政策的真正用意，从而建设一支能适应教辅出版新形势的编辑队伍来。

（二）按照新要求适时转型教辅产品

1. 立足育人功能，设计分层与自主探究作业

“双减”政策要求作业立足育人功能，根据学段、学科特点及学生实际需要和完成能力，分层、有弹性，并能满足不同层次学生、不同类型活动的使用需求。为此，在设计课后作业时，首先要考虑的是不能超出减负要求的总量和时长，其次要考虑学有余力的学生在托管期间完成了基本的课后作业外，还有可能进行自主探究的学习。因而，课后作业基本可分为两类：一是符合减负要求的定量作业，二是适合自主探究使用的学科类作业。

2. 开发出版适合校园和家庭作业之余使用的综合素养类读物

《“双减”意见》在对学生分层的情况下，提出“为学有余力的学生拓展学习空间，开展丰富多彩的科普、文体、艺术、劳动、阅读、兴趣小组及社团活动”。这项规定很明确地要求学校要为“学有余力”的学生提供“丰富多彩”的活动。这些活动，有的可能在校园内开展，有的可能在家完成。在提出的这些活动中，部分活动可以以教辅读物为载体，比如阅读、科普等。这就要求我们配套出版一些适用于课后拓展使用的综合素养类教辅读物，供学有余力的学生在作业完成之后进行提升学习。另外，校外培训取消了，课后作业也“双限”了，学生在家的时间会增加，那么对于低年级学生来说，亲子阅读类、科普类读物必然会成为他们的“成长伴侣”，需求量会增加；对于高年级学生来说，为了拓展知识面，提升个人综合素养，也会把综合素养类的图书作为“精神食粮”而使用的。因此，立足于家庭亲子类和作业后提升的综合素养类图书会提升销量。

（三）转向新领域

1. 职业教育

近年来，职业教育得到了党和政府的高度重视与大力支持，其地位与普通教育同等重要，已经迈入新的发展阶段。2019 年以来，教育部审批

了 22 所职教本科院校，下一步将在高水平的高职院校中选择一部分专业，经过一定的程序审批后，举办本科层次的职业教育。2021 年，教育部再次进行中考“分流”改革，中职和普高的招生比例达到 5∶5，一半考生上不了普通高中，只能进入职业学校学习。由此可知，在未来的几年里，职业教育学校数量和学生人数都在大幅增加，而且此次“双减”政策并未涉及职业教育，对其影响较小。因此，对于出版教辅的出版单位来说，职业教育是送到眼前的一块“大蛋糕”，针对职业教育的教辅出版必将是未来若干年的热门板块，拥有着广阔的市场前景。

2. 托管教育领域

作为落实“双减”政策的重要措施，课后服务是学校教育综合服务的延伸。9 月 1 日起，将在义务教育阶段全面推行“一校一案”的课后服务，推行课后服务的“5+2”模式，即学校每周 5 天开展课后服务，每天至少开展 2 小时，结束时间要与当地正常下班时间相衔接。

2 小时或更长的托管服务，是学校进行的集体学习活动，除了帮助或指导学生完成作业外，学校还可以在剩余时间内开展丰富多彩的科普、阅读、兴趣小组等活动。这些活动基本都是在学校的统一组织和安排下进行，必然会用到一些综合类图书或纸质媒介。由于这种托管服务是全国性的，参加人数众多，体量庞大，因此，这一领域或许是出版单位的又一经济增长点，需要我们在深入调研的基础上找到切入点。

（四）加强出版融合，搭建旗舰教育平台

“双减”政策的落地推行，使得教培行业、在线学科类网络课程及部分出版融合类产品受到冲击，但随着信息化时代的到来，教辅出版的数字化和纸质与数字融合出版的趋势不会变。“各大出版社纷纷在在线教育上谋划布局，在线教育将是中小学教辅未来发展的一个基本方向。它在内容上的开发潜力是巨大的，有待于出版单位进一步在深度和广度上挖掘。”①

① 葛明月：《中小学教辅出版的数字化转型》，《新媒体研究》2020 年第 6 期。

双减后，学生的自主学习时间相对增多。在自主学习时间，一部分学生可能自主读书，但另一部分学生也可能自主参加某一教育平台的在线非学科类教育。对于以教辅出版为主业的出版单位来说，搭建一个属于自己的旗舰教育平台非常重要，也很必要。“平台化建设是当前教辅出版的主要方向，这既是统筹教育资源、加快出版效率、延展教辅功能的有效途径，也是移动互联网时代扩大读者覆盖面的必然选择。”① 这个平台，一方面可以成为出版融合图书的“后台服务器”，探索纸质与数字融合的出版新模式，另一方面也可以响应“双减”政策号召，为学生提供免费的高质量教育资源和学习资源，进而在“两个效益”兼有的同时，扩大自身在业界的影响。

四、结语

“双减”政策的落地，在切实减轻中小学生课业负担的同时，也给教辅出版带来了一定的冲击与机遇。作为出版教辅读物的出版单位，应深刻理解“双减”政策的深远用意，积极响应国家号召，转变生产观念，调整产品结构，提升服务类型和质量，努力围绕“立德树人”根本任务做好服务。

（作者单位：山西教育出版社）

① 王蕊：《“智慧教辅”视角下教辅出版的探索与展望》，《出版广角》2020 年第 21 期。

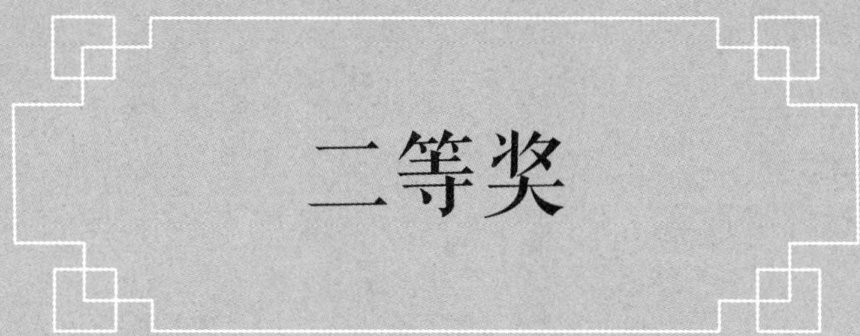

二等奖

新中国成立以来中国出版业高质量发展的历史演进与现实路径

刘浩冰　邱伟杰①

新中国成立迄今已逾70年，中国出版历经“小国”“大国”之变，正在“强国”路途上阔步前行。②2020年党的十九届五中全会把建设社会主义文化强国写进国家经济和社会发展“十四五”规划，并明确了2035年的具体时间节点。2021年国家颁布《中华人民共和国国民经济和社会发展第十四个五年规划和2035年远景目标纲要》，对2025年经济增长发展的具体指标提出“各年度视情况提出”及“保持在合理区间”，③集中呈现

① 通讯作者。

② 万安伦、刘浩冰：《新中国出版70年：主要成就与总体特征》，《中国出版》2019年第14期。

③ 《中华人民共和国国民经济和社会发展第十四个五年规划和2035年远景目标纲要》，http://www.gov.cn/xinwen/2021-03/13/content_5592681.htm。

高质量发展的具体要求。由此，出版业高质量发展助力文化强国的要求迫在眉睫。抚今追昔，洞察新中国成立以来中国出版业高质量发展的历史演进，分析其内在发展逻辑，将更能明确当下出版业发展的态势与任务，由此也能厘清未来出版业高质量发展的路径依赖，以便为中国出版业的未来发展提供更多的经验借鉴。

一、新中国成立以来出版业高质量发展的历史演进

新中国成立迄今，出版业发展面临四大历史转变。前三大历史转变主要以发行驱动知识生产，满足了出版数量的大众需求。当下正处于内容驱动知识生产的出版业高质量发展阶段，同样面临新任务、新需求。

（一）新中国成立之初出版业确立了以发行驱动知识生产的发展模式（1949—1978）

首先，新中国成立之初出版业以发行网点扩张为先导，以人民大众的文化普及为目标。新中国成立伊始，中国出版业变为“人民的出版事业”，出版须为全国的“工农兵服务”。在此方针指导下，国家需大量消灭文盲，通过出版大批通俗书刊达到逐步“提高”的目的。新华书店是当时唯一的“国营出版事业”，涵盖编辑、发行和印刷三大出版业务主体。出版业在组织经营方式上“以俄为师”，率先从发行展开。1951年，全国新华书店改组为专业发行机构，编辑与发行“亲兄弟，明算账”正式分开。自此，出版业扩张主要依托广建全国性的发行网络推进，网点建设在农村和城市迅速铺展开来。到1957年年底，全国新华书店的发行网点已达3584处，在广大农村有20000处供销社经销、代销图书。①

其次，“为提高出版物的质量而奋斗”引致了出版业的升级。新中国

① 新华书店总店史编辑委员会：《新华书店总店史1952—1992》，人民出版社1992年版，第16页。

成立初期出版业以有限的图书品种、低廉的图书价格，借助国家力量迅速普及全国。在出版普及大众的同时，质量升级是为必然要求。从“有书”读，到“有好书”读，到“有更便宜更好的书”读①，直接反映出当时民众的阅读升级趋势。为此，1951 年出版总署提出“为提高出版物的质量而奋斗”的口号，要求在“普及的基础上提高”②。发展人民的出版事业，“最大的难关是干部问题”。由需求的发行端催逼生产端做出改变，催迫对编辑干部进行培养升级，引致了新中国成立初期“出版专业培养到出版高等教育”的出版人才培养发展演进③。但是,“灭资兴无”的出版方针使新中国成立以来的出版业持续健康发展之路悍然中断。1958 年出版业开始推广“为政治斗争服务”的观念，出版的基本任务变为“灭资兴无”的斗争④，为阶级斗争服务，并在“文化大革命”中进一步扩大，出版业深受戕害，全国出版业发展整体处于低谷。

（二）出版业持续推进发行改革，出版业从总量增长转向优质高效阶段（1978—2003）

第一，国家持续推行出版发行改革，出版规模日渐壮大，发行升级分化。市场化是改革开放以来出版业改革发展的方向。“文革”结束后，出版业重新确立“二为”的指导方针，出版业百废待兴。因出版紧密关涉意识形态，故而从发行领域展开。为解决“书荒”难题，1980 年 12 月，国家出版局提出“有计划、有步骤”地发展集体、个体所有制，随之提出“一主三多一少”的出版发行发展目标。1983 年 6 月 6 日，中共中央、国务院颁布《关于加强出版工作的决定》，首度承认图书的商品属性，出版

① 中国出版科学研究所、中央档案馆:《中华人民共和国出版史料（1952)》，中国书籍出版社 1998 年版，第 128 页。

② 中国出版科学研究所、中央档案馆:《中华人民共和国出版史料（1951)》，中国书籍出版社 1996 年版，第 240 页。

③ 刘浩冰:《新中国成立初期出版人才培养的变迁与专业逻辑》,《现代出版》2020 年第 6 期。

④ 李频:《共和国期刊 60 年（1949—2009)》，中国大百科全书出版社 2010 年版，第 1 页。

单位由生产型向生产经营型转变，以扩大经济效益和社会效益。①1988年5月6日，中共中央宣传部、新闻出版署提出了“三放一联”的政策，要求“放开批发渠道，搞活市场”，② 大力发展社会主义商品经济。民营书业在20世纪80年代末90年代初发展成为“二渠道”，③ 逐渐占据了“半壁江山”。1992年10月，中共十四大明确提出建立社会主义市场经济体制的目标，出版发展的市场化进程持续推进。1996年6月1日，新闻出版署提出“三建一转”改革图书发行体制的方针，民营书业正式获得了二级批发权。21世纪初，值中国加入WTO之际，民营书业于2003年获得“总发行权”。④当此之时，传统出版业的实体网点建设已达高峰，发行网点达73136处。⑤

20世纪90年代以来，出版业发展升级的突出表现是独立书店兴起，出版发行呈现专业化。独立书店以1993年万圣书园成立为标志，同一时期兴起的还有风入松、国林风、光合作用、席殊书屋等。这批独立书店“商业意识”与“学术品位”并举，具备与读者密切联系中“影响读者口味和购书偏好”等特点。⑥ 独立书店的兴起，表明当时中国出版业在出版规模化发展后逐步推进质量升级，局部朝向纵深细分方向发展，由此也驱动着出版在知识生产端发生变化。

第二，出版业实行阶段性转移，从总量增长转向优质高效。1994年，新闻出版署提出出版业从“总量增长转向优质高效”的阶段性转移⑦。中

---

① 中国出版工作者协会：《中国出版年鉴（1983）》，商务印书馆1983年版，第4页。

② 中国出版工作者协会：《中国出版年鉴（1989）》，中国书籍出版社1991年版，第39页。

③ 刘浩冰：《改革开放以来民营书业发行研究：阶段历程、发展特点与问题启示》，《中国出版史研究》2021年第2期。

④ 中国出版工作者协会、中国出版发行科学研究所：《中国出版年鉴（1993）》，中国出版年鉴社1994年版，第2、20页。

⑤ 中国出版工作者协会、中国出版发行科学研究所：《中国出版年鉴（2001）》，中国出版年鉴社2002年版，第92、672页。

⑥ 邓正来：《市民社会与国家知识治理制度的重构——民间传播机制的生长与作用》，《开放时代》2000年第3期。

⑦ 中国出版工作者协会、中国出版发行科学研究所：《中国出版年鉴（1994）》，中国出版年鉴社1995年版，第1页。

国出版业在改革发展过程中，国家也在一度强调出版质量的提升。“出版工作的中心任务是促进繁荣，多出好书”，①“多出好书要坚持质量第一的原则”，并一度加强“提高质量为中心的宏观管理”。1996 年 10 月，党的十四届六中全会提出“加强对新闻出版业的宏观调控，采取有力措施解决目前总量过多、结构失衡、重复建设、忽视质量等散滥问题，努力实现从扩大规模数量为主向提高质量为主的转变”。为此，“控制总量，实现优质高效”，已经成为出版业发展的共同目标。通过“树立精品意识，实施精品战略”②，实现出版战略转移。出版的阶段性转移主要包含“出版体制转轨”和“实现增长转型”两大任务。为建立新的出版体制，国家在顶层设计方面加强了出版立法工作，《出版管理条例》《音像制品管理条例》《印刷业管理条例》等相继颁布。党的十五大报告提出“对新闻出版业要加强管理，优化结构，提高质量”。国家重点图书出版规划以及一系列出版工程也相继启动，助力出版业转型升级。

（三）互联网兴起颠覆传统知识生产模式，以内容生产驱动出版发展的知识生产模式崛起（2003—2012）

第一，传统出版库存迅速激增与网络书店兴起。自改革开放以来中国出版业发展主要依靠发行推动，一度处于大量造货状态，库存大量积压渐趋成为困扰发展的难题③。到 2000 年新闻出版总署在每年的出版数据统计中，也从先前的图书发行“流转”统计指标表述，转变为图书“库存”统计指标表述。让读者接收到出版信息，并加大营销力度，是图书销售的有效途径。出版总署在 2002 年就强调让出版社转变营销机制，将图书送达需要的人手中④。

① 中国出版工作者协会、中国出版发行科学研究所：《中国出版年鉴（1996）》，中国出版年鉴社 1997 年版，第 22、16 页。

② 中国出版工作者协会、中国出版发行科学研究所：《中国出版年鉴（1997）》，中国出版年鉴社 1998 年版，第 4 页。

③ 中国出版工作者协会、中国出版发行科学研究所：《中国出版年鉴（2005）》，中国出版年鉴社 2006 年版，第 699 页。

④ 中国出版工作者协会、中国出版发行科学研究所：《中国出版年鉴（2003）》，中国出版年鉴社 2004 年版，第 10 页。

但囿于全国实体网点数量布局相对有限，现实财力、人力以及物力远远不及，销售问题一直难能解决。2003 年，中国出版业加速步入电商时代，当当网、卓越亚马逊及京东商城等网络书店平台迅速崛起。网络书店能容纳海量信息，实现了信息对称，同时依靠物流配送支持，突破了传统书店销售的时空限制，发展极为迅速，大大冲击着传统实体书店。加之网络书店以低价促销的方式开展价格战，地面实体书店销售惨淡。2005—2008 年间，席殊书屋、上海明君、思考乐及重庆沙坪书店等相继退出历史舞台①，实体书店面临严重的生存危机②。

第二，互联网的兴起与新型知识生产方式的转变。网络书店借助互联网技术手段及所构建的信用体系，弥补了传统实体书店的销售缺陷，但这依然只是传统出版思维下知识生产方式的扩展。互联网的兴起对中国出版业发展带来的转折性意义，绝非体现在“发行”“销售”业务对传统出版的扩容和冲击上，而是知识生产模式上的彻底转向。传统出版主要包含“编辑”“印刷”“发行”三大关键环节，出版机构在整个产业链中具有“绝对的控制权”③，而互联网兴起后，彻底打破了仅仅依靠传统出版机构只有通过编辑、印刷、发行才能发布信息、传播知识的限制，人人皆可成为知识生产者、传播者。在此形势下，浅阅读类传统出版物的市场份额断崖式下滑，深度阅读类出版物也颇受冲击，由此催逼我们对出版进行重新定义，同时也引发我们对传统出版意义的思考。④与此同时，尽管 2003 年全国出版社推行转企改制，传统出版单位面向市场，逐步在知识生产端深耕发力，却难能改变传统出版的劣势地位。在互联网支持下，数字出版换道超车，2008 年数字出版总产值超越传统出版业，且持续每年以超过 10%的速度增多。与之相伴的是国民各类数字媒介阅读率逐步提高，移

① 王化兵：《解读民营书业的 2008》，《出版参考》2009 年第 1 期。

② 中国新闻出版研究院民营书业研究课题组：《2010 年—2011 年中国民营书业发展调查报告》，《出版参考》2011 年第 15 期。

③ 夏德元：《中国出版数字化转型中的文化冲突》，《学术月刊》2010 年第 4 期。

④ 李频：《图书出版的未来在典藏》，《编辑之友》2014 年第 6 期。

动阅读用户愈加活跃，互联网、手机及电子阅读器已然不可或缺，网络图书、专业数据库、网络游戏、网络杂志、手机出版物、手持阅读器、IP动漫影视等领域的业务模式渐趋清晰，并形成了较为稳定的产业链。

（四）新时代出版业高质量发展所面临的任务及要求（2012年至今）

第一，深化出版业供给侧结构性改革认知，坚持出版业的高质量发展需求以服务文化强国。供给侧结构性改革是新时代中国经济发展的创新举措。2015年，习近平总书记在中央财经领导小组会议上首度提出“供给侧结构性改革”，并要求以结构性改革来推进社会发展进步。在文化产业领域，通过“培育新型文化业态和文化消费模式，以高质量文化供给增强人们的文化获得感、幸福感”，“坚定不移将文化体制改革引向深入，不断激发文化创新创造活力”。深刻理解文化产业领域的供给侧结构性改革思想，将是我们推进出版转型升级实现高质量发展，实现2035年文化强国目标的必然要求。“供给侧”就是强调要“回归市场”，把握市场规律和认识，更需以创新性手段发展实现高质量发展。① 学者们也多关注对政府与市场关系梳理、生产侧的高质量提升、产业技术升级等宏观、中观层面的问题探讨。② 但是，社会发展都是由需求驱动，高质量的需求从何而来，学者们对此并没有说清楚。出版业高质量发展下创新创作活力的主要来源，既包括政府层面的制度性改革，也包括出版人自身的升级以及读者、作者的相应品质提升，上下共同驱动市场需求升级。

第二，践行媒体深度融合，做强做大主流媒体，发挥出版的引领作用。党的十八大以来，党和国家高度重视媒体融合，并于2014年将之提升为国家战略。媒体融合主要涵括技术、内容、人才、管理及产业等诸方面，传统媒体和新兴媒体二者的辩证关系也体现为“迭代关系”“此长彼长”“优势互补”。③ 在数字传播技术加持下，出版与媒体的种差渐被抹

---

① 于殿利：《供给侧结构性改革与出版高质量发展》，《出版参考》2019年第1期。

② 孙亮、石建勋：《中国供给侧改革的相关理论探析》，《新疆师范大学学报（哲学社会科学版）》2016年第3期。

③ 习近平：《加快推动媒体融合发展 构建全媒体传播格局》，《求是》2019年第6期。

平，[1] 突出体现在数字出版技术在“全媒体”上的发展运用，广泛参与到社会“网络空间”的制造上。为此，出版业高质量发展所面临的国内使命是，主流媒体在出版思想上如何更为清晰明确地宣传党的方针政策，服务国家发展需要。在此基础上，体现社会效益是为应有之义，经济效益的实现也更加任重道远，主流媒体所面临的任务正是保证出版社会效益的前提下，借助媒体深度融合手段以“商业服务”等新方式来探索实现经济效益之路。

第三，秉承以优质内容生产为基础，出版业由传统“编辑—印刷—发行”模式转向知识服务发展。新时代出版业高质量发展，优质内容是基础。进入出版业的高质量发展时期，出版业的发展模式也会由发行驱动的产业发展逻辑向由内容驱动的专业逻辑转换。在万物互联的新媒体时代，依靠算法、大数据、人工智能等出版技术手段的有效加持下，传播日益精准。信息过剩饱和现象当下日趋严重，真正富含思想的内容资源愈显珍贵。无论传统出版还是数字出版，都对优质头部资源投入重金抢夺。出版实践表明，优质内容才是出版业高质量发展的基石。在此情势下，出版业转型升级的任务也颇在眼端，出版单位更应该走出简单的“编辑—印刷—发行”生产模式，逐渐转向为以优质内容生产为基础的知识服务模式。

二、中国出版业高质量发展的现实路径

出版业高质量发展，依赖于出版发展新思维、国家顶层设计、专业化品牌化发展、技术革新升级以及高品质出版人才培养五大路径。

（一）树立出版发展新思维，为出版业高质量发展提供战略指导

第一，树立出版对中华优秀传统文化引领的新思维。出版是人类文明成果的外化表现，并能将优秀的文化精华甄选给世人，呈现“去粗取

① 于殿利：《论媒体融合与出版的关系》，《现代出版》2020 年第 2 期。

精”“去伪存真”的鲜明“编校性”。[①]中华五千年璀璨文明成果正是因为出版才得以传承保存至今。树立出版对先进文化的引领作用，正是对中华优秀传统文化的传承和文明成果的发扬光大，也是中国在世界文化激荡中“站稳脚跟”的重要前提。[②]为此，我们需要创新知识生产模式，创造新内容，挖掘新主题，借用新形式，为出版业高质量发展打造新业态，以服务于文化强国目标的实现。而优秀出版人作为出版的践行者，所起到的作用绝不是“知识搬运工”的简单复制，更应是优秀内容的生产者和先进思想的生产者，更是出版业高质量发展的引领者和创造者。

第二，树立引领全球出版及“网络空间”规则制定的新思维。讲好中国故事，创新推进国际传播是“十四五”发展规划的重要部署，也是出版高质量发展的应有之义。以战略的高度、历史的眼光、全球的视野来推进中国出版业高质量发展，正是顺应人类出版发展的趋势所趋。在“虚拟出版”的当下数字出版阶段，[③]以整体性布局赶超全球先进，引领全球出版业发展乃是当务之急。中国出版亟须在国际上建立与中国发展相适应的“国际话语权”，并站在人类命运共同体的基础上，助力进入网络时代，服务社会[④]。在此基础上，中国出版所面临的艰巨任务是参与“网络空间”规则的制定，为人类发展贡献中国力量。

（二）加强对出版业顶层设计，保障出版业的高质量发展进程

第一，深化出版管理体制改革和创新机制，完善现代出版管理体系。党的十九届五中全会提出“十四五”时期社会经济高质量发展的目标，出版业高质量发展必然要求出版管理体制的配套性改革。自新中国成立后出版业确立了国有单位的事业体制，改革开放以后在市场化过程中推行

① 万安伦、曹晶晶、曹继华：《对出版学科理论逻辑和结构范式的思考》，《出版发行研究》2018 年第 4 期。

② 《习近平谈治国理政》，外文出版社 2014 年版，第 164 页。

③ 万安伦、王剑飞：《虚拟出版：从技术革命到阅读场景的二重变奏》，《河北大学学报（哲学社会科学版）》2019 年第 1 期。

④ 方兴东、钟祥铭：《中国媒体融合的本质、使命与道路选择——从数字传播理论看中国媒体融合的新思维》，《现代出版》2020 年第 4 期。

转企改制，释放出前所未有的活力。21世纪，计算机、互联网快速发展，出版业发生“百年未有之大变局”，背后自然是整个出版行业的全方位改变。因传统出版业固有的体制和机制积习多年难改，更须在“出版人及思想”“出版制度”等方面做出思考调整①。在此方面，国家及有关部门对出版的人事安排卓显重要，相关部门领导人的思路、眼光、视野在不同层次上影响甚至决定着出版发展改革的进程。再者，基于出版业态发生变化，也需在出版管理机制上做出创新，完善现代出版管理体系。习近平总书记提出要“坚持一体化发展”，其具体要求是在机制上进行创新。如，目前传统出版与数字出版的管理机制并不相同，这也会影响二者在媒体深度融合过程中的高质量发展，故而相关的制度、法规、政策也亟须修订制定。重视真问题，解决真难题，通过体制改革和机制创新释放需求和活力，才能有效推进和保障出版业的高质量发展。

第二，加强对出版学科的顶层设计，为出版业高质量发展保驾护航。对出版学科的顶层设计直接关涉出版学科发展。1979年出版界首度“独立提出”②建立和研究出版学及其分支学科的目标，1998年教育部设立“编辑出版学”二级学科，归属于一级学科新闻传播学延续至今。改革开放40余年的出版实践表明，出版产业发展与出版专业教育皆有突破性发展，迫切需要在出版学科顶层设计上做出恰当调整。通过助推学科升级，加强对出版专业教育的政策性指导，加大师资力量投入配备，尤其需在高质量出版学科教材研发、优质学科课程体系设置以及出版人才培养体系建设等诸方面着重用力，以便为出版行业培养不同层次、不同梯队的人才，将能有效助力出版业高质量发展。

（三）以出版的专业化、品牌化发展，推进出版业高质量跃升

第一，以出版专业化升级推动出版业高质量发展。专业化是出版业高质量发展的重要前提。新中国成立后，国家按照专业分工纷纷成立出版社

---

① 李频：《新中国出版史研究的四维结构初探》，《编辑之友》2019年第9期。

② 袁亮：《出版学概论》，辽宁教育出版社1997年版，第7页。

服务于社会主义经济文化建设。出版业以其专业性一度肩负起国家重大出版项目的重任。改革开放以来，在市场化推进过程中出版单位出书范围放开，出版专业化有所削弱。出版单位因其专业性而葆有核心竞争力能行稳致远。因此，出版单位在新环境下找准自身定位，再度强调出版专业化升级，呼吁更多出版人才投身专业领域深耕细耘，打造专业化出版队伍，方能发挥自身优势，彰显自身特色，适应市场竞争以及互联网时代发展的需要。① 同时此举也能为国家针对专业出版单位提供资金和政策性支持提供便利，将能更加有效地筑实出版业高质量发展。

第二，以品牌化发展推进出版业高质量发展。品牌是出版单位赖以生存和发展的基础和保障。尤其是改革开放以来，伴随出版业市场化、产业化步伐加快，出版市场的竞争日益加剧，业界对优质资源的争夺也愈显激烈，因此，打造出版品牌保障出版业的长期稳步发展，也成为出版业高质量发展的重要保障。所谓出版品牌建立的过程，就是出版单位以出版物为核心建立一套标准，以确立自身的话语权的过程。出版品牌的建立，主旨理念是前提，优质内容是基础，产业化运营是关键。近年来，出版市场上动辄百万册销量的大众超级畅销书渐趋消弭，相反几万册销量的精品图书却异军突起。“理想国”“读库”“甲骨文”“新史学”“未读”等出版品牌纷纷崛起，一大批精品小众图书销量不菲，由此也见证着出版日趋走向品牌化和高端化。某些出版品牌发展并非仅仅局限于图书出版，也在相关产业链如有声书、影视、游戏、文创等领域延伸拓展，这又与图书之间形成良性互动，服务于出版品牌，有效驱动着出版业的高质量发展。

（四）借助出版技术的升级革新，推进出版业高质量进阶

第一，充分注重出版新技术在社会发展中的基础性作用。21 世纪以来，中国互联网的发展应用处于持续高速发展时代，充分见证了数字出版的发展活力与未来前景。数字出版技术应用广泛，已然超越了传统的复制出版技术的局限，并迅速应用到社会生活的各个层面，成为不可或缺的基

① 吴培华：《专业化是传统出版核心竞争力形成的基础》，《现代出版》2018 年第 1 期。

础性配备。从 3G 到 4G，再到 2018 年 5G 商用时代开启，一步步见证着技术的发展迭代。例如，5G 数字出版技术呈现“高速度”“高宽带”“低时延”等特点，已经在智慧城市、智能医疗、物联网等领域展开应用，并将在未来社会生活中发挥更为坚实的基础性作用，这也是出版业高质量发展的基础性保障。

第二，数字出版技术在数字社会中的全新应用。中国正加速步入数字社会，数字出版技术在出版业高质量发展过程中的地位将更加卓显。数字出版技术支持下的数字经济，将为“十四五”经济发展以及 2035 年文化强国建设提供重要支撑。《中华人民共和国国民经济和社会发展第十四个五年规划和 2035 年远景目标纲要》明确了七大数字经济产业：物联网、工业互联网、云计算、区块链、人工智能、虚拟现实（VR）和增强现实（AR）。在当前，人工智能、云计算、虚拟现实（VR）和增强现实（AR）等数字出版技术已经呈现出极为广阔的应用发展前景，物联网以及工业互联网也将伴随 5G 数字出版技术的应用而迅速扩展。数字出版的场景应用也将迅速扩展到交通、能源、制造、农业、教育、医疗、文旅、金融等社会生活的各个领域。实体经济与数字出版技术的结合更为紧密，中国出版业也将呈现新的发展景观。

（五）践行高品质出版人才培养之路，为出版业的高质量发展提供保障

第一，出版业的高质量发展驱动中国迈入内生性品质发展时代。新中国成立以来中国出版业一度处于由发行驱动生产的规模化扩张阶段，市场化以后营销驱动助力，生产销售模式一直未有多大改观。直到 21 世纪以来，互联网迅猛发展改变了传统发行渠道，出版业以大幅度网络促销手段畸形地驱动着产业发展。购买图书并非完全基于自身切实需要，而多是基于价格便宜。造成的后果之一是我们格外专注于借助外部手段，而相对忽视了依靠人自身内在品质的提升来驱动出版发展。国家“十四五”规划大力倡导高质量发展，正是表明社会经济在向以人自身内在品质提升为基础驱动的发展模式转变。因此，未来以出版人自身发展所呈现的内生性品质提升，将成为中国出版业发展的重要内驱力，这也成为引领中国出版业高质量发展的力量源泉。

第二，以国家整体出版规划来统摄高品质出版人才培养。新中国成立以来，国家一直通过业界实训和学界学习的模式推进人才培养，并在改革开放渐趋系统化、体系化，为出版业从出版弱国到出版大国、奔向出版强国提供了源源不断的人才支撑。出版人才也成为出版业发展的根本性力量。当下中国出版业步入高质量发展阶段，正是在国家的整体出版布局下推进的。高品质出版人才培养正是契合国家整体发展布局、行业发展趋势，并落实到出版单位的发展上。在此方面，不仅需推进出版学界、业界的高品质人才培养，更要吸引其他专业、行业有志于高品质人才投身出版。同时，出版人以自身的兴趣爱好为驱动的个体品质化进阶①，也会纳入到国家整体的出版发展布局规划中以推进出版业的高质量发展。

三、问题启示

中国出版业高质量发展带给我们在政府引导规制、释放正向需求以及出版学科建设发展等方面诸多启示。

（一）出版业高质量发展需加强政府的规制与引导，以高水平管理释放正向需求

第一，加强政府规制和引导，保障出版业高质量发展的正确方向。新中国成立以后，就逐步确立了出版的社会主义性质，并在中国共产党的带领下不断纠正错误中发展。改革开放以后，出版重新确立“二为”的根本方针，并在市场化、产业化、国际化、数字化的发展过程中秉持正确的发展方向。长期以来，以社会效益优先，实现经济效益与社会效益双效统一的要求一再被强调，这也是中国出版业长期稳定发展的基础前提。2015

① 邱伟杰：《普及美学原理》，四川文艺出版社 2019 年版，第 188 页。

年9月，党中央、国务院以“两办”文件形式，对二者关系进行明确：“把社会效益放在首位，实现经济效益和社会效益相统一”①。由此，加强对出版业进行引导和规制，坚持正确发展方向，保持发展定力，实现中国出版业的高质量发展更是此方针指导下发展的必然体现。

第二，以高水平管理释放正向需求，为出版业高质量发展提供发展动力。新中国成立70余年从传统的出版飞速跨越到当下互联网发展下的数字出版，出版已经颠覆了传统的知识生产和信息传播的方式。在新出版技术支持下，知识生产海量扩容，信息传播瞬息即至，人人都在“自出版”，这些新状况、新现象给出版管理带来新挑战与契机。而在万物皆媒时代，出版政策势必与时俱进，需用新的数字出版管理技术和数字出版管理新规则加强出版管理。管理只是手段，以现代化高水平管理释放正向需求，将能为出版业高质量发展提供源源不断的活力。

（二）以整体性思维和发展的观念，来解决出版业的高质量发展所存在和遇到的问题

第一，以整体的思维解决出版业高质量发展中存在的问题。中国出版业的发展是一个系统性的整体工程，“出版是一国国力的外在表征”②，同时，将出版业放在整体社会发展中审视，出版关乎政治昌明、经济发展、文化繁荣、教育进步、科技发展，同时出版并非“外在于政治、经济、文化的附属物”③，因此，中国出版业高质量发展是整个中国社会高质量发展的一部分。我们以整体性的思维来看待中国出版业的高质量发展，实际上是重视出版在社会发展中的地位。我们需以社会整体的高质量发展促进中国出版业的高质量发展，同时也应以出版业高质量发展助推社会整体进步，出版业高质量发展过程中所面临的问题，更需以整体性的思维、整体性的方案来审视看待。

---

① 中共中央办公厅、国务院办公厅：《关于推动国有文化企业把社会效益放在首位、实现社会效益和经济效益相统一的指导意见》，2015年9月14日。

② 万安伦：《中外出版原著选读》，北京师范大学出版社2019年版，第67页。

③ 周蔚华：《出版史研究方法论的范式建构与理论创新》，《现代出版》2020年第1期。

第二，以发展的办法解决出版业高质量发展中遇到的困难。中国出版业的高质量发展，绝非一蹴而就，我们也不能试图毕其功于一役来解决所有问题。我们需以发展的观念来看待所存在的问题，以发展的办法来解决出版业发展过程中所遇到的困难。既要看到出版业发展过程中面临的艰巨性，也要看到所取得的阶段性成绩。解决能解决的，督促有待解决的，并展望规划尚未解决的，遵循出版规律，将出版工作有步骤、有计划地推进，高质量发展未来可期。

（三）重回出版初心，注重出版实践的同时需在为基础的层面和更高序列上思考出版

第一，回顾新中国出版发展的意义，回归出版初心。新中国成立之初，国家就一度强调出版的政治性，陆定一提出："我们不是普通的出版家，而是革命的出版家。革命同志第一是革命家，第二才是出版家。"[①]不是"为出版而出版"。出版工作的"第一项任务就是宣传马克思主义"，"因为有了马克思主义，我们的一切工作才有了根本的基础"[②]。由此，新中国成立以来对出版干部的培养，与秉承"二为"方针以及改革开放以后重新确立出版的社会主义性质、出版社会效益为首原则的强调等一脉相承。回归出版初心绝非排斥出版作为实现经济效益的手段，而是助力出版作为通向实现最高理想的路径舟筏。

第二，既要注重出版具体应用，也需在更为基础的层面和更高的序令上来思考出版。回溯新中国成立以来出版业、出版专业及出版学科的发展史，我们发现，出版的定义多集中于"编辑""复制""发行"，甚至只加上"创作"，或只将知识生产与传播的全程加入其中，这些界定多是在具体的实操层面观察、厘定出版的核心概念边界，少有学者在哲学或美学层面上对出版学建构思考。当下出版学发展尤其在"新文科"发展理念下也

---

① 中国出版科学研究所、中央档案馆：《中华人民共和国出版史料（1949）》，中国书籍出版社 1995 年版，第 174、423 页。

② 中国出版科学研究所、中央档案馆：《中华人民共和国出版史料（1951）》，中国书籍出版社 1996 年版，第 248 页。

面临学科升级、专业发展乃至交叉学科借鉴等机遇与挑战。出版极具实践性自不待言，在此基础上我们需要从更为基础的语言学层面和更高的哲学或美学层面上来思考出版，由此来构建中国出版学科发展的内生性理论，以构建呈现“中国特色、中国风格、中国气派”的出版学科。

（作者单位：刘浩冰，北京师范大学出版科学研究院，北京师范大学出版集团；邱伟杰，南京大学美学与文化传播研究中心）

“现代纸书”推动出版业高质量发展的作用机制分析

刘永坚　白立华　施其明　郭雪吟

2019 年 8 月，习近平总书记在考察调研读者出版集团时强调指出，要为广大人民提供更多优秀精神文化产品。出版作为社会主义先进文化的有机组成部分，担负着传播知识、传承文化、引领社会主义精神文化生活走向的重要使命。出版业的高质量发展决定了中国特色社会主义新时代出版业发展的走向，也是从出版大国迈向出版强国的内在要求。

近年来，国家相关部门出台了一系列政策以推进出版业高质量发展，例如，2017 年 3 月，国家新闻出版广电总局与财政部联合发布《关于深化新闻出版业数字化转型升级工作的通知》，强调提高新闻出版业生产力、传播力、影响力，丰富产品形态、提升服务能力，为人民群众与国民经济各领域提供多层级信息内容服务；2018 年 11 月，中央全面深化改革委员会审议通过了《关于加强和改进出版工作的意见》，强调坚持以多出优秀作品为中心环节，深化改革创新，完善出版管理，着力构建把社会效益放在首位、社会效益和经济效益相统一的出版体制机制，努力为人民群众提供更加丰富、更加优质的出版产品和服务；2021 年 5 月，国家新闻出版署印发《关于组织实施出版融合发展工程的通知》，旨在引导出版业大力实施数字化战略，系统性推进传统出版与新兴出版深度融合发展，为文化强国、出版强国建设作出新的更大贡献。这一系列政策的颁布和实施都表明了我国对于推动出版业高质量发展的重视，同时也表明了文化与科技的融合将成为推动出版业高质量发展的重要推手。

当然，当前出版业仍然暴露出了一系列阻碍高质量发展的问题，例如出版与科技的融合度低、出版物内容质量不高、出版体系落后、人才素质落后等一系列问题。推动出版业高质量也成为出版社、出版人需要面对的重要课题。

一、“现代纸书”创新服务模式简介

“现代纸书”是指契合移动互联网时代 O2O 的内容生产方式的、拥有线上衍生内容资源与服务的、具有交互功能的纸质出版物①。这一模式是由国家新闻出版署出版融合发展（武汉）重点实验室提出的，是以互联网、大数据、人工智能等技术为基础建立的出版融合创新服务模式。该模式通过为每本出版物配置匹配大数据标签的二维码，该二维码可链接到线上云平台，线上云平台中匹配了基于出版物内容的问答、在线课程、音视频、读书社群等的线上延展性数字内容或服务，以改变传统出版物的单向传播模式，实现作者、编辑与读者交流，并引导读者在阅读纸质书刊的过程中，通过扫码付费享用线上数字内容服务。

① 刘永坚、白立华、施其明等：《论现代纸书革命》，《科技与出版》2018 年第 8 期。

二、“现代纸书”创新模式对推动出版业高质量发展的作用机制

（一）建立起纸书与线上数字内容服务的链接，实现出版物价值提升

随着移动互联网的兴起，多终端、移动化、碎片化的阅读已经成为势不可挡的发展趋势。2021 年年初，又有近 30 多家纸质媒体宣布休刊或停刊，折射出读者的阅读方式、知识获取方式、娱乐方式发生巨大的变化。如今，读者早已不能满足于阅读单一的纸质出版物，电子出版物、有声出版物、各类 App 或知识服务产品等开始受到读者的青睐。在这样的背景下，读者对于高质量知识服务的需求也在逐渐增长。而出版虽然包括知识服务，但却并非完全等同于知识服务。服务是一个有质量表征、直接满足读者需求的范畴，具有提供个性化服务、精准化产品等更高的属性。①

“现代纸书”模式的设计思路就是将传播单向、内容单一的传统出版物与具有互动性、内容更加多元化的线上数字内容与服务链接起来，将传统阅读方式转化为集阅读服务、精准场景、互动交流等功能于一体的复合式知识投送方式、文化消费形式。

例如，《人口老龄化与老龄社会 100 问》是由中国财富出版社有限公司出版的一本专业类书籍。本书从趋势、特征、文化变迁和公共政策等维度，系统梳理并回答了关于老龄化、老龄社会最为基础、最受关注的 100 个问题。当本书转型成为“现代纸书”后，基于书中内容，匹配了表 1 中的线上知识服务内容，包括文章、视频、音频、专家在线问答、书单推荐、社群等，从不同层面来为读者提供基于这本书的场景化阅读服务。根据“现代纸书”后台线上云平台统计，这本书进入市场仅 30 天，读者扫码量就达到了 12.9%。

---

① 高萍、张晓曼：《出版融合载体——现代纸书的知识服务模式探析》，《中国出版》2020 年第 5 期。

对于出版物来说，此举能够带来内容层面的丰富与服务属性的增加，让读者不仅仅是阅读图文，更能够通过音频、视频的联动更加深入地学习相关知识，拥有更加多元化的阅读体验；还能突破传统出版物单向的传播模式，以书为媒，实现与作者和其他读者的深度交流。

表 1 《人口老龄化与老龄社会 100 问》“现代纸书”案例中匹配的数字内容与服务

服务类型	具体内容	作用
文章	智库专栏、官媒解读及政策链接	基于纸书内容，从官方角度，向读者传递与本书关联的最新信息、政策
视频	中国社会保障体系配套视频课程	基于纸书内容，帮助读者深入且系统地学习相关理论知识
音频	中国社会保障体系配套音频课程	
专家在线问答	老龄化研究专家在线为读者答疑解惑	为读者提供和知名专家在线对话的渠道，增强专家与读者之间的互动交流
书单推荐	相关主题书单	帮助读者拓宽知识面
社群	基于本书内容的读者交流群	增强读者在阅读过程中与其他读者的交流与互动

（二）建立起以编辑为核心的出版流程，实现出版流程升级

传统的图书生产流程包含选题策划、组稿、审稿、印刷、发行等环节，虽然受历史沿革、行业体制等因素的影响，但基本逻辑及技术含量并没有较大的改变，同时，整个纵向的流程中每个环节都有明确的界限与职责分工，个人工作几乎被局限在某一位置。在融合转型过程中，很多出版社仍然沿用这一套旧的流程进行融合业务，因而造成了纸数分离、职责权限不清、盈利效果不好等一系列问题。

平台化是互联网发展的重要特点之一，如果要将出版与互联网实现真正的融合，就必须改变传统的出版思路。平台化在出版流程中的应用在于将选题策划、组稿、审稿、印刷、发行最终到读者手中这种“纵向”的出

版流程，转变为将作者、编辑、读者等角色，内容与发行等出版要素聚集到同一个平台上，建立起一种协同交互的生产机制。①

“现代纸书”即从平台化思路出发，将大规模的内容生产者（作者、编辑）、内容推广者（渠道）和内容消费者（读者）整合在一起，创造了一个协同交互的生产机制。在“现代纸书”的后端线上云平台中，分设了四个操作端口，即作者、编辑、运营方、出版社。其中，作者主要负责提供数字内容与服务；编辑负责充分地调动作者资源，完成对纸书线上内容与服务的策划、制作，并与后续通过扫码进入线上平台的读者进行交互；运营方主要负责根据为读者推送更加精准的内容服务，运营人员一般是出版社数字部门人员，可选择已有的线上内容服务模板快速创建出版资讯网站、官方网站、微信公众号等，帮助线上内容服务进行快速推广与营销；出版社主要负责内容、人员等方面的审核，具体来说是出版社的管理人员对相关组织成员（运营、编辑、作者）和资源服务（图书、商品、资源、小程序）进行全面管理，包括内容审核、分配权限和查看数据等，还可以对后台的读者数据进行管理分析，帮助社里与读者建立起畅通的交流渠道。

在“现代纸书”的整个出版流程中，编辑是连接作者、读者以及其他参与者的中心。同时在“现代纸书”的知识发现、知识挖掘、知识生产到知识推送的整个知识服务过程中均离不开编辑的引导。② 编辑是新闻出版事业的核心主力军，充分调动编辑有利于更好地协调出版流程中的各个角色，汇聚更多的优质资源，实现出版流程的优化。为了进一步提升编辑的能力，帮助编辑由传统的采编角色向具有运营能力、服务能力、技术能力的复合型人才转型。“现代纸书”后台中设有“红榜做书”的编辑培训，指导编辑进行“现代纸书”的策划与制作。此外，自 2017 年起，国家新闻出版署出版融合发展（武汉）重点实验室每年都与中国出版协会、中国

① 高萍、张晓曼：《出版融合载体——现代纸书的知识服务模式探析》，《中国出版》2020 年第 5 期。

② 刘永坚、白立华、施其明等：《论现代纸书革命》，《科技与出版》2018 年第 8 期。

期刊协会、中国编辑学会共同举办“出版融合技术·编辑创新大赛”，进一步调动编辑参与“现代纸书”制作的积极性。据相关数据统计，全国已有37900名编辑参与到“现代纸书”的制作中。

（三）建立起双向的传播机制，实现出版与读者的真正交互

媒介的本质属性是连接，不管是内容或渠道，其连接的核心都在于读者。传统出版的本质是单向传播机制，出版物到了读者手里，读者并没有渠道通过它与内容生产者产生交流互动，更不能以此为媒介，与其他读者产生连接。反之，内容生产者对于读者的阅读偏好、阅读行为也几乎一无所知。很多出版社在进行融合转型的过程中，也尝试过通过微博、微信等方式与读者建立连接。这些方式虽然能为出版社汇聚一定流量，但由于技术条件等因素限制，出版社并不能拥有完整的读者数据，建立属于自己的读者数据库，仍然为第三方平台“做嫁衣”。

这样的传播机制对出版的供需也产生了相应的影响。对于纸质出版物来说，最佳需求量的确定应基于同类出版物市场供给需求情况或者读者信息反馈①。而在单向传播机制的影响下，出版社由于不了解读者的阅读需求、消费偏好，没有相应的渠道直接了解读者的需求，不知道如何满足读者的需求。相关数据显示，按照一般经济规律，衡量库存结构是否合理的一个关键标准是库存平均占用资金与销售金额的比值，该比值在20%以内是较好的，40%—60%处于危险地带，超60%是相当危险的，而国内大多数出版社已达到了50%左右②。另根据“开卷”在2018年的监测数据显示，自2014年1月至2017年10月，综合实体书店、网店及零售三个渠道数据，年销售数量小于5本的图书，占全部图书品种的34.5%；年销售数量小于10本的图书，占全部图书品种的45.19%。这意味着，每年至少有三分之一以上的图书品种将面临报废，近一半以上库存积压。因此，同其他领域亟待进行供给侧结构性改革一样，出版业同样面临着供需不匹

① 陈宇晴：《基于需求信息角度的出版行业库存问题分析》，《出版参考》2020年第8期。

② 张国际：《出版企业图书库存的良性管理》，《中国出版》2010年第16期。

配、内容同质化、库存长期积压等问题。

“现代出版是建立在人性、分享和社群意识基础上的全新出版”①。“现代纸书”依托了匹配大数据标签的二维码，与读者之间产生了交互机制，这样的交互包含了三层连接。第一层连接是读者通过扫描“现代纸书”上的二维码进入线上云平台，在平台中，读者不仅可与作者建立联系，更能与有相同兴趣爱好、相同领域的读者产生互动，有利于提升读者对于出版物、作者的黏性；第二层连接是作者、编辑、出版社利用平台获取每一位读者的基本信息、阅读时间、阅读地点、阅读时长、付费类型等特征，建立属于自己的读者数据库，进一步去研究分析读者的喜好，并且运用到内容生产、需求预测中②；第三层连接是出版社根据不同读者的喜好，为他们投送更加精准化、定制化的数字内容与服务。

这样的连接颠覆了出版物单向传播的模式，能够让出版的各个角色拥有更加通畅的信息交互渠道。出版社在精准了解了读者的需求后，生产活动也将更加具有针对性，对于提高出版物质量、增强读者黏性、平衡出版供需矛盾都能起到重要作用。

三、结语

“现代纸书”模式通过对每一本出版物进行个性化策划设计，使其成为具有读者交互能力、读者服务能力与市场盈利能力的新兴出版融合产品，有力地提升了出版物的价值；优化了传统的出版流程，将纵向的出版流程转变为“平台化”横向流程；充分调动了编辑的能力，实现了资源的优质高效配置；改变了出版物的单向传播模式，让出版中各个角色的信息

① 曹继东：《传统出版和新兴出版融合发展的本质与趋势》，《现代出版》2016 年第 5 期。

② 刘遹菡、刘永坚：《基于现代纸书的编辑创新激励机制研究》，《科技与出版》2018 年第 8 期。

交流更加通畅，帮助出版社建设属于自己的读者数据库，反哺内容生产，助力出版供给侧改革，进一步助力出版行业的高质量发展。目前，国内很多出版社也尝试通过自建平台等方式开展类似的探索路径，但由于技术条件、人力物力投入成本等因素的限制，效果并不理想。“现代纸书”模式通过出版社与第三方平台的合作，在不改变现有出版生产流程、读者数据“不出社”的条件下，建立业务模式，是一条值得探索的轻量化融合发展路径。

（作者单位：刘永坚，国家新闻出版署融合出版智能服务技术与标准重点实验室；白立华，国家新闻出版署出版融合发展（武汉）重点实验室；施其明，武汉理工大学；郭雪吟，武汉理工数字传播工程有限公司）

提高编辑的八个能力
做好以人民为中心的出版工作

周　伟

一、出版工作要以人民为中心

出版工作是党的宣传思想工作的重要组成部分，其出发点和落脚点都是以人民为中心。关于这个问题我们可以从三个层面来学习和认识。第一个层面，中国共产党的宗旨就是全心全意为人民服务，人民是至高无上的。2021 年 7 月 1 日，习近平总书记在庆祝中国共产党成立 100 周年大会上的讲话中指出：

“中国共产党一经诞生，就把为中国人民谋幸福、为中华民族谋复兴确立为自己的初心使命。”

“以史为鉴、开创未来，必须团结带领中国人民不断为美好生活而奋斗。江山就是人民、人民就是江山，打江山、守江山，守的是人民的心。”

“新的征程上，我们必须紧紧依靠人民创造历史，坚持全心全意为人民服务的根本宗旨……践行以人民为中心的发展思想，发展全过程人民民主，维护社会公平正义，着力解决发展不平衡不充分问题和人民群众急难愁盼问题，推动人的全面发展、全体人民共同富裕取得更为明显的实质性进展！”

“全体中国共产党员！党中央号召你们，牢记初心使命，坚定理想信念，践行党的宗旨，永远保持同人民群众的血肉联系，始终同人民想在一起、干在一起，风雨同舟、同甘共苦，继续为实现人民对美好生活的向往不懈努力，努力为党和人民争取更大光荣！”①

这里不光讲到人民至高无上的地位，而且反复讲到要为人民实现美好生活的向往而努力，出版工作也是为实现人民对美好生活的向往不懈努力的一个方面。

第二个层面，习近平总书记关于宣传思想工作“九个坚持”的重要论述，其中，第六个坚持就是要坚持以人民为中心的创作导向：

“强调把创作生产优秀作品作为文艺工作的中心环节，把满足人民美好生活的精神文化需要作为文艺和文艺工作的出发点和落脚点，把人民作为文艺表现的主体，把为人民服务作为文艺工作者的天职。强调扎根人民、扎根生活开展文艺创作，用现实主义精神和浪漫主义情怀观照现实生活，用光明驱散黑暗，用美善战胜丑恶，让人们看到美好、看到希望、看到梦想就在前方。强调要讲品位、讲格调、讲责任，抵制低俗庸俗媚俗，坚持把社会效益放在首位，当社会效益和经济效益发生矛盾时，经济效益要服从社会效益。”②

这一段话实际上为我们做好美术出版指明了方向，提出了具体要求。

---

① 习近平：《在庆祝中国共产党成立100周年大会上的讲话》，http://cpc.people.com.cn/n1/2021/0701/c64094-32146278.html。

② 中共中央宣传部干部局组织编写：《新时代宣传思想工作》，学习出版社2020年版，第5页。

第三个层面指在具体出版工作中，我们一直要遵循“坚持以人民为中心”的基本原则：

“坚持以人民为中心。顺应人民群众对精神文化生活的新期待，把服务群众和教育引导群众结合起来，促进满足人民文化需求和增强人民精神力量相统一，增强出版物吸引力、感染力和影响力，努力为人民群众提供更加丰富、更加优质的出版产品和服务。”①

从习近平总书记的“七一”讲话到对于宣传思想工作的基本原则要求，再到出版工作的基本原则，都强调要以人民为中心。所以，出版工作要以人民为中心，这是一个重要的论断，是指引我们前进的方向。

二、编辑人才是做好以人民为中心的出版工作的关键

编辑人才，首先是作为宣传思想工作战线的一支重要的生力军，关于宣传思想工作干部队伍建设，长期以来，“政治强、业务精、纪律严、作风正”，这四句话是关于宣传思想干部队伍建设的重要论述。党的十六大以后，随着文化产业的发展，又增加了两条，即“懂经营、善管理”。到2020年出版《新时代宣传思想工作》这本书的时候，对于宣传思想工作干部队伍的素质要求更为丰富，分为八个方面：一是政治过硬，忠诚可靠；二是胸怀大局，把握大势；三是人民至上，为民服务；四是勤于学习，善于调研；五是本领高强，精通业务；六是锐意改革，开拓创新；七是敢于担当，勇于斗争；八是品德优良，清正廉洁。八个方面的要求都讲得非常具体，此外，以人民为中心，也作为重要一条放在其中，成为宣传思想工作干部队伍的基本要求之一。具体到宣传思想工作战线中的出版工作干部队伍的素质要求是：

① 中共中央宣传部干部局组织编写：《新时代宣传思想工作》，学习出版社2020年版，第72—73页。

“繁荣发展社会主义出版业，队伍是关键。新时代赋予出版工作更重要的使命职责，也对出版人才队伍提出更高要求。建设一支政治过硬、本领高强、求实创新、能打胜仗的出版人才队伍，为出版业繁荣健康发展提供强有力的人才支撑，是一项现实而紧迫的重要任务。”①

此外，对新闻出版干部队伍的素质要求又有一个表述：

“着眼于培养造就一支政治坚定、业务精湛、作风优良、党和人民放心的新闻出版队伍，深入开展马克思主义新闻观、出版观专题教育……”②

以上大体上都是围绕政治、业务和作风作出具体要求。

2016 年 2 月，习近平总书记在党的新闻舆论工作座谈会上明确提出：“好的新闻报道，要靠好的作风文风来完成，靠好的脚力、眼力、脑力、笔力得来。”③

2018 年 8 月，习近平总书记再次强调增强“四力”的重要性，并将面向新闻舆论工作者的要求扩大到整个宣传思想战线，成为新形势下宣传思想战线队伍建设的总要求。2018 年 8 月，习近平总书记在全国宣传思想工作会议上强调：宣传思想干部要不断掌握新知识、熟悉新领域、开拓新视野，增强本领能力，加强调查研究，不断增强脚力、眼力、脑力、笔力，努力打造一支政治过硬、本领高强、求实创新、能打胜仗的宣传思想工作队伍。

根据党中央对宣传思想干部队伍建设的素质要求，以及总书记对宣传思想干部提出的有关“四力”的要求，具体到我们社的编辑，我有一些思考体会。2017 年，在期刊工作会议上，我对期刊编辑提出六个能力的要求，即编辑、策划、写作、设计、经营、融媒体。后来，将这六个能力的要求扩展到图书编辑、融媒体编辑。近期，我结合社里的实际，再次回顾

① 中共中央宣传部干部局组织编写：《新时代宣传思想工作》，学习出版社 2020 年版，第 93 页。

② 中共中央宣传部干部局组织编写：《新时代宣传思想工作》，学习出版社 2020 年版，第 333 页。

③ 《增强脚力眼力脑力笔力 更好完成宣传思想工作使命任务》，http://www.qstheory.cn/dukan/qs/2019-04/01/c_1124302860.htm。

总结，体会到做好一位出版社的编辑，不管是期刊编辑、新媒体编辑还是图书编辑，至少要有八个方面的能力。

一是把导向。出版社是重要的意识形态阵地，是重要的宣传舆论阵地。既然是阵地，就一定要把导向把控好，要落实导向把关的各种要求，这非常重要。因为导向就是阵地，导向正确，阵地就在；导向错误，阵地就丢了。我们提出“导向金不换，质量高于天”，导向是生命线，要处理好经济效益与社会效益的关系。提高质量要求，牢固树立质量至上的观念，尽可能多地生产“双效”俱佳的产品。这是编辑应具备的第一大能力。

二是强编辑。出版从业者的编校能力是必备能力，是责编的主要能力。所有的编辑人员都要具有职业资格证书，在具备基本能力的基础上，进行精加工，要逐渐提高水平和能力，发扬工匠精神，具备高超的编辑技巧和严谨的编辑作风。除此之外，作为美术编辑，我们的编辑还要有比较丰富的美术方面的专业知识，对美术作品有较强的鉴别能力。

三是讲策划。图书、期刊、融媒体编辑要具备策划能力，不能被动发稿，在某一阶段、某一时间点，要根据当前形势、社内资源、读者需求深入研判、提前策划，这样才能适时推出优质的产品和服务。策划是编辑的一项基本能力，是编辑工作的应有之义。有人把策划编辑和案头编辑区分开来，是不符合编辑成长规律的。试想，一位不做案头、只搞策划的编辑，或专做案头、不懂策划的编辑，都不是完整意义上的编辑，都是“瘸腿”编辑。策划和案头是一个问题的两面，如同手心手背，二者是统一的，不可或缺。另外，策划也并没有什么神秘性，只不过是把内容和市场、作者和读者结合得更好。案头工作是要把策划方面落到实处。

四是精写作。编辑的“两把刷子”，就是编校能力和写作能力。写作能力是编辑与作者沟通的通行证。一个编辑不仅有编辑加工的水平，还要有和作者在同一水准上的写作能力，这是平等、顺畅交流的需求。编辑如果仅限于改稿子，没有较高的写作能力，就无法与优秀的作者交流，无法驾驭高水平的作者。期刊编辑、融媒体编辑，往往还要表达立场、表达导向、表达自己的观点。此外，写作能力也是一种深入思考能力。现在评职称越来越严，美术编辑也必须发表出版方面的论文，推动着编辑必须对自身工作有深入思考，写作能力的重要性也更加凸显。

五是通设计。设计不仅仅关乎封面和装帧形式，好的设计需要对内容有深刻的认识，需要编辑能够表达出对这本书的观点，需要以发自内心的理解去打动人心。通是通晓的意思，编辑要通晓设计的常识，要把设计与内容统一起来。例如，我们出版的《美育》教材，老师、教研员普遍反馈封面设计很好，这就来源于编辑对内容的深入理解和准确表达。《美育》的18册封面采用点线方圆、骨肉筋纹、远近高低、抽象具象、平面立体相结合的方式，表现了古今中外、虚实明暗、琴棋书画、声形乐韵、内外小大、阴晴冷暖之中所包含的美育元素和美的情感，给人以美的享受，给人打开这本书的阅读冲动，给人在心灵深处播下美的种子。“人美学术文库”的封面设计则取简约大方的原则，在有肌理的米白色封面上突出书名和作者，特别是对作者的突出体现了对学者的敬重。

六是懂经营。编辑对经营要有深刻认识，因为我们的最终效益是要通过市场体现。一本书的市场表现怎么样，往往从选题开始就注定了。图书编辑在策划选题的时候，要特别注意时效，现在选题热点像股市轮动一样变化迅速，比如，在唐朝之美已经形成热点时，我们仍在做几年前宋朝之美的热点，那很难产生好的效益。期刊编辑也要考虑经营，研究读者需求，做好“一刊一活动”，这也是期刊经营转型升级的重要标志。融媒体编辑更是如此，除了发稿之外，要考虑怎样把经营引进来，在二十多万粉丝的基础上，把经营做起来。经营，不仅是营销部门要做的，营销部门主要是打通渠道，没有编辑的最初策划以及后来的编辑加工，营销部门也做不出好的项目、推不出畅销产品和服务。

七是善融合。现在是融合传播的时代，仅靠纸质书、纸质期刊，传播力已经非常有限，要靠融媒体。在编辑一本书时就要考虑如何用融媒体更好地传播。我们的图书在这方面的考虑目前还比较机械，停留在让读者扫二维码看图、看视频的阶段，但实际上读者扫码观看的阅读量并不可观，这实际上是一种假融合，不是真融合。编辑应考虑怎样将产品真正变成融合产品，具备更强的传播力，让读者有更高的购买需求。这块空间还很大，特别是图书编辑、融媒体编辑，要努力真正创造一流的融合产品，更加符合当前读者的需求，更加符合时代的需求。

八是能演讲。演讲能力的重要性首先体现在教材编辑上，有关教材的培训每年有六七十场，要求教材编辑能把我们教材的特色、影响力和怎么使用讲出来，要真正能上讲台去讲，现在能讲的编辑还不多。随着直播带货的发展，图书编辑的演讲能力也亟须提高，在直播过程中要能打动人，让读者有购买欲。此外，期刊、图书编辑，如果某一问题研究很深入，成为某一领域的专家，就可以形成一个或多个优质的、有影响力的讲座。在融合发展的时代，听书的市场份额也在不断增长，编辑一定要有当好演说家这个意识。

三、如何提高编辑能力

提高编辑能力要从两个方面入手，即理论武装和实践锻炼。理论武装，就是用马克思主义出版观、用习近平新时代中国特色社会主义思想武装头脑。理论武装的重要作用就是提高政治站位、把握正确导向，并对编辑工作实践给予重要指导。实践锻炼，就是弯下身子、扎根实践，从每篇文章、每本书做起，真正一点一滴积累、提高编辑的各项能力。结合我们的具体情况，我想出版社可以为编辑提供六个方面的条件。

一是加强培训。这两年由于疫情影响，我们线上培训做得多一点，现场做得少一点。新入职员工培训、年轻干部职工培训、专家型编辑培训和美学类专题培训等，多层次、多元化的培训，可以帮助编辑扩展视野、深入思考，提高综合素质。

二是岗位实践锻炼。我们为青年员工制定了《促进青年员工创新成才的九条措施》，其中一条就是促进岗位建功立业，努力为青年员工提供更好的平台、更多的机会、更大的舞台，促进青年员工在岗位上勇于实践锻炼。同样，资深编辑也需要加大实践锻炼的力度，以老带新也是一种重要的工作实践。

三是轮岗交流。轮岗交流是帮助职工提高能力的重要手段、重要措施。推动职工在不同岗位交流实践，增加本领，同时增进对不同部门工作的理解。目前，编辑和校对、编辑和营销，以及融媒体的轮岗交流做得多一些，今后还要进一步加强。

四是建立创新平台。我们的融媒体队伍，就是一个创新平台，就是年轻人成长的重要平台、重要抓手，有一些特殊的措施和办法。今后，还要把类似平台做多做好，比如一些新项目开发，希望大家能主动参与进去。

五是加强调查研究。毛主席说，没有调查研究，就没有发言权。没有调查研究，就不能增长见识，不能抓住问题的本质。对出版领域，编辑也要注重调查研究，比如要出版古代绘画的图书，在古代绘画这方面就要有研究基础，否则这书编得是否正确就很难把握好。还有对市场的把握，对读者的认识，都要从调查研究中来。

六是鼓励大家成为专家型编辑。编辑成长的高点，就是要成为专家型编辑，不是只为别人作嫁衣。例如《论语译注》的编辑杨伯峻，他就是编辑，后来成了《论语》研究的专家，现在研究学习《论语》都是用他那本书，是比一些著名学者的解读都要权威的版本。这是编辑努力的方向。经过努力，希望我们的编辑中能出一批书画鉴赏、陶瓷、文字、设计等方面的专家。

最后，从编辑自身来讲，也有六个方面需要认真把握。

一是保持定力。每个人对不同的领域有不同的认识，每个编辑有自身的特长，对某个领域有独到的正确的见解。特别在选题上，有的人认为这个选题不行，但你根据对市场的理解和判断觉得可以，这个时候就要坚持。此外，对稿件导向要把好关。现在个别高校老师的稿件要特别注意，这类稿件容易出现三个问题：（1）生造概念，看似理论性很强，实则没有道理；（2）故弄玄虚，弄得云里雾里，逻辑混乱；（3）无病呻吟，讲了很多，但整体没什么价值。去年我们退了一些稿件，多是这类问题。在面对比较权威的大学老师或学者的稿件时，在对正确导向深刻理解把握和自身理论知识的基础上，要对自己有自信，对书稿的判断要有自己的定力，不要迷信。

二是提高鉴别力。现在有个别作者受名利驱使，不是想出好书、好画册，而就是想要人民美术出版社为他背书。面对这样的作者，对他的艺术水准、理论水准要有鉴别力。编辑一手托着作者，一手托着读者，要在中间找到平衡点，鉴别好书稿的价值。目前来看，书画方面的艺术水准参差不齐，我们要有清醒的判断力。

三是时刻关注市场、关注需求。从编辑的每本书做起，推动本版图书精品化、市场化，做到起印数不低于5000册、不采取租型模式、半年出书。同时，也要和作者广交深交朋友，注重积累和我们这块牌子相匹配的优质作者资源，努力把反响好的一流作者吸引到我们旗下。特别是我们主打的品牌产品一定要和顶尖的作者相配套才行。

四是提高专注力。作为编辑，本身是杂家，要处理很多不同类型稿件的内容，也要处理很多关系。但同时，我们要注重在某个领域的长期专注积累，力争在某个领域内要成为专家、成为品牌编辑。

五是时刻注重融合。现在社会的传播渠道是融合的，非融合不传播，这已成为基本规律。墨香味的影响力越来越小，电子类产品影响力越来越大。现在电视界有个口号就是“大屏变小屏”。所以在这个融媒体时代，我们做的每一个产品都要考虑到它的传播力，融合发展的传播力。

六是苦干加巧干。前段时间，我才发现我们的编辑干得很苦，经常一字一句地给作者改稿件，这样不行。我们不管拿到什么稿件后，一定先浏览一遍，确定是否有“可编加性”。可以向作者提出修改意见，但不能又调结构，又一字一句改稿件。对于不合格的稿件，该退稿退稿；不能拿过来就改，太累而且效率太低。同时，要注重巧干，要学会动员周边的积极力量，充分利用好制版和校对的力量，要从自身找原因，自己想办法解决遇到的资源紧缺问题；要注重发掘作者资源，有些作者不仅是一篇文章，有很多内容值得开发，他们本身就是富矿，这方面要多下功夫。巧干，当然是在苦干基础上才能实现，光投机取巧不行。编辑还是要从苦干做起，适当增加工作技巧，促进工作效率进一步提高。

新时代涉台图书编辑素质提升的六个维度

张万兴

党的十八大以来，为落实党中央提出的“繁荣发展文化事业和文化产业，提高国家文化软实力”文化建设任务，推动出版业高质量发展，党和国家对编辑人才队伍建设工作高度重视，对编辑人员素质提升提出了更高要求。2021年8月，中宣部以习近平总书记“七一”重要讲话精神为指导，编撰发布的重要文献《中国共产党的历史使命与行动价值》一书，专题强调“建设高素质干部队伍”的重要性。明确指出：“政治路线确定以后，干部就是决定因素。党之所以能够实现对党和国家事业的全面领导，能够实现对各个领域各个行业的领导，关键是有一支规模宏大的高素质干部队伍，关键是能够聚天下英才而用之。”①

① 中共中央宣传部：《中国共产党的历史使命与行动价值》，人民出版社2021年版，第57页。

为适应这一新的发展形势，各出版单位通过强化思想淬炼、政治历练、实践锻炼和专业训练，不断提升编辑人员贯彻落实习近平新时代中国特色社会主义思想，开创出版业务新发展格局的能力和水平。涉台出版作为党的对台工作重要内容之一，作为党的宣传思想工作有机组成部分，它的性质与任务决定了提升涉台图书编辑素质不仅是当务之急，更是需要常抓不懈的重要基础性工作。本文从政治、学术、人文、专业、技术、发展等六个维度，对这一问题进行初步探讨，以为引玉之言。

一、政治维度：涉台出版要为台湾同胞服务

党的十九大报告指出："解决台湾问题、实现祖国完全统一，是全体中华儿女共同愿望，是中华民族根本利益所在。"《中共中央关于制定国民经济和社会发展第十四个五年规划和二〇三五年远景目标的建议》（以下简称《建议》），把"推进两岸关系和平发展和祖国统一"列为"十四五"规划和2035年远景目标的重要组成部分，体现了对台工作在民族复兴进程中的战略定位和两者之间的内在联系。因此，台湾问题从来都是政治问题，涉台出版工作更是重要的政治工作。新时代，从政治维度提升涉台图书编辑的素质，必须坚持以下四个根本。

首先，必须将贯彻落实习近平新时代中国特色社会主义思想作为首要政治任务来抓，必须坚持不懈地用党的创新理论武装头脑、教育人民。这是因为，习近平新时代中国特色社会主义思想，是新时代中国共产党的思想旗帜，是国家政治生活和社会生活的根本指针，是当代中国马克思主义、二十一世纪马克思主义。其次，必须巩固马克思主义在意识形态领域的指导地位，巩固全党全国人民团结奋斗的共同思想基础；必须始终坚守意识形态安全这条底线，坚决管住、守好出版阵地；必须把意识形态工作的领导权、管理权、话语权牢牢掌握在手中，任何时候都不能旁落。要旗帜鲜明地坚持正确的政治方向、舆论导向、价值取

向。之所以要这么做，是出版工作的社会主义意识形态、社会主义文化的内在属性所决定的。第三，必须坚持党的出版工作的根本宗旨和优良传统，全心全意为人民服务，以优秀作品为广大群众提供精神食粮。1950 年 9 月，新中国召开的第一届全国出版工作会议明确指出，“为人民大众的利益服务是人民出版事业的基本方针”。为了实现祖国统一大业，涉台出版必须用文质兼美的图书精品讲好中国故事、讲好中国共产党的故事，推出更多富有中国特色、体现中国精神、蕴涵中国智慧的优秀出版物，为塑造可信可爱可敬的中国形象贡献出版力量；必须适应台海局势和两岸关系形势变化，必须将广大台湾同胞作为涉台出版关注与服务的对象。第四，必须坚持党中央“和平统一、一国两制”的对台工作基本方针，从民族根本利益和国家核心利益出发，坚决反对各种分裂图谋和外国势力干涉，全面开展两岸交流合作，为实现两岸关系和平发展和祖国统一创造条件。

二、学术维度：一个中国原则是两岸关系的政治基础

从出版管理与涉台学术研究的视角看，所谓涉台图书，主要指作者是台湾同胞的图书和内容涉及台湾与海峡两岸关系的图书。因此，涉台图书不仅关乎政治，同时也关乎学术。从学术的维度看，涉台图书无论撰著、编纂、出版都有学理化、学术化的问题。也就是说，要通过学术化的方法，揭示出台湾问题背后的“理”。否则，道理讲不清楚、讲不透彻，就会让别有用心的人钻空子，打台湾牌。

在文字学里，理是形声字，王（玉）为形，里为声。“本义为顺着玉的纹理剖分它，或把它从石头中分割出来，即治玉。”[①]编辑图书也如同治玉。涉台出版学理化、学术化，就是通过分析事实、辨章学术、考镜源

① 《古代汉语字典》，商务印书馆 2014 年版，第 543 页。

流，把隐含在纷繁芜杂的台海局势现象后面的内在学理揭示出来，阐释明白。张之洞曾说："古来世运之明晦，人才之盛衰，其表在政，其里在学。"他这里所谓的"学"，指的就是学理和学术。

涉台出版学术维度所涉及的"理"，主要是与台湾身份、地位、历史有关的事实、法理、学理。一言以蔽之，一个中国原则是两岸关系的政治基础，体现一个中国原则的"九二共识"明确界定了两岸关系的根本性质，是确保两岸关系和平发展的关键。首先，从历史看，台湾是中国的一部分，已经得到全部史实的证明。"台独"分子鼓吹"台湾从来是一个国家"，没有任何史实依据。其次，从法理看，1971年联合国2758号决议通过，中华人民共和国代表中国成为国际共识。1949年后的台湾问题，是20世纪40年代中后期中国内战遗留并延续的问题，是中国的内政。从那时至今，台湾与大陆的关系，都是中国的内部关系。两岸的政治、经济、文化、社会、法律、军事乃至涉外事务等各个方面的关系，都不能脱离一个中国的范畴。坚持一个中国原则，两岸关系就和平发展。李登辉的"两国论"，陈水扁的"一边一国论"，蔡英文的"中华民国台湾"，都脱离了"一个中国"的范畴，致使两岸关系出现危机。第三，从学理看，一个中国原则是两岸关系的"定海神针"，不仅是两岸关系的政治基础，也是两岸和平统一的政治基础，还是两岸反对"台独"、反对美国干涉的政治基础。坚持一个中国原则的实质，就是坚持中国的领土和主权不容分割的立场①。正如习近平总书记所指出的："中国人的事要由中国人来决定。台湾问题是中国的内政，事关中国核心利益和中国人民民族感情，不容任何外来干涉。"②因此，涉台出版相关史料编纂、问题研究、信息公布等工作，都应该依据这些事实、法理和学理，讲明白台湾的身份、地位和历史。

① 参见张海鹏：《一个中国是海峡两岸关系的政治基础》，《光明日报》2021年1月8日。

② 习近平：《在〈告台湾同胞书〉发表40周年纪念会上的讲话》，新华社，2019年1月2日。

三、人文维度："一国两制"就是中国特色

涉台图书编辑素质提升要关注人文的维度，是一个乍看都能明白，但要说清楚却不容易的问题。因为它至少与三个比较复杂的事情有关。一是人文学科的概念；二是中国人文的精神；三是涉台人文的特色。关于人文学科的概念，我国学界认为，人类的知识大体可以分为三类：自然科学、社会科学与人文学科。前两门是"科学"，人文学科不同于也不属于"科学"，所以被称为人文"学科"。在我国，人文学科这个提法是从 20 世纪 90 年代以后才逐渐被学术界接受。此前，我国在学科分类方面受苏联影响，一直把人文学科和社会科学统称为哲学社会科学。除了哲学以外，所有的文科类学科都称为社会科学，在学科划分上没有人文学科的位置。现在，大家逐渐接受了自然科学、社会科学与人文学科的三分法，基本上把文、史、哲，以及伦理学、宗教学、美学、艺术学等划分到人文学科中，而把经济学、政治学、社会学、法学、新闻传播学、管理学等学科称为社会科学。① 学界这个划分很重要，等于是既为人文学科正名，又界定了其概念外延。

关于中国人文的精神，我国有学者指出，"在很多人的观念里，人本主义是西方的舶来品，而根本不知道它原来是中国文化的'土特产'。""与西方文化相比，以人为本的人文精神是中国文化最根本的精神，也是中国文化最重要的特征。中国文化强调人的主体性、独立性、能动性，不是靠一个外在的神或造物主，而是靠人的道德自觉和自律。从根本上讲，中国家庭、社会秩序的维护都是靠人的道德自觉和自律。这就是中国文化以人为本的人文精神，是中华民族对人类的一项重要贡献。"② 这个研究很重要，它指出道德自觉和自律是中国人文精神的特征，有助于人们立足自

① 朱立元：《美学》，北京大学出版社 2019 年版，第 39 页。

② 楼宇烈：《中国人的人文精神》，北京联合出版公司 2020 年版，"序言"。

我，更好地理解、提升自己的人文素质。

关于涉台人文的特色，主要是指在推进两岸关系和平发展和祖国统一大业中，编辑人员在学习认识层面、具体操作层面如何更好地理解、把握台湾同胞是自家人，两岸关系是自家事。首先，体现在内容上。诸如中国特色的党的对台工作大政方针，同宗同文与两岸同胞的心灵契合，打断骨头连着筋与两岸一家亲等，都是富有人文智慧的问题。邓小平曾说："我们的社会主义制度是有中国特色的社会主义制度，这个特色，很重要的一个内容就是对香港、澳门、台湾问题的处理，就是'一国两制'。这是个新事物。这个新事物不是美国提出来的，不是日本提出来的，不是欧洲提出来的，也不是苏联提出来的，而是中国提出来的，这就叫做中国特色。"① 习近平总书记说："中国人不打中国人。我们愿意以最大诚意、尽最大努力争取和平统一的前景，因为以和平方式实现统一，对两岸同胞和全民族最有利。我们不承诺放弃使用武力，保留采取一切必要措施的选项，针对的是外部势力干涉和极少数'台独'分裂分子及其分裂活动，绝非针对台湾同胞。"② 可以看出，中国领导人对于台湾问题，都是用处理内部事务的理念、心态、方式去处理的，富有中国智慧、中国气派和中国魅力。

其次，体现在方式上。人文维度对编辑人员素质的提升，不是命令式或强行灌输式的，而是春风化雨式和渐进式的，需要编辑人员用心潜浸其中而慢慢沉淀、觉悟。党的对台工作方针政策不是一成不变的，它既一脉相承，又与时俱进。同时，它也不是孤立的，而是我国内政外交的一个重要环节，与中美关系、台海局势变化息息相关。党的对台工作不但包含政治、科学的东西，也包含艺术、人文的东西。所以，在理解、把握上不但需要有学习功夫，还要讲究悟性。

① 《邓小平文选》第三卷，人民出版社 1993 年版，第 218 页。

② 习近平：《在〈告台湾同胞书〉发表 40 周年纪念会上的讲话》，新华社，2019 年 1 月 2 日。

四、专业维度：在反对“台独”并考虑台湾同胞心理感受的原则下规范使用涉台用语

从涉台出版实务看，编辑人员素质的提升在专业维度上重点表现在涉台用语、涉台史料两个方面。对于涉台用语，2002年，中央台办、外交部、中央宣办出台了《关于正确使用涉台宣传用语的意见》，文件将涉及台湾官方机构及其官员称谓的用语，涉及台湾党派、团体、文化教育等机构称谓的用语，涉及两岸法律的用语，涉及国际活动及两岸交流的用语，涉及国家领土主权和反“台独”的用语，涉及中国大陆的用语，涉及中央对台方针政策、我对台工作机构的用语中容易出现的问题，以及正确表述方式进行了详细讲解。2016年3月，该《意见》进行了修订，增加了一些新的情况及其正确表述。因而，这个文件是宣传出版工作处理涉台用语最重要的政策性依据。此外的特殊情况，需要单项请示。涉台用语正确、规范使用的总的原则是，反对“台独”与考虑台湾同胞心理感受相结合。

涉台史料编纂作为开展台湾研究、解决台湾问题的重要基础性工作，一方面事关国家意识形态安全，具有高度的政治严肃性和独特的文化亲和力，是极其重要、相对特殊的宣传思想和文化建设工作；另一方面，也是学术性、专业性较强的工作。研究者认为，史料编纂的本质是揭示人和档案文献的关系，即编纂者如何以自己的智力劳动作用于档案文献，生产出高质量的档案文献成果，以实现并强化档案信息的社会传播与共享①。所以，在组织涉台史料编纂时，为使编纂成果能够发挥现实作用并经得起历史检验，必须在遵循基本学理与学术规范的基础上，始终把坚持正确的思想政治原则放在第一位，不断增强编纂成果在两岸关系发展中的引领作

① 参见韩宝华、刘耿生：《档案文献编纂学》，中国人民大学出版社2000年版，第45页。

用。同时，在史料遴选、难点史料处置等方面要以追求高质量发展为目标，确保在涉台史料编纂的技术层面，使意识形态工作的原则、功能、任务、目标等得到全面落实。

五、技术维度：数字中国建设是两岸出版交流合作的新契机

涉台图书编辑素质提升在技术维度的体现，主要是对数字化的学习和应用，实现从内容到形式的创新。古贤曾说："所当乘者，势也；不可失者，时也。"当前，人类社会正在进入以数字化生产力为主要标志的全新历史阶段，蓬勃发展的数字化、网络化、智能化浪潮，不仅在改变人们的生产、生活方式，而且正在改变人们的思维、学习方式，成为新时代出版事业发展的时与势，也成了涉台出版的新"风口"。《建议》明确提出要"加快数字化发展"，并对建设数字中国进行了全面部署。这是党中央站在战略和全局的高度，科学把握发展规律，着眼实现高质量发展和建设社会主义现代化强国作出的重大战略决策。出版业、编辑人员当然都要顺应这个大的时与势。

第一，编辑人员要有不畏不迟、敢为天下先的创新胆魄和创新行动。第二，要利用数字技术拓展自己的工作与生活半径，打破地域阻隔和时空限制，利用互联网整合海峡两岸线上线下资源，为涉台出版寻找新的突破口和支撑力。第三，要与时俱进，培育注意力、参与力、协作力、信息识别力等新的能力，培养丰富的想象力、好奇心和反思精神。第四，要培养以满足用户需求为核心的互联网思维，并习惯用互联网视角去观察、分析出版业产业链上的编辑、产品、营销、用户、市场、效益。第五，要利用建设数字中国历史机遇，建立海峡两岸数字化中文出版共同市场，推动两岸出版交流合作及两岸出版物"走出去"迈上新的台阶。

六、发展维度：台湾问题必将随着民族复兴而终结

从发展的维度提升涉台图书编辑的素质，核心在涉台出版必须坚持以马克思主义唯物史观为指导，全面贯彻落实习近平新时代中国特色社会主义思想。首先，要以史为鉴，面向未来。近代以来，中国经历了长达百余年的国破山河碎、同胞遭蹂躏的悲惨历史，两岸迄今尚未完全统一，这是历史遗留给中华民族的创伤。习近平总书记说："历史不能选择，但现在可以把握，未来可以开创。"①"台湾问题因民族弱乱而产生，必将随着民族复兴而终结！"②"透过近代历史风云，两岸同胞深刻体会到，大陆和台湾是不可分割的命运共同体，我们的命运从来都是紧紧连在一起的。国家强大，民族强盛，是包括台湾同胞在内的每一个中国人生存、发展、尊严的保障。"③"两岸关系66年的发展历程表明，不管两岸同胞经历过多少风雨、有过多长时间的隔绝，没有任何力量能把我们分开。"④海峡两岸"统则强、分必乱"。两岸只有实现统一，中华民族才能自立于世界民族之林。其次，要坚持弘扬爱国主义光荣传统。台湾自古以来就是中国的一部分，两岸始终是割舍不断的命运共同体。台湾同胞虽经历了从荷兰入侵到日本霸占的苦难岁月，但始终没有放弃追求国家统一和民族振兴的核心价值与奋斗目标。他们在抵御外敌入侵、开疆守土、建设家园的历程中所形成的爱国爱家的宝贵精神，不论是过去、现在还是将来，都是维护两岸关系和平发展的非常重要的精神财富和更基本、更深沉、更持久的文化力量。第三，要有解决台湾问题的必胜信心。在历史的镜子和教科书中，已经留下了中华民族崇尚统一、维护统一的民族精神。孙中山先生说："中国是

① 《共圆中华民族伟大复兴的中国梦》，新华网，2014 年 2 月 18 日。

② 习近平：《在〈告台湾同胞书〉发表 40 周年纪念会上的讲话》，新华社，2019 年 1 月 2 日。

③ 《习近平会见台湾各界代表人士时的谈话》，新华网，2015 年 9 月 1 日。

④ 《习近平同马英九会面时的谈话》，新华网，2015 年 11 月 7 日。

一个统一的国家，这一点已牢牢地印在我国的历史意识之中，正是这种意识才使我们能作为一个国家而被保存下来。”中国共产党和中国政府解决台湾问题的方针政策把握了民族根本利益和国家核心利益，维护了两岸关系走向国家统一的正确方向。大陆方面实行争取祖国和平统一的大政方针以来，针对形势发展变化，与时俱进地提出了以坚持“和平统一、一国两制”基本方针为核心的一系列政策措施，形成了完整的政策体系，顺应了时代潮流，赢得了两岸民心，展示了强大力量。同时，中国大陆的进一步发展，将促使台海力量对比进一步发生有利于中国大陆的变化，实现祖国统一将拥有更雄厚的基础、得到更可靠的保障，两岸关系形势将发生新的历史性大变化，“台独”活动将受到进一步遏制，外部势力干涉中国大陆解决台湾问题的顾虑将进一步增大，中国完全统一的前景将明朗起来。这是完全可以预言和期待的。

总之，在建设中国特色社会主义新时代，要推动涉台出版高质量发展，涉台图书编辑必须首先在政治、学术、人文、专业、技术、发展几个维度不断提升自身的素质，才能多出精品力作，不负使命，不负这个伟大的时代。习近平总书记说：“着眼长远，两岸长期存在的政治分歧问题终归要逐步解决，总不能将这些问题一代一代传下去。”①《大学》有言，“物有本末，事有终始。知所先后，则近道矣。”神圣的使命，给涉台出版人赋予了光荣的任务，那就是让读者，让海峡两岸的同胞们明白：“两岸关系和平发展是通向和平统一的正确道路”②，“完成统一祖国的大业是包括台湾同胞在内的全中国人民的神圣职责”③，台湾问题必将随着民族复兴而终结。

（作者单位：九州出版社）

① 《习近平会见台湾两岸共同市场基金会荣誉董事长萧万长一行时的谈话》，新华社，2013年10月6日。

② 《国家统一是中华民族走向伟大复兴的历史必然》，新华网，2014年9月26日。

③ 《中华人民共和国宪法》，人民出版社2018年版，第5页。

新时代编辑继续教育的必要性及对策研究

——纪念中国共产党成立一百周年

鞠　华

出版业是国家文化建设的基础行业，担负着传承和延续国家和民族历史、教育、文化、科学的重任，而出版业的核心力量是编辑的整体素质和能力，加强对编辑的继续教育，是新时代出版业发展的内在要求。中国共产党一贯重视和加强编辑出版工作，《新青年》《共产党宣言》《共产党》等书刊所编辑、刊载的内容，为中国共产党的诞生发挥了十分重要的作用。成立一百年来，中国共产党更是把编辑出版工作放到突出位置，作为传播马克思主义、开展革命斗争、领导事业发展最锐利的武器。在延安整风期间，毛泽东主持编辑了《六大以来——党内秘密文件》《两条路线》以及包括22个党的文件的《整风文献》等，在整风时期发挥了重要的历史性作用。新中国成立后，党和国家对出版工作高度重视，毛泽东曾专门题词“认真做好出版工作”。1983年6月，中共中央、国务院印发《关于加强出版工作的决定》，为我国出版业改革发展指明前进方向。党的十八大以来，以习近平同志为核心的党中央进一步重视社会主义文化建设和编辑人才队伍培养。2016年2月19日，习近平总书记到人民日报社，勉励版面编辑精益求精，把报纸办得越来越好。2019年8月21日，习近平总书记看望《读者》编辑部工作人员时指出，“人民群众多读书，我们的民族精神就会厚重起来、深邃起来。要提倡多读书，建设书香社会。”2021年5月9日，习近平总书记给《文史哲》编辑部全体编辑人员回信，希望编辑人员再接再厉，把刊物办得更好。2021年10月25日，习近平总书记致信祝贺人民出版社成立100周年，希望人民出版社赓续红色血脉，深化改革创新，为推动社会主义文化繁荣发展、建设社会主义文化强国做出新的更大的贡献。党的十九届五中全会强调，“围绕举旗帜、聚民心、育新人、兴文化、展形象的使命任务，促进满足人民文化需求和增强人民精神力量相统一，推进社会主义文化强国建设。”这些重要指示和论述，都为新时代做好编辑工作、加强出版业和编辑队伍建设提供了重要遵循。

一、编辑继续教育的必要性分析

继续教育是从业人员进行知识更新、补充、拓展和能力提高的一种追加教育，是终身教育的一部分。统计显示：20世纪70年代时，知识每5年增加1倍；而21世纪知识更新速度愈发加快，大约每3年增加1倍。为跟上时代步伐，广大出版单位、编辑出版人员需要树立“终身教育”思想，着力做好编辑继续教育。

编辑人才是出版事业发展的基础力量，没有一流的编辑人才，就没有一流的出版物，更谈不上一流的出版社。编辑不应是某一狭隘领域的专业人士，而应是知识渊博的多面手。编辑继续教育可以帮助编辑扩展知识，提高编辑业务水平与技能，提升期刊经营管理能力，吸收最新的学术成果。这些不仅是编辑人员自身与编辑工作发展的要求，也是社会科技文化进步和出版业发展的要求。做好编辑继续教育，是全面提升编辑人员专业素养、综合素质、业务能力的必由之路，也是提升出版物质量的重要保障。有助于促进出版社转型升级和高质量发展，从而促进出版业的可持续、跨越式发展，推动社会主义文化繁荣兴盛，增强民族文化自信，助力建设社会主义文化强国。

新中国成立前，就已经有一些规模较大的出版社形成了一咱比较规范的编辑出版教育模式——员工培训班，目的就是加强员工的继续教育，为出版社培养专门的编辑人才。1984 年我国高校开始设立编辑出版专业，1985 年北京大学、复旦大学、南开大学三所高校开始招收编辑出版专业学生，其他高校也陆续开展。经过 30 多年的发展，编辑出版专业教育取得了丰硕成果，但仍然存在一些不成熟的地方，如课程的设置、教材建设等，这些都直接影响着编辑出版人才的质量和水平。在知识经济时代，继续教育的必要性更加强烈，正因为如此，编辑人员在走上编辑岗位之后，仍需结合实际工作，进行再教育培训，有针对性地查缺补漏，紧随时代和行业的步伐，从而更新自己的知识储备。

编辑人员要认真学习贯彻习近平总书记的重要指示精神，弘扬光荣传统，坚持守正创新，筑牢传播马克思主义的坚强阵地，争做讴歌人民、记录时代的鲜亮标杆，构筑涵育人民精神世界、增强人民精神力量的文化高地，引领行业高质量发展，搭建中外文化交流互鉴的知识桥梁，努力创造党的出版事业新辉煌。

二、我国编辑人员继续教育现状

我国是出版大国，编辑出版人员规模和总量很大。长期以来，编辑继续教育一直得到国家、出版机构和编辑个人的重视，取得长足进步，有效地提升了编辑队伍的整体素质，促进了出版行业的发展。近年来，国家新闻出版管理部门高度重视编辑人员队伍建设，将编辑职业培训作为加强编辑队伍建设的重要手段，并出台相关文件对编辑职业培训提出了明确要求。2020 年，国家新闻出版署颁布的《出版专业技术人员继续教育规定》（国新出发〔2020〕18 号，简称《规定》）明确，“出版专业技术人员参加继续教育的时间每年累计不少于 90 学时。其中，专业科目学时一般不少于总学时的三分之二”。同时，也鼓励人员参加省级及以上新闻出版主管部门、人力资源社会保障部门及其公布的继续教育机构组织的面授、科研、考试等，可折合成继续教育学时。目前，编辑的继续教育工作在各级新闻出版和教育等部门的支持和推动下，开展了形式多样的再教育，取得了显著的成效。现有的继续教育主要以短期培训班为主，这些继续教育培训班的主办方有新闻出版署培训中心、中国编辑学会、中国版权协会等。但不可否认，编辑继续教育中也存在诸多需要改进和完善的方面，主要如下：

（一）参加培训的内驱力不足

目前，我国出版业正在走出传统，向产业化、多样化、国际化发展，出版工作涉及的范围越来越宽，这对编辑人员的能力结构和智力结构有了更高的要求。这样的人才单靠传统的一次性教育，是很难满足要求的。但继续教育的意义，却尚未得到编辑出版人士足够的认识和重视。部分出版社管理者和编辑认为，继续教育的时间和金钱成本都偏高，培训目标与委托的培训名额相差悬殊，而对社内目前组织培训活动的认定还有所缺乏。基于本单位的专业方向、人员结构、学习需求，曾有很多出版单位有单独组织培训，但这些培训不能被认定为培训教育学时，培训认定规定制度略显僵化。部分编辑人员对待现行继续教育培训的态度也很矛盾。调查显示：关于培训目的，41.87%的调研对象认为“媒介融合发展，促使编辑工作数字化程度和相关技术提高”是参加继续教育培训的原因，而 42.67%的表示，仅仅是为了“取得年度学时”。关于培训效果，有 32.8%的调研对象认为“内容针对性强，能帮助编辑快速熟悉岗位”，22.67%的认为“无实际意义”，21.33%的认为“培训不系统，碎片化，效果较差”，23.73%的认为“形式单调，缺之实操训练”，31.2%的认为“培训效果一般”。有的认为自己能力足够胜任岗位要求，再学习无必要。

（二）培训安排的系统性不够

《规定》明确了“国家新闻出版署和人力资源社会保障部负责全国出版专业技术人员继续教育工作的综合管理和统筹协调，各省、自治区、直辖市和新疆生产建设兵团新闻出版主管部门、人力资源社会保障部门，负责本行政区域内出版专业技术人员继续教育工作的综合管理和组织实施”。但是在执行中效果并不理想。一方面，主管部门能够提供的继续教育规模较小，培训班的供给数量要少于培训需求。就国家层面而言，能提供培训的机构如全国新闻出版标准化技术委员会、全国科学技术名词审定委员会、中国科技期刊学会、中国期刊协会、中国编辑学会等，能举办的培训班数量和规模有限。就各省而言，只是不定期举办一些零散的培训活动，没有统一的培训计划和培训方案，培训任务很难完成，继续教育很难落到实处。调查显示：22.93%的调查对象认为“培训资源少，培训需求多，不能满足学习要求”，有部分地区存在“抢课”现象，培训报名存在“秒空”情况，培训班“供小于求”的情况非常突出。另一方面，出版改制后，出版单位和编辑面临的经营压力巨大，工作繁忙，除了必需的上岗培训外，编辑很难有时间和精力去参加继续教育，缺少系统的培训计划，继续教育大多走过场，凑课时，没有实效。

（三）培训内容的层次性不够

现有继续教育培训制度虽然对编辑年度学时数（90 学时）做出了规定，但没有制定具体的编辑继续教育大纲和教材。大部分省级新闻出版行政部门没有专门的教育培训机构。现有培训对内容、人员、岗位、出版社类别也缺乏精准匹配和细分。培训活动中，经常将不同年龄、不同职称、不同专业的培训对象混在一起，学习相同的课程，内容针对性不强，培训效果不佳。调研中编辑普遍反映“将工作 10 年的编辑和新入职 1 年的编辑放在一起学习，大家的需求不同，效果肯定不好”。编辑培训多采用专题方式讲授，培训师资不稳定、不丰富，往往关注授课者的职位、职称，一些专家虽然理论深厚，但很多不在出版一线，不论是新编辑上岗、骨干编辑提升，还是社长培训，讲授专题几乎一致，内容缺乏新颖性、前瞻性和层次性，更缺乏系统性、针对性和科学性，很难解决编辑在工作中遇到的困惑和难题，培训效果不理想。在实地座谈中，多位资深编辑表示，很多培训内容每年都出现，甚至授课教师也变化不大，PPT 内容几乎没变化，授课“很不解渴”。有 45.33%的问卷对象想学习“数字出版、融媒体相关技术”，44.27%的想学习“融合出版优秀案例”，28.8%的想学习“编校实务知识”，但愿望没得到充分满足。

（四）培训形式的实效性不够

目前的培训多为成本较低、组织相对容易的线下单向讲授方式，少有实操和双向互动交流环节，导致培训对象参与度不够，使可能原本非常优质的培训设计，效果大打折扣。调查显示，78.03%的被调查者参加过以专家讲、学员听为主的课堂式培训。讲授式固然有许多优点，但不可否认，在编辑群体差异较大且学习需求各异的情况下，讲授式的弊端也很明显。从编辑学习特点和学习需求看，受训者更欢迎案例式、参与式、体验式的培训。调研发现，70.16%的被调查者喜欢案例分析式培训，60.66%的喜欢经验交流式培训。然而，此类培训由于组织难度大、成本相对较高等，较少用于编辑培训中。还有编辑建议，疫情防控常态化情况下可否增加线上授课学时比例，解决线下学习满足不了学习需求导致编辑不能及时注册的矛盾；有的建议增加国字号出版社自主培训的资质；有的建议将参加学术会议、学术论坛、学术讨论等活动，也视同相应的继续教育学时，这有助于提升编辑参与学术活动的积极性。至于参加国际出版培训活动、国内专业研讨活动、在职自学、网上在线学习等多种继续教育形式，由于没有严格的考核标准和实施细则，学习课程、学习内容、学习课时、学习效果无法准确认定，实效性很难落到实处。

（五）培训考核的标准性不够

国家对出版专业技术人员继续教育的考核要求是“每年参加继续教育

的时间累计不少于90小时”，其中，专业科目学时一般不少于总学时的三分之二。参加省级及以上新闻出版主管部门、人力资源社会保障部门及其公布的继续教育机构组织的面授培训，每天按8学时计算；参加网络远程培训，按实际学时计算，每年最多不超过40学时。其他方面的学习内容、成绩没有要求。这也导致考核没有要求，只要报名培训就能拿到学时。一般来说，国家级学术机构举办的培训班安排的课程相对比较科学、合理，配备的师资水平也比较高，编辑通过培训都会有不小的收获，而一些社会培训机构相对欠缺。有学员表示，“培训纪律管理上，敷衍上级检查，考勤纪律马虎，考核要求松懈等问题长期存在，难以解决”。由于不严格考勤、考核，有的学员除了报到时出现外，全程就没有参加培训，却照样能拿到继续教育学时，有的培训往往变成变相的旅游。这样的考核对于培训单位、授课教师和参训编辑都没有什么压力，更没有积极性主动性，随意性大，统计难度大，无法准确认定。此外，一些省份没有专门的培训机构，缺乏培训场地和师资，90小时继续教育时间难以保证，继续教育学时考核在一定程度上沦为形式。

三、新时代对编辑人员的要求

作为出版业最核心的竞争力量，编辑人员的技能和素质是实现文化创新与传承的关键因素。中国特色社会主义新时代，世情国情党情发生深刻变化。网络新媒体时代的到来，使出版环境和要素也发生了很大变化，对编辑人员的要求也发生了很大变化。

（一）把握新要求

出版产品大多意识形态特色鲜明，合格的编辑人员需要对党的意识形态和文化宣传有准确把握。一要培养政治敏感素养，坚决维护党的政治权威，正确解读党的最新指导意见，严格把关出版物，保证选题和出版的高质量，避免“有毒的”出版物流向市场。二要熟悉出版方面最新法规条例、通知和意见，并作为编辑出版工作的基础依据和支持条件。三要利用出版手段宣传党的方针、政策，推进党史学习教育。

（二）提高新认识

首先，各级领导应高度重视编辑继续教育对编辑人员及期刊发展的重要意义，不断提高对继续教育工作的支持力度，把继续教育纳入工作日程，并将此项工作列入期刊发展的远景规划中，设立专门资金予以保证。其次，编辑自身也应提高对继续教育的认识和参与继续教育的积极性。知识增长的“裂变效应”，让学习已成为每个人生存发展的必须。

（三）培养新精神

作为社会主义文化产品的把关人，编辑人员需要秉持工匠精神。一方面，面对国家精品出版战略要求，编辑要以打造思想精深、艺术精湛、制作精良的精品力作为工作追求。另一方面，面对读者的需求提升，编辑要做好市场前期调研，在出版物名称、装帧和设计等方面反复推敲，提高全方位合作，掌控出版流程、提高出版效率和保证出版质量。

（四）拓展新视野

我国出版业要真正“走出去”，编辑首先得“走出去”。一要加强外语能力培养，掌握打开国外出版之门的钥匙。二要关注世界出版动态，增强选题的国际视野，提升我国出版物的国际影响力和传播力。三要学会用国际表达方式讲好中国故事，让中华文化真正“走出去”。四要善于国际合作，在参与对外交流中，增进了解，资源共享，合作发展。

（五）掌握新能力

在网络新媒体时代，编辑人员要因应技术要求，进行能力升级。一是思维能力的升级，要求编辑人员强化对“互联网＋出版”等概念的理解，运用新发展理念思维，拥有“三生万物”的互联网眼光和“活到老学到老”的精神。二是数字和新媒体技术的升级，要求编辑人员掌握图文编辑、大数据分析市场需求的能力，还需具有资源整合能力，掌握将纸质出版与数字出版、文创产品开发同时推进的能力。

四、新时代加强编辑继续教育的对策

中国特色社会主义进入新时代，出版业的高质量发展需要高水平的编辑出版人才。站在新的一百年的起点上，必须从战略高度认识新时代编辑继续教育的重要性，以习近平新时代中国特色社会主义思想为指导，从宏观上的政府保障、中观上的教育机构与模式以及微观上的学习方式、时间、内容等方面来开展和实施。

（一）贯彻新发展理念

习近平总书记指出，“高品质的学术期刊就是要坚守初心、引领创新，展示高水平研究成果，支持优秀学术人才成长，促进中外学术交流。”当前，我国期刊出版业发展环境发生了巨大变化，也逐步进入了数字化时代，新时代的编辑继续教育需要更新完善相关理念。创新、协调、绿色、开放、共享的新发展理念，为社会主义文化强国建设提供了先进的理论指导，也为新时代编辑继续教育提供了发展方向。新时代编辑继续教育，必须贯彻新发展理念，体现为持续提高编辑人员的综合素质、专业水平和创新创业能力服务，在着力建立社会化的继续教育实施运作机制上下功夫，包括编辑出版人才继续教育的考核制度、评价制度、选拔和教育管理制度等。另外，国家、地方人民政府和出版单位也要统筹多方资金力量来支持编辑出版人才继续教育的高质量发展。

（二）强化政治责任感

在当今复杂多变的国际形势下，编辑出版人员必须不断强化对出版业意识形态和文化属性的认识，这是我国出版事业发展的生死红线，绝不可掉以轻心。开展继续教育，紧紧围绕出版事业发展需要和出版专业技术人员从业要求，将习近平新时代中国特色社会主义思想、中国共产党人精神谱系、红色出版理论等纳入必修课程，深入开展百年党史、马克思主义出版观教育，把政治能力建设贯穿继续教育全过程，引导出版专业技术人员不断提高政治本领，提高政治站位，传承优良传统，赓续红色血脉，增强“四个意识”、坚定“四个自信”、做到“两个维护”，不断增强政治敏锐性和政治鉴别力，为新时代编辑人才培养筑牢政治和专业基础。引领编辑学习老一辈革命家、出版人的高风亮节，保持端正的职业操守，培养长期奋斗、坚持不懈、矢志不渝的坚韧意志。心怀梦想、踏实肯干、安心乐编，为社会主义文化强国建设和中华民族伟大复兴不懈奋斗，这是出版社科学发展的原动力，是党的出版事业高质量发展的人才保障。

（三）构建先进模式

他山之石，可以攻玉。新时代出版业要顺应新时代要求，加快“走出去”的步伐，积极主动服务于“一带一路”建设，这是社会主义文化强国建设和出版行业发展的一次重大机遇。新时代编辑继续教育，需要学习借鉴发达国家的经验模式。一是德国的“双元制”，是德国的一种职业培训模式，要求参训人员要通过两个场所的培训合格后才能上岗工作。对我国来说，就是出版单位给高校学生提供实习机会，学校允许出版单位编辑人员参与出版相关课程教学。二是国际管理培训计划，即在出版业中细分不同方向的编辑，如策划编辑、审读编辑、美术编辑、营销编辑等，为其设立定制的国际培训方案。三是美国的终身教育模式，即建立终身制的个人学习档案，内容包括自我评估、个人计划、行动、文件记录和结果评估等，成为鼓励编辑晋升、发展的重要依据。

（四）健全培训机制

新闻出版管理部门或编辑出版行业协会等对照《规定》要求，实行统筹规划、分级负责、分类指导的管理体制。统筹和完善领导干部岗位培训、专业技术人员继续教育和编辑人员职业资格准入学习考试以及专项业务培训等培训和管理制度。牵头制定编辑继续教育标准体系，作为编辑职业培训设计、组织、实施、检测的依据。建立健全符合出版工作特点和出版专业技术人员成长成才规律的师资准入和退出机制，严把政治关、质量关、纪律关，建设高素质高水平专业化的出版专业技术人员继续教育师资队伍。不同类别出版社的编辑人员知识结构、从业年限和能力要求存在差异，对继续教育培训内容有着不同需求，出版主管部门针对不同岗位、类别和层次的编辑人员，提出不同的学习内容要求，按年度或阶段发布编辑人员继续教育学习大纲，指导继续教育机构做好培训工作，明确培训分工，举办多层次分类别的培训，并监督实施考核。出版行政管理机关还需出台政策鼓励编辑人员参与网络学习，用好网络资源，提高新媒体技术的运用及学习能力，实现新时代编辑继续教育中“鱼”和“渔”兼得的效果。

（五）完善培训格局

统筹继续教育资源，创新方式方法，建立兼容、开放、共享、规范的继续教育培训体系，坚持分级分类组织，形成政府部门规划指导、社会力量积极参与、出版单位支持配合的编辑继续教育新格局，鼓励多样化继续教育机构的设立、交流和工作开展。一是提供畅通渠道公布有资质的机构名单，培训班次的安排实行备案与公示制度，统一纳入新闻出版管理部门管理。二是设立多类型继续教育机构，建立针对编辑人员继续教育的企业学校、分工明确的社区学院、专业的编辑协会或出版企业内学习小组等。三是加大与教育机构的合作。由于学科门类繁多，按学科专业组织培训会大大增加难度，培训机构与学术组织之间可以组织定期的编辑出版教育学术研讨会、经验交流会、政策学习会议等加强知识的交流，共同完成编辑继续教育。四是鼓励继续教育机构有序竞争，可通过淘汰制或举办创业创意类和教育产品类比赛，对继续教育机构的设立和发展进行督促和鼓励。

（六）创新培训方式

遵循人才成长发展规律，不断深化专业能力建设，把继续教育的普遍性要求与出版专业人才的特殊需要结合起来，运用网络和新媒体技术，创新开办线上线下结合，行业协会和出版单位结合的新型培训施教模式，以增强继续教育的针对性。当前，要针对新冠疫情防控常态化要求，鼓励做出创新探索的出版单位管理者、骨干编辑作为培训教师，线上线下结合，分享创新经验。鼓励案例式教学课程内容和开设实操演示交流互动微课程，在培训中及时推广行业新理念。将编辑参加本单位专业培训、参加行业学术会议视同参加继续教育学时。鼓励编辑参加学术活动，发表学术成果，向专家型、学术型编辑转型。编辑继续教育不能仅局限于专门培训，更要融入日常工作。一要定期举办业务交流会，不同部门人员一起讨论，编辑谈内容，美编谈装帧，发行谈营销，媒体谈技术等。二要在日常生活中，采用慕课教学等在线学习方式，全方位、多层次地进行继续教育充电。三要多参与学术会议，帮助编辑及时掌握学界动态和最新科研成果并拓宽人脉。四要主动深入业界一线，专业性要求高的编辑工作需要接触一线，通过实践来完善专业知识体系。五要增加赴国外交流实习的机会，学习国外先进经验，拓宽编辑工作的国际视野。

（七）合理安排时间

《规定》明确了出版专业技术人员每年参加继续教育的时间累计不少于 90 小时的要求。目前，业内开展的培训基本上通过组织几次集中式的学习来满足 90 小时的达标要求，近似填鸭。“多量少次”的学习既不能满足编辑出版人才对前沿出版知识的需要，也不符合继续教育持续更新的初衷，培训单位要结合编辑工作实际，合理安排培训时间。受新冠疫情的影响，传统的现场教学模式受到影响，继续教育的培训安排应该化“多量少次”为“少量多次”，培训方式由线下教育转为线上线下相结合的方式。严格落实《规定》对继续教育学时的要求，为防止“应付式”培训现象的出现，除了采用签到、抽查、点名等原始的考勤方式，还可以采取“拍照识别”“指纹打卡”“提交实施案例”“撰写学习小结”等手段来加强管理。对无正当理由不参加继续教育或者在学习培训期间违反学习纪律和管理制度的，出版单位可视情给予批评教育、不予报销或者要求退还培训费用等，保证编辑人员参与培训的出勤率与培训效果。

（八）定制“产学研”内容

为保证编辑参加培训的积极性，重要的还应安排对编辑真正有用的教育内容。为此，培训单位可以根据编辑人员的业务能力和从业时间的不同，以“产学研”为目的来定制培训内容。首先，对于刚入职出版领域的新编辑，应以“学”为主。培训内容应以出版法规、政策，编辑基础知识等内容为主。其次，对于具有一定工作经验的编辑人员，其培训目标应当定为“产”，教学内容可以是“数字出版案例”“媒介用户心理学”以及针对专业学科类编辑的专业课程。最后，对于一些“产量”已经很高的老编辑、老出版工作者，应当以“研”为目标。课程应重在培养创新精神、工匠精神、互联网思维、跨界思维和文创产品开发能力等，内容可以是“编辑创新思维与方法”“精品出版策划”“互联网思维的传播学逻辑”“出版融合与跨界生成”“文创产品开发与渠道建设”等。通过科学统筹、产学研结合，不断增强编辑继续教育的针对性、实效性，切实引导编辑人员更新知识、拓展技能，加强职业道德建设，全面提升专业胜任能力，服务社会主义文化强国建设。

（作者单位：北京印刷学院发展规划处）

参考文献

[1]《中国共产党第十九届中央委员会第五次全体会议公报（2020 年 10 月 29 日中国共产党第十九届中央委员会第五次全体会议通过）》，《人民日报》2020 年 10 月 29 日。

[2]《习近平总书记给〈文史哲〉编辑部全体编辑人员的回信》，新华社，2021 年 5 月 10 日。

[3]《习近平致信祝贺人民出版社成立 100 周年》，新华社，2021 年 10 月 26 日。

[4] 国家新闻出版署、人力资源社会保障部关于印发《出版专业技术人员继续教育规定》的通知，《中国新闻出版广电报》2021 年 2 月 24 日。

[5] 聂震宁：《呼唤编辑领军人才》，《出版发行研究》2014 年第 12 期。

[6] 甘于黎：《编辑继续教育刍议》，《出版发行研究》2014 年第 3 期。

[7] 翟宇：《从续展登记注册看编辑继续教育的问题与对策》，《出版教育》2013 年第 5 期。

[8] 曹建、董芸芸：《新时代编辑出版人才继续教育的新要求和新方略》，《现代出版》2019 年第 1 期。

[9] 夏国强、赵玉山：《新形势下我国编辑继续教育现状的调研分析》，《中国编辑》2021 年第 1 期。

唯变不变：打造学习型编辑团队

李　潇

导语　什么是学习型编辑团队？

20世纪20年代，中华书局陆费逵先生7年7次邀请舒新城先生入局主持教科书编纂，成为出版界重视人才的佳话。同时，中华书局也在布局编辑队伍建设：不仅斥资“派人出洋留学养成完备之才”，送骨干人才出国深造；还举办“职员训练所”，培训新编辑；进而与“中华职业补习学校”合作，组织在职编辑继续教育等；搭建了一个分层有序、点面结合的编辑培养机制。① 可以说开学习型编辑团队之先河。

① 周国清、夏慧夷：《陆费逵的出版人才观及其践履》，《出版发行研究》2007年第9期。

20年前，美国彼得·圣吉教授首创“学习型团队”组织理论。该理论运用于出版业，所谓学习型编辑团队，即不仅具备基本编辑工作能力，更与时俱进，不断提升自我品德修养，不断学习专业领域内相关新知识，不断掌握新技术，不断吸取、创新理念的编辑团队。①

一、学习型编辑团队：出版业发展的核心竞争力与永恒动力

（一）学习：在知识与信息高速迭代的挑战下，实现出版业文化积淀者与时代记录者的双重身份

出版肩负着文化积淀者与时代记录者的双重身份。从文化积淀者的层面来讲，出版工作需要一支文化精英的编辑队伍，实现“导向、质量、原创、精品”四位一体的高质量发展。而肩负积淀人类文化与文明成果的使命，编辑团队只有向下深入，不断深造、精研专业学养。

从时代记录者的层面来讲，出版作为传媒样态之一，在市场加速迭代的分众时代，编辑团队能否走出路径依赖，开拓出版新格局，尤其需要见识。这种见识不只在常规的框架中重复劳动，在速朽的时尚里跟风迷失；更要向外拓展，把过去邀请到现实中来，在知识的更新中瞭望时代。

黑格尔说过：“熟悉的东西之所以不是真正知道的东西，正因为它是熟悉的。”而只有学习，持续学习，批判性学习，才是出版永葆青春的灵丹妙药。

（二）编辑团队：在体制改革的大背景下，决定出版社的核心竞争力，乃至重塑出版业的未来

清华大学出版社原总编辑吴培华曾饱含深情地在一次出版论坛中发言：“我们都是出版业历史长河中的过客，我们应该为自己、为出版业留

① 崔祝、陈进：《论出版社学习型编辑的培养》，《中国集体经济》2007年第11期。

下些什么？我以为，那就是思想，一种出版精神；那就是队伍，一支能战善战的队伍。效益、业绩只能说明过去，只有精神、队伍代表未来。”①

编辑团队是出版社乃至出版业的核心竞争力。体制内编辑如何将真才实学用于创新开拓？体制外编辑如何实现市场眼光与行业规则的高度统一？出版“转型”破茧成蝶，看似美丽，实则痛苦；更需要集体的智慧。具体来讲，就是青年编辑筑牢基础，中年编辑补齐短板，资深编辑巩固提升。

《论语》有言：“知之者不如好之者，好之者不如乐之者。”一支特别能战斗的学习型编辑团队，不只是知之，好之，乐之；更应透过纷乱的社会表象看清出版的本质，把握时代的精神，进而化之，用之；从容应对行业改制与市场挑战。而无数支特别能战斗的学习型编辑团队，将重塑出版行业的未来。

二、打造学习型编辑团队的几个关键词

如何打造学习型编辑团队？立足个人从业经历，我以为，有以下 4 个关键要点。

（一）人才引领：从好学生到好编辑，激活编辑团队创造力

鹫尾贤也在《编辑力》中指出：编辑是全面动员自己的个性、人格、人生观、世界观以及知识、教养、技术，甚至日常生活方式等个人一切，从事与专家、作者或创作书籍者有关的工作……② 好编辑不可能一蹴而就，需要经历一个学以致用、久久为功的艰苦过程。

全国有很多出版社在新编辑培养中，推行了“导师制”。即对于有理

---

① 《编辑是出版工作的核心，什么样的编辑才能成为新时代出版的核心?》，《中国新闻出版广电报》2018 年 11 月 6 日。

② ［日］鹫尾贤也：《编辑力——从创意、策划到人际关系》，陈宝莲译，中国人民大学出版社 2007 年版。

想和有培养前途的年轻编辑，由组织安排一位经验丰富的高级编辑，与其建立一种“师徒”关系，并制定相应的目标和要求，调动教学双方的积极性。

学什么？如何评估？其一，及时解决日常工作疑问，共同拿出应对措施。其二，制定个性化专业阅读，共同完成选题项目。在我社，导师一般会在每周划出专用的1个小时，集中学习交流；从编辑实务入手，根据新编辑个人能力素养中的优缺点，及时补习，落实项目。

15年前，我供职长江文艺出版社，受益于灵活高效的人才引领机制。入职两年即出版《王立群读〈史记〉之汉武帝》等多部畅销图书，28岁提名集团金牌编辑。31岁带队6名新编辑，5年后，该编辑室被评为全国出版百强团队。从好学生到好编辑，这些编辑后来逐步成长为长江文艺出版社文学、教育、历史、主题出版等多个产品线的带头人和核心成员，多人被评为集团公司的标兵。

接手中国致公出版社（以下简称“致公社”）总编辑职位，我依然将“出人才”作为和“出好书”并行并重的一项工作要务。致公社邓苗文笔好，思维活跃，是典型的“二次”元少女，在网络文学出版上大有可为。我一方面给她安排青春文学方向的编辑导师，鼓励“师徒”跟踪流行动态，讨论选题可行性；另一方面，也加强以此为核心的项目组团队建设，配齐策划、执行、二审等成员，保证网络文学的出版安全、品质稳定。2020年，入职3年的邓苗策划《C语言修仙》，畅销20余万册，是当年致公社排名第二的畅销新品。而随知识漫画新产品线摸爬滚打的年轻编辑李爽，策划《刘兴诗爷爷讲星空》《太好玩了，我们的小古文》，编辑功底扎实，勤于钻研，素养全面，仅仅3年，她也开始出任新编辑的专业导师，担当社内知识漫画产品线的主力。

人才引领就是榜样的力量。这个榜样，可以是标杆，是行业内最优秀的编辑；也可以是参照，是同期生中较出众的编辑。简言之，要让学习成为风气，就得让爱学习的人受到尊重，尝到甜头，从好学生到好编辑，成为团队的明星、榜样。

注重人才引领，激活编辑团队创造力，学习的意义就落到了实处。

（二）新媒体思维：从营销到策划，改造编辑思维方式

在新媒体分众时代，再也没有一个平台的内容发布，能够“振臂一呼，应者云集”，现象级的、男女老幼各阶层通吃的畅销书越来越少。

中国人民大学周蔚华教授指出：编辑应运用大数据分析市场、分析受众、分析自身的经营状况……运用多媒体形式进行表达和传播，通过知识服务进行再创新，拓展发展空间①。

编辑团队要充分理解和学习目前的媒介生态，从而找到有利的营销策略，乃至选题方向、策划思路。

学习新媒体思维，表层是营销。以致社《间花寻影》为例，这本手绘画集的作者古戈力，成名于多部畅销小说的封面和插画创作，从动漫画师的小圈层起步，到入选多期《儿童文学》封面的文学“破圈”，再到图书出版（个人微博与销售平台联动，发起图书专题超话），实现了这部高码洋图书 10 余万册的长销。

学习新媒体思维，深层是选题。“流量在哪里，赛道就在哪里。”近两年，畅销图书的新增长点——“网红”出书，就是这种新媒体思维在选题思路上的集中体现。拥有近千万粉丝的“法律男神”——中国政法大学教授罗翔，最先走红于 B 站，结集出版《刑法学讲义》，号称“普法故事会”：拆穿生活的套路，看透舆论的陷阱。图书上市，与《中华人民共和国民法典》颁布几乎同步，B 站多次强势联动，众多名人推荐，将一部法律专业书做到了双效俱佳，雄踞畅销榜数月。另一位“抖音”推书达人——宋玉，索性出版《家有三宝》，一边为其他图书带货，一边为自己的新书代言。

然而，在我看来，学习新媒体思维，核心是策划，是对编辑思维方式的改造，即我们要运用新媒体的思维模式来表达图书的主题。原国家新闻出版广电总局数字出版司副司长冯宏声曾对此条分缕析：图书应提供知识

① 周蔚华：《新时代优秀编辑的变与不变》，《现代出版》2018 年第 6 期。

工具，让目录变成菜单，设计操作界面，增开评测和辅导，要有记录和陪伴。[①] 其实，我们沉浸新媒体环境多年，无论是否借助 AI 技术支持，新媒体思维已经潜移默化地渗透我们的图书策划中。然而，更加主动、有意识地运用新媒体的知识超链接、互动互文写作、部落圈层传播来结构、反思我们的编辑思维，将有益于图书从单一的知识工具，成为进一步融合思考、行动的综合工具。

（三）部门协调：从编辑团队到出版团队，让学习四处生根

众所周知，图书出版发行是一个漫长的价值链条。在这个链条中，从一个创意的火花，到读者终端的体验；编辑是设计、制作、发行等出版环节上的中心和原动力。编辑不再是一个技术性岗位，而是协调者、管理者，甚至是领导者。所以，一个学习型编辑团队将带动整个出版团队的学习氛围。或者说，一个学习型编辑团队需要一个学习型出版团队的支持。在日常工作中，各部门彼此协调、成全，共同成长。

致公社初次涉足知识漫画，是《跟着诗词去旅行》这套书。因为“诗词”话题长盛不衰，首发在疫情前（2019 年开学季），很快就突破了 2 万套发行量。然而，主要销售期在疫情后（2020 年），这套书虽然整体仍有较好盈利，但退货超出预期。仔细分析，其中编、印、发，每个环节都存在着粗放、盲目的决策偏差。此后，对于知识漫画这条新产品线，我们要求由编辑团队发起，组织编、印、发各部门召开多次产品发布会：产品线全年出版计划、季度新书情况介绍、单品种新书创新点及卖点分析、单品种新书印制定价策略和营销重点渠道分析、单品种新书上市时间表和营销计划发布……每种图书大约经历 5 次全体出版团队的集中讨论学习，实时沟通，集思广益；知识漫画产品线也因此扎下了根，实现了持续产出和盈利。

实践是最好的老师。编辑团队是先锋，全体出版团队是底盘。学习型编辑团队不能只在编辑内部纸上谈兵，应当快速链接出版生产各部门，围

---

① 冯宏声：《新时代编辑工作的几个关键词》，《中国编辑》2018 年第 12 期。

绕工作实务，让学习四处生根，才能基业长青。

（四）记录与反思：从案例复盘到经验推广，在实战总结中提升

在我看来，图书出版和期刊、报纸等其他纸质媒体的最大不同，就在于非连续性。每一个项目都是相对独立的，有试错的机会，也有延伸的风险。从选题策划开始，到最后的发行策略，以责任编辑为主导，编辑团队乃至整个出版团队都在不断地做选择，做尝试。这是一次实战，也是一次学习。如果只是一路见招拆招，回头来看，往往所得有限。学习型编辑团队应该在项目进行中勤于记录，项目完成后及时复盘，反思之前的决策利弊，积极分析、规避期间的失误，争取将有益的经验用于相同、相近的产品线中推广、延伸。

2020 年，我们策划的“大师与少年”系列中的新品《季羡林：人间岁月长》入选当当网独家重点品，当月销量突破 3 万册。除了图书本身具有好品质，我们配合当当网主站的各类促销活动，也吸纳了不少的流量。随之，社内的多部产品被当当网、博库、西西弗等大型线上、线下分销平台选中。短暂的惊喜之后，我们开始反思：我们需要走得更快，还是走得更远？当我们把一部书的成败更多寄托于某一、两个渠道，我们的队伍有没有真实地成长？更何况，案例复盘，我们发现，现实的反馈也是参差不齐的。于是，我们果断将独家重点突破转战到全渠道多点开花。至今，“大师与少年”系列新品《沈从文：到日光下去生活》位居当当文学榜前三，当月加印至 2 万余册，除了主站活动，今年的促销也根据流量热点，转入了“抖音”平台直播带货。而《季羡林：人间岁月长》畅销近 10 万册。“大师与少年”系列的每一新品上市前，都能得到来自不同渠道的重点营销邀约，走上了可持续发展之路。

结语　唯快不破 VS 唯变不变

“天下武功，唯快不破。”在出版转型变革期，市场环境瞬息万变，反应越快，也许胜算越高。但作为文化积淀者与时代记录者，出版毕竟不是一个以“速度”见长的产业。我以为应当是“唯变不变”，只有变化，只有学习，是学习型编辑团队不变的追求。这个“变”，是变化的行业生态、读者需求、同行翘楚，向它们学习；这个“变”，也是不断发现自身的专业短板、发展瓶颈，补足它们，提升它们。而在这些变化中，我们发现本质性、规律性的出版行业发展内核，是为“不变”。

越来越多的学习型编辑团队将在无数个“变”与“不变”中，上下求索，砥砺前行，提升各出版单位的核心竞争力，乃至重塑出版业的未来。

（作者单位：中国致公出版社有限公司）

出版融合背景下图书编辑的思维融合

许　建

新时代下，出版融合发展已经成为一种历史趋势和时代潮流。2015年，国家新闻出版广电总局根据中共中央办公厅、国务院办公厅印发的《关于推动传统媒体和新兴媒体融合发展的指导意见》制定了《关于推动传统出版和新兴出版融合发展的指导意见》，结合出版业实际情况，给出了传统出版和新兴出版融合发展的任务书和路线图。2020年，《中共中央关于制定国民经济和社会发展第十四个五年规划和二〇三五年远景目标的建议》提出要落实媒体深度融合并实施全媒体传播工程，发展数字经济，推进数字产业化和产业数字化，推动数字经济和实体经济深度融合。

在产业层面，各出版领域融合发展也呈现出欣欣向荣的局面。例如，教育出版领域，人民教育出版社“人教点读”、上海交通大学“慕知悦读”等数字产品相继上线；专业出版领域，人民卫生出版社“中国医学教育 PBL”、中国人民大学出版社“中国审判案例数据库”等数据库产品相继开发；大众出版领域，2020 年，全国数字阅读产业规模达 351.6 亿元①。

在政策驱动和产业升级的双重刺激下，传统出版行业的从业者也对自己的定位、职能、理念等职业发展要素展开了思考。图书编辑作为传统出版行业的核心从业者，也努力进行着适应形势变化的转型，努力与时代融合，努力与发展融合。

一、编辑本质的再定位

在现代出版产业场域中，编辑是一种工作，也是一种职业身份，《辞海》（第七版）指出，编辑是从事专业编辑工作的人员。图书编辑是出版企业的核心成员，其培养模式和成长路径遵循基本编辑学理论。随着出版融合活动的发展，新媒体、区块链、5G 等新技术也融入出版领域，这让以文字处理为工作形式的图书编辑对未来出版产生了困惑，需要对自身的使命和职责进行重新定位。

就“出版”而言，它是对数据、信息、知识、作品等内容进行选择、加工等编校处理并适当编码后与特定载体相结合，制作生产媒介产品（出版物），向公众发行、传播的建制化人类活动②。从历史来看，人类出版历史可以划分成“硬质出版”“软质出版”“虚拟出版”三大阶段③，图书作为一种载体，仅是“软质出版”中的一环。无论是在中国还是在西方，编辑在出版中都是比较晚出的构成要素。在印刷术成熟、信息可以通过图书进行广泛快速的传播之后，编辑职业应运而生。出版作为一种处理信息、传播信息的行业，并不会随着传播介质的改变而消失，如果图书编辑仅作

① 周蔚华、陈丹丹：《2020 年中国出版融合发展报告》，《科技与出版》2021 年第 6 期。

② 徐丽芳、陈铭：《媒介融合与出版进路》，《出版发行研究》2020 年第 12 期。

③ 万安伦：《中外出版史》，高等教育出版社 2017 年版，第 9 页。

为一种生产纸质图书的职业或方式，却可能随着信息处理和传播技术的改变而消失或不得不做出改变。

然而，在出版向深度融合的过程中，信息处理的维度越来越广，信息处理的速度越来越快，冗余的、负面的信息也会在信息流转中浮现出来，这就需要有人来控制。传统出版中，图书编辑通过策划、组织、审读、选择和加工作品等工作方式，通过专业性的编辑精神，达成生产精神文化产品的目的。图书编辑工作的本质是生产人类精神文化产品，图书编辑所从事的是一种高阶的信息处理工作，他们在成长过程中往往重视专业知识的积累，语言文字功底的养成，编辑方法的锤炼。历史上著名的编辑家如张元济、叶圣陶、邹韬奋等，都无一例外是学贯古今的人文大家，他们的学识和思想都是人类历史上宝贵的精神财富。传统编辑的思维方式和工作手段，与新技术、新媒体进行融合，在新的出版生态中发扬，有利于出版融合的高质量发展。

二、编辑对象的再认识

图书编辑工作有其专业的工作流程，编辑从选题策划、组稿、编辑加工、付印、销售的环节中，需要接触到作者、书稿、读者。有学者认为，可以把它们归结为“编辑源体”“编辑客体”“编辑用体”，而图书编辑则是这个流程中的“编辑主体”①。出版融合背景下，基于内容生产的编辑工作对象正在发生变化，“内容生产源体”“内容生产客体”“内容生产受体”有了突破性发展，这也是编辑思维需要与新形势需求融合的原因所在。

（一）内容生产源体的变化

在传统出版中，编辑源体指的是作者，它是精神文化产品生产的源头。作者的精神文化内容想要形成更为规范的、更为优化的有形产品传递

① 勒青万：《编辑五体研究》，东北师范大学出版社 2015 年版，第 3 页。

给大众，必须经过编辑的环节。而随着出版融合发展，互联网的出现，内容生产的源头发生了变化。

自媒体是互联网传播发展到一定时期出现的现象，传播者只需要在社交平台注册一个账号，便可实现讯息传播。目前，在微博、微信、抖音等平台上有着巨量的内容生产资源，在这些内容生产中，作者和编辑的界限已经被打破。例如，微信公众号“星球研究所”是一个专注于生产地理科普内容的自媒体账号，其推出的“中国空间站”这一含有文字、图片、音视频的综合内容完全依靠自我原创，自主传播，短时间内就获得超过百万的观看流量，其传播效率远远大于一本由编辑主导生产的科普类图书。自助出版也逐渐在全球范围内流行起来。欧美国家的作者不需要通过编辑而直接可以通过亚马逊等平台生产并销售自己的作品，自负盈亏。在中国，大批网络写手可以通过文学网站和手机阅读平台直接发布作品，依靠其作品点击量获得收益。

可以看出，内容发布平台的普及化，让内容生产源体变得更为自由和自主；内容表现形式的多样化让生产出来的内容更易于新媒体的传播。面对这样的内容生产源体，让作为中间环节的编辑作用不再绝对。

（二）内容生产客体的变化

在传统出版中，编辑客体主要指图书，它是精神文化内容的主要承载体。图书因为其稀缺性和高成本，编辑对其拥有绝对的掌控权。随着信息技术发展，在多媒体上传播和获取信息，几乎变得零成本而且更为自由。

信息技术和互联网的兴起，彻底改变了基于印刷技术的纸质出版生态，催生了电子出版、网络出版、音像出版等全新的出版形态。出版机构在跟随全新载体出版的过程中，主要有两个模式。第一个模式是借助电子媒体，让纸质内容电子化，实现“纸电同步”，如今各大电子阅读平台，数据服务公司所提供的电子图书、数字期刊大多都是这种形式。在此模式下，内容生产还是依赖于图书编辑的。第二个模式则是完全脱离了纸质图书，而生产全新的融合了声、光、电等多种新媒体元素的内容，比如辽宁出版集团和辽宁广播电视集团联合策划的雷锋故事微视频《你的样子》，对于这样的内容生产，传统图书编辑则不一定能起到决定作用。

技术和文化相互促进，相辅相成。因为信息革命的到来，媒介科学技术的发展速度远远高于社会科学的革新速度，推动了精神文化的发展。从电脑到平板再到手机，主流阅读介质的转换也就十几年的时间而已。内容生产客体的迭代升级，是出版融合加快发展的技术动因。

（三）内容生产受体的变化

在传统出版中，编辑受体通常指读者。长期以来，编辑通过其创造性的劳动将来源于编辑源体的内容整合、优化，形成有高度、有深度的精神文化产品供读者阅读。“传者—受者”的线性阅读模式决定了传统编辑在整个传播过程中的话语权①。

随着现代社会生活节奏的加快，挤压了人们深度阅读的时间，而多媒体声音、影像等更直观、更广泛呈现的形式，加速了人们向非线性的、浏览性的浅阅读转变。截止到 2020 年 3 月，我国短视频用户规模达 7.73 亿，使用总时长达 171 亿小时②。与此同时，多媒体阅读良好的交互性和多元化，让读者更向往也更易于参与到阅读内容的反馈、分享和再利用上，这也促使内容生产受体从读者身份向用户身份转变。比如，中国少年儿童出版社出版的《美丽心灵》一书，通过二维码为读者建立微信阅读平台与 QQ 群阅读平台等，提供作者分享、阅读讨论等服务。

随着智能手机的大面积普及，现在的阅读已经从“读书时代”进入“读屏时代”，阅读变得碎片化和社交化。读者阅读习惯的变化，受时空环境、阅读载体等客观因素的制约，但阅读不能盲从，阅读的方向、阅读的维度、阅读的价值等应该得到价值导向、文化需求等主观因素的引导。

---

① 张丽娟、孔文静、李莉：《媒体融合对编辑出版工作的影响》，《中国报业》2021 年第 15 期。

② 唐绪军、黄楚新：《中国新媒体发展报告 .N.11，2020》，社会科学文献出版社 2020 年版，第 7 页。

三、编辑思维的再融合

在出版融合大趋势中，内容生产的对象已经发生了变化，产生了新的创作单元、新的传播载体、新的呈现形式，出现了编程、编码、编导等全新的内容生产方式。对于图书编辑而言，这种变化是被动的不可逆的。传统图书编辑因为其专业基础、知识构成、文化储备等方面的限制，对这些变化，是很难做出技能性、职业性转变的。但新的内容生产方式所带来的新的工作思维方式，是图书编辑可以借鉴的。思维的守正创新和再融合，是编辑适应出版融合的重要途径。

（一）编程思维

编程是现代计算科学中的一项工作内容，是指程序员通过设计让计算机经过一定的运算，并最终得到相应结果的过程。编程思维其实就是“分析问题、找到问题、解决问题的方式方法”，它不仅仅局限于计算机领域，而是可以应用到各行各业。目前，日本、韩国、西欧等国家将编程作为少儿基础工具学科开设，中国的编程教育也走入中小学课堂，也是看重其基础思维指导意义。

编程思维可以帮助数字出版产品的建设。出版融合让传统图书编辑对编程不再陌生，内容数据库的建立、阅读 App 的设计、出版 ERP 的建设等工作都离不开编程。在这些编程过程中，程序设计者需要围绕编辑工作意图、使用习惯开展调查，编辑的意见往往是产品最终形态的决策依据。编辑拥有编程思维，往往能更好地理解程序设计者的设计思路，并给出具有针对性的意见，这对数字产品生产往往产生事半功倍之效。

编程思维可以优化内容生产的过程，可以运用在内容生产之中。编程思想讲逻辑、讲框架、讲拆解，注重用建模的方式解决整体问题。文库、丛书等大项目的出版，往往分批、分时点、分节奏完成，确定好整体出版宗旨和思路后，优先出版一部分，形成经验和模式，并指导后期出版。2016 年，凤凰出版传媒集团在江苏省委、省人民政府、省委宣传部指导下开展《江苏文库》的编辑出版工作，工程计划用 10 年时间，出版总数量达 3000 册，涵盖书目、文献、精华、史料、方志、研究六编的鸿篇巨制，2018 年首批出版了 86 册。这项出版工作有着明确的时间表和路线图，用可视化图表详细展现出版进度，用前期成果为整体出版提供经验。

（二）编码思维

编码是信息从一种形式或格式转换为另一种形式的过程，它也特指"码农"编写计算机程式的工作方式。从字面意义上理解，编码常常被认为是冰冷的和枯燥的。但实际上，编码是一种信息处理能力，它和编辑常进行的文字处理有共通之处，而且，在编码思维中必须具备的标准化思维和效率性思维对编辑工作具有非常重要的指导意义。

编码思维可以更好地处理繁杂的内容信息。面对出版融合所带来的信息爆炸，编辑需要学会对信息的挖掘、分析与整合。以专业类图书编辑为例，专业出版社要想从产品提供商向内容提供商、服务提供商转变，需要有海量的数据作为基础。目前大多数专业出版社通过建设专业知识信息数据库和行业内容运营服务平台来追求融合发展①。

编码思维可以优化编辑加工流程。现代生产生活方式的转变加快了编辑出版的节奏，在瞬息万变的社会热点和市场需求中，时效往往决定了一个选题的生与灭。流程标准、质量标准是出版时效和安全的保证。以 2020 年年初的出版界"广州速度"为例，广东科技出版社仅用 48 小时就完成了《新型冠状病毒感染防护》一书的出版工作②。高工作效率得益于编码技术在策划、编辑、排版、校对、印刷、发行等多个环节的有效运用，出版流程标准化使得从业人员可以集中精力完成不可替代性较强的任务。

（三）编导思维

编导指的是在影视传媒类行业中掌握视听语言等专业技术对其本职工

① 赵朋举、潘俊成：《浅议融合出版背景下专业图书编辑转型发展》，《中国出版》2020 年第 1 期。

② 蔡晨露、吴杨、姜丹：《突发公共卫生事件下融合出版发展之思》，《出版广角》2021 年第 1 期。

作进行创作和编排的人。编导与编辑是十分相似的职业。影视生产需要编导，而图书生产不需要编导，是因为影视生产需要面对脚本创作、镜头拍摄、后期剪辑等不同工种的协作，必须有对全片整体把握和总体设计的能力。编导思维其实就是一种项目整体运作思维，也有着多媒体呈现的空间感和逻辑性。

编导思维有助于出版项目的整体运营。出版融合背景下，图书编辑不再限于编辑加工业务，而要成为集资源整合、项目策划、产品设计、内容组织与编校、宣传策划等多方面能力于一身的全媒体从业人员。这并不是说编辑个体要承担上述所有工作，而是要以组织的身份参与融合出版产品制作的全流程。例如，明天出版社在每年年初会举办一场线上平台选品会，编辑与当当网等平台营销人员共同讨论，在选题策划阶段就与宣传营销融合，以项目化的方式推进图书出版。

编导思维有助于出版项目的多媒体呈现。出版融合背景下，表现形态更为丰富的图文、短视频更便于网络传播，也更受观众的喜爱。编导来源于影视制作，对于图像所引发的情感共鸣、镜头所能传递的信息价值，有着独特的认知。现代图书编辑除了编辑纯文字书外，还越来越多地面对图画、视频、声音等信息源，图画书、立体书、融媒体书也越来越常见，这需要编辑在编辑这类书的时候有一定的编导思维。江苏凤凰少年儿童出版社在编辑绘本“童心向党·百年辉煌”时，就注意到该产品后续的融媒体化，文字和绘画的表达都利于在电子屏幕上的表现，目前，其中的《光明》一册已经制成5G全景视频版，参加了中国共产党历史陈列馆的展览。

综上所述，出版的融合发展是生产力发展的必然，是产业发展的必然。融合发展既是对新闻出版规律的遵循，又是对互联网技术新兴生产力的发展规律的遵循。① 作为出版产业的核心从业人员——图书编辑，要认识到，出版再怎么融合，图书编辑也不能脱离其精神文化内容生产者的本质，图书编辑为优质内容的整合、优化、传播而生。面对出版融合的需

① 郝振省：《出版传媒业“融合发展”概念的再讨论》，《出版发行研究》2020年第6期。

要，图书编辑的融合需要从思维开始。坚守高端惯性，创新发展理念，积极面对编程、编码、编导等新领域，方能做到万“编”不离其宗。

（作者单位：江苏凤凰少年儿童出版社）

融合背景下编辑职业规划研究

康培培　李晨玮

2021 年 5 月 9 日，习近平总书记给我国目前刊龄最长的综合性人文社科学术期刊《文史哲》编辑部全体编辑人员回信，对办好哲学社会科学期刊提出殷切期望。同时指出，《文史哲》在弘扬中华文明、繁荣学术研究等方面做了大量工作，在国内外赢得一定声誉，是在党的领导下，几代编辑人员守正创新、薪火相传的付出和努力。期刊编辑和出版编辑作为编辑队伍的中坚力量，为我国思想文化、信息传播及学术研究力量构建作出重要贡献。在媒体融合环境下，传统媒体式微，国际舆论形势日趋复杂，改革发展涉险攻坚，对职业编辑的职业能力、职业素养、职业道德及职业操守提出更高要求，需要编辑承担更为艰巨的历史使命。需将此长期性重任交付于几代编辑的共同努力之下考量，也需结合编辑个体的职业规划展开分析。

一、融合背景下编辑职业规划的定义与特征

“职业规划”又称“职业生涯规划”，需引入“职业生涯”的概念。关于“职业”的定义，《现代汉语词典》将职业解释为“个人在社会中所从事的作为主要生活来源的工作”①。美国教育家杜威认为，职业是人们可以从中得到利益的一种活动。“生涯”主要是指个人一生的道路或发展路径，美国学者罗斯威尔和思莱德将职业生涯界定为人的一生中与工作相关的活动、行为、态度、价值观、愿望的有机整体②。结合上述观点，可以推断，职业生涯规划通过个人和组织目标的有机结合，在对个人职业生涯进行主客观测定、分析、研究、总结的基础上，确定其最佳的阶段性及长期性奋斗目标，并为实现这些目标作出切实有效的统筹安排。

编辑职业规划具有其他职业生涯发展同等的动态化、个性化、长期性、指向性、实操性等特点。作为一项主客体相互作用显著的文化创意活动，编辑工作具有高度职业化的特征③。编辑职业的特殊性赋予其职业生涯规划更特殊的意义，主要体现在以下几个方面。

（一）政治属性带来的难“跨界”

我国新闻事业是党和人民的喉舌，新闻媒体是党的宣传工具，是上层建筑的重要组成部分，尽管新闻媒体改革开放面临市场化改革，但其意识形态属性并未改变。编辑工作具有较强的政治属性。这在一定程度上要求编辑在较长时间内在专业的岗位上工作，一方面主管部门、单位及领导可以通过较长年限的工作考核证明编辑的政治素质过硬、业务素质过关；另一方面，也通过编辑个体具备的能力和素质的积累与提升应对“政治关”的复杂考验。编辑工作的政治性导致编辑职业规划无法像其他职业一样充

① 《现代汉语词典》，商务印书馆1983年版，第1483页。

② 张再生：《职业生涯开发与管理》，天津大学出版社2003年版。

③ 周畅、徐志武：《青年编辑职业认同提升策略研究——以工作满意度为视角》，《出版发行研究》2017年第12期。

满动态化、个性化的特征，在职业规划上实现较大的行业跨越和变动，即所谓的“跨界”。

（二）媒体迭代带来的多“变革”

因新媒体更迭日新月异，传媒体制改革日趋深入，为编辑职业规划带来极强的易变性，职业标准也随之经常调整，今日之规划未必足以应对明日之变革。为适应新媒体时代而进行的传媒业体制机制调整，对新闻出版传媒业的影响渗透在其业务及发展领域的方方面面，越是趋于前沿的领域受到的冲击越大，新闻媒体在制定中长期战略规划时尚需考虑较多复杂不可控因素，相应地对编辑职业规划也带来较强的不确定性。相较于新闻记者，出版编辑需要从事自然科学、人文社科等领域知识产品的深加工；新兴媒体对出版业的影响犹如静水深流，在中短期似乎无甚影响，一旦发生革命性变革，则可能带来翻天覆地的改变。

（三）融合发展带来的长期任务

媒体融合从理论和现实中催生了编辑流程再造、主营业务更迭及叙事方式改变，这是相当漫长的历史周期才会完成的宏伟重任，需要几代编辑团队的精诚协作、攻坚克难，还需顺应融合发展时代，与其交相辉映才可能实现。反观编辑进行数十年职业规划的意义，则在于结合编辑个体自身特点及职业要求，准确定位，实现个体与职业的更高程度匹配，通过自身发展体现个体价值的最大化。编辑个体需要在有限的职业生涯内应对无限的融合挑战，可谓庄子曰“以有涯随无涯，殆已”。

二、融合变革冲击下编辑职业规划的危机与挑战

2005 年，根据中共中央办公厅、国务院办公厅印发的《关于推动传统媒体和新兴媒体融合发展的指导意见》，国家新闻出版广电总局、财政部出台《关于推动传统出版和新兴出版融合发展的指导意见》。在推动出版融合的宏观背景下，出版产业发生着深刻变革，与出版业巩固壮大宣传

思想文化阵地的迫切需要相呼应的是出版业推动融合发展是履行文化职责的迫切需要；也是出版单位在融合发展起步、自身生存问题解决后，如何实现新旧动能转换，实现跨越式发展的迫切需要。在这样的宏观背景下，出版融合发展为编辑职业生涯规划带来了前所未有的发展机遇，也带来了史无前例的巨大挑战。

（一）时代使命重任在肩

国际形势纷繁复杂，国际舆论生态日趋严峻，为编辑出版工作提出更多新要求，中国出版担负着中国文化的对外传播的职责，而编辑则在国际传播的话语权和传播力构建中使命在肩。2035 年建设文化强国，是“十四五”规划提出的重大战略任务，更是对出版和期刊编辑提出的更高要求。对于期刊编辑来说，无论是科技期刊还是哲学社会期刊，都要致力于向国际提供及时的、全面的展示我国科技创新、文化发展的知识服务；对于图书出版编辑而言，则要为海外读者提供全面、准确、系统了解中国政治、经济、文化、科技发展的丰富阅读材料。编辑在对外讲好中国故事和构建中华文化软实力方面发挥着独特作用，同时也承担着时代重任。

（二）专业编辑缺失，行业失范行为频出

传统出版与学界关系紧密，学术腐败同样渗透到学术出版领域，由于专业编辑的缺失，导致引发学术道德、学术伦理争议的出版热点事件频出。2021 年 4 月，郑州市春霖职业培训学校校长郭萍在吉林《写真地理》杂志上发表论文《熟鸡蛋变成生鸡蛋（鸡蛋返生）——孵化雏鸡的实验报告》，使得《写真地理》作出停刊整顿、主要负责人被责令辞职。2020 年 9 月，中文核心期刊《冰川冻土》因刊发《赞美师娘》论文引发争议，主编请辞并道歉，杂志暂时停刊，值得注意的是，时任主编并非专业的学术期刊编辑。回顾此类事件，无不与刊物没有称职的专业编辑发挥“把关人”的重要作用息息相关，这就要求专业编辑职业化，行业管理规范化。

（三）归属感降低，编辑人才流失

技术赋权之下，传统媒体的垄断地位被打破，传播信息的权利和自由日益开放、主体日趋多元。曼纽尔·卡斯特认为，网络社会代表着一个全

新的时代、全新的社会，人类对技术提供的可能性以及社会体系的变化，超出以前的社会想象。上述变革在打破传统期刊的话语权、影响力的同时，影响了编辑职业生涯规划，造成编辑职业归属感不强，不少编辑对其工作的稳定性存在担忧，使得传统媒体出现了人才流失问题。中国社会科学院新闻与传播研究所、社会科学文献出版社主办的《中国新媒体发展报告》指出，传统媒体机构调整与人才职业流动加速。调研数据分析，离职的传统媒体人主要流向了互联网与新媒体、其他事业单位、央企国企、党政机关和上市企业。同时，也有部分人选择了自主创业和高等院校。

三、建立与融合时代交相辉映的编辑职业规划

日月忽其不淹兮，春与秋其代序。纵观媒介发展史，每种被称为“传统媒体”的媒介形式都造就了属于这个时代的出版传媒代表人物。时势造英雄，个人的发展离不开时代，最好的时代也将造就更多优秀的个体。对于编辑而言，个人的发展离不开自身的聪明才智和艰苦奋斗，离不开所在的平台培养造就，更离不开融媒体时代的滋养和历练。

（一）树立具有国际视野和民族荣誉感的职业价值观，以推动文化社会主义繁荣兴盛为己任

职业价值观是编辑人生目标和人生态度在职业选择方面的具体表现，也是一个人对职业的认识、态度以及对职业目标的追求和向往。工作的性质和内容、难度和强度、条件和待遇，以及从外界对该职业的社会地位、社会评价都会影响到这一职业工作人员的职业价值观。编辑出版工作承载着推动我国文化大繁荣大发展的重任，承担着建设社会主义精神文明，以及研究和传播社会主义先进文化的历史使命。从更为广阔的视野来审视编辑职业生涯规划，无数个编辑个体的事业发展过程犹如颗颗繁星坠入璀璨银河，点缀出实现中华民族伟大复兴中国梦的绚丽蓝图。

建议主管单位在更高层面赋予编辑主体地位，给予优秀编辑更加优厚

的待遇和更多的荣誉。国家对出版行业补贴、基金等支持多数会给予作者、出版社，却很少用来支持编辑个人发展。目前编辑考评体系主要落实于“惩”，编校错误等工作失误受处罚较多，但因工作出色获得奖励的机会极少，这会降低编辑，尤其是年轻编辑的工作激情。通过从宏观层面对编辑主体地位进行保护和肯定，推动编辑职业荣誉感、职业社会地位和评价的建立和提升，拓展编辑职业观的广度和高度，从而提升和深化编辑职业规划的价值内涵及思想高度，充分发挥编辑作为意识形态及知识信息传播交流主体的职业特点。

（二）对外搭建具有国际影响力的出版平台，对内培养全媒体职业化编辑队伍

职业生涯规划可以简单分类为外职业生涯规划和内职业生涯规划。外职业生涯规划主要聚焦于员工所在公司，也就是编辑所在出版单位的发展状况和水平，更多地体现在出版单位的社会影响、内容质量、管理水平、人力资源及经济效益等指标。在新的发展阶段，出版单位应深度融合发展壮大之路，建设有国际影响力的出版平台，提升中国在国际话语体系中的话语声量、影响力和主导权。

编辑职业规划属于内职业生涯规划，应尽可能地与所在单位的发展规划相结合。杭州日报报业集团曾专门做过“媒体融合转型新常态下集团人才队伍建设”课题调研，结果显示，对于“对本部门（单位）近一两年的转型战略和转型任务，您是否了解”这一问题，有 67% 的人回答“大概清楚，自己摸索着做”，11% 的人表示“不清楚，领导没说”，只有 22% 的人表示“非常清楚，知道自己该怎么做”[①]。新的媒体格局和传播样态对编辑的职业综合能力，如采编技能、新技术应用、专业素养、知识积累、心理素质、沟通能力和驾驭能力等都提出了前所未有的要求。与所在单位的发展目标、发展规划相适应是最为快速有效地进行内职业规划并实现阶段性目标的方式方法。

① 徐孝丰：《传媒业如何应对人才流失问题》，《新闻研究导刊》2019 年第 21 期。

纵观近期发生的与出版相关的热点争议事件，无不与未设置职业化、专业化编辑团队息息相关。业界曾提出培养适应融合时代领军出版人才的发展规划，从全球优秀刊物的发展模式看，细分的、专业化的编辑岗位设置是众多优秀出版物的重要特征。编辑工作的对象是出版物，一方面，编辑工作职责应紧紧围绕优质稿源和品质质量；另一方面，编辑应充分考虑自身的工作年限、学历、单位属性、工作性质等，从培养全媒体素养的视角下，明确自身的短期和长期职业规划，助力编辑职业发展。细化编辑的专业分工，提升编辑的融合技能，让编辑专注于创新性、根本性、创造性的编辑工作，有更多的精力从事提升所在单位核心竞争力、影响力的工作。只有通过专业化、职业化编辑的培养方式，不断打造具有较强社会影响力的知名编辑、知名图书、知名刊物，才能使编辑个体可以深入、扎实、系统、全面地进行内职业规划，绘就职业发展新篇章。

（三）牢记编辑初心使命，共同面对压力挑战

职业倦怠也是多数编辑职业生涯中不可回避的现实问题。当前出版单位已完成转企改制，经营的企业化使编辑很快由事业职员变成企业职工，而在内部管理上，各种岗位设置、职称层级等还在延续事业单位思维，职称评聘等严格受制于指标限制，且未来晋升空间有限，这会在一定程度上限制编辑职业发展。调查显示，编辑会因工作任务和经济指标而倍感焦虑。职称晋升困难、自身地位和话语权下降、难以得到社会认可、无暇提高业务能力等实际问题长时间未能解决，已经使得部分编辑产生倦怠情绪。职业倦怠会出现在所有职业人群中，编辑是精神产品生产者这一特殊性决定了其产生的负面效应更难化解，也不是编辑个体可以独立承担并解决的问题。此外，由于编辑工作有强烈的“替人作嫁衣”性质，多数情况下编辑居于幕后，使其工作价值只能通过作者、出版物和出版单位的价值体现。社会环境在精神层面对编辑激励不足，对好编辑宣传不够，对名编辑的培养造就不够，很难使编辑在长期职业生涯中工作热情饱满、毫不懈怠。通过初心使命教育可以在较大程度上化解编辑职业倦怠问题，但要从根本上解决这一难题，还需要国家、社会及出版单位的共同助力。

四、结语

融合背景下，推进专业化、全媒体、全球视野的编辑职业机制建立势在必行。苟利国家生死以，岂因祸福避趋之，中国特色社会主义进入新时代，赋予每个个体蓬勃的发展生机，出版业勃兴既是众望所归，也是使命在肩。新时代呼唤优秀的编辑，优秀的编辑见证着这个伟大的时代。期待文化体制改革深入推进，逐步建立健全编辑出版考评体制及建设机制，使编辑队伍在职业生涯中更好地完成党和国家交给的重任，更好地为促进文化繁荣兴盛、建设社会主义文化强国贡献力量。

（作者单位：北京印刷学院）

集知播识探新径　多途同归酿书香

——浅谈新时代科技图书编辑的自我升级

吕　潇

科技图书是广大专业读者了解前沿技术发展现状和学习技能的重要渠道，是读者开拓专业视野、获得理论和技术水平提升的重要途径。尽管在图书市场上，科技图书鲜以主角的姿态出现，但是科技图书的地位又是如此重要，在科技进步所赋予科技图书出版内容的原动力驱动下，科技图书一直履行着知识的传播、留存和传承的核心使命。伴随着移动互联网技术的发展，笔者除了亲身感受到科技图书市场竞争态势的日益加剧，更深切体会到的还有科技图书在读者心中从地位到需求结构上的变化，特别是在新冠肺炎疫情的影响下，图书产业更是在数字化变革的进程上按下了“硬着陆”按钮。身为一名新时代的科技图书编辑，必须要学会自我升级，不断应对科技图书行业和市场的变化，致力于科技图书价值的发扬，让科技图书的出版工作高质量发展。

一、“趋势”已成“现状”——观念的升级

据国家新闻出版署的统计，一方面，2019 年全国报送的科技类选题约占全部选题数量的 19.9%，这个比例与 2018 年的 20.7%相比基本持平，在 2019 年 1023 亿元码洋规模的图书市场中，科技图书占比 8%；另一方面，据开卷数据显示，自 2017 年起，图书市场中排名前 1%的图书为整个图书市场贡献的码洋占比开始超过 50%，2019 年达 58%。这种“头部更大，长尾更长”的特点，反映的是绝大多数图书产品都处在强度不断攀升的市场竞争当中这一现实。结合科技图书的特点，具体到店面书领域，编辑要升级观念，首先要面对的，是四个已经从“趋势”变成的“现状”。

（一）速度——墨迹与比特

在生活节奏越来越快的今天，尽管每位编辑都在尽自己最大的努力去推进出版进度，但是科技图书在早年具有的信息及时性和知识系统性这一双重特点，前者的效用正在逐步减小。有研究表明，如今人类知识的倍增周期已经少于 3 年，与之伴随的还有正在飞速缩短的知识老化周期。这不仅意味着科技店面书的生命周期越来越短，甚至个别品种正在经历“上市即过时”的危机。这是在近年调研中，不少来自大学及科研院所的读者或作者多次谈及的问题，在获取目标领域新知识的时候，从效率的角度出发，搜寻图书已不再是首选，取而代之的是查阅在线文献。纸上的墨迹不如计算机的信息来得便捷，那么不依赖更新速度的技能型知识如何获取呢？这就引出了编辑面临的第二个现状。

（二）途径——书桌与电脑桌

移动互联网的演进已经并且还将持续改变人们生活乃至改变社会，书桌早已升级为电脑桌，对于广大知识需求者而言，互联网与随时在线的个人终端以及强大的网络搜索引擎和各式各样的交流论坛，似乎可以提供任

何知识。如果时效性特点已经不再拥有绝对优势，对于具有“知识”“技能”“工具”“科普”四个维度的科技图书来说，形势是尤为严峻的。那么在即将到来的“全联网”时代，科技图书的核心竞争力又是什么？谁在买书？怎么买书和卖书，是编辑面对的第三个现状。

（三）挑选——逛书店和搜关键词

众所周知，网上书店销售额的迅猛增长一直在与传统实体书店销售额的同比下降呈现鲜明的对比。表面上是购买方式的改变，实际上是挑选方式的颠覆。网店购物有关键词依赖性高、聚类程度低和文案影响力大、内容透明度小这两个特点。首先，尽管理论上是全品种上架，但是“按‘词’索骥”的搜书方式，所获得的结果缺乏实体店里对于相同或者相近领域内的图书都放在一起从而形成的聚落感；其次，不能亲自翻阅看它适不适合自己，仅靠有限的页面试读，就算每种书都在尽最大努力优化宣传文案，但是对于“如果没有我需要的知识，白送也不要”的科技书而言，终似“雾里看花”。

（四）敌与友——科技图书和知识付费

近两三年，“知识付费”逐渐从一个网络热词变成了广为接受的互联网商业模式，纵观如火如荼的线上或线下“知识付费”产品，不论是“得到”“云课堂”“慕课”等平台与渠道上的音视频课，还是各类“读书会”平台，在某种程度上都是在当今海量碎片网络信息中尝试突围的实践。而图书无疑是最经典的“知识付费”产品，特别是在如今，科技图书的呈现形式也随着其他品类图书一起，从纸质书扩展到了数字出版物。同样是内容产品，与其他“知识付费”产品相比，图书产品似乎总多几分“年迈之气”，但是从获取知识的角度来看，单纯地将两类产品的关系“对立”起来，必然是草率的。

纵观不同的知识获取途径，尽管在信息维度上，“知识”“技能”“工具”“科普”四大要素不曾改变，但是在图书选题调研中发现，读者对知识深度的要求并没有随着当今信息广度的扩大而降低，反而在碎片化的海量信息中，对体系化的知识渴求日益提高。

这也可以从一个侧面说明，在移动互联网时代，通过海量的信息去构建知识体系，需要花费极高的时间成本和学习成本，更不用说非常前沿的知识。这也是经过筛选、组织与编辑过的信息被需要的原因。

二、拆解与应对——能力的升级

观念的升级是高质量发展的基础，特别是今年，在新冠肺炎疫情影响下，紧缩的图书市场，退货与回款的压力，让前述的科技出版现状雪上加霜。作为新时代的科技图书编辑，如何拆解上述这四个问题，正是时代向我们提出的能力升级要求。

（一）“追新”不如“适时”——调研定位

科技图书的读者需求，往往是明确和务实的，随着网络技术的发展，经过一系列出版环节而面市的图书，从信息的角度讲，其传递速度上必然不及网络，这在引进国外科技著作方面尤为明显。这就对编辑把握时机的能力提出了更高的要求。高新技术题材的外版图书的引进，及时性固然重要，但是对于国内产业和技术现状的匹配性更为关键，“知识超前”并不一定是优势。通过复盘许多引进版科技图书的销售效果，除了“上市即过期”的隐患，上市时购者寥寥，版权到期后遍寻者攘攘的产品也不在少数。在速度不再是传统出版的优势的互联网信息时代，时间定位与内容定位在策划时同样重要，有时一味“追新”的做法反而会成为策划的绊脚石，编辑要做骤雨里的送伞人。

再来看途径的问题，从书桌到电脑桌，在线技术交流在某种程度上虽然消除了各行业专业人员的空间距离，在实时性上大为便捷，但是它存在将知识从“断点”到“链条”的衔接缺陷，而这正是科技图书的需求痛点，也是科技图书的核心价值所在。

（二）从断点到链条——策划赋能知识获取

对于有提升读者专业技能的实用性技术，通过在各大论坛、网站的选题调研过程中发现，通过技术交流得来的信息尽管百家争鸣，或许能帮助用户解决眼前的问题，但这些依然不是体系化的知识；从个人提升的角度，不论是经典的“十万小时”理论，还是新近的“刻意练习”理念，技术交流并不能提供良好的学习曲线。

所以，在我们享受移动互联网为生活带来的便利的同时，也面对着“知识点与技术资料易得，但知识体系与技术经验难求”的困境。

在信息碎片化已成常态的今天，将知识的断点连成链条，比以往有了更重要的意义，如果曾经信息获取的起点是在海边拣贝壳，那么现在的起点则是在无数贝壳中最快地将同一种类聚集起来并拼成美妙的图案。不论是何种知识付费产品，本质上都是对信息进行筛选后体系化并输出的过程。科技图书本身就具有这样的属性，目录架构、内容大纲正是编辑从策划前期就必须落实的工作内容，这也正是科技图书在当今时代的意义与核心竞争力所在，身为科技图书编辑，在工作中必须要将这一原则清晰地体现在自己的每一本图书产品上。

新时代给编辑提出的工作要求，就是通过策划和编辑加工，为碎片化的知识赋能，提升知识的价值，更要提升知识组合的价值。这是科技图书实现高质量发展的唯一途径。

（三）联动赢市场——编辑要做多面手

尽管网上购书从“挑”变成了“搜”，但这个变化也起到了引领读者将购买需求变得更为精准，推动科技图书领域更加细分的作用。在某款单品取得广泛认可前，靠读者亲自翻阅来发现差异化从而弥补书名同质化的侥幸几乎已经不存在，这些因素是推动编辑在营销布局能力升级的动力。

为了避免错过真正的定位读者，不光要求书名的精准度高，同时还要兼顾图书特色，并换位思考目标读者群体的关键字搜索习惯，以及电商平台上对于书名关键词和关联关键词搜索结果的展示逻辑，这甚至涉及书名中关键词是从第几个字开始。除此之外，还有首发销售效果及预售效果对于电商备货量信心的影响、不同电商平台的用户层次和偏好、在不同省市的物流区别，都是编辑必须考虑到的问题，这些问题需在前期梳理清楚，定好方案，才能更好地配合销售部门进行发货，形成合力。

网络营销的重要性只会越来越高，不会回落。论坛营销、公众号营销也已进化到视频营销，线上营销和线下营销会更加紧密地结合，线上营销会更广泛地应用。特别是在“直播带货”已成为2020年零售的主旋律之一，并开始呈现为销售“新常态”的背景下，以我社为代表的图书出版机构也随势纷纷步入“直播圈”。以科技类店面书为例，该类图书直播需要考虑的细节因素较多，比如因为专业领域越高端，对应的专业观众群体就越小，以及靠视频节目可以讲清楚的内容，与这个专业领域愿意去通过视频获取知识和信息的读者，是否能相互对应，也就是科技图书的内容是否能下沉到视频用户中去的问题；再有就是同大众品类图书的相关直播和视频相比，专业的科技类店面书不存在知识普适性，请作者亲自讲书的带货效果并不理想。那么编辑就有责任去尝试与开拓不同的方法，比如我社就尝试了让一线编辑亲自出镜直播讲技术的营销方式。科技图书编辑具备一定专业素养，且作为对图书了解最为深刻的第一位读者，既保证了直播内容的专业性，也兼顾了对于图书宣传讲解的细致性，直播效果也比较理想。可见，新时代的编辑一定要做多面手，知识面广、视频会做、直播能录，才能更好地为产品发声，将产品信息精准送达需要的读者。

后疫情时代，出版的数字化更加深入，数字化阅读会因为这次疫情的全球化而深化，未来电子阅读在出版领域会成为更具权重的形态，碎片化阅读会进一步增加。科技出版行业和市场在不断变化，编辑工作也必须随之不断升级，以适应变化，并推动科技出版可持续和高质量发展。

三、与行业共同成长——职业边界的升级

在当今销售渠道和业态立体化、商品形式和属性多元化的背景下，有声书、音频课、视频课、短视频与直播各显其能，知识内容的生产与输出变得更多样，但从出版的角度，无论是网络出版、电子出版物还是纸质图

书，经过组织和编辑的内容和知识组合带来的增值，作为出版行为的核心竞争力的属性并不会变。尽管策划并出版图书，实现销售，在当前依然还是图书编辑的工作主题和最终目标，但是这条终点线正在变得模糊。

比如对于中低端实用技术型科技书，产品之间已经从单纯的内容之争和价格之争转向了增值内容和增值服务之争，没有可以扫码观看的数十段小视频、没有配套的资源下载和课件的产品几乎都会排在同类书头部品阵营之外。然而伴随着图书配套资源的增加，读者获取资源的各种方式与过程又会让读者和出版社乃至责任编辑建立新的连接，新的连接会形成与曾经的读者数据库不同的网状社群——销售渠道的演化，会像手机网络那样从 2G 时代的广域低频率覆盖模式，逐渐变为 5G 时代的密集小基站高频率模式——经营社群就是经营目标消费者，科技编辑的职业边界也由此扩展出了运营能力这一环，私域流量的时代已经来临。

销售渠道的演化，也是前文中对于传统出版和知识付费之间关系的讨论中遗留的问题。各种知识付费产品和直播带货行为，除了在对于知识载体和输出方面的探索，更是对私域流量运营的鲜活样本。而纸质图书销售中变得越来越重要的增值内容的元素，不仅为收取读者反馈提供了新的途径，而且正在将图书销售这条终点线逐渐前移，为编辑在出版工作中探索不同的内容载体和销售模式提供了更多的可能性。

曾经的终点如今已经成为“中点”，在未来，也许是另一个起点。

四、初心——自我升级中的坚守

如何让科技图书的出版可持续与高质量发展，如何让读者继续认可科技图书存在的意义，不论是从知识的获取还是技能的提升，不论是在文明社会知识传承方面，还是在市场效益方面，乃至科学技术舆论阵地的开拓与坚守方面，如何去寻找、发现和发挥科技图书的功能、发扬科技图书的价值，是每一位新时代科技图书编辑都正在面对和思考的问题。

对于科技图书对核心竞争力的理解，不仅是身处供给侧的编辑在自我升级中的思索，更重要的是，通过努力，让这些结论映射到需求侧，即读者对于科技类图书的功能认同感当中，通过一本本优质的图书为载体，从信息碎片中突围，来慢慢传达。让读者在阅读中巩固甚至重新发现科技图书这个知识载体的优势，让整个科技图书出版环境良性循环、健康发展，是时代赋予科技图书编辑的使命。总署对于书号资源的严格把控，对图书社会效益考量的数次重申，对书稿导向问题的严肃要求，无一不是对我国出版行业和图书产业高质量发展所做的必要手段和不懈努力，更是每一名图书编辑的职业素养和职业坚守。这份坚守，源自编辑职业为读者奉献优质知识的初心，是编辑随着不断变化的外部环境而不断自我升级的思想基础。

五、结语

升级是行业的要求，更是持续的自我要求。正如本文一直强调的，在这个科技不断发展的世界，图书市场与读者需求也不断在变，比如 POD 印刷的逐渐普及，对于相对小众的科技图书而言，在灵活掌控印数，减小库存压力，加速产品周转方面就起到了传统印刷无法比拟的作用。未来，甚至作为内容载体的图书本身也会发生改变，编辑只有不断置身于职业定位当中，不断以变应变，顺势而为，让自我升级的理念不断深化，将理论在实践中得到验证并不断完善，才能让我国的科技图书和我国的科技发展实现紧密结合与良好互动，让科技图书实现价值，让科技图书出版事业健康循环，高质量发展。

参考文献

[1]《2019 年全国图书选题分析综述》，中国新闻出版广电报，2019 年 4 月 17 日，http://data.chinaxwcb.com/epaper2019/epaper/d6975/d5b/201904/96851.html。

[2] 时代出版传媒股份有限公司、北京开卷信息技术有限公司:《2019 中国图书零售市场报告》,《“阅读 X”论坛》2020 年 1 月 8 日。

[3] 徐海:《后疫情时代的出版》,《编辑之友》2020 年第 6 期。

[4] 艾媒大文娱产业研究中心:《艾媒报告　2019—2020 年中国在线直播行业研究报告》,2020 年 2 月 20 日,https://www.iimedia.cn/c400/69017.html。

[5] 吕潇、任鑫:《编辑操刀上阵　直播效果不错》,《信息出版要闻》2020 年第 2 期。

(作者单位:机械工业出版社)

融媒体时代科技编辑的角色重构与创新

卢　颖

媒介技术的快速升级，加速传统媒体与新兴媒体融合发展，逐渐构建出立体多维、跨越时空的新媒介生态。传统的广播、电视、报纸，结合新兴出现的移动互联网、物联网、5G 等技术，信息传播渠道变得多元化、互动化。媒介之间的界限被打破，出现外延化状态。当下的科学技术、传播渠道、受众对象、产品形态、产业链条等都发生了深刻变化，媒体融合成为大势所趋。

近年来，党中央一向高度重视推进媒体融合发展工作。党的十八大以来，习近平总书记多次围绕加快媒体融合作出重要指示。党的十九大报告中，提到了要“高度重视传播手段建设和创新”。习近平总书记在主持中共中央政治局第十二次集体学习时指出，“要运用信息革命成果，推动媒体融合向纵深发展，做大做强主流舆论”。[①] 这是国家层面对媒体融合发展作出的重要部署，具有引导意义。融媒体时代，出版业出现诸多新业态。传统的出版工作流程、传播载体、产业结构等方面均有革新，这对编辑人员的融合能力提出了较高要求。科技编辑急需做好角色重构与创新，争取在融媒体格局下实现更大作为。

一、融媒体发展形势下科技编辑的角色重构需求

（一）在出版边界消弭下，编辑需重构新型角色

在融媒体技术的冲击下，传统出版边界逐渐消弭，出版业态融合发展。融合出版的边界出现不确定性的发展趋向，从表面上看，编辑的角色出现模糊化特征。但是，因编辑的职业本就具有较强的专业性，所以编辑应在新传播格局下找准定位，精进专业技能，重构新型角色。在融媒体时代，编辑的角色可能出现集成多元状态，原本的单一化角色向多元化角色发展，逐渐演变为新型复合型角色。今后，随着智能媒体技术深化发展，编辑需提高角色认知能力，描绘好新型复合型编辑角色画像，快速成长成为能够适应出版智能化生态的复合型人才。在出版边界延伸的同时，编辑应拓展自身的活动边界，正确发挥编辑职能优势，做好融合出版工作。

（二）在融媒体大环境中，编辑需延伸角色空间

在出版领域，生产关系随传播环境发生变化。当前，编辑除了负责固有的内容生产工作，还需要打造融合出版新形态。融媒体环境下，新的出版工作流程，每一环节都可延伸出一个“微空间”。这类空间并非简单的切割与分配，而是垂直化的细分。进入融媒体时代，原有的编辑出版工作出现了更多细致的分工，如出现一人多职、人机协作等新工作方式。编辑

① 《习近平：推动媒体融合向纵深发展　巩固全党全国人民共同思想基础》，2019 年 1 月 25 日，http://www.xinhuanet.com/politics/leaders/2019-01/25/c_1124044208.htm。

的角色可从“内容加工者”升级为“内容运营者”，从“信息把关者”升级为“信息引导者”，还可从“产品宣传者”升级为“产品运营者”。融媒体越来越多地介入编辑的出版工作中来，成为编辑传播优质内容的有力工具。加之，融媒体有数个视听空间，可连接海量的信息传播节点。借助融媒体传播优势，编辑可全方位延伸自身角色空间。

（三）在技术更迭形势下，编辑需加速角色转型

技术创新与编辑角色创新，有一定的关联。“创新作为编辑主体作用和创新精神的重要表征，应贯穿于编辑工作的全过程，包括选题创新、理念创新、形式创新、市场创新。”① 如今，数字化的融媒体技术快速更迭，影响并改变出版生态格局。大数据、人工智能、区块链、云计算等高新技术，都不同程度地融入出版领域，为出版赋能。但也需客观看到，高新技术给编辑的出版工作带来便利的同时，也相应给编辑带来压力。对此，编辑需加快角色转型，大力提升创新意识，探索融媒体环境下的出版工作路径。编辑可充分利用数字媒介技术，整合优势资源，打造优质的融合产品。在技术更迭形势下，编辑需要加快角色转型，充分发挥职能作用。

二、科技编辑在探索融合出版业务过程中的角色创新路径

（一）场景融合：打造“碎片化景观”设计者角色

“场景”这一词语，源于影视术语。它原指人们在具体时空内发生的日常行为，因与人物动作直接关联，构成了特定的场面。在媒体融合时代，场景逐渐发展成为媒介传播的重要元素。融媒体环境下的场景可具体分为社交场景、购物场景、视听场景、游戏场景、移动支付场景等方面。

编辑的角色创新，可探索打造“碎片化景观”设计者角色。具体来

① 张西山：《创新：编辑的角色意识》，《佛山科学技术学院学报（社会科学版）》2002 年第 2 期。

看，这类角色突出设计功能，将编辑以往的“策划者”角色升级为“设计者”角色。“在场景交织的媒体生态中，场景本身也成为用户与出版者、用户与媒介、用户与信息、用户与用户之间的连接方式。”①编辑应对融媒体场景有敏锐意识，深挖“场景入口”，把场景与出版服务相融通，从而更好地为用户“量身定制”个性化体验方案。此外，多个场景的组合，可产生一定程度的传播效应。编辑为用户提供知识服务，可考虑以图片作为场景入口，设置“图片 +VR+ 云课堂”的场景组合。用户扫码图片后，进入 VR 视觉界面，全景式观看云课堂内容。这类场景容易打通内容宣传、视觉呈现、互动传播环节。类似的场景组合还包括“IP+ 文创 +3D 打印”“短视频 + 图书营销”“出版 + 移动直播”等形式。融媒体链条中覆盖有多个场景，富有开发价值。编辑应做好融合出版业务的多场景设计，打通场景消费生态链。

（二）圈层叠加：打造“自组织”社群服务型角色

圈子是中国社会中常见的人群聚合形态，传统的圈子受到血缘、地理位置、文化意识等方面影响，有明显的区分。如今，圈子在网络环境下具有跨媒体化、互动化、可视化等新特征。新型圈子联结来自不同阶层的社会成员，重组形成网络社区群体。融媒体加速了新型圈子的叠加、扩大，促进社群成员密切联结力量。

编辑的角色创新，可探索打造“自组织”社群服务型角色。这类角色突出编辑在知识传播领域的公共服务功能。“自组织”源自物理学词汇，指的是靠内部默契和约定的规则，使系统内部形成一种协调有序的结构。融媒体环境下的自组织，含义有所延伸。融媒体具有社群圈层覆盖的特性，圈层涵括“知识型社群”“兴趣型社群”“目标型社群”“工具型社群”等。融媒体为编辑传播先进内容赋能，也为编辑运营自组织网络社群提供便利。编辑可采用“社群分享”模式，聚合并引导用户群体。编辑应掌握融媒体传播规律，高效将知识服务延伸到社群圈子中来。比如，编辑在社

① 李炜：《跨媒体阅读的场景转换与出版路径构建》，《科技与出版》2021 年第 2 期。

群内为成员提供知识服务时，侧重提供个性化、定制化的方案，做好陪伴式互动服务，积极参与社群运营全流程。在融媒体时代，编辑既要懂出版，又要懂产品运营、数据反馈和有效沟通，进一步丰富角色功能。

（三）跨界传播：打造以短视频为主的编辑品牌角色

在融媒体传播场域，跨界传播现象并不少见。短视频、视频网络日志、移动直播等新形态的出现，促使视觉文化消费经济大幅度增长。尤其，短视频凭借“短平快”的特点，为创作者经营私域流量提供良好机遇。当前，短视频与出版的融合，成为新型业态之一。

编辑的角色创新，可探索打造以短视频为主的编辑品牌角色。这类角色需要编辑积极重构思维范式，及时抓住短视频风口，精心打造编辑形象品牌。编辑将出版物内容适当转化为短视频内容后，借助融媒体平台智能算法技术把优质的知识内容传递给受众。同时，编辑需要通过高效互动吸引粉丝关注，积极培育社群，提升“出版 + 短视频”的创新空间。在这一过程中，编辑应注重提升视听审美水准和视频制作技能，了解融媒体传播规律，发挥正确的导向作用。短视频具有多个入口，融合了商品购买链接、外卖点单服务、社交沟通等功能，未来还可能出现多个碎片化入口。这对编辑打造品牌角色，借助短视频拓展出版业务，大有裨益。编辑应及时做好角色规划和定位，转型成能够实现跨界传播的复合型人才。

（四）关系重构：打造“人机协作”的互助型角色

“智能媒体的运用，旨在让技术成为人体的延伸，并逐渐朝着人机交互、人机融合的方向发展。”①智能技术驱动媒体融合朝纵深方向发展，出现智媒化特点。进入智能媒体发展阶段，出版的主体变得丰富，人的主动性和机器的虚拟性可实现较好的融合，进而出现新型人机协作关系。

编辑的角色创新，可探索打造“人机协作”的互助型角色。这类角色覆盖人工编辑和智能编辑，突出互动功能，具有相互协调、相互督促、相

① 夏德元、刘博：《智能媒体时代编辑角色重构与编辑素养新内涵》，《中国编辑》2020 年第 10 期。

互分享等特点。智能机器介入出版环节后，能够胜任部分职业分工。在此情形下，智能编辑参与到日常出版实践中。人工编辑和智能编辑科学分工协作，关系得以重构。人工编辑在智能编辑的协助下，可投入更多精力到内容生产、内容把关、内容审核等环节中。智能编辑有批量化智能处理业务的能力，可对内容匹配、内容包装、数据分析、智能分发等方面做高效管理。通过人与机器的互助式联结，推动出版业朝智能化方向转型发展。

三、未来塑造好科技编辑新型角色的发展策略

（一）以更高的要求做好编辑专业化重塑

在融媒体时代，出版形态多样化、复杂化发展。编辑的思想导向和专业能力，往往决定内容生产的质量。编辑应坚持守正创新，以更高的标准要求自己，做好专业化重塑，推动出版高质量发展。

刘易斯·芒福德曾指出："超级技术社会文明本身充满活力，但缺少必要的人文内容、理性、反思，它不服务于一种合理的社会目标。"①未来的传播领域，媒介高度融合发展，编辑应注意不要盲目追求技术上的融合，而应在复杂的网络传播格局下，明确角色职责。具体方面，编辑应审核好出版物内容质量，融入人文情怀，履行好社会责任，努力弘扬社会主义核心价值观，使出版工作服务于社会文化事业建设。同时，编辑还需提升新型专业技能，培养跨媒体意识，巧用融媒体工具和传播渠道，打造"出版 + 融媒体"矩阵，打造出无愧于时代的出版精品。

（二）探索云端"大编辑部"的工作机制

编辑部作为出版工作的核心枢纽，有着相对固定的组织架构。随着融媒体传播格局发生变化，传统编辑部的工作运行机制难以适应新形势的发

① ［美］刘易斯·芒福德：《机器神话（下卷）：权力五边形》，宋俊岭译，上海三联书店 2017 年版。

展，相关机制亟待完善。有学者提出了建立大编辑部的观点，认为“在融媒体环境下，出版社的编辑部需要重组，具体说来，就是打破传统的组织架构，重组编辑出版的工作流程，建立起全新的大编辑部运作机制”①。在新形势下，编辑部架构形态可能出现新变化。未来，出版单位可建设云端“大编辑部”，实现对内容资源、传播平台、信息数据、产品载体、推送方案等的有机统筹。编辑应塑造好新型角色，以充足的知识储备和良好的状态适应新的工作机制。编辑既要顺势而为，也要迎难而上主动作为。编辑还应掌握云上办公的技能，配合云端编辑部的指挥调度，参与智能化分工的全流程，在融媒体环境下做好出版工作。

（三）适应未来融媒体生态的视听化生产

当前，以5G为代表的高新技术，为视听传播带来了难以想象的创造性空间，打开“万物皆媒”新生态格局。未来，在更多高新技术的影响下，视听内容的生产还可能发生巨大变革。编辑塑造好新型角色，充分适应未来融媒体生态的视听化生产。编辑探索移动终端竖屏下的视听叙事边界，有利于开发富媒体互动电子书。编辑应充分发挥想象力、策划力、研发力、执行力，大胆探索融媒体环境下的出版形态创新，不断拓宽视听传播边界。编辑可研究“无屏化”阅读模式，借助物联网、人工智能技术、大数据等技术，将移动音箱与听书相结合，延伸跨产业传播链。编辑通过打造沉浸式、交互式、全景式的视听呈现方式，丰富视听生产手段，拉动数字出版经济。

（四）要对出版智能化发展模式前瞻预判

未来，人工智能、大数据、物联网等智能技术将促使出版业务不断创新。编辑塑造新型角色，应做到前瞻预判智能化技术可能会对出版业带来的多重影响。智能技术与移动终端的深度关联，将开放出更多的内容入口。编辑可将内容资源做碎片化切分，连接到智能音箱、智能穿戴设备、

① 李梅：《试论融媒体环境下编辑的融合意识与编辑能力》，《出版广角》2019年第5期。

智能家电等智能载体的场景上，拓展出版业务链条。智能媒体具有数据互联互通的优势。通过智能媒体终端，编辑便捷搜集用户数据，对用户数据进行智能化的挖掘和分析，把用户资源转化成内容生产资源，较大程度延伸数据价值。编辑借助智能媒体技术，可提高工作效率，革新工作方法，在出版实践中创造更多价值。

（作者单位：广西科学技术出版社）

理论型主题出版：必要、必然和必须

刘清田

在新时代新发展阶段推进主题出版高质量发展，有必要明确提出“理论型主题出版”概念，更加自觉和自信地挺拔理论型主题出版。理论型主题出版是以党的创新理论或意识形态理论为主要对象的出版表达，目的是使马克思主义中国化理论特别是当代中国马克思主义深入人心，更好满足人民群众理论感。

一、理论型主题出版是新时代主题出版的必然要求

目前虽然没有理论型主题出版这个概念，但业界事实上已经在做这类出版。笔者近年在做这类主题出版和研读中国共产党理论创新史的过程

中，深感理论型主题出版这个概念呼之欲出，应该将其明确为一种相对独立的主题出版类型，进一步自觉发展，方不负时代。

（一）理论型主题出版是反映马克思主义中国化理论的要求和出版人的政治担当

“我们党的历史，就是一部不断推进马克思主义中国化的历史，就是一部不断推进理论创新、进行理论创造的历史。”①一百年来，中国共产党不仅把马克思主义基本原理运用于中国实际、解决中国实际问题，而且还在此过程中根据实践经验和集体智慧形成新的思想理论，并将其上升为马克思主义理论的新内涵，实现中国共产党对马克思主义的理论创新和理论创造，不断开辟马克思主义新境界，产生了马克思主义中国化三次伟大飞跃。习近平新时代中国特色社会主义思想创造性地发展了马克思主义，是马克思主义中国化的最新成果，这一当代中国马克思主义、21 世纪马克思主义为全面建设社会主义现代化和实现中华民族伟大复兴提供了科学理论指导和行动指南。理论上清醒政治上才能坚定，面对我们党辉煌的理论创新成果，以政治性为首要担当的主题出版，无疑要围绕党的理论创新成果特别是习近平新时代中国特色社会主义思想，明确并自觉做好理论型主题出版；出版是意识形态工作的重要前沿阵地，而意识形态抽象到最高层就是理论问题，出版人理应通过明确并自觉做好理论型主题出版，为新时代党的创新理论深入人心作出自己的贡献。特别是，习近平总书记明确要求，“要把学习贯彻党的创新理论作为思想武装的重中之重”，②“要在党史学习教育中做到学史明理”，并强调“明理是增信、崇德、力行的前提”③，贯彻落实总书记的要求，理论型主题出版无疑是新时代新发展阶段出版人重要的作业面和得力的抓手。

① 习近平：《在党史学习教育动员大会上的讲话》，人民出版社 2021 年版，第 12 页。

② 《习近平谈治国理政》第三卷，人民出版社 2020 年版，第 540 页。

③ 《中国共产党一百年大事记（1921 年 7 月—2021 年 6 月）》，人民出版社 2021 年版，第 245 页。

（二）理论型主题出版是理论掌握群众、群众掌握理论的需要和出版人的责任使命

一个民族要想站在科学的最高峰，就一刻也不能没有理论思维。这是我们熟悉的恩格斯的名言，恩格斯还说过类似的金句："如果工人没有理论感，那么这个科学社会主义就决不可能像现在这样深入他们的血肉。"① 中华民族要实现伟大复兴，同样一刻离不开理论思维，同样需要人民群众有理论感。人民群众有了理论感，"理论掌握群众"和"群众掌握理论"才能融为一体，才能既使科学的理论成为人们认识世界、改造世界的物质力量，又实现人的自由全面发展。一方面，人民群众需要理论，理论感也是新时代人民美好精神生活需要的重要组成部分。马克思主义理论本身就是把群众作为理论思维的出发点和理论创新的旨归，为群众认识世界和改造世界服务的。另一方面，理论只有掌握群众，变为群众的自觉行动才能化为改造自然、改革社会的现实力量，从而推动实践发展和社会进步。在中华民族不可逆转的伟大复兴进程中，出版人作为理论掌握群众和群众掌握理论的重要中介，必须服务人民群众深刻认同党和国家的意志，把坚定的理想信念建立在对马克思主义的深刻理解之上，不断用发展着的理论满足和提升人民群众理论感。

（三）理论型主题出版是新时代出版人的时代机遇

人类社会发展史告诉我们，人类社会大变革的时代一定是理论创新大发展的时代，也是出版大有作为的时代，而"当代中国正经历着我国历史上最为广泛而深刻的社会变革，也正在进行着人类历史上最为宏大而独特的实践创新。这种前无古人的伟大实践，必将给理论创造、学术繁荣提供强大动力和广阔空间。这是一个需要理论而且一定能够产生理论的时代，这是一个需要思想而且一定能够产生思想的时代。我们不能辜负了这个时代"②。在这个需要思想理论、不断产生思想理论的时代，出版人尤其不能

---

① 《马克思恩格斯选集》第 3 卷，人民出版社 2012 年版，第 36 页。

② 习近平：《在哲学社会科学工作座谈会上的讲话》，人民出版社 2016 年版，第 8 页。

辜负了这个时代，这是时代降于出版人的机遇，也是出版人的历史使命。作为新时代的出版人，我们必须勇立时代之潮头，担负起历史赋予的光荣使命，明确打起理论型主题出版的使命责任，传思想之先声，积极为人民服务，为中国共产党治国理政服务，为巩固和发展中国特色社会主义制度服务，为全面建设社会主义现代化服务。时代在前进，我们在乘势迈进实现第二个百年奋斗目标的新发展阶段，党的创新理论不断随着实践的发展与时俱进，不断在回答时代之问中丰富和发展，理论每前进一步，需要理论型主题出版跟进一步。

二、理论型主题出版是出版本然功能在新时代的主动发挥

出版本就具有理论传导功能，其主要表现是：出版对代表社会进步的先进理论的发现、选择、阐释和主动传播，使出版物不仅是理论的载体也是理论的导体，特别是当先进的理论还没有广为人知、深入人心时。本文提出应明确理论型主题出版，增强做好理论型主题出版的自觉，除了上述理论发展之需、人民之需、时代之需和出版人使命所在之外，其实也是这种本然功能的自然延伸，是出版的应然作为在新时代的主动发挥。现在需要的是从历史上和学理上对这一功能予以明确的肯认，以增强挺拔理论型主题出版的自觉和自信。

人类社会进步的历史表明，文籍的出版是人类社会发展到一定阶段的产物，文籍的生产和传播又促进了社会的变革发展。其内在机理之一就是出版的理论发现选择和阐释传播，促发人们的思想启蒙和思想解放，形成新的共识和行动取向。正如习近平所揭示的，“古来世运之明晦，人才之盛衰，其表在政，其里在学”，社会的变革和时代的转变往往以新理论的传播拉开序幕。也正如习近平所指出的，“人类社会每一次重大跃进，人类文明每一次重大发展，都离不开哲学社会科学的知识变革

和思想先导”。①

20 世纪的史学大师、年鉴学派创始人吕西安·费弗尔在与人合著的《书籍的历史》中把书籍称作“酵母”，视为中世纪末期宗教改革、社会变革的“酵母”。18 世纪中期伏尔泰的《哲学通信》、孟德斯鸠的《论法的精神》、卢梭的《社会契约论》等思想理论类出版物，传扬了政治平等、思想自由等哲学社会科学理论，为法国资产阶级大革命提供了思想启蒙和理论支撑。不管那时的印刷商、出版商是否把印书和贩卖作为纯粹牟利的生意，是否意识到了其行为的理论传导作用，但他们对思想理论供求的敏锐和撮合精神产品供求的行动，客观上传播了新思想新理论，客观上起到了发时代之先声、开社会之先风、启智慧之先河的作用，成为时代变迁和社会变革的先导。

马克思主义经典作家早已认识到了并注重发挥出版的理论传导功能。马克思和恩格斯把党报党刊看作“能够以同等的武器同自己的敌人作斗争的第一个阵地”②，其任务“首先是组织讨论，论证、阐发和捍卫党的要求，批驳和推翻敌对党提出的各种要求和论断”③。马克思主义在中国的传播和生根结果，出版的理论传导功能同样发挥了不可或缺的作用。从 19 世纪末开始，《共产党宣言》《资本论》等的内容在中国书籍中的介绍越来越多，1920 年年初出版商已经推出了陈望道翻译的《共产党宣言》中文全译本，包括《资本论解说》（柯祖基著）在内的马克思研究系列丛书也已开始出版。马列主义在中国的传播和在传播中经过比较、鉴别和选择，使得中国共产党成立前夕，中国的青年马克思主义者逐步成长起来。中国共产党始终重视发挥出版的理论先导和传导功能，1921 年党成立后中共中央即委派李达成立了人民出版社制订了“马克思全书”“列宁全书”“康民尼斯特（共产主义）丛书”等系列丛书的出版计划，在极端不利的政治环境和物质条件下顽强出版了《工钱劳动与资本》（即《雇佣劳动与资本》）、

① 习近平：《在哲学社会科学工作座谈会上的讲话》，人民出版社 2016 年版，第 3 页。

② 《马克思恩格斯全集》第 29 卷，人民出版社 2020 年版，第 617 页。

③ 《马克思恩格斯选集》第 1 卷，人民出版社 2012 年版，第 280 页。

《资本论入门》、《劳农会之建设》（即《苏维埃政权的当前任务》）等马克思和列宁的著作（这似可视为理论型主题出版的源头）。百年来，我们党始终重视马克思主义理论成果的出版，主动发挥出版的理论传导功能。

党的十八大以来，以习近平同志为主要代表的中国共产党人，把马克思主义与新时代中国具体实际和中华优秀传统文化相结合，顺应时代发展，以宽广的视野和长远的眼光把握和回答党和国家事业发展面临的一系列重大战略问题，作出了新的理论创造。我们要在迅速变化的时代中赢得主动，在新的伟大斗争中取得胜利，就需要用党的创新理论武装人们认识时代、分析和解决全面建设现代化新征程中的问题。这是出版的理论传导功能在新时代的自然延伸和主动彰显，也是出版人在新时代必须有为的天职。

三、理论型主题出版的应然特点

作为相对独立的主题出版子类，理论型主题出版有其自身的特点。在新时代新发展阶段，理论型主题出版应把握和突出这些特点。

（一）理论型主题出版要有高度的政治性

政治性的要求是出版的题中应有之义。但理论型主题出版的政治性要求更高，政治性内涵更集中，这是由理论型主题出版的“主题”决定的。理论是意识形态的学术表达，理论中蕴含着政治立场和价值指向。理论型主题出版高度的政治性主要体现在：以学术讲政治，从党和人民的立场出发，以学理性、专业性服务党和人民的大事业，体现党的主张、贯彻党的决定，在坚持党的全面领导的前提下不断完善党的领导，彰显中国特色社会主义制度的最大优势；坚决做到“两个维护”，坚决维护习近平总书记党中央的核心、全党的核心地位，坚决维护党中央权威和集中统一领导；要有鲜明的立场，自觉体现中国特色社会主义意识形态，体现人民立场，体现社会主义核心价值观的要求；在理论的目的指向上，具有共产主义远大理想和中国特色社会主义共同理想的自觉。

（二）理论型主题出版要有深刻的理论性

理论性是许多出版物都具有的特性，特别是学术性、专业性的出版。但理论型主题出版的理论性应该更为深刻，这是由理论型主题出版的“理论”决定的。理论型主题出版的理论是为政治服务的理论、反映主流意识形态的理论，重在以理论的“深度”支撑政治的“高度”。理论型主题出版的深刻性，不仅表现在理论符合实际、反映事物本质，而且表现在我们能以唯物主义世界观正视政治性和意识形态的客观存在，承认政党意志和意识形态背后的利益，而且更深刻地表现在我们能够科学揭示这背后的利益及其制度安排是否符合人民根本利益、是否符合历史发展要求。马克思主义的科学性、真理性就是根植于这样的深刻性、彻底性的。理论型主题出版在阐释党的创新理论、反映政治主张和意识形态要求时，也要有这样的深刻性，能够让群众感受到真理的力量。当然，理论型主题出版的理论性还表现在理论的系统化构建、学理化阐释和学术化表达上，但这是呈现方式和规范层面的理论性。

（三）理论型主题出版要有生态化的系统性

理论型主题出版生态化的系统性要求系统完整地呈现某个重大理论的全部精髓和内在联系，不仅单品出版物自身内部要具有生态化的系统性，品种结构之间也要具有这样的系统性。像最近出版的面向教学的《习近平新时代中国特色社会主义思想学生读本》教材就体现了这样的系统性，从小学到中学再到大学的 5 种同名教材，虽然表达方式和深度不同，但每种都自成体系、全面完整地反映了习近平新时代中国特色社会主义思想的科学内涵和内容间的内在联系；同时在总体上，5 种教材又是有序递进、螺旋上升的完整体系。这为我们提升理论型主题出版的系统性提供了有益的启示。每种理论型主题出版物要有内在的系统性，同时从理论型主题出版这个门类高质量发展出发，要生态化布局发展：一要有史有论、史论结合，既要推出科学阐释理论是什么、为什么的出版物，又要出版理论史思想史的出版物，发掘理论的来龙去脉；二要有理有实、理实结合，即同时要推出用党的创新理论解释历史实际和当前实际、回应时代的出版物，还要根据理论斗争的实际，出版一批批判错误理论、错误思潮的理论出版物。

四、新发展阶段挺拔理论型主题出版的重点

挺拔新时代新发展阶段的理论型主题出版，主要是用党的创新理论武装全党、教育人民，重中之重是使习近平新时代中国特色社会主义思想进头脑入人心，增强中国人实现中华民族伟大复兴的自信和底气。根据个人学习和工作的体悟，笔者尝试提出挺拔理论型主题出版的作业着力点，供业界参考。

（一）学理化阐释习近平新时代中国特色社会主义思想

阐释好、传播好党的创新理论是新时代主题出版的重点，新时代的理论型主题出版重点，是学理化阐释好、传播好习近平新时代中国特色社会主义思想。习近平新时代中国特色社会主义思想不仅是党的十八大以来实践经验的集中总结，也是改革开放 40 多年、新中国成立 70 多年、中国共产党成立 100 年来历史经验的深刻凝练。用这一科学理论武装头脑、指导实践是全党和全国人民坚持和发展中国特色社会主义的必修课，需要全党和全国人民在把各项事业推向前进中不断学习、汲取营养。学理化阐释好习近平新时代中国特色社会主义思想是新时代出版人必须具备的政治自觉和理论自觉，必须成为理论型主题出版的重中之重。

（二）为坚持和发展新时代中国特色社会主义提供学理支撑

中国特色社会主义是党和人民历经千辛万苦、付出巨大代价取得的根本成就，是实现中华民族伟大复兴的正确道路。中国共产党人创造的中国特色社会主义道路，不仅是中国历史和人类历史上的伟大创举，也是科学社会主义发展史上的伟大发现。党的十八大以来，党和国家事业发生的历史性变革、取得的历史性成就、创造的中国式现代化新道路，彰显了中国

特色社会主义的实践价值和世界意义，创造了人类文明新形态。新时代，如何坚持和发展中国特色社会主义道路、制度、理论、文化，不断高质量推动物质文明、政治文明、精神文明、社会文明、生态文明协调发展，既是实践问题也是理论课题。这需要编辑人员紧扣坚持和发展中国特色社会主义这个大课题，努力做到以“编”促“创”，以出版服务推动理论创新、引导理论创造。

（三）为“四个伟大成就”提供理论阐释

中国共产党团结带领中国人民创造了新民主主义革命的伟大成就、社会主义革命和建设的伟大成就、改革开放和社会主义现代化建设的伟大成就、新时代中国特色社会主义的伟大成就。党的十八大以后，党和国家事业取得了历史性成就、发生了历史性变革，实现了第一个百年奋斗目标，明确了实现第二个百年奋斗目标的战略安排。党团结带领人民在不同时期所创造的伟大成就，是中国共产党团结带领中国人民写就的中华民族历史上最恢宏的史诗，是我们继续成功的基础。如何使党和人民百年来取得的伟大成就，以辉煌的理论乐章载入中华民族发展史册、人类文明发展史册；如何深刻揭示“过去我们为什么成功”，深刻揭示中国共产党为什么行、中国特色社会主义为什么好和归根到底为什么马克思主义行，无疑是出版人的历史责任和新发展阶段理论型主题出版的主要任务。

（四）为中华民族伟大复兴提供理论支持

实现中华民族伟大复兴是中国共产党团结带领中国人民所进行的一切奋斗、一切牺牲、一切创造的主题，是中国共产党矢志不渝的初心和使命，是中华民族的最高利益和根本利益。党的十八大以来，中国共产党团结带领全国人民创造的新时代中国特色社会主义伟大成就，为实现中华民族伟大复兴提供了更为完善的制度保证、更为坚实的物质基础、更为主动的精神力量，我们比历史上任何时期都更接近、更有能力实现中华民族伟大复兴，中华民族伟大复兴进入了不可逆转的历史进程。新发展阶段理论型主题出版的重点之一就是：既要系统化梳理我们党团结带领人民为实现中华民族伟大复兴不断推进理论创新、进行理论创造的辉煌历程和伟大思想，又要揭示中华民族伟大复兴不可逆转的发展规律，从理论上回答“未来我们怎样才能继续成功”，为全面建成富强、民主、文明、和谐、美丽的社会主义现代化强国提供理论支持，增强人民群众为实现中华民族伟大复兴进行伟大斗争的志气、骨气和底气。

（作者单位：高等教育出版社有限公司）

人工智能、5G、区块链：出版业未来发展的新技术因素

赵鑫莹　任晓敏

现代出版业的诞生和发展很大程度上是由技术驱动的，印刷技术的发展促进出版业大规模兴起，数字技术开创数字出版时代，互联网技术推动出版业走向融合出版，大数据、云计算、移动互联网、物联网、人工智能、5G、区块链等技术进一步促进出版业转型升级。有学者回顾 1949 年以来我国出版技术的发展历程，将 70 年的出版技术发展划分为四个阶段：围绕印刷的工业文明阶段、工业文明向信息文明的过渡阶段、从数字出版走向融合的信息文明阶段、智能化的人工智能文明阶段①。

纵观近几年出版业的发展，新技术的应用已成为新常态。新技术改

① 张小强、谢玉佳：《出版技术 70 年：从工厂印刷机械化到 5G 万物传播智能化》，《科技与出版》2019 年第 9 期。

变了出版业形态和理念，增加了出版业竞争优势，甚至某种程度上重塑了出版业业态和社会形态。面对不断更新的技术与日益复杂的信息环境，学界围绕技术与出版业的讨论也日益增多，并呈现出了一种技术逻辑导向。回顾近五年来出版业的技术应用和出版类期刊的理论研究①，可以发现，当前对出版业产生深刻影响的三大关键技术：人工智能、5G与区块链。

一、人工智能：出版业开启“智能机器模式”

2017年7月，国务院印发《新一代人工智能发展规划》，标志着人工智能被列入国家战略层面。在11种出版类期刊中，以“人工智能”为主题词，与出版业紧密相关的文献共有98篇。从文献互引网络来看，学者对人工智能的研究呈现出两个矩阵，一个矩阵围绕人工智能技术，另一个矩阵则围绕人工智能物；从关键词共现网络来看，同样呈现出两个矩阵，一个矩阵中与“人工智能技术”紧密关联的关键词还有“大数据”“智能机器”“出版流程”；另一个矩阵中的关键词则为“著作权法”“著作权保护”“版权保护”。由此可见，学者们一方面关注人工智能技术对出版业的影响，另一方面关注人工智能出版物的版权问题。

自20世纪50年代兴起，人工智能技术经历了一系列起伏发展。21世纪以来，随着计算能力的提升、算法的改进，在大数据和深度学习技术的助力下，人工智能技术进入了飞速发展期。对于出版业来说，积极应用人工智能技术，投入自动化、智能化应用成为出版业发展的主要趋势。

---

① 笔者翻阅了自2017年以来，《中文核心期刊要目总览（第八版）》中“出版事业类”的11种期刊，包含《编辑之友》《中国出版》《出版发行研究》《科技与出版》《出版科学》《现代出版》《编辑学报》《中国科技期刊研究》《中国编辑》《编辑学刊》《出版广角》。

（一）人工智能影响下的出版业：人工模式转向智能机器模式

人工智能技术应用之前，出版业的整个流程中，不论是选题策划、内容选择还是营销推广，都依赖于出版人，依赖于人的思考、人的智慧以及人与人之间的协作和社会关系。因此，出版业是出版人自主的实践活动，出版人依据出版活动规范以及自身的经验、知识、直觉等直接决定和选择出版内容，出版业的生产和运行是以出版人为主体的“人工模式”。然而，随着人工智能技术在出版业的应用，出版环节与流程都开始发生改变，出版业由先前的“人工模式”转向“智能机器模式”。通过具体比对人工智能应用前后出版业的变化，可以窥视人工智能技术对出版业的影响①。

1. 经验判断与数据分析

对于传统出版业来说，编辑具有重要的地位，编辑要在大量的作品中选择优质的、符合出版社发展和市场需求的内容。在这个选择过程中，主要依赖于编辑的学识、经验与判断力。囿于个人主观因素的限制，编辑的选题并不一定能真实反映市场的阅读需求，作品出版后市场反响不好，甚至滞销的现象时有发生。

然而，人工智能技术应用于出版业，可以运用大数据技术，在搜集与分析海量数据的基础上，同时掌握作者和读者的数据，通过大数据画像，匹配作者与读者，并能快速化、自动化、智能化地分析书稿内容，前瞻性预测出版内容与目标阅读消费者的适配度。因此，人工智能技术使得出版业更加依赖于数据的占有与分析，而不是编辑的经验。

2. 人—人协作与自动化

传统出版业，从选题策划、内容选择到印刷出版与营销发行，都依赖于人工劳动，并且依赖于作家、专家、编辑等不同主体之间的协作关系，出版活动是在彼此相关联的个体之间进行的，出版物是在人与人的

---

① 郭壬癸：《人工智能技术的发展对出版流程链的影响研究》，《编辑之友》2018 年第 10 期；刘银娣：《从经验到算法：人工智能驱动的出版模式创新研究》，《科技与出版》2018 年第 2 期。

社会关系中生产和发行的。因而，出版业的运行模式是“人—人协作”的模式。

然而，人工智能技术的应用，既可以运用算法识别剽窃、敏感、不良内容，实现自动化审稿，还能通过神经网络学习掌握写作规则和技巧，进而自主写出内容产品，实现自动化创作。如微软人工智能“小冰”已自主创作并出版了诗集《阳光失了玻璃窗》；2016 年，由人工智能与人类合作完成的短篇小说《当有一天电脑写起了小说》，在一次小说创作比赛中通过了初审。人工智能使出版业开启了智能机器模式。

3. 辐射营销与精准定制

传统出版业是以出版社或出版商等机构为主体的，因而出版物的营销也以出版物供应方为主体和导向。出版营销主要通过作者见面会、图书订货会、图书展览、打折促销等方式进行，以扩大营销范围和延长营销时间为策略，目的是尽可能地辐射更多目标人群。这样的辐射式营销虽然的确对扩大出版物知名度、吸引潜在消费者、增加图书销量有帮助，但无法准确把握消费者的消费需求、购买动机以及无法及时评估营销活动的效果。

人工智能对大数据技术的应用，一方面能够准确掌握消费者阅读习惯、感兴趣内容、阅读时间、地域分布等数据，了解消费者的个性化阅读偏好，另一方面还能动态监测出版物各类数据，在二者之间进行智能匹配，实现精准营销，进而实现以读者为核心的定制化生产。

4. 创意精品与个性化产品

在传统出版业人工模式中，作者往往要花费大量精力进行创作，出版物凝结了作者和编辑的知识、情感、思想与创意。读者在阅读过程中，往往能够产生共鸣，在思想的激荡中碰撞出心灵的火花。

然而，人工智能出现后，出版业多个环节开启了“智能机器模式”。这样的情形下，出版物越来越像衣物、化妆品等其他市场化商品，包含的更多的是市场元素和数据，虽然与读者的口味越来越相近，越来越个性化，但也越来越像一种随时可能被替代的商品。

（二）人工智能影响下的出版物——版权问题引争议

人工智能应用的直接结果是大量人工智能创作物的诞生。于是，人工智能创作物是不是作品、是否受版权保护、权利归属于谁等一系列版权问题成为近几年出版业的又一个热点话题。

有观点认为可以将人工智能创作物视为“作品”，法律应该赋予版权保护①，版权归属于自然人或法人主体，包括人工智能的设计者、使用者或所有者②；有观点则认为人工智能的表达本质上是一种模仿，是一种没有思想的表达，不具有人类作品可版权性的思想基础，相对于私权赋予，应将人工智能创作物归属于公共领域③；还有观点认为人工智能创作物创作模式更接近于邻接权中表演者的表演、音像制品的拍摄和录制，应采取旨在保护投资的邻接权模式④。也有观点认为人工智能创作物应归属于财产权法范畴，建立独立的、区别并弱于著作权法的人工智能创作物财产法律保护制度，通过分类保护、非人身性保护、强制登记制度、自动许可、强制标注、有期限的财产保护等具体方式实现⑤。

上述不同观点其实围绕着共同的核心问题：人工智能创作物是否为作品、是否可以赋予版权保护，而这一问题的实质其实是如何维护人类主体性的问题。

人工智能技术介入出版业，重塑了出版流程，推动出版环节向智能化、数据化发展，促使出版业由传统的“人工模式”向“智能机器模式”转变。计算机通过算法能够自主、自动生成和输出内容，这种自主性让人们感觉到人类作为唯一知识创作主体的地位受到了威胁。因此，有人从著

---

① 王小夏、付强：《人工智能创作物著作权问题探析》，《中国出版》2017年第17期；田原、叶文芳：《人工智能创作“作品”的著作权保护模式研究》，《科技与出版》2019年第3期；孙那：《人工智能创作成果的可版权性问题探讨》，《出版发行研究》2017年第12期。

② 李宗辉：《人工智能创作物版权保护的正当性及版权归属》，《编辑之友》2018年第7期。

③ 江帆：《论人工智能创作物的公共性》，《现代出版》2020年第6期。

④ 匡俊：《论人工智能创作物著作权法保护》，《中国出版》2020年第18期。

⑤ 曾白凌：《目的之“人”：论人工智能创作物的弱保护》，《现代出版》2020年第4期。

作权法制度保护“人”的权利这一核心出发，认为著作权法律制度正当性的根本所在是人格[①]，人工智能创作物不适用于著作权法，应确定人工智能虚拟法律人格，消弭人格理论对赋予人工智能创作物作品性质所形成的理念阻碍[②]。

虽然受限于目前技术的发展，人工智能尚处于弱智能阶段，人工智能的“智能”尚未达到像人类一样的创作水平和独立思考能力，然而，如果人工智能未来发展到强智能阶段甚至超强智能阶段，可能会形成平行甚至超越于人类的独立主体。因此，关于人工智能出版物属性和版权问题、人工智能发展的法律法规和伦理规范问题的讨论是非常有必要的。这种探讨既是对技术影响下法律与制度变革的一种推动，其本身也是对人工智能可能带来风险的预判和警醒。

二、5G：重新定义出版生态系统

2019 年 6 月 6 日，工信部向中国移动、中国联通、中国电信、中国广电发放 5G 商用牌照，标志着我国进入 5G 时代。自此，5G 成为新兴热点话题，仅两年时间，出版类期刊上发表的以 5G 为主题的文章就达到 46 篇。无线移动通信网络技术是整个互联网发展的基础技术，作为基础设施技术的 5G，其发展将从根本上改变整个出版业生态系统。

（一）5G 技术下的出版业：高水平、强体验、大连接

1. 高水平

与前四代无线移动通信网络（1G 到 4G）相比，5G 具有超高速传输、低延迟、宽覆盖以及大容量、高可靠、低功耗的特点。在 5G 技术的加持

① 曹思婕：《人工智能出版物的立法思考——基于著作权法中作品的创造性》，《编辑之友》2020 年第 5 期。

② 梅傲、郑宇豪：《人工智能作品的困境及求解——以人工智能写作领域第一案为考察中心》，《出版发行研究》2020 年第 12 期。

下，内容生产和审核将更为专业和自动化（人工智能＋人工的内容审核机制将成为主流）、产品形态将实现重要创新（知识库、数据库等产品将迎来跨越式发展）、用户体验将得到大幅优化（定制化服务）、营销体系将进行综合性演进；作为5G技术中的关键技术，内容分发网络技术有助于提高分发内容的有效性，降低用户访问延迟时间，给用户访问网络平台提供较好的体验；移动云计算技术有助于提升移动互联网端的数据计算能力；情境感知技术则将促进AR出版实现由静态模型向动态模型的升级。① 总的来看，5G技术的发展将进一步推动新闻出版业向着数字化、数据化、智能化的方向转型升级，为出版业带来更高水平的发展。

2. 强体验

5G的高带宽、低延时、高速度的优势，以及5G和AI技术的组合，必将为出版业营造更好的用户体验感。

首先，5G技术作用下，更快的网速、更为流畅的超清视频，将使得不论是网站、App还是视频、短视频、直播、游戏等产品形态都得到极大提升，用户体验进一步优化。其次，5G技术高带宽、低延时的优势，能够大大改善现有VR、AR设备的眩晕感，进一步推动VR、AR设备的生产和相关内容的制作，以及相应平台的发展。因此，5G时代将进一步支持VR、AR技术的应用，极大激活VR、AR出版的发展，推动现实和虚拟世界的有机融合，为用户提供更好的沉浸式体验。最后，5G将对内容生产流程产生巨大影响，选题确定、素材收集、内容形成、版式编辑、推送出版等流程及模式将被打碎并再造，走向智能定制②。出版业个性化、定制化、精准化智能信息服务的提升，亦将极大提升用户的体验感。

3. 大连接

5G将打造万物互联的巨型生态系统，在人与人、人与信息、人与物

---

① 张新新、陈奎莲：《坚持出版导向，引领5G时代数字出版新变化》，《出版发行研究》2020年第3期；张新新：《新闻出版业5G技术应用原理与场景展望》，《中国出版》2019年第18期。

② 曹小杰：《走向智能定制：5G技术重构内容出版流程》，《编辑之友》2019年第7期。

之间都将建立起连接。对于出版业来说，5G 技术亦将推动出版业进入大连接时代。智能手机、可穿戴设备、智能家居都可能成为数字阅读终端，通过多屏联动、跨屏互动甚至无屏化，阅读视听的生态系统会重新构建①，知识将拥有更多应用场景，知识传播的空间距离将消失②。由此可见，5G 将极大地延伸出版业的市场，创新出版业内容，拓展出版业的边界。

（二）5G+ 人工智能：出版业态趋向社会形态"大融合"

5G 时代下，人工智能将大面积、全方位、无死角地出现在人们生活和工作场景中，5G 技术与人工智能技术相叠加，将推动出版业趋向社会"大融合"。

5G 技术下万物互联的大连接时代，人工智能语音交换以及多场景的应用连接，都将使数字阅读日益趋向多媒体化、智能化、多终端化，数字阅读将融合读、看、听、体验甚至触觉、嗅觉等多维度的感受，因而出版业的边界将面临不断被打破的局面，出版业的融合发展将不仅仅是出版业内部的业态融合，而是逐渐与新闻、广电等其他传媒业，甚至与家居、建筑、消费、娱乐等产业的融合。出版业将逐渐成为社会形态"大融合"中的有机组成。

因此，未来出版业不仅仅要关注系统内部产品形态、平台搭建、商业模式、产业链条的变革，更要从生产内容转向以用户为中心，根据用户生活、工作、娱乐等不同场景的需求，提供最适宜的数字阅读内容和服务。未来，出版业要开放数字资源，围绕数字阅读，与其他产业和多元主体开放协同发展，形成更加开放的链接关系，并充分利用人工智能技术，根据用户需求，为其匹配个性化、定制化、精准化的智能信息服务。

---

① 黄晓新：《5G 时代数字阅读智能化变革》，《中国出版》2020 年第 4 期。

② 刘枫：《5G 出版业的革新路径：从知识传播中介到智能匹配平台》，《编辑之友》2019 年第 7 期。

三、区块链：为版权保护筑坝固堤

与数字出版发展始终相伴的一个问题是：数字版权保护。人工智能技术和5G网络的发展，进一步加剧了这一问题。人工智能高效的机器学习技术正在大量消费人类作品，未经版权人许可使用作品数据来培训人工智能的行为，可能会面临版权侵权的风险①。5G的高速率同样也会被版权侵权者所利用，不仅盗版视频网站可以借此提供4K高清盗版的快速下载和在线观看服务，使跨境侵权变得更快更隐蔽，而且各类侵权行为从发生到造成损害结果的时间也将大大缩短，加快损失的扩大和扩散②。

2020年，《中华人民共和国著作权法》进行了第3次修正，增加了“为保护著作权和著作权有关的权利，权利人可以采取技术措施”。随着区块链的发展，其防篡改性、去中心化、分布式、智能合约的技术特点，为数字版权保护提供了新的支持和想象。

（一）解决数字版权保护难题

当前网络版权保护体系中存在易受破坏、成本高、确权难等弊端，区块链技术的出现为有效解决这些弊端带来了可能。区块链“时间戳技术”可以将版权所有者的信息和相应的时间变化整合在区块链中，记录每一个时间点的变化，维护不可篡改、安全可靠的创作记录；去中心化的分布式技术可以构建网络版权的“点对点”直接交易模式，最大限度减少交易过程中可能产生的中间环节；智能合约技术可以实现数字版权的自动化监管，降低确权成本③。总之，区块链技术通过改变数字版权的登记模式、交易模式、监管模式，能够为数字版权保护筑坝固堤。

---

① 卢炳宏：《表达型人工智能版权合理使用制度研究》，《现代出版》2019年第4期。

② 俞锋、汤苏剑：《5G时代数字版权协同治理问题研究》，《中国出版》2019年第16期。

③ 石丹：《论区块链技术对于数字版权治理的价值与风险》，《科技与出版》2019年第6期；薛晗：《基于区块链技术的数字版权交易机制完善路径》，《出版发行研究》2020年第6期；马明飞、刘新洋：《区块链技术在数字版权领域应用的困境与对策》，《中国出版》2020年第9期。

（二）建构数字版权管理平台

区块链技术不仅能够在数字出版的各个环节中提供版权保护，而且还为建构专门的数字版权管理平台提供了条件。如我国的安存、墨链、原本、版权印、版全家、亿书、艺链等数字知识资产平台，能够从数字版权的确权、用权、维权三个维度，解决网络著作权归属、交易效率和侵权举证等问题，为数字知识资产管理提供统一的共享平台，为原创者提供包含“确权—维权—交易—管理—追踪”的一站式服务。数字版权管理平台可以帮助原创者、消费者在公开合法透明的环境中交易，既为原创者方便高效地管理数字知识资产，也为知识资产消费者提供多个渠道以满足其需求。数字版权管理平台对资源的有效整合，或许还能够为全球数字知识资产的共享以及相关行业、企业的联盟创造条件①。

总的来看，区块链技术能极大地改变出版产业链的合约、身份认证、支付结算、隐私策略、版权保护、供应链现状，为出版业未来发展夯实了技术支撑和资源组织基础，造就一个更高效、更透明、诚信及强大的数字出版产业②。

四、结语

技术的发展进步是时代永恒不变的主题。“我们必须认真看待技术，以之作为探究的起点……技术就是社会……技术（或缺少技术）体现了社会自我转化的能力”③。技术总会为出版业带来新的机遇和可能。

2020 年 9 月 26 日，中共中央办公厅、国务院办公厅印发了《关于加

① 郑阳、杜荣：《区块链技术在数字知识资产管理中的应用》，《出版科学》2018 年第 3 期。

② 冉景刚：《区块链在数字出版业中的应用研究》，《出版发行研究》2018 年第 6 期。

③ ［美］曼纽尔·卡斯特：《网络社会的崛起》，夏铸九、王志弘等译，社会科学文献出版社 2001 年版，第 5—8 页。

快推进媒体深度融合发展的意见》，在之前《关于推动传统媒体和新兴媒体融合发展的指导意见》和《关于推动传统出版和新兴出版融合发展的指导意见》中“大数据、云计算、移动互联网、物联网等技术”的基础上，增加了5G、区块链、人工智能3项新兴技术，吸纳了最新的传播技术运用。本文通过文献分析也发现，人工智能、区块链与5G是学界关注和热议的三大核心技术。

人工智能使得出版业由先前的“人工模式”转向“智能机器模式”。5G技术作为新一代无线移动通信网络技术，是出版业未来发展的基础技术，使出版业向更高水平、更强体验和大连接的方向发展；人工智能和5G技术的相互叠加与有机结合，推动出版融合进入加速期，并使出版由业态融合不断趋向社会形态“大融合”。区块链技术将改变数字版权的登记模式、交易模式、监管模式，有效解决数字版权保护难题，建构数字版权管理平台，为出版业未来发展保驾护航。

然而，技术是把双刃剑。技术为出版业创造新的机遇与条件的同时，也带来了新的问题。如，人工智能物的版权问题及其隐含的人的主体性危机；5G高速率下侵权行为的危害性加大；区块链技术也可能被利用为侵权工具，强化版权人对作品的绝对控制，阻碍信息流通，挤压合理使用空间，忽视兼顾公私利益平衡①。

“武器的技术演变与产生思想的装置的演变一样，不存在反发明，无法回到从前。”②人工智能、5G、区块链，这些新技术因素，已经成为建构和重塑出版业的力量和趋势，出版业的发展必须建立在拥抱、了解、利用、分析这些技术因素的基础之上。

（作者单位：赵鑫莹，山东教育出版社；任晓敏，山东师范大学）

---

① 彭桂兵、吴基祥：《区块链技术在媒体版权保护中的应用与反思》，《出版发行研究》2020年第8期。

② ［法］雷吉思·德布雷：《普通媒介学教程》，陈卫星、王杨译，清华大学出版社2014年版，第24页。

融合出版时代纸质图书交互体验式阅读的建构路径

郑志亮　袁志恒　傅柏燃

随着信息技术的发展，传统的纸质阅读逐步向现代的电子阅读转变。电子书凭借着低成本、大信息量、易携带性、便于传播等特征，不断冲击着纸质书市场。面对这番前所未有的挑战，纸质图书在媒体深度融合中，探寻出一条新的生存道路。精品化与交互性逐渐成了纸质书的发展方向。今天的纸质书已经不再局限在单一的文字媒介，而是通过精心的设计，将书这一整体作为信息传播的载体。正如麦克卢汉所提及的“媒介即信息”，今天的纸质图书正试图通过附着在书这一载体上的各种媒介，进行信息的传播，呈现出一种融合的样态，给读者带来新颖的、丰富的阅读体验，甚至给社会带来全新的影响。图书的装帧形式不断被翻新，但阅读的本质没有发生改变。信息的存储、思想的传播、文化的传承依旧深深地刻在“书”这一符号之中。

一、体验式阅读：溯源“五感理论”的编辑实践

五感是指人通过自身对外界所产生的认识，即视觉、听觉、触觉、嗅觉、味觉这五种基本感觉。“五感理论”是著名设计师原研哉所提出并应用于设计中的一种设计理论，他认为：“人不仅仅是一个感官主义的接受器官的组合，同时也是一个敏感的记忆再生装置，能够根据记忆在脑海中再现出各种形象。在人脑中出现的形象，是同时由几种感觉刺激和人的再生记忆相互交织而成的一幅宏大图景。”由此可见，原研哉五感设计理论的核心是信息的构筑。“所谓印象，就是通过感觉器官接受外部刺激，并把这些刺激和人脑中原有的记忆组合、联系而生成的结果。设计行为，则是以这种组合而成的印象为前提，并且有意识地干预这一组合过程的行为。我们把这一过程称为‘信息的构筑’有目的、有计划地去干预组合印象的生成的过程。”①

（一）视觉化实践

人们从外界接受的各种信息中，80%以上是通过视觉获得的，因此视觉是人类最主要的感官。当我们在阅读一本书时，我们首先注意的便是这本书是否精美，书籍的装帧、封面的设计是否满足了我们对于美感的追求。只有当我们的视觉感官得到满足，我们才会进一步追求其他感官的体验。传统书籍便是通过视觉感知让读者进行信息的处理，从而实现信息的交流。如今，传统印刷的图文编排，已经成为最基础的视觉表现形式，长时间的阅读会形成疲劳且并不能让受众完全沉浸其中。基于此，设计师们在书籍的视觉表现形式上对内页进行了突破与创新。

立体书设计本身就是一种具有比较强大的视觉效果的书籍设计。现在市面上的立体书层出不穷，2020年在故宫建成600周年之际，历时三年打造的《打开故宫》原创立体书问世。这本立体书全长3.2米，精准还原

① ［日］原研哉：《设计中的设计》，朱锷译，山东人民出版社2006年版，第71—75页。

了故宫的中线样貌，内含78个立体结构，完全展开后一座座宫殿跃然纸上，尽显故宫巍峨壮观的气势。光是一个角楼，就由十多片纸拼接而成，为了确定外观和力点，设计者“中国立体书第一人”——王伟老师，就做了二三十个模型反复研究，最终带来了整本书中还原最完整的建筑。《打开故宫》的立体视觉呈现，满足普通读者对于奇观视角的猎奇，读者可以从航拍角度，对故宫的所有建筑进行更直接的浏览观赏，一眼看尽历经600年的紫禁城。

（二）听觉化实践

在书籍设计的听觉实践中，最基础的便是纸张翻动产生的声音，不同重量、材质的纸张翻阅时的声音自然也是不同的，有的温婉、有的粗犷。对于现在的纸质图书编辑，一方面，会通过在书中嵌入一些元件或按钮，让读者在阅读的过程中通过按压等操作发出与内容相关联的声音；另一方面，便是基于H5技术的融媒体视听体验,H5提供了开放的数据结构，当前的纸质出版物以该技术为支撑，便可以实现书籍听觉化的设计实践。

在许多的儿童书籍中，就会在动物图片、汉字等内容处设置按钮，通过手指的按压，便会进行人声朗读发出与图片或者文字内容相匹配的声音。在纸质交互书《光明博物馆》中，就同时包含了两方面的听觉化实践——书中的线上语音导览和内嵌的声音原件。在“循声而行”展厅页中，就通过声音原件的嵌入，模拟了红绿灯“滴滴答答”的声响，让读者在对听觉信息获取的同时，也有了对主题更加多元立体的感受。

（三）嗅觉化实践

普鲁斯特在《追忆似水年华》中说：“当岁月流逝，所有的东西都消失殆尽的时候，唯有空中飘荡的气味还恋恋不散，让往事历历在目。”在五感中，嗅觉的地位仅次于视觉。与听觉类似，对于书籍的嗅觉体验也主要来自纸张：纸张本身以及油墨的香味。在古代，为了更好地保存书籍、防止虫蛀等问题，人们会在书中夹入樟木片，既保证了书籍的完整性，在阅读时也有怡人的香味。对于现在书籍的嗅觉化实践，往往是通过在纸张上喷洒一些有利于书籍内容表达的香精或者其他气味的液体。

以上文提到的《成长的味道》香味互动绘本为例，书中加入了咖喱、饼干、草莓、松饼四种食物的气味，让儿童在阅读故事的过程中能够用嗅觉感知食物的味道。嗅觉在人的五感中是记忆最长久的，这样的阅读体验，将在孩子的脑海中形成深深的印象，当长大后偶然间再次闻到，记忆中的图景便会涌现。同时，气味也影响着情绪，不同的气味能够激发出不一样的情绪，设计者也会通过书籍中香味的设置，来使得读者形成某种阅读的情绪，抑或是通过某种特殊的气味带读者进入一种情境。

（四）触觉化实践

在如今的书籍设计中，触觉上的互动和视觉的体验一样重要。读者在阅读书籍的同时，通过亲手操作书中的设计的小机关，抽、拉、转等，共同完成信息的交流。这些建立在触摸动作基础上的设计，在纸质书籍的交互阅读建构中，占据着重要的地位。同时，纸张本身也具备着不一样的触觉体验，或轻或厚，或滑或糙，不一样的触感也会激发读者阅读时不一样的心境。

书籍设计师朱赢椿的《不裁》在德国莱比锡“2007年度世界最美的书”评选中荣获铜奖。这本书的亮点在于，书中很多的内页并没有裁掉，都需要读者通过配带的裁纸刀状书签来亲手参与，用纸刀将页面裁开，才能顺利阅读。当读者在动手后阅读完这本书时，书籍的最终形态才算完成——翻口由光边成为毛边。书籍的触感也随之发生变化，翻口的粗糙触感，让读者感受到书籍的古朴与独特之处，同时也让读者在阅读的过程中，有一个裁纸的视觉“驿站”得以休息，避免长时间阅读的单调与疲劳。

（五）味觉化实践

关于纸质图书编辑的味觉化实践，当下有两种方式。其一，就是普遍意义上的品尝。设计者通过特殊材质的转变，将书籍制作成可食用的样态，并且赋予与内容相关的味道，但目前这样的设计运用十分罕见。其二，是关于味觉的联想。除了让读者亲口品尝之外，书籍还可以通过生动的文字、图形等来表达想要的味道，从而激发读者产生味觉联想，典故

"望梅止渴"讲的便是一种味觉联想。在《记疫》的设计过程中，为了表现医护工作者长时间工作有可能面临的饥饿晕眩状况，设计者在内页上绘制了大量的"美食"，辅以文字第一人称的口吻描述，以期望让读者在阅读过程中感受医护工作者饥饿时的味觉状态，产生味觉联想。

由此可见，"五感理论"的应用，让读者拥有了更为丰富愉悦的阅读体验，不再是仅仅依靠印刷文字来完成信息的交流。更多的是利用通感将其转化为可观、可触、可听、可闻、可尝的综合性图书，读者的感知在阅读的过程中不断被触发，未知的信息也以一种愉悦刺激的方式被激发，从而超越以往书籍的单一设计，完善人与书籍之间的互动和信息传递过程，同时读者的理解和体验也得到了强化和丰富。

二、交互性阅读：突破纸质书籍困境

正如塞弗林和坦卡德曾在书中写道的："过去已经发生的变换遵循一个共同的模式：新的传播技术并没有完全挤走旧的传播技术，而是引发旧的传播技术承担新的角色。"过去，互联网新媒体、电商平台、电子化盗版、数字化阅读和知识付费等确实给纸质图书的发展带来不小的冲击，但经过了几年的探索与转型，当下的纸质图书走出来一条新的发展道路。

（一）精品化：值得收藏的艺术作品

纸质书本身的实物特征决定了其无法被电子书彻底取代，只有与电子书形成差异化才能带来转机。近年来，纸质书不断呈现"精品化"的趋势，过去印刷简单的纸质书在今天更像是一部经过精心设计的艺术品。丰富的设计、精美的装帧、超高的颜值、有趣的交互等，都为纸质图书注入了新的活力。越来越多的读者愿意将纸质图书作为精品收藏或是礼品赠予他人。

例如，近年来火遍大江南北的故宫文创，其下的出版社推出了一系列的纸质书籍。它们无一不具有华美的包装、典雅的色彩、巧妙的机关等，深受消费者的青睐。在一些读者看来，一部高颜值的书会给他们带来更好的阅读体验。再如自2003年便开始举办的“中国最美的书”评选活动，将书籍设计的整体艺术效果、制作工艺与技术作为评价标准。由此可见，纸质图书早已不是单纯的大众读物，而是一部经由设计师与作者携手打造的作品。

虽然相比过去而言，纸质书的市场缩小了，但这并不代表衰落，而是意味着走向更加精品化的道路。纸质图书具有电子书不具备的产品性、文化性[①]、权威性等，这些都将促使行业打造出更多的精品图书。

（二）体验感：多维立体的感官冲击

相比于电子书阅读时分享、评论、标记等交互体验方式，纸质交互图书能够提供的是更为切实具体的感官冲击。翻动书页时与纸张的触碰，扑面而来的油墨香气，直观精妙的立体奇观等交互都是依赖于设备虚拟存在的电子书无法实现的。读者能够将古老的工艺制品切实握在手中，视觉、听觉、触觉、嗅觉、味觉五感在设计者的鼓励下不断被刺激，获得更为多维立体的阅读体验。交互纸质书的体验性在提高读者参与度的同时，也增强了读者的忠诚度，在这样的过程中信息传播也更为牢固，读者对于信息的接受度也相应提高。

（三）融创度：数字技术带来融合创新

随着技术的发展与市场的需求，数字技术对纸质图书的介入已是大势所趋，表现为一种融创性。当下的书籍设计者们借助技术优势，在纸质书的方方面面进行探索与创新。从内在表现的视听触嗅的感知体验，到外在呈现的AR、VR、H5、二维码等交互模式。纸质图书更像是一个多种媒介的集合。与此同时，由于电子空间的融入，打破了传统纸质书的线性叙事。作者可以在其中编织出一个更加庞大的信息网络。在这样的背景下，读者不断地刷新自己对纸质图书的认知，获得屡屡的新鲜感和惊喜，刺激消费欲。这也反过来推动了市场，形成一个良性循环。

---

① 赵宏：《论纸质书的未来》，《全国新书目》2020年第5期。

（四）娱乐性：建立“游戏玩伴”关系

交互性纸质图书区别于传统书籍的特点便是它的游戏性。读者在阅读的过程中除了获取知识信息，娱乐以及审美上的享受也逐渐成为他们的阅读目的。而交互书籍游戏性带来的娱乐属性，正迎合了读者的需求。读者的身份也悄然发生了重要变化：从接受者变成了参与者。如今，交互纸质书与读者间建立起了“游戏玩伴”的关系，设计者鼓励读者进行互动行为，通过类似游戏的形式来进行信息的交流与传播，以此提高书籍的趣味性，调动读者的思考与主观能动性。读者在配合完作者的设计后，交互性纸质书籍才能算是真正意义上的完整。

无论是东方还是西方的文化中都承认人性本质包含着对游戏、乐趣的天然欲望，因此作为媒介传播形态的移动出版游戏化是朝着人性化趋势的内在逻辑不断发展。① 基于此，交互性纸质图书的游戏化传播正成为一种新兴的传播形态。《谜宫·如意琳琅图籍》便顺应了这样的发展趋势，它是故宫出版的首本创意互动解谜书籍类益智游戏。翻开泛黄书页，书中墨笔小字、精美插画、奇特符号都隐藏着紫禁城的秘密，还有 18 件暗藏玄机、样式各异的随书附件：毛笔、抄经帖、书签、洒金信笺、剪纸、乾隆年间紫禁城全图、宝泉局乾隆通宝等。② 这本书突破了虚拟与现实的界限，实现了现代游戏与传统书籍的完美融合。读者通过打开配套的移动端游戏 App，利用纸质书和道具来完成解谜游戏，探索整本书的丰富内容，在娱乐的过程中了解历史故事探索中国文化。这样寓教于乐的方式，给读者带来了亲自动手的乐趣以及沉浸交互的游戏体验，更让传统文化在其中得以传承，四孔线装书的装帧工艺和纸质书的道具也在细节上增强了我国的文化自信。

纸质图书与读者间“游戏玩伴”关系的建立是对交互设计在纸质图书编辑中创新路径的一次探索。作为一种全新的传播形态，把图书中的“信

① 陈秋璇：《融媒时代移动数字出版游戏化论析——以〈谜宫·如意琳琅图籍〉为例》，《新闻世界》2020 年第 3 期。

② 《谜宫·如意琳琅图籍》，《紫禁城》2019 年第 9 期。

息”与“游戏”相结合，体现了传播过程中传者向受者的转向。读者的觉醒，让他们不再满足于信息单向流动的被动接受，转而在设计者的创新下提升参与度，由被动转为主动接入，参与一场“游戏”，与设计者共同完成一次互动交流，这也顺应了媒介融合时代的传播演变趋势。

三、结论

交互设计努力去构建人与产品及服务之间的互动过程，“阅读”本身便是一个人与书籍的互动。电子书的阅读体验与传统书籍并无过分差别，其便于携带、阅读场景自由的优势进而导致了纸媒介的没落。然而身处互联网时代，传统印刷并没有走向死亡，这是因为纸张的特性还在吸引着人们，犹如它的重量、触感、气味是数字媒体无法提供的感官印象。基于这样的思考，书籍的设计开始突破以往单一视觉为中心的理念，走向“体验式阅读”的交互性设计。纸质图书编辑的创新路径，应该改变读者与书籍间信息的单向传递，在两者间建立“桥梁”，通过读者的参与实现信息的交流。同时，保留书籍设计非物质化的精神力量，与互联网时代的优势相结合，才是纸质图书编辑的唯一出路。

媒介融合时代，纸质图书想要突破便携式碎片化阅读的层层包围，优质的交互阅读体验是一把无可替代的利剑。纸质图书出版势必迎来更加多元的趋势，很多设计师已经就纸质图书的富媒体化和交互设计创新路径进行了探索与实验，不仅形成了新的传播形态，也让图书的读者——人，有了更为丰富的感官冲击与体验。纸质图书不再仅仅依靠传统印刷来传递信息，而是更好地发挥其精品性、体验性、融创性的时代特征，充分借用H5、AR、VR等现代技术，达到和读者更好的交流。多维立体的交互阅读建构，化被动为主动的参与体验，正成为媒体融合时代纸质图书的突围方向。

（作者单位：中国传媒大学）

融合开发典籍文献
传承弘扬优秀文化

马爱梅

习近平总书记高度重视宣传思想文化工作，对党的宣传思想工作的历史方位和使命任务作出一系列重大工作部署，推动宣传思想工作不断做好做强。文化是民族的血脉，是人民的精神家园。习近平总书记指出，坚定文化自信是事关国运兴衰、事关文化安全、事关民族精神独立性的大问题。文化兴则国运兴，文化强则民族强。在建设社会主义文化强国的征程中，需要我们出版人聚焦“兴文化”，坚持“出精品”，要深入挖掘传统文化蕴含的时代价值，延续历史文脉，坚定文化自信，切实担负起举旗帜、聚民心、育新人、兴文化、展形象的使命任务。

为了更好地传承中华优秀科技文明成果，让大量收藏在禁宫里的历史科技文档，记录在古籍里的珍贵文字资料高质量地永久保存下来，助力现代科技发展，服务国民经济建设，我们展开了 12 年的出版古籍纸质图书的探索，整理了5300余万字的历史文献、古代舆图和典籍。随着全面整理工作的不断深入，个人深切地感觉到，仅仅用传统的古籍整理方式和纸质版出版模式，很难真正让历史上留下的海量珍贵成果高效、高质量、高还原度地得到保护、传承与应用，古文献的保护与其应用之间的矛盾也必将长期影响中国特色、中国风格、中国气派的优秀文化的传承，要在保护好历史遗产的基础上提高古文献资源的利用水平和效率，有必要探索对典籍文献资源进行全方位数字化开发和融合出版探索。为此，作为项目主要负责人及总执行编辑，我带领项目团队策划建设了中央文化产业发展专项资金资助项目《中国经典水利史料数据库》，策划了“十三五”国家重点音像电子出版规划项目《中国古代河渠图》《中国经典水利古地图》，策划了国家出版基金资助项目《中国经典水利史料》（U阅通及CD-ROM）等系列数字化产品，开发了《全河图说》古地图长卷、梵夹装、《河防一览》套盒装、《黄河发源入海图》“历代治水人物书签”等文创产品。近年，在组织申报的《中国黄河文化大典》《中国古代河工技术通解》《中国古代法规选编》《道光朝东西两防海塘全记》等国家级资助项目中，也从申报之初便把数字化同步开发和融合出版作为了项目建设目标。

本文将结合以上项目的建设与实践，探讨古代典籍文献资源的融合开发实践和探索，以期与同行们交流。

一、选题目标的确定是融合开发的基础

俗话说，谋定而后动。我国现存的水利典籍仅专著就有几千种，碑刻、铭文、舆图、奏章更是卷帙浩繁。公元前100年前后，历史学家司马迁在《史记》中安排专章，记述了从公元前21世纪的大禹治水到西汉时期的重大水利事件，继司马迁之后，在长期的治水实践中，我们的祖先不仅修建了都江堰、郑国渠、木兰陂、灵渠等众多沿用至今的水利工程，也

留下了大量丰富宝贵水利典籍文献。历史典籍承载着我们中华民族的思想、智慧和数千年的科技文化知识，是传承中华文化基因，筑牢中华民族共同体的重要精神财富，也是坚定文化自信，凝聚奋进新时代的磅礴伟力。想在海量的资源基础上厘清文献蕴含的中华文化的哲学思想、人文精神，展现出中华文化的独特魅力，必须对典籍文献进行全面梳理、系统收录和科学整理。全面系统的工作开展之初，选题目标定位的确定很关键，经过反复调研与论证，选题目标确定为：将中国古代经典水利文献和典籍用数字化手段进行整合挖掘，通过特色模块构建、专业模型优化、数据深度标引梳理析出核心资源，建成资源共享、信息增值、专业可靠、内容详尽的知识信息聚合中心。

二、特色模块的构建是资源数字化的业务目标

为更好地实现选题目标定位，梳理出文献内涵的独特资源和特色数据流，结合组织编纂国家重点图书项目的经验，并征求水利史、文献学、数字出版等方面专家意见后，分析了资源特色和可扩展空间，将项目的核心资源设计为“三横N纵”的数据库体系，“三横”为谕旨奏章、古图、文献；“N纵”主要为相关功能产品，此类产品将围绕数据库体系做不断的延伸、分类聚合和资源再析出，比如，生成“古地图”系列产品，历史洪灾、旱灾数据库等。谕旨奏章子库由水利史专家在经典典籍中分流域、分时序选取后再对朝代、重要人物、大事件、事件专业内容等重要信息打标签；古地图子库为海量古文献中提取出来的图片，由专家整理论证、专业细分解析后形成，并委托专业机构进行原图高清扫描，并对价值较高的图进行数字化处理，内容专业解析；文献子库为水利史专家们校点、整理、审核后繁体录入并排版形成的电子化文本，在文献全文数字化的基础上生成新的资源体系，对基础资源分流域加索引。

三、核心资源的创造性转化是融合开发的关键

经过 12 年的努力，凝聚着 200 余位专家学者和出版工作者集体智慧的纸质的中国水利历史典籍整理工作已经完成，10 卷 51 个分册 5300 多万字的“十二五”“十三五”国家重点图书出版规划项目、国家重大工程出版项目《中国水利史典》纸质出版物全部出版。随着纸质出版物的出版，扫描的大量原始图片、重新排校的经典内容、专业拼接的各类舆图等内容形成了系列高品质的核心资源。大量珍稀文献、技术专著、官藏档案在整理的过程中被一一搜寻整理面世，也为各特色模块的进一步展示和系统化资源拓宽奠定了基础。

基于文献资源的内容情况和专业状况，我们将项目核心资源拓展的基本方案确定为：以《中国水利史典》纸质出版物的文字资源作为融合出版项目建设的文献主体资源，在此基础上再扩充有价值的志书和特色水利文献；在文献资源的基础上以不同的专业标引体系深度标引析出奏章、谕旨和图片等资源；在选录《中国水利史典》中专业图片资源的基础上，广泛搜集选录其他与水利相关的历史及科技文献、国内外馆藏文献及资源、地方志中的经典水利图片等，从而构建一个互融互通、各具特色的融合出版产品体系：一大套纸质出版物 + 一个经典水利史料数据库 +《中国古代河渠图》《中国经典水利古地图》两个电子出版物 + 黄河、长江等流域的专题数据资源 + 中国经典水利史料微信版数据库 + 系列衍生产品和专项产品。

四、特色资源的进一步优化是创新性融合的核心

根据选题设定的目标、特色模块和核心资源拓展思路，反复调研论证，将数据库的专业模型定义为“横向开放、纵向标准化”的结构。横向设定为文献、图片、谕旨奏章三个核心部分和多媒体资料、影印资料、档

案资料、碑拓等预扩展资源空间。纵向为分流域、分类型、分专业、分朝代等层次的专业标准化体系。

为更好地体现文献内容特色和现代技术优势，实现文化增值和技术赋能等作用，确定了如下一些项目专业模型的优化方案。

（一）围绕基础模型着重关注项目的传承价值

我国的水利文献内容包括灌溉、河工、水运、防洪、赈灾、抗旱等许多方面，体裁也丰富多彩，有会要、图谱、方志、年表、谕旨、奏疏、辞源等。许多文献来源于各朝官修及典藏，是当时文化及科学史料遗存的最高水准，文献价值很高。如《漕运全书》，全面记载了清代的漕运制度，是研究清代社会和政治、经济制度的珍贵史料；《中国河工辞源》是研究河工水利名词源流和了解水利历史的重要工具书。还有大量几近散失的珍贵水利文献，如《顺直河道治本计划》等。项目建设过程中要着重选录此类文献，为优秀科技文化传承做贡献。

（二）围绕基础模型充分凸显项目的专业特色

在研究分析数据及资源状况时，发现围绕每个水利事件，都会有很多奏章和谕旨，大量奏章和谕旨是以时间为序列串联起来的一系列完整事件，有的甚至包含着长时段、长系列的工程建设、防洪减灾数据与纪实等，具有很强的专业特色和大数据集聚功能。为此，延聘水利史专家将奏章和谕旨单独从大量文献中提取出来，对奏章和谕旨进行专业标注，标出时间、重大事件和重要人物等，从而铺就了一条各朝代除水害兴水利的重大事件时间谱。

（三）围绕基础模型广泛收录专业图片资源

现存文献中的水利历史图片别具一格、有很强的艺术性和专业性，由于收藏手段以及转载难度所限，许多古地图沉没在大量文献中，没有得到很好的整理，如明代治河名臣潘季驯的《河防一览图》，是现存篇幅最大的一幅古代治黄工程图，采用传统绘图法，将东西流向的黄河与南北流向的运河画在一个画卷中，使人一目了然地了解两河河防的全部情况，具有很高的历史价值。又如清《水经注图》城邑地名与水系径流采用古墨今朱、古今对照的表现形式，风格独树一帜。为更好地富集珍贵资源，在资源建设过程中围绕基础资源广泛收录了大量古代文献中的图片资源，并在多维度专题分类的基础上对所收历史图片进行深度阐释，以图说史，对图片的历史事件、历史背景、描绘特点、时代意义等进行深入论证。

五、通过专业数据的提炼与聚合提升融合开发的价值

在水利专业领域内，对水利类古代文献和史料进行全方位的收集整理尚属首次，数字化转换、资源库建设、系列多介质产品开发更属于开创性探索。为实现资源内容多维化、数据使用便捷化和专业成果优质化，在建设系列资源时要把突出专业标引、聚合专业数据作为重要工作来抓。比如：

（一）深入研究资源属性，分类标引形成文献模块

为系统全面整理好基础资源，开展纸质出版前便收录经典全面、覆盖全国各流域的文献，先后搜集了 2300 余万字。经过专家对资源的深入研究分析，将已出版和收录到的经典水利史料按所涉及的流域、体裁、典籍名称、朝代、作者、人物等进行专业分类，分为长江、黄河、运河、海河、综合等十部分，包括谕旨、奏章、公文、传记、年表、纪行、译著等类型。聘相关方面的专家进行专业整理和专业标引后繁体排录、全文数字化。经过分层专业标引，形成了专业文献模块，内容涉及历代政府水政水策、水利专家治水方略、地方治水经验、重大水利事件详情、水利地形、历代水情水貌和水利工程描绘等。为更好地发挥资源的检索利用价值，还探索设定了多层级定向检索路径，除对所收录文献的书名、人名和朝代进行了定向索引标注外，还对资源细分了流域、热词推荐、全文本搜索、大事标引等多层次的检索路径。

（二）搜集特色资源，深度标引形成古地图资源库

中国古代地图的产生发展历史源远流长，几乎与人类文明的发展同

步。作为一种图形和符号语言，古图所承载的历史信息较之文字记载更深刻、直观、丰富，是后人探寻古代历史原貌的重要线索。在对水利史料梳理过程中，发现大量制作精美、保存完整，包含大量专业信息和珍贵历史记录的疆域政区图、航海图、天文图、河渠图、行宫图、自然灾害图、军事图等多种专题地图，蕴含着深厚的政治经济及历史文化背景，有着鲜明的管水治水特色，图片内涵丰富，文献价值、研究价值很高。在文献点校整理的过程中，我们注意从多渠道想办法搜集特色资源：聘请古地图方面的专家，将已有历史文献资源中的近3000幅图片进行专业判定并分类梳理；委托专家针对长江、黄河、运河及海塘等流域的图片进行筛选、整理，最终入库1000多幅；充分利用各类资源，从古地图收藏机构和个人处购买了大量图片。按所涉及流域，分为了长江、黄河、运河等区位；按绘图技法，分为了山水画法、投影经纬法、网格法等；按版本特点，分为了坊刻本、官刻本、彩绘本、墨绘本、拓片、抄本等。对研究价值高、代表性强的古地图和河渠图请专家专门进行了深入的研究论证。

六、构建多维衍生产品，更广泛地传承弘扬优秀文化

为充分挖掘利用好已有资源，在进行纸质出版、资源数字化、融合多介质呈现的基础上，也广泛探索尝试开发出系列衍生产品服务于社会，让古人的智慧和祖先留给我们的珍贵遗产发挥出更大的作用。下面举例。

在文献全文数字化的基础上生成了新的资源产品——中国经典水利史料数据库受到了图书馆、相关高校老师及国内外研究人员的欢迎和订购，并被中华书局签约购买放入该社开发的中华古籍数据库。

广泛搜集选录历史文献、国内外馆藏、地方志中的经典图片基础上构建的图片数据库、治水人物书签等也受到了业内研究人员的喜爱，开始购买和定制相关内容。

从古文献中搜集古图片段，经过数字化加工和专业标引，将无法全貌

展示的珍贵舆图进行完整拼接，将已经不适宜纸质保存的地图进行数字化修复后，编纂推出了卷轴装的《河防一览》《黄河发源入海图》《长江图》长卷以及梵夹装和纸电融合套装的《河防一览》。2017 年该产品中的图书项目入选国家古籍出版资助项目，2018 年 10 月该产品中的纸电融合套装被评为“2018 海峡两岸书籍设计邀请赛十大最美图书”。

对收录的历史文献资源进行横向分析和深入钻取，将文献中散存的谕旨奏章提取出来，按时间序列将围绕每个重大水利事件的谕旨奏章分类标引，以时间轴的形式体现历朝历代兴水利除水害的重大决策和技术成果，构建而成的谕旨奏章库为下一步行水治水大政方针的系统化整理奠定了基础。

在此基础上，也开始探索对中国的世界级灌溉遗产项目进行融合出版策划，对古代河工技术、行水金鉴、法律法规、河工技术等经典文献进行更深入的开发和创新性融合出版探索。目前，设计的系列衍生选题方案已经申请获得了国家古籍出版资助和国家出版基金资助，制作的卷轴、文创等产品深受专业读者喜爱。

为促进文化和科技深度融合，全面提升文化科技创新能力，转变文化产品的体现方式，推动文化事业和文化产业更好更快发展，更好满足人民精神文化生活新期待。科技部、中央宣传部等六部委制定了《关于促进文化和科技深度融合的指导意见》，该意见指出：探索制定推动文化和科技深度融合的新举措。将文化和科技融合技术研发列入国家重点研发计划，部署一批体现国家战略意图的重大文化和科技融合项目和工程，加大对文化和科技融合创新重大共性关键技术和产品研发的持续支持力度。到 2025 年，基本形成覆盖重点领域和关键环节的文化和科技融合创新体系，实现文化和科技深度融合。相信，随着改革的深入，文化与科技必将迎来更深层次融合与创新。

我国自古以农立国，以治水兴国，记录和总结水利历史的文字、图片不绝于经史典籍，更有大量当今还在发挥着灌溉、航运等作用的重要水利工程存世，我们将继续探索、不断实践，加强科技与文化融合的探索和实践，把我国优秀的历史文化发扬好、传承好！

参考文献

[1] 马爱梅、陈东明:《国家重大出版工程项目的创新实践与全流程管控——以〈中国水利史典〉为例》,《中国编辑》2017 年第 4 期。

[2] 陈东明、马爱梅、张小思:《中国古代水利地图数据库的构建与优化》,《出版发行研究》2017 年第 1 期。

[3] 陈奕骁、马爱梅:《科技类古籍数据库建设的创新思考与实践——以〈中国经典水利史料数据库〉为例》,《科技与出版》2016 年第 11 期。

（作者单位：中国水利水电出版传媒集团）

融合发展背景下专业出版市场逻辑和商业模式演化探析

唐 亮 李 锋

进入互联网数字化时代以来，专业出版继续在学术界及各行各业发挥着专业知识生产、传播和交流的重要作用。目前对专业出版内容建设、知识服务、融合发展等方面的探讨和实践较多，而在专业出版的市场逻辑和商业模式方面研究较少。本文重点剖析融合发展现状和趋势下专业出版市场产生的变化，并就专业出版如何应对这一变化进行思考。

一、专业出版的两个市场及其特点

无论是图书、期刊还是其他类型专业出版物，专业出版的市场行为主要发生在两个领域，一是出版权领域，二是使用权领域。

（一）专业出版的出版权市场

在专业类出版领域，出版权往往是专有的，即出版机构通过和作者订立合同，在预定的时间空间范围内，获得独有的著作权许可使用权利。[①]这个过程表面上看是一种基于契约的合作，而换个角度看也是一种市场行为，因为市场的基本属性就是各方参与交换，作者将作品的出版权交给其选定的出版机构，从而换取后者的有形服务（审校、复制、传播等）和无形效应（品牌、口碑、影响力等）。因为这个交换过程不同于现代市场中以货币为媒介进行的交换，因此感觉上市场属性并不明显。

正因为专有出版权将作者的作品与出版机构在特定时间和范围内形成了一对一的关系，所以出版权市场的交换具有替代性和排他性。也正因为具备这个特点，出版权市场的竞争性是较为显著的，无论是对于作者还是出版机构，前者要力求使作品具有相当的价值和水平，才能吸引有品牌影响力的出版机构接受其作品；后者要在出版活动中足够专业、高效，具有较强的策划意识和敏锐的识别能力，同时具备提升作品影响力的全流程条件，才会吸引能够产出高水平作品的作者。

（二）专业出版的使用权市场

作品一旦出版后，就进入了使用权市场。内容借由出版权市场的交换后，被加工和封装成为商品从而具备了被使用的条件，即形成了使用权属性，然后该权利在市场中与作为一般等价物的货币进行交换，即产品销售的过程。这个市场的大部分特征与其他一般商品市场一样，都是基于供需关系实现交换，交易价格都受到需求刚性程度的影响等；同时又在某些方面与一般商品市场有很大不同。

这种不同的根基在于专业内容的价值特点。由于专业出版编辑审稿和同行评议的工作，最终出版的专业内容总是具备一定的差异性，这种差异既可以体现在创新性上，也可体现在系统性、深入性等方面。因此用户在获得一项内容（比如论文或专著）后，对其他内容的需求并未减少或消

---

① 吕凌锐：《专有出版权性质和范围辨析》，《中国出版》2019 年第 13 期。

失，而是同样要广泛阅读相同或不同领域的各类内容。这就决定了使用权市场的交换具有非替代性和非排他性，或称互补性。这个特点造成使用权市场在产品层面偏向多样性而弱化竞争性，即只要达到一定水准，不同的内容在这个市场中都有一席之地。因此随着专业领域的发展，专业出版物的内容规模和市场规模始终保持显著增长。根据美国国家科学基金会的报告，2008 年到 2018 年间，全球科学和工程领域的论文出版从 180 万篇增长到 260 万篇，平均每年增长近 4%，其中中国平均每年增长 7.8% ①。全球学术出版也发展成为每年数百亿美元的产业。

二、专业出版的市场逻辑与商业模式

（一）使用权市场竞争力由出版权市场决定

因为出版权市场具有替代性和排他性而竞争激烈，所以出版机构通过各种方式加强自身在出版权市场的竞争力，包括提高专业化水平、创办新的图书出版品牌或新期刊或兼并已有出版品牌。具备了一定的出版权基础，出版机构就获得了提供内容型产品的能力，从而进入使用权市场开展销售。而使用权市场具有互补性，只要具备从出版权市场获取的有竞争力的专业内容，开拓使用权市场就水到渠成。因此对于出版机构来说，出版权市场的竞争力决定了使用权市场的竞争力。

使用权在不同形态的产品中表现也不同。纸质产品的交易是与产品本身的物权密切相关的，适用“发行权用尽”原则，即用户购买后就获得了出版物的所有权和处置权 ②。而进入数字时代后，尽管早期的一些数字化产品也以有形物品形式（如 DVD）流通，但随着互联网技术的发展，如今绝大部分数字产品通过网络触达用户，使用权就表现为用户对内容的访

① NSB, NSF. 2019, “Publication Output: U.S. Trends and International Comparisons.”, In Science and Engineering Indicators 2020. Alexandria, VA: NSF.

② 应振芳：《发行权性质浅论》，《中国出版》2014 年第 21 期。

问、下载及相关服务的授权。

（二）机构订阅成为专业数字产品的主要商业模式

因为专业出版所针对的用户一般在各类机构（如高校院系、科研院所、研发机构等）内开展专业活动（科研、教学、研发等），所以机构客户往往成为产品使用权市场中的买方。机构客户在购买有形的纸质产品时，采购价格是基于有形产品的物权，采购后的管理和使用规则（如借阅）也都是基于有形产品这个基础。而在购买无形的数字产品时，机构的采购目的、产品管理和使用规则都发生了很大变化，一般通过遴选或谈判来采购能满足机构内用户随时随地借助数字化、网络化方式获取内容和服务需求的产品。因此，专业数字产品常见的商业模式是机构订阅。与纸质产品定价依据不同，数字产品订阅价格的影响因素十分多样化，包括了内容资源的质量、价值、时效性、稀缺性、需求刚性程度等诸多方面，比纸质出版物的定价更易受到市场因素的影响。

在数字化技术普及之后，全球前列的学术出版集团、学协会出版机构、专业数据库集成商均将机构订阅作为其首选商业模式。国际上的代表性产品大都为包含书、刊及相关资源的整合性数据库，如爱思唯尔（Elsevier）的 ScienceDirect 全文数据库、施普林格自然（Springer Nature）的 SpringerLink 数据库、威立（Wiley）的 Wiley Online Library 数据库，在全球有大量以学术机构为主的订阅客户。国内专业类数据库产品也大多以高校和研究机构作为主要目标客户，包括以期刊文献为主的中国知网（CNKI）系列数据库、万方系列数据库等，以及以专业类电子书为主的科学文库、文泉学堂等。

三、专业出版融合发展与业务功能定位的变化

教育出版、大众出版领域的融合发展着重于多样化的内容生产方式和展现形式，但出版产业链、价值链的运行规则并未发生根本性变化。相较

而言，专业出版的融合发展所带来的影响则不仅涉及内容生产和产品形态等表现层面，而且使出版活动的深层次功能和定位发生变化。

（一）专业出版与数字技术的融合——应对出版规模增长

随着科技革命带来的专业领域扩张，加上使用权市场具有互补性的特点，专业出版规模近二十年来一直保持显著增长，促使出版机构在内容生产方面采取更偏向数字化、技术性的方式，比如期刊的投审稿平台和稿件加工体系，处理效率比起早期纸质或电子邮件投稿的方式有了极大地提升①。同时，数字化发布平台因为能够集中呈现大规模专业内容，增强了知识传播和交流的效率，所以逐步取代实体书刊成为使用权市场中的主要内容载体。当然，这种取代过程在不同类型出版物和不同经济发展水平的地区也存在差异化。由此可见，专业出版的融合发展起初解决的是内容规模和效率的问题。

（二）专业出版与评价体系的融合——促进自身定位变化

当专业领域持续扩张、规模持续扩大，以至于专业发展资源（科研资助、岗位、条件等）相对不足时，作为工作成果重要表征的专业出版物就衍生出了评价功能。尤其是期刊论文，内容篇幅更适于同行评议、出版周期更适应知识更新速率、出版结构更适合建立基于计量学的分析，因此成了学术评价、项目评价和人才评价的重要工具②。这种出版功能定位的变化不仅催生出版平台（期刊）的层级分化，更是在科研生态圈中形成了一种出版压力，以至于很大一部分专业人员将科研目标异化为成果出版，从而成为出版规模增长的又一动力，然而学术价值和创新性等“质”的指标并不一定随着“量”同步增长③。

这种正反馈带来的专业出版物规模暴增效应进一步迫使出版机构必须建立起高度工业化、规模化、流程化的内容生产体系，出版工作者要顺应

① 黄延红、侯修洲：《科技期刊全流程数字出版平台的构建》，《中国科技期刊研究》2020年第1期。

② 李军：《略论现行评价机制的历史作用及其危害》，《编辑学报》2021年第2期。

③ 王悠然：《“不发表即灭亡”或有碍科研创新》，《中国社会科学报》2015年第1期。

这个体系，其身份则由早期的学术共同体成员转变为专职于出版流程组织的工作者。以专业期刊为例，原先编辑核心功能之一的选题策划，如今更多由研究成果决定；之二的筛选把关，现在更多建立在同行评议基础之上；之三的内容加工，国际上很多期刊出版商采取了集约化或外包方式，以解决大量审校需求和快速出版需求之间的矛盾。

（三）专业出版机构持续强化融合效应

出版机构面对专业规模扩张和评价指挥棒双重刺激下的巨量出版需求，首先，将业务集中于常规内容生产服务，通过持续投资数字技术和内容生产体系来解决效率问题。其次，为了加强内容服务和专业评价之间的融合效应，出版机构也进行了一系列技术应用，包括：在数字化出版平台上引入各类计量学或替代计量学指标，让作者和读者对论文被阅读和引用的情况一目了然；通过关联算法不断给用户推送符合其研究方向或兴趣的内容以增强内容使用率和引用率；在出版物中扩展内容类型和维度、增加动态和交互性元素，以提升作品影响力；为作者提供便捷的投稿和转投功能，提高研究产出效率从而有利于人才评价；联合网络专业社区以形成知识传播生态，与科研和出版环节无缝对接，更有利于知识创造和生产。最后，部分出版机构通过收购兼并生态圈中的其他组织，快速提升或补全多方面资源和能力。

这些措施继续强化了专业出版的内容生产效率和评价功能，本该有利于出版机构从出版权市场拿到更多的内容资源、然后在使用权市场持续扩大机构订阅的收入。但也正是因为这种强化效应，产生的影响不仅限于市场中的可见要素，还触及深层的市场逻辑，以至于产生了一系列更加深远的变革。

四、专业出版融合发展下市场逻辑和商业模式的变化

（一）订阅模式受到挑战

专业出版融合发展所带来的变化不仅使得专业生态圈中的用户越来越

离不开各类出版平台，还将期刊论文等专业内容变成了一种必需品，因为所有上述围绕评价功能的增值服务都离不开期刊论文这个基础。如此一来，更是凸显了订阅商业模式对于出版机构的重要性，国际期刊数据库订阅价格普遍呈现连年上涨的情况①。虽然专业出版使用权市场是一种互补性市场，理论上具有极大的市场空间，但在以下情形：(1) 各个出版机构互补性的内容与价格的增长超出了社会中各个专业机构可支配经费的限度时；(2) 工业化、规模化的流程取代学术性、创造性工作成为内容增长的支撑模式时；(3) 作为必需品的产品，其使用权的价格更大程度上取决于卖方话语权而非服务成本和质量时，矛盾就必然爆发。

2019 年以来，德国大学联盟、美国加州大学系统、麻省理工学院等知名高校纷纷与全球规模最大的学术出版商爱思唯尔谈判失败，停止订阅后者的旗舰数据库产品②。另一方面，始于欧洲的全球开放获取运动逐渐发展起来。2018 年 9 月，一些科研资助机构在欧盟委员会和欧洲研究理事会的支持下组建 S 联盟并推出 S 计划，规定从 2021 年起由其资助的研究成果必须发表在开放获取期刊或平台上，或上传于网络开放存储库，以加快实现学术出版物全面、即时的免费开放。

（二）市场逻辑变化催生新的商业模式

订阅模式受到政策压制，促使专业出版的市场逻辑发生重大变化，专业出版机构不能继续利用其工业化内容生产体系所形成的出版权市场竞争力去开拓使用权市场，而是要直接在出版权市场实现价值。这不仅改变了出版机构获取市场收入的依据，也致使具有替代性特点的出版权市场的竞争愈发激烈。为适应这种转变，一些国际出版机构陆续推出了新的商业模式，这里列举如下。

---

① 王丽娜：《外刊数据库垄断趋势下的购销博弈》，《图书馆工作与研究》2016 年第 10 期。

② 郁林羲：《加州大学推进开放获取过程中的利益博弈分析》，《大学图书馆学报》2020 年第 4 期。

1. 阅读和出版绑定模式（Read & Publish，R & P）

在这种模式中，机构所需支付的订阅费用和出版费用是作为一个整体，由出版商与机构客户通过谈判达成协议，一般会约定机构人员在指定期刊中发表开放获取论文的数量和指定数据库使用权限等。比如爱思唯尔于 2019 年 4 月与挪威全国大学与研究所联盟签署的“阅读和出版”协议，标志着其订阅收费的商业模式开始转变。目前大型国际出版商大多采取这种模式，与国家级或联盟级的学术机构签署阅读和出版绑定协议①。

2. 共同体行动模式（Community Action Publishing，CAP）

由学术机构定期缴纳固定费用，确保其研究人员在指定期刊中不限数量地出版。这种模式由非营利性期刊出版机构——公共科学图书馆（Public Library of Science，PLoS）首创，并在其旗下 3 种期刊中推行②。费用标准每三年根据机构人员的出版数量计算一次，由论文作者所属单位共同承担。

3. 订阅至开放模式（Subscribe to Open，S2O）③

在这种模式中仍由机构定期支付订阅费用，达到一定水平则会整体转为开放获取。这是由《年度评论》（*Annual Reviews*）首创的一种模式，旨在以较低的管理成本完成向开放获取的过渡，同时允许出版商控制由此带来的财务风险，尤其适用于中小型、学会型出版机构。

为顺应开放获取发展趋势，除了上述模式外一些其他模式也在探索中，但都有一个共同点，即使用权市场逐步让位于出版权市场，使得后者呈现出比原先更加明显的市场特征。而出版权市场本身也在悄然变化，如一些开放出版方案采用了由作者保留版权的知识共享（Creative Commons，CC）许可协议，出版机构虽然在出版服务上获得了收入，但

---

① 渠竞帆：《学术出版商推动 OA 再提速》，《中国出版传媒商报》2021 年第 7 期。

② The PLOS Biology Staff Editors, “How PLOS Biology Aims to Foster Diversity, Equity and Inclusion in Science”, PLOS Biol, 2021, 19（3）: e3001102.

③ Crow, R., Gallagher, R., and Naim, K., “Subscribe to Open: A practical Approach for Converting Subscription Journals to Open Access”, *Learned Publishing,* 2020, 33: 181-185.

对内容拥有的是非专有出版权。

除了专业期刊领域的开放获取在各种力量推动下突飞猛进外，图书领域也有所尝试。排名靠前的几大国际科技出版集团均推出开放图书出版服务，麻省理工学院出版社等大学出版社也力推开放图书出版模式。根据施普林格自然集团的一项调查①，超过50%的作者支持未来学术图书全面转为开放获取，但又有近50%的作者认为缺乏资金支持是最大的障碍。

五、对专业出版高质量发展的思考

在充分认识专业出版市场逻辑变化的基础上，专业出版从业者需要深入分析近期专业出版领域从全球到区域的各类变革性事件和现象及其产生机制，认真研究和制定当前和将来的业务发展方向、转型升级战略、出版经营策略和具体战术措施。

首先，要重新思考出版在专业生态圈中的定位与功能，通过新产品、新业务、新模式积极提升自身价值与作用。如果仅依靠规模化、工业化、流程化的出版体系来实现常规内容产品输出，可能很难解决使用权市场中需求无限性和市场有限性之间的固有矛盾，只能被动地将价值实现方式转移至替代性的出版权市场。要想维持使用权市场的发展条件，出版机构必须开展对专业研究和发展具有显著附加值的工作，使出版业务在专业生态圈中扮演更重要、更立体和更多维的角色。出版工作者要力求重新融入学术专业共同体之中，提升专业识别能力、评判能力、策划能力和全流程运作能力，打造具有多元价值、优于常规内容的创新产品。笔者所在的科学出版社近年来在生命科学、医学、地球科学多个学科专业领域开展深入调研、产品策划、建设实施和市场开拓，深刻感受到只有具备较高的专业水平，才可能

① Pyne, R., Emery, C., Lucraft, M., Pinck, A.S., *The Future of Open Access Books: Findings from a Global Survey of Academic Book Authors*, 2019, DOI: https://doi.org/10.6084/m9.figshare.8166599.

打造符合专业要求的产品并在对应的专业领域开辟使用权市场。

其次，要积极顺应开放获取趋势，在主体书刊出版上加强服务能力、传播力和影响力建设。虽然当前开放获取主要在国际期刊领域推进，但随着开放政策要求的强化和开放理念的普及，也可能会拓展到更多专业出版领域。与其被动地接受这种变化，不如主动做好准备，练就在出版权市场的激烈竞争中屹立不倒的本领。具体而言，就是提供高水平出版服务、实现高传播度出版效能、达到高影响力出版效果的本领。这对于开放获取模式下加强出版资源竞争力至关重要。近年来国内学界、业界多有研究讨论的智能出版，将对提升这些能力发挥重要作用。笔者所在科学出版社则在具体业务实践中描绘出智能出版的价值和边界，为同步提高出版质量和效率这一对矛盾要素构建基础能力框架。

最后，要整体统筹专业出版各个方向的发展规划，将创新基因融入出版业务的文化积淀中使之历久弥新。在以往出版权市场和使用权市场泾渭分明的时代，出版机构内部往往也按传统业务、数字业务或类似方式进行划分。如今两个市场已呈现交叉融合的发展态势，那么出版机构就需要从整体角度进行统筹规划，综合考虑各项业务之间的内在联系及其对出版机构品牌建设和经营发展的作用定位，而非继续孤立地发展每项业务。在此过程中，在已有出版文化中引入并强调创新精神十分重要。专业出版所服务的生态圈在发生变化，市场逻辑在持续演化，只有不断创新才能做到因时而变而非一成不变。当然这种创新不是盲目追逐和套用新理念、新模式和新技术，而是在实事求是分析清楚发展环境、变化趋势和自身定位的基础上对出版主业的自我革新和强化。

（作者单位：中国科技出版传媒股份有限公司）

深入参与国家社科基金后期资助项目规划、撰写、申报

刘 溪

中共中央宣传部印发的《图书出版单位社会效益评价考核试行办法》于2019年1月1日开始施行，其目的是“为加强图书出版单位社会效益评价考核，推动出版单位切实把社会效益放在首位”①。学术著作一直以来是出版中不可或缺的，也被有担当、有品位的出版社重视，因为学术出版是人类知识传播、科研机构建设、学者成长的重要环节，更关系到一个国家的精神高度，在学术出版相关的“重点项目”方面，各个出版社更加重视国家重点出版物出版规划（如“十四五”出版规划）、国家出版基金、主题出版等。这几类项目均竞争激烈，有的准备工作非常繁重，有的则无

① 中宣部:《图书出版单位社会效益评价考核试行办法》，https://www.bookdao.com/article/412606/，2021年8月14日。

资金支持。而还有一类能够增加社会效益评分的项目，并不像上述几个项目一样受到重视，但却有申报便捷、入选率高、有足够的资金支持等特点，这就是国家社科基金后期资助项目。国家社科基金后期资助项目（以下简称“后期资助项目”）“主要资助已基本完成且尚未出版的哲学社会科学研究的优秀学术成果”①。出版社积极申报后期资助项目，可以扩大自己的优质作者资源和提升自己学术出版的水准，从而提升社会效益。

导言：为什么要重视国家社科基金后期资助项目——后期资助项目对出版社提升社会效益的重要作用

1. 后期资助提升社会效益较其他国家级出版项目“性价比”最高

《图书出版单位社会效益评价考核试行办法》中制定了《图书出版单位社会效益评价考核指标和评分标准》，满分 100 分，其中，“入选各类国家级出版规划、重点工程、国家资助项目并实现出版的情况”一项满分 10 分，涉及学术著作的项目包含以下几类：

（1）“国家重点出版物出版规划”（如“十四五”出版规划），每种 1 分；

（2）“国家级出版基金”（如国家出版基金），每种 1 分；

（3）“中央宣传部年度主题出版重点出版物”，每种 1.5 分；

（4）“其他省部级以上重点出版规划、专项出版资助”，每种 0.5 分，总共不超过 3 分。

国家社科基金后期资助项目属于第 4 类，第 4 类还包括了国家哲学社会科学成果文库项目、国家社科基金中华外译项目等其他项目。对比以上各种项目我们发现，同是“国”字号项目，后期资助项目有以下特点。

第一，筹备时间较短，申请便捷，难度小。众所周知，国家出版基金

① 全国哲学社会科学工作办公室：《2021 年度国家社会科学基金项目申报公告》，http://www.nopss.gov.cn/n1/2021/0106/c219469-31991309.html，2021 年 8 月 14 日。

大多是大型成套系的重要项目，虽然影响力和社会效益非常高，但是其规模一般较大，不仅主编在学界须有较大影响力，而且申报的推荐专家也需要有学术地位的学者担任；不仅前期筹备时间较长，且后期编辑加工难度较大，结项到出版时间跨度也较长。国家出版基金申请书全程由编辑撰写。而后期资助项目，只需要联系有意向申报的学者，他们有现成的书稿，并自己填写好申请书，出版社只需提供推荐意见，不需花费太多精力。国家出版基金入选 1 项是 1 分，但是此项包含十几种甚至几十种图书，而后期资助项目入选 1 项是 0.5 分，但只是单本图书，所以申报的“性价比”要高很多。

第二，申报频率高，入选率高，入选数量多。后期资助项目每年申报一次，相对于“十四五”出版规划五年申报一次及国家哲学社会科学成果文库两年申报一次[①]来说，其申报的频率是比较高的。与此同时，比起其他项目，后期资助项目的入选率是很高的，2016—2019 年[②]的入选率分别为 32.9%[③]、29.3%[④]、28.0%[⑤]、27.4%[⑥]，接近三成，远高于其他项目（如国家哲

① 这一点全国哲学社会科学工作办公室并未明文规定。2011—2017 年，国家哲学社会科学成果文库项目每年申报一次。2018 年未组织申报，2019 年 9 月组织申报，2020 年未组织申报。故笔者推测，从 2017 年起两年申报一次。

② 之所以从 2016 年开始，是因为 2016 年国家社科基金后期资助项目进行了较大改革。2015 年和 2015 年以前，国家社科基金后期资助项目半年申报一次、国家哲学社会科学成果文库转国家社科基金后期资助项目每年一次，即每年公布三批；2016 年和 2016 年以后，国家社科基金后期资助项目每年申报一次，取消国家哲学社会科学成果文库转国家社科基金后期资助项目。之所以以 2019 年为截止年，是因为国家社科基金后期资助项目的入选率数据源于学习出版社每年出版的《国家社会科学基金年度报告》，而 2020 年度的《国家社会科学基金年度报告》至今未出版。

③ 全国哲学社会科学规划办公室编：《国家社会科学基金年度报告：2016》，学习出版社 2017 年版，第 90—91 页。

④ 全国哲学社会科学规划办公室编：《国家社会科学基金年度报告：2017》，学习出版社 2018 年版，第 103—104 页。

⑤ 全国哲学社会科学工作办公室：《国家社会科学基金年度报告：2018》，学习出版社 2019 年版，第 114—115 页。

⑥ 全国哲学社会科学工作办公室：《国家社会科学基金年度报告：2019》，学习出版社 2020 年版，第 99 页。

学社会科学成果文库的入选率2016年、2017年、2019年[①]分别为14.6%[②]、9.2%[③]、15.5%[④]）。从入选数量方面来说，呈逐年迅速增长趋势，2016—2020年入选数量分别为398种[⑤]、487种[⑥]、613种[⑦]、1008种[⑧]、1021种[⑨]，而后期资助指定出版社只有63家，尤其对于综合类出版社来说，机会更多。

第三，有相当数量的资金支持。"十四五"出版规划、主题出版重点出版物等项目是为提升社会效益设立的，没有资助。2020年，后期资助项目的资助标准为每10万字资助3万元，一本30万字的书稿资助9万元，给作者的稿酬标准由出版社与作者商定，并不比国家出版基金对每种书的资助低。

2. 后期资助是出版社和高校、科研机构联系的重要纽带

后期资助既是科研项目，又是出版项目，所以能够成为出版社与高校、科研机构合作的纽带。科研项目的数量、质量与学校的学科评估、高校教师的职称晋升和职业成长密切相关，"国家社科基金后期资助项目是国家社科基金项目主要类别之一"，与高校平日重视的国家社科基金一般

---

① 国家哲学社会科学成果文库自2010年创立以来，至2017年，每年申报一次。2018年未组织申报，2019年再次组织申报，2020年未组织申报。目前看来，从2017年起，已改为两年申报一次。

② 全国哲学社会科学规划办公室编：《国家社会科学基金年度报告：2016》，学习出版社2017年版，第129—130页。

③ 全国哲学社会科学规划办公室编：《国家社会科学基金年度报告：2017》，学习出版社2018年版，第142—144页。

④ 王利民：《繁荣发展中国特色哲学社会科学——2019年度〈国家哲学社会科学成果文库〉综述》，《中国社会科学报》2021年7月20日。

⑤ 全国哲学社会科学规划办公室编：《国家社会科学基金年度报告：2016》，学习出版社2017年版，第90—91页。

⑥ 全国哲学社会科学规划办公室编：《国家社会科学基金年度报告：2017》，学习出版社2018年版，第103—104页。

⑦ 全国哲学社会科学工作办公室：《国家社会科学基金年度报告：2018》，学习出版社2019年版，第114—115页。

⑧ 全国哲学社会科学工作办公室：《国家社会科学基金年度报告：2019》，学习出版社2020年版，第99页。

⑨ 全国哲学社会科学工作办公室：《2020年国家社科基金后期资助暨优秀博士论文出版项目立项名单公布》，http://www.nopss.gov.cn/n1/2020/1014/c219469-31892106.html，2021年8月14日。

项目、青年项目、西部项目级别相同，其入选数量亦关系到学校和教师的发展和命运。与国家社科基金一般项目、青年项目、西部项目不同的是，后期资助项目是由出版社推荐申报的。这就给出版社和高校、科研机构的联系提供了契机。

既然后期资助项目是与高校和教师的生存和发展息息相关的项目，出版社就可以发挥自己在传播和编校方面的优势，钻研后期资助的申报政策、入选数据和申报的操作方法，主动走进高校和科研院所，以专业的水准深入讲解后期资助项目，在项目申报中为学者提供科研规划指导，在申报过程中给申报人有效的申报操作指导，借此提升自己的声誉，和高校的各学院、科研处加强联系，积累优质和有潜力的作者资源。

3. 后期资助有助于挖掘有潜力的年轻学者

众所周知，国家出版基金的主创团队、“十四五”出版规划的作者、国家主题出版重点出版物的作者、中华学术外译项目原书作者、国家哲学社会科学成果文库项目的主持人都是已经有一定知名度甚至颇具影响力的人。而与国家社科基金年度项目相比，后期资助项目也更有利于有潜力的青年学者，后期资助并非像国家社科基金年度项目那样是一个研究计划，需要根据申报人的前期成果（如发表 CSSCI 的数量）认定申报人的资质，这对青年学者显然是不利的。后期资助项目因为要求书稿完成 80%以上（退休人员须完成70%以上）①，所以很多青年学者以博士论文为基础申报，专家评审申报人水平的依据更多的是书稿的水平，而不是前期成果。而且，即便申报人不擅长撰写研究计划和课题论证，只要书稿有真才实学，照样能入选。所以，后期资助更有利于出版社抓住有潜力的年轻学者，为出版社学术出版的长远发展提供动力。

在后期资助项目的申报公告中，出版社只起到推荐的作用。但是，出版社要想真正实现社会效益的提升，实现对有潜力的青年学者的挖掘，实

---

① 全国哲学社会科学工作办公室：《2021 年度国家社会科学基金项目申报公告》，http://www.nopss.gov.cn/n1/2021/0106/c219469-31991309.html，2021 年 8 月 14 日。

现社会效益的增长，还需要发挥自己的优势，积极参与到后期资助项目的申报和准备过程中。

一、出版社可发挥的作用之一：深入研究和宣传后期资助申报政策和入选数据，提升作者的申报意愿和信心，吸引年轻有潜力的作者①

与后期资助项目相比，各个高校更重视国家社科基金一般项目和青年项目的申报。后期资助项目在近两年虽然关注度有很大提高，但大部分老师仅限于知道这一项目，并不知道这个项目的特点和申报流程。出版社要提升自己在青年学者中的影响力，就需要深入研究和宣传后期资助项目的申报政策，让青年学者了解这一项目，并提升他们申报项目的信心。需要深入宣传的内容包括以下三点。

（一）后期资助更适合有潜力的青年学者的原因

1. 申报不限项

国家社科基金一般项目和青年项目是限项申报的，各省哲学社会科学工作办公室（2017 年以前称“××省哲学社会科学规划办公室”）每年上报给全国哲学社会科学工作办公室（2017 年以前称“全国哲学社会科学规划办公室”）的申报材料有名额限制，有些省份要刷掉三分之一以上。有些省份还把名额下放给学校，让学校先进行初筛。这样，同一研究方向的两个人，很可能只能上报一个，名额少、机会少。而后期资助项目申报没有限项，全部申报人的材料都会上交到全国哲学社会科学工作办公室。

2. 入选率高

从表 1 中可以看出，后期资助项目 2016—2019 年的入选率分别为

① 刘溪：《为什么要申报国家社科基金后期资助项目？（2021 版）》，https://mp.weixin.qq.com/s/lldGm2d1J_hF74ibpDhYeQ，2021 年 8 月 22 日。

32.9%、29.3%、28.0%、27.4%，接近三成，而表2则显示国家社科基金重点项目、一般项目和青年项目入选比例常年保持在15%左右，三类项目差距不大，各个年度差距也不大。这里的入选率指的是立项数除以报到全国哲学社会科学工作办公室的申报数，没有算上因为限项被刷下来的人数，如果算上这部分人，入选率会更低。

表1 2016—2019年国家社科基金后期资助项目入选率 ①

年份	申报数	入选数	入选率
2016	1209	398	32.9%
2017	1660	487	29.3%
2018	1896	613	28.0%
2019	3677	1008	27.4%

表2 2016—2020年国家社科基金重点项目、一般项目、青年项目入选比例 ②

年份	重点项目	一般项目	青年项目	年度平均
2016	16.5%	13.4%	15.0%	14.0%
2017	16.4%	13.9%	15.9%	14.6%
2018	14.4%	14.7%	17.3%	15.2%
2019	12.0%	15.4%	18.7%	15.7%
2020	11.0%	14.5%	15.6%	14.4%
各项目五年平均	13.60%	14.4%	16.4%	14.8%

① 全国哲学社会科学规划办公室编：《国家社会科学基金年度报告：2016》，学习出版社2017年版，第90—91页；全国哲学社会科学规划办公室编：《国家社会科学基金年度报告：2017》，学习出版社2018年版，第103—104页；全国哲学社会科学工作办公室：《国家社会科学基金年度报告：2018》，学习出版社2019年版，第114—115页；全国哲学社会科学工作办公室：《国家社会科学基金年度报告：2019》，学习出版社2020年版，第99页。

② 全国哲学社会科学规划办公室编：《国家社会科学基金年度报告：2016》，学习出版社2017年版，第31页；全国哲学社会科学规划办公室编：《国家社会科学基金年度报告：2017》，学习出版社2018年版，第26页；全国哲学社会科学工作办公室：《国家社会科学基金年度报告：2018》，学习出版社2019年版，第27—28页；全国哲学社会科学工作办公室：《国家社会科学基金年度报告：2019》，学习出版社2020年版，第23—24页；全国哲学社会科学工作办公室：《2020年国家社科基金年度项目和青年项目立项结果公布》，http://www.nopss.gov.cn/n1/2020/0927/c219469-31876995.html，2021年8月14日。

3. 看重书稿水平而不是研究计划和前期成果

后期资助项目要求书稿完成 80%以上（退休人员须完成 70%以上），评审专家主要依据书稿水平决定申报人是否入选。而国家社科基金一般项目、重点项目、青年项目是没有书稿的，评审时看的是课题论证和前期成果，这对于青年学者来讲显然是不足的，他们的前期成果少、撰写论证书经验不足。但是他们大多用心做博士论文，且博士论文有很多选题新颖，内容有创新性，所以适合申报后期资助项目。

（二）后期资助涵盖学科越来越广，限制越来越少

2018 年和 2018 年以前，后期资助“主要资助已基本完成且尚未出版的人文社会科学基础研究的优秀学术成果。重点支持文史哲等基础学科和社会科学各学科的基础性研究”①。这时候，后期资助只支持基础性研究，不支持应用性研究，而且重点支持文史哲等学科。2019 年，还是只支持基础性研究，但开始对交叉学科的基础性研究重点支持。②2020 年起，申报公告删除了两项限制：第一，只支持基础研究的限制；第二，重点支持领域的限制。也就是说，从 2020 年起，支持一切领域一切类型的研究成果。③2019 年，社会学，教育学，图书馆、情报和文献学，体育学入选数量猛增，首次跻身入选学科数量排名前 20 位，管理学、马列·社科排名均有上升④。后期资助项目对学科支持限制的放开，从表3中可以看出，

① 全国哲学社会科学工作办公室：《2018 年度国家社会科学基金项目申报公告》，http://www.nopss.gov.cn/n1/2018/0306/c219469-29851506.html，2021 年 8 月 14 日。

② 全国哲学社会科学工作办公室：《2019 年度国家社会科学基金项目申报公告》，http://www.nopss.gov.cn/n1/2019/0517/c219469-31091039.html，2021 年 8 月 14 日。

③ 全国哲学社会科学工作办公室：《2020 年度国家社会科学基金后期资助暨优秀博士论文出版项目申报公告》，http://www.nopss.gov.cn/n1/2020/0428/c219469-31691453.html，2021 年 8 月 14 日。

④ 笔者根据全国哲学社会科学工作办公室公布的立项名单计算，参见全国哲学社会科学工作办公室：《2018 年国家社科基金后期资助项目立项名单公布》，http://www.nopss.gov.cn/n1/2018/0919/c219469-30301676.html，2021 年 8 月 14 日；全国哲学社会科学工作办公室：《2018 年国家社科基金后期资助项目立项名单公布》，http://www.nopss.gov.cn/n1/2019/1016/c219469-31403637.html，2021 年 8 月 14 日。

文史哲等传统学科虽仍占有较大比重，但是，比重逐年下降。

表3　2016—2020年后期资助项目文史哲①入选比例②

年份	入选数	文史哲入选数量	文史哲所占比例
2016	398	203	51.0%
2017	487	291	59.8%
2018	615	287	46.7%
2019	1008	402	39.9%
2020	1021	412	40.4%

此外，2018年和2018年以前，同一年禁止以相同或相近主题同时申报国家社科基金后期资助项目和其他国家级项目。那时，同时申报国家社科基金年度项目（或青年项目）和后期资助项目，只能用不同主题。但是，2019年起，删掉了这一规定。也就是说，不管主题相同或不同，都可以同时申报国家社科基金年度项目（或青年项目）和后期资助项目。

（三）立项与出版衔接，出版审读提前，避免成果无法出版的结果

后期资助项目在申报时如有出版社推荐，一旦立项，就在该出版社出版，如果没有在申报时找出版社推荐，那么立项后会在63家指定出版社中分配一家，作为成果的出版单位。“研究无禁区，出版有纪律”，当前，中共中央宣传部、国家新闻出版署严格管理书稿的政治导向，但一般高校、科研单位对书稿出版的政治导向和出版、宣传口径并没有非常专业的认识。国家社科基金重点项目、一般项目、青年项目等申报时提交的是

① 这里的文史哲指的是中国语言文学、外国语言文学、语言学、中国历史、世界历史、哲学、宗教学7个学科。

② 全国哲学社会科学规划办公室编：《国家社会科学基金年度报告：2016》，学习出版社2017年版，第31页；全国哲学社会科学规划办公室编：《国家社会科学基金年度报告：2017》，学习出版社2018年版，第26页；全国哲学社会科学工作办公室：《国家社会科学基金年度报告：2018》，学习出版社2019年版，第27—28页；全国哲学社会科学工作办公室：《国家社会科学基金年度报告：2019》，学习出版社2020年版，第23—24页；全国哲学社会科学工作办公室：《2020年国家社科基金年度项目和青年项目立项结果公布》，http://www.nopss.gov.cn/n1/2020/0927/c219469-31876995.html，2021年8月14日。

研究计划，立项后才开始撰写书稿，撰写完成后申请结项，鉴定结项后才能寻找出版社出版。但是，往往在结项后，作者将稿件投到出版社，出版社审核后才发现，稿件有政治敏感性问题，不能接收。这些问题，在申报国家社科基金后期资助时申报人就联系出版社，出版社在审稿时就可以指出，甚至可以提出修改方案。此外，近年来，因为对图书质量要求严格，图书出版宁缺毋滥，很多出版社的书号数量都有一定程度的削减，因此不少投稿因书号有限也不能在出版社立项，而国家社科基金后期资助项目立项后，大多不会存在此类问题，尤其是在申报时联系出版社推荐的项目，更不会存在这样的问题。

二、出版社可发挥的作用之二：在选题和项目规划方面为作者提供建议

（一）判断选题的研究对象、创新性和问题意识

《2017 年度国家社会科学基金项目申报公告》中说："没有明确的研究对象和问题指向的申请不予受理和立项。"[①] 这是申报书稿的底线。2019 年起，全国哲学社会科学工作办公室对后期资助项目的"项目宗旨"做了如下修改，将"多出优秀成果"[②] 改为"努力推出具有学术传承创新价值的精品力作"[③]，从此，成果的创新性成为项目评审的重中之重。"创新性"即面对前人的局限有所突破，在研究视角、研究范围、研究思路、研究结论中的一个或几个方面比前人有所突破。这关系到申报的成败。创新性需要有问题意识，即要明确前人存在什么问题，你要解决什么问题？否则

① 全国哲学社会科学工作办公室：《2017 年度国家社会科学基金项目申报公告》，http://theory.people.com.cn/n1/2016/1217/c40531-28956749.html，2021 年 8 月 14 日。

② 全国哲学社会科学工作办公室：《2018 年国家社科基金后期资助项目申报公告》，http://www.nopss.gov.cn/n1/2018/0306/c219469-29851506.html，2021 年 8 月 14 日。

③ 全国哲学社会科学工作办公室：《2019 年国家社科基金后期资助项目申报公告》，http://www.nopss.gov.cn/n1/2019/0517/c219469-31091039.html，2021 年 8 月 14 日。

就是无的放矢。

出版社可提示作者自己思考和判断自己的书稿是否有明确的研究对象、创新性和问题意识，但出版社的优势在于拥有众多作者的资源，所以，出版社可利用本社作者资源中的知名专家学者对后期资助申报材料做预评审，请专家对此作出判断。

（二）为申报人申报项目的准备和规划提供建议

出版社可研究后期资助项目的相关政策，为老师们准备和长期规划申报后期资助项目提供建议，这样可以使更多学者关注并通过出版社申报后期资助项目，也可以扩大出版社的知名度。出版社的优势是可以见到大量申报成功和失败的案例，可总结规律。

1. 从以博士论文为基础申报后期资助项目申报成功的案例中总结规律，为新入职的优秀博士修改论文提供建议①

全国哲学社会科学工作办公室规定，“以博士论文、博士后研究报告为基础申报重点项目、一般项目，论文完成日期应为三年以上，并在原论文基础上进行实质性修改，且增删、修改内容篇幅达到原论文字数 30% 以上”②。博士论文如何修改为项目申报书稿？这是有意愿以博士论文为基础申报后期资助项目的人普遍困惑的问题。出版社可对那些以博士论文为基础申报成功的案例进行研究，对原博士论文和申报书稿从题目到目录、内容进行对比，总结规律，并给申报人提供修改建议。

实质上说，“增删、修改内容篇幅达到原论文字数 30% 以上”仅仅是手段，目的是促使申报人完善自己的书稿，解决书稿本身在学术上存在的问题，推进自己所在研究领域的学术研究，因此，不能为了修改而修改，要面对学术问题本身进行钻研。一般说来，博士论文字数在 8 万至 15 万字，而国家社科基金一般项目和青年项目的书稿在 20 万至 40 万字。字数

---

① 刘溪：《博士论文到底怎么改成国家社科基金后期资助的申报书稿?》，https://mp.weixin.qq.com/s/bohl6xWzpWvD0aaZMoVaOQ，2021 年 8 月 22 日。

② 全国哲学社会科学工作办公室：《2021 年度国家社会科学基金项目申报公告》，http://www.nopss.gov.cn/n1/2021/0106/c219469-31991309.html，2021 年 8 月 14 日。

的拓展只是现象，本质上是研究的深入，这体现在两个方面。第一，研究范围的拓展；第二，随着研究的深入，研究对象转换。一般来说，这两种变化都会造成题目的改变。比如，2020 年入选的项目“当代资本主义文化的批判与超越”，其博士论文题目为《资本逻辑宰制下的当代资本主义文化矛盾研究》，只是对当代资本主义文化进行批判，分析其存在的问题。而在申报书稿中才真正剖析了当代资本主义存在矛盾的深层次原因，以及解决这些矛盾的方案。从博士论文到申报书稿，研究范围拓展，增加了两章内容。只对当代资本主义文化进行批判，不足以撑起一部国家社科基金的书稿，研究和分析也不够完整。2020 年入选的项目“怀疑主义与辩证法：黑格尔辩证法的起源与形成研究”（博士论文题目为《怀疑主义与辩证法：论黑格尔对怀疑主义的扬弃》）亦属于此类，研究范围从黑格尔对怀疑主义的扬弃拓展到黑格尔辩证法的起源和形成。

2018 年入选的项目“先秦气论哲学体系试构”（博士论文题目为《先秦气论思想新探》）则属于第二类。博士论文《先秦气论思想新探》是对先秦时期的哲学范畴“气”进行梳理，整理材料，初步总结出先秦气论思想，但是对其中的逻辑没有深入分析。申报书稿《先秦气论哲学体系试构》则是随着研究的深入，将研究对象从整理材料、总结思想转换为建构起先秦气论哲学的体系。2018 年入选的项目“舆论伦理研究”（博士论文题目为《社会舆论的伦理之维》）亦属于此类，随着研究的深入，研究对象从“舆论的性质”转向“舆论伦理”本身。

可见，博士论文的研究范围一般比国家社科基金项目要窄，研究深度也有待加强。出版社应据此向申报人建议，适当拓展研究范围，增加理论深度。

2. 从有一定学术积淀的学者申报后期的成功案例中总结规律，为这类申报者已有研究成果转化为申报书稿提供建议

后期资助项目不仅适合年轻学者，还适合长期在一个领域钻研，撰写、发表过一些该研究领域的学术论文，以及承担过省级及以下课题的学者。全国哲学社会科学工作办公室规定，国家级项目和教育部项目成果不能用于申报国家社科基金后期资助项目。但是省级及省级以下项目的成果及期刊论文，可以在撰写申报书稿过程中发挥重要作用，甚至可以直接整合为完整的书稿。出版社应关注此类学者，为其书稿的整合提出建议。

第一，省级及省级以下项目，有不少是地域性的，服务于地方建设的，研究范围有局限性，这种情况下，出版社一定要提醒申报者拓展研究范围。

第二，将论文整合为书稿，不是简单的叠加，而是一种创造，因为后期资助项目支持的是学术专著，而非论文集。所以，出版社在审读申报材料时，遇到不是以博士论文为基础申报后期资助项目的情况，一定要看书稿是否有连贯的思路，提醒申报人，整合已有学术论文应以书稿为中心，而非以论文的利用率为中心，应围绕专著目录去重构论文，而非想办法把论文凑成一部书稿。

三、出版社可发挥的作用之三：站在传播的角度，辅助申报人对书稿“辅文”进行设计，让“辅文”起到“四两拨千斤”的作用

如果说作者重视的是思想本身，那么出版社重视的就是思想的有效传播。思想若得不到传播，就无法发展和起作用，最终会胎死腹中。因此，出版社并非往往奉行“思想传播和思想本身同等重要”的理念，拿到书稿后，不仅要做好编校，更要让读者，尤其是不熟悉这个研究领域的相关读者能够快速关注这本书，对这本书感兴趣，进而能够理解这本书。

后期资助项目申报书稿的读者首先是评审专家。评审专家评审任务繁重，评审的申报材料非常多，自身的工作也很忙碌，所以，评审专家很难做到逐字逐句地完全阅读整个书稿，如何让评审专家在有限的时间内了解到书稿的层次、书稿的创新点及作者的水平，如何给评审专家留下良好的第一印象是出版社需要着力向申报人建言献策的问题。

书稿的“辅文”（正文之外的辅助性文字，包括内容简介、前言、目录、结论、参考文献等）是书稿的缩影或申报人实力、态度的集中体现，

评审专家往往会以“辅文”为抓手，在有限的时间内把握书稿的脉络和亮点。所以，出版社应发挥自己的优势，在撰写好“辅文”方面给申报人提建议，让“辅文”起到“四两拨千斤”的作用。

（一）辅助申报人写好“内容简介”和“前言”

内容简介紧接在书名页之后，再之后是前言，然后才是目录。内容简介和前言可以让评审专家在了解本书框架之前，就能了解到本书的研究视角、思路和创新点。一般来说，“内容简介”是200—400字，半分钟即可看完，内容简介应简单陈述本书研究思路（章节内容）和最重要的创新点，高度概括内容的同时把最重要的亮点写出来，目的是让评审专家有动力继续往下看。

“前言”也是必备的，放在“内容简介”之后，“目录”之前。很多申报人认为，书稿中有“导论”，写“前言”是没有必要的。这是一个误区。“导论”一般一万字以上，甚至数万字，有详细的研究背景分析、文献综述和内容介绍，显示了申请人对文献的掌握和分析的功底，但是，评审专家要想看完颇费工夫。而“前言”一般在1500字以下，几分钟即可看完。并且，“前言”在目录之前，因为目录标题很多，信息量过大，读者往往很难一下子从目录标题中把握主线和思路，所以，“前言”中对研究问题的重要性、书稿的创新点等，用一两句话说明思路比提炼每个目录标题容易得多。“前言”应分为以下三个部分。

（1）为什么必须要研究这个问题？为什么研究这个问题很重要？

（2）前人研究这个问题到什么程度？局限在哪？我的创新点、突破是什么？

（3）我解决问题的思路是什么？章节结构怎么安排？

“前言”的每一部分都应分条介绍，每一条应简练清晰。

（二）辅助申报人写好“目录”

目录是评审专家把握各个章节的思路和内容的关键，书稿必须有目录，目录必须有正确的页码，同时，书稿的页脚也应有页码，这样，才能够有效定位想阅读的部分。

目录建议上到三级标题，即“章—节—目”三级，这样可以在目录中展现更多的信息，框架更加细致，使评审专家对某一节有更多了解，也会使得各节层次、思路更加清晰。

目录标题尽量能体现具体观点，切忌笼统。比如，用“……意义”“……的特点”一类的标题，体现不出任何具体信息，就不如把意义和特点概括出来作为标题。

有的书稿的章过多，比如，超过 8 章，则不容易把握全书的思路；有的书稿章不多，但读者从章标题也很难看出各章之间连贯的思路。这种情况下，建议在章标题之上设“篇”标题，比如“上篇”“中篇”“下篇”，“第一篇”“第二篇”……这样相当于将各章分类，可以更清晰地显示出全书的层次。

如果书稿中图和表非常多，支撑着书的内容，建议在章节目录之后设立“图目录”和“表目录”，这样，可以将所有图和表清晰地列出，让评审专家可随时翻到每一张图表，有效、直观地展现书稿的内容。

（三）辅助申报人写好“结论”

很多书稿中缺少“结论”部分，出版社应建议申报人撰写这部分。因为结论是对全书观点的一个总结，所以能够成为评审专家评审的重要抓手。由此看来，结论在国家社科基金后期资助的申报书稿中应成为必备项。

结论应重点介绍本书具有创新性的、前人没有的新观点，并且分条介绍本书的观点，采取“总分”的形式，先用一句话简要概括观点，再简单论述此观点。这样，可以让评审专家很快把握本书的观点，以此窥见本书的亮点、创新点。观点概括宜使用判断句，比如“‘气’是天人合一的中介”① 这样的表达。判断句分为以下几类②。

（1）直言命题：S 是 P，S 不是 P。

（2）联言命题：P 并且 Q。

（3）选言命题：P 或者 Q。

---

① 选自 2018 年入选的后期资助项目“先秦气论哲学体系试构”申请书。

② 黄忠廉：《人文社科项目申报 300 问》，科学出版社 2017 年版，第 167—168 页。

（4）假言命题：如果 P，那么 Q。

（5）负命题：并非所有 P 都是 Q。

（6）实然判断：断定事物有或没有某种属性。

（7）必然判断：断定事物必然有某种趋势。

（8）或然判断：认为事物可能有某种趋势。

（四）辅助申报人编制好参考文献

有的申报人认为，有了导论中的文献综述和页下注，就不用参考文献了。这种想法是不利于读者阅读和评审专家评审的。文献综述的重点是彰显研究现状和研究动态，而页下注是注明引文出处。只有参考文献能够直观而集中地体现申报人对前人文献掌握的程度。参考文献的质量，很可能会影响评审专家的第一印象，从而影响评审结果。

参考文献应与导论中的文献等综述（学术史和研究动态）对应起来，并做到以下几点。

（1）全面性：兼顾历史与当下，兼顾国内与国外。

（2）实效性：无过时文献，有近三年最新文献。

（3）权威性：不缺少权威学者和学界公认的有里程碑意义的文献。

（4）规范性：按照国际标准统一文献格式，不缺少任何元素。建议参考《中华人民共和国国家标准：信息与文献　参考文献著录规则（GB/T 7714—2015）》。

（5）便捷性：中文文献按照作者首字拼音排序，外文文献按照首字母排序，方便读者（评审专家）查询。

四、出版社可发挥的作用之四：站在传播的角度，为申请书最重要的部分——“申报成果介绍”的撰写提出有效建议

在后期资助项目的申请书中，核心部分即“三、申报成果介绍”，这

是课题论证部分，是申请书的灵魂，也是了解整个申报书稿的窗口，所以，出版社应站在传播的角度，辅助申报人做好“申报成果介绍”这一部分的撰写。

（一）理解“申报成果介绍”各部分含义，辅助作者准确撰写“申报成果介绍”在后期资助项目申请书的“申报成果介绍”部分，有以下一段提示语

本成果主要内容（详写）、主要观点、研究方法、学术创新、学术价值；存在的问题和需要改进之处、未完成章节情况；下一步研究计划。（此栏目不超过4500字）

据此，“申报成果介绍”应包括以下内容：

（1）主要内容（详写，重点写）；

（2）主要观点；

（3）研究方法；

（4）学术创新；

（5）学术价值；

（6）存在的问题和需要改进之处、未完成章节情况和下一步研究计划。

很多申报人将“主要内容”和“主要观点”写在一起，其实，这是两个非常不同的部分。“主要内容”指的是对书稿各章节内容的详细介绍，需要详写，一般要将各个章节的内容阐释清晰，需要2000—2500字；“主要观点”指的是书稿的结论，需要略写，将本书结论分条列出，每一条简练地用判断句表达（判断句类型见上文），之后可做简短解释，字数最多才200—300字，但是却起画龙点睛的作用。

“研究方法”则是解决所研究问题的途径。研究的问题不同，解决途径就不同。就像培育一株植物，用什么实验材料，用什么营养液，各组营养液浓度多少，培养过程中的温湿度，培养多长时间，各有不同。即便将“方法”等同于“工具”，在不同场景下，工具的使用方法也是不同的，比如，文献解读法，所阅读的文献不同，解读的“前见”不同，视角不同，则大相径庭。所以，不能从网上或从别人申报材料中粘贴方法，泛泛而谈。要根据本学科、本研究领域、本书稿的特殊性撰写。如 2017 年入选的后期资助项目“中国马克思主义传播史论”的研究方法突出了马克思主义理论、传播学、历史交叉的方法，并具体指出所借鉴的传播学方法，如格伯纳的“培养共识”理论、拉斯韦尔的“5W”理论等，即便是同一研究方法，实施路径也是不同的，应详细写清楚。

不少申报人搞不清“学术创新”和“学术价值”的区别，甚至认为二者含义相同。其实，“学术创新”一般是讲书稿本身有什么创新之处，谈的是书稿本身，应从研究视角、研究对象、研究方法、研究思路、研究内容、主要观点这几个方面来谈才能全面；“学术价值”是讲本研究对于某一领域的研究和某一学科的建设有什么推进和贡献，谈的是对学科和研究领域的贡献，如 2018 年入选的后期资助项目“正规多模态逻辑理论及其应用研究”分为四条论述学术价值，第一条谈该研究对模态逻辑研究领域的推进（本领域），第二条谈该研究在哲学领域中发挥的工具作用（一级学科），第三条谈该研究对认知科学的贡献（相关理论领域），第四条谈该研究对人工智能的作用（从理论到实践），层层拓展。

“存在的问题和需要改进之处、未完成章节情况和下一步研究计划”之所以建议写在一起，是因为这几个方面联系很紧密，如果分开写，可能会出现“驴唇不对马嘴”的情况，比如，未完成章节并不是存在问题的地方，下一步研究计划也无法解决存在的问题或者执行计划后不能使得未完成章节得到完善。“存在的问题和需要改进之处”指的是哪些学术问题还需要完善和推进，有哪些难点，非学术问题（如语言表达、格式等）建议不写。“未完成章节情况”就是根据上述需要推进、完善的学术问题，需要调整和修改哪些章节。“下一步研究计划”中的“计划”有两层含义：第一，解决方案；第二，时间表。“下一步研究计划”应与“存在的问题和需要改进之处”“未完成章节情况”紧密结合，即应将时间节点（哪年哪月到哪年哪月）、使用的研究手段（阅读文献、调研、会议等）、修改哪些章节、这些章节的修改对应解决上述的哪些学术问题这四个方面紧密联系在一起撰写，这样“下一步研究计划”才是有效的。

（二）站在传播的角度，从五个方面辅助作者润色课题论证内容

1. 形式上：要条分缕析，不要大段堆砌

所谓条分缕析，就是要有各级标题，论述时要分条，并且重点要加粗，这样可以让评审专家一目了然地看出申报成果的特点和思路。评审专家时间比较紧张，如果只是大段的文字，没有各级标题，论述时不分条，评审专家审读时则十分困难，无法把握层次和重点。

2. 表达方式上：要注意“科普”，不可太晦涩、自说自话

这里的“科普”之所以加引号，是因为其含义并非将入门的知识传播给完全无基础的初学者，而是指将自己研究的领域传播给与自己研究领域有所不同的专家、学者。在学科领域日益细分、跨学科交叉和融合日益深入的今天，某位专家很难做到精通所在学科的所有研究领域，与申报书稿处于同一个一级学科、不同二级学科的“大同行”专家如此，与申报书稿处于同一个二级学科的“小同行”专家也如此。比如，同样是科学技术哲学二级学科，科学哲学和技术哲学有很大差别，东欧技术哲学和西方技术哲学差别更大。所以，在论述时，语言不能太过于晦涩，亦不能独尊自己所在领域的思维方式。如同佛教传入中国时，要利用中国哲学本有的术语去“格义”一样，如果所研究的是一个小众的领域，须着力思考如何将自己的研究成果有效地传播给大多数不了解自己研究领域的专家。

3. 结构上：整体上和各部分建议采取“总分结构”

“总分结构”即先简练总述，再详细分述。评审专家工作繁忙，时间紧张，总分结构的好处在于，通过总述可以彰显总体思路和亮点，让读者快速形成第一印象，然后以分述彰显内容的丰富性和自己的功底。“总分结构”可以有效提高评审效率。

比如，在撰写“申报成果介绍”时，先不要着急进入“（一）主要内

容”的写作，可以先撰写一段两三百字的“导语”，解释一下题目，尤其是解释一下题目中的新概念，并对研究的重要性做一简短说明。之后再进入“主要内容”的写作。在撰写“主要内容”时，也不要上来就写第一章的内容，先总述一下研究思路和各章逻辑。在撰写“主要观点”时，先将观点概括为一句简短的判断句，然后在下面进行简短解释。在撰写“学术价值”时，也是先分条概括，再逐条说明。

4. 内容上：提供具体信息

“申报成果介绍”应达到的效果是，使评审人不看书稿也能了解书稿的主要思路和具体观点，所以，再阐述时，应尽量提供具体信息。比如，在撰写“主要内容”时，说某一章阐明了“某理论对执政能力现代化具有重要作用”，阐明了“某理论对前人的传承”，这并不能提供任何具体信息，要了解具体观点，可能要花大量精力阅读书稿。在此，应写明某理论对执政能力现代化具有哪些重要作用，某理论继承了前人的什么，超越了前人的什么，这样才能展示出具体观点。

5. 灵魂上：自己的独特和新意

“申报成果介绍”撰写的核心目的在于突出自己对前人的突破和独特的创新之处。不仅要在“学术创新”“学术价值”这两部分直接写明，在撰写其他部分，如“主要内容”“主要观点”“研究方法”“下一步研究计划”时，都要尽量突出新意，突出新内容、新观点、新方法以及进一步创新的研究计划。毕竟，对于国家社科基金后期资助项目来讲，“学术传承创新价值”是能否入选的核心要求。

总结、说明与启示

（一）总结：作者的“内功”不能缺少出版社提供的“招式”

出版社想要在学术出版方面提升层次，提高社会效益，既要有相关的出版项目立项，又要建立有潜力且未来具备长期、多次合作可能性的中青年作者资源库，后期资助项目可以满足上述需求。所以，出版社应在国家社科基金后期资助申报、准备过程中发挥积极作用，吸引优秀申报者并辅助其准备好申报材料，提升入选概率。后期资助申报人的优势在于对专业和研究领域的掌握，但大部分申报人在项目申报政策、入选数据、申报材料撰写方法、知识和信息如何有效传播等方面并不十分擅长。也就是说，他们具备“内功”而缺少“招式”，而知识和信息的传播正是出版社所擅长的，出版社应充分利用这一优势，并钻研项目申报政策、入选数据，为专心做学术研究的申报人提供申报信息和传播方法，给申报人与“内功”相匹配的“招式”，以此深度参与到后期资助项目的申报中。

（二）说明：关于后期资助项目指定出版机构范围的变动

后期资助指定出版社范围有进有出，总体数量逐年增长。2016年有资格推荐申报的出版机构有56家①；2018年增加到57家②；2019年后期资助项目进行了重大改革，去掉了4家出版社只剩53家③；2020年又增加到57家④；2021年去掉一家，增加7家，出版社总数达到63家⑤。这就是说，全国哲学社会科学工作办公室对后期资助指定出版社并没有确定的范围，所以申报公告上总是表述为“目前暂定的推荐申报出版机构名单”。全国哲学社会科学工作办公室在不断审核指定出版社对于后期资助申报工作不

① 全国哲学社会科学工作办公室：《2016年国家社科基金后期资助项目申报公告》，http://www.nopss.gov.cn/n1/2016/0223/c219469-28143301.html，2021年8月17日。

② 全国哲学社会科学工作办公室：《2018年国家社科基金后期资助项目申报公告》，http://www.nopss.gov.cn/n1/2018/0306/c219469-29851506.html，2021年8月14日。

③ 全国哲学社会科学工作办公室：《2019年国家社科基金后期资助项目申报公告》，. http://www.nopss.gov.cn/n1/2019/0517/c219469-31091039.html，2021年8月14日。

④ 全国哲学社会科学工作办公室：《2020年度国家社会科学基金后期资助暨优秀博士论文出版项目申报公告》，http://www.nopss.gov.cn/n1/2020/0428/c219469-31691453.html，2021年8月14日。

⑤ 全国哲学社会科学工作办公室：《2021年度国家社会科学基金后期资助暨优秀博士论文出版项目申报公告》，http://www.nopss.gov.cn/n1/2021/0428/c431030-32090900.html，2021年8月14日。

足的出版社予以淘汰，与此同时，不少出版社每年都积极通过全国哲学社会科学工作办公室申请成为后期资助指定出版机构。指定出版机构的流动性和数量的不断扩大，说明更多的出版机构，只要在这方面有足够资质，都有机会成为指定出版机构。

（三）启示：后期资助项目的典型性和局限性

后期资助项目对于国家社科基金项目，其成果作为全国哲学社会科学工作办公室认可的学术成果，对于学者和出版社都具有典型性。对出版社而言，上述第二个作用和第三个作用，其适用范围不局限于后期资助项目，完全可以用于其他学术专著的撰写，对提高出版社整体学术出版成果质量可以有所助益。对学者而言，上述第四个作用，也就是对申报材料、课题论证的撰写方法，同样也在一定程度上适用于其他科研项目。

但是，任何项目都有其局限性。后期资助项目虽然在提升社会效益方面“性价比”较高，还可以挖掘青年学者，但后期资助项目从 2019 年起每年入选数量超过 1000 项，并非每一部入选的后期资助项目的成果都属于学术精品，而后期资助项目结项的鉴定也不像国家社科基金重点项目、一般项目、青年项目那样有优秀、良好、合格、不合格之分。但后期资助项目的申报公告中说“后期资助项目成果出版后，我办将常态化遴选完成质量与学术价值较高的作品，形成国家社科基金‘优秀出版成果重点推荐书目’，对优秀成果进行形式多样的宣传推介”①。这就是说，只有进入“优秀出版成果重点推荐书目”中的成果才属于精品之列。以此类推，后期资助的作者中，哪些属于“潜力股”也是需要出版社进行判断的，比如，对于名家的优秀学生、青年学术人才计划获得者、青年作者著作奖项获得者、国家社科基金院和教育部直属重点院校以及双一流高校的青年学者应有足够关注。

① 全国哲学社会科学工作办公室：《2021 年度国家社会科学基金后期资助暨优秀博士论文出版项目申报公告》，http://www.nopss.gov.cn/n1/2021/0428/c431030-32090900.html，2021 年 8 月 14 日。

参考文献

[1] 杜为公、杜康：《国家社科基金申报指导与技巧》，清华大学出版社2021年版。

[2] 黄忠廉：《人文社科项目申报300问》，科学出版社2017年版。

[3] 刘溪：《博士论文到底怎么改成国家社科基金后期资助的申报书稿?》，https://mp.weixin.qq.com/s/bohl6xWzpWvD0aaZMoVaOQ，2021年8月22日。

[4] 刘溪：《为什么要申报国家社科基金后期资助项目？（2021版）》，https://mp.weixin.qq.com/s/lldGm2d1J_hF74ibpDhYeQ，2021年8月22日。

[5] 全国哲学社会科学工作办公室：《2018年国家社科基金后期资助项目申报公告》，http://www.nopss.gov.cn/n1/2018/0306/c219469-29851506.html，2021年8月14日。

[6] 全国哲学社会科学工作办公室：《2019年国家社科基金后期资助项目申报公告》，http://www.nopss.gov.cn/n1/2019/0517/c219469-31091039.html，2021年8月14日。

[7] 全国哲学社会科学工作办公室：《2020年度国家社会科学基金后期资助暨优秀博士论文出版项目申报公告》，http://www.nopss.gov.cn/n1/2020/0428/c219469-31691453.html，2021年8月14日。

[8] 全国哲学社会科学工作办公室：《2021年度国家社会科学基金后期资助暨优秀博士论文出版项目申报公告》，http://www.nopss.gov.cn/n1/2021/0428/c431030-32090900.html，2021年8月14日。

[9] 全国哲学社会科学工作办公室：《2021年度国家社会科学基金项目申报公告》，http://www.nopss.gov.cn/n1/2021/0106/c219469-31991309.html，2021年8月14日。

[10] 全国哲学社会科学规划办公室编：《国家社会科学基金年度报告：2016》，学习出版社2017年版。

[11] 全国哲学社会科学规划办公室编：《国家社会科学基金年度报告：2017》，学习出版社2018年版。

[12] 全国哲学社会科学工作办公室：《国家社会科学基金年度报告：2018》，学习出版社2019年版。

[13] 全国哲学社会科学工作办公室：《国家社会科学基金年度报告：2019》，学习出版社2020年版。

[14] 文传浩：《国家社科基金项目申报规范、技巧与案例》（第4版），西南财经

大学出版社 2020 年版。

[15] 中宣部:《图书出版单位社会效益评价考核试行办法》,https://www.bookdao.com/article/412606/, 2021 年 8 月 14 日。

[16] 周粟:《国家社科资助类项目对于学术出版的影响研究——以国家社科基金后期资助项目为例》,《编辑之友》2020 年第 10 期。

（作者单位：北京师范大学出版集团）

编辑组稿推动力的作用机制和路径选择

朱胜龙

出版社编辑向作者组稿，既是出版社的编辑业务，也是出版社编辑参与社会活动的一种形式，能产生多重赋能效应。编辑组稿活动产生的推动力，作为出版社精神生产的起点，在使出版社获得初级产品的同时，通过对作者创作的助推和引导，促进了作者创造潜能的显现、转化和提升，以及作者对自我价值认识的深化。不少作者就是在出版社编辑的组稿推动中，在编辑的鼓励、引导下，通过挖掘、开发自己的创作潜能，重新认识了自己的创作优势，发现了自我价值的“新大陆”，创作构思、谋篇布局、文字驾驭、话语表达等创新能力等得到了有效的提升，增强了文化创作自信，开启了新的人生。

一、作用机制：产生精神生产动能

出版社编辑组稿推动产生的动能，来自 3 个方面。

首先是来自出版社对作者的期待。对作者尤其是新人而言，编辑有针对性、指向性的组稿，既是专业性的文化邀约，也是对组稿对象潜在创作价值的期待和认可。在我国对出版社实行严格审批准入制的语境下，出版社对采用的书稿有一定的要求，建立了严格的筛选、审读制度，形成了规范化的修改、设计、加工、印制、市场推广宣传等流程，从书稿到图书，在物质形态的转化中，内容质量也得到了提升，出版的图书具有一定的传播、积累价值。编辑作为出版社的专业人员，其组稿都以出版社的名义进行，组稿本身就是一种社会承认和托付。因此，作者都习惯把出版社编辑的组稿，看成是对自己的信任和激励，对自身价值的加持，由此产生了“出圈”的创作驱动力。不少作者就是在编辑组稿的推动下，在创作中增强了获得感，加大了人生内存，进入了自我开发、自我加压、自我更新的新领域，重启了创作和生活叠加的人生模式。

其次是来自对社会文化建设的高度认同。图书作为密集型的知识、信息载体，作为具有存史育人价值的文化记忆符号数据集成，在传播文化、传承文明中起着支柱性的作用，是引导人们进入知识殿堂、促进人类进步的阶梯。进入互联网时代，随着社会经济的快速发展、科技成果的广泛应用和数字化转型的推进，人们生活质量提高与科技创新成果应用紧密相连，尊重知识、尊重人才已经和正在向敬畏知识、敬重人才转化。在一定意义上，编辑组稿的过程，既是出版社挖掘作者创作潜能、提升作者创作能力的过程，也是出版社与作者携手共同打造精品、参与文化建设的过程。为建设文化强国做贡献的责任担当产生的精神动力，使编辑与作者因书而结缘，因书而投入，因书而乐活。

最后是来自出版社特有的精神生产模式。出版社作为中介性质的文化企业，其生产方式与制造业企业不同。制造业企业的产品生产或总装都是在企业内借助一定的设施完成的，而出版社产品的粗坯（书稿），主要是通过向作者组稿，由作者单独完成的，而且书稿的所有权归作者，出版社只有在作者授权范围内的使用权和经营权。因此，作者提供的书稿，既是出版社精神产品的基础，也是精神产品生产的起点。作者书稿的质量及加工升值的潜力，直接影响到图书的质量和效益，关系到出版社的生存和发展。从这个意义上说，出版社之间的竞争，在很大程度上表现为组稿的竞争，组到了高质量的书稿，就是胜券在握。出版社不乏这样的情况，编辑虽然策划了有创意的选题，由于没找到合适的作者，选题始终停留在“纸上谈兵”阶段，无法实现。编辑组稿的目标，就是根据选题计划，瞄准一流的作者，组到一流的好稿，出版一流的图书。业内所说的“作者是出版社的衣食父母”，生动形象地表明了出版社与作者相互依存、密不可分的关系。作者创作的书稿，好比是产品的粗坯，是出版社精神产品生产的原材料，编辑的组稿活动，成了出版社精神产品生产的第一推动力，也成了出版社核心生产力的“硬核”。通过有效的组稿，激励、引导作者进入创作状态，把构思转化为书稿，在精神产品从可能向现实的转化中，增加新的社会财富。

组稿推动的直接成果，是通过编辑的约稿和专业加工，把有价值的思想成果转化为一部部可留存、可流传的图书。最终成果，是通过图书出版传播营造的社会舆论环境，对不同时期的文化走向起到一定引领作用，促进文化建设，为传播文化、传承文明做出应有的贡献。组稿推动体现了编辑对作者的引导和激励，这既是编辑工作的特性使然，也是编辑情怀的释放，展示了书与人的不解情缘，是编辑传播、积累文化、传承文明的重要手段，同时也展现了编辑的文化情怀和职业追求，通过组稿及后续的选题的物化、成形流程，对引领文化走向、推进文化建设、发展文化事业起到了积极的促进作用。

二、组稿推动的路径选择

（一）找准作者，委以重任

企业都有自己的主打产品。出版社作为中介性质的文化企业，其产品的粗坯（书稿）来自作者，是作者创造性思维成果的个性化产品。作者是出版社“衣食父母”的行业用语，形象地表明了作者对出版社的重要性和必要性。组稿成功的关键，就是为策划的选题物色到最合适的作者。作者并不是层次越高越好，也不是名气越大越好，而是在于作者是否合适，是否具有与选题内容相适应的创作优势和创作潜能。在作者物色中，要善于从作者已有的创作经历、创作成果及创作激情、创作驱动中，预测出作者的创作潜能，并把编辑对作者完成创作的信心及编辑持有信心的依据，清晰地传递给作者，同时要为作者提供周到的专业服务，把与图书内容相关的国家政策方针、目标图书市场信息及编辑的市场感觉清晰地传递给作者，帮助作者把握创作方向，丰富创作思想，完善创作构思，对作者原有的创作思路进行充实，在选题方案中植入市场的“基因”，使之时代要求和市场需求实现无缝对接。

江西高校出版社在获 2019 年度“中国好书”《本身英雄张富清》策划组稿中，编辑的组稿推动力得到了充分的体现。作者谭元斌是新华社湖北分社的记者，他虽然参与了英雄张富清的专题报道，但并没有写书的计划。江西高校出版社从老英雄张富清的报道中，预感到这是个体现时代精神的重大选题。为了组到书稿，出版社编辑团队在第一时间跨省组稿，登门拜访，向新华社湖北分社领导表达了合作诚意及对老英雄的崇敬，由此感动了分社领导。在老英雄精神的感召下，两家很快达成了为老英雄立传的共识，社领导把创作报告文学作为社里的一项重要工作，落到了谭元斌肩上，从而为作者创造了良好的写作环境，同时也使书稿创作从出版社的“业务”，转化为两家单位的合作双赢目标。出版社为此抽调精干编辑组成了“梦之队”，为作者的有效创作提供到位的专业服务，如与作者讨论书稿的大纲细目，为作者提供相关资料，对作者的书稿及时组织审读、反馈意见等，确保了作者创造的顺利进行。作者谭元斌深有感触地说，出版社的“步步紧逼”和“周到服务”，使他完成了原来难以想象的创作任务，实现了从通讯报道向报告文学的质的飞跃。编辑组稿产生的推动力，由此可见。

（二）慧眼识珠，静待花开

出版社编辑的定向组稿，对作者尤其是素人型作者而言，不仅仅是一种精神激励，更是对作者的价值肯定，也是无上的荣耀。在我国对出版社实行严格审批准入制的语境下，出版社受到了党和人民政府的关心和重视，享有国家优惠经济政策，而且具有一定的社会地位。编辑的组稿并不是个人行为，编辑作为出版社的代表，其组稿都经过一定的内部授权程序，而且都以出版社的名义进行，出版社编辑的组稿，作为一种重要的可期待的社会承认，对作者的激励作用，自不待言。在这种情况下，作者都把编辑的组稿，看成是对自己的信任和厚爱，并因此而产生了创作的驱动力。同时，编辑的组稿“灵感”及成效，很多时候来自编辑超前感觉及敏锐发现。编辑的触角越敏锐，眼光越锐利，感觉越到位，组稿的精准度就越高。编辑的慧眼识珠，在催生书稿，使作品留存于世的同时，还能把作者引向新的人生征途，进而改变人的一生。以获得茅盾文学奖、畅销至今的《白鹿原》为例，为了这部巨著的诞生，人民文学出版社编辑何启贤静待花开，足足等待了20年。浏览各地的文学刊物，从中发现1973年，人民文学出版社编辑何启治养成了浏览期刊的习惯，从中了解文学创作走向，拓展系统思路，寻觅有潜力的文学新人。一次在浏览刚复刊的《陕西文艺》时，他发现青年农民作者陈忠实的处女作《接班以后》不同一般，认为这个短篇小说具备了长篇小说的架构，可以进行再加工，同时发现陈忠实有丰厚的生活积累和独特的创作素养，具有写长篇小说的潜力，于是设法联系上陈忠实，建议并鼓励他写长篇小说：“你一定要写长篇，而且写出来一定要给我发。”来自国家级文学出版社编辑的组稿期待，使陈忠实受到很大触动。在陈忠实的心目中，人民文学出版社是全国文艺出版系统中的“高门楼”，这个“高门楼”无异于文学天宇的圣殿，几乎连在那里出书的梦都不敢做，自己与她的距离似乎还很遥远。但在小寨街头的那次真挚与感动，总让陈忠实心头直觉得压了一块石头一般。之后，何启治下过乡、当过兵、进过工厂、到西藏做过援藏教师，但无论走到哪里，他与陈忠实的联系从没有中断过。之后何启贤在《当代》杂志发表了陈忠实的中篇小说，但一直鼓励他写长篇小说。在何启贤的多次鼓励下，陈忠实下了决心，从 1988 年开始动笔，于 1992 年完成了 50 万字的《白鹿原》初稿，何启贤得知后，委派了两位编辑去西安取稿。四年磨一剑，这部作品以惊人的真实感、厚重的历史感、典型的人物形象和雅俗共赏的艺术特色，得到了编辑的一致好评，人民文学出版社认为应该给这部作品以最高的待遇，即在《当代》杂志连载的同时，由人民文学出版社出版。等了 20 年的作品，终于获得了第四届茅盾文学奖，到目前为止，总发行量超过了 500 万册，还被列入教育部印发的中小学生推荐书目，得到了较高的社会承认，而且陈忠实也更上一层楼，成为全国的知名作家。显然，在《白鹿原》的创作过程中，人民文学出版社何启贤的一以贯之的组稿期待及加油鼓劲，成了作者的创作驱动力。

（三）水到渠成，留存历史

选题的重要性及唯一性，也是编辑组稿推动力的要素。作者的知名度越高，市场影响力越大，对选题的要求也越高。对有创作实力的一流作者来说，选题是否具有独创性，是否有文化传播、积累价值，是否具有比人更长寿的存史价值，成了是否接受组稿的重要考量。也就是说，在选题、版税等组稿要素中，选题创新是第一位的，一流的选题，才能吸引一流的作者。选题缺乏创新，出版社的版税再诱人，关系再“铁”，也很难找到一流的作者。如我策划的被列入“十三五国家重点图书出版规划”，并获得国家出版基金资助的“新时期出版人改革亲历丛书”选题，组稿的对象是全国出版界的知名领军人物，拟请的主编是韬奋基金会理事长、著名出版家聂震宁。能否请到聂震宁“出山”，成了丛书成功的关键。得益于选题立意的创新，以及出版社策划团队与聂总在探讨以大型丛书形式反映新时期出版人投身改革的伟大实践的意义而产生的共识、共鸣和共情。这套丛书的立意，是抓住纪念改革开放 40 周年这个重大的时间节点，通过一批在全国有影响力的出版领军人物的亲历自述，见证、记录出版改革历程，讴歌、总结出版改革成果，以期推动、深化出版改革，反映出版改革成果，成为有保存价值的出版史料，向纪念改革开放 40 周年和新中国成立 70 周年献礼，为培养、教育青年出版从业人员提供有借鉴、留存价值的教材。荣幸的是，我们的策划思路与聂震宁先生的所思所想不谋而合，他认为出版这套丛书正当其时，不但同意出任主编，参与写作，而且出面联系、组织了阵容强大的丛书编委会，还提议请柳斌杰理事长担任丛书顾问，并出面联系落实，在丛书编委会架构上，形成了“封杀性”优势。在聂总的统领下，很快确定了丛书第一辑的 10 位作者人选。这些作者，原来都没有这样的写作计划，而且都比较忙，有的担任了一些社会工作，有的有其他写作计划。但这套丛书本身的意义、有权威的主编人选及搭建的作者阵容，使这些作者为之动心。有的作者过后说，如果没人组稿，他不可能写这个自述，写作虽然辛苦，但非常值得。在出版丛书第一辑的同时，我们还紧密配合出版改革 40 周年的纪念活动，在中国出版协会的支持下，策划了由中国出版协会主办的出版改革成果宣讲系列宣讲活动，组建出版改革成果宣讲团，在有关地方出版协会的支持下，分别在北京、上海、成都、西安、杭州和深圳组织了 6 场出版改革成果宣讲报告会，10 位作者作为宣讲团成员，结合自身出版改革实践，做了生动而精彩的宣讲报告，为纪念出版改革 40 周年营造了浓厚的舆论氛围，对出版改革的深化，起到了一定推进作用。由于丛书第一辑在出版界反映良好，目前已启动的丛书第二辑编辑出版进展顺利，第二辑仍保持了 10 本的规模，计划明年出版。

（四）举一反三，量身定制

作者的创作也需要外力的推动，对处于黄金创作时期的有潜质的作者，尤其是这样。编辑的组稿，作为外力推动重要手段，在作者的创作过程中，起着推进器的作用。有经验的编辑，不仅善于为已确定的选题寻找合适的作者，还能举一反三，以自己的专业储备和市场感觉，从作者现有的创作成果、创作优势中，预判作者的创作发展趋势，从作者既有的成功作品中，发现作者自身尚未觉察的创作潜能，并根据自己对作者创作潜质的预判，量身定制，为作者策划新的选题，通过编创互动，把自己的构思和思路，融进作者的创作成果之中，以“编”促“创”，以“创”成“编”，鼓励作者大胆尝试，把作者的创作引向新的创作领域，引向编辑所预期的策划方向，引向社会需要的新文化领域，以此开发新的图书品种，形成新的竞争优势。

新蕾出版社社长马秀玉从《天津日报》记者宋安娜写的纪实文学《神圣的渡口——犹太人在天津》及以犹太人百年天津生活史为背景的长篇小说《十城记》的热销中，从中发现了作者的创作潜质，预感到这也是极好的童书题材。随即向宋安娜组稿，约她写同类题材的少儿文学作品《泥土里的想念》，讲述二战期间犹太孩子在中国天津生活的故事，以一个孩子的视角讲述一段被时光掩埋的历史，体现一种超越国界的温情及想念，传达人们对爱与和平的渴望。作者此前虽然没有想过要写童书，但被马玉秀提出的“给孩子留下珍贵的故事和做人的品质”的立意所打动，觉得这个主题的意义不同一般，而且具有挑战性，便鼓起勇气接受了约稿。在马秀玉的引导下，作者的生活积累和创作潜能，在新的写作题材中得到了淋漓尽致的发挥，作者大胆尝试，努力冲破以往儿童小说战争叙述的框架，以充满情感的笔触，人性化地书写了更真切、更具象、更贴近个体生活和情感的战时童年生活，并在写作中获得了别样的享受和体验，该书在国内畅销的同时，还向 15 个国家和地区输出了版权，成了新蕾出版社的拳头产品。

这个“无中生有”的个案很有代表性，表明作者的创作，离不开来自编辑的外力推动，外力推动包括了编辑对选题的策划创意、悉心引导、深度加工及完美合成。出版社编辑向作者组稿，既是出版社的编辑业务，更是编辑参与文化建设的职业行为，能产生多重赋能效应。编辑组稿活动产生的推动力，作为出版社精神生产的起点，在使出版社获得初级产品的同时，通过对作者创作的助推和引导，促进了作者创造潜能的显现、转化和提升，以及作者对自我价值认识的深化。不少作者就是在出版社编辑的组稿推动中，借助编辑提供的专业化服务，通过挖掘、开发自己的创作潜能，增强了创作自信，深化了对自己创作优势的认识，在创作构思的“统领”下，原先累积的相关潜意识不断闪现，成为创作的有效素材，在从构思到书稿的转化中，实现了创造性思维质的飞越。

（五）无缝对接，协同作战

编辑组稿目标的实现，既是出版社编辑出版工作的基础，也是出版社专项编辑工作的启动，出版社的编辑出版工作，就是有无数个“专项”编辑工作构成的。作者书稿的落实，只是为图书影响和效益的实现提供了可能，出版社的编辑加工及市场推广，在很大程度上，决定了作者书稿的升值，决定着出版社发展的规模和效益，决定着出版社发展的后劲。出版社所有的编辑加工和市场推广等工作，都是围绕作者书稿展开的，包括审读把关、修改加工、宣传推介、IP 开发等，都是组稿的延续和拓展。组稿推动与后续开发，成为图书出版中密不可分的两个组成部分，组稿推动为后续加工开发提供了基础，后续开发使书稿内容实现了升值和变现。如上海人民出版社出版获 2020 年度“中国好书”的《火种——寻找中国复兴之路》，在编辑加工和市场推广中，历经了编辑团队的“千锤百炼”。面对知名作者刘统精心写成 56 万字书稿，编辑与作者反复商讨，多次打磨，采取了三种处理方法：一是以不影响文意为前提，把过长的资料化繁为简；二是把直接引用转为间接引用，用更通俗、精炼的文字表达；三是调整部分章节内容，使得更为紧凑。字数缩减到近 40 万字。在编校质量把关中，编辑团队的七八个人分章分篇，把实行“交叉审读”、集中讨论与集合统稿改样结合起来。为从内容史实、表述准确等各个方面尽善尽美，编辑团队还专门约请北京、上海等地党史专家，召开书稿评审会，吸收专家意见精雕细琢。并克服了疫情防控带来的困难，选择在 2021 年元旦前一天举行了小规模的记者见面会，同时在上海书城布置展览活动，终于获得圆满成功，实现了组稿的效益。

中央提出的在 2035 年建成文化强国的宏伟目标，对出版业的高质量发展提出了新的要求，赋予了新内涵。要加强对组稿推动作用机制的研究，在组稿推动和后续开发的无缝对接中，创新书稿加工开发思路，挖掘书稿的 IP 开发潜质，在跨界、融合中实现书稿从单一的纸质出版物向知识服务的信息数据集成转化，在定向、定点、系列成套的开发中形成独有的特色优势。

参考文献

[1] 邓娴：《出版社编辑组稿必须具备的素质和能力探析》，《传媒论坛》2018 年第 1 期。

[2] 郭有声：《谈谈科技编辑策划组稿的业务素养》，《科技与出版》2007 年第 3 期。

[3] 姚实名：《图书策划编辑应具备的素质和能力》，《新媒体研究》2017 年第 12 期。

[4] 王若明：《组稿阶段策划编辑的社交技巧》，《出版科学》2013 年第 6 期。

（作者单位：江西省新闻出版局）

略论词曲标点的规范与形式

周海鸣

随着党中央和国务院高度重视中华优秀传统文化的传承与发展，作为中国传统文化瑰宝的诗词曲在社会上越来越受到欢迎，图书市场需要一些优秀的诗词曲选本。但是，对诗词曲的标点在出版界缺乏统一明晰的规范，诗词曲选本的标点质量良莠不齐，存在体例不合理、标点差错较多等问题。本文结合工作中遇到的实际例子以及其他书籍中存在的问题，对诗词曲标点的体例与规范进行讨论。希望引起出版界对诗词曲标点的重视，有助于解决诗词曲标点体例不规范、标准不统一等问题。

在论述词曲的标点之前，先简单介绍一下古人句读的概念。按《康熙字典》：“《增韵》：‘凡经书成文语绝处，谓之句；语未绝而点分之以便诵咏，谓之读。’”这里的语并不是指语意，而是指语气。以今文的标点来类比的话，古人的句类似于今文标点的句号和逗号，古人的读类似于今文标点的顿号。

但是，标点古文决不能生搬硬套，将今人的标点方式机械僵硬地套入古文之中，殊不知古文的行文方式和今文的行文方式是有巨大区别的，要学会在古今之间斟酌。如今之所以用今文的标点整理古文，是为了更好地普及古文，让接受现代教育方式的读者能够更好地理解古文。所以，用今文的标点来整理古文，必然有其矛盾和不足之处，尤其是诗词曲这种带有格律的韵文。我们所能做的，就是尽量使标点契合文意，统一体例，让标点符号起到辅助阅读的作用，而不是让其发挥相反的作用。我们可以灵活地使用今文的标点来整理古文，但是必须遵守一定的体例和原则，不能随心所欲，也不能似是而非。在坚持是非的大原则下，对古文乃至诗词曲的标点可以允许标点者有自己的风格和自己的理解，但风格必须统一，理解必须有据。

严谨且不拘囿，这是我认为标点古文包括诗词曲在内所应该具备的态度。

此文中援引的例证如未注明出处，则出自我最近编辑的《西湖诗词曲选》一书。

一、词曲的两种标点方式

在较早的词曲标点本中有一种比较简便的标点方式，即在所有的断句处都加句号。我认为这种方式既不便于读者理解文意，也不便于读者分辨韵脚，是不可取的。现在大部分的词曲标点本所使用的标点方式大致可以分为以下两种。

（一）严格按照格律和韵脚加以标点

这种方式一般就使用三种标点符号——顿号、逗号和句号。按照诗词格律和古代的句读方式，在读处用顿号，在不是韵脚的句处用逗号，在是韵脚的句处用句号。

词曲的格律可以参考《御定词谱》《南九宫十三调曲谱》等书，词曲的韵脚可以参考《御定佩文韵府》《词林正韵》等书。《南九宫十三调曲谱》

是明代沈璟所著的南曲格律谱，是今人研究南曲不多的重要参考依据。《御定词谱》和《御定佩文韵府》都是清朝康熙年间官修的类书。《词林正韵》则是清人戈载编纂的一部普遍被后人使用的词韵书。这几本类书均具有较高的权威性和参考价值。

这种标点方式的优点，一是韵脚明显、格律清晰，二是容易使全书形成统一的体例，三是判断标点对错较为简单。但是这种方式亦存在缺点，即容易使词曲的词句显得较为琐碎，有时候会影响到阅读的连贯性，对读者理解词意提供不了帮助。

以马洪《虞美人·湖上》为例：

草芽柔软花娇婉。日淡香风暖。西湖无处不风流。何况松间萧寺、柳边楼。

六桥东畔孤山路。小小凌波步。翠裙深掩凤头鞋。临到登舟、双手按金钗。

《虞美人》一词前后段四换韵，分别为阮上、尤平、遇去、佳平。如果按照韵脚来点，即上述标点方式。如果按文意结合格律的标点方式，则婉、流、路、鞋之后的句号应改为逗号。从此例可以看出，严格按照格律和韵脚的标点方式使得整个词句过于琐碎，将一个完整的句意拆成了两半。值得一提的是，《虞美人》定格的最后一句应当是六字读之后三字，而此词则是四字读之后五字，是定格的一种变格。

正因为词曲在定格（又称正体、正格、本调）外多有变格（又称变体、偏格、别格），所以，在按照格律标点的时候，不能机械地按照词谱加以标点，需结合字数、韵脚、文意加以辨析。大部分词曲的变格，仅仅是一两句或两三句的断句方式有所区别，或者平仄与定格稍有出入，结合文意判断即可。

还有一些词曲的变格与正格有较大出入。兹援引龙榆生《唐宋词格律》中《诉衷情》词牌为例。

龙榆生以晏殊词为定格：

芙蓉金菊斗馨香。天气欲重阳。远村秋色如画，红树间疏黄。

流水淡，碧天长。路茫茫。凭高目断，鸿雁来时，无限思量。

以温庭筠词为别格：

莺语，花舞，春昼午，雨霏微。金带枕，宫锦，凤凰帷。柳弱燕交飞，依依。辽阳音信稀，梦中归。

《御定词谱》："此词以平韵为主，间两仄韵于平韵之内。"

晏殊词为双调，分上下阕，温庭筠词为单调，只有一段，字数相差悬殊，而且格律也多有不同。这是比较容易判断的。

再援引《御定词谱》中《忆江南》词牌为例，冯延巳有一体：

去岁迎春楼上月。正是西窗，夜凉时节。玉人贪睡坠钗云。粉销妆薄见天真。

人非风月长依旧。破镜尘筝，一梦经年瘦。今宵帘幕飏花阴。空余枕泪独伤心。

《御定词谱》在此体下注云："按《阳春集》，冯词二首前后段俱两平两仄四换韵，实与唐宋《忆江南》本调不同，因调名同，故为类列。"此体字数、平仄、韵脚都与唐、宋《忆江南》定格（可以参照欧阳修《忆江南·江南蝶》）有出入，但因词牌名相同，被《御定词谱》收入同一类。元曲中多有此种变格。

有些人认为，严格按照格律和韵脚的方式对词曲进行标点就是按谱填标点，其实不然。第一，定格之外多有变格，需要标点者自行判断，这个前文已经提及。第二，《御定词谱》等较权威的类书并没有收入所有的词牌和曲牌。尤其是曲牌，仅有寥寥数本类书可以作为参考，如明代沈璟的《南九宫十三调曲谱》。第三，就算类书中收入了词牌和曲牌，但词牌和曲牌的条目下不可能将所有的变格一一罗列。所以，严格按照格律和韵脚对词曲进行标点的方式也要结合文意加以判断，它与将文意和格律结合起来加以标点的方式最大的不同就是标点规则的不同。这两个标点方式在方法和态度上，其实是有异曲同工之处的。

（二）将文意和格律结合起来加以标点

这种方式与第一种方式最大的区别，就是在韵脚的地方也不全加句号。倘若上下句是紧密关联的，则不管是否是韵脚，在上句的句尾加逗号。

以梁允植《长相思·西湖秋景》为例：

枫叶红，柿叶红，谁染丹青峭壁中？霜寒五两风。

白云封，碧云封，云锁南屏第几重？长廊薄暮钟。

上阕红、中、风押东平，下阕封、重、钟押冬平，东平、冬平通用。上阕“枫叶红，柿叶红，谁染丹青峭壁中”显然是一个连贯的句子，如果在句尾都加句号，则会破坏阅读的连贯性。当然，如果在这首词的句尾都加句号，按照韵脚来标点，肯定也不算差错。第一种和第二种方式的取舍只在于整本书体例的统一和这本书的用途。

格律对于正确的理解文意其实有很大的帮助。在对词曲进行标点之前，可以先分段，然后将韵脚全部标出，再看上下句有无关联。

以马致远《山石榴·题西湖》曲为例：

橹摇摇，声嗟呀，繁华一梦天来大。风物逐人化。虚名争甚那？孤舟驾，功名已在渔樵话，更饮三杯罢。

上例中的标点有很多处差错，如何分辨出这些差错呢？此曲平仄通押。我们不妨先将韵脚标出：“橹摇摇（句）声嗟呀（麻平声）繁华一梦天来大（句）风物逐人化（马上声）虚名争甚那（句）孤舟驾（马上声）功名已在渔樵话（卦去声）更饮三杯罢（祃去声）。”再结合文意，可知“橹摇摇，声嗟呀”为一句，“繁华一梦天来大，风物逐人化”为一句，“虚名争甚那，孤舟驾”为一句，“功名已在渔樵话”“更饮三杯罢”可以单独拎出来各为一句，也可以连起来算作一个整句。“繁华一梦天来大，风物逐人化”意为“与浩渺苍天相比，繁华世间不过是一场幻梦，万物随着人的心境而变化万端”，“虚名争甚那，孤舟驾”意为“还争什么虚名哪！不如驾一叶孤舟，肆情于山水之间”。此曲有唐人隐逸田园诗的神韵。此曲正确的标点应该是：

橹摇摇，声嗟呀。繁华一梦天来大，风物逐人化。虚名争甚那，孤舟驾。功名已在渔樵话。更饮三杯罢。

我认为，严格按照格律和韵脚进行标点的方式，可以多使用在一些词曲学研究的书籍中。一来这些较专业的书籍的阅读者具备一定的诗词曲鉴赏功底，这样的标点方式很少会影响到他们阅读的流畅感；二来可以使整本书体例明晰，词曲格调清楚，更具备学术价值。而对于面向普通读者的普及性诗词曲辑本，可以采用将文意和格律相结合的标点方式。

此外，还有极少部分的词曲标点本，或者某些书中引用的部分词曲，是只按照文意标点的，没有参照和结合格律。甚至标点者连文意都理解不透彻，导致差错百出。我认为，纯按文意进行标点，或者机械地按照词谱进行标点而不结合文意，都是不可取的标点词曲的方式。

二、标点词曲的原则

不管是哪一种标点方式，我认为都要遵从以下几条原则。

（一）要严格按照格律给词曲分段

词曲按照格律可以分为单调、双调、三叠、四叠等，单调就只有一段，双调有两段，三叠有三段，四叠有四段，以此类推。这里提一点，有些曲牌中所注明的“双调”和上述“双调”的含义是有区别的。曲牌名中的“双调”是乐调，为商声七调之一。这两个概念是很容易混淆的，并不是说曲牌名中标了双调，这个曲牌就一定是两段。

无论是哪种标点方式，都要按照格律严格区分词曲的段。如果是接排的词曲，可以在不同段中间空两个字符。如果是一句一行的排版格式，可以在不同段中间空一行。

不区分段有些时候甚至会使词意产生偏差。

以薛昂夫《殿前欢·春》为例：

据危阑，看浮屠双笋倚高寒，鳞鳞万瓦连霄汉。俯视尘寰，望飞来紫翠间。云初散，放老眼情无限。知他是西山傲我，我傲西山。

按《御定词谱》：“《殿前欢》，前段四句三平韵、一叶韵，后段五句两平韵、两叶韵。”首先，上例应该分段。其次，上例将上下两段两句不相干的句子连为一个整句。“俯视尘寰”是上一段的结句，“望飞来紫翠间”是下一段的起句。上段在高处凭栏俯视城郭，故以“据危阑”起，至“俯视尘寰”止，中间两句写城郭之中的佛寺和民居。下段眺望远处飞来峰，“望飞来紫翠间”完美地移情换景，转移了读者的视线，之后的四句皆由此句引领而出。此词不管是格律还是层次，都是较为明晰的。如果按文意结合格律来标点，则应该是：

据危阑，看浮屠双耸倚高寒，鳞鳞万瓦连霄汉。俯视尘寰。

望飞来紫翠间，云初散，放老眼情无限。知他是西山傲我，我傲西山。

如果按格律、韵脚来标点，则应该是：

据危阑。看浮屠双耸倚高寒。鳞鳞万瓦连霄汉。俯视尘寰。

望飞来紫翠间。云初散。放老眼情无限。知他是西山傲我，我傲西山。

（二）标点词曲亦要遵循国家标准《标点符号用法》

既然是用现在的标点符号整理古代的诗词曲，那么首先要遵循的就是国家标准《标点符号用法》中对各项标点符号的基本使用规范。比如，你不能在疑问句句尾加感叹号，也不能在感叹句句尾加问号。这些都是比较容易分辨的，这里也就不一一举例了。

我在这里谨就一点提出自己的看法：词曲的韵脚不一定代表一句话句意的完结，但不在韵脚的句尾肯定不是一句话句意完结之处。不管是按照格律标点，还是按照文意标点，我认为不在韵脚的句尾最好不要加句号、问号、感叹号等表示句意完结的标点。

以梁曾《木兰花慢·西湖送春》上阕为例：

问花花不语，为谁落、为谁开。算春色三分，半随流水，半入尘埃。人生能几欢笑？但相逢、樽酒莫相催。千古幕天席地，一春翠绕珠围。

全词押灰平、微平，“笑”字并不在韵上。且以文意来判断，“人生能几欢笑”一句与之后的“但相逢、樽酒莫相催”一句语意相连，并不能单独断开。这句话大意为：“人生之中并没有多少值得欢笑之事，所以既然我们在此相逢宴饮，就不要老是劝我饮酒了，让我们好好地享受这一美好的时光。”如果非要在“人生能几欢笑”后加问号，应该也不算作编校差错。但是，我认为在“人生能几欢笑”后加逗号更好。另外，我也不推荐在诗句的一、三、七句等单数句之后加问号和感叹号。

（三）保持整本书体例的统一

有些书中对词曲的标点既有按照格律来标的，也有按照文意来标的，体例并不统一，这样不免会误导读者。

甚至，有的书中一首词曲中的标点方式都没有保持统一。

以中华书局 2009 年版的《元曲三百首》第 38 页马致远《蟾宫曲 · 叹世》为例：

> 咸阳百二山河。两字功名，几阵干戈。项废东吴，刘兴西蜀，梦说南柯。韩信功兀的般证果，蒯通言那里是风魔。成也萧何。败也萧何，醉了由他。

《蟾宫曲》又称《折桂令》。全词押歌平韵，韵脚为河、戈、柯、果、魔、何、何、他，两个“何”字为叠韵，下段“兀的般”“那里是”为衬字。以格律来看，这样的标点肯定是不合格的，首先没有区分上下段；其次“败也萧何”之后的逗号应改为句号。以文意来看，“成也萧何，败也萧何”是一句连贯的对偶句，中间不应该加句号。而“败也萧何”后我推荐加句号，“醉了由他”是对全词意境的一种总结与升华，与“成也萧何，败也萧何”一句并无直接的关联，是词人对功名利禄的一种超脱和看破。所以，如果按文意结合格律的标点方式，正确的标点应该是：

> 咸阳百二山河。两字功名，几阵干戈。项废东吴，刘兴西蜀，梦说南柯。韩信功兀的般证果，蒯通言那里是风魔。成也萧何，败也萧何。醉了由他。

（四）标点要切合文意，遵从词曲本有的逻辑

对词曲的标点一定要切合文意，遵从词曲本有的逻辑，这就需要标点者能正确地理解词曲的文意。

词曲中不正确的标点有时候会让读者曲解文意。以张翥《婆罗门引》为例：

暮天映碧，玻璃十顷蕊珠宫。金波涌出芙蓉。谁唤川妃微步，一色夜妆红。看光摇星汉，起舞鱼龙，月华正中。

画船漾，藕花风。声度鸾箫缥缈，雁柱玲珑。酒阑兴极，更移上、琼楼十二重。残醉醒、烟水连空。

第一段最后一句“看光摇星汉，起舞鱼龙，月华正中”似乎读得通。但是按《御定词谱》：“婆罗门引，双调七十六字，前段七句四平韵，后段七句五平韵。”（《御定词谱》以句韵之处为一句，逗则不算一句）则上阕按这样的标点方式多了一句一韵，为八句五平韵（押东平、冬平，韵脚为宫、蓉、红、龙、中），下阕少一韵（韵脚为风、珑、重、空），显然与格律不合。再从文意来分析，“光摇星汉，起舞鱼龙”为连贯的意象，而“月华正中”是下阕的总领句，下阕所有的意象都是以“月华正中”这个意象为前提铺展开来。按照格律标点，方才符合原本的词意和词境。以下标点方式既符合文意，也符合格律：

暮天映碧，玻璃十顷蕊珠宫。金波涌出芙蓉。谁唤川妃微步，一色夜妆红。看光摇星汉，起舞鱼龙。

月华正中。画船漾、藕花风。声度鸾箫缥缈，雁柱玲珑。酒阑兴极，更移上、琼楼十二重。残醉醒、烟水连空。

词曲虽然是韵文中的一种，但也有其本有的逻辑点。

以刘时中《水仙操》为例：

湖山堂下闹竿儿，烂漫韶华三月时，朝来风雨催春事。把莺花撺断死，映苏堤红绿参差。浅绛雪绒桃萼，嫩黄金搓柳丝，风流煞斗草的西施。

此曲有很多处标点错误，说明标点者并没有读通词意，从而使错误的标点误导读者曲解文意。以韵脚来看，除“萼”字不在韵上，其余句尾均押韵。以格律来看，《水仙操》当是《水仙子》的变格，分两段，每段四句。再从文意分析，倘若把“把莺花撺断死，映苏堤红绿参差”算作一句，那岂非“撺断死”莺花的是映照苏堤的红花绿柳？这在逻辑上能成立么？从此曲本有的逻辑关系出发，显然“撺断死”莺花的是上句的“朝来风雨”，而“朝来风雨催春事，把莺花撺断死”才是完整的一句。“风流煞斗草的西施”是整首词的结句，应该单独算一个完整的句子。

所以，按照文意与格律相结合的方式，正确的标点应该是：

湖山堂下闹竿儿，烂漫韶华三月时。朝来风雨催春事，把莺花撺断死。映苏堤、红绿参差。浅绛雪缄桃萼，嫩黄金搓柳丝。风流煞斗草的西施。

（五）要遵循格律优先的原则

严格按照格律和韵脚对词曲进行标点的方式自然是以格律为主要原则的。我认为，将文意和格律结合起来加以标点的方式，在两可的情况下，也要选择符合格律的标点方法。

以柳永《望海潮·东南形胜》上阕为例：

东南形胜，三吴都会，钱塘自古繁华。烟柳画桥，风帘翠幕，参差十万人家。云树绕堤沙。怒涛卷霜雪，天堑无涯。市列珠玑，户盈罗绮，竞豪奢。

这一段最后“户盈罗绮”后面的逗号，从文意来看，是可以加的，因为“市列珠玑”和“户盈罗绮”为对偶。如果按格律来点，“户盈罗绮”后不应该加逗号，这一点可以参见《御定词谱》，且“户盈罗绮竞豪奢”这样的标点方式并没有撕裂或歪曲文意之嫌，仅仅是没有将对偶的两句用标点的方式工整地表达出来。词曲的标点方式毕竟不同于散文，按照格律标点有助于我们对于词曲韵律的理解，让读者更容易把握词曲的节奏。所以，我认为在两可的情况下应该选择符合格律的标点方式。另外，这一例还涉及体例统一的问题，“云树绕堤沙”后标点者加了句号，显然是按照韵脚来标的。那么，为什么之后的“户盈罗绮，竞豪奢”一句反而又不合格律了呢？

又举张翥《南乡子·秋日湖上赏水芙蓉》为例：

秋色照波明，夹岸芙蓉似锦城。罨画楼台红粉面，轻盈。未许黄徐写得成。

一舸载杨琼，共醉花前玉笛声。犹记青鸾和月跨，三生。我是仙家石曼卿。

上阕“明”字和下阕“琼”字均在韵脚。如果按照文意来标点，这样的标点完全是正确的。如果按照格律，则“明”“琼”两字后应该加句号。这又是一种两可的情况，且比较典型。“秋色照波明”和“夹岸芙蓉似锦城”是两个单独的意境，独自拎出来都可以成句。当然，如果是散文，这里加逗号会使行文读起来更加流畅。但词曲中一韵一意境的情况非常常见，就像此例头三句“秋波”“芙蓉”“楼台红粉”三个意境是并列的，倘若在“秋色照波明”后加逗号，那“夹岸芙蓉似锦城”后是不是也应该加逗号？在两可的情况下按照格律进行标点，会使整个词曲的体例更为统一，且使词曲的韵律更为显明。

再举陈维崧《菩萨蛮》为例：

划波曾向西泠去，掠入绿痕难唾处。疏篷杂鸥眠，真成自在游。如今佳兴歇，闷过春三月。刚见摘兰芽，山村又焙茶。

此词四换韵，仄平仄平，句句都在韵上。但是如果每句话都加句号，会使得句意从中断开。如果不是严格按照格律来标点的书籍，我建议按照文意采用上例中的标点方式。此外再提一点，这种途中换韵的韵格，一般同韵的句意是相连的，可以算作一个句子。当然这也不是绝对的。

所以，我认为，在没有肢解文意的前提下，即便整本书采用的是将文意和格律相结合的标点方式，也应该尽量选择符合格律的标点方式，而将文意的连贯性和工整性放在第二位。

三、略论词曲中各种标点符号的使用

（一）顿号的使用

一般在词曲的读处加顿号，读即词曲中语气未完且有短暂停顿之处。词曲的格律对于句读的判定极为严格，如果按格律进行标点，一般只需参照《御定词谱》等书即可。

如果按文意判断的话，词曲中以下几种情况的停顿多为读，而非句，且以加上顿号为佳。

1. 词句的倒装

在词曲中，倒装的词句中间的停顿多用顿号。

以赵善庆《水仙子·仲春湖上》为例：

雨痕着物润如酥，草色和烟近似无，岚光罩日浓如雾。正春风啼鹧鸪，斗娇羞粉女琼奴。六桥锦绣，十里图画，二月西湖。

此例中有多处标点差错。按文意与格律相结合的标点方式，正确的标点应该是：

雨痕着物润如酥，草色和烟近似无，岚光罩日浓如雾。正春风啼鹧鸪。

斗娇羞、粉女琼奴。六桥锦绣，十里图画。二月西湖。

这些差错类型前文都已经提过，这里说一下“斗娇羞、粉女琼奴”这句。这一句是个倒装句，常规的句式是“粉女琼奴斗娇羞”，“斗娇羞”三字倒装在句首，后面应当加顿号予以分隔，表示词曲的读处。

2. 两个意象的并举

按文意来判断的话，两个意象的并举，中间可以是逗号，也可以是顿号，甚至可以不加标点。所以要结合格律来看。

譬如王举之《折桂令·怀钱塘》下阕：

五花马、金鞭弄影。七步才、锦字传情。写入丹青。雨醉云醒，柳暗花明。

按格律此处加顿号。其实，有些时候如果判断不准，不妨将词句连着读上几遍，找一找词曲韵律的感觉，以判断此处要怎样标点。

3. 一个连贯的单独句子中出现的停顿

以董俞的《满江红·西湖感旧》上阕为例：

绣甸春浓，酒帘外，青山无数。还记得，桃花满园，刘郎前度。红烛画桡临别酒，碧箫残雨相思路。看韶光，零落断桥边，斜阳暮。

先抛开格律不谈，从文意上来看，“酒帘外青山无数”“还记得桃花满园”“看韶光零落断桥边”都是一个完整连贯的单独句子，并非是有着并列或者承接关系的上下句。如果按照文意来标点的话，中间去掉逗号即可，也不算差错。但是考虑到格调，这三句中间的逗号应该改为顿号。不论从哪一个标点方式出发，在这三句中间加逗号显然是错误的。而且在词曲中，基本上不会出现用句（句读的句）将一句连贯的单独句子强行隔开的情况，多用读（句读的读）表示短暂的语气停顿，以加强读之后几个字的语气，使语调更为抑扬顿挫。所以，以下标点方式既符合文意，又符合格律：

绣甸春浓，酒帘外、青山无数。还记得、桃花满园，刘郎前度。红烛画桡临别酒，碧箫残雨相思路。看韶光、零落断桥边，斜阳暮。

（二）逗号、句号的使用

对于逗号和句号的使用，前文其实已经提及了许多。如果按照格律来标点，韵脚加句号，不在韵脚的句（句读的句）加逗号。如果按照文意来标点，则在一个完整的句子后加句号，在句意未完之处加逗号。一般使用格律结合文意的标点方式，则在没有强行中断文意的前提下，尽量使用符合格律的标点，以让读者在理解文意的同时，也能更好地体会词曲的韵律。

（三）其他各种标点

除顿号、逗号、句号外，诗词曲中其他常见的标点为问号和感叹号。诗词曲中不应该使用冒号、引号、书名号、省略号、破折号、连接号等符号，这些标点符号会破坏诗词曲的工整和美感，而且一般也没有使用这些标点符号的必要。以南宋刘克庄的七律《再和》为例：“周易鲁论俱束阁，免教后世罪王何。”周易、鲁论如果都加书名号的话，以一句一行的排版方式，这行字会凸出一大截，非常难看。

相对来说，诗词曲是否使用分号是有待商榷的。因为分号的层级位于逗号和句号之间，在某些并列句式中间或许可以代替句号，但我个人其实不太推荐使用。

对问号和感叹号的使用，前文已经略有述及。我认为尽量不要在不是韵脚的地方使用问号和感叹号，同时也要区分这句话是感叹语气还是疑问语气。

由于笔者自身才疏学浅，文中必然有欠妥当和不成熟之处，敬请各位专家学者斧正。希望这篇他山石之作，可以引起编辑界对古文标点的重视，对如今古文标点本体例不规范、标准不统一的问题进行合理的纠正。

（作者单位：浙江文艺出版社）

浅谈如何打造新时代原创少儿英语读物

祁　佳

随着全球化的发展，英语在中国越来越普及，英语学习者呈现明显的低龄化发展趋势，少年儿童的英语教育得到前所未有的重视。让孩子从小就接触、阅读各类英语读物，提高少年儿童的英语兴趣和语言能力，已成为广大教育工作者和家长的共识。少年儿童是国家未来的希望，是社会发展的动力，少儿读物对塑造少儿品格、培育少儿素质有不可小觑的作用。然而纵观如今流行的少儿英语读物，多为从国外引进、为母语儿童提供的英语读物，却较少看到为中国少年儿童量身定制的英语读物。作为新时代的英文编辑，有义务、有责任打造原创少儿英语读物，为社会主义培养合格的少年儿童。

如何打造符合新时代要求的原创少儿英语读物，笔者认为可从以下四个方面展开。

一、坚持原创，拥有更多自主选择权

阅读是人们“获取信息、认识世界、发展思维、获得审美体验的重要途径”①。现今市面上的少儿英语读物琳琅满目，种类繁多。在当当、京东、亚马逊等主营图书的网站上搜索“少儿英语读物”，名列前茅的几乎全部都是国外引进图书。“原版”“原汁原味”是这些图书推荐语中的关键词，也是重要的卖点之一。诚然，这些引进版读物语言地道，对少儿学习英语多有裨益。但原版读物的读者对象是英语为第一语言的少儿，语言难度对于英语非母语国家的少儿来说并不完全适合，与他们的语言能力和认知水平并不十分匹配。更重要的是，引进版读物主要讲述的是国外，尤其是欧美国家的文化，体现的是西方的价值观。而少儿由于年龄尚小，无法客观分析辨别引进版读物中的价值取向，即使有编辑在图书出版前期为他们保驾护航，这些读物仍然可能会潜移默化地在意识形态、行为举止等方面对少儿产生不符合社会主义核心价值观的影响。

笔者编辑出版过引进版图书，深知面对引进版图书，编辑能做的十分有限。首先，引进版图书均为已出版图书，在主题、架构、内容、版式等方面均已成型，更改起来比较麻烦，牵一发而动全身，需要相应调整很多方面。另外，引进版图书的主动权由原版图书的出版机构掌握，我们做的所有更改都需要经过对方的同意。作为常年和引进版图书打交道的英文编辑，我们越来越意识到，解决这一问题的根本方法，就是自主研发英语图书，包括英语教材和读物，将主动权完全掌握在中国出版人手中，不再被他人掣肘。笔者所在的外语教学与研究出版社（以下简称“外研社”）英语教育出版分社，前几年就开始走原创之路，依托外研社强大的资源优势，创建由近百位欧美专业作者组成的作者团队以及十数名经验丰富的英

① 中华人民共和国教育部：《义务教育语文课程标准（2011 年版）》，北京师范大学出版社 2012 年版。

语编辑组成的编辑团队，自主研发了符合中国孩子英语学习规律、专为中国零起点少儿英语学习者打造的英语教材《悠游国际少儿英语》，并原创了两套少儿英语读物，一套是与《悠游国际少儿英语》教学体系完全配套的同步阅读产品，另一套是专为培养中国儿童英语阅读能力而设计编写的大型英语分级读物《悠游阅读·成长计划》。在自主研发少儿英语读物时，我们拥有绝对的主动权，在保证语言地道的前提下，可以根据中国少年儿童的英语水平以及《义务教育英语课程标准》，确定语言知识，自主选择主题，坚定文化自信，拓展国际视野。这些原创图书，不仅能为中国少年儿童提供丰富的语言学习材料，并已成功实现“走出去”，版权已输出到中国香港、泰国和阿拉伯国家。

二、坚持正确的政治方向和价值导向

在打造原创少儿英语读物的过程中，编辑要有敏锐的政治意识，要始终坚持正确的政治方向和价值导向，坚守马克思主义在读物编写中的指导地位，培育和弘扬社会主义核心价值观。少儿图书在促进少年儿童的思维发展，形成正确的世界观、人生观、价值观方面有着深远影响。原创的少儿英语读物，不只是用来学习语言、消磨时间，它更具有教育意义。相应的，作为新时代的英语编辑，除了编辑这个身份之外，还兼具教师这一隐藏属性，意义深远，责任重大。这就更加要求英文编辑要时刻守住政治红线，为少年儿童把好政治关。

书稿中的政治方向和价值导向问题，有时显而易见，有时隐藏很深，需要编辑有一双“火眼金睛”，不放过任何一个或明或暗的“地雷”。笔者在编辑原创少儿英语读物时，曾有一名作者关于“职业”这一主题写了这样一条故事线：先是写主角不会游泳，却应聘成为泳池救生员；然后主角又更换工作，成为一名线上地理教师，选择此工作的原因竟是因为地理课是他上学期间唯一及格的课程；他在教课过程中因教授厨艺意外大受欢迎，由此转为在线厨艺培训师，并因此而十分富有。整个故事线都充满了价值导向问题。这样的故事线，我们在审稿初期就直接拒掉，要求作者推翻重写。作为少儿英语读物，除了文字外，图也是必不可少的一部分，甚至在整本书中所占篇幅比文字还要多。编辑在审图时也要格外小心，避免出现政治方向和价值导向问题。比如在一幅和时尚主题相关的配图中，出现了数个奢侈品品牌，其中甚至还有涉嫌抹黑中国的品牌，这幅图无论从政治立场还是从价值导向方面来看，都是不合格的，我们也坚决弃用了这张图。由此可见，新时代的英文编辑，在审稿和编校过程中，要始终保持警惕，严防出现政治方向和价值导向问题。

三、坚守文化自信，讲好中国故事

党的十八大以来，习近平总书记反复强调文化自信。出版是文化建设的基础力量，是对人类文明进程作出重大贡献的行业，也是文化自信的基石[①]。新时期的英文编辑在打造原创少儿英语读物时，也要坚守文化自信，讲好中国故事。

根据《中国中小学生英语分级阅读标准（实验稿)》，英语读物的文体可分为两类：一是童话故事、现实生活故事、传统故事等故事类文体；二是描写实物的非故事类文体[②]。无论出版哪种文体的读物，编辑都要坚守文化自信。在选取中国文化主题时，要充分考虑到读者对象的年龄和理解能力，以及中国故事所传达的精神和内涵，精挑细选出合适的中国故事。

在选择故事类读物时，编辑可选择在中国家喻户晓的经典故事，这些故事很容易给中国少年儿童带来亲切感，便于他们在学习语言的同时深刻

---

① 黄新炎、吴迪，《如何提升中华文化的国际影响力》，载中国编辑学会：《新时代　新编辑　新作为：中国编辑学会第 19 届年会获奖论文》，人民出版社 2019 年版。

② 王蔷、敖娜仁图雅、罗少茜、陈则航、马欣：《小学英语分级阅读教学：意义、内涵与途径》，外语教学与研究出版社 2017 年版。

理解故事的深层含义，也有利于引起国外少年儿童的共鸣。例如，外研社自主研发的《悠游国际少儿英语读物包》这套系列阅读产品，在低级别读物中，编辑精选了《拔萝卜》《狐假虎威》《狼来了》《咕咚》等中国经典儿童故事，这些故事在中国耳熟能详，以浅显的故事、生动的语言讲述了深刻的道理。这些中国故事，不仅可以帮助中国少年儿童形成正确的道德观念，也能向世界少年儿童展现中国人的智慧和品德。

非故事类读物，也称非虚构类读物或科普类读物，包含了广泛的话题，蕴含着丰富的知识。少年儿童通过阅读非故事类读物，既可以学习语言，也可以扩展知识面，构建知识体系。编辑在选择非故事类读物话题时，可融入中国元素，渗透语言、科学、艺术、情感教育和社会主义核心价值观教育，帮助中国少年儿童增强文化自信，帮助国外少年儿童了解真实的中国。仍以《悠游国际少儿英语读物包》为例，这套阅读产品包含多本非故事类读物，话题涵盖历史、文化、地理、城市、遗迹、建筑、科技、航空等方面，话题范围广泛，内容丰富有趣。编辑从编写读物大纲开始，始终有意识地坚守文化自信，在多个话题中体现中国文化。例如，“房屋建筑”这一话题下，提及中国福建的土楼；以“家庭”为主题时，讲述中国家庭的情况；讲到“茶”时，重点介绍中国的茶文化；等等。同时，编辑还为这些内容配以精美图片，帮助少儿更直观地体会中国文化。此类读物也重点选择能体现中国文化的图片作为封面。从封面、内文、配图等多方面讲好中国故事，展现真实、立体、全面的中国。

四、增强创新思维，强化融合意识

近年来，随着互联网技术和新媒体的普及和发展，一个融传统媒体和新媒体于一体的融媒体时代迅速到来，读者的使用习惯也随之发生了重大变化，并呈现多样化的需求。

在“互联网+”和融媒体时代背景下，编辑在打造高品质图书之余，也要紧跟时代步伐，增强创新思维，充分利用互联网、大数据等信息技术，甄选少年儿童感兴趣的话题，多渠道获取所选话题的最新信息。同时要运用先进技术，创新产品形态，通过扫描二维码获取音视频、VR（虚拟现实技术）、AR（增强现实技术）、点读等技术，让少儿英语读物更加具体生动，更加符合少年儿童的阅读习惯。外研社原创的两套少儿英语读物《悠游阅读·成长计划》和《悠游国际少儿英语读物包》，在出版传统纸质图书的基础上，充分运用新技术丰富产品形式：全书铺点读码，可通过外研社研发的点读笔获取并跟读故事音频；封底印有二维码，通过扫描二维码可获取各个故事的音频和动画；为了进一步满足客户需求，还相应开发了活动形式多样、易于操作的互动教学软件和App，使这两套原创读物不仅为少年儿童提供丰富的资源，还为教师教学提供了技术支持。同时利用社交媒体、公众号等新媒体形式，对图书进行营销和推广工作。编辑要善于运用新技术和新媒体，提供符合读者使用习惯的产品，帮助打造品牌。

五、结语

如果说少年儿童是树苗，教师和家长是园丁，那么书籍就是肥料，而编辑就是挑选肥料的人。作为新时代的英文编辑，要擦亮眼睛，为中国少年儿童精心挑选少儿英语读物这一“肥料”，尤其是自己辛勤耕耘、制造加工的营养丰富的“肥料”。“工欲善其事，必先利其器”，我们要用原创少儿英语读物这一利器，为培养新时代的中国少年儿童贡献自己的力量。

（作者单位：外语教学与研究出版社）

城市阅读空间的场景革命与知识生产

——以实体书店空间为中心的考察

江　凌　袁化云

随着经济全球一体化和信息技术的飞速发展，城市现代化进程持续推进，城市文化空间作为城市居民文化生活实践的空间载体而备受关注。2021年3月，中华人民共和国文化和旅游部等三部委联合发布《关于推动公共文化服务高质量发展的意见》明确指出“创新拓展城乡公共文化空间”[①]。2021年6月，中华人民共和国文化和旅游部发布的《“十四五”文化和旅游发展规划》提出“健全基层公共文化设施、广泛开展群众文化活动”[②]等5项具

① 文化和旅游部、国家发展改革委、财政部：《关于推动公共文化服务高质量发展的意见》，2021年3月23日，http://www.gov.cn/zhengce/zhengceku/2021-03/23/content_5595153.htm。

② 文化和旅游部：《关于印发〈“十四五”文化和旅游发展规划〉的通知》，2021年6月3日，http://www.gov.cn/zhengce/zhengceku/2021-06/03/content_5615106.htm。

体措施，推进城市文化空间建设。

法国社会学家列斐伏尔较早提出“文化空间”的概念，他强调“时间—空间—社会”的辩证统一性，赋予“空洞化”的空间以文化属性、实践属性与社会属性。城市文化空间是城市文化价值理念依托于自然环境和物理空间的个性创造，由自然物理空间、城市文化价值、文化精神与人文历史、社会环境共同交织而成。城市阅读空间是城市文化的重要空间表征。伴随“全民阅读”“建设城市书香社会”等倡议的提出，全国各城市纷纷以图书馆、文化馆、群艺馆等公共文化空间设施为主阵地，通过完善城市公共阅读基础设施、积极推进阅读场景空间改造，开展城市居民阅读活动、加强公共阅读文化服务品牌建设、推进公共阅读文化服务数字化等措施，拓展城市阅读空间服务功能，创新服务形式，提升服务品质。商业性与文化消费性兼具的城市实体书店，为在市场竞争中求生存和发展，扩展阅读空间消费功能，提升阅读空间的舒适度和共情效应，在这场声势浩大的城市阅读空间场景革命中走在前列。一些实体书店探索出“书店 +”复合空间消费业态，致力于打造集合书店、咖啡、文创、电影等于一体的综合型文化消费空间，开设名家讲座、阅读分享、艺术展览等线上线下文化活动，努力实现书店阅读场景空间革命。

实体书店作为城市阅读文化空间肌理中最活跃的细胞，是城市阅读空间场景革命和知识生产的主力军。本文基于法国社会学家列斐伏尔空间生产理论与城市实体书店空间改造实践，分析实体书店作为城市阅读空间的多元空间价值，包括场景符号空间、图书资源整合空间、城市公共阅读空间、多元文化体验空间和新型知识生产空间价值，探求实体书店构建场景化消费空间、多元精神体验空间、社会生活空间的主要路径，推进城市阅读空间场景改造与知识生产，满足城市居民日益增长的精神文化需求，激活城市文化消费市场潜力，助力城市阅读空间品牌建设。

一、研究文献回顾

目前，国内外学者围绕实体书店空间转型升级的研究，大致可归结为三个方面：一是基于国内外的场景空间理论，着重探讨实体书店空间重构；二是从城市文化与实体书店空间融合的视角探索实体书店空间场景改造；三是疫情时代的实体书店空间消费模式再分析。

首先，基于场景空间理论探讨实体书店空间重构。日本作家吉井忍（2014）的《东京独立书店巡礼》一书重点介绍了日本的6家独立书店，她提出书店应该成为沟通交流与分享的公共文化空间，认为“书店存在的意义应该不只是卖书，与周围一切产生关联才是最重要的”①。张萱（2021）以城市实体书店的空间属性为侧重点，提出了实体书店的三种新型空间场景特征：实体与数字空间融合形成的“融时空”场景、历史与当下空间融合形成的“超时空”场景、地点与周边空间融合形成的“泛时空”场景②。李彪（2018）结合成都方所书店的设计实践，提出实体书店多维空间的三种设计要点：感官与情感的双重融合体验是多维空间设计的基础，多元文化的交汇与感知是多维空间设计的灵感，对“我们”的认同想象与共鸣是多维空间设计的诉求③。王炎龙、吕海（2016）基于“空间生产”理论，详细分析了实体书店的空间特征：具有双重职能的竞争空间、具有多重引导的动力输入空间、基于图书介质的社会关系空间，进而指出实体书店空间转型路径：重筑书店的读者认同、转变市场空间竞争内容、优化实体书店服务框架④。

---

① ［日］吉井忍：《东京独立书店巡礼》，浙江出版集团数字传媒有限公司2014年版，第101—109页。

② 张萱：《场景融合·社群激活·实验场——城市传播视域下实体书店作为知识生产空间的价值研究》，《东岳论丛》2021年第4期。

③ 李彪：《实体书店多维空间创新实践——以方所成都店为例》，《装饰》2018年第9期。

④ 王炎龙、吕海：《基于空间生产视角的实体书店转型探究》，《中国出版》2016年第8期。

其次，从城市文化与实体书店空间融合的视角探索实体书店空间场景改造。望南（2017）编著的《中国最美书店：钟书阁》一书以理性平和的语言叙说了钟书阁的创始历程与设计理念，邀请多名业内人士，围绕书店与城市阅读、书店与城市记忆、书店与城市社区、书店的公共属性等话题展开深入讨论，为书店业未来发展提供参考①。江凌、强陆婷（2021）基于共生理论，分析了上海实体书店文化空间与城市文化的共生关系——实体书店是城市文化的涵养地、空间场所和传播载体，而城市文化为实体书店文化空间提供文化元素、符号与文化环境；进而提出两者共生发展的实现路径：书店外部建筑设计契合城市文化风格、内部空间设计呼应城市文化特色、主题文化活动涵养城市文化品牌、以人文关怀滋养城市文化内涵、以科技手段赋能城市居民文化生活体验，而城市作为实体书店的“文化容器”②，等等。高竞艳（2020）结合符号空间理论，为实体书店坚守自身文化底色提供新思路：坚守文化核心，构建城市文化体验感，强化公共服务功能，融入城市风情，反哺城市气质③。

最后，疫情时代的实体书店空间消费模式再分析。臧金英（2021）以实体书店发力线上知识服务为核心议题，阐述了实体书店线上知识服务的四大商业模式：复合服务模式、价值共创模式、产品驱动模式、平台共同体模式，并分析了实体书店线上知识服务的优化方向：编织融合化网络，创新知识服务场景；与用户共创价值，平衡线上线下布局④。叶勤（2021）针对当下馆店融合发展的态势，阐述图书馆与书店战略营销管理合作的必然性与可行性，并提出建议：明确图书馆的营销定位，建立长期的营销合作伙伴联盟；明确营销成本分摊及后续收益的组成及分配，做好风险控

① 望南：《中国最美书店：钟书阁》，上海交通大学出版社 2017 年版。

② 江凌、强陆婷：《上海实体书店文化空间与城市文化的共生发展》，《出版发行研究》2021 年第 3 期。

③ 高竞艳：《城市文化体验建构下的实体书店》，《出版广角》2020 年第 4 期。

④ 臧金英：《实体书店发力线上知识服务的商业模式探析》，《科技与出版》2021 年第 8 期。

制；发展战略营销中的组织文化；评估和定位志愿者群体在战略营销管理中的作用与地位①。张雪（2020）通过对新冠肺炎疫情期间 9 家代表性实体书店的 534 次直播空间进行解读，指出私域流量营销是实体书店未来创新转型的重要方向和创新路径②。

由此可见，近年来针对实体书店空间建构与消费的研究渐趋深化，相较于早期针对实体书店面临经营困境的集中性讨论，今天的学者们更关注实体书店作为城市阅读空间和文化消费场所、综合性公共文化服务中心，如何进一步构建空间场景，增强受众阅读和消费黏性，以适应城市居民文化消费需求的变化，焕发新的发展活力。但这些研究成果对作为城市阅读空间的实体书店多元场景空间的功能分析还不到位，尤其是关于实体书店阅读空间的知识生产问题的探讨则付之阙如，这是本文着力探讨和论述的重点。

二、城市实体书店的场景革命与多元场景空间

互联网时代，爆发式增长、“流动性剩余”的海量信息，改变了信息流动模式，突破了传播变量中的时间、空间及自然物理障碍，重构社会传播形态。随着移动设备、数据处理、社交网络、传感器与定位系统的迅猛发展，互联网全面渗透于社会生活的方方面面，改造着社会生活的所有维度，以 PC 互联网为主导的场景革命时代，逐渐转向移动数字场景革命时代。移动互联网以“连接一切”的姿态，将供给方与需求方紧密相连，深入的用户分析与精准的用户画像，实现了生产与消费的有效接合。“新的场景层出不穷地被定义，新的品类不断被新需求创造，新的商业模式也正

---

① 叶勤：《试论公共图书馆与实体书店融合发展中的战略营销管理》，《新世纪图书馆》2021 年第 3 期。

② 张雪：《私域流量营销：后疫情时代实体书店直播转型再思考》，《出版科学》2020 年第 5 期。

被不断升级重塑。”①场景革命蕴含着空间的生产与消费精神的嬗变。经济社会的高速发展丰盈了物质生活产品，带来服务业功能的提升，重塑了人们的消费理念与消费方式。商品的丰富性与易得性弱化了商品的功用性，消费者不再单纯以“使用需要”作为评价商品、实现购买行为的唯一标准，体验化、个性化、符号化成为现今社会消费观念下衡量商品的新尺度。在信息与物质产品丰盈、消费观念变革和数字技术的加持下，场景空间的革命化改造所塑造的新场景空间为消费者提供了新体验，定义了新的消费观念和社会生活方式。场景成为移动互联网时代引爆商业能量、刺激新需求、创造新利润的核心要素。场景革命成为各行各业刺激消费者需求点、痛点，创新升级产品与服务的必由之路。

完全市场化的图书零售行业在这场场景革命浪潮中首当其冲。电子商务的发展催化了网络书店的崛起，数字化阅读改变了国民阅读习惯，而被束缚于有限的自然物理空间、图书品种数量有限、图书销售成本增长与销售折扣受限的传统实体书店，因无法满足受众新阅读需求而难以为继，于是纷纷开启了阅读和销售场景空间革命之路。纵观实体书店场景空间革命历程，大致可分为洞察场景、创造场景、延伸场景三个步骤。一是洞察场景。实体书店经营者清晰地认识到，书店简单的售书功能空间与单一化的图书销售模式无力与数字化阅读和线上书店相抗衡，为此，围绕“实体”场景空间的人文化、符号化、体验性等特质，结合新的受众阅读与消费理念，洞察新阅读消费需求。二是创造场景。当实体书店经营者察觉到顾客和消费者的实体空间阅读体验与动态消费需求时，便注重实体空间场景的装修设计和符号化、人文化、特色化改造，并融入“咖啡”“茶室”“影院”等元素，开展图书阅读推荐、宣传与推广等文化活动。三是延伸场景。由于实体书店空间阅读者和消费者的需求日新月异，且个体化差异大，为与阅读者、消费者建立更加紧密的阅读、消费体验和情感链接，实体书店致力于为阅读者和消费者提供新的阅读、消费和体验空间场景，并塑造他们

① 吴声：《场景革命：重构人与商业的连接》，机械工业出版社 2015 年版，第 185 页。

的日常阅读与消费生活方式。实体书店通常通过优化场景空间设计，赋值空间场景技术和符号功能，注重书籍陈列摆放布局，延伸空间功能区域，举办各种体验阅读者与消费活动、设计可体验的文创产品等措施，革命式改造场景空间，彰显书店空间文化特性，凸显书店文化符号，刺激受众多重感官体验，强化人文情感关怀。在不断的场景空间革命改造过程中，为阅读者、消费者打造一个图书资源丰富、阅读环境雅致、文化气息浓厚、文化活动多样，集阅读、售书、休闲、体验、文娱于一体的综合型阅读体验与消费空间。

（一）城市场景符号空间

后工业时代，物质产品极大丰盛，琳琅满目的服装、食品、生活用品堆积如山，甚至出现过剩现象，生产社会被消费社会所取代。消费关系被重塑，新的消费逻辑被创造，更吸引消费者的不再是商品本身的功能性效用，而是商品所指代的象征性符号价值。通过购买商品，消费者能够获得某种特定的符号认同。实体书店作为城市文化消费实践场所，不仅销售物质形态的商品书籍，更生产书店符号设计、书店文化形象、书店文化情怀等非物质形态产品与服务。别具一格的符号设计，考究有序的书籍摆放，优雅舒缓的音乐配置，温暖友善的人工服务，让消费者进入实体书店空间便置身于被精心打造的静谧舒适、书香浓郁的独特空间阅读与消费体验中。比如，诚品书店（高雄大远百店）以“知识港口”为设计理念，以黑、白、酒红色为主色调，中庭为富有层次感的高大空间，通透的玻璃窗延伸了阅读视野，读者翻阅书籍之余，可举目远眺雄伟的高雄港；白色的背景墙营造出强烈的空间感，走道两侧九米高的梁柱整齐排列，神圣庄严，给人徜徉于知识圣殿之感；序列性排布的柱式形态，生成象征性的情感符号，传达书店独特魅力的同时，引发阅读和消费者的联想、回忆与深思①。

① 张娟：《基于情感体验的实体书店空间设计研究》，北京理工大学硕士论文，2015年，第31页。

（二）内容资源整合空间

实体书店最显著的空间特征是“以书为本”“以读者和消费者为中心”。如今，图书数量浩如烟海，图书种类不胜枚举，实体书店作为书籍与读者间的桥梁与纽带，承担着优质图书资源汇聚整合空间的角色。例如，上海外文书店专营原版进口图书，门店占地两千多平方米，陈列了囊括文学、社科、艺术、语言、法律、医学、少儿阅读等近 20 种图书类型，涵盖英、法、德、日等35个语种，总计6万多种的外文原版图书①，发挥了优质图书资源规模效应的优势。实体书店通过与出版社、代理商、作家的多层次合作，以及对市场导向、阅读潮流、消费热点、图书生产状态的精准化把握，依托书店的实体场景空间，整合品种丰富、题材多样、内容优质的图书资源，为读者提供高品质阅读和消费图景。诸多颇具影响力的实体书店则与上游出版社深度合作，将触角延伸到图书资源的生产环节。比如，西西弗书店与译林出版社合作，邀请资深文学译者冯涛全新翻译作品，由西西弗推石文化团队设计原创书封，典藏收录 24 幅珍贵插画，精选推出第一本独家定制版图书——《月亮与六便士》②。迄今为止，西西弗书店与多家出版社合力推出了《我是猫》《人间失格》《简・爱》等 19 部独家定制图书，以西西弗 300 余家连锁门店空间为展示、阅读和销售渠道，为读者推介优秀出版物，资源整合效果明显。

（三）城市阅读场景空间

图书馆、书城、书店、城市书房、图书驿站、社区书屋等，由政府、企业、社会组织或个人创办的，以各种文献知识为载体向公共提供知识服务的开放性场所，共同编织了城市阅读场景空间。数量众多、分布灵活、场景空间舒适、环境雅致、图书资源丰富、图书更新率较快、图书选品专业的实体书店，贴近城市居民阅读生活实际，集合了多类阅读场所的综合

---

① 春暖花开读新书:《光阴中的上海外文书店》，2020 年 4 月 21 日，https://mp.weixin.qq.com/s/IWImQYcghFL4WOeMISed3Q。

② 《重磅！西西弗第一本定制书〈月亮和六便士〉独家上市》，2018 年 1 月 25 日，https://mp.weixin.qq.com/s/Lxy1Ozdu5yp0T-jVYSheeg。

优势，且能够持续为读者输送优秀出版产品，是城市阅读场景空间中的特殊存在。万圣书园创始人刘苏里曾有言："书店是各色爱书人达成默契的共处共享的空间，是公共意义上的广场。"①万圣书园作为学术型书店，主营文史哲类图书，图书品种近5万种。万圣书园的选品在业内有口皆碑，店内所有陈列的书目，皆由店家细致筛选，称得上是"好书"。万圣书园拥有精细化的图书分类体系，设有"敦煌学术书系""西方现代思想丛书""中国史学基本典籍丛刊"等细分书架，"西方思想大师"书架的侧面则详细罗列了数十位西方著名思想家名单，以便读者查阅。万圣书园通过甄选好书、精细分类、用心陈列，为读者营造了一个充斥着优质图书品种、激发读者阅读兴趣、提升读者思想深度的高品质阅读空间。

（四）多元文化体验空间

一般而言，体验主要包括感知、思维、情感、行动和关系体验五种类型。感知体验即触动视、听、触、味、嗅觉五类感官，情感体验即消费者获得的心理满足感，思维体验即以创意的方式激发消费者的好奇心和创造性思维，行动体验旨在鼓励消费者主动或被动地转变生活方式，关系体验即构建牢固的品牌关系和品牌社区②。实体书店的场景空间经营模式，充分调动了消费者感知、思维、情感、行动、关系等多重体验，为受众构建一个复合型的文化体验空间。比如，大隐书局（上海武康大楼店）因书店门口是公交站台，特意把店铺后退10平方米，为候车人群留出遮风挡雨之所，还提供长凳、热水供候车人歇脚，这份默默的善意，触发了阅读者与消费者的情感体验。店内以浓郁唐宋风格为设计理念，"书、艺、茶"三种文化元素、符号有机贯穿于空间场景设计与器物配置之中，每个茶室阅读间均以"醉花阴""青玉案"等词牌或曲牌命名，古色古香的典雅阅

① 《揭秘万圣书园的经营之道，如何从书店到精神地标?》，2020年9月26日，https://mp.weixin.qq.com/s/BtaLhfUPZPwJo0ejadd78Q。

② ［美］伯恩德·H.施密特：《体验式营销》，黄巍译，中国三峡出版社2001年版，第61—68页。

读氛围进一步触动消费者的感知体验。同时，书店举办的茶艺、古琴、布艺、篆刻、书法等文化体验活动，潜移默化地增强了消费者的思维体验与行动体验。此外，大隐书局还联合物兮物艺术旗舰店，开设浮世绘文化展，店内文创展区摆满了各式各样的浮世绘衍生文创产品，如神奈川冲浪里的主题抱枕、眼罩、手提袋、冰箱贴、书签等，浮世绘主题元素充盈了书店空间，江户时代的艺术气息流动于整个书店阅读场景中。书店借助这些文化体验活动，不断强化着消费者的关系体验。

（五）新型知识生产空间

"知识"是一个抽象化的概括性、系统化概念，知识作为人类认识活动的产物，范畴极其广泛，涵盖了宗教、艺术、道德观念、意识形态、科学文化、日常生活等方面。实体书店空间是图书资源的集结地，囊括了哲学、社会科学、自然科学等各学科类目的图书和其他文献知识资源，是读者获取各类知识的重要途径。因此，实体书店空间具有生产和传播知识、拓展知识范畴、提升读者知识视野的基本功能，奠定了它成为知识生产空间的功能价值。同时，由于实体书店复合空间模式革新的持续深化，实体书店场景空间创造新知识、创新知识传播方式的生产价值也逐渐呈现，成了新型知识生产空间。比如，武汉德芭与彩虹书店（西北湖店）作为自然博物主题书店，定时开展读书交流、艺术雅集、创意集市等文化体验活动，并通过与园林、科协、生态环保等部门的深度合作，举办自然博物研学会议、植物科普画展、主办儿童观鸟体验课等文化活动，向读者科普自然博物知识，创新自然博物知识的传播方式。值得注意的是，德芭书店目前已设计出版多本自然博物主题书籍。如由书店创始人弟弟、美国杜克大学物理学博士曾瑜撰文，创始人本人设计插图，由长江少年儿童出版社出版的《100位科学家的中国梦》获评中宣部2019年主题出版重点出版物①。该书兼具科普性、原创性、可读性和趣味性，引导青少年读者涵养勇于探索、

① 《100位科学家的中国梦（上、下）》，2020年9月14日，https://kpcswa.org.cn/web/reading/091443452020.html。

求真务实的科学精神和爱国情怀。德芭书店通过延展知识生产业务，为读者构造了一个自然博物主题的新型知识生产空间。

三、场景革命时代城市实体书店阅读空间的知识生产逻辑

“知识不是简单的自我生产，而是在社会的和文化的环境中产生的；它是一个与社会相关联的体系，是文化本身的理解与交融。”① 不论是以提供公共文化服务为使命的图书馆、图书驿站、社区书屋，还是以营利为主要目标的实体书店，自诞生以来都与知识的生产密不可分。英国学者约翰·杜里认为：“一个好的图书馆管理员应该是一个有助于学习的代理人或知识的交易者。”② 场景革命时代，包括图书馆、博物馆、艺术馆、实体书店在内的城市阅读空间在进行场景化改造的过程中，创造了新的知识生产逻辑。

（一）知识生产的场景生态逻辑

“生态就是指包括人类在内的一切生物的生存状态，一切生物彼此之间的相互联系以及各自与其生态环境之间的有机关联。”③ 城市阅读空间生发于城市居民在特定实体空间中的阅读和体验文化，是城市阅读文化生态系统的基本单元。从文化生态学视角来看，城市阅读文化生态系统的演变与城市阅读空间的场景化嬗变，处于双向调适的动态平衡状态，其核心在于“调适”。长期以来，经济社会高速发展态势下的阅读与文化消费需求的更迭，国家与地方政府的政策性引导与扶持，“倡导全民阅读”与“建

---

① ［英］杰勒德·德兰迪：《知识社会学中的大学》，黄建如译，北京大学出版社2010年版，第22页。

② ［英］彼得·伯克：《知识社会学：从古登堡到狄德罗》上卷，陈志宏等译，浙江大学出版社2016年版，第167页。

③ 杜明娥、杨英姿：《生态文明与生态现代化建设模式研究》，人民出版社2013年版，第4页。

设书香社会”工作的推进，网络书店的崛起与数字化阅读的风行，城市文化空间与文化品牌的构建，促使着城市阅读文化生态系统的适应性调整，代表着城市阅读空间生态环境的变化。于是，城市阅读空间通过完善基础设施、延伸服务功能、整合图书资源、融合城市文化特色、开展图书阅读与消费推广活动等举措，实现自身的场景适应性升级，并完成场景空间的知识景观、内容、符号生产，创新知识传播方式，进而反哺城市阅读、消费文化，乃至整个城市文化生态系统。

（二）知识生产的场景技术逻辑

场景革命演绎了由 PC 互联网场景时代到移动互联网场景时代的更迭，印证了科技进化作为场景革命驱动力量的核心作用。移动设备、数据处理、社交网络、传感器与定位系统等数字化场景技术的出现，跨越了以自然物质场所为基础的场景空间界限，加速网络虚拟空间与现场实体空间的融合，促使城市阅读空间突破自然物理局限，实现线上与线下场景的交织共存，并通过用户分析和用户画像，为读者提供精准化、便捷化、个性化、智能化的场景服务。当前，众多实体书店在场景空间改造中，加持 VR、AR、AI 等数字场景技术，或以微博、微信、QQ 空间为社交网络运营矩阵阵地，为读者推送新书目和阅读活动资讯、提供线上消费入口；组建微信群、QQ 群，打通书店与读者之间、读者与读者之间的交流渠道，强化读者对实体书店的文化记忆与集体归属感，增强读者黏性与书店影响力，等等。城市阅读空间的网络场景延伸，提高了知识传播效率。高速率、短延时、低能耗的 5G 技术，沉浸式、交互式、想象式的 VR 技术，高度智能化的 AI 技术，为场景革命开辟了更加多元化的空间。

（三）知识生产的场景符号逻辑

消费社会时代，信息和物质产品的丰裕引发了阅读选择、习惯与文化消费观念的异化。阅读选择的目的性、情感性与随机性交织，阅读对象的表征、符号化标识，阅读场景空间符号与阅读体验等因素直接影响阅读选择，数字化阅读在很大程度上取代纸质阅读。在书籍消费领域，符号化表征消费凸显。鲍德里亚指出：“消费并不是一种物质性的实践，它的定义在于把物质性元素组织为有表达意义的东西，其中所有的物品和信息构成了一种符号的系统化操控活动；因此物品要想被消费，必须成为符号。”①“符号互动论”者则认为，“事物对个体的影响不是因为事物本身，而是事物背后对个体的象征意义，即个体的行为反应受符号所传递意义的影响”②。城市阅读空间的实体体验场景是具有象征意义的符号空间，能够驱使读者产生一系列复杂的行为动机。基于阅读空间场景设计中界面装饰与内置细节，图书、海报、文字标识、指示牌、特色家居物件，乃至色彩、灯光、视频、音乐等符号化元素的运用，共同塑造了兼具整体性、协调性、丰富性、鲜明性等特征的场景符号空间，增强了阅读空间的文化体验，表征了阅读空间的非物质性象征意义。实体书店以此树立阅读空间的场景化、符号化形象，传达阅读空间的文化理念，进行阅读文化消费。

（四）知识生产的场景价值逻辑

城市阅读空间进行场景化改造的背后，不仅是移动互联时代数字化阅读与在线购书的异军突起，更是消费社会时代阅读与消费观念嬗变的产物。单纯的图书阅读与销售，已不足以支撑新时代城市阅读空间的功能定位，无法满足受众持续深化的阅读与文化消费需求，无法为受众提供他们所期待的阅读功能价值与精神文化愉悦价值。特里·N. 克拉克构建了“场景”文化元素周期表，选取了三个主维度和 15 个次维度，衡量“场景”的文化价值取向，分别是“真实性”“戏剧性”“合法性”：“真实性”是对真实自我的身份界定与认同，“戏剧性”是指通过外化的服饰、举止、礼节等展现自我，“合法性”阐述群体进行场景互动的目的和理由。③可见，场景空间的核心价值取向在于人的自我展示、场景互动与身份认同。城市实体书店阅读空间通过图书借阅与销售的基础服务功能，激活社会服务价值；通过优化阅读环境、构筑阅读场景氛围，激活阅读功能价值；通

① ［法］鲍德里亚：《物体系》，林志明译，上海交通大学出版社 2001 年版，第 223 页。

② 车文博：《当代西方心理学新词典》，吉林人民出版社 2001 年版，第 94 页。

③ ［加］丹尼尔·亚伦·西尔、［美］特里·尼克尔斯·克拉克：《场景：空间品质如何塑造社会生活》，社会科学文献出版社 2019 年版，第 51—65 页。

过组建群体学习与社会交往平台，激活文化传播价值。最终，通过创建独特的阅读生活方式，为受众提供展示自我、交流互动和获取群体归属感的场所，拓展了阅读空间场景的价值链。

（五）知识生产的场景体验逻辑

场景体验是场景空间知识生产与受众情感链接的纽带，也是受众阅读与消费行为的核心要素。美国学者谢佐夫指出："场景体验设计将消费者的参与与互动融入设计中，是把服务作为'舞台'，产品作为'道具'，环境作为'布景'，使消费者感受到美好的体验过程。"①"体验"蕴藏着受众敏感性感受，城市阅读空间的场景体验构建是受众衡量阅读空间功用价值的首要因素，也是他们领会场景空间的阅读文化理念、获取精神文化价值的核心来源。城市阅读空间的场所体验性优势，在数字化阅读的冲击中愈发凸显。实体阅读空间场景中阅览空间、休闲空间、文教活动空间的优化设计，能够更好地调动受众的感官体验，满足读者的阅读与审美需求，获得精神愉悦。在城市阅读实体空间场景中开展的文化体验活动，则满足了受众缓解现实焦虑、面对面交流、寻求群体归属的情感需求。城市阅读空间的符号化场景与有形或无形的人性化服务的高度融合，能够让受众全身心沉浸于场景体验空间中，给予受众参与感、获得感、认同感，以润物细无声的方式，让受众感知场景空间阅读文化的魅力，建立实体书店场景与受众之间的强连接，有效增强受众黏性。

概言之，场景革命时代城市阅读空间的知识生产逻辑主要包括场景生态逻辑、场景技术逻辑、场景符号逻辑、场景价值逻辑与场景体验逻辑。在当今消费社会背景下，城市阅读与消费内外部生态环境的演变，促使实体阅读空间进行场景化改造；城市实体场景空间的符号化建构与数字化场景技术的应用，通过刺激受众的阅读感官体验，强化记忆、阅读和消费行为，为受众创建了独特而不可复制、愉悦而美好的沉浸式体验。与此同

① 转引自何诗诗：《复合型书店的体验式设计探究》，《中国艺术研究院》2020年第15期。

时，城市阅读空间的场景革命突破单一的图书阅读与售卖的功能性服务的价值模式，转向以满足受众身体、物质与精神需求为旨归，与受众持续交互，产生情感连接，建立具有共同价值观的受众社群，为他们搭建自我展现与空间认同、群体归属感的平台，延伸阅读空间的价值链，进而创造新的阅读空间生态系统。在此过程中，城市阅读空间创新知识内容的生产与传播方式。如图 1 所示，城市阅读空间的知识生产逻辑存在以下关联：场景技术逻辑与场景符号逻辑共建场景体验逻辑，场景体验逻辑组建场景生态逻辑，场景生态逻辑与场景价值逻辑相互作用、共生共进。

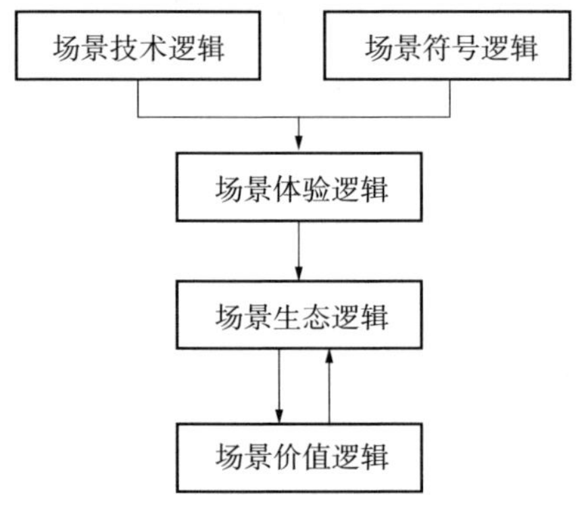

图 1　城市阅读空间的知识生产逻辑

四、城市实体书店阅读空间的知识生产

始于 20 世纪 60 年代的知识社会学复兴浪潮中，知识社会学的重心已经从知识获取、知识传播转移到知识的建构、生产乃至制造上，这种转变成为社会学和其他学科中普遍的后结构主义或后现代转向的一部分[①]。这些被生产的知识更加关注实用的、地方性的和日常知识，关注群体、群

① ［英］彼得·伯克：《知识社会学：从古登堡到狄德罗》上卷，陈志宏等译，浙江大学出版社 2016 年版，第 9 页。

体关系网络或知识共同体，以及社会情境。而“法兰克福学派的知识社会学具有双重面向，一方面，承认社会对于知识有决定性的作用；另一方面，讨论知识对社会的反作用”①。在知识与社会双向互动建构中，知识生产自然而然地萌生了。而空间生产作为一种社会实践，与知识生产过程相互交织融合。列斐伏尔的空间三元论存在于多个层面：语言学层面是空间实践、空间再现和再现空间，现象学层面是感知空间、构想空间和生活空间，空间类型层面是物质空间、精神空间和社会空间，这三个层面的多种元素辩证统一，同时存在②。城市实体书店阅读空间的不断解构与重塑，则形成了空间的知识生产过程。

（一）被感知的物质空间生产

1. 区位选择

实体书店作为具有物理结构的实体空间，有着固定的场所和明确的空间边界，物理属性是它的基本属性。因而，书店空间的区位选择、主题定位、风格设计，不可避免地会受到所在地方的自然地理和人文环境的影响。以上海为例，如表 1 所示，选取上海颇具代表性、为人们所熟知的实体书店进行区位分析。可以发现，这些实体书店多集中于商业购物中心、旅游景点和历史街区。因为购物中心、旅游景点、历史街区的交通便利，人流密集，可以为实体书店带来稳定的客流量。以坐落于常德公寓一楼的千彩书坊为例，著名女作家张爱玲曾租住常德公寓，并在六年的租住时光里，创作出《倾城之恋》《金锁记》《沉香屑》等多部重要作品③。千彩书坊以张爱玲作品为主题，书架上摆放大量与张爱玲作品有关的书籍，店内装潢摆设颇具海派文化风尚，碎花墙面、华美留声机、旧皮箱、小圆桌等具有年代感的符号元素，折射出老上海的迷离与优雅时光。许多文艺青年

---

① 高涵：《法兰克福学派的知识社会学思想研究》，南开大学博士论文，2010 年，第 40 页。

② 杨舢、陈弘正：《“空间生产”话语在英美与中国的传播历程及其在中国城市规划与地理学领域的误读》，《国际城市规划》2021 年第 3 期。

③ 千彩书坊：《怀旧风中探寻张爱玲》，2012 年 11 月 11 日，https://www.douban.com/note/246542658/。

读者为“邂逅张爱玲”而光顾书店。实体书店的区位选择很大程度上决定了书店的日均客流量，即使顾客消费转化率不高，也可以获得留存阅读者、消费者、实现顾客引流的可能性。因此，实体书店在综合考虑目标受众、经营成本等因素基础上，尽可能选址于知名商圈、街区或旅游景点等人流量大、配套设施完善的区域，以便聚集和生产、再生产城市商业、文化与消费知识。

表 1　上海代表性实体书店的区位分布状况

区域或位置	书店名称	具体地址
购物中心	几何书店（世纪汇广场店）	浦东新区世纪大道 1192 号世纪汇广场 B1
	“光的空间”新华书店	闵行区吴中路 1588 号爱琴海购物中心 7 楼
	猫的天空城（新天地店）	黄浦区马当路 245 号新天地购物广场 B1
	西西弗（静安大悦城店）	静安区西藏路 198 号大悦城购物中心 6 楼
	言几又（虹桥天地店）	闵行区申长路 688 号虹桥天地购物中心 2 楼
	钟书阁（芮欧百货店）	徐汇区南京西路 1601 号芮欧百货 4 楼
旅游景点	茑屋书店（上生新所店）	长宁区延安西路 1262 号上生·新所 7 栋
	千彩书坊	静安区常德路 195-3 号（张爱玲故居）
	钟书阁（泰晤士小镇店）	松江区三新北路泰晤士小镇 930 号
历史街区	衡山和集	徐汇区衡山路 880 号
	Long Time No Read 好久不读	长宁区愚山路 1208 号
	思南书避	黄浦区复兴中路 517 号

2. 内外部建筑风格

每座城市都在不同的发展进程中，形成了独特的历史文化、地方性知识与地域特征。城市实体书店阅读空间浸润于城市历史和现实文化氛围中，融汇了城市文化符号元素，彰显了城市阅读文化脉络与特质。因此，城市实体书店阅读空间的塑造，应与城市整体文化环境和具体的文化特色和谐共生。书店外部建筑风格可以通过视觉效果唤起阅读者、消费者的审美体验和情感共鸣，这是书店阅读空间能否与城市文化环境融合的直观特征。比如，上海钟书阁（泰晤士小镇店）位于以英伦异国情调闻名的泰晤士小镇，砖红色仿欧式殿堂毫不突兀地融入街景，镌绘着来自世界各国书本里精选段落的玻璃幕墙和维多利亚式露台，给人以漫步英伦小镇空间的恍惚感。位于购物中心、百货大楼等建筑内部的实体书店，则注重城市文化符号元素的灵活运用。成都钟书阁（银泰中心店）构造了融合川剧脸谱、宽窄巷子、大熊猫、成都话等蜀地符号元素的文字玻璃幕墙，幕墙后由“竹型书架”填满的书籍陈列空间，地面仿似“竹笋”的小摆台活跃了空间氛围，整个空间充溢着蜀文化元素①。实体书店场景空间应遵循“连锁但不复制”“千店千面”的原则，让内外部建筑风格彰显所在城市的文化内涵与特色，点亮城市文化地标。

3. 内部装饰设计

“场景”（Scenes）一词拥有多重含义，以特里·N. 克拉克和丹尼尔·西尔为首的新芝加哥学派聚焦于某区域或空间的美学意义，通过对空间色彩、空间形态的建构，独具匠心的内部装饰设计，能够给予受众视觉直观美感，驱使受众心理和情绪的转变。比如，上海钟书阁（泰晤士小镇店）书店共分为两层：一楼采用“藏书阁 + 图书馆”风格布列图书，无论是天花板、墙面，还是玻璃地窗，都有序放置书籍，目之所及皆为书籍，漫步其中仿佛步入了书的海洋；二楼阅读区采用半拱形结构的高顶，整体以白色为主，给人以庄重神圣感，宛如置身于知识的殿堂中。童书馆则以“梦幻动物园”为主题设计理念，利用色彩绚丽、造型独特的 3D 立体动物轮廓书架，充满童趣童真，易于激发儿童想象力与阅读兴趣。整个书店弥漫着知识和书香情调，便于受众沉浸于场景空间中遨游。此外，阅读者、消费者通过对书店场景空间符号元素的代入和感悟，逐渐生成书店的总体印象和文化认同感，所以按照美学规律划分书店功能区域，巧妙安排主题性、沉浸式体验尤为重要。实体书店场景空间应重视内部空间的序列性和通道流线的舒适性，书店的入口空间、阅览空间、休憩空间，在保有独特风格特征、调动顾客感官体验的同时，需注重功能区域之间的衔接与区隔，避免出现功能区杂糅现象。一些书店采用复合空间经营模式，开辟

① 《“中国最美书店”——成都钟书阁!》，2017 年 6 月 10 日，https://www.sohu.com/a/147643012_810044。

咖啡吧台、演出剧场、文创集市区域，若空间区隔较差，很容易影响到阅读区、休憩区的静谧。

4. 设施材质及陈列摆放

形形色色的空间装饰有着方圆殊趣的材质，能够带来迥然不同的心理感受。厚重的材质给人坚实牢固、可依靠的感觉，粗糙的材质给人自然朴实的感觉，光滑的材质给人线条柔和、流畅飘逸之感，石材给人以质朴沉稳之感，透明玻璃给人轻巧脆弱之感，金属冷峻坚硬容易产生距离感，木材给人淳朴温暖之感，象征着自然的回归。以书店空间的书架材质为例，它作为陈列书籍的重要载体，应当考量材质是否符合书店空间整体风格、能否给予受众舒适感、时尚感或设计感。同时书架的颜色、大小、高矮、形状、位置甚至放置密度，都会影响到受众的体验舒适度，都需要满足受众便于取阅放还的基本要求。比如，部分书店采用符合人体力学设计的直立弧形书架，该书架上下部突出，中间内凹，特别方便阅读者查阅与购买书籍。此外，书店阅读区和休憩区的桌椅与沙发的尺寸、材质、陈设，同样应以消费者的舒适感为导向。如杭州茑屋书店阅读区配置了附带软垫的座椅，书架旁放置了质地柔软的布艺编织的软凳或布艺组合沙发、单人皮质沙发，方便阅读者随时坐下休息或阅读书籍。

5. 空间背景音乐配置

音乐是构筑人类美好生活的香料，对人类情绪心理具有调节作用。现代音乐融合了医学、心理学与护理学知识，创建音乐疗法，有利于缓解人们的紧张焦虑情绪，提升知识的阅读和思考效率。背景音乐可以唤起人们的内心情感，赋予思维、遐想、记忆、想象力等共情的力量，甚至引发知识的共振、迁移和交融。在音乐情态的诱发下，作为审美主体的受众情绪得到释放与宣泄，从而强化积极情绪，排除消极情绪，缓解紧张情绪，消解不良情绪。书店场景空间舒缓雅致的音乐配置，能够为阅读和消费者带来舒适惬意的听觉享受，以便更好地融入书店空间，生成情感共振。以星巴克式“书店+咖啡”为例，店内时常播放美国乡村音乐、爵士和钢琴独奏，正好迎合星巴克的目标受众——城市白领阶层的精神放松需求，为受众营造恬逸舒适的温馨氛围，感受有着相同人生情调及社会价值观的消费体验。合理的场景音乐配置可触动书店顾客听觉及情绪体验，依据目标受众的情感特性，播放或悠扬或婉转或优柔或明快或欢畅的音乐曲调，与书店文化场景氛围相映成趣。

（二）被构建的精神空间生产

1. 场景化阅读空间

美国学者马克・波斯特指出："印刷文字把主体构建为理性的自主的自我，构建成文化可靠的阐释者。媒体语言从根本上瓦解了理性自我所必须的话语自指性。"① 与数字化媒体语言相比，印刷文字具有天然的阅读留存性和阅读思考张力，也更具有温暖的阅读品性。纸质书籍是知识的最好承载方式，是实体书店空间的灵魂，遴选优质图书、营造阅读氛围、传递阅读温度是实体书店空间的首要功能。比如，武汉德芭与彩虹书店（西北湖店）应江汉区政府和区园林局邀请，落户西北湖公园，综合周边公园环境和自身的阅读资源，确定了书店的阅读主题——自然博物②。该书店坐拥得天独厚的自然景观中，采用全景落地玻璃窗设计，湖景、园景尽收眼底，书店内外满眼花木绿植，焕发着自然与生命的活力。顾客沿着公园小径走向德芭书店的过程中，便落入书店独特的空间场景中，在享受美好自然风景的同时，激发对自然博物类书籍的阅读兴趣。该书店每周举办读书会，精选一本自然博物类好书，邀请作家或专家、教育讲师导读，持续为读者输送优质的知识阅读资源。德芭书店还开设了"童眼观物候"系列公益课程，分享物候节气知识，带领儿童观察自然、体验自然，引导儿童热爱自然。该书店通过布局空间场景设置、精选图书知识资源、组织丰富多彩的阅读活动，为受众构建场景化阅读空间。

2. 符号化体验空间

法国学者鲍德里亚认为："资本主义消费结构中的一系列消费品，是

---

① ［美］马克・波斯特：《信息方式》，范静哗译，商务印书馆 2000 年版，第 78 页。

② 《德芭与彩虹书店"复活"！定位自然博物主题，落户汉口西北湖》，2020 年 6 月 15 日，https://baijiahao.baidu.com/s?id=1669568822051019007&wfr=spider&for=pc。

整套消费品之间必然存在的调节关系，这其中是由通过符号话语所创造的暗示性的结构意义和符号价值起根本性支配作。”①不同于自然物理空间的直接感官刺激，体验空间的文化符号构建更能润物细无声地满足受众的多样化体验需求。城市实体书店对“书店 +”复合空间经营模式的探索，正是对符号化体验空间的构建和联结。以上海衡山和集书店为例，书店由四栋法式别墅组成，分别为 The Red Couture（女装概念店、高级时装实验馆）、Mr. Blue（男装生活博物馆）、My Black Attitude（YNOT 概念商店、实验生活馆、独立设计师概念馆）和 Dr. White（电影主题区、杂志主题区、杂志博物馆），四幢建筑彼此独立又相互关联，该集合式体验空间，融书籍零售、杂志销售、博物馆藏、视听衍生品、咖啡休闲、服饰时尚于一体②。与此同时，衡山和集依托不同概念主题和实体空间，邀请世界各地各行业嘉宾举办主题分享会，承办摄影、民艺、文学、设计等艺术展览。不仅如此，衡山店还主办了多项跨界特色主题活动，如“和集 ×ELLE 国际时尚色彩符号工坊”“和集 × 三顿半返航计划”“和集 ×Bronze Lucia”等等。衡山和集书店空间缔造了书籍、生活、休闲、时尚一体化的前卫设计和营销理念。反观当下一些实体书店的复合空间经营模式，仍停留于“书店”空间与符号元素的简单叠加，并未形成真正的多元复合场景体验空间。因此，实体书店需要围绕消费者的场景体验需求，深化空间融合化探索。

3. 身体化消费空间

当今的凡尔赛式炫耀性消费、超前消费、体验式消费等消费新业态催生了消费社会的到来。消费社会时代，释放了人本身的欲望，催化了人们对“身体”的关注，身体成了“最美消费品”，蜕变为欲望与审美的象征，承载着消费者自我价值的外化和自我认同。事实上，“不仅仅在现代

① ［法］鲍德里亚：《消费社会（代译序）》，刘成富、金志刚译，南京大学出版社 2014 年版，第 7 页。

② 陈逸舟：《“和”，而不同——衡山 · 和集的过去、现在和未来》，2019 年 9 月 26 日，http://www.360doc.com/content/19/0926/20/741756_863388917.shtml。

性中，而且在传统中，身体以各具个性的方式表现自己。差别在于，在传统中是社会认同的问题，而在现代性中更成为个人认同的问题”[①]。鲍德里亚提出：“身体被重新占有的缘由，并不是为了达到主体的自主目标，而是直接关系到特定的娱乐与享乐主义效益的标准化原则、被直接与生产和指导性消费的社会编码规则相联系的对象统制。”[②]身体消费实际上是满足消费者自身对文化符号的象征价值、结构性意义的追求与自我认同。由于城市现代化进程的加快、数字经济的迅猛发展和“都市社会关系的特征是肤浅、淡薄和短暂”[③]，给城市居民带来了生存竞争的压力、内心的焦虑孤独和集体认同的匮乏，实体书店空间为城市居民提供了阅读消费空间、知识汲取空间、休闲放松空间、多重文化体验空间，可以满足人们的消费体验和自我价值认同；书店所开展的读书分享交流会、文化艺术体验活动，则为人们创造了与他人相遇、面对面社会交流的可能性，排解内心的孤寂。比如，“思南书局·概念店”（上海）集合优质知识资源，创建了拥有1046种书籍、100多个文创产品、30多张20世纪70年代唱片的“60天60位作家”主题快闪书店，并邀请李欧梵、金宇澄、潘向黎等60位知名作家轮流坐镇书店，与读者面对面交流，吸引了大批读者前往[④]。因此，实体书店需要设计参与度尽可能高的文化活动形式，以便每位顾客能参与其中、展现自我、认同自我，帮助消费者重构身份认同与群体归属感。

（三）被联结的社会空间生产

1. 构建数字阅读空间

在5G、VR、AR与AI等技术的加持下，虚拟现实空间与实体空间的融合步伐加快。当实体书店迫于网络书店压力，开通线上销售渠道时，亚

① ［英］斯科特·拉什、约翰·厄里：《符号经济与空间经济》，王之光等译，商务印书馆2006年版，第63页。

② ［法］鲍德里亚：《消费社会》，刘成富、金志刚译，南京大学出版社2014年版，123—124页。

③ 汪民安：《城市文化读本》，北京大学出版社2008年版，第148页。

④ 《60天“快闪书店”思南书局开业了，60位作家轮流驻店》，2017年11月6日，https://www.thepaper.cn/newsDetail_forward_1851457。

马逊、当当、京东等大型电商平台也纷纷转战“线下”，开设实体书店，扩展实体空间，开启“线上 + 线下”融合售书模式。与传统实体书店不同的是，电商平台旗下的实体书店传承了电商平台深厚的互联网基因。以亚马逊为例，依据亚马逊网站评论过万、被加入心愿单最多、评分最高、Kindle 用户阅读数据等指标，进行书目选择与分类。亚马逊电商平台为其线下书店提供消费者阅读喜好的同时，线下书店也成为亚马逊获取新数据的信息源、检测数据精准性的“实验室”。

拥有着高速率、低时延、低功耗等特质的 5G 技术为实体书店构建数字场景创造了新机遇。VR/AR 技术制造的沉浸式场景体验，借助声、色、光、影综合呈现技术，为阅读体验者制造了人机交流的私密空间和完美的视听盛宴。目前由于 VR 视频制作过程非常复杂且受限于 3G、4G 网络的低带宽和高延迟，VR 视频清晰度普遍不够，致使场景空间的沉浸感体验效果较差。在 5G 技术加持下，VR 技术迈向更高发展阶段。如今，一些场景空间已实现了 5G 网络的全馆覆盖，并利用 5G 和虚拟现实技术，植入了 VR 游戏①。实体书店空间可借助 5G 和 VR/AR/AI 技术，为阅读者提供全新的沉浸式体验。比如，阿里无人酒店的智能配送机器人、银行智能机器人都为实体书店空间运用人工智能技术提供了新思路。书店入口空间可放置智能机器人与进店顾客即时沟通，带给阅读与消费者新奇体验，也可为阅读与消费者答疑解惑、推广优惠活动、办理会员卡等。还可以利用智能机器人提供书目查询服务、统计客流量等等。通过 5G、VR、AR 与 AI 技术的融合，为阅读消费者构建沉浸式、智能化数字场景空间。

2. 聚力阅读生活空间

互联网时代，线上书店和数字化阅读以不可阻挡之势抢占图书销售市场，挤压实体书店生存空间。多年来，实体书店为维系自身发展，依托实体空间场景，开通线上销售渠道，通过场景空间设置，借助“书店 +”复合经营模式，举办富有特色的文化活动，为阅读与消费者塑造了多元化体

① 刘天纵：《全国首家“5G 智慧博物馆”亮相》，《湖北日报》2019 年 5 月 17 日。

验空间，但依然无力与线上书店相抗衡。相较于线上书店，实体书店不可取代的核心优势在于极强的实地空间体验感。只有充分发挥这一核心优势，才能扩展实体书店的生存发展空间。为此，实体书店应努力把知识阅读资源和消费者的阅读购买活动融入到他们的日常生活中，聚力于阅读生活空间的构建，把书籍阅读培养成消费者不可或缺的生活习惯。比如，2020 年上海首届夜生活节期间，上海市新闻出版局组织思南书局、上海书城、大隐书局等 30 家实体书店，以“阅生活 · 夜读时光”为主题，通过深夜读书会、签售会、分享会、夜游书集、公园书摊、夜景直播等精彩纷呈的阅读体验活动，融入城市居民的“夜生活”①。致力于阅读场景和生活场景联结的诚品书店，将图书按照不同主题放置于读者的日常生活场景中，既激发了阅读与消费者对书籍和日用商品的购买欲望，又将书籍更为真实地嵌入日常生活。同时，“诚品书店通过旗下文创、家居、音乐、餐饮、展演五大类近 20 个子品牌，构建涵盖电影、绘画、设计等诸多艺术领域，涉及家居、饮食、休闲等日常生活范畴的文化与生活消费综合体”②，为阅读者与消费者提供“一站式”生活消费服务。

3. 激活社区服务空间

不论实体书店选址何处，都需要考量所在区位的经济、文化和社区居民的日常生活环境，以确定目标阅读者与消费者、主题定位与场景空间设置。位于实体书店空间辐射半径内的周边社区居民的日常阅读与消费习惯、理念、方式的生成，又与区位的生活环境息息相关。故而，实体书店与周边社区有着不可分割的紧密联系，为“书店 + 社区”的经营模式奠定联结基础。“书店 + 社区”的空间实践主要有两种模式。一是实体书店与周边社区图书馆深化合作。例如，上海大隐书局积极同周边的社区图书馆深化合作，社区居民可凭借社区图书馆借阅卡到大隐书局直接借书，由社区图书馆付费；同时，大隐书局为社区图书馆提供管培业务与托管运营

① 江凌、强陆婷：《上海实体书店文化空间与城市文化的共生发展》，《出版发行研究》2021 年第 3 期。

② 黎明：《“互联网 +”时代实体书店的多维空间生产》，《现代出版》2017 年第 5 期。

服务。二是实体书店空间开展的各种文化活动、文化服务入驻社区。2020年4月，大隐书局签约上坤集团，落地苏州上坤云栖时光社区，联合打造“云栖时光·大隐书局”；该书店占地面积800平方米，设置了儿童活动区、萌宠乐园、共享种植区，深度契合社区居民阅读、文化、社交、生活的需要。“书店+社区”复合经营模式，不仅可以满足社区居民阅读、借阅书籍的精神生活需求，还可以构建便于邻里交流的互动空间、多元文化体验空间，培养社区居民纸质阅读习惯，营造文墨书香、活动高雅的社区文化氛围，涵养社区居民文化情怀。在此过程中，书店也可以获取稳定客流量，覆盖更加广泛的社区客群，提高品牌知名度和美誉度。

五、结语

城市实体书店阅读空间是建设书香社会、推进全民阅读活动的重要媒介空间，是塑造城市文化品牌、彰显城市文化底蕴、提升国民精神素养的重要载体。然而，互联网时代，在线上书店和数字阅读的冲击下，实体书店为维系生存发展，进行场景空间改造升级，逐渐探索出“书店+”复合空间体验阅读和消费模式，并积极拓展线上销售渠道，举办特色文化体验活动。在此过程中，凸显了城市场景符号空间、图书资源整合空间、城市公共阅读空间、多元文化体验空间、新型知识生产空间的空间价值。

本研究基于列斐伏尔的三元空间理论，将城市实体书店阅读空间的知识生产分为三个层次：被感知的物质空间的知识生产、被构建的精神空间的知识生产、被联结的社会空间的知识生产。首先是作为物质空间的知识生产层面。在区位选择方面，实体书店空间宜选址于人流密集、居民阅读和书业消费意愿较高，易获取较大客流量的区位；在内外部建筑风格方面，应遵循“连锁但不复制”的原则，契合所在区域周边的整体建筑风格，注重城市文化符号元素的应用，彰显城市文化特色；在空间装饰设计方面，聚焦于丰富的场景元素符号运用，调动阅读和消费者的多重感官体验，保障实体书店空间各功能区的区隔与有效衔接；在设施材质选择与陈列摆放方面，应以阅读者和消费者舒适度体验为导向；在音乐配置方面，综合考量目标阅读者和消费者的趣味与书店整体文化环境氛围。其次是作为精神空间的知识生产层面。通过优化空间设置、精选图书知识资源、组织特色文化活动，构建场景化阅读空间；通过深化多元经营业态探索，丰富特色活动形式，构建符号化体验空间；通过帮助阅读者和消费者重构身份认同与群体归属感，构建身体化消费空间。最后是作为社会空间的知识生产层面。借助 5G、VR、AR、AI 等技术手段，建构数字化场景空间；联结城市居民的阅读与生活场景，建构居民阅读生活空间；利用“书店 + 社区”复合经营模式，激活社区服务空间。

（作者单位：江凌：上海交通大学媒体与传播学院；
袁化云：上海交通大学媒体与传播学院）

三等奖

铸就学术津梁　锻造精品名刊

——论新时代学术期刊高质量发展

马伊颀

新时代，新发展，新理念，新征程。党的十八大以来，以习近平同志为核心的党中央高度重视哲学社会科学工作，提出了一系列新思想、新论断、新举措。值得关注的是，2021 年 5 月，习近平总书记给《文史哲》编辑部全体编辑人员的回信，不仅是对《文史哲》编辑部编辑人员提出的深切希望，更是对我国学术界、期刊界、出版界的殷切期盼，为广大哲学社会科学工作者与出版工作者明确方向、指出道路，攒足底气、积蓄动力。

近年来，国家从政策层面分别对科技期刊和学术期刊的发展作出了全面系统的部署——2019 年 8 月，《关于深化改革培育世界一流科技期刊的意见》首次提出加快建设世界一流科技期刊的目标和规划；2021 年 6 月，《关于推动学术期刊繁荣发展的意见》明确强调学术期刊建设对于构筑中国精神、中国价值、中国力量所具有的重要意义。国家层面对期刊事业的高度重视，对期刊工作者来说是莫大的鼓舞与肯定。学术期刊在多年的发展中形成新特点、凝聚新共识，也涌现出新问题与新挑战。面对新形势新机遇，学术期刊应稳中求变、积极应变，于稳步发展中开拓思路，于变动转型中创新格局。新时代繁荣中国特色哲学社会科学，需夯实学术期刊发展之基，推动学术期刊高质量发展则是赓续历史传统、顺应时代趋势、凝聚创新力量之必然。

一、学术期刊高质量发展的价值内涵

第一，解决哲学社会科学发展之惑，加快完善“三个体系”。五年前，习近平总书记在哲学社会科学工作座谈会上指出，我国哲学社会科学发展进程中存在的一些问题，如哲学社会科学发展战略还不十分明确、学术原创能力还不强、学术评价体系不够科学、人才队伍总体素质亟待提高等①。五年后，习近平总书记在回信中强调，要从历史和现实、理论和实践相结合的角度深入阐释如何更好坚持中国道路、弘扬中国精神、凝聚中国力量。学术期刊是我国哲学社会科学工作的重要组成部分，学术期刊的高质量发展，对繁荣我国哲学社会科学事业，推进学术理论继承与创新，形成中国特色、中国风格、中国气派的学术话语体系具有积极意义。在习近平新时代中国特色社会主义思想的指引下，学术期刊应坚持正确的政治方向、舆论导向、价值取向；坚持营造良好的学术生态，共建学术创新氛围；坚持内容精品理念，提高学术原创能力；坚持复合型编辑队伍建设，增强编辑人员的脚力、眼力、脑力和笔力。由此，回应时代之需，解决发展之惑，完善学科体系、学术体系、话语体系，形成理论框架、实践脉络、价值取向，助力中国特色哲学社会科学建设。

① 习近平：《在哲学社会科学工作座谈会上的讲话》，人民出版社 2016 年版，第 7 页。

第二，打造高水平研究成果，传播中国学术话语。高水平研究成果，在于其思想精深、艺术精湛、制作精良。高水平研究成果，是服务于时代、服务于国家、服务于人民的，是立足于中国特色化发展道路、体现国家意志与学术自觉的，是充分吸收中西思想文化精髓、能够在国际舞台上传播好中国声音的①。高水平研究成果，需要不同学术观点、不同思想学派交流碰撞，需要传播科学知识、进行学术评价、推动学科建设、繁荣社会文化，需要提升我国学术影响力、掌握国际学术话语权。高水平研究成果，需要充分运用全媒体技术手段，在多平台、多领域传递优质内容，不断增强自身的传播力、引导力、影响力、公信力。高水平研究成果，需要一流的作者队伍、忠实的读者群体，以及具有扎实学术功底的编辑团队，捕捉政策热点、发现行业痛点、解决学术难点，为学术期刊的理论创新与实践转化贡献智慧。

第三，增强做中国人的骨气和底气，坚定文化自信。中华文明5000多年的宏伟历史，铸就了中华民族博采众长的文化自信。在中国特色哲学社会科学理论体系的构建中，对于中华文化传统、中国实践经验的认同以及在此基础上建立的文化自信非常重要。文化自信是文化强国的源泉，文化强国的基础是出版强国，出版强国的实现离不开学术期刊的参与。面对时代任务和历史使命，只有推进学术期刊高质量发展，才能增强我国学术话语权，加快中华文化“走出去”步伐，让世界听到中国声音、感受中华文化，让我们的文化底气历久弥新。

二、实现学术期刊高质量发展的时代动力：打造高品质学术期刊

习近平总书记在给《文史哲》编辑部全体编辑人员的回信中强调了高

① 刘曙光：《高品质学术期刊何谓何为》，《中国编辑》2021年第8期。

品质学术期刊，无疑为所有学术期刊指明了发展目标与努力方向。我们应在深刻理解高品质学术期刊内涵的基础上，把握机遇、应对挑战，打造具有中国特色的高品质学术期刊。高品质学术期刊，我们可以理解为，既有思想内涵，又有实践指导；既有价值坚守，又有兼容并包；既有研究深度，又有关涉温度，阳春白雪与下里巴人，高大上与接地气，皆是它的特点。身处学术期刊发展最好的时代，我们有理由抓住打造高品质学术期刊这一契机，助力学术期刊高质量发展。

（一）政策引导是打造高品质学术期刊的有力保障

随着几十年的探索与发展，学术期刊已经形成了系统的发展模式、稳固的发展势态、特色的发展理念等，虽然这些对于学术期刊的长期稳定性发展具有良好的效果，但是也容易造成学术期刊发展模式单一、发展势态陈旧、发展理念滞后等跟不上时代发展变化的问题出现。而《关于推动学术期刊繁荣发展的意见》（以下简称《意见》）的发布正逢其时，犹如学术期刊行业的定盘星，从国家层面为学术期刊界作出了未来发展规划。

2019年，全国共出版期刊10171种，较2018年增长0.3%，总印数21.9亿册。其中，哲学社会科学类期刊所占比重继续提高①。由此可见，我国期刊发展迅速，形成了庞大的规模，制约其发展的根本问题不在于种类不全、数量不多，而在于如何突破从高速增长向高质量发展转变。《意见》给出了时代解决方案：《意见》所强调的“繁荣发展”，正是高质量发展的深刻内涵，对此我们可以从以下两个方面进行理解与把握。

一方面，《意见》为优化学术生态起到了制度保障作用。近年来，面对市场经济深入发展所带来的全新考验，以及各类新事物不断涌现的新环境，学术生态逐渐产生偏离学术宗旨、忽视价值坚守、急功近利等不良现象。学术生态作为外部环境，它的任何动态、变革都会深刻影响身处其中的学术研究与学术期刊的整体运行水平，因此这些不良现象的出现，一定

① 尹琨：《图书出版结构调整走向深入　电子出版物营收增速居首》，《中国新闻出版广电报》2020年11月5日。

会制约甚至阻碍学术研究与学术期刊的良性发展。《意见》强调："坚持一手抓繁荣发展，一手抓引导管理，完善扶持措施，优化发展环境，改进评价体系，规范出版秩序，深化改革创新，推动学术期刊出版良性健康发展。"这就为学术生态环境的优化提供了制度保障。只有发展环境、评价体系、出版秩序等学术生态的内部结构皆有所改善，才能将作为外部环境的学术生态整体推向健康方向发展；只有扭转"学术 GDP 主义"、片面强调学术成果数量、过度重视量化评价等不利局面[①]，才能让学术生态外部环境回归学术旨归、重拾学术初心、明确价值导向，守正出新，从而更好地以外力的作用促进学术研究与学术期刊的良性运行。

另一方面，《意见》为学术期刊内部管理作出了方向规划。作为学术交流与思想交锋的平台，学术期刊秉承着传承优秀学术成果、传递创新学术观点的重要职责，但从近年来的整体发展情况来看，学术期刊的职业坚守似乎有所松动。比如，强调学术自由而淡化政治导向、盲目追逐社会热点而非读者所需、学术性专业性与诚信原则缺失等问题日益严重[②]。面对这一现象，《意见》提出"要加强作风学风建设，有效发挥在学术质量、学术规范、学术伦理和科研诚信建设方面的引导把关作用"。这就为学术期刊的内部管理作出了具体的方向规划。学术期刊管理者要在学习贯彻落实《意见》精神的基础上，从宏观层面出台并定期更新完善内部运行机制，如优化设计编校流程、专家审稿、质量把控、出版服务等管理制度，以制度约束行为、以机制保障运行，切实担起管理责任；学术期刊编辑则需从微观层面把握工作方向，如做足市场调研、了解社会需求，加强选题策划意识、服务于作者与读者，提高内容审核能力、聚焦学术原创性而不盲目跟风等。学术期刊的内部管理，是学术期刊管理者的宏观设计和学术期刊编辑微观落实两方共同作用的结果，二者缺一不可，协同推进学术期刊高质量发展。

---

① 喻阳：《问题与愿景：当前我国人文社会科学学术生态暨期刊高质量发展刍议》，《中国编辑》2020 年第 9 期。

② 王炎龙、秦翊珊：《人文社科学术期刊的导向把关》，《中国编辑》2020 年第 9 期。

（二）提高内容质量是打造高品质学术期刊的根本遵循

2014年10月15日，习近平总书记在文艺工作座谈会上的讲话中提到了我国的文艺作品存在有数量缺质量、有“高原”缺“高峰”，以及劣币驱逐良币的现象①。这种现象也普遍存在于学术期刊领域中，这对于打造高品质学术期刊、展示高水平研究成果显然是不利的。移动互联网的更新迭代为广大读者用户带来了全新的视觉冲击与阅读体验，沉浸式、伴随式等各种新技术的融入不断调动着人们的视听触觉并逐渐实现与人们身体的交互、心灵的感召等，但是“华丽的外衣”不一定包裹的都是“货真价实”的干货，一时间对于平台、渠道的呼声渐弱，人们发现优质内容才是学术本源。那么，学术期刊的内容品质该如何提升？

第一，强化意识形态工作，筑牢思想防线。学术期刊应把意识形态工作放在首位，在思想上高度重视，正确区分政治原则问题、思想认识问题与学术观点问题，拥有底线思维，处理好政治与学术的关系，引领主流意识形态。赓续党的政治家办刊传统，以政治家视野提高学术站位、以政治家胸怀引领学术进步②。

第二，增强学术原创能力，提供学理支撑。好的学术研究成果，必然远离急功近利、竭泽而渔、粗制滥造，一定是在原创性上做好文章的。这就要求彰显作者学术研究功底、展示学术创新理论、体现实际转化效果，也就是学术性与实践性的统一、新观点与新实践的融合。虽然加强原创性与理论性要求创新，但并非一味地追求新意而罔顾事实与本质，学术原创性需要推陈出新，但拒绝生搬硬套、“盲目求新”，学术原创性更需要体现全面、客观与真实的价值。

第三，创新话语表达，讲好中国故事。学术期刊作为学术交流与对外传播的平台与窗口，应体现其独特的话语表达方式，不仅让人们看得懂、看得明白，更要让人们喜欢看、主动来看，学术话语的通俗化表达无疑是

① 习近平：《在文艺工作座谈会上的讲话》，人民出版社2015年版，第9页。

② 万鹏杰：《赓续党的政治家办刊传统推动高校学报高质量发展》，《安阳工学院学报》2021年第5期。

实现这一目标的最好方式。人们对于学术研究的固有观念往往是生涩难懂、读起来费时费力的，但好的学术研究成果往往在内容创作之初就已经考虑到这个问题，并相应对其学术话语进行了创造性转化——于通俗中体现理论阐释、于案例中呈现学术观点、于故事中传递实践理念。当然，这种话语表达的通俗化与故事化并非娱乐化、低俗化倾向，坚守学术内容本位，仍是学术期刊一以贯之的传统，学术期刊担负着讲好中国故事、传播好中国声音的职责使命，只有让学术内容更广泛、更深远地以人们喜闻乐见的方式传递出去，才能真正实现学术期刊的内容价值。

第四，加强内容深度高度，体现专业精神。专业性较强的学术期刊聚焦某一学科、某一领域，它们所呈现的学术成果在专业范畴内，通常具有较高水平，代表了这一学科的前沿发展动态。因此，这样的学术期刊更应该在内容深度上精耕细作、在内容高度上引人入胜，把脉学科发展方向、引领学术研究动向，将专业内容做精深、做厚重、做扎实，充分展现学术期刊的专业精神。

（三）加强媒体融合是打造高品质学术期刊的创新手段

智媒时代，学术期刊必须把握时代大势，积极拥抱新技术，加强与新兴媒体的融合发展，不断提升学术期刊传播力、影响力。媒体融合是学术期刊高质量发展的创新手段，是体现凝心聚力、推进内容生产供给侧结构性改革的话语创新表达方式。2014 年至今，国家战略层面为媒体转型与改革规划出一条媒体融合发展之路：从传统媒体和新兴媒体融合发展、打造一批新型主流媒体，到建设“四全媒体”、构建全媒体传播格局，再到完善四级融合发展布局，不同的历史时期，主流媒体的融合转型具有不同的定位、目标和任务。一方面，学术期刊作为主流媒体的一部分，应发挥主流意识形态传播与学术方向引领的作用。学术期刊必须抓住媒体融合发展机遇，善用新技术、新手段、新渠道，抢占互联网舆论主阵地，用专业精神与专业能力打造学术内容新样态，让主流意识形态与学术创新理论通过新媒体，全方位、多平台、宽领域地传递出去，更快速、更精准地抵达目标用户群体，从而为用户全面、便捷地获取知识内容提供路径支持。另一方面，学术期刊加强媒体融合，应创新新媒体语态表达[①]，体现年轻化与时代感，满足年轻用户需求。比如，微信公众号近年来已经成为继纸质学术期刊外最重要的宣传与交流平台，随着微信平台点击量、转发量、点赞数的持续攀升，学术期刊的自身影响力也在不断增强。一些学术期刊围绕重要时间节点、重大主题宣传，推出系列征文活动，得到学术期刊作者和微信粉丝的热烈响应，由此小编与粉丝互动频繁，不仅拉近了学术期刊与用户的距离，而且营造了一个编读往来和谐热情的氛围。同时，微信平台通过定期推送优质文章、发布期刊研究动态、及时回应用户建议等方式，为学术期刊作者和读者提供了及时全面的出版服务，加强了用户使用黏性，也为高品质学术期刊进一步扩大传播力和影响力夯实基础。

但是，随着媒体融合发展进入改革创新的“深水区”和“攻坚期”，学术期刊的媒体改革与融合转型也陷入一定的困境，出现了融合发展中的一些常见问题，比如，融合观念过于保守、融合方式不够开放、舆论引导不够充分、重纸质期刊轻新媒体介质，等等。这些问题有待学术期刊在不断推进媒体融合向纵深发展的过程中逐一破解、勇于革新、大胆作为，通过切实可行的媒体融合方法手段，助力高品质学术期刊转型升级。

（四）优秀人才资源是打造高品质学术期刊的核心力量

习近平总书记强调：“人才资源是第一资源，也是创新活动中最为活跃、最为积极的因素。”[②]学术期刊被赋予“育人平台”的天然使命，使其担负着人才培养的重要职责。学术期刊所培养的人才，我们可以从以下两个方面来理解与把握。

一方面，学术期刊培养了学术新人。学术新人，或许是在读博士研究生，或许是刚刚入职高校的“青椒”，他们的学术研究工作才刚刚起步，还没有多大的名气与声望，只是基于对学科、对学术的热情而投身于研究中。学术新人首先是学术期刊的读者，他们通过日常阅读了解学术期刊的

① 彭兰：《新媒体时代语态变革再思考》，《中国编辑》2021 年第 8 期。

② 《习近平关于社会主义经济建设论述摘编》，中央文献出版社 2017 年版，第 129 页。

办刊宗旨、学科定位、组稿方向，为他们后续写稿、投稿打下良好基础；当他们的投稿进入学术期刊的审稿流程，编辑就稿件内容反复与他们沟通、打磨，他们根据编辑提出的建议与意见，一次次地修改完善，最终形成一篇佳作得以发表，学术新人由此成为学术期刊的作者；与学术期刊多年的交往让学术新人对学术期刊产生愈发深厚的情感联结，也促使他们自觉地参与到学术期刊的建设中来，比如为学术期刊的转型发展出谋划策、对学术期刊的专题组稿贡献力量、推荐更多学术新人关注学术期刊，等等，通过多年的学术积累与沉淀，学术新人最终成长为行业的领军人才、专家学者，甚至可能成为某一领域的知名大家。学术期刊在“学术新人—青年学者—资深专家—行业翘楚”这一人才培养过程中，发挥了不可替代的作用，给予学术新人机会、鼓励学术新人创作、磨炼学术新人意志，可谓对成就作者人才的学术生涯贡献了宝贵力量。学术期刊通过多年的积累，亦形成了学科涉猎广泛、学术功底扎实、研究各具特色的作者资源库，为进一步培育学术共同体做好人才储备，同时，这些人才也会反过来助推学术期刊高质量发展。

另一方面，学术期刊培养了编辑人才。编辑人才与学术期刊的关系可用“一衣带水”来形容，编辑人才是打造高品质学术期刊的中坚力量，学术期刊是铸就编辑成长的精神家园。编辑人才在学术期刊日常的组稿、审稿、把关等工作中，形成自己独特的学术判断力，这种学术判断力通过长期的积累、发展与创新，逐渐形成特有的编辑主体意识，从而促使编辑人才更主动地投身于组稿与审稿工作中，这种编辑主体意识还会进一步带动作者拓宽思路、深入思考，使编辑的理念、方法融入作者创作。此外，编辑主体意识是学术创新的动力源泉，通过服务学科建设与行业改革，聚焦学术热点和社会话题，编辑人才更加积极主动地策划选题、设置专栏，引领研究方向、引发学术争鸣，“主动推进学术期刊的建设”①。在这种深层

① 何丽娟：《新时代学术期刊编辑的社会任务与价值体现》，《新闻研究导刊》2021年第10期。

次激发编辑人才创新的工作过程中，编辑人才也进一步提升职业素养、加强职业认同，从而凝聚为匠心独运的编辑力，激发学者型编辑养成。学术期刊在“编辑学术判断力—编辑主体意识—编辑力—学者型编辑”这一人才培养过程中凝聚了力量，也为学术期刊高质量发展、扩大学术期刊影响力攒足了底气。

三、结语

认真学习习近平总书记给《文史哲》编辑部全体编辑人员的回信精神，将是期刊界未来很长一段时间的重要工作。新时代学术期刊高质量发展，必须牢牢把握打造高品质学术期刊这一发展目标与努力方向，坚守学术本位与办刊特色，以弘扬学术、锻造精品、铸就津梁为己任，更加积极主动地投身于促进期刊事业发展、推动学术出版进步、繁荣哲学社会科学工作中来。

当然，打造高品质学术期刊的路径还有很多，比如提升国际传播能力、规范学术评价体系、完善同行评议制度，等等，本文仅就笔者观察与实践经验进行了粗浅的梳理，一些建议和分析还不够系统、全面，期待方家批评指正。

（作者单位：高等教育出版社《中国编辑》杂志社）

大型地方文化丛书出版质量管理与提升路径

——以《荆楚文库》为例

朱金波　胡　新

历史因文化而精彩，文化因历史而厚重。随着经济实力和综合国力的不断提升，以及信息社会下文献分布状况的日益清晰，当下我国省级地方文化丛书的编纂出版正处于方兴未艾、蓬勃发展的阶段。作为延续历史文脉、弘扬传统文化、增强文化自信的重要方式和途径，要使其真正成为功在当代、泽被后世的事业，保证出版质量必然会是所有工作的核心。《荆楚文库》是一项对荆楚文化进行系统整理、凝聚荆楚学人智慧、促进湖北文化建设的大型文化出版工程。在项目启动后不久，笔者即有幸厕身其间，逾春涉夏，见证了众多学者、编辑的昕夕勤劬、无有虚日。本文即以《荆楚文库》的编纂出版为例，对大型文化丛书出版质量管理与提升路径略作论述，以期为其他同类工作提供启示。

一、以总体规划引领高质量出版

“丛书”之名，首见用于明代程荣《汉魏丛书》①，“是指搜集两种以上的文献，按照一定的理念和体例编校，冠以一个总的书名，用统一的版式和装帧印行的文献类型。丛书又名‘丛刊’‘丛编’‘丛刻’‘类编’‘合刻’‘汇刻’‘汇抄’‘全书’等”②。无论是“二十四史”的点校出版，还是“七全一海”、专题文献古籍系列、古代名家文集的整理出版，都是在一定理念和统一方案的指导下进行的，《荆楚文库》的编纂出版也不例外。

（一）总体方案的论证

清代学者在《〈邵子显娄东杂著〉序》中说：“蒙窃谓丛书之刻，当随乎人所居都邑，萃其乡先哲著述，编而录之。或关于土风民俗之迁变，或究于贤人才士之出处，或辨于贞义士女之事实。耳目亲见，可无讹淆；见闻称说，足资法戒。其有达官贵士，条记国故，藉资多闻；素族通儒，殚心名理，以开夕秀。乃文献之总持，輶轩之先路，无泛杂之病，而收切近之效者也。”③此段论说不仅对地方文献的集中整理作出了高度评价，也大致概括了旧时地方丛书的总体内容。

专家们经过多次讨论，最终确定《荆楚文库》编纂出版宗旨为：“全方位搜集、整理湖北历代文献，建立完整的研究湖北的资料系统，以深入认识湖北地域特色，传承弘扬优秀文化，促进湖北文化繁荣发展。”根据这一宗旨，又制定出编纂出版方案。《荆楚文库》的编纂出版主要包括“三类作者文本”和“两类文献”。“三类作者文本”主要为：历代鄂籍人士著述；长期寓居湖北人士的代表著述；外省、异国人士考析、研讨湖北的著述。“两类文献”主要为：囊括上述三类作者的已刊传世文献；观照并进而

---

① 谢谦：《国学词典》，四川辞书出版社2018年版，第515页。

② 张三夕：《中国古典文献学（第3版）》，华中师范大学出版社2018年版。

③（清）李兆洛：《〈邵子显娄东杂著〉序》，《养一斋文集》卷四，《清代诗文集汇编》编纂委员会编：《清代诗文集汇编》第439册，上海古籍出版社2010年版。

发掘荆楚出土文献、民间文献等未刊文献，收录其中有学术价值者。这一编纂方案的提出，也就确定了《荆楚文库》的编纂出版是以旧籍整理为主，兼采今人研究成果。

总体框架上，《荆楚文库》分为“文献编”“方志编”“研究编”三个部分。“文献编”主要是对从先秦到民国时期历代荆楚人士的著述，以及外籍寓鄂人士等撰写的反映荆楚历史文化的著作，采取“以人系书”的方式予以集中编排，进行点校整理出版。“方志编”主要是对湖北省现存旧志进行影印出版，尽可能做到“应收尽收”，部分省志及重要府县志予以点校整理出版。“研究编”主要出版以研究、述评荆楚人物、历史、风物等为主的现代学术著作，以及汇编辛亥首义史料、汉冶萍公司档案、民间文书等各类专题资料。

（二）工作书目的编制

编纂出版地方文献丛书，首先要做的就是摸清家底，确定规模。而摸清家底，必自编纂书目始。王绍曾《〈清史稿艺文志拾遗〉前言》有言：“良以一代典藏之盛及著述之富，公私目录，咸有甄录，有此依傍，则事半功倍，易于集事。”[①]较早开始编纂出版的《湖湘文库》就曾花四年左右的时间编纂《湘人著述表》，以求得到一个集大成式的地方文献总目。《巴渝文库》在正式启动之前，首先做的工作就是编纂《巴渝文献总目》。[②]为出版大型文化丛书编制的工作书目，虽具有某些目录的功能，如涉及图书的名称、著者、出版、内容、收藏等，却并不要求短时间内达致目录学所要求的那般科学性和完备性，非惟不能，而且不必。《荆楚文库》书目是编纂方案的具体化，它用一个个的选题来落实编纂方案的种种设想，是一份选题目录，一份供进行论证和安排出版用的规划。

编制《荆楚文库》工作书目就是对整个编纂出版工作做“顶层设计”，

---

① 王绍曾：《〈清史稿艺文志拾遗〉前言》，《目录版本校勘学论集》，上海古籍出版社 2005 年版，第 354 页。

② 谭小华、刘威：《〈巴渝文库〉首批重要成果——〈巴渝文献总目〉编纂述略》，《四川图书馆报》2019 年第 5 期。

既要突出荆楚文化的特色，又要考虑可实施性，因此需要对一些关键问题进行厘清。首先，工作书目的编制是对《荆楚文库》编纂方案的具体化，服务于后期的编纂出版工作，以出版纸介质图书为重点，因而并不过多涉及数字文库内容。其次，关于鄂籍人士的认定，凡出生在湖北，皆认为是鄂籍人士，出生在外省，祖籍三代以内也可认定为鄂籍人士。再次，如何认定楚地，以及如何正确处理楚地文献和湖北文献之间的关系，关键在于要处理好"大楚"与"小楚"、核心区和非核心区的关系，要看是否对楚文化的发展与形成有重要影响。又次，谨慎对待争议人物、争议作品的收录，在收录外籍人士记载、研究湖北的著述时要做到积极稳妥。最后，书目的编制要做到原则性和灵活性相结合，在尽可能做到完整丰富、不漏不滥，不自乱体例的同时，也应认识到，微调是不可避免的，并且会贯穿于整个编纂出版过程始终。如"研究编"在收录今人著述时，鉴于书稿质量和作者水平的考虑，有些编入书目的选题在出版时亦可阙如。

《荆楚文库》幸得阳海清先生远见卓识，夙著《现存湖北著作总录》一书，得免从头做起。经过专家们一年多的努力，遍稽群籍，七易其稿，终得以完成。书目确立了从"地理上的湖北"和"文化上的荆楚"上来把握作者籍贯的原则，在揭示荆楚文化发展源流的同时，又考虑到实际行政区划，避免了"荆楚"概念的外延、内涵的泛化与局限。

（三）相关规范的制定

古语道："木受绳则直，金就砺则利。""离娄之明，公输子之巧，不以规矩，不成方圆。"说的都是标准的重要性。在编制工作书目、设计相关选题时，《荆楚文库》就已经考虑入选文献的出版，比如一些文史名著、文学名篇，内容可取，但篇幅不但难以自成一书，而且难以作为两三种合刊的文献进行处理。书目编制完成、进入出版环节后，因丛书容量大，品种繁，又不免出自众手，就需要首先从编纂体例及出版流程上予以统一，以保证出版质量，协调编纂、整理、编校、印制、物资、储运等各方面工作。《荆楚文库》在进入正式出版前，就制定了一系列文件来对此进行规范。

经公开征集多次会议讨论，《荆楚文库》确定了丛书的LOGO、封面设计及装帧方案。专家们又经过反复讨论和多次修改，制定出了《〈荆楚文库〉编辑出版管理规定》《〈荆楚文库〉古籍点校条例》《〈荆楚文库·文献编古籍整理类〉内文版式规范》《〈荆楚文库·文献编民国新式著述类〉内文版式规范》《〈荆楚文库·研究编〉内文版式规范》等文件。这些规定、条例及规范的内容，主要涉及编、印、发等相关部门，包括图书选题实施申报、古籍点校工作、民国旧籍的整理、“内容提要”的写作要素、编辑体例、内文版式、图书出版流程、印刷物质和生产流程、印刷与精装质量整体及分项要求等。

“凡事豫则立，不豫则废。言前定则不跲，事前定则不困，行前定则不疚，道前定则不穷。”[①] 如果说地方文化丛书编纂方案就是战略层面的规划，那么工作书目的编制就是战略落地和实施的路径规划，而相关规范的制定就是从实际操作层面提供支持。只有科学规划、审慎论证，建立切实可行的标准，才能保证丛书的出版质量。

二、以编辑工作为主体的多方协同

余嘉锡在《四库提要辩证·序录》中指出：“古人积毕生精力，专著一书，其间抵牾尚不自保，况此官书，成于众手，迫之以期限，绳之以考成……自不免因陋就简，仓卒成篇。……其他疏漏，复何待言。”[②] 尽管《四库全书》存在着很多不足，但在余氏看来，这并不影响其“衣被天下，沾溉靡穷”，其价值可谓“功既巨矣，用亦弘矣”。地方文化丛书的编纂出版，自然不能与《四库全书》并论，但就编纂过程而言，都有赖官方总持其事，以及多方协同发力。

① 阮元校刻：《十三经注疏》，中华书局1980年版，第1629页。

② 余嘉锡：《四库提要辨证》，中华书局1985年版，第49页。

（一）统一组织协调部署

为确保丛书编纂出版质量，藏书单位、科研院所及出版机构三方面力量缺一不可，当下我国各省级地方文化丛书的主持者皆出自此三家，尤以出版主管部门居多。湖北文化积淀深厚，文献资料丰富，同时武汉大学、华中师范大学、湖北大学等高校有学殖深厚的文献整理与研究机构，湖北人民出版社、湖北教育出版社、武汉大学出版社等出版机构有较为健全的编辑阵容和强大的出版力量。

为做好《荆楚文库》编纂出版工作，湖北省委、省人民政府决定成立《荆楚文库》工作委员会和编纂出版委员会。前者由省委、省人民政府相关领导担任主任、副主任，成员为省内相关高校，省级财政、文化、出版等行政单位主要负责人。后者由章开沅、冯天瑜两位先生担任总编辑，成员主要为相关研究领域学术造诣较深的专家学者。工作委员会下设办公室，由省新闻出版局主要负责人担任主任。编纂出版委员会下设编辑部，负责编纂出版具体工作，由著名出版家周百义担任主任，成员由省内各出版单位抽调、返聘的近十位专家组成。《荆楚文库》的编纂出版经费列入政府年度项目预算，由省财政予以全额保障。

两个委员会的设立，形成了由行政主管部门提供制度保障，专家学者提供智力支撑，以出版机构为主导，藏书单位、科研院所等分工协作的行动机制，为丛书的编纂出版打下了坚实基础。尤其是负责具体实施工作的《荆楚文库》编辑部，统一组织，精心筹划，协调作者、各出版单位、印刷厂等部门，为使这一丛书能成为藏诸名山的传世之作，发挥了无可替代的重要作用。

（二）强化体制机制保障

地方文化丛书的编纂出版，古籍整理占到了相当大的比重，这是一项任务艰巨、细节烦琐又难以快速获得良好经济效益的工作，以致大多数出版机构都不太重视。尽管得益于近年来传统文化与国学热的兴起，以及社会经济发展对寻找文化根源的反哺，各级人民政府对古籍整理越来越重视，但由于学术环境、读者需求、出版体制等方面的原因，总体上仍未有较大的改变。《荆楚文库》的编纂出版要在此方面有所突破，必须从体制机制上入手。

省委、省人民政府两办联合印发的文件，为《荆楚文库》的编纂出版从体制上提供了政策保障。作为出版主管部门的省新闻出版局，尽管也会“迫之以期限，绳之以考成”，但总体上只是协调出版单位投入更多的人力物力，在组织上为他们提供支持，并解决有关实际问题。编辑部则主要从专业出发，以打造文化精品为目标，按照出版规律通过“长计划、短安排”予以推进。除每年年初制订出版计划、组织召开工作推进会议外，编辑部日常工作为综合协调各项事务，及时掌握和调整编纂出版进度，适时会同有关部门召开生产调度会，进行督促指导等。具体运作上，要求所有参与此项工作的十数家出版社都设立专门的部门，由主要领导负责，合理配置编辑人员和资源，并根据项目具体情况，在出版流程管理、岗位责任及考核激励等方面予以倾斜。

概而言之，《荆楚文库》编纂出版过程中的举措，重点都是将抓落实作为开展工作的主要方式，探索建立系统推进工作的体制机制，推动形成心无旁骛编纂出版的浓厚氛围，并随着项目的进展不断调整优化，全力保障高质量出版各项工作任务落实落地。

（三）以专业素养为基石

“功由才成，业由才广。”研究整理古籍资源的专家学者与具备良好职业道德和专业素养的出版从业者，是丛书顺利完成的基本前提，也是保证出版质量的根本力量。不可否认的现实是，古籍类图书受众小、投入大，出版流程长、环节多，致专业编辑的培养周期长、投入高，各出版机构古籍编校人才尤其是青年人才稀缺。《荆楚文库》自启动之日起，就以提升编辑专业素养作为重要任务开展了大量的工作。

湖北高校林立，武汉大学、华中师范大学、湖北大学等数十年来陆续编纂完成《汉语大字典》《故训汇纂》等皇皇巨著的同时，也为众多出版机构培养了大量人才。《荆楚文库》编辑部的专家大多从事过《汉语大字典》《中华大典》等大型图书的出版工作。省内各出版机构专门设立的部门，也多由经验丰富的编辑、毕业于名校相关专业的青年学子组成。为保证《荆楚文库》的编纂出版质量，编辑部多次组织相关人员开展业务培训，不仅涉及图书的书脊、版式、字体字号、分册序号的标示、书芯内容次序等体例规定，还包括版本的选择，校记的写作，以及异体字、讳改字、误刻字、新旧字形字的处理等方面内容。为充分借鉴他省以及专业古籍社的经验做法，还邀请了上海古籍出版社社长高克勤，岳麓书社原社长、《湖湘文库》编辑出版委员会副主任夏剑钦等前来授课。

《荆楚文库》文库的文献种类多，遇到的问题也是层出不穷，编辑部专家针对送审图书中发现的具体问题及时向编辑反馈，适时进行释疑解惑和经验介绍，为提高编校质量助益良多。显然，《荆楚文库》通过编辑部专家的专业引导、出版社老编辑的言传身教，有意识、有目的地合理培养，形成了一支以编辑工作为核心的多层次人才梯队，成为保障文库的编纂出版质量的基石。

三、以内容质量为核心的工作策略

地方文献的整理出版，总以嘉惠学林、传诸后世为鹄的，而决定其能否达此目标的根本在于图书的内容质量。对于大型丛书的出版来说，仅以主管部门关于图书质量是否合格的相关规定作为判断图书内容质量高低的依据，显然是不够的。地方文化丛书的编纂出版，除了需要遵循古籍整理的相关规范，更重要的是要从文献的使用与保藏，即是否真正起到了积累与传承文化的作用来进行评价。《荆楚文库》将保障图书内容质量作为首要原则，在不同环节采取了一些有效措施。

（一）高水平作者的选择

《荆楚文库》在编制书目时，就坚持以文献所具有的“四性”（历史性、学术性、经典性、代表性）或“三价值”（史料价值、学术价值、文学价值）作为是否入选的标准，杜绝空无依傍的高下随心之举，以免贻人口实，徒滋物议。这是从原作者的角度出发的，《荆楚文库》的大部分图书还存在着选择合适整理者的问题。优秀的整理者除了具备良好的古籍工作素养外，更重要的是对原作者及著述情况、学术立场等较为熟悉，唯此才能做到零缣賸馥、不使阙略，更能补苴罅漏，匡其不逮，张皇幽眇。

《荆楚文库》选题作者（含整理者）由编辑部与负责选题实施的出版社共同遴选，主要立足于学者本身的学术研究角度。湖北是人文学术重地，在全国有影响力的学者众多。《荆楚文库》是在“楚”字上下功夫，要做足“楚”文章，自然离不开工作生活于此、长期受地方文化浸润的本地学者，但在作者的选择上却并不受限于此。在实际操作时，编辑需要从作者的知识背景、学术水平等方面去综合考量，首先要做到自己对相关选题的内容有大致了解，努力使自身专业素质要与作者相适应，并为他们解决一些实际问题。如一些需要重新撰写的选题，一时不能找到合适的作者，虽已列入总体规划，亦可予以撤销。

（二）事先程序不可或缺

国家出版行政主管部门发布的《图书质量保障体系》，分别从前期、中期、后期就保障图书质量的重要措施进行了规定，对出版社图书生产不同环节的任务进行了明确。但在实际工作中，由于各方面原因，部分出版社对《体系》中的相关制度并未完全执行，最突出的表现为缺乏“前三审”。因此，为保障《荆楚文库》图书出版质量，编辑部在书稿进入“后三审”中编辑加工整理之前的阶段，采取了相关措施。

在作者（含整理者）进入写作（或整理）阶段前，负责选题实施的出版社需要将提纲、样稿和目录送交编辑部专家审定备案，并填写相关表格，说明该项目的基本情况。“文献编”中修订重印的图书，需说明修订者的相关信息；如为新整理的项目，需说明采用何种版本作为底本、何种版本作为参校本，以及所采用底本情况，说明点校者的有关信息和学术研究情况。“研究编”新列选题，需提交写作提纲和样稿。上述事项经编辑部审核同意后方可实施。作者完成的书稿由编辑部专家与出版单位协商，决定稿件是可以接受出版还是应予以退稿，或者应退作者修改后再重新审核。这些程序在一定程度上会增加出版社编辑的工作量，但就当下出版环境而言，对保障图书质量是十分必要的。

（三）严格执行编校流程

图书出版作为一项科学、系统、复杂的工作，流程管理是保证出版质量的基本途径，其中最为关键的是责任编辑制度和三校一读制度。《荆楚文库》出版质量的高低，最终取决于这些制度是否得以贯彻。编辑部在做好规范引导工作的同时，依靠行政主管部门力量，切实加强对各出版社《荆楚文库》图书质量管理，对编校资格、选题实施、编辑加工、三校一读、装帧设计等各个环节进行全程跟进。

在具体操作上，《荆楚文库》编辑部要求各出版社编辑做好生产进度记录，填写图书生产流程表。图书在付印前要将付印清样送编辑部专家审核，并经编辑部主任同意后才能安排下厂印刷。图书付印清样送审时，出版社需要提供完整的审稿记录以及图书生产流程表，确保相关编校流程被严格执行。送审图书经专家审读不合要求的，要退回出版社进行修改。同时，编辑部会适时前往各出版社进行督导，现场审看列入当年出版计划、正在编校中的书稿，强化质量意识，协调出版进度。在图书出版后，编辑部增加了质量检查环节，对检查中发现的问题进行反馈处理，不断优化质量责任管理。

（四）具体问题专门研究

《荆楚文库》总体上是对历史上已经存在的文献进行整理，时间之长，著述之丰富，难免会有所参差。尽管编辑部前期对有关情况有所筹酌，但物之不齐，在所不免，突破体例的情况时或有之。即如某些集子的整理，资料少者，让人如犬啃月，无从下口；资料多者，有时又言人人殊，莫衷一是，让人无所适从。此种情况之下，就需要对具体问题展开专门研究。《荆楚文库》进入正式出版后，编辑部或召开总编辑办公会，或组织相关领域专家，就个别大型文集的整理、有关出版体例的确定进行讨论，取得了相当成效。

按照总体规划，《荆楚文库》的编纂出版以历代鄂籍人士著述为主，但在具体操作时，又会遇到本籍与流寓人士、著者与校印者、著者与辑者、主持者与独纂者等关系的处理。以编辑部组织召开《钟惺集》整理研讨会为例，原则上《荆楚文库》不应收录由本籍人士辑录、校刊且内容不以荆楚为著述对象的非本籍人士著述，但作为明代文坛巨擘、“竟陵派”代表人物的钟惺，其“直抒性灵”的文学主张就是通过编选《诗归》来体现的，专家讨论后以为，《诗归》一书或可予以收录。其他如大冶柯逢时校刊有《武昌医学馆丛书》、汉阳周贞亮有《汉阳周氏书种楼丛钞》，即使这两套丛书各有特色，都有其独特的价值，但都不宜视为柯、周二氏著作列入《荆楚文库》予以出版。

作为“总聚众书为一书”之《荆楚文库》，其下亦有钜帙如《杨守敬集》者，20 世纪已有整理，编辑部为此专门召开研讨会，为此次的修订出版能够后出转精扫清了障碍。此外，就有争议的选题处理，相关选题的增补，编纂出体例、技术甚至内容上的一些问题，编辑都通过不同的形式专门解决，有效地保障了文库的出版质量。

（五）反复打磨不断提升

古籍在传抄过程中，断简残帛，讹舛衍脱，鲁鱼亥豕，不胜枚举。再优秀的整理者黾勉以成的书稿，亦不免错漏，在出版时又会因编辑、录入等过程中的错植造成图书质量大打折扣。在古籍整理出版中，即使是最基本的照本改字，要做到不伪不漏，已非易事，更何况要在不同文本字句差异之间进行准确的判断与取舍。古人言：“校书如扫尘，一面扫，一面生。故有一书三四校，犹有脱谬。”① 好书是反复打磨出来的，《荆楚文库》的编纂出版也不例外。

《荆楚文库》收录的《居正集》系对 1989 年出版由罗福惠等编著的《居正文集》改编而来。如章开沅先生所述，前一版本曾发挥了独特的历史作用，但由于当时历史条件限制，“缺陷自然很多”。《荆楚文库》版对此进行了较大的改动。当书稿送至编辑部审核时，专家分别从图书的分

① （宋）沈括：《梦溪笔谈》，张富祥译注，中华书局 2016 年版，第 304 页。

册、体例、版式、目录，以及其他方面等提出了意见。以内容的处理为例，送审书稿存在着脚注写法不统一，异体字、繁简字处理失误，破句，标点使用不统一或失误，文字属转引却径标原书等问题，其他亦有如诗文篇题中的“并序”不应加括号，以及同题多首的诗词，其标题中标明篇数的文字是否加括号不统一等编校细节的处理。此送审书稿最大的问题当属内容失收，为此编辑部专家补充了居正所撰序跋 9 篇，单篇著述 15 篇，已出专书 1 种，已知藏处、尚未收录的著述 3 种，并提供了可供采辑的资料 8 种，可供校对的资料 2 种。意见反馈给出版社和整理者后，得到了很好的执行。

上所举《居正集》是从大处谋篇，更多的编辑工作体现在字斟句酌。鉴于妄增或臆改所带来的严重后果，顾广圻曾主张：“一字不改，悉依其旧，尚存‘不知为不知’之遗意，于是而古书可以传，可以传而弗失其真。”[①]但顾氏之主张，以“不知”为前提，依今日实际来看，倘编辑工作于此昧昧，一任整理者或死守底本，将如何履职？就单个文字的处理而言，《荆楚文库》图书在编辑加工时，对异体字在哪些情况下可以改为规范字，哪些情况下又不能改，对讳改字的处理、回改之法，以及新旧笔形字的处理等都有规定。然对于动辄近百万字的文库图书来说，除逐字逐句反复打磨，别无他法。幸勿以繁琐惧之，亦幸勿以琐屑轻之。

四、结语

近年来，我国社会各行各业都在积极倡导工匠精神，出版业自然也不例外。编纂出版地方文化丛书，要使其成为传世经典之作，更应以精益求精的工匠精神去雕琢每一本书。《荆楚文库》除采用上述举措外，从制定总体规划开始，对出版过程中有关理念和关系的把握，如借鉴利用与开山

① （清）顾广圻：《顾千里集》，中华书局 2007 年版，第 164 页。

采铜并举、穷搜博采与不漏吞舟之鱼、整体呈现下对局部的调整、正确处理进度与质量关系等，都成为保障及提升丛书出版质量的有益之举，兹不予详述。

纵览历史，凡个人著书，难免不受各种主客观条件的限制，形格势禁，有非人力所能为者。清代举一国之力修《四库全书》，饱学之士云集，为文化史之空前杰作，其遗祸之烈，世所稔知，以至有“清人纂修《四库全书》而古书亡矣”之慨叹。今荟萃乡邦郡邑之书，全国大多省份皆已肇启，“赓续文脉、薪火相传”已经成为我们这代人责无旁贷的历史使命，出版质量管理好坏与提升与否也就成为这些大型文化丛书成败之关键。以上即为笔者在从事《荆楚文库》出版工作中的所见所思，以期抛砖引玉。

（作者单位：武汉出版社城市文化出版中心）

文化复兴背景下编辑全面提升传统文化素养的路径探析[①]

丛艳姿

"人才之难万冀一，一士其重九鼎轻"，高素质的编辑队伍是出版事业高质量发展的基石，出版事业的高质量发展则是建设社会主义文化强国软实力的保障。党的十八大以来，党中央高度重视中华优秀传统文化的传承与发展。2017 年，中共中央办公厅、国务院办公厅出台《关于实施中华优秀传统文化传承发展工程的意见》，首次以中央文件的形式专题阐述中华优秀传统文化传承发展工作，传统文化在新时代焕发了新的生机与活力。传承中华文脉、维护国家文化安全、提升民族文化自信，离不开社会主义出版事业，更离不开每一位编辑的身体力行。全面提升传统文化素

① 本文系国家社科基金重大项目"中国传统文化教育资源的开发利用研究"（项目批准号：16ZDA230）的阶段性研究成果。

养，是时代赋予每位编辑义不容辞的历史使命和责无旁贷的文化使命。

一、概念辨析：传统文化与传统文化素养

（一）国学与传统文化

在诸多语境下，“传统文化”与“国学”二者的概念或可等同，但在更广泛的意义上，它们内容涵盖不一、所指不同，所以在辨析“传统文化”这一概念时，将其与“国学”相对照，想必会更有助于我们了解它的内涵。

“国学”，在周朝时专指国家设于王城及诸侯国都的学校。清代以来，“国学”的词义发生变化，意指我国固有的学术文化，也称“中学”或“国故”，是为与“西学”（西洋学术）相对称而产生的。晚清时，中国战败于甲午战争，清廷发起“洋务运动”，在引进和学习西方科学技术的过程中，“西学”与中国固有文明之间的关系成为摆在清廷朝野面前的重大问题。在面对守旧顽固派的反对态度上，洋务派提出了“中学为体，西学为用”的观点来中和西学的冲击。自此之后，“中学”（逐渐代之以“国学”）开始成为中国学人对自己固有的学问的代称。罗志田先生认为其“实为一种以文字为基础的综合性学问”①。

与“国学”的专指不同的是，“传统文化”的包含极广，至大无外，举凡人类社会历史发展过程中所创造的物质和精神财富都可以归之为传统文化。传统并非总是安常守故的，传承者对传统的每一次的传承都会对传统内容有所发展。正如德国存在主义哲学家雅斯贝尔斯所说：“传统总是潜移默化地滋养着年轻一代……年轻一代通过一种与历史及往昔伟大人物形象的内在联系而意识到传统。历史作为已知的、被把握的过去，成为当下的事实内容，而当下唯有在与过去的连续性中才能创造出将来以及人类

① 罗志田：《西学冲击下近代中国学术分科的演变》，《社会科学研究》2003 年第 1 期。

此在的客体性。”[①]综上所述，我们可以将“传统文化”的概念泛化为：在历史发展过程中，一代又一代经由先民传承并持续发展表现出民族特征性的文化性内容。

通过比较，我们不难发现，“传统文化”是比“国学”的涵盖更加广泛的概念，它不以文字为基础、不以研究为要求，它既是古代文人桌案上的经史子集，也是我们餐桌上的煎炒烹炸；它既是典藏于博物馆中的国家重器，也是辗转于幼童手中的鲁班锁、九连环。传统文化既扎根于悠远的过去，也鲜活地存在于当下，而且还将久远地伴随我们的未来。

（二）传统文化素养的内涵及表现

传统文化素养，顾名思义，指的是在修习传统文化过程中所获得的涵养。与传统文化内容的广博相呼应，传统文化素养的表现形态也至为多样，可分为以下三个方面。

一是文化理解。文化理解指的是在全面了解传统文化内容的基础上能够理解传统文化中所倡导的行为方式、道德准则和核心价值。需要指出的是，在这一传统中，既有“郭巨埋儿”的残暴，也有“陆绩怀橘”的柔情；既有《大诰》《圣谕》的禁锢，也有《老子》《庄子》的飘逸——如果传统失其厚重、历史失其宏大，便也无法承载中华民族五千年来的喜怒哀乐了——“风卷寒云暮雪晴，江烟洗尽柳条轻”，才是古往今来的世间常态。而“中国文化几乎在每一方面都表现出它的独特形态。因此观察者从任何角度着眼，都可以捕捉到这种独特形态的一个面相。这是众说纷纭的根本起因。只要观察者不坚持以偏概全，则观点越多，越能彰显中国文化的特性”[②]。

二是文化认同。文化认同指的是对传统文化中优秀的文化形态能够亲近、认可、赞同并能够施诸于行动。自“五四”以来，传统文化一直被当作国家民族保守落后的罪魁祸首，国人对自己的文化多持怀疑、否定和批

① ［德］卡尔·雅斯贝尔斯：《教育是什么》，童可依译，生活·读书·新知三联书店2021年版，第38页。

② 余英时：《士与中国文化》，上海人民出版社2013年版，第1页。

判的态度。葛兆光先生在谈及“五四”以来人们对待传统的态度上曾说，“他们为了确立现代的价值而否定古代的意义……匆匆忙忙地勾勒一个叫作‘传统’的假想敌，借了批判这个假想敌来确认‘现代’的合理性，可是，如果我们检讨一下这个时代的批判，我们发现，他们批判的，可能只是一个‘想象的传统’”①。如果说百年前的先辈为了中国尽快走上现代化道路而不得不使传统文化成为无辜替罪羔羊的话，那么今时今日或许该是我们带着理性的目光重新审视传统的时候了，只有当我们葆有对传统的“温情与敬意”时，才不会以虚无主义的态度加以视之，才不会“将我们当身种种罪恶及弱点，一切诿卸于古人”②。

三是文化自信。文化自信指的是在全面理解、认同传统文化的基础上，对传统文化油然而生的自信心和自豪感。自古以来，悠久文明的传承、深厚文化的积淀都让中国人对自己的文化非常自信，是谓“怀柔远人”。当我们回望传统时，我们也难能不为自己灿烂悠久的文化感到自信：在瑰丽多姿的传统文化中，有侠肝义胆的勇武，也有悬梁刺股的精进，还有宠辱不惊的达观，更有数之不尽的凝练了古圣先贤对人生思辨的典籍和镶嵌了古人生活情趣的游艺技能。那些具有超越时空生命力的思想理念、传统美德和精神品质，是古人智慧的结晶，更是今人智慧的源泉、立身处世的根本。

二、传统文化的分类及内容组成

“习语智长，化与心成”，要想踵武先贤、传递文化薪火、培养传统文化素养，就必须熟习传统文化内容。千姿万状的传统文化内容因时代和社会的发展而日益增广，统而驭之，可分为经典文本、文化常识以及游艺

① 葛兆光：《中国古代文化讲义》，复旦大学出版社 2015 年版，自序。

② 钱穆：《国史大纲》，商务印书馆 2010 年版，第 1 页。

技能三类①。

（一）内蕴人文性的“经典文本”

经典文本，又称典籍，原指作为典范的儒家经书，本文所说的“经典文本”，其含义更加广泛，并不限于一家一说、一时一地，而是指中华民族历史上具有典范性、权威性的著作，既包括以“四书五经”为代表的儒家经典，也涵括具有代表性的子部、史部经典，更囊括脍炙人口、喜闻乐见的诗词曲赋等传统文学作品。它是传统文化最重要的载体。

中国古代典籍如恒河沙数，如欲钩沉于史海，则必须先了解经典文本的分类方式，以明了经典文本的整体状貌。自汉朝起，我国便有了对典籍的分类方式，是谓“七分法”。《隋书·经籍志》承接三国时期四分法，改“甲乙丙丁”为“经史子集”四部，称为“四部分类法”，此分类方法是隋唐以降最为常见的古籍分类方式。我国古代典籍的集大成丛书《四库全书》便是以四部分类法进行分类的。

为方便查阅古籍，本文参考《四库全书总目》②，对经典文本的组成介绍如下③：一是经部，包括《易》、《书》、《诗》、《礼》、《春秋》、《孝经》、五经总义、“四书”、乐类、小学共十类；二是史部，包括正史、编年、纪事本末、别史、杂史、诏令奏议、传记、史钞、载记、时令、地理、职官、政书、目录、史评共十五类；三是子部，包括儒家、兵家、法家、农家、医家、天文算法、术数、艺术、谱录、杂家、类书、小说家、释家、道家十四类；四是集部，包括《楚辞》、别集、总集、诗文评、词曲等书。

（二）包蕴知识性的“文化常识”

常识，即一般性的简单而基本的知识，此外也包括这些基本知识中的常理，以及依赖于对这些常识、常理的理解而生的基本判断力，其是“与

① 徐梓：《中华优秀传统文化教育十五讲》，北京师范大学出版社 2018 年版，第 74、78—79 页。

② 纪昀等：《武英殿本四库全书总目》，国家图书馆出版社 2019 年版。

③ 《四库全书》的编纂体例中，“部”下有“类”，“类”下又分“属”，由于篇幅有限，本文不再赘述“属”的类别。

理论知识、理论体系相对而言的概念”①。文化常识则是常识中的一个类别，也是内容包含极为广泛的一个类别。本文所指的文化常识是相对于古人而言的，多不为现代人所熟悉，是指历史上那些广为流传、广为人知的基础知识、生活经验和思想共识。文化常识凝结了先民对世界的认识，是我们阅读经典文本的基础。

纵观华夏文明五千年，有一条文化泾渭之河，体现着文化的云泥之别：在经典文本上，帝王官宦、学士大夫抱六艺、诵六经，草野小民则举怪力乱神、炼丹画符；在游艺技能上，文人尚雅趣，推淡雅的中国画、威严的宫廷雅乐，庶民喜乐趣，爱热闹的年画、欢快的民间小调——它们各有千秋，共同构筑了传统文化之全貌。如此也就不难理解，古代文化常识疆域的辽阔，诚如王力先生所言：“这种知识要靠长期积累，不是短时间就能充分掌握的。”②

古代文化常识大致可为如下四类：一是传统礼仪文化，包括传统生活礼仪和人际交往礼仪，如传统节日、节气，传统家族、宗族礼仪文化等；二是传统民俗、器物文化，包括传统服饰、传统饮食、传统建筑、传统交通和传统日用器物等；三是传统社会生活文化，包括传统教育、教化，传统农业、工商业，传统科技，传统职官、官署，传统地理等；四是传统思想文化，包括传统学术思想、传统文学理论、传统政治思想和传统宗教思想等。

（三）含蕴实践性的“游艺技能”

灿如星河、浩如烟海的传统游艺技能内容丰富，最能体现古人的生活情趣、休闲意趣和生命雅趣。游艺技能，指的是长期存在于传统生活之中，通过长时间反复演练后习得和掌握的富于技巧性的游戏、手艺、工艺或艺术等内容。它是我国古代先民在长期生活过程中世代传承和相沿成习的内容之一。它既是我们感知古人生活方式的重要载体，也是欣赏美、践

---

① 陈嘉映：《说理》，上海文艺出版社 2020 年版，第 108 页。

② 王力：《古代汉语》，中华书局 1999 年版。

行美的重要途径。

传统游艺技能的门类不胜枚举、内容不计其数，我们可以从“国家级非物质文化遗产代表性项目名录”中窥其一斑。2021年5月24日，国务院公布了第五批名录，这是继2006年、2008年、2011年和2014年之后的又一次整理，名录共包含1557个代表性项目、3610个子项①。本文综合考量游艺技能涵盖的内容，将其分为四个方面：一是体现稚子童趣的传统游戏，包括传统体能游戏、传统智能游戏和传统语言游戏；二是展现文人雅趣的传统游艺，包括传统书法、传统美术、传统音乐和传统舞蹈；三是表现庶民乐趣的传统技能，包括传统杂技、传统体育、传统曲艺、传统戏剧和传统生活技艺；四是呈现匠人志趣的传统工艺，包括烧制技艺、织造技艺、刺绣技艺、锻造技艺等。

三、编辑提升传统文化素养的基本路径

（一）诵读、精读、研读经典文本

钱穆先生在给孙女钱婉约的家信中曾说：“苟非对历史文化传统有认识，即不易了解到一切古籍深处，但不了解古籍深处，亦不易认识到历史文化传统之真意义真价值所在。”而五千年来的著述汗牛充栋，编辑如何得入古籍门径，我们依托千百年来的教育传统，遵循循序渐进的原则挑选读本。

1. 可诵读具有代表性的蒙学读物作为阅读古籍的入门

“三坟五典”佶屈聱牙，“八索九丘”晦涩艰深，没有一定的古典文献素养直接阅读便会如捧天书，难能理解其中真意。而古代蒙书的内容简单，但语言优美练达，还包含了大量知识、典故，更为重要的是，它全面

① 《中国非物质文化遗产网·中国非物质文化遗产数字博物馆》，2021年8月17日，http://www.ihchina.cn/。

展现了古代社会生活图景，更是古人知识图谱的缩影。阅读这类书既能培养我们对经典文本的亲近感，也能让我们打好学习艰深古籍的基础。这些蒙学读物除了我们熟知的“三百千”之外，还有《朱子治家格言》《声律启蒙》《幼学琼林》等，都是蒙学的典范。

2. 可精读“四书”和有代表性的诸子作品作为阅读古籍的精进

如果说蒙学读物展现的是“世俗儒家伦理”，那么，几千年来，以“四书”① 为代表的儒家典籍蕴含的便是“精英儒家伦理”了。儒家思想在中国几千年里的地位与角色不言而喻，深入理解了儒家思想，便能明了国人思想的根源。

先秦时期，各国交争，群雄并起，诸子百家“各引一端，崇其所善”，由此形成了“诸侯异政，百家异说”的局面，诸子著述中精妙的譬喻、灵动的语言，都尽述人生朴素的理想与智慧，也是我们阅读古代典籍的不二选择。

关于“四书”与诸子作品的阅读方式，我们可以参考梁启超先生的阅读建议，并不艰深的书可以“专读正文，有不解处，方看注释”。而注释的书也应尽量选择相对权威的注本，如《四书集注》（朱熹）、《墨子间诂》（孙诒让）、《老子注》（王弼）、《庄子集释》（郭庆藩）、《荀子集注》（王先谦）、《韩非子集解》（王先慎），等等。

3. 可研读“五经”和有代表性的史部、集部作为阅读古籍的拔升

“要认识中国文化，涵养崇高品德，必须从读经书开始。”② 儒家认为，记载天道人事常理的书就是“经书”，被儒生奉为“经”的书，先后有五、六、十、十三之数，而《易经》《尚书》《诗经》《礼记》《春秋》这五部书是流传最早的儒家经典，也应是我们最先阅读的几部最基本的经书。

历史是今人的龟鉴，能够鉴往而知来，史书编纂者面对万千史料

---

① 《大学》《中庸》是“五经”之一的《礼记》中的两篇，由于受到宋代理学家的重视被摘选出来，与《论语》《孟子》并称“四书”。

② 邱燮友、田博元、张学波等：《国学课》，生活·读书·新知三联书店 2007 年版，第 8 页。

“能见其全，能见其大，能见其远，能见其深，能见人所不见处”，朝代的兴衰、风俗的文野、政教的得失，都能从史书中得以展现。所以说，史书是我们立足现在、回望过去、展望未来的必读之书。在史书的选择上，可以先选读《史记》《资治通鉴》《贞观政要》《史通》等不同类型的史部著作。

集部之书，多是文学类作品，既包括诗词曲赋文，也有诸多文艺理论。在我国学术体系中，正所谓“文史哲不分家”，王国维曾有言“一代有一代之文学”，如楚骚、汉赋、六代骈语、唐诗、宋词、元曲和明清小说。在诸多的文学类型中，古代文学名家、名篇不胜枚举，可选之作为阅读的文本亦不计其数，《楚辞》《昭明文选》《文心雕龙》《古文观止》和各名家（如李杜白）的别集等都可作为阅读的上佳选择。

经典文本的选择，除了上述介绍的篇目和读本之外，也可以根据国学大家开列的书单作为参考，如胡适先生曾为清华学校胡敦元等人拟定了《一个最低限度的国学书目》，又如梁启超《国学入门书要目及其读法》等，均可对照参看。但总的原则均应是根据自身的情况，选择切近的内容渐次学习。

（二）求解、了解、理解文化常识

中国历史纵贯上下五千年，我们要熟习传统文化就必须穿越千年去感知先民的生活方式、了解他们的文化常识，若不如此，我们对传统文化的了解将永远是雾里看花，与此同时，我们又必须跳出目前特定的文化目光，从“习俗的相对性”来看待文化发展，基于此，我们可以通过如下路径学习了解古人的文化常识。

1. 在阅读经典文本过程中求解文化常识

除却文言文与白话文的鸿沟，经典文本所展现的社会生活与今天相去甚远，也是造成我们阅读典籍的又一障碍，这就要求我们在阅读过程中，以某一知识的晦暗不明为线索，借助工具书爬梳剔抉了解文化常识。在工具书的选择上，除了常用的《辞源》《古汉语常用字字典》之外，古代的启蒙读物和类书也可以作为查阅的工具书。这两类书通常辑录各个门类或某些特定门类的知识，内容通俗易懂，前者如前文叙及的《幼学琼林》，它的目录就分为天文、地舆、岁时、朝廷、武职、婚姻、衣服、人事、饮食等三十二个门类；而类书的内容更加广泛，也是我们寻检古代文化常识的好帮手，如《艺文类聚》《太平御览》《万宝全书》等。

2. 在阅读相关研究成果过程中系统了解文化常识

向社会大众介绍古代社会常识，早已是学界的通识，学术成果也颇为丰硕，如 1961 年王力教授受教育部委托主编的《古代汉语》教材，就花了相当的篇幅介绍古代文化常识。该书共列举了十四部分内容，包括天文、历法、乐律、地理、职官、科举、姓名、礼俗、宗法、宫室、车马、饮食、衣饰、什物。这本书是我们全面了解古代文化常识最简便易得的门径。当然，要想进一步精深了解各方面的古代文化常识，研读各领域专家学者的专门著述也是系统学习文化常识的通途。

3. 在现实生活中全面理解文化常识

传统并非一成不变，到近代也并未戛然而止，它由我们的祖先代代相传，并还会经由我们继续踵武相继，虽然有些当时人人熟知的常识如今早已湮灭无闻，但更多的还一直鲜活地存在于我们日常的生活之中，影响着我们的行为和思维方式。如果说散见于古籍和学者论著中的文化常识需要我们经由阅读才能通晓的话，那么在现实生活中发现和全面理解文化常识，才是我们真正认清自己身上文化基因，看清我们精神世界和知识结构的最佳方式。到北京天安门周边参观，便不难发现“左祖右社”的古代国都建制；在日常饮食中，也难能不熟知川鲁粤淮扬菜系的佳肴名吃；而一进入道场，古代佛道教的民间信仰也会渐入我们的视野。古代的伦理思想和道德原则看则抽象，实则很多都是从当时的家族、生活和仪式中离析出来的，所以葛兆光先生曾说，“想象古代，需要体验，也需要考证”。这里所说的体验，便是从现实生活中得到的。

（三）赏玩、熟习、品鉴游艺技能

学习鉴赏传统游艺技能可以帮助我们理解先民的智慧、感受古人的情志、体味中华传统文化的精髓。和其他文化形式一样，游艺技能在漫长的历史发展过程中，经过大浪淘沙，有的承续至今、活在当下，有的则尘封于历史，或是供人凭吊，或是供人欣赏品鉴。我们或可通过如下方式了解传统游艺技能。

1. 赏玩传统游戏

近几年，央视热播的《中国诗词大会》将“飞花令”带到广大观众的面前，这种既雅致又富有乐趣的传统游戏在古代还有很多。传统游戏指的是流行于古代民间，以嬉戏、消遣为主的娱乐活动，主要包括儿童的庭院嬉戏，也有成人的助兴游戏及少年和成人共享的斗智游戏。虽然游戏主体不限于儿童，但体现的都是游戏者的稚子之心。传统游戏既是编辑案头工作之余消遣休闲、调剂身心的方式，也是我们全面感知、传承古人生活最直接的途径。

2. 熟习传统游艺

明代名士李贽曾在《李生十交文》中论述自己所结交的十类朋友，其一便是“技能可人，则有若琴师、射士、棋局、画工其人焉”，即以传统游艺见长之人。在当代社会，诸如书法、围棋、中国画、古代乐器等传统游艺仍具有强大的生命力，工作之余，我们可以尝试学习。传统游艺为我们提供了一条了解古代士人文化境界、文人修养和文雅趣味的路径，这是因为古代文人在修习游艺的过程中，不仅把它们作为技能去学习，更把它们当作净化自我、追求更高境界的法器。

3. 品鉴传统技艺

人们常说“三百六十行，行行出状元”，古代也一直有“百工”的说法，这些都能说明传统技艺的多样。古代小农社会的经济形式使得人员流动性低，在古代悠长的岁月中，有些工艺在一门之内、一户之中传承几代绝非鲜事，而其所带来的工艺之巧也就不足为奇了。屏息静气，神思集中，一丝不苟，穿越千年的工匠精神久久不败，是因为人们对美有永恒的追求。欣赏、品鉴这些技艺之成熟、之高雅，也是我们欣赏传统美、全面提升传统文化素养的一个法门。

四、结语：让人文底蕴成为编辑的职业底色

除了职业上的考虑，编辑作为中华儿女也有必要亲近、理解和认同中华传统文化，这样才能够在学习、工作和生活中弘扬、践行文化精神，成为有知识、有文化的现代中国人。在传统文化这个兼容并包的大学校里，蕴含了我们祖先无数的智慧，这其中既有对价值准则、道德觉悟、行为规范、生活方式的系统思考，更有对生活情趣、人生价值和高尚境界的不懈追求。区别于实学的、形而下的职业技能，传统文化是人文的、形而上的博雅教育，正因如此，学习传统文化知识、积累传统文化素养应该成为每位编辑的职业底色，使自己成为学识通达、人格健全、品性纯良的文化意义上的中国人。

（作者单位：中国水利水电出版社有限公司）

数字化背景下纸媒编辑应当具备的能力

王　俊

当今世界，数字化正在越来越深入地影响我们的生活。曾几何时，编辑工作针对以纸质形态为主的作品，是对这些作品的策划、组织、审读、选择和加工活动，包括报纸、图书、期刊等，后来加上了音像制品与电子出版物，这些出版物都有实体存在，可以视作纸媒及其延伸。网络仅仅被看作可为纸媒编辑工作提供帮助的工具①，而与编辑出版本身的关系不大。但是今天，编辑工作的对象发生了天翻地覆的变化，除了纸质书稿和有实体的音像电子出版物之外，电子报纸、电子书、电子期刊、听书、短视频、微课、慕课等等不再有实体形态，仅以数据流形式存在于硬件或网络上的出版物层出不穷，有的还结合增强现实（AR）、虚拟现实（VR）等最新技术，其形态与原来的纸媒大相径庭，但同样需要经过编辑加工，并

① 王俊：《网络时代的传统图书编辑工作》，《编辑学刊》2017 年第 1 期。

且以不同于以往的形式发行给读者，因此同样是新时代编辑的工作对象。

报纸编辑、图书编辑和期刊编辑是不同的领域，新媒体编辑应该也是一个全新的领域，需要专业人员来进行。眼下有不少新媒体也确实培养了自己的编辑，他们的编辑工作从一开始就是针对数字化产品的，不存在转型的问题。但原来的报纸、图书和期刊编辑，一方面仍然需要完成原来的纸媒编辑工作，同时面对数字化的洪流，因为纸媒与数字媒体两者之间内容的紧密联系，往往也要参与到数字化媒体的编辑加工中去。在这样的背景下，原本内容相对单一的编辑工作，也面临着转型的挑战。数字化媒体可能是报纸、图书和期刊内容的呈现方式，甚至可能是站在纸媒角度策划但最终没有纸媒实体而只有数字形式，这些都需要纸媒编辑介入数字化的过程。随着这种介入越来越深入和广泛，传统编辑必须进行数字化转型。

面对数字化时代，纸媒编辑必须要有数字化转型的意识。但需要强调的是，转型是升级，而不是转向。纸媒编辑从事的是仍然是纸媒出版工作而不是信息技术（IT）行业，只是更多与 IT 行业产生连接而已。因此，纸媒编辑所应该具备的一切基本能力，包括选题策划、书稿审读、编辑加工等相关能力，是纸媒编辑转型的根本前提和基础。纸媒编辑不仅要有扎实的纸媒编辑能力和基本功，来完成纸质媒体的策划和编辑工作，还要将这些能力运用到纸媒数字化的过程之中，实现纸媒与数字化媒体编辑工作的一体化和同质化，来更好地达成纸媒内容的多种方式传播。但在数字化的背景之下，仅有纸媒编辑能力是不够的，因为读者面临数字化的深入发展，已经产生了更直接、更直观、更方便获取信息的需求，而单纯的纸媒已经无法做到这一点了。信息技术的发展，使得人们的阅读模式产生了极大改变，单一的纸媒出版已进入纸数融合阶段，出版模式呈现多样化发展趋势。纸媒编辑要充分利用数字技术和多媒体手段，加强生产要素与媒体资源的整合，实现知识内容与技术、平台的互通，构建出版服务新生态。纸媒编辑的数字化转型，既要求纸媒编辑的基本能力，也要求具备与数字化产品出版过程相匹配的一系列能力，这些能力与纸媒的编辑能力有相通之处，也有自身独特的一面。

一、数字化产品策划能力

在纸媒出版过程中，策划工作的重要性不言而喻。编辑只有经过认真细致的信息采集分析，综合消费者需求、市场前景、自身条件等，才能逐步形成具体的选题，并通过组稿将选题的意图落到实处。选题策划的内容主要包括出版物内容和形式的设计，以及预计资金投入与产出。从数字化产品是一种出版物形式这个意义上说，数字化产品策划本身就是选题策划的有机组成部分，并且也完全可以针对独立的数字产品进行策划工作。

数字产品究竟包括哪些形态，是一个值得思考的问题。首先可以大体分为附属型和独立型数字产品两类，前者是为纸媒提供配套的，后者则独立于纸媒而存在。附属型数字产品相对而言比较传统，滥觞于数字化时代之前的磁带、光盘，发展到后来的线上资源，至于今天的配套App、短视频、微课、慕课等。另外，将纸媒以数字化的页面呈现的数字出版物，或以朗读形式呈现的听书，虽说来自纸媒，但在销售上针对的是不同于纸媒的读者对象，可以算是相对独立的数字化产品。还有不少数字产品没有印制发行，而是只有数字化的形式，这就是完全独立的数字化产品了。

无论是纸质版还是电子版，吸引读者的关键同样在于内容。从内容策划的角度来说，数字产品和纸媒产品都是一样的，需要编辑了解本领域的最新动态、前沿和热点，了解社会发展态势与文化需求，在此基础上策划出目标读者喜闻乐见的内容。在内容的呈现上，针对读者对象的不同，可以是纸媒与数字二者之一，也可以是并存的。策划时就要考虑具体的呈现方式，是附属型还是独立型，是简单的PDF页面呈现还是经过适应性重排的图文，还是加上音视频等传统纸媒所无法呈现的内容。比纸媒更多的呈现可能，既体现了数字化媒体的先进性，也使得报纸、期刊、图书等纸媒的数字化形态，与电视、广播等传播媒体之间越来越接近，乃至互相融合，不可分割。这就对纸媒编辑提出了更高的要求，只有编辑具有数字化产品策划能力，才能把数字产品的策划推进到实施阶段。

在策划选题的数字化产品时，编辑要对选题本身的特色、用户需求和领域现状胸有成竹，对数字化内容如何呈现才能最大限度实现选题价值做到心中有数，正如在纸媒产品的策划中，编辑也要对纸媒的内容、结构、开本、版式等有一个大致的构想。编辑还应熟悉新技术，紧跟时代，对各种平台和呈现方式有一定的了解，甚至可以亲自进行一些尝试，在对多种数字化产品的优劣进行比较的基础上，选择与所策划的选题相适应的数字化形式，或在需要时创造出新的数字化形式。编辑设想中的数字化产品形式将决定其最终的市场竞争力。需要说明的是，若是独立型的数字化产品，这个市场是那些没有出版资质的机构和个人也能涉足的，出版机构要在与他们的竞争中获胜，就要对其形态和优劣势有充分的了解，并确保内容的权威可靠。

有的纸媒出版机构很早就注意到了数字化内容策划的重要性，曾采取传统策划编辑 + 技术策划编辑共同策划纸媒选题的做法[①]，在当时取得了很大的成功。但必须承认的是，这是在缺少数字化编辑复合人才的情况下的权宜之计，时至今日，纸媒编辑应该提升自身的数字化策划能力，将技术策划编辑所完成的策划工作内化为选题策划的一部分，成长为数字化时代的弄潮儿。

二、数字化产品实施能力

编辑对纸媒数字化内容提出设想之后，需要将设想付诸实施。这个过程并不是编辑自己去完成的，正如在落实纸质媒体策划方案的过程中需要作者、排版和印刷机构在编辑的设想下通力合作一样，数字化产品的实施

① 牟丽：《双策划制：数字出版时代外语教材选题策划新思路》，《编辑之友》2012 年第 5 期。

离不开技术团队的合作。编辑首先要与技术团队充分沟通，提出数字化产品需求，在双方协商下对功能和界面反复确认打磨，确定数字化产品的制作方案。编辑对于信息技术必须有一定的了解，但这还是不够的，正如在纸质图书编辑校对过程中有一套通用的校对符号一般，编辑与技术人员之间的沟通，也需要有一套规范的用语，才能表达清楚各自的意图，避免误解，这套术语可以在沟通中逐步掌握，从而进一步提升编辑的数字化产品实施能力。

由于传统出版机构往往没有专业的技术团队，或技术团队力量不足，往往会与外部的技术公司合作，此时合作的细节也是编辑需要注意的地方。在确定方案后与技术公司签订合同时，虽然有专业的法务部门把关，编辑也要熟悉合同的具体内容，正如纸质媒体的合同往往是由编辑负责与作者签订的一样，技术公司是数字化产品的作者，编辑又是作品的策划者，要起到社内外联系的作用，这种联系也是编辑的数字化产品实施能力的一种体现。

数字化产品的形式、功能和界面确定后，由社内外的技术团队进行原型设计，根据用户、专家的反馈不断迭代、逐渐改进和完善。如果是独立数字产品，此时的编辑就是项目经理的角色，通过与技术团队合作打造出满意的产品；而若是纸媒配套产品，编辑除了项目本身，还要考虑产品与纸质媒体之间的搭配和协调，所涉及的方面更为纷繁复杂。

数字化产品编辑还要熟悉产品的成本核算、外包报价和最终定价，把握好投入与产出的成本平衡点，这也是以“技术经理”为角色的思维方式，是编辑岗位向信息技术岗位延伸的思维方式。①

上海外语教育出版社搭建的 WeLearn 学习平台，最初是作为手机 App 随行课堂开发的，整个开发过程很好地体现了纸媒编辑的这种能力。经过市场调查，编辑进行了数字化产品策划，对数字化产品要实现的功能和内容有了大致的设想，然后向技术公司提出需求、询价、签约，进入数字化

① 孙微巍：《解读数字出版编辑的三种思维》，《出版发行研究》2021 年第 1 期。

产品开发流程。在此期间，编辑需要制定课件标准，进行数据整理，并监控开发进度与功能①，这些都要求编辑拥有较强的数字化产品实施能力。当然，相信经过一次完整的数字化产品策划实施过程，编辑会在做中学，能力得到极大提升，下次在策划新的产品时一定会更加游刃有余。

三、数字化产品审读加工能力

数字化产品的原型经过迭代基本确立后，由技术团队将编辑所提供的经过审读的内容填充到原型中，待到大致完成再提交给编辑审读。数字化产品的审读，有着与纸质图书审读相同的一面，即需要仔细审读找出文字和体例上的差错加以改正，对有疑问的地方加以确认，但数字化产品需要审读的不仅仅是文字内容，还有附带的音视频内容等，更重要的是原定需要实现的各种功能需要确认，分布在各个界面上的链接也要一一测试，因此数字化产品的审读在某种程度上比纸质图书要复杂得多，也不可能靠编辑一个人来完成。即使是纸质图书，编辑往往也会借助外审、校对的力量，同样，对于数字化产品的审校来说，技术团队里也有测试人员，一般还会招募一些内测用户，他们和开发团队、编辑一起对产品把关，而其中起到收集信息并反馈给开发团队作用的，往往是负责该产品的编辑，与纸质图书一样，这样的一个角色，可以视作数字化产品的责任编辑。

一般来说，数字化产品存在的问题，是提交给技术团队来进行修改的，当然也有一些产品在策划时就设计了可供编辑登录的后台，一些简单的文字修改，乃至少数的链接不对应、功能失灵等错漏，编辑可以直接在后台中修改。这并不是说编辑就成了技术团队的一员，而是出于编辑对产品内容和形态的熟悉，在技术团队提供了简便易行的后台的情况下通过学习和摸索来增强对数字化产品的理解，这样亲自动手操作，可以极为直观

① 王俊：《外语教材配套学习 App 的设计和开发》，《科技与出版》2017 年第 11 期。

地提升编辑的数字化产品审读加工能力。当然，真正与核心功能和代码相关的bug，还是要提交给技术团队来解决。

数字化产品的审读加工工作，并不随着产品的上线而结束，正如图书出版之后还需要改型一样，数字化产品也需要不断更新和完善，其版本升级也不需要等待重印而可以随时进行。这种升级一方面是系统升级带来的要求，另一方面，这些产品还应内置反馈功能和数据采集功能，以确保通过前者及时获取用户在使用过程中发现的实际问题和反馈意见，通过后者了解产品的有效性①。这些新的需求和错漏，都需要编辑敏锐地捕捉到并反馈给技术团队，从而不断对产品进行更新升级。由此可见，数字产品的审读加工，对习惯于传统纸质图书审读加工的编辑提出了更高的要求。

四、数字化产品运营能力

纸质媒体出版后，编辑的工作基本完成，销售由发行人员负责，编辑通过发行人员或直接通过部分读者得到使用反馈，从而对纸媒进行改型或修订，总的来说，编辑与市场之间有一定的隔阂。但数字化产品不是如此，上线之后的数字化产品需要不间断维护，有的还需要运营才能发挥作用。

音视频、电子书之类交互性不强的数字化产品，往往只是纸媒的附属物，不需要运营，只要将内容提供给使用者即可。而慕课等数字课程之类交互性很强的数字化产品，可以独立于纸媒使用，这类产品不仅离不开运营，而且运营团队必须足够专业化才能胜任。介于两者之间的产品对运营有一定的要求，但并不那么高，有时也可以由编辑兼任。

运营的作用是为使用者提供服务，类似于图书发行中的营销服务工作，可以通过产品内置的功能采集用户数据，进行用户画像，从而提供个

① 严立、梁跃：《教育出版社的教育App开发》，《现代教育技术》2017年第1期。

性化的服务，加强对用户的吸引力和黏着度，这样的产品才能算是成功的数字化产品。在建立了专业化运营团队的情况下，编辑也要掌握产品的运营情况、销售数据、转化率等，并根据市场反馈和专家意见提出建议。

五、结语

一直以来，编辑都被要求是杂家，也就是在专精一门的基础上做到涉猎广博，这样才能在策划审稿和编辑加工时游刃有余。纸媒编辑自然要专精于自身得以安身立命的专业知识，并且对其他各方面的知识都要有所了解。在数字化时代，纸媒编辑的数字化转型，并不是要求编辑完全转变为数字化产品的设计者，而是在原本庞杂的知识领域之外，又新增有关数字化产品的知识和能力，同时从作者和读者间的桥梁，进一步化身为技术团队与用户之间的桥梁，有时在编辑和用户之间还存在运营团队的中介。也就是说，编辑依然是纸媒出版的核心，同时进一步演变为数字产品出版的核心，这正是纸媒编辑顺应时代要求的数字化转型。

（作者单位：上海外语教育出版社）

涵育审美品质：融媒时代编辑素质提升的新路径

郑　艳

出版是文化传承的基础工程，是促进社会进步的知识生产服务行业，与时代主题、历史进程密切相关。融媒时代，互联网、人工智能、大数据环境下民众信息获取的方式与手段、阅读习惯和阅读环境均发生变化。传统出版面临着转型的重任，编辑需要提升职业素养以应对多维挑战。

习近平总书记曾在全国宣传思想工作会议上强调，要努力打造一支政治过硬、本领高强、求实创新、能打胜仗的宣传思想工作队伍。①编辑是宣传思想工作队伍中的重要组成部分，是文化发展的重要设计师和缔构者。信息高速流动的环境下，社会价值导向、格调、趣味、表现方式容易泛娱乐化和功利化，影响文化语境和民众思想环境。编辑要在出版实践

① 中共中央宣传部：《习近平论党的宣传思想工作》，人民出版社2019年版。

中进行审美判断和选择，出版物主体受编辑主体的审美理想和审美能力所引导。编辑工作的过程也是感受美、呈现美、创造美的过程。通过分析、构思、遴选、整合等思想与审美的相互作用，将作品更优质地推向读者与社会。

一、提升编辑审美品质的重要意义

（一）时代变革的刚性要求

出版活动是人类的审美创造活动，马克思说："如果你想感化别人，那你必须是一个有艺术修养，能鼓舞和推动别人前进的人。"① 作为文化守望者、知识摆渡人的编辑，不断提升审美品质是时代变革的刚性要求。

在出版审美实践中，传播主体、接受主体、审美客体三者互相影响，互相同构。具体而言，一方面随着生活水平和文化水平日益提高，人民的审美能力和对美的追求同步提升且日益个性化，对出版物综合品质产生更高要求，需要编辑与时俱进，适应读者的审美要求。另一方面，市场经济下传播泛娱乐化带来部分读者心理的浮躁、媚俗、趋利，大众传媒大规模生产的通俗文化符号不断改写生活经验，一些高品位的审美活动被边缘化。编辑既需要警惕严肃性的消解和浅层次迎合又需要注重以真正的感染力引领读者。这两方面都要求编辑提升审美品质，追求审美化的生命状态和生活常态，丰富审美知识结构，增强审美理性。《美学意识形态》书中指出，如果意识形态想要有效发挥作用，它必须是审美的。② 编辑必须站在新时代审美的高度来健全市场意识，才能不断推出思想精深、内容精湛、制作精良的高品位出版物。

---

① 《马克思恩格斯全集》第 42 卷，人民出版社 1979 年版，第 155 页。

② ［英］特里·伊格尔顿：《美学意识形态》，王杰等译，中央编译出版社 2014 年版，第 196 页。

（二）出版生态的现实诉求

融媒体环境中的出版业面临多重危机。行业内部竞争加剧，图书单品利润日渐低薄，场外的互联网公司和自媒体以大数据和内容精准定位实现转场升维。细分化的受众也被新兴媒体深耕细作的内容建设和技术表现所吸引。喜马拉雅、得到、知乎等迅速崛起，用户量和资金量迅速汇集。压力之下，出版业升维为更重创意的文化产业，需要培养更多复合型编辑人才。编辑需要具备信息的分析和整合能力、多媒体运用能力、活动策划和组织能力等，只有具备多方面的业务能力和创新意识，才能在新的出版生态中寻求资源通融、宣传互融、利益共融的融媒体应用效能，开拓出版新业态，为读者提供更有针对性的个性化服务。而以上这些能力的深处是编辑的审美价值观在驱动。

不同时代文化的流变，都受那个时期出版活动的影响。而编辑主体的审美理想与审美趣味也打上了时代的烙印。融媒时代，编辑更应高扬新时代审美的主旋律，不曲意逢迎某些读者不健康的审美情趣，不被单纯的经济利益牵制。优秀出版选题往往是编辑审美眼光、格调品位、美感境界的综合体现。涵育编辑的审美品质，是融媒时代出版生态的现实诉求。

（三）职业成长的迫切需求

新时代的编辑不再是传统路径依赖的文字工作者，而是得成长为十八般武艺样样精通的复合型编辑。读者的阅读不再只依靠视觉，而是融入了听觉、触觉等，呈现出多感官参与的特点。“在新媒体时代，各种电子读物的发展日新月异，这些读物接住了多元化的信息技术，除了为读者提供单纯的信息输入外，更为重要的是发挥多媒体互动性强的优势，极大提升了读者的阅读体验。”①出版物内容编排、流程控制、推介传播等环节，都需要适应新时代的传播规律，满足读者差异性、多元化的需求。如何利用

① 王晓娜：《新媒体时代图书出版编辑工作创新路径思考》，《传播与版权》2017年第4期。

出版资源与新技术，策划出更具时代性和竞争力的出版产品，是每一位编辑职业成长过程中需要在实践中深入研究的课题。

融媒体时代，无论纸质、在线或移动读屏，多业态出版下真正深入人心的作品依然源于文化含量和艺术魅力，这与作品背后编辑的审美品质密切相关。需要编辑建立用户思维模式，善于分析读者的审美体验。

这种社会导向作用，既是社会对编辑能力的确认，也是时代对编辑的要求。编辑审美主要体现为优化作者的创作之美、编辑主体的审读加工之美、推动装帧设计的物化之美，这些在一定程度上决定了出版物的质量和品位，是出版业的核心竞争力之一。提升审美品质是编辑职业成长的迫切需求。

二、编辑审美品质的构成维度

唐代柳宗元提出“美不自美，因人而彰”，北京大学美学系叶朗教授在《美在意象》中写下“审美世界就是在人的瞬间直觉中生成的意象世界”①。审美品质是人审美情趣、审美经验、审美能力的多维综合。编辑审美品质体现为审美主体对美的发现能力、欣赏能力，以及对审美客体的鉴别能力和创造能力，由审美鉴赏的敏锐度、美感表现的丰富度、美学创造的价值度等维度构成。

（一）审美鉴赏的敏锐度

编辑是成人之美的职业，需要在浮躁中沉潜，不断提升专业能力，静心广泛阅读，精心打磨作品。编辑在工作过程中的选择是发现美的过程。只有当所选择的作品达到编辑审美标准时，编辑的主体和客体之间才具有审美关系。在无涯的书稿和众多的作者之中，是编辑以敏锐度把握书稿的内涵、主旨、风格、受众反应，并快速作出思想性、科学性、学术性、时

① 叶朗：《美在意象》，北京大学出版社 2010 年版，第 4 页。

尚性等审美判断，进行加工和传播。编辑审美鉴赏的敏锐度需要在反复的审美活动中得到验证，需要在选题、组稿、审读等流程中对不同审美客体生发出逻辑美、语词美、形式美、和谐美、创意美、深邃美等感知，通过长期的审美实践沉淀下比较稳定的审美价值。

笔者曾参与国家新闻出版署重点出版规划项目《20世纪中国科学口述史》丛书编辑出版过程。选题策划时社会公众的目光更多关注政治、军事、文艺等方面，很少关注中国科学事业的发展史，是湖南教育出版社资深编辑李小娜和编辑团队以审美鉴赏的敏锐度判断这一领域的重要性并持续努力推进。丛书出版后，获“中国出版政府奖”“中华优秀出版物奖”“文津图书奖”等各类奖项二十多项。在获得社会效益同时，也针对市场分类营销，取得不俗的经济效益。如《袁隆平口述自传》《青藏高原科考访谈录（1973—1992）》《徐利治访谈录》《丁石孙访谈录》《伍连德自述》等都有可喜的发行量。①

（二）美感表现的丰富度

出版活动是复杂的系统工程，编辑是作者和读者之间的桥梁，作者有丰富想象力和创作热情，读者有旺盛求知欲和多层次精神需求。作者群和读者群的构成极其多元。美学家蒋勋教授在《美的沉思》中写“美比历史更真实”②。随着经济发展和教育普及，他们的视野更加开阔，对美的追求更加积极。编辑既要感知丰富多元的美的对象和形式，又要与作者和读者的多方面审美需求进行交流，更凸显编辑审美品质中美感表现丰富度的重要。

编辑工作中，编辑主体需要调动自己的审美理想、趣味、智识，在海量的信息中发现、遴选出有价值的审美客体，并对其进行优化。在拟定书名、封面设计、开本大小、版式编排、纸张选择、融媒体联动、发行宣传中实现作者、读者审美同构，编辑美感表现的丰富度在这个过程中充分发挥

① 曹卓卓、郑艳：《增强编辑“四力”打造出版精品》，《传媒论坛》2021年第8期。

② 蒋勋：《美的沉思》，湖南美术出版社2014年版，第3页。

效能。

以《人民日报》为例，2019 年元旦进行的改版就体现出适应时代发展的审美价值观和美感表现的丰富度。在坚守政治新闻的严肃性和严谨性同时，更多呈现出内容与形式的亲和力与感染力。排版根据内容特点，适配简洁大气的彩色线条。图片的选择注重角度与色彩，彰显出冲击力和蓬勃朝气。在提升内容质量与美感品质的同时，充分运用融媒体手段进行整合传播。《人民日报》的微博、抖音、公众号都进行了创新以增强用户黏性。人民网的官方微博运用生动有趣的表情包来传达信息，这一举措体现出编辑对新生代读者审美体验的认知和重视。这不仅让新闻传播更具贴近性，还在互动中拓展了用户数量。

（三）美学创造的价值度

出版是文化传播的过程，从审美角度是选择和建构有审美价值的作品，推介给公众和社会的过程。编辑是美的传播者和创造者，美学创造的实践贯穿于编辑活动始终。在作品中尽力展现人性之美、科学之美、人与自然和谐之美、社会公平正义之美的程度体现出编辑美学创造的价值度。

一是编辑在发现审美客体之后，从感官认知进入到创作阶段，基于审美主体的情感和创造性思维，创造出版物的审美价值。二是从平常生活和文化中深度思考和开掘，重新审视、发现，创造出版物新的审美意义。三是将散乱的、不规范甚至不确定的材料经过有意识的审美创造为高智慧含量的品牌出版物。

第三届韬奋出版奖获得者钟叔河先生主编“走向世界丛书”“凤凰丛书”的过程中，当时被认为是故纸堆的冷门。但钟先生数十年如一日，用新的方法和观点整理旧文化，将传统文化的积淀解析成对国家现代化带来借鉴和反思的参考资料，使冷门掀起热度，体现出优秀编辑的深厚功底和美学创造的价值度。

编辑美学创造的价值度让编辑以更强的审美意识优化审美客体，从而为社会提供更多具有多维价值的出版产品。

三、涵育编辑审美品质的实现路径

编辑审美品质的特殊性，集中体现在美感能力上。① 提升编辑的审美品质不是一朝一夕之举，必须有持久性和自觉性。在日积月累、潜移默化的审美感受与审美实践过程中进行涵育。

（一）适应时代要求，增强内在认知的深度

出版与现实世界联系紧密，编辑需要增强社会学知识和人文功底。不断地进行理论学习、开阔知识视野、丰富知识结构，才不至于浮在表象世界“游谈无根”，这是审美品质的基础。

重视经典阅读。经典凝聚着人类精英对未知世界的深入探究和持续思考，编辑从日常繁杂的工作中抽离一些时间阅读经典，丰富审美的理解力、想象力、创造力，在经典阅读中强化思维训练，透过必要的问题意识保持审美主体的不断回归，将自己拉回现实世界，增强独立的分析、反思、建设能力。

学习美学知识。不同民族不同历史时期的人们在审美价值上存在差异，但美感作为主体对客体的情感反应，又具有共同性，都求真求善、求变求新。中国的美学理论博大精深，老子的“道、气、象”，孔子的“兴、观、群、怨”，魏晋南北朝的“风骨”“隐秀”“澄怀味象”以及元气论、意境说等等。这些都是我们理解美的精神宝库。

增强多学科综合素养。科学素养有助于提升编辑的观察力和思考力，艺术素养有助于编辑审美品质的激活和强化，哲学素养对于编辑美感的升华具有启发和提升作用。这些综合素养帮助编辑洞察现象背后的本质，提升审美境界。

（二）回应行业诉求，增强外在实践的广度

涵育编辑的审美品质，需要编辑在实践中不断点滴积淀。编辑需要到

① 宋焕起：《论编辑的审美素质》，《编辑学刊》1999 年第 1 期。

达一定的审美境界，需要有求新求异求美的眼光，才能有好的选题。有了好的选题和构思，还需要实践过程中的精雕细刻，“审”稿既是技术和专业，也是审美的观照和判断。

融媒体时代，编辑须重视增强审美实践中的“笔力”。新时代编辑的笔力已经不局限于传统的语言文字驾驭能力，还包括对图像、音频、视频等多种媒介的修习、掌握和灵活运用。畅达编辑的媒介传播力，改变传统固化的狭窄传播方式，创新表达和呈现，以更灵动、更鲜活、更互动的传播，来多维度打造优质作品。在实践中涵育审美品质，并通过编辑的实践活动潜移默化渗透到审美客体中，进而影响、感染读者。

（三）呼应成长需求，增强生命质感的温度

人是万物的尺度。只有编辑主体的审美意识健全、生命状态丰沛才能产生美的意象，才能营造审美生态，为社会奉献出版精品。科学求真、伦理求善、艺术求美，编辑只有具备健全的审美人格，使理性与感性达到和谐统一，才能展示出美的思维统摄力。

朱光潜先生在《无言之美》中指出，美感教育使人在丰富华严的世界中随时吸收支持生命和推展生命的活力。① 坚持读书运动、亲近自然，“登山则情满于山，观海则意溢于海”。坚持漫步于艺术殿堂，音乐厅、博物馆、影剧院、画廊皆是课堂，“物与神游”“宠辱皆忘”，相呼应，相共鸣，带来感染与熏陶。重视审美教育，可以涵育更充实更深刻的审美情感，摆脱狭隘的个人功利，对大众审美既尊重又超越，推动一系列艰巨而富有想象力的编辑创造。

四、结语

出版业高质量发展，需要更高素质的编辑队伍。涵育编辑的审美品

① 朱光潜：《无言之美》，北京大学出版社 2005 年版，第 210 页。

质，是时代变革的刚性要求，是出版生态的现实诉求，是职业成长的迫切需求，是融媒时代编辑素质提升的新路径。

增强编辑审美鉴赏的敏锐度、美感表现的丰富度、美学创造的价值度，有助于提升职业能力以实现社会主义先进文化的有效传播，有助于在意识形态领域构建丰富多彩的审美文化，有助于满足全面小康社会人民对美好生活的新期待。

（作者单位：中南传媒《新课程评论》编辑部）

人工智能背景下高校编辑出版学人才培养改革初探

张　琦　李　晶

自2015年我国将人工智能作为国家“互联网+”战略以来，人工智能在我国呈现增速发展态势。人工智能近几年正在向社会各个领域渗透，如教育、医疗、养老、环境保护、城市运行、司法保护等。作为文化产业的重要领域，出版产业在人工智能时代将会向广义出版转型，即现有的出版商将转型为知识服务商或问题解决方案提供商，伴随着产业转型的是产业交叉融合发展和人才需求结构的变动，人工智能时代的出版从业者必须坚守人工智能伦理视阈下的正确价值观念，了解大环境下的行业规则，掌握更为先进和复合性的技能，才能引领社会文化进步，免于被技术替代、被时代淘汰。与此同时，高校编辑出版学人才培养要顺应时代的发展进行创新性改革。

一、人工智能对出版业的影响

自2016年，AlphaGo打败人类冠军棋手李世石，人工智能的发展实现了一次新的飞跃，显现出新的特征，如大数据深度学习、群体智能自我进化、人机融合技术、跨媒体智能计算和自主智能无人系统。①人工智能应用到出版业，则体现为：出版流程智能化、出版产品智能化和出版物发行智能化。

（一）出版流程智能化

出版流程智能化主要体现在内容创作、选题策划、编校和装帧设计流程。

1. 出版流程的源头——内容创作的智能化

人工智能自主创作，可以实现内容精准、生产高效、信息易读和节省人力。

2. 出版的核心工作——选题策划的智能化

选题策划前期，人工智能可通过出版机构所掌握的读者群体的大数据对读者预期与偏好作出判断，达到辅助选题策划决策，提高选题策划含金量的预期效果。

3. 出版的重要工作——编校的智能化

未来人工智能应用到出版，会带来整个出版机构协同工作的硬件和软件设备更新，按照人工智能对自然语言的识别能力，人工智能出版可实现精准的自动纠错和敏感词识别与排查功能，且审校过程通过人工智能审校系统将会趋向协同化、一体化和同步化。这一变化将大大减少人力、物力和时间成本，并逐步取代如校对这类出版工作中的初级技术性工作。

4. 装帧设计的智能化

目前针对人工智能的书籍装帧设计，已有视觉文本版面自动设计这一

① 潘云鹤：《人工智能：着力为高质量发展提供新动能》，《智慧中国》2019年第7期。

方向的研究。人工智能技术应可以轻松完成同类型书籍的普适设计。

（二）出版产品智能化

人工智能出版产品将会基于数字出版在功能上赋予其智能。人工智能出版产品主要集中在媒体服务、文化服务、教育出版和游戏出版领域，其发展方向主要体现为：在视觉效果上，结合 AR 和 VR 技术，让出版物内容呈现出虚拟现实的效果，增强人机交互的体验感。基于人工智能的 AR/VR 出版将会更集中于专业领域，如游戏、博物馆展览等。在功能上，辅助出版物处理与理解自然语言，如语音文字识别，构建人工神经网络，使出版物载体模拟人类大脑神经系统的结构和功能，实现机器自学、联想式存储和帮助使用者高速寻求问题最优解。在内容上，会趋向非固定的、定制化的内容提供，类似于由人工智能专家系统构建的知识服务体系。

（三）出版发行智能化

出版发行的智能化主要表现在两个方面。首先是在出版物的传递渠道上，利用大数据分析可计算出目标读者的特征，如分布区域、内容偏好、阅读载体偏好和集中阅读时间段等，以实现精准的内容传递。再者是发行策略上，人工智能将重视出版物中单个知识信息的价值，这些数据单元作为单一数字产品加以销售，其产生的价值可大大超过一本书所实现的价值①；智能化的出版发行将更重视根据出版物的内容特性和读者阅读需求而选择不同的发行载体与平台，更加顺应市场规则和用户需求。

二、人工智能时代对编辑出版人才的要求

人工智能强大的自学能力使自身更加优化、更加智能，直到达到人类的隐形智能，即发现问题和定义问题的能力、推理和思考的能力，继而产

① 张新新、刘华东：《出版 + 人工智能：未来出版的新模式与新形态——以〈新一代人工智能发展规划〉为视角》，《科技与出版》2017 年第 12 期。

生全面超越人类的威胁。但在人工智能化的出版流程中，编辑依然有着不可或缺的作用。

第一，在智能化的内容创作过程中，生产的内容需要前期的准入审核或后期的人工筛选，才能避免如曾经的今日头条造成的“茧房效应”①、内容同质化和数据冗余现象。目前的人工智能写作还不具备价值判断和人文关怀，人工智能翻译仍然不能做到完全准确，人工智能写作还会涉及相应的著作权问题。在人工智能时代，编辑面对的作者群体既有可能是人类也有可能是人工智能机器，做好内容甄别与创作任务合理分配，避免侵权，将是编辑需要承担的工作和责任。

第二，在智能化的选题策划过程中，人工智能正在挑战编辑伦理价值观中对主体和行为模式的预设，使编辑主体的角色意识与角色伦理逐渐弱化并以“拟主体”取而代之。②但编辑作为出版主体，在长期的实践中已形成相对成熟的伦理规范和道德自觉，这种角色伦理是出版物质量及出版生态平衡的重要保障。因此在人工智能时代，编辑要保有最基本的价值判断和人文关照，做好“把关人”的角色，并对每一阶段作出最终决策。

第三，在智能化在编校过程中，人工智能虽可逐步取代如校对这类初级技术性工作，在客观上减少编校过程中人为的差错，但是却抹杀了主观上编辑思想的重要性。在人工智能出版中，编辑应当坚守自身的主体地位，研究分辨明晰主体责任的方法，建立人工智能难以替代的编辑专业判断能力。

第四，在装帧设计的智能化领域，人工智能技术可完成书籍的普适设计，但个性化设计在未来会成为非常重要的方向，私人定制式的纸质书籍设计或将成为欣赏、收藏的奢侈品。③人工智能出版要求编辑善于运用编

---

① 凯斯·R.桑斯坦：《信息乌托邦·众人如何生产知识》，毕竟悦译，法律出版社2008年版，第7、8页。

② 张炯：《人工智能时代的出版伦理博弈及编辑伦理价值观》，《中国编辑》2019年第2期。

③ 马珂：《人工智能视域下书籍的设计出版之路》，《出版广角》2018年第11期。

辑工具，更核心的要求是必须具备高素质的审美能力和创造力。

第五，面对人工智能化的出版产品，编辑应当熟练掌握人工智能背景下出版物可能呈现的各种形态、不同特征以及相对应的出版策略，广泛了解相关的不同学科背景知识。

第六，在智能化的出版物发行过程中，编辑发行人员则应根据人类的价值判断实现出版物发行所产生的社会效益最大化。此外，数字化出版物的数据单元拆分与发行消费会涉及复杂的版权问题，编辑工作者应当具备相应的法律知识和处理侵权事务的能力。

基于以上人工智能出版过程中编辑将要承担的工作与职责，编辑出版人如何化解被人工智能取代的危机，坚守主体地位，适应和应对人工智能的发展潮流，这对编辑出版人才提出了新的要求，以下几点尤为重要。

（一）坚守编辑伦理，弘扬人文精神

人工智能运用于出版领域，最凸显的问题之一是出版主体的伦理移位。目前阶段的人工智能技术主要是对既有作品与读者信息数据的统计拟合，只能作为编辑工作者作出判断与决策的辅助，在伦理上不能取代编辑的主体地位，编辑出版人应当坚守自身的主体地位，弘扬人文精神，不被技术奴役。

（二）掌握人工智能技术

要利用人工智能实现出版工作的智能化，需掌握基础的人工智能技术，如最基本的人工智能设备的操作方法；更专业的人工智能学习则包括数学基础和入门级机器学习算法（大数据计算、自主协同控制、优化决策、人工神经网络、量子智能计算理论等）。通过对技术的掌握，可以实现相关软件的开发与优化，促使编辑出版工作在机器辅助下高效运行，同时为出版单位创造安全可靠的人工智能环境。

（三）了解相关法律法规，关注相关行业标准的订立

人工智能背景下的编辑出版人才不仅要掌握现行的出版法律法规，厘清出版工作中权责关系，同时要善于应用法律法规来解决人工智能出版中形成的新的权责矛盾。

相关行业标准也是编辑出版人才需要高度重视的。出版领域的人工智能标准建立不完善将阻碍出版业整体的智能化发展。如AR、VR技术应用于新闻出版业的标准规范，出版大数据的内容、技术、运营等方面的规范，智能教育出版中的智能机器人开发涉及的软硬件接口标准、安全使用标准等，都有待建立或完善，也需要编辑出版人持续关注和学习。

三、人工智能时代高校编辑出版学人才培养创新举措

面对人工智能背景下出版业态的发展变化，及其对出版人才不断提出的新要求，高校编辑出版学专业的人才培养也亟待创新和改革。

编辑出版学属于新闻传播学的二级学科，以人文社会科学为基础，同时受科学技术更新迭代的影响显著，结合新文科建设“学科交叉、文理融合”的理念，人工智能时代的编辑出版学人才培养可从以下几点入手：

（一）弘扬新时代的人文价值观念是人才培养的理念根基

不同的时代应树立不同的人文精神，新时代人文学科教育应当联系中国实际，响应“构建人类命运共同体”理念，树立“引导和节制市场经济文明、驾驭和协调科技文明，不断丰富人类对文明的理解”①的价值体系。在编辑出版学的“新文科”建设中，要注重这一主流人文价值观念的培养，这是编辑出版学专业人才培养的根基，失去了这一根基，在人工智能时代的出版，将会面临被技术奴役的弊端。

（二）加强技术运用能力是人才培养的重要抓手

大部分高校的编辑出版学专业的生源以文科生为主，对于技术的学习是难以突破的瓶颈。出版社的传统编辑转型艰难，原因之一也在于对技术存在隔膜。编辑出版学人才的培养要顺应业态的发展，对新技术的了解与

① 陶庆梅：《迈向人类命运共同体——新时代的中国价值观与人类共同价值观》，《中央社会主义学院学报》2019年第4期。

应用是人才培养的重要抓手。

高校在编辑出版人才培养过程中，一方面要高度重视技术，另一方面不要硬拼技术的短板。应注重培养学生通过应用各种技术来解决问题的能力，而非专注于技术的探索与开发能力；侧重于对学生决策与创造能力的培养，而非一味追求基础技术的掌握。

（三）多学科交叉融合是课程设置改革的关键

在无论是人工智能还是任何其他技术对出版行业带来冲击的背景下，高校编辑出版学专业人才培养都应遵循以下原则。

1. 坚守本学科核心知识领域

在人工智能出版领域，编辑出版人才应具备的核心能力是在出版各个阶段的判断与决策能力，属于价值判断的范畴。因此编辑出版学人才培养应聚焦于传播学、新闻学、编辑学、选题策划等核心课程，为学生打好专业基础，夯实专业核心能力，形成以人为本的编辑思想，使学生有能力在未来的工作中更好地运用技术，凸显人的主体地位。

2. 加强人文社会科学的通识教育

可适当扩充人文社会科学相关课程，把哲学、历史学、文学、艺术、社会学、政治学、经济学、法律法规等作为编辑出版学专业的通识课程，培养学生人文底蕴，增强应对人工智能出版中出现的法律、道德伦理等问题的能力。

3. 注重学科交叉融合

在课程设置上，不仅要引入计算机技术、计算机编程原理等相关课程，还要加强管理学、市场营销、装帧设计等课程之间的相互贯通与整合，形成完善的课程体系。通过学科交叉融合，推动人工智能时代的复合型出版人才的培养。

（四）强调学科“实用性”是人才培养对接市场需求的关键

技术对行业带来不断改变的同时，也带来人才市场的新需求。人工智能时代背景下，高校编辑出版学专业人才培养要充分对接市场需求，就必须抓住新文科建设强调学科实用性与实践性的要点，注重为学生构建问题和需求导向的思维模式，培养学生解决生产生活实践中的具体实际问题的能力。

实践教学具体举措有哪些？首先，在加大实习实践比重，通过校内实训到企业实践的无缝对接，为学生搭建多维度的实习实训平台，把实践教学落到实处，让学生在实践中探索人工智能时代出版工作将要面临的问题以及问题的解决方案。其次，加强硬件设施建设，升级校内实验平台，深入巩固校企合作，加大人工智能出版基础设施在校内的投入，加深学生对人工智能出版流程的理解，提高学生以问题和需求为导向的实践能力。

综上所述，在人工智能时代背景下，高校编辑出版学专业人才培养，要注重人文学科的教育和人文价值观的确立，以人文来驾驭和协调科技文明，培养出具备复合技能的适应市场与行业需求的编辑出版人才，具备创造力与决策力的有助于出版行业发展的编辑出版人才，具备人文关怀和正确的编辑思想价值理念的能推动文化事业发展的编辑出版人才。

参考文献

[1] 陶庆梅：《迈向人类命运共同体——新时代的中国价值观与人类共同价值观》，《中央社会主义学院学报》2019年第4期。

[2] 张俊宗：《新文科：四个维度的解读》，《西北师大学报（社会科学版）》2019年第5期。

[3] 潘云鹤：《人工智能：着力为高质量发展提供新动能》，《智慧中国》2019年第7期。

[4] 熊丙奇：《发展新文科要重内涵》，《小康》2019年第19期。

[5] 白贵、杨强：《“新文科”背景下新闻传播教育的新形势与新进路》，《出版广角》2019年第9期。

[6] 范军、陈川：《AI出版：新一代人工智能在出版行业的融合创新》，《中国编辑》2019年第5期。

[7] 王铭玉：《高校“新文科”建设：概念与行动》，《中国社会科学报》2019年第4期。

[8] 黄贵懿、牟芷:《人工智能时代编辑出版人才培养的改革与思考》,《编辑学刊》2019 年第 2 期。

[9] 吴岩:《加强新文科建设 培养新时代新闻传播人才》,《中国编辑》2019 年第 2 期。

[10] 张炯:《人工智能时代的出版伦理博弈及编辑伦理价值观》,《中国编辑》2019 年第 2 期。

[11] 马珂:《人工智能视域下书籍的设计出版之路》,《出版广角》2018 年第 11 期。

[12] 刘华东、马维娜、张新新:《"出版 + 人工智能":智能出版流程再造》,《出版广角》2018 年第 1 期。

[13] 张新新、刘华东:《出版 + 人工智能:未来出版的新模式与新形态——以〈新一代人工智能发展规划〉为视角》,《科技与出版》2017 年第 12 期。

(作者单位:张琦,湖北大学;李晶,华中科技大学)

借力党史教育，提高出版社编辑党员的核心素质

王高阳

习近平总书记指出，中国共产党的历史是一部丰富生动的教科书。2021 年是中国共产党成立 100 周年。在全党开展党史学习教育，是党中央立足党的百年历史新起点、统筹中华民族伟大复兴战略全局和世界百年未有之大变局、为动员全党全国满怀信心投身全面建设社会主义现代化国家而作出的重大决策。出版社编辑党员既是党员，又是编辑。在出版社党的建设中，编辑党员先锋模范作用的发挥，直接影响着出版社党组织的凝聚力和战斗力，关系到出版社的改革发展成果。在出版社日常工作过程中，各个环节对编辑都有严格的要求，而对于编辑党员，无论是在思想素质方面，还是在业务能力方面，都提出了更高的要求。然而，出版社编辑党员在工作中存在一定的问题，本文试图通过对现存问题的分析，以广西教育出版社为例，结合党史教育实践，探析发挥出版社编辑党员先锋模范

作用、提高核心素质的策略，以期能对出版编辑工作有一定的指导借鉴意义。

一、开展党史学习，发现出版社编辑党员在工作中存在的问题

学习历史是为了更好走向未来。编辑党员应紧跟时代、顺应时代潮流，积极发挥先锋模范作用，从营销策划、编辑加工、选题策划等方面做足功课，注重实践，提升职业素养，熟悉信息获取、分析处理和传递的过程，满足社会发展对出版社编辑的要求。然而，出版社编辑党员在实际工作过程中自觉或不自觉地存在如下几个主要问题。

（一）党员身份意识趋弱

出版社部分编辑党员将自己视为普通群众，不愿亮出党员身份，党员观念不强，认为自己与广大人民群众唯一的不同，就是个人档案中的政治面貌一栏所填写的内容，且为人民服务思想淡薄，过于计较个人得失，注重个人实惠。极个别编辑党员个人素质有待提升，他们不清楚哪些属于先锋模范作用，更不明白该如何去发挥，认为只要做好案头工作、保证出版物质量、不给集体添麻烦就行，懒于创新、惰于思考、倦于拼搏、怠于奋斗。出版社编辑党员群体趋向年轻化，“80后”“90后”甚至“00后”前赴后继工作在编辑前线，其世界观、人生观、价值观呈多样化趋势，对发挥先锋模范作用的认可度不一。

（二）产生职场倦怠心理

为适应社会的快速发展，出版社对编辑人员在选题、策划、组稿、审稿、编辑等一系列能力方面提出了更高的要求。部分编辑党员在日常工作过程中，受到编辑工作特点、工作环境和社会环境等方面的影响，会出现不同程度的倦怠心理，对出版社选题开发没有思路，盲目随大流，“泯然众人矣”。他们不主动改变学习和思维方式，具有明显的程式化学习痕迹，

逐渐丧失个人思考能力与主观判断力，不能充分发挥编辑党员的主观能动性。更有工作多年、经验丰富的编辑党员同志，不能充分利用网络扩展自身知识覆盖面，不能融入新时代大潮中，这终将导致其编辑成果落后于时代。

（三）重业务轻理论学习

在接到组织理论学习的通知后，编辑党员可能会陷入焦虑——案头工作时间紧，任务重，参加理论学习实在会影响进度。这种情况在不少出版社都存在。有的编辑党员自诩“案牍劳形”，先锋模范作用发挥得不够，工作责任心不强。编辑党员要时时刻刻注意保持政治觉悟，不断进行理论学习，不断增强政治意识，只有如此，才能在内容制作的过程中明辨是非，明判对错。编辑党员在日常工作开展中，面对每分每秒都恨不得掰开来用的现实，一定程度存在重业务轻理论学习的思想。

二、结合工作实际，剖析出版社编辑党员工作中存在问题的诱因

组织开展党史学习教育，对于总结历史经验、认识历史规律、掌握历史主动，具有重大而深远的意义。出版社的产品，依赖于编辑工作。出版社的编辑工作具有选择性和加工性。出版社编辑党员必须要对产品的内容进行更精彩的整合，以便实现对产品和内容的包装、更新、升华。长期以来，出版社编辑党员的先锋模范作用未得以充分发挥，其核心素质不能得到真正提高，党员身份意识趋弱，产生职场倦怠心理，不能合理分配时间进行业务和理论学习。以上问题的出现，笔者认为主要有以下几个方面的原因。

（一）理论学习不够，党性修养不高

在从严治党的环境下，各出版社更加注重加强编辑党员的教育，但是很多出版社仍然存在教育形式单一、内容枯燥且不能与编辑业务很好地结

合起来等问题。上党课只是读读文件，编辑党员难免不愿意主动学习。很多编辑党员只顾案头工作，很多理论知识只存在于党员活动记录本上，不能消化吸收，走过场的痕迹很重。在出版工作中，理论学习不够，编辑党员难以发挥骨干作用。为了完成任务，编辑党员被动接受教育，对党的基本知识缺乏深入的领会，对国家的大政方针不会主动进行深入的分析和思考，更不会联想某些政策对出版行业的影响。这就导致了编辑党员的党性修养不高，无法成为主流思想的引领者和先进文化的传播者。

（二）党员权利义务，认识不够准确

理论与实践充分证明，党员权利是党员履行义务的保证，党员义务是党员行使权利的基础。出版社编辑党员不履行应尽的义务，不参加党的组织和社会实践活动，不了解党情、社情、国情，也必然无法正确形式自己的权利。出版社编辑党员应意识到，党员的权利义务是历史和现实的统一，是理论和实践的统一，是有限和无限的统一，是职责和素质的统一。作为新时期的合格党员，一定要与党内同志和党外群众建立密切联系，做正义、正气、正直的代言人。在出版社的生产活动中起到先锋模范作用，要提高自身综合素质。出版社编辑党员同志对自身综合素质的提高不够重视，对党员权利义务认识不够正确，部分编辑党员在心理上存在“我是党员，我比群众强”“我有更多的权利”的错误想法，缺乏政治理论学习，对专业知识学得也不够精，在困难面前不能抢在前，在关键时刻不能冲在前，不能以实际行动展示编辑党员的先进性。

（三）自律能力不强，工作激情不足

出版社很多编辑党员是毕业前入的党，在学校思想积极、表现优秀，加入了组织，但毕业走上编辑岗位后思想松懈、自律能力逐渐减弱，放松了对自己的要求，忘记了入党时的初衷，忘记了刚毕业时的雄心壮志、豪言壮语，党员的先锋模范作用忘于脑后。同时，出版社基层党支部对编辑党员的监督管理机制缺失，没有建立相应的监督措施，对于部分编辑党员违规违纪的情况，支部无法了解，导致编辑党员缺乏公信力，编辑党员的优秀品质、先进思想无法得到同事们的认同，精神脊梁的作用不能发挥。

三、借力党史教育，发挥出版社编辑党员先锋模范作用

党史学习教育要突出学党史、悟思想、办实事、开新局，注重融入日常、抓在经常。借力党史教育，让编辑党员发挥先锋模范作用，关键是让编辑党员内生发挥作用的动力，切实提高核心素质。出版社编辑党员工作在党的意识形态领域，作为党的喉舌的践行者，更应积极发挥先锋模范作用，做好出版编辑工作。

（一）强化意识，借助已有渠道和平台不断学习

出版社编辑党员作为发挥先锋模范作用的主体，应以进行党史学习为契机，以项目、选题、网络等为平台，参加图书出版工作的各个重要环节，以党员的先进形象去感染身边的更多的群众，抓住学习机会，提高自身的核心素质。编辑党员先进形象的树立，离不开党员先锋模范意识的培养。一直以来，广西教育出版社定期进行学习和交流，通过讲党课、专家讲课、专题讨论、座谈交流等形式，致力于不懈的理论学习和编辑能力提升，营造良好的学习氛围。同时，社领导以身作则，充分利用“学习强国”平台，引导编辑党员踊跃利用业余时间不断充实自己。通过不断动静结合的学习，编辑党员自身能够进行不断的自我反省、反思和修正，从而达到加强自身党性修养的目的，真正地将党员先锋模范意识内化于心，外化于行。党史学习教育背景下，编辑党员的学习应坚持增强思想政治素质和提高自身业务水平相结合，把工作做到极致。

（二）严以律己，时刻谨记自己的党员身份

在党史教育实践中，广西教育出版社将强烈的党员意识充分付诸工作中，使党员真正发挥先锋模范作用，为编辑党员设立“党员示范岗”标识牌，时刻提醒编辑党员注意身份属性，做好表率，认真对待工作中的每一个细节，随时随地接受群众监督。编辑党员要坚守党性、高举旗帜、坚持斗争；做到心中有党、心中有民、心中有责、心中有戒；爱岗敬业、无

私奉献、遵纪守法，用铁一般的自律铸造政治品质；做到平常时候看得出来，关键时刻站得出来，危急关头豁得出来；做到在组织生活上不落空，在业务学习上不落空，在能力提升上不落空。

（三）设定目标，个人成长目标与岗位工作目标相一致

出版社只有把每一名编辑党员培养成为思想先进的岗位尖兵，才能促进基层党组织具有强大的号召力和凝聚力。远大理想的实现，离不开每位编辑党员的每一个微小目标的实现。编辑党员的进步，不可能一蹴而就，绝对不能拔苗助长，需要从微小的目标实现做起。编辑党员应结合自身实际，从增强政治思想意识，提升政治素养、品德素养、职业素养、技术素养、能力素养等方面为自己设定目标。编辑党员应学会定短期目标和长期目标。定目标要做到与编辑所在的岗位工作目标相一致。广西教育出版社的市场图书部门编辑党员所定的个人成长目标，与教辅图书部门编辑党员、教育理论图书部门编辑党员等所定的个人成长目标，应该也肯定会有所不同。

（四）创新形式，为编辑党员发挥先锋模范作用“架桥铺路”

要发挥编辑党员的先锋模范作用，必须要在思想上引起其感情共鸣，让编辑党员在心底深处受到触动，这样才能主动地接受教育内容。广西教育出版社在编辑党员工作中注入红色基因，把正面的宣传教育与编辑党员易于接受的趣味活动相结合；在党性知识提高过程中注重锻炼培养编辑的选题策划能力、编校水平等；已举办两届选题策划大赛，鼓励编辑党员积极策划选题；设立“导师制”，让编辑党员、部门主任与新入职员工“结对帮扶”，助力新入职员工快速成长；基础教育编辑部文科、理科编辑不再分开办公，实现学科编辑交叉学习、融合办公，更便于编辑党员沟通图书细节、交流编辑心得。

（五）支持专研，鼓励编辑党员在自己擅长的领域有所建树

学史明理、学史增信、学史崇德、学史力行。编辑工作是相对枯燥的一项工作。作为编辑，要成为杂家，更要成为专家，要将自身职业发展的目标定位为专家型编辑，编辑党员更要以此为目标并努力实现之。广西出版传媒集团很多知名的编辑都是在具体的编校工作中通过不断努力、不断耕耘、不断钻研，最终成为编辑名家、编辑大家的。广西教育出版社鼓励编辑党员结合自己的专业优势、能力特点及作者资源，选定专研方向，下足功夫，有想法可以跟部门领导、社领导直接沟通。鼓励编辑党员勇于创新，要为创新铺设绿色通道。只要编辑党员或普通编辑提出的创意可行，且提出者的能力允许，广西教育出版社会综合考量、认真调研，然后给予编辑党员全方位的支持，让编辑在该领域有所建树。

四、结语

中国共产党领导中国人民走过的百年历程，是光荣辉煌的一百年，也是艰苦卓绝的一百年；是奠基立业的一百年，也是开辟未来的一百年。每份坚守，都是战斗。出版社编辑党员应高举理论旗帜，深化理论武装，压实主体责任，强化责任担当；把编辑应具有的知识和应掌握的能力，学懂、弄通、做实；担实“编辑”和“党员”这“两桶水”，做到既不偏又不摇，既不晃又不洒，既不漏又不溢，保持本色，坚定方向，明确肩头责任，牢固理想信念，尽自己最大的努力，适当借助组织和集体的力量，用知识和信仰，滋润每位读者的心。这是出版社每位编辑党员应有的精神境界与价值追求，也是其发挥先锋模范作用、提高核心素质的必由之道。

参考文献

[1] 刘丹：《正确认识党员权利义务，自觉发挥先锋模范作用》，《才智》2017 年第 35 期。

[2] 李曙光：《以“微目标、小进步”充分发挥党员先锋模范作用》，《青海党的生活》2019 年第 1 期。

[3] 吕菁：《新形势下高校教师党员发挥先锋模范作用的途径研究》，《教育现代化》2019 年第 60 期。

[4] 谢祥贵:《“五个咬定”发挥党员委员先锋模范作用》,《贵州政协报》2020 年 6 月 25 日。

[5] 闫敏:《践行“三个出来”新时代党员发挥先锋模范作用的思考》,《智库时代》2019 年第 6 期。

[6] 王艳:《浅谈高校学生党员先锋模范作用的发挥》,《科教文汇》2019 年第 24 期。

[7] 张涛:《编辑个体对出版社优势板块的维护策略分析》,《传媒论坛》2020 年第 19 期。

[8] 杨家健:《出版社文字编辑职业现状及发展路径探索》,《新闻研究导刊》2020 年第 12 期。

[9] 田野、王晓彤、谯娇、周洋:《党史学习教育：守正创新，入情入心》,《文化月刊》2021 年第 7 期。

（作者单位：广西教育出版社）

新时代童书编辑如何锻造编辑力

刘　源

近年来，儿童阅读方式日益多元化，童书市场的角逐日益激烈，富有竞争性、创新性与持久性的优质童书较为稀缺。优质童书的诞生离不开具有较强核心竞争力的童书编辑，从选题策划，到图书编辑加工、装帧设计，再到图书上市前后的精准营销，童书编辑需要精心打磨每一个细节。为此，童书编辑需要在日常的工作中，努力锻造编辑力，提升核心素质，以推出真正具有价值的童书，使自己成为童书出版界开拓性的优秀编辑。

一、密切关注童书出版趋势，不断提升选题策划力

中国童书出版的品种数日益增多，码洋规模持续增加，市场竞争日益

激烈，这使得童书出版已经成为中国大众出版的重要板块。据北京开卷统计，少儿图书市场一直是近几年来增速最快的细分类市场之一，从2015年至2019年，除2017年外，其余年份都保持在13%以上同比增速。在2020年，即使在新冠肺炎疫情的影响下，前三季度整体市场负增长的态势下，童书市场也实现了正向增长。从2000年到2021年，少儿图书市场的码洋比重持续攀升，动销品种数也呈逐年增长的态势。

近几年，少儿科普、少儿绘本、低幼启蒙和游戏益智类在逐渐呈上升趋势，其中，少儿科普表现更为突出，规模增长更加明显。少儿文学的码洋比重虽有所下降，但在整个细分类市场中仍居首位。在少儿榜的上榜图书中，以系列畅销书与经典童书为主，如"米小圈"系列、"笑猫日记"系列。明天出版社的"笑猫日记"系列自2006年出版以来，到目前已推出27册。该系列每一新的分册在上市的当月或次月能进到开卷少儿畅销书榜中，同时也会带动前几册出现销售高峰。在稳居榜单的经典童书中，如《草房子》《夏洛的网》《了不起的狐狸爸爸（彩图拼音版)》《狼王梦》等，多年来聚集的较好口碑，著名作者的持续性影响，使得当年的新书难以跻身少儿榜单单本的前列。

中国童书出版的市场比重的持续增加与开卷检测老品霸榜的局面，使得出版社在面临新机遇的同时，也面临较大的挑战。无论是专业少儿出版社还是民营少儿出版公司，在市场资源的占有、作者队伍的建设，以及童书内容的创新与研发方面，都面临着较大的挑战。在多元主体的市场博弈与常态化的竞争中，童书编辑的选题策划力起着极为重要的作用。童书编辑需要密切关注童书出版的趋势，不断提升选题策划能力，在选题的前瞻性部署的基础上，树立精品意识，以期推出更具竞争力的优质童书。

（一）强化选题前瞻性部署，做好呼应时代主旋律的主题出版类童书

目前，主题出版已成为一个重要的出版版块，开卷根据中宣部每年发布的重点选题目录，对主题出版图书进行初步界定，可以看出，2016年至2020年，主题出版在整体零售市场的码洋比重都在2%以上，并且有不断增加的趋势。可见，主题出版已成为市场的带动力。在童书出版领域，童书编辑也应具备敏锐的眼光与意识，在国家重要节点到来之际，对相关主题的选题要进行前瞻性部署，不断锻造选题策划能力。

2019年，在新中国成立70周年之际，明天出版社推出“鲁迅文学奖”得主、著名军旅作家裘山山的首部儿童小说《雪山上的达娃》，它讲述了在神秘的雪域高原，西藏边防战士与军犬守卫国土的感人故事。该书入选了中宣部2019年主题出版重点出版物，荣获中宣部第十五届精神文明建设“五个一工程”优秀作品奖，发行量达18万册，取得了很好的社会效益和经济效益。2020年，全国图书市场因疫情的影响，面临巨大的压力，以“抗疫”为主题的《我和小素》《逆行天使》，以小见大，以纯正的儿童视角讲述深处疫情的中国人民团结一致、勇敢抗疫的故事，这两部作品分别入选“2020年度中国好书”和“2020中国好书”5月榜单。2021年，是中国共产党成立100周年，各个出版社陆续推出极具竞争力与创新性的献礼之作。江苏凤凰少年儿童出版社推出的“童心向党·百年辉煌”主题绘本书系具有强烈的标识性。这套书把党的思想、精神通过生动的文学故事呈现在少年儿童的眼前，具有特殊的时代价值，仅上半年发行量达1.6万册，发行码洋达1018万元。经典少儿红色主题图书《小兵张嘎》于2016年4月上市，在今年7月的零售榜单中首次上榜，本次上榜主要是受到建党100周年的影响，该书曾入选中宣部、教育部、文化部等五大部委“百部爱国主义图书”。

以上主题出版童书的成功离不开编辑对时代主旋律的精准把握，在童书市场日益多元化的背景下，编辑的选题策划能力主要体现在对当下童书出版趋势密切关注的基础上所进行的选题前瞻性思考，只有这样，才能使主题出版更加接地气，叫座又叫好。童书编辑需要不断锻造自身的这种能力，以此来提高选题策划力。

（二）树立精品意识，潜心打磨优质童书

2018年11月14日，中央全面深化改革委员会第五次会议在京召开，会议审议通过了《关于加强和改进出版工作的意见》，为出版业下一步发展指明了方向，强调要“大力弘扬工匠精神，以打造精品为己任，以出版精品为立身立业”，这进一步为广大图书编辑指明了努力方向。而作为童书编辑，更需要有文化担当与责任意识，在自己的职业生涯中，要树立精品的意识，特别是出版原创童书的精品意识。

精品童书离不开优质的作者。近年来，优质童书评选与童书推荐榜单日趋丰富。作为童书编辑，要在密集的信息资源中寻找有较强辨识度、标识性和影响力的作者，同时要发掘优秀的本土作者，特别要注重本土中青年作者、新人作者的发掘和培养。一批具有竞争力、实力雄厚的作者队伍对精品童书的出版至关重要，尤其是“原创精品童书”。“原创精品童书”的出版不仅要注重作者资源的开发，更要注重选题内容的精准性与时效性，要切中当下社会热点问题，反应现实主义精神。

2020 年，明天出版社推出青年作家冯与蓝的原创力作“故事里的中国”系列第一册《墨童》。该书以国家级非遗“曹素功墨制作技艺”为切入点，是一部拥有自觉文化传承意识的少年成长小说。作者冯与蓝具有扎实的儿童文学创作功底，曾荣获陈伯吹儿童文学奖优秀作品奖、中宣部 2016 年“优秀儿童文学出版工程”等奖项。该书自出版后赢得诸多殊荣，荣获 2020 年度桂冠童书，入围“2020 年度中国好书”，累计发行量达 7 万册。2019 年至 2020 年，明天社还推出了汇聚国内一流中青年作者三三、彭学军、顾抒、荆歌、王勇英的“童年在中国”系列（5 册），该系列以开阔的视野讲述了发生在当代中国广阔大地上的童年成长故事，呈现出当代中国不同地域中多样化的童年生活图景，展示出鲜明的时代特色。该系列荣获第五届中国出版政府奖图书提名奖，发行量达 18 万册。

这两部作品可以称得上是原创精品，均以纯正的儿童视角，讲述了符合时代特色、体现时代价值、展现时代精神的中国式童年故事。“原创精品”的推出离不开童书编辑对作品、作者以及时代内涵的精准把握。上述作品的策划编辑均是明天出版社资深的、具有丰富出版经验的优秀编辑，她们以敏锐的视角与眼界捕捉到极具价值的选题，并尽全力将其打造成精品，这种专业能力是每一位童书编辑都需要不断去锻造的。因此，童书编辑应始终树立精品意识，努力夯实自身的专业能力，不断为童书出版界推出更多优质的作品。

二、严格把关童书内容导向，夯实编辑加工力

图书作为一种精神文化产品，具有鲜明的意识形态属性。在童书市场如此快速发展的背景下，童书作为一种面向未成年人的特殊性图书，使得童书编辑更应严格把关童书的内容导向，不断夯实自己的编辑加工力。

作为童书编辑，要认真做好图书的“把关人”。图书的内容导向正确与否，直接关系到图书的质量问题。做好“把关人”，首先要增强政治意识，深入学习习近平新时代中国特色社会主义思想，全面提升政治觉悟，提高政治能力，确保童书出版能够符合新时代的出版要求。“严格把关”要在选题的论证环节就开始，以保证内容严格符合《出版管理条例》中的规定。对童书而言，《出版管理条例》第二十六条规定：“以未成年人为对象的出版物不得含有诱发未成年人模仿违反社会公德的行为和违法犯罪的行为的内容，不得含有恐怖、残酷等妨害未成年人身心健康的内容。”因此，童书编辑应用清醒的头脑、强烈的导向意识去甄别童书的内容，坚决杜绝危害未成年人身心健康的内容，对政治内容导向模糊或不正确的内容，要采取一票否决的态度，以确保童书内容导向的正确性。

作为童书编辑，要树立终生学习的职业目标。2018年，习近平总书记在全国宣传思想工作会议上提出：“要不断掌握新知识、熟悉新领域、开拓新视野，增强本领能力，加强调查研究，不断增强脚力、眼力、脑力、笔力，努力打造一支政治过硬、本领高强、求实创新、能打胜仗的宣传思想工作队伍。”童书编辑，无疑也是宣传思想工作者中的一员。童书的内容、形式具有一定的特殊性，面向的读者群体是未成年人，承担着塑造未成年人精神品格、开启未成年人心智的重要责任。因此，作为童书编辑，要不断加强专业知识的学习，让自身具备较强的文字功底与学识素养，能够精准把握少年儿童的阅读需求和审美能力。同时，要自觉提高自己的理论水平，努力学习儿童心理学、儿童教育学、儿童美学等关于儿童成长的理论知识，为做好童书出版奠定坚实的理论基础。

作为童书编辑，要夯实编辑加工力。在审稿环节，编辑应对作品的社会效益、出版价值进行审核，严格把好文字关，对稿件应提出一定的修改建议，切不可流于形式，编辑拿不准的内容，要请业内的专家进行权威性评审，确保文稿的质量。在文字加工环节，文稿的质量直接决定着童书内容的优劣，因此，童书编辑在此环节要确保图书的编校差错率在万分之一以内，甚至要尽最大力量、费最大心思将错误、硬伤全部消灭掉。在装帧设计环节，童书编辑要坚持儿童本位意识，以少年儿童读者的阅读需求与兴趣为出发点，积极主动地参与到图书设计的环节中，使得图书内外兼修，能够充分调动少年儿童的阅读兴趣，更具市场竞争力。2020 年是脱贫攻坚决战决胜之年，明天出版社深度挖掘以“脱贫攻坚”为主题的优质选题，策划出版了长篇小说《幸福像花开》。作为一部主题出版类作品，编辑希望封面的设计风格既能鲜明地呈现“脱贫攻坚”的时代主题，又能符合少年儿童的审美趣味，与美编再三协商，仔细斟酌，最后决定选择暖黄色的、明亮的、充满希望的油菜花丛作为背景，用 UV 工艺凸显了书名和主要人物，层次分明，使得整个画面给人积极向上的力量。

三、深入线上线下调研，提升精准营销力

图书市场的节奏在瞬息万变，各具特色的渠道也日益丰富。线上与线下的销售路径与码洋贡献的差距也越来越明显。近年来，以京东、当当、天猫为代表的公域流量，图书的销售折扣在逐年下降。根据开卷监控的网店数据，2020 年全年，网店渠道整体市场的折扣水平为 6 折（不含满减、用券）。2021 年上半年，网店折扣进一步降为 5.7 折。而在私域流量范围内，以公众号、抖音达人等为代表的可直达用户的渠道，图书的书折扣已跌至 3.3 折。以王芳、刘媛媛为代表的抖音达人、意见领袖已经成为童书直播界的领头羊，在 2021 年济南书博会期间，刘媛媛首日直播带货 1100 万元，单品销量破百万。在线上渠道，无论是公域流量还是私域流

量，持续降低的折扣，是出版社应该解决的困境之一。

面对如此竞争激烈的市场环境，童书编辑在做好选题策划、编辑加工、装帧设计、投放印厂等图书上市之前的工作之余，还需深入线上线下调研，不断提高童书的产品定位意识，提升精准的市场营销力，以便采取相应的对策解决出版社面临的越来越狭窄的利润空间的问题，让图书能够直达用户的内心，为图书实现销售赢得机遇。

童书编辑应密切关注多元化的渠道，提高产品定位意识，逐渐形成品牌化的图书营销模式，让图书在多元化的市场与各具特色的渠道销售中，具有一定的竞争力。作为童书编辑，在一定程度上，要从选题策划的初始，就应强化自身的营销意识，即应考量图书在上市之后可能合作的销售渠道与重点合作的渠道，并要积极主动地推出与渠道相匹配的营销方案。这种营销意识主要体现在，精准定位目标读者群体，精准把握渠道的选品特色，提前核算成本，预估盈亏，让产品更具竞争力。

《大语文》（10册）是明天出版社2020年专门为线上销售打造的一套产品，从前期的产品设计、成本控制到后期的推出节奏和营销模式，都做到了与线上销售模式相匹配，并取得较好的市场认可度。2020年，“大语文”这个概念成为热词，教改和课改的政策使得家长越来越重视孩子的语文素养提升。明天社邀请了国际安徒生奖得主、部编版小学语文教材主编曹文轩老师主编这套《大语文》，这套书恰好紧扣市场热点，契合了家长和孩子的需求。同时，该套系的编辑通过天猫推广、社群大号联动、抖音主播推荐等一系列营销方式，使得该系列自上市后赢得了读者的认可，也取得了较好的经济效益，目前该系列已发行120万册，发货码洋达1920万元。

2020年是紫禁城建成600周年。童趣出版有限公司推出了常怡的以“故宫”为主题的系列绘本《故宫御猫夜游记》，这套书的策划编辑以非常敏锐的眼光捕捉到关键信息，并与作者达成一致见解，将这套书的读者定位为低龄年段的孩子。据该书编辑介绍，该书的第一批首发渠道是悠贝绘本馆。悠贝绘本馆根据这套书的产品特色给予了全方位的营销方案。为赢得更加高效的营销机遇，适应不同媒体与渠道的营销方式，该书编辑与团队成员制作了200多张创意实拍图，拍摄了精品宣传视频文件近10种，以较高的水准呈现了图书的内容与价值。而该书在上市后短短1个月内就取得了10万册的惊人销量，截至目前，据开卷检测，累计销量达75万册。

作为童书编辑，需要不断锻造自己钻研渠道选品特色的能力，不断精化营销资料包的能力，只有这样，才能精准提升营销力，扩大图书的营销渠道，让图书实现持久性的动销。

四、结语

童书编辑是童书出版环节的核心力量，优质的童书离不开编辑精耕细作。在日益竞争激烈的市场环境下，童书编辑需要以敏锐的眼光策划符合时代主旋律的精品童书；在编辑加工环节，编辑要以匠人之心做好每一部作品；在宣传营销环节，编辑要紧跟市场节奏，精准定位产品，寻找直达用户内心、切中当下热点的营销点，以期促进童书出版的高质量发展。

参考文献

[1] 郝铭鉴：《书林守望：撞进编辑这扇门》，首都师范大学出版社2019年版。

[2] [日] 鹫尾贤也：《编辑力：从创意、策划到人际关系（经典版）》，陈宝莲译，北京联合出版公司2017年版。

[3] 袁楠：《试论分众时代编辑力锻造》，《中国出版》2021年第15期。

[4] 查朱和：《新时代编辑素质“六要”新要求》，《中国出版》2020年第7期。

[5] 曾建辉：《出版直播营销：特点、模式与风险》，《科技与出版》2017年第10期。

（作者单位：明天出版社）

高素质技术编辑的成长路径探析

陈红昌　刘向辉

随着图书出版流程和出版业外部环境的不断变化，尤其是新技术、新媒体带来的严峻挑战，对出版业造成不小的冲击，这种影响不但体现在行业整体上，而且也表现在出版流程和机构设置上。以技术编辑岗位为例，作为出版专业技术职务系列的一个分类，其作用和功能是不言而喻的。但现实的状况是，出版社往往重视策划编辑和营销编辑，而将技术编辑视为一个事物性的工作，无视其创造性，从而使之处于一种可有可无的状态。以作者所在的出版社为例，技术编辑的岗位职责一部分被美术编辑取代，一部分被文字编辑取代。出版部本应该承担技术编辑职责的人员，往往沦为传递信息、联系印厂、核算价格的地位。尤其是在竞争越来越激烈、专业化分工越来越强、出版周期越来越短的今天，是否还有必要讨论技术编辑的话题？值得我们深思。

一般意义上来讲，技术编辑是图书在生产过程中连接责任编辑和图书印制工作的纽带，属于出版行业中的专业技术人员。其主要的工作是负责把文字编辑发来的齐清定后的稿件做印刷技术要求的后期处理，以及版面的处理。技术编辑参与从发稿申请、稿件校次的记录跟踪、版式设计、用料用量管理、质量管理、印制周期管理等图书制作的始终。总体上看，技术编辑就是内容产品物质形态的设计和实现者，其作用一是版式设计，二是印制管理，版式设计是物质形态设计工作，印制是物质形态转换工作。因此技术编辑的工作从属于出版流程中的一个环节。

一、技术编辑的重要作用

一本图书从选题概念提出到印刷成书，需要出版各个流程的通力配合，其中当然离不开技术编辑的努力。技术编辑在出版流程中发挥着重要作用，在某种程度上决定着图书的质量和效益，因而最终也决定着出版企业的整体利益。

（一）承担版式设计的重任

版式即书刊排版设计的样式。读者对一本书的直观印象不是书的内容，而是书的装帧、版式设计，因此物质形态设计十分重要。作者交到出版社的稿件经过编辑三审处理后，进入发排阶段，这时技术编辑就承担着将稿件进行形态转化的重任。通过书籍整体结构的设计，确定版心大小，选择合适的字体和字号大小，对内容进行合理的布局设计，最终形成可以交付印刷的出片文件。版式设计的使命是使作者的原稿定型和规范化，完成从稿件到图书的转换，从而使作者的个人作品社会化，否则作者的稿件只是个人性的文字表达。所以，版式设计工作同样是一种创造，具有规范性、创造性和审美性。

（二）决定图书的印装质量

产品质量是企业的核心竞争力。对出版行业来说，图书的质量一般包含内容、编校、装帧、印刷四个部分，只有四个部分的内容全部合格，图书质量才算合格。装帧是图书质量的最直观的感受，而对印装质量起决定作用的就是技术编辑。首先，印刷材料的选择，不同厂家的纸张材料价格不同，质量不同，最终也就决定了图书的质量档次。其次，印刷工艺的选择，不同的工艺最后造成不同的成品效果，尤其是新技术、新工艺不断发展，也决定了图书的成品质量。再次，印厂的选择，印厂的工艺水平、价格、地理距离都能决定图书的质量。

（三）控制图书的印制成本

图书成本由很多因素构成，如稿费、设计费、材料费、印刷费、管理费等等，技术编辑在成本控制中所能做的就是做好流程管控从而降低印制成本。技术编辑在图书出版过程中，参与了印前设计制作、印刷过程监督控制及质量控制等多个环节，从而可以直接决定图书的印制成本。首先，技术编辑管控可以杜绝质量事故的发生，从发稿到成书如果有一个环节疏忽而发生质量事故，则会造成巨大的损失。其次，材料的选用也决定着图书成本，内容不同、目标市场不同，印刷要求就不同，就要选用不同的纸张材料。再次，印厂和工艺的选择，不同的印厂机器不同、工艺不同、操作人员不同，印制效果也就不同，这也决定着印制成本。

（四）影响图书的印制周期

随着媒体和读者阅读习惯的不断变革，纸质图书本来就处于竞争的弱势地位，抢抓热点，控制时效，往往成为决定一本书成败的关键。一般来讲，控制出版周期就是缩短印制周期，抢抓新书上市时间。技术编辑通过计划管理，合理调控书稿在各个工序的流通时间，采用最新的技术手段，调配适合的印厂，最终达到确保印制周期的效果。

二、技术编辑的素质要求

一名合格的技术编辑，需要的是综合素质，不仅要熟悉图书的印制技术、印刷材料，也要对图书的封面设计、版式设计有丰富的经验，对新的印刷技术、印刷设备，以及数字出版产品技术和形态都要有足够的了解。

（一）专业素质

技术编辑属出版业中的专业技术人员，最基本的素质要求就是要有专业性，要时刻走在技术发展的最前沿，掌握不断发展变化的最新印刷工艺、装订技术。要在工作中不断积累专业经验，包括合适的版式设计、合适的纸张选择、合适的印刷工艺等，为责任编辑以及产品经理提供足够高效的合理化建议。版式设计是技术含量非常高的工作，不是简单地将文字和图片堆砌在一起。版式设计是体现技术编辑思想的重要手段，具有传授知识、提供信息的重要功能，因此，版式设计是经过技术编辑深度思考和严格操作后的整体布局。对于印制管理来说，技术编辑不同于印刷厂的技术人员，他要既懂印刷又懂出版，要站在出版社的角度去思考问题，其专业性要求不是印刷厂技术人员或者文字编辑所能取代的。

（二）美学修养

技术编辑是技术与艺术并重的工作。对于一本图书来说，内容是内在美，设计是外在美，而技术编辑就是外在美的实现者。物质形态设计不是堆砌，也不是照搬，而是从审美角度出发的一种创造性劳动，目的是为读者提供一种愉悦的审美体验。无论是开本设计，还是图文的互相搭配，还是字体、字号、行距、线条、空白、花边、图饰、色块等细节设计，都体现出和美术编辑所进行的封面设计一样的美学创造。因此，技术编辑发挥职责的过程是一个充满创造性的过程，美学修养是技术编辑不可或缺的一种素质。

（三）责任意识

技术编辑肩负着实现图书物质形式，以及监控图书设计、印刷质量的重任，必须具有很强的责任意识。如果缺少责任心，任何一个环节出现问题，都会导致前功尽弃。责任心表现在细节把控上，表现在全流程的监控上，表现在对读者负责的态度上。如在版式设计上，各种细节因素非常多，不但决定了最终图书的呈现形态，而且也决定了图书的印刷工艺和成本，因此马虎不得；在印制管理上，从材料选用到工艺要求，再到印厂的选择、管理，都需要强调责任意识，印制出现问题，轻则影响销售，重则收回销毁，所造成的损失是巨大的。因此对技术编辑来说，责任意识在工作中是必备的。

（四）创新精神

技术编辑本身就是一个具有创造性的工作，因此必须具有创新意识。有的人认为版式设计很简单，一般懂电脑操作的人都可以胜任，其实不是这样的，技术编辑肩负着图书物质形态设计的重任，这是非常具有跳跃性且关键的一步，在某种程度决定了一本书的成败。因此技术编辑必须发挥创造精神，在熟悉内容、熟悉读者的基础上，才能设计出符合内容、符合市场的物质形态。另外，时代在发展，技术在进步，尤其是大众传播行业，技术和媒体的发展速度非常快，如果技术编辑墨守成规，没有创新意识，早晚要被淘汰。印刷等技术处于不断的发展变化之中，作为技术编辑必须要不断学习研究新技术、新工艺，要在创新实践中求新求变。

三、技术编辑的成长路径

在新的媒体和技术条件下，技术编辑如何成长才能跟上时代步伐，是一个值得思考的课题。我们认为可以从以下几个方面着手。

（一）全流程参与，以全局思维对待技术编辑工作

要想做好技术编辑的工作，仅仅固守版式设计、印制管理的阵地是不够的。技术编辑需要有全局意识，全流程地参与图书出版，联系上下游来解决问题，才能出色地完成本职工作。首先，版式设计是为内容服务的，一定要符合原稿内容。版式设计的目的是为了内容更容易被读者掌握，无论开本、标题，还是字体、字号、图表、辅文都必须遵循这一原则。在进行版式设计前一定要准确理解原稿内容，只有在熟悉书稿内容和结构特点的基础上，才能制定出符合读者要求的各种开本和装帧形式，才能运用精心设计的版式使图书的内容更容易被读者理解。因此，技术编辑必须熟悉、参与到图书的选题策划、编辑审稿等前期环节，与文字编辑和美术编辑、营销编辑充分交流沟通，对书稿的内容和市场有足够充分的了解。其次，图书的最终目的是为了向读者传递价值，最终要接受读者的检验。图书的设计必须以方便读者阅读为原则，版式是图书与读者进行视觉交流的工具，应力求便于读者对图书内容的理解。不能不顾内容一味地求新求奇求特，应该追求形式和内容的和谐，层次得体，图文搭配，体例统一，便于阅读，才能有效地发挥版式服务于内容的作用。因此，技术编辑必须参与下游的出版流程，熟悉发行、营销的环节，熟悉读者的阅读心理和需求。

（二）从细节入手，在总结经验中取得进步

首先，对版式设计进行细节管理。技术编辑要对装帧设计、版式设计提供明确的样式及翔实的说明。对材料品类及工艺水平也要准备好样张，对最终的图书状态了然于心。管理好设计、排版的完成情况，仔细确认开本、标题、图表等形式是不是与最初的设计统一，所需要的材料是否到位，印刷工艺能不能实现。其次，对质量进行细节管理。了解并熟知与设计、印刷有关的工艺标准，在实际的生产过程中要严格依标准完成。要依据工艺流程进行生产，不能随便缩减某些环节，核红、抽检等关键环节更是要认真对待。对每一个环节都要设置质量把控点，确保生产质量。再次，对成本控制进行细节管理。要熟悉印制成本的组成、计算方式，对各个环节的费用要了解，对原材料市场行情及厂家动态要了解。按最优流程安排排版、印刷等工艺，避免出现流程反复，造成浪费。制定出符合自身的成本结算标准，熟悉并灵活利用印制成本核算中的各类技巧，尽量地缩减不必要的花销。最后，对印制周期进行细节管理。对设计、印刷所花时间进行统一规划、管理，实现印制周期最佳化。要根据出版要求，认真筹划时间要求，每一个环节都要有明确的时间限制，并留有缓冲时间。灵活机动地分配生产，科学安排生产工艺，确保印制周期。

（三）与市场接轨，杜绝闭门造车

市场经济的充分发展，要求技术编辑必须充分了解市场、融入市场，为提高出版企业的市场竞争力贡献力量。首先应熟悉图书市场、读者市场，了解图书畅销的类型和原因，了解市场上流行的版式设计和装帧规格，只有紧跟市场的步伐，才能现实图书的经济效益。同时，对读者的阅读习惯、阅读需求要有深刻的理解，因为图书最终是为读者服务的，不从读者的角度思考问题，就只能是闭门造车。在印制管理上，要主动时刻关注市场信息，如纸张材料情况、最新的印刷工艺等。及时掌握信息，合理选择材料、工艺、印厂，才能保证图书的质量。纸张原材料随市场的价格波动比较大，如果没有提前作出合理的计划安排以及对未来市场行情的预测，极容易造成库存的积压或者纸张短缺，从而影响出版生产进度。技术编辑应该做好进度计划，本着科学、合理、公开的原则制定好用纸计划和生产计划。在供应商的选择上，以优质优价的原则进行公开招标，选择合适的供应商，并建立长期的合作关系。

四、结语

尽管技术革命、融合发展已经成为不争的事实，但只要纸质图书出版还存在，就有技术编辑发挥空间的余地。鉴于技术编辑在图书出版中发挥的重要作用，有些人称技术编辑为“书籍工程师”。出版企业不应该轻视技术编辑的作用，将其职能取消或转移；技术编辑自身也不应该妄自菲薄，应加强自身业务能力的锻炼，提高业务素质，使其职业尊严感和荣誉感不断提高。

参考文献

[1] 杨小丽：《技术编辑在出版中的作用新探》，《出版发行研究》2009 年第 11 期。

[2] 李沙黛：《技术编辑的版式意识》，《中国出版》1998 年第 9 期。

[3] 陈善军:《从技术编辑角度浅谈图书出版的成本控制》,《出版参考》2019 年第 8 期。

[4] 梁泓益:《浅谈新媒体时代技术编辑的职业素养与职能管理》,《中国传媒科技》2017 年第 3 期。

(作者单位:贵州人民出版社)

新时代科技图书编辑的核心素质——创新

胡占杰

科技是国家强盛之基，创新是民族进步之魂。随着社会的发展，创新已成为社会不可或缺的一部分。创新为一个国家、一个民族的发展进步提供了不竭动力。在当代，创新能力成了衡量一个国家、一个民族发展能力的代名词，是一个国家、民族自身生存与发展能力最客观和最重要的标志。

2016 年，习近平总书记在“科技三会”上指出，科技创新、科学普及是实现创新发展的两翼，要把科学普及放在与科技创新同等重要的位置。十九届五中全会提出并部署了文化强国的战略目标，将文化事业的繁荣发展作为建设社会主义新时代美好生活的重要组成部分。科技类图书既是记录人类科学文化的主要载体，又是面向大众普及科学知识的重要传播者，在人类的科学文化知识传播中起着十分重要的作用。

在科学技术发展日新月异的今天，提升图书的出版质量对科技图书编辑提出了更高的时代要求。那么，新时代的科技图书编辑应该具备什么特点或者说具备什么核心素质呢？本文认为是“创新”。科技图书创新既是科学技术迅速发展的结果，又是党和国家对出版编辑工作“坚持创新性发展，弘扬主旋律、传播正能量，多出精品”的时代要求，因此，当代科技图书编辑的核心素质是创新。

一、党和国家对科技图书编辑的时代要求

在当代，创新早已渗透到社会生活的各个领域，创新现象普遍出现，创新成为时代理念和时代精神。习近平总书记多次作出深刻阐述和重要论断，指出：“创新是当今时代的一个重大命题”“创新是引领发展的第一动力”“抓创新就是抓发展”，要求“把发展基点放在创新上”。作为反映当代世界最前沿科学，担负向大众传播普及科技文化知识重任的科技图书出版天生具备创新的基因，创新在科技图书出版领域具备着独特的优势。但另一方面，科技图书的特点也决定了科技图书必须走创新之路才能生存，从图书内容角度讲，科技类图书与古籍整理类等图书有着明显的不同，创新可以说是科技类图书的生命线。出版产业是内容产业，在科技图书出版领域，“内容为王”永不过时，尤其是在科学技术迅猛发展的今天，如果科技图书编辑对科学技术的变化视而不见，不努力学习紧跟时代步伐，讨巧图省事，对科技图书选题仅变变书名或形式，进行重复出版，就很难出版精品图书，更谈不上将最新科学技术成果呈献给读者，被时代抛弃是必然的。因此，科技图书编辑的创新素质既是时代的呼唤，也是自身生存和发展的内在要求，它是科技图书编辑的核心素质。

二、出版产业即是创意产业

1998年，《英国创意产业路径文件》首次提出了“创意产业”的概念：源自个人创意、技巧及才华，通过知识产权的开发和运用，具有创造财富和就业潜力的行业。据此，英国将广告、艺术、电影、音乐、出版、软件、电视广播等13个行业确认为创意产业。创意产业与传统产业最大的区别在于“创意”为产品或者服务提供了文化附加值，最终提升产品或者服务的经济价值。《现代汉语词典》中对“创意”的定义是：有创造性的想法、构思等，意味着有所创新；对“创新”的定义是：抛开旧的、创造新的。从这里的定义中可以看出，“创意”是一种新想法，“创新”意味着将新想法也就是将创意付诸行动，从而创造出新的。如果比照图书出版，可以发现选题策划就可大体归为“创意”，而图书制作过程包括写作、编校、装帧设计甚至印刷等可归为“创新”。但实际上，在图书写作、编校、装帧设计甚至图书发行等环节也会或多或少出现新的想法、新的构思，所以出版产业属于创意产业，它的“创意”贯穿整个生产过程。这就意味着图书这种商品应有所创新：做到人无我有，人有我优，才会受到读者的欢迎。创新是科学技术迅猛发展新时代对科技图书编辑的基本要求，也是科技图书编辑的核心素质。

三、科学技术的发展为科技图书的创新提供了不竭源泉

日本和加拿大科学家因发现中微子振荡而获得了2015年的诺贝尔物理学奖。河北科学技术出版社2019年出版的《中微子》一书对中微子的探索历程进行了精彩描述。

20世纪20—30年代，物理学家们在研究放射性元素时发现有一部分

能量“失踪”了，由于一部分能量莫名其妙地“失踪”，这引起了科学家们的恐慌，人们甚至开始对能量守恒定律产生怀疑。能量守恒定律是自然界普遍存在的基本定律之一，难道支撑物理大厦的这一基本定律会就此崩塌？在这个紧要关头，奥地利物理学家泡利提出了一个假说，他认为还有另一种人们所不认识的新粒子“盗贼”带走了一部分能量，因此出现了能量亏损。由于在这个过程中质量几乎没什么损失，电荷数也没有变化，因此，泡利认为这种粒子静止质量为零、不带电，因此，将这种粒子命名为“中微子”。好吧，那就将能量“盗贼”中微子找出来吧。没想到，直到1956年6月15日，在经过长达26年的等待后，美国科学家雷尼斯和柯万才最终确认了中微子的存在。

然而，长期以来，太阳中微子丢失之谜和大气中微子反常现象，却一直困扰着科学家们。直到1998年，日本科学家以确凿证据证实大气中微子的丢失是因为中微子发生了振荡，也因此证明中微子具有质量。

在科学家们对中微子近一个世纪的探索过程中，各种科学假说、模型、试验等不断推进着科学探索的进程，科学家们甚至发现几乎无质量的中微子竟然与我们的宇宙诞生密切相关。

读者在了解当代最前沿科学技术知识的同时，从中还会体会到科学家们坚忍不拔的可贵品质和对未知的探索精神；可以了解到其中蕴含的科学思想和科学方法，潜移默化中提高了科学素养和对未知的探索欲望，这样的图书怎能不受到读者的欢迎？这样的图书产生的社会效益怎可估量？

四、创新型编辑应具备的基本能力

1. 主动学习能力。现代社会，科学技术的发展日新月异，作为科技图书编辑，应不断学习，了解最新的科技动向，努力扩大自己的知识面，这是最基本的要求。而且善于将科学技术的发展与编辑工作联系起来是非常重要的，看到或听到一条科技动态，一定要想想“我能出本书吗？”时间一长就会形成职业敏感。

2. 广收信息能力。现在各种网络发达，随时随地可以搜集任何信息。电视、报刊、各类书展等都可以成为图书选题的来源，但书店还是必不可少的，还是需要科技图书编辑经常去逛逛。因为带着目的去书店会直接到细分市场，细分市场同类书很多，为我们仔细甄别提供了最好平台，而且目录内容可以随便翻看，这会提供更为有效的信息，往往可以打开新的选题策划思路，一个词语或许可以使一筹莫展的书名问题迎刃而解。希望大家还是经常去书店看看。

3. 整合信息能力。现在社会不是信息缺乏，而是信息泛滥，多到往往使人无所适从。因此，要学会善于利用每天成百上千的信息，这并不容易。我的体会是，心中有了一个中心点或主题甚至是图书选题后，将所有与之相关的信息与其联系起来，然后仔细甄别筛选，最后一定会有令人满意的结果。比如河北科学技术出版社出版的《看不见的科学世界》这套书，关键词是“看不见”和“科学”，凡是与科学有关的看不见的东西都是可筛选的范围。每个人儿时都有好奇心，天空中的许多神秘令人充满想象；中学时代大家知道了分子、原子、原子核等微观世界不能看见；也知道了细胞内部更精细的结构人们肉眼看不见，细菌病毒也看不见，生理学让大家知道了血液在心、肝、肾、脑中的循环；等等。所以《神奇的分子结构》《奇异的微生物》《无边的引力世界》《细胞城里的故事》《红细胞的人体旅行》《人脑：自然科学的最后堡垒》等书一一与读者见面，《看不见的科学世界》这套书总共出了17种。实际上，大家还可以围绕“看不见”轻易列出10种以上“看不见的科学世界”。这样新的选题会源源不断涌现出来。

许多编辑尤其是一些年轻编辑常常对图书选题策划感到一筹莫展，看到市场上什么书都有，什么书都出过了，感觉很难策划出新的图书选题。其实，只要用心分析，许多图书空白点会被发现。实际上，科学技术的不断发展永远在为图书选题提供着源源不断的资源，市场也永远留有没有填满的缝隙，这正是科技图书编辑的机会所在。

4. 追踪前沿科技的能力。当今世界正经历百年未有之大变局，创新成为影响和改变全球竞争格局的关键变量。纵观人类发展历史，创新始终是推动一个国家、一个民族向前发展的重要力量，也是推动整个人类社会向前发展的重要力量。

目前一些国家对高科技封锁、卡脖子等都是高科技领域激烈竞争的反映。这样的时代背景对科技图书的出版提出了更高的要求。瞄准世界科技最前沿，将最新科技成果介绍给中国读者是科技图书编辑必须具备的重要能力。

以通信领域为例，许多人对 4G 通信尚未完全明白时，5G 通信已开始进入人们的生活，现在量子通信又向大家走来；在我们尚未弄清地震是咋回事时，人类探测器“旅行者号”早已飞出太阳系，开始了更为遥远的旅行。这就要求科技图书编辑平时知识的积累，善于紧跟世界科技发展潮流，努力培养自己形成学者型编辑，要有一定的学术底蕴。比如，河北科学技术出版社原创图书《宇宙创世纪》《超光速》《黑洞与虫洞》等就是编辑多年与作者不断交流的成果。

5. 善于捕捉科技热点的能力。近年来，嫦娥、玉兔、鹊桥、天宫、墨子号、北斗等大国重器不断形成社会热点，实现中华民族伟大复兴的中国梦适逢 2019 年庆祝中华人民共和国成立 70 周年和 2021 年纪念中国共产党成立 100 周年等国家重大活动，因此“中国科技的梦想与荣光”丛书（9 册）选题策划自然产生。丛书介绍了新中国成立以来特别是近些年来我国在科学技术领域取得的重大成果，包括太空探索、中国天眼、巨型计算机、北斗导航、深海探测、超级工程、量子通信、中国高铁、中国大飞机等对中国乃至世界产生重大影响的科技成果。图书出版后不但受到了读者的欢迎，还多次获得各种奖励。

6. 坚持不懈努力的能力。科技图书编辑的核心素质创新需要发挥编辑的策划创造力，这种创造力有时是灵机一动，是一种灵感，有时要发挥想象力，要善于联想。一种新想法可能在一瞬间产生，但实际上更多的选题创意是一个逐渐积累的过程，因为每个人的科学素养要靠平时的日积月累地养成，而这种科学素养正是产生灵机一动的基础。很难想象平时没有某个领域的知识积累会突然冒出个选题想法来。而且有时即便有了想法，但实现目标也有一个过程。笔者曾编辑过一本书《超光速的诱惑》，这本书在2003年的时候就有了选题的想法，而且这个想法还记录在2004年某杂志上发表的一篇文章里，连书的名字都没有改变，但这本书在2015年才与读者见面，这个过程经历了十多年的时间。其实这种原创图书策划不容易，找到合适的作者更难，都说编辑案头工作要沉下心来，要坐得住，其实，图书策划创新工作同样要沉下心来，它需要编创人员坚持不懈的努力，它也是一个逐步积累的过程。

7. 为科技图书注入生命力的能力。出版社没有图书创新就不会在成百上千家出版社中形成自己的特色，出版社品牌建设就无从谈起。对一名科技图书编辑来讲同样需要形成自己的特色，编辑特色形成了才会聚集成出版社的图书特色。从编辑工作来说，咬文嚼字是编辑工作的基础，毫无疑问很重要，但编辑工作的复杂性在于咬文嚼字却无法拒绝大量平庸之作，这也就意味着无法真正满足读者对高质量出版物的需求。这样即便图书差错率为零，图书高质量也无从谈起，更别说提升出版社品牌美誉度了。要想真正提高科技图书出版质量，科技图书编辑必须适应科学技术发展日新月异的新时代，必须使科技图书出版有所创新。这种创新既可以是选题创新，也可以是内容创新，版式、装帧的创新，甚至营销策略的创新，这种创新需要科技图书编辑付出大量的脑力劳动，但它会为读者提供高质量的读物和更好的服务，它会拒绝大量平庸之作、低劣之作，更可以使出版社站在出版业的最前沿，增加出版社的社会美誉度，持之以恒，出版社的品牌就会建立起来。因此，编辑的这种创新精神是有灵魂的，它为图书这种商品赋予了更持久的生命力，这也是科技图书编辑工作的价值所在。

（作者单位：河北科学技术出版社）

主题出版项目化运作实践与思考

——以《中国科技之路》为例

王　威

主题出版项目作为重大出版项目，因其社会效益的重要性和强大的影响力，受到出版行业高度关注，往往成为出版社年度出版计划的重中之重。

相对于传统图书出版，主题出版项目实施难度较大，主要体现在内容质量要求高、协调沟通要求高、时间进度要求高、资源配置要求高等方面。主题出版物要有足够的代表性，代表当前国内相关领域出版最高水平，所以对策划水平和图书内容质量提出了很高要求。而传统图书开发采用责任编辑负责制，由单个编辑全程负责，这种模式经常无法满足主题出版的高要求。在项目具体实现过程中，往往也需要跨部门合作，这时候就需出版社领导带头组织、亲自负责，所以主题出版项目往往成为出版社

"一把手"工程，整合协调工作难度较大。主题出版往往反映重大时事，时效性很强，图书的上市往往需要配合重大时间节点的宣传工作，按时出版就成为一项政治任务。主题出版物的高标准，需要创作团队协同配合，除了要求作者具有权威性和较强的写作能力之外，往往还需要借助专家顾问的指点和帮助，资源配置要求高。

主题出版的这些特点导致采用常规图书策划组稿编辑出版方式无法满足要求，而项目化运作方式比较适合主题出版项目的实施。

2020年，中国编辑学会组织策划了《中国科技之路》丛书，献礼中国共产党成立100周年，本丛书成功入选中宣部2020年主题出版重点项目。全书共15卷300余万字，包括总览卷、信息卷、交通卷、建筑卷、卫生卷、中医药卷、核工业卷、航天卷、航空卷、石油卷、海洋卷、水利卷、电力卷、农业卷和林草卷，全书以"科技自立自强"为主题，聚焦我国科技发展成就，助力科技强国建设，全面反映在中国共产党领导下，我国科技事业壮丽辉煌的发展历程、主要成就、关键节点和重大意义，系统总结我国科技发展的历史经验。丛书由中国编辑学会会长郝振省与中国科学院院长侯建国任主编，15个分卷分别由人民邮电出版社、科学出版社、中国水利水电出版社等15家中央级科技出版社共同打造，各分卷主编均为两院院士。

这是我国出版界少有的跨行业、大规模、高规格的创新型联合出版项目，彰显了我国科技出版的实力。整个项目历时一年余，克服了时间紧、难度大、参与单位多、协调工作复杂等种种困难，积累了主题出版重大项目的项目化运作的实践经验。

本文作者有幸参与了《中国科技之路》项目，在丛书出版工作委员会主任的直接领导下，承担了丛书出版工作委员会办公室的部分工作，从项目论证研讨会到图书发布会，近距离观察了项目化运作的全流程。在总结《中国科技之路》项目经验的基础上，作者根据项目化运作的流程规范和主题出版项目的具体要求，总结了主题出版项目化运作的关键环节和实施要点，希望能提炼出一套主题出版项目运作的通用范式。

一、项目启动阶段：统一思想，明确目标

在一般项目管理流程中，项目启动之时需要对项目需求分析和可行性进行充分论证，明确项目的目标。主题出版项目参与各方在项目论证阶段需要充分讨论，明确图书的定位，确定主题出版反映的时代主题、读者对象和主要内容。主题出版在内容策划上经常提倡“上接天线，下接地气”，要用“小切口”反映“大主题”。而如何把握“上”和“下”、“小”和“大”的关系，不同人有不同的理解，在项目启动之初，需要参与各方统一思想。

为献礼中国共产党成立100周年，中国编辑学会在2019年7月召开项目论证会，确定以贯彻落实党和国家实施创新驱动发展战略、建设科技强国的重大决策为切入点，策划出版一套为国家战略所必需、为国民所期待的精品力作，以展现我国科技实力，营造浓厚科学文化氛围。

学会进行了精心策划和设计，通过半年多的调研论证，数番讨论、几易方案，确定了图书的内容和主旨：以我国科技事业壮丽辉煌的发展历程、主要成就、关键节点和历史意义为主题，站在民族复兴的高度，选择与国计民生息息相关的方向，呈现我国各行业有代表性的高精尖科研成果，全面展示我国取得的重大科技成果，系统总结我国科技发展的历史经验，传递自主创新、自立自强的科学精神，为未来的发展路径提供重要启示。同时，确定了《中国科技之路》丛书名，特别明确了这套书是向建党一百周年献礼的主题出版重点项目，形成了书面形式的丛书策划方案，并以简报的形式下发各参与单位。

作为丛书的策划组织单位，本丛书对于中国编辑学会还有更深远的意义。运用创新出版理论谋求高质量发展，既是党和国家对出版业的希望和要求，也是广大出版单位谋求更大发展急需解决的现实问题。在启动之初，中国编辑学会考虑运用学会多年来开展出版理论研究的成果，探讨出版高质量发展的新途径，努力将《中国科技之路》丛书打造成精品力作，

通过实际项目摸索出主题出版重大项目的项目化运作范式，希望能对整个出版业高质量发展起到一定的引领作用。

二、项目实施之初：组织建设，资源配备

根据项目管理要求，项目进入实施阶段后，团队建设是项目有效落地的基础，应明确项目的管理者、协调者和推动者的角色。“兵马未动粮草先行”，资源调配需要考虑在前。

从团队建设上看，要求上下一心，既要有领导挂帅和充分参与，也需要有强有力的编辑团队执行推进。

从资源配备上看，高质量的内容需要有高水平的作者。主题出版物作者相对于普通出版物的作者，不仅要有权威性，占有足够的资料和丰富的积累，还要有时代性，能够充分驾驭主题，兼顾高度、深度和温度。综合这些要求，往往需要搭建作者团队，分工协作、各取所长，另外还需要准备一支专家队伍，对内容和主题提供专业支持。

《中国科技之路》丛书立意高远，承担者必须胸怀国家出版意志，具有很高责任感、工作热情和出版实力；跨单位合作，组织者必须具备相应权威性和横向协调能力；质量要求高，必须动员各行业顶级专家、出版单位资深编辑和懂现代出版技术的工作者承担书稿撰写和编辑出版任务；时间要求紧，必须加强组织领导，制定周密计划，规范运作。

根据工作需要，充分发挥学会的平台作用，设立不同的组织机构，来完成丛书项目的运作工作。成立丛书编辑委员会，主要负责丛书出版的组织领导工作；成立丛书出版工作委员会，主要负责丛书出版工作的组织与协调工作；成立专家委员会，主要负责丛书内容的审读和指导工作。各分卷承办单位由社领导挂帅，组织总编办、编辑部、印制部、市场发行部门协同推进，有计划、分步骤地抓好落实。

在资源建设方面，由于每个分卷都由相关行业的专业科技出版机构组

织实施，能够得到国家机关和权威专家的重视和支持；组织各领域的权威专家撰写，可以充分反映各科技领域的辉煌成就。每个分卷的编写团队都由院士任主编，领衔编写；科研工作者提供第一手的档案资料；行业科普专家和行业媒体记者作为一线文字工作者，在基本素材的基础上整理加工；行业部委给予重要支持，在方向和标准上严格把关。编写团队结构合理，各司其职。

为保障内容质量，学会为本丛书组建了一支由技术专家、出版专家、科普专家在内的常设专家组织，主要负责图书策划方案、编撰方案，各分卷大纲、样章、书稿内容的审定，以及丛书的封面、版式设计方案的审定。这些专家全程深度参与项目，对项目整体和各分卷的情况非常熟悉，特别是丛书的定位目标。

三、项目推进过程：进度管理，质量管理

项目的进度和完成质量是决定项目成败的关键因素，也是评价项目质量的重要指标。

主题出版时间要求很严格。整个团队从项目开始，就需要提前规划、步调一致、关口前移，严格按照计划推进，保证图书的按时出版。

主题出版项目承担着“举旗帜、聚民心、育新人、兴文化、展形象”的使命任务，内容质量必须过硬。

《中国科技之路》丛书作为建党百年献礼，2021 年“七一”之前必须出版，从项目启动算起，有整整一年的编写和出版时间，根据图书生产周期，计算出各个关键时间节点。

丛书出版工作委员会担负起组织协调的责任，在统一设计、检查引导、沟通信息等方面把工作做实、做到位；通过分析出版流程，确定关键环节，设置里程碑，到点吹哨，统一各分卷进度；建立定期汇报制度，以快讯的形式通报各分卷的进度。当有的分卷进度严重落后的时候，由丛书

出版工作委员会联系分卷出版单位督促、协调、推进。

作为主题出版重点出版物，中国编辑学会要求《中国科技之路》必须做到编写出版指导思想、读者定位、内容结构、设计风格、执行规范基本统一；严格把好出版导向关和知识、技术关，确保丛书内容符合党和国家的出版方针政策和相关规定，并且具有科学性。

为做好质量管理，在丛书策划方案之后，即建立丛书编撰规范，将内容编写标准化，保证丛书编写出版指导思想、读者定位、内容结构、设计风格、执行规范基本统一，要求做到四条标准：科学性，内容真实可信，立论客观，论据充分、严谨，不能主观臆断；逻辑性，内容有说服力和合理性；可读性，表述通畅、规范准确、简洁明了；规范性，专业术语、符号、图表、公式、标点、单位等要符合相关规范和行业标准的要求。

要保证内容质量，就要狠抓关键环节，丛书出版工作委员会要求各分卷在各分卷编写思路、大纲、样章、中耕阶段，提供完整书面材料，由专家委员会把关，逐一反馈评审意见，并将典型问题整理，组织业务交流。

在成书印制之前，由各分卷出版单位组织各自质检部门进行结对质检，充分发挥各主观能动性，并加强业务交流。各出版单位都抽调出质检精锐力量，展开一场科技出版质检大练兵，效果显著。

四、项目关键阶段：有效沟通，协同作战

大型项目管理参与部门比较多，跨部门沟通是项目运作的关键，如果是跨单位沟通，难度就更大。

主题出版参与部门比较多，除了建立各项委员会等组织，还需要建立业务上的沟通机制，有意识地主动协调解决问题。

《中国科技之路》丛书充分发挥学会平台作用，在启动之初为加强沟通协调建立了相应制度：建立联席会议制度，适时召开由相关领导同志参加的联席会议；建立电子简讯通报制度，适时通报丛书进度和相关情况；

建立联系人制度，各出版单位选出一名联系人，由联系人负责社内各个环节问题的沟通与传达；建立微信工作群，加强日常沟通。通过落实相关制度，及时解决遇到的问题，确保工作高效运行。

丛书工作委员会共组织召开了20多次线上线下的讨论会、论证会、审稿会，并统一制定规范，以使15个分卷在内容框架、行文风格、选材体例、装帧设计等方面有效地形成统一。

图书的印制工作是非常重要的一环，也是重要的风险点。对承担《中国科技之路》出版工作的15家出版社的印制生产部门来说，各家的印制流程不一致，标准也不统一，签约的印刷厂也不一样。鉴于本丛书品种多、质量要求高，本着丛书印制生产对接的便捷高效、尽可能保障印装质量的原则，学会组织了15家出版社印制生产部门主任参加的协调工作会，对纸张、工艺、印刷等工作进行讨论、部署，会上选出印制协调小组，由协调小组实地考察印刷企业，并与印刷企业沟通印刷工作。经过大家的通力配合，圆满完成了印制任务。

最终《中国科技之路》丛书于2021年6月16日在中国科学院学术会堂盛大发布，人民日报社、新华社、中央电视台纷纷报道盛况，在科技界与出版界引起重大反响，为中国共产党成立100周年献上出版人的一分心意。

通过这个项目，我们感受到主题出版项目是一次体现出版实力的练兵机会，而项目化运作可以很好推进出版项目的完成。在出版过程中，我们积累了跨行业、跨部委进行出版组织和沟通的经验，形成了一套大规模、跨单位的专业图书出版运作规范，为新时期实现出版高质量发展提供了有益借鉴。这次出版实践，既是跨行业联合出版的典范，也是我国出版行业制度优势的集中体现。

参考文献

[1] 史竞男：《大型科技丛书〈中国科技之路〉发布》，新华网，2021年6月16日。

（作者单位：人民邮电出版社）

主题出版物如何接地气

黄永辉

文艺创作应该扎根本土、以深植时代为基础，无论什么方向的主题出版物都应该展现时代风貌和本土情结，文学作品应该记录当下要反映出群众的火热生活，这就是所谓的接地气。

一、出版物接地气的必要性

任何广受欢迎和好评的主题出版物都不是作者以及编辑凭空臆想出来的，而是扎根于人民群众生活基础之上的，这些出版物中包含的文学作品往往都是作者建立在自己人生经验和经历之上的可以作为人生体验写照的创作作品。这样的文字才是有灵魂的，其中包含了创作者一生坎坷心酸的经历，体现出人情冷暖、世态炎凉的体验，体现出现实的影子，所以读者在阅读这些文字时可以得到精神上的共鸣，能够感同身受①。主题出版物中包含大量的文学作品，编辑工作者在收录和编辑这些作品时除了考量是否具有严谨的逻辑、优美的文字、新颖的情节之外，最重要的一点就是要考量作品是否生动写真？是否接地气，可以让读者产生共鸣？本人长期从事少年儿童方向的主题出版物，福建少年儿童出版社具有原创儿童文学出版的渊源和传统，深受少年儿童小读者的欢迎和喜爱，发行人在出版少年儿童相关主题的出版物时应该抓住青少年儿童价值观形成和发展的关键时期，响应时代的召唤，出版优秀的、接地气的少儿类主题出版读物。我社凝聚现实题材青少年文学出版优势，为广大的少年儿童打造具有时代性、艺术性和思想性的主题出版作品。

有人将记者比喻成饭店的采购人员，跑遍市场将最新鲜的原材料采买回来，而编辑则是饭店的后厨，将买回来的素材去粗留精，进行烹饪，最终做出一道道可以满足各类读者阅读的文化大餐。缺乏工作经验的人可以写出职场故事，没有情感经历的人能够写出婚姻生活，挣扎在温饱线上的人照样可以描绘出豪门生活，但是这些创作者缺乏人生经历的养分写出来的文字是空洞无物的，缺乏灵性和个人体验感悟。《杜拉拉升职记》之所以可以获得成功，除了可读性强的故事情节之外，更吸引读者之处在于作者描述出的跨国大企业的组织结构、人事关系、管理模式、职场政治等内容，《二号首长》离开了写实的官场生活、权势规则背景，仅仅依靠文中复杂的感情纠纷、尔虞我诈的人际关系也难以吸引读者的注意。这些文学作品之所以成功，就在于他们的创作者是在自己的人生经历上创作出来的，有的是通过成长环境、职场气氛直接体验而来，有的是通过其他途径近距离地观察、接触过，然后通过深刻而缜密的思考将这些素材故事变成文字，这样的文学作品是来源于真实生活的。主题出版物中收纳这样的作

① 范燕莹：《新华书店百年书房：最齐全的主题出版物阅读空间》，《中国新闻出版广电报》2021 年 8 月 2 日。

品才可以接地气，被广大的读者喜爱和接受；相反，如果主题出版物中收纳和编辑的文学作品都是不接地气的，那么书籍读起来会相当乏味，味道太假仿佛是化学添加剂勾兑出来的[①]。因此，真正有情怀、有责任感的主题出版物都应该努力接地气，不接地气远离生活和人民的出版物无异于空中楼阁，难以获得持久的生命力。

二、少儿图书出版物发行现状

在寻找如何促进少儿主题出版物发行接地气的策略和手段之前，我们需要了解近些年来中国少儿图书出版行业的现状和发展特点，明确出版社正面临的问题和挑战，并且对症下药，这样才可以促进出版社发行作品更好地接地气[②]。首先，就少儿图书出版物在市场上的地位而言，在全民阅读的大背景之下，我国阅读人数逐年上升并且继续呈现增长的趋势，这样的现状促进着图书出版行业的发展，图书出版的新书种类、印数和市场规模都呈现增长趋势，少儿图书出版是我国图书出版业不可缺少的重要组成部分。虽然出版少儿图书的种类呈现上升趋势，但是出版的图书占比却呈现下降趋势，这说明少儿图书原创性还不够，经典的书籍和“老”作品持续排在少儿图书销量的前列，市场读者对经典书籍的喜爱程度没有减轻。

就少儿图书出版发行行业的发展特点而言，经典长期销售作品占据市场，新出版书籍创新能力不足，近年来少儿畅销书籍市场缺乏新的作品，导致这种现状的原因：一方面，与国家发布的书刊出版政策相关；另一方面，出版社和图书公司自身的选题和从业者对畅销书籍传播发展规律的认知不足也是重要的影响因素[③]。另外，引进版少儿图书较为强势，本土少

① 肖风华：《让主题出版物“叫好又叫座”》，《中国新闻出版广电报》2021 年 7 月 1 日。

② 孙海悦：《特色亮点彰显　融媒出版发力》，《中国新闻出版广电报》2021 年 6 月 28 日。

③ 韩庆祥：《坚持五个有机统一　做好主题图书出版》，《中国图书评论》2021 年第 6 期。

儿主题出版物难以突破现象也非常突出。随着全球化的发展，引进版少儿主题出版书籍非常受国内市场的欢迎，国外优秀的出版能力和原创能力使得其主题出版物选题新颖、内容丰富，成为国内少儿主题出版物的强大竞争对手，这样的现状不利于我国少儿主题出版市场的发展与进步。因此，推动本土少儿主题出版物接地气有助于吸引更多的读者，促进本土少儿主题出版物的可持续健康发展。

三、少儿主题出版物接地气的策略

（一）加强思想引导，领航主题方向

推动主题出版物接地气的基础和前提是要坚守正确的导向，向少儿读者弘扬社会主义核心价值观，在这个基础上创作出的主题出版物才能够有效担负起社会责任，成为优秀的少儿出版物①。我社在选取主题出版物时可以做一个系列，每个小模块讲解一种优秀的品质引导少儿了解真善美，经过一段时间的积累和开拓再推出精品图书，着力培育少年儿童的社会主义核心价值观。我社拥有一支实力雄厚的编辑队伍，编辑团队的每个成员都十分认可并且注重践行社会主义核心价值观提倡的理念，在编辑书刊的过程中他们也能够很好地进行策划，选取的主题都是关爱弱势儿童、献身乡村建设、尊老爱幼等有情怀的内容，有了这个大方向把持，我们的出版读物再向接地气靠近是非常好的发展方向。在编校和出版的过程中我们严把政治方向关和质量关，严格审查出版的读物，最大限度减少差错，坚决遵守社会秩序，以免对青少年带来不良的影响和负面情绪。

（二）把握时代脉搏，坚持守正创新

要想使主题出版物接地气，从业者应该紧跟时代需求，把握正确的导

① 王阳：《出版人应该多打造经典主题图书》，《中国出版传媒商报》2021 年 6 月 4 日。

向，选出恰当的、结合时代发展特色的主题内容，着力打造精品少儿主题出版物，引导少年儿童形成正面积极的价值观念和情感需求。新冠肺炎疫情的暴发对全社会产生了不可估量的影响，考验着世界各国的防疫能力和处理能力，在这场防疫攻坚战争中我们看到了中国特色社会主义制度的优越性，感受到了党中央和国务院对人民群众的重视，感受到了伟大的一线医务工作者、科研人员的奉献精神，感受到了党员干部和社会各界人士的精神特质……在这样特殊的时代背景下，少儿主题出版相关从业者可以牢牢抓住时代抗疫主题，让身为祖国未来和花朵的少年儿童可以感受到疫情的来势汹汹和带来的灾难，了解我们的祖国和人民在这次抗击疫情中付出的巨大努力和做出的牺牲，更加热爱我们的祖国①。以抗击新冠肺炎疫情为出版物的主题不仅是我们出版人义不容辞的责任，也是时代的迫切需求，这样接地气的出版物紧跟社会现状可以受到更多的关注，吸引更多的读者。例如，出版物的主题可以选择《春天不会迟到——抗疫童诗集》《疫情防护小常识》《祖国妈妈我爱你》等，这样的主题出版物可以引导少年儿童掌握更多的知识保护自己、了解感人的事迹、尝试运用文字从不同的角度将疫情描述出来。这样以抗击疫情为主题的少儿出版物有温情、有生气，可以给人民带来心灵的慰藉，充满了温暖和感动，可以成为真真实实接地气的优秀少儿出版物。

（三）关注社会需求，坚持以文化人

读者在阅读主题出版物的过程中会接受很多知识，是一种有效的输入方式，少儿主题出版物更是承载着巨大的责任，少年儿童正是吸收新知识的年龄，在这个时期阅读的内容对他们的价值观念和道德品质有重要的影响，因此少儿出版物应该密切关注社会的需求，瞄准社会群众的思想动态，这样才能更好地接地气。这样出版物选取的具有正能量的主题才可以更好地引领少儿阅读，帮助他们塑造正面积极的价值观念和高尚的道德情操②。近

① 魏银萍：《做好主题出版的路径和策略》，《新闻研究导刊》2021年第12期。

② 裴斐：《青少年主题出版物的时代特征与选题策划》，《中国报业》2021年第7期。

些年来，辱骂英雄先烈、蔑视历史名人的情况时有发生，影响极其恶劣，否定了英雄先烈们对祖国和民族作出的巨大贡献，会误导少年儿童的认知。面对这样的情况，少儿出版物应该从社会的需求入手，选取恰当的主题和内容做到接地气，这样才可以受到认可和欢迎。出版社可以选取高尚品质作为主题，出版相关的故事、小说等引导少年儿童养成正确的价值观，了解这些伟人身上无私奉献、锐意进取的精神品质，培育良好的风气。

（四）坚守儿童本位，保持儿童视角

少儿出版读物接地气的最好方式是要坚守儿童本位，站在儿童的角度注重出版物题材的丰富性和风格的多样性，从少儿的视角和审美出发尽量使出版物受到少儿喜爱。在推动出版读物接地气的过程中，出版物应该尽可能地做到有温度，紧密贴合少儿读者。随着时代发展，大众有了更多接收信息的渠道，主题出版物应该做到“飞入寻常百姓家”，方便读者的阅读和理解，尽可能地运用大众喜闻乐见的方式打造通俗易懂的出版物。例如，在培养少儿的爱国主义情操时，出版人虽然选取的主题是高大上的国家科技成就，但是在编辑创作的过程中从业者可以运用浅显易懂的文字和生动活泼的表达方式将其表现出来，便于少儿阅读和理解，便于他们感受中国强大的国力，增强他们的民族自豪感。从业者在编辑出版物时可以借助各类插画辅助解释文字①。中国艺术史上，从来就不缺乏伟大的艺术家，他们为弘扬我国的艺术作出了巨大的贡献，推动我国的艺术发展走向世界，为更多人所熟知，因此从业者在选题时可以选取艺术主题，向少儿读者介绍一些我国著名的艺术家。以徐悲鸿为例，除了可以用文字介绍他之外，编辑者还可以运用插图讲述他在国外留学时，面对西方人的嘲笑和鄙视，他没有选择像别人一样忍气吞声，而是勇敢地站了出来为华夏儿女发声，最终徐悲鸿大师以画马闻名于全世界，为中国人争了一口气的故事。他对中国美术队伍的建设和中国美术事业的发展作出了卓越贡献，影响深

① 蔡中华:《五四纪念：青年爱国主义教育的重要载体》,《北京青年研究》2020 年第 29 期。

远，编辑者可以首先附上《八骏图》这一闻名世界的艺术作品图片，然后阐述这一作品的来由及背后的故事。通过徐飞鸿大师的例子向读者宣传爱国主义是一个很好的教育方法与途径，读者不仅可以学习大师精湛的技艺，也可以学习大师身上的良好爱国主义品质。这样的出版物就是接地气的，鉴于少儿读者的理解能力有限，插画可以辅助读者理解，使读者对读物更感兴趣，使读物更受欢迎。

（五）建立良性体质，保障持续出版

在推动少儿出版物接地气时我们还应该注重建立一整套完善的出版体系，促进少儿出版物的可持续发展。选取了恰当的、接地气的主题之后，出版社还应该在宣传这个环节不遗余力，有效借助互联网推动出版物的宣传，形成线上线下全方位合作的模式。作为大众文学，少儿出版物在推广时应该从多个角度宣传，为了更好地吸引少儿读者，宣传者可以通过发布书评、借助报刊和电视、走进校园、图书馆等途径让我们的读物更加知名，被更多的读者熟知。无论我们的主题和内容多么接地气、多么优秀，推广要是没有做到接地气也会导致读物不能很好地占据市场，不能发挥它应有的价值和作用。

结束语：党和国家非常重视出版物的发行，广大的读者同样对出版刊物充满期待，出版社在出版的过程中应该顺应时代潮流，紧密贴合大众读者，在追求经济效益的同时一定要重视社会效益，创作出可以反映生活、反映时代，引导少儿读者养成正面积极价值追求的优秀作品。创作出这样接地气的出版物是广大的出版人身上肩负着的责任和使命，也体现着出版人的历史担当。

（作者单位：福建少年儿童出版社有限责任公司）

透过岁月沧桑　思悟深沉红色

——如何做好少儿主题出版

李　姗

2021年是中国共产党成立100周年，一百年来，中国共产党团结带领中国人民，以“为有牺牲多壮志，敢教日月换新天”的大无畏气概，书写了中华民族几千年历史上最恢宏的史诗。无数革命先烈付出的一切努力、进行的一切斗争、作出的一切牺牲，都是为了人民幸福和民族复兴。人民就是江山，共产党打江山、守江山，守的是人民的心，为的是让人民过上好日子。我们党的百年奋斗史就是为人民谋幸福的历史。我们要继续弘扬光荣传统、赓续红色血脉，永远把伟大建党精神继承下去、发扬光大！“为人民求解放，为人民谋幸福”的红色基因的传承结合主题书的出版发行，具有重大意义。

在几千年的历史流变中，中华民族从来不是一帆风顺的，遇到了无数艰难困苦，但我们都挺过来、走过来了，其中一个很重要的原因就是世世代代的中华儿女培育和发展了独具特色、博大精深的中华文化，为中华民族克服困难、生生不息提供了强大精神支撑。现在红色主题的作品有很多，但适宜少年儿童阅读的革命历史题材的作品却很少，因为革命历史题材儿童小说的创作难度大，要能从儿童性的本质要求出发，把政治性、文学性和儿童性相结合的书写难度大。策划者、创作者和责任编辑要密切沟通、通力配合，做到环环相扣，从而达到预期的效果。怎样从儿童的视角出发，用不同角度重新书写已被植入民族集体记忆的革命历史题材，增加作品的历史厚度、人文厚度和丰盈的生活情况，全知视角的介入，个人化的历史叙事等方面做好新形势下的儿童红色主题出版，我认为有以下几点值得思考。

一、弘扬主旋律，突出红色主题

习近平总书记在全国文艺工作座谈会上曾经指出，精品之所以精，就在于其思想精深、艺术精湛、制作精良，“三精”是童书精品力作出版之“神”。少儿主题出版要从“小而美”“小切口”出发，反映大主题。

少儿主题出版要注重文本的艺术价值和审美价值，注重故事题材的多样性和文学风格的丰富性，同时力求塑造兼具时代气息和个性特征的经典角色形象，这样的作品才具有强大的文学感染力。红色主题书从儿童文学与童书出版的角度分析，它应该有以下几个突出的特点。

第一，鲜艳的红色精神，是红色儿童文学非常突出的特点。如何在沉甸甸的革命故事中，彰显着军民情、鱼水情，彰显着中国共产党、中国革命、中国人民的苦难与辉煌。通过震撼灵魂的亲情故事、生离死别的动人故事，向广大青少年读者传递着红色血脉和红色基因，优秀的红色儿童文学作品首要的特点即在此了。我们要依托儿童文学精品生产体系，紧扣正确导向和时代需求，培养主题出版创作队伍、锻造主题出版精品读物。

第二，时代特点。在我国的红色儿童文学、军旅儿童文学创作中，与新四军有关的儿童文学一直是近乎缺位的短板，通过书写“为有牺牲多壮志”的革命情怀，从新四军的军歌到志愿军的军歌再到解放军的军歌，气壮山河，这样的时代特点非常精彩。以“儿童”为眼，将宏大的历史叙事与儿童的认知能力、审美情趣进行巧妙对接，在小叙事中完成中国共产党发展历史的大叙事。这也是要求在创作团队上精挑细选，编辑团队和创作团队在出版理念上达成高度一致，将主题出版做成艺术精品。

第三，情感特点。主题作品要做成能突出表现感天动地的亲情、真情、大爱的儿童文学优秀作品。从传统意义上讲，与普通文学相比，儿童文学一般是以故事见长，所以儿童文学的特点就是讲好故事，这是与普通文学不一样的地方。我们要立足现实主义创作，坚持内容为王，以贴近少年儿童生活的、看得见摸得着的题材关照下一代的成长。作品文字要简练，故事要传奇，感情要丰富，通过细腻的情感描写，让儿童深受感触，给予儿童思想启迪、精神滋养和审美享受。坚守儿童本位的出版宗旨，保持作品的儿童视角和儿童审美，以“润物细无声”的方式培育儿童的价值观，始终传递向上向善的精神能量。

二、透过大背景，精选历史题材

革命历史题材，并不仅仅作为历史存在着，而是与当代生活、当代精神塑造紧密相连。战争中所展现出的人性的闪光与黑暗恐怕是任何别的事件所不能比拟的。很多文学作品，会在其中呈现出丑陋的人性，或是呈现战争戕害下的人性的异化，但这绝不是儿童文学作品的最终目的，儿童和成年人一样有着丰富复杂的认知，儿童文学作品呈现的，一定是书写没有被战争扼杀的美好人性，以此彰显儿童文学的应有的人文情怀，以确保儿童阅读的心理上的安全感和恒定价值观。

要在“儿童”这个方圆之内，把复杂多面的战争主题转化为小读者可理解的叙述，无从避免生命暴力，要把故事讲得不刺激感官却能震撼心灵，要把最强烈的仇恨和最残酷的死亡消解在温情的叙述之中，其艰难可想而知。因为战争具有彻底的“反儿童性”，战争题材小说涉及暴力、血腥、凶残、苦难，而且这种苦难是一种撕裂开来的苦难，跟儿童文学过去所写的成长苦难完全不一样。尤其是策划者与创作者，如果没有一个确定的儿童文学方向现实观的认知，所有的内容、所有的表达肯定是非常漂浮的或者悬置的。

通过对革命历史的书写而穿越历史，最终走向人性的纵深。不从正面去写中国的历史进程，而是在视角转换中去描述新四军、解放战争、抗美援朝，很简约地把一段历史表达出来了。对儿童读者来讲，在阅读中就直观地感受到中国这样一个历史的进程，它对我们今天产生的影响，就能很好地传达出来了。

三、把握新心理，选择叙述方式

如何面向儿童讲述革命历史，如何在孩子对世界有限的理解、有限的生活范围内，书写战争，讲述善与恶，讲述民族大义和家国情怀，讲述对民族心理、道德伦理、人心人性深入骨髓的洗礼？

如何书写儿童与战争，可以选取一个小切口的叙事，将视角从战场上转出，以战争背景下的个人化叙事重写战争题材，对普通大众在战争中遭遇的不幸和苦难，给予特别的关注。通过对叙事视角的精心选择，淡化战争的残酷与血腥之时，也避免了集体记忆裹挟下对个体记忆和情感的遮蔽，丰富着我们关于战争历史与苦难的记忆。选取一个巧妙别致的视角，以小见大，巧妙地折射抗日战争、解放战争、抗美援朝枪林弹雨的广阔场景，回顾中国共产党领导下的革命历程，讴歌我们党领导的队伍，与人民百姓间超越血脉亲情的血乳交融的纯净真挚的情感。

在细节的渲染与使用上，可以采取近铺垫和远铺垫，加以倒叙、复述的补充，层层叠叠，不露声色，就把一个个高潮推到了极致。

四、抓住新思维，彰显童年精神

创作者要深谙儿童的思维特点，并将其内化于作品的表达中。实现从文学作品到儿童文学作品的跨越的关键，就在于作家能否准确捕捉到儿童文学艺术的自由精神，在勾勒一幅更为宏大开阔的社会生活画面时，不能脱离儿童的接受能力和审美趣味，又要能实现作品的从容、轻灵、优美。什么是儿童文学的“以轻写重”？儿童文学的“轻”，不是回避一切苦难与沉重，消解承受苦难的意义，而恰恰相反，其背负苦难之重时展现出的乐观和勇气，是儿童文学所承载的童年精神之本。也就是说，无论战争的残酷如何汹涌而来，都不能杀死个体生命对“善”和“美”的毫无保留的信任和坚守；这种信任和坚守，正是这种乐观和勇气之根本。这种童年精神，也是人类超越苦难的终极力量。

文学是语言的艺术，文学创作的过程，其实就是创作者个性生命体验的文字呈现过程。用丰沛的文学语言讲述精彩的中国故事。这就意味着作品首先要有较强文学性；其次作品内容要反映中国当今社会发展的方方面面，能够体现时代风貌。编辑团队要有针对性地和一些有相关题材创作条件和能力的创作者多沟通，寻找选题突破口。题材确定后，编辑要跟创作者讨论打磨内容细节和精神内涵。扎实的文字基本功以及文学表达能力，也是对创作者的基本要求。同时，好的儿童文学作品，尤其是主题出版类的现实主义儿童文学作品，其主旨一定要充满正能量。即便是对苦难生活的书写或者对社会不公的体现，都要有一束光照亮其中，让小读者在阅读中体会到成长的力量、人生的价值、社会的意义。

五、融合新理念，创新营销模式

随着科技的发展，书籍也开发了越来越多的形式，重视体验感。在儿童主题出版物上，有可读、可看、可听、可手工等形式。即在可读性的基础上，通过音频、视频等技术多方面立体开发图书，让小读者们能随时随地感受红色精神的熏陶。例如，通过微信公众号或小程序等平台，推出AI红色故事集，由此打破空间限制，让小读者身在家中也能观看视频感悟历史，进一步传承红色基因。

利用“新载体”，开发与主题出版相匹配的红色文创。

根据儿童红色主题书的内容而延伸制作的小背包、小草帽、小T恤等，这些周边产品深受众多年轻父母和小读者的喜爱和追捧。

秉承“从儿童中来，到儿童中去”的阅读服务理念，借助作家进校园、新书见面会、网络云直播、童书赠阅等方式，通过互动让孩子们更深刻地理解主题读物的思想价值和艺术价值。

开展海外推广，实现国际传播。文化走出去要在中华文化的民族特性与世界文化的共通性中找到平衡点。文化走出去仅强调文化的民族性是不够的，还要强调普遍性、共通性，以凝聚民族文化精髓的创意，以及有吸引力、感染力的话语体系，打造融通中外的文化品牌，让国外读者看得明白，在价值共享中实现民心相通。我们对世界儿童文学非常了解，但遗憾的是，中国的儿童文学还不被世界了解。如何做到坚持文化自信，让中国更多的优秀作品走出国门，不仅是出版社肩负的使命，也是作家的行进方向。

习近平总书记强调，少年强则国强。当代中国少年儿童既是实现第一个百年奋斗目标的经历者、见证者，更是实现第二个百年奋斗目标、建设社会主义现代化强国的生力军。儿童文学是快乐的文学，它带给儿童积极乐观的人生基调和快乐幸福的童年生活。希望广大少年儿童刻苦学习知识，坚定理想信念，磨炼坚强意志，锻炼强健体魄，为实现中华民族伟大复兴的中国梦时刻准备着。我们作为出版人，应重点策划组织好以关爱少年儿童为主题的文学作品，为少年儿童茁壮成长创造有利阅读条件，培养能够担当民族复兴大任的时代新人，为党的少年儿童事业作出新的更大的贡献。

参考文献

[1] 丁璞：《新时代背景下少儿主题出版的新思维》，《传媒论坛》2021 年第 16 期。

[2] 蒋京恩：《新时代中国少儿主题出版发展初探》，《出版广角》2019 年第 13 期。

[3] 刘冲、王梅：《融媒体时代主题出版的新特点与发展态势》，《出版广角》2021 年第 14 期。

[4] 唐明星：《大历史观、文化视角、学术性——新时代三联书店党史出版的编辑思考》，《出版广角》2021 年第 11 期。

[5] 万安伦、段梦兰、戴纳：《论百年红色出版的演进逻辑》，《出版广角》2021 年第 11 期。

[6] 吴信根：《全力守好国有企业意识形态“责任田”》，《当代江西》2020 年第 10 期。

[7] 谢清风：《新时代主题出版发展策略探析》，《中国编辑》2018 年第 6 期。

[8] 于蕊：《论新时代少儿主题出版应有的深度、温度和态度》，《出版与印刷》2020 年第 3 期。

[9] 周伟：《做好主题出版是新时代的要求》，《中国出版》2020 年第 4 期。

[10] 竹鸣：《〈梁晓声童话〉（第二辑）强调儿童善性教育》，《中国出版》2020 年第 2 期。

（作者单位：江西人民出版社）

融媒生态下经典出版与精品编辑策略思考①

郝　雨　李　娟

在当今万物互联的智媒时代，5G 技术下的媒介生态，导致整个社会生活方式发生了翻天覆地的变革，而每一次媒体技术的发展，都会直接带来人们在阅读方式、接受方式甚至整个文化层面的革命性变化，尤其是由此引发的媒介"视像化""碎片化""浅层化"等问题，越来越造成阅读耐性弱化，思维韧性软化，精神强度退化。所以，当代出版业很有必要在对此类重要现象进行深入研究的基础上，主动应对问题，适时调整策略，动态优化出版产业结构，持续性主导和引领新时代阅读的经典化和主流化大方向。

① 本文系 2020 年度河南省高校青年骨干培养计划项目"马克思主义新闻价值观教育与实践研究"阶段成果（项目编号：2020GGJS251）；2021 年度河南省重点研发与推广专项（软科学研究）支持项目："泛媒体生态中的'营销号'恶意引爆舆情治理研究"阶段成果。

一、阅读文化"趋低"与出版守正之基

毫无疑问，出版的基本目标就是达成阅读，服务阅读；出版的出发点和根源都在于阅读。阅读的整体环境和状况，直接决定着出版市场的风向和空间。因此可以说是编辑出版者的命脉所在，所以对阅读状态、阅读现象尤其是深层原因的了解和认识，应该是编辑出版业应对市场变化的第一要务。

首先，从理论上说，在融媒生产内容视像化和信息碎片化等问题严重冲击阅读文化的状况下，人们的阅读由于从有史以来所形成的线性阅读，整体转为非线性阅读。这就是近年来许多学者在讨论的"后阅读"。所谓"后阅读"便是与新媒体、新需求相适应的阅读方式和状态，"后"意味着对传统阅读的变革、超越与反叛。阅读方式正在经历数字化、网络化转向，以阅读场景的改变为核心机制，以社交、多元、碎片、日常、互动甚至去中心为基本特征。而这绝不是简单的阅读方式和习惯的转变。非线性带来时空以及内容的零散化，使得人的阅读非常轻松便利，同时就形成了表层化、通俗化的浅阅读，由于便利轻松更容易使人上瘾成性，致使人们依赖感官舒舒服服接受，而逐渐被浅阅读全面控制。其严重后果就是，这种阅读带来了对知识的一知半解，断断续续，零零散散，不成体系。毫无疑问，这些阅读特征正在进一步影响与之密切相关的整个出版业生产和传播领域。

其次，市场化生产力发展的根本驱动力还在于技术的发展和商品化的推进。而"媒介即信息"（麦克卢汉），技术发展带来的万物智联的媒介环境，真正成为"从大众到大众"的大众传播，使得线性和垂直传播严重变异，人人都是信息生产和发布者，更是大大加剧了信息的无意义甚至是负面影响和作用。

在新媒体的技术条件下，高度发达而形式多样的传播媒体作为"人体的延伸"割裂了时间和空间，使我们的时间变得越来越零碎，空间也变得

不可确定。由此带来的后果是，我们必须学会充分利用已经碎片化的时间和不确定的空间，以及不得不在日益更新的媒体技术给定的各种互联网平台上，来进行碎片化的信息抓取。如果说传统阅读是“理性的”“线性的”“封闭的”“科学的”，而作为其融媒体时代的阅读特征则更多地表征为“非理性的”“非线性的”“开放和多义的”。那么阅读过程中用户的行为、习惯、心理、体验以及出发点、目的等方面均发生显著改变。尤其是非理性特征所带来的用户感性和情绪化的接受与认知，非线性特征所导致的信息选择的多面性和多样性，开放性和解构性特征所带来的信息不完整和受众接受的戏谑化表现，所以，这也是我们今天的编辑人员必须从根本上和深层理论上加以明确的现状。

再次，进入21世纪以来，互联网技术、虚拟现实、人工智能等迅猛发展和大规模普及，使得信息传播渠道变得多种多样，接收方式也随时随地，人们进入空间立体轴心时代，传统的线性阅读轻而易举被打破，空间的阅读方式标志着阅读领域的深刻变革。所以，本文关于阅读文化转型问题的研究，就是要从深层次确认和把握出版市场的决策依据和动因。

当然，在当今的高科技条件下，机器人创作也成为“后阅读”文化现象的重要助推力量。一方面，人工智能写作，数秒钟就能生产完成一个作品，按照这样的生产制作速度，机器人创作必定会带给我们海量的作品，同样会与我们的传统出版业残酷争夺市场。而且，机器人写作基本是按照市场规则和人的娱乐需求植入程序的，因此，这虽然在很大程度上增加了人们阅读的选择，但是，从另一方面看，这种机器化产品本身不够立体，缺乏温度，并且是难以具有人的情感性的。正是由于那些经过算法分析的人工智能作品缺乏人的自然状态的情感结构，作品也就根本无法深入人心，震撼灵魂，也就完全无法成为传世经典。

所以，“后阅读”造成的重要现实，就是技术的发展使得人们在任何碎片时空都能够通过互联网获得碎片阅读，而获得的内容也必然是碎片化的，是对常规理性阅读的解构甚至机械化非理性处理，其严重后果必然是人的思维方式也由于碎片式的获知方式走向碎片思维。新媒介和技术带来的阅读方式表层变革下，实际上掩盖着价值取向、社会观念、文化精神的巨大转型。所以，如何降低这种浅层阅读使人们阅读成瘾、欲罢不能而产生的负面效应，出版编辑理念的选择和确立是根本前提。

然而，作为主流文化产业主阵地和专业生产部门的出版业国家队，无论阅读环境如何“趋低”，其责任和使命是不可撼动的。正如习近平总书记所要求的：“坚定理想信念，弘扬昂扬向上、只争朝夕、奋勇争先的良好精神状态，坚决扫除那些腐朽的、丑陋的、邪恶的现象，让阳光的、美好的、高尚的思想和行为更好占领阵地，进而普及开来，在全社会蔚然成风。”①所以，面对复杂的文化环境，我们的出版业有一种共同的持信：弘扬经典，守正创新。这就是经典文化抵抗“趋低”阅读的强大根基。

二、“经典主导”与出版编辑理念持守之则

经典传播理论认为，新媒体时代受众与媒体关系的一个重要变化就是由传者中心向受众中心转化，而受众的接受兴趣和习惯直接影响着媒体的信息生产与传播，包括内容制作和形式表达。所以，以利益为目标的商业媒体，会不同程度地迎合受众不断形成的阅读趣味和习惯。整个传播业也必然受到很大程度的影响，尤其是在电子出版、数字出版冲击下的纸质出版逐年缩水。这就直接导致了信息及文化生产与传播领域的“精神弱化”问题。

在这样的可谓大势所趋的基本情境下，要从根本上和深层次实现出版业转型，编辑理念的变革调适，编辑意识对于新媒体阅读特征的清醒和认知，至关重要。所谓“编辑意识”及其面临的问题，最近有学者发表了这样的解释：“是编辑在工作中呈现的高级认知加工的主观品质。它是出版过程中最为隐蔽又最具张力的因素，其实质是编辑反思与担当的内在自

① 习近平 2014 年 3 月 6 日在参加十二届全国人大二次会议广东代表团审议时的讲话。

觉。在媒介融合发展的过程中，出版方式和编辑方式均发生了重要转变，传统出版业的部分职能逐渐被消解，加之融媒体时代对编辑工作能力提出了更高的要求，导致编辑意识的边界模糊，编辑意识的重构迫在眉睫。”① 那么，编辑意识方面能不能甚至敢不敢去面对和改变？以及如何面对和改变？有学者认为："对数字出版行业而言，传统的编辑理念、编辑方式、编辑手段已经很难适应如此快的发展潮流，出版业面临着媒介融合和编辑工作所必需进行的变革与创新，因此加强对编辑的理念创新和职能定位就显得更加重要。针对大数据下编辑工作呈现出的新特点，应采取具有针对性的改革措施，提升编辑的信息化素养，精准定位编辑的工作职能，思考其创新发展的模式，从而提高其运用大数据的能力，提升行业的竞争力。”②

实际上，对于传统出版业而言，尤其是传统出版机构的编辑人员，说到底还大多是从传统出版业走过来的。在他们的编辑意识深处，对于传统文化经典的留恋和守护，应该是根深蒂固的。所以，无论今天的阅读市场如何转型，有一种意识是值得坚守的。那就是以经典导引流行，以流传久远对抗昙花一现，以深层滋养对抗泡沫碎片。这既是编辑人的自然长项，也是编辑意识中的责任感和使命感。因此，经典坚守就应该是阅读转型时代编辑人可以以不变应万变的根本态度。

首先，由于阅读形态发生重大变迁，各种媒介渠道和信息接收方式花样翻新，其传播效果很大程度依附于用户体验。唐纳德·诺曼（Donald Norman）在20世纪就提出了“用户体验”概念，随着技术的发展，HCI技术（人机交互技术）几乎渗透到了人类活动的所有领域。用户在通过媒介接受信息时，对其内容的直接的和身临其境、身在其中的体验，并受到自身的主观感受、动机、价值观等方面的制约，所形成的对传播对象的认知。比如腾讯集团，它的成功，就主要是源于对产品用户体验的极致追

---

① 王颖：《融媒体时代学术期刊编辑意识的重构》，《出版科学》2020年第1期。

② 韩啸、赵莹莹、李琦等：《大数据下编辑的理念创新与职能定位》，《中国编辑》2019年第3期。

求，马化腾秉持的快速反应、开发机制的逻辑起点就是“用户体验”，虽然将“用户至上”发挥到了极致，却也加大了产品内涵的不确定性，更为严重的是推动了对于信息“编码 / 解码”的混乱性。因此，传播效果依附于用户体验也具有极大的非标准、不一致和不准确性，这就加大了它的碎片化、零散化特征以及主旨不确定的后果。

此外，在文化消费主义的大背景下，大众要求摧毁传统阅读的象牙塔，释放阅读的权力，完成阅读的“世俗化”转向，是对平民阅读需求和阅读权利的集中又具象的体现。如今，真正的大众传媒时代已经到来，文本的生产权下放、使用权权重提升、接收变得随时随地，这些因素共同作用于大众阅读行为，使其日趋日常化。大众传媒的共享精神，为阅读行为日常化构建了关键一环。随之而来的就有可能是媒介文化的媚俗和精神“弱化”成为可能。

归根结底，阅读文化转型的内因，其实就是在技术推动下，有意无意地以及在实际效果上的对传统精英文化的疏离甚至反判，阅读环境的虚拟性更是使得社会规约力量弱化，于是以往主流文化内容的严肃和形式的刻板使得大众采取一种反感的态度和抵触的情绪去对待，大众逐渐对这种在内容上既没有提供可以寓教于乐和具有“使用与满足”价值的信息，形式上又不适应其阅读方式的阅读对象，逐渐丧失兴趣，而去选择规约性较弱的、体现阅读方式的人性化的、带有戏谑性的、对经典解构以至于解除了理性压制的非主流娱乐产品，同时，这些非主流娱乐信息时代多样化的技术提供的多样化阅读方式，满足了用户的某种世俗意义上的个性需求，而且，读者在阅读的同时，也能够自由自主地生产、发表、交互与体验。这个时候，如果完全被动迎合，这样的路只能越走越窄。而如果从思想观念上搞清楚了这样的真实状况，从而因势利导，发挥出版业强项，才能柳暗花明，前景广阔。这就需要主流出版业充分关注当下大众的阅读特征，在尽可能加以适应的状态下，更需要在这样的阅读环境中及时做出调整，深度增强应对“后阅读”环境和市场的意识，以便真正占据未来出版业的高峰。

三、融媒出版的经典方略与主场固守之策

阅读文化进入“后阅读”时代，就会生产大量市场化的传播内容，来满足人们随时随地对阅读的游戏化诉求。铺天盖地的非主流媒介信息在互联网蔓延，在海量的信息中，无效信息充斥、有效信息淹没、文化含量缺失的现状也对传统出版业传播造成了极大威胁。而面对这样的局势，传统出版业必须找到生存下去又不失责任使命的战略途径。由于新媒体时代的文化生产更加多样化，受众中心和市场导向的新媒体信息产品也更加轻松娱乐，“出版—阅读—出版”，这种互为依存、相互制衡的关联，决定了出版业不能不深入关注阅读市场大风向。

然而，文化生产的首要功能无论如何都应该是传播对社会生活具有积极意义的信息。面对庞杂的信息市场和文化环境，缺乏经典文化产品和精神导引，人们无法认识社会的真实状态和本质，也就难以形成主流价值观。所以，2018年3月，国务院机构改革方案中新闻出版工作划归中共中央宣传部管理，并提出了新的政治要求和管理职能。产业机构调整，资源合理分配，注重文化安全，推出精品力作，培养先进文化，是未来出版业的主旋律。毫无疑问，这样的宏观战略，也正是抵抗“软阅读”环境造成负面效应的重要保证和基础性条件。

理解了这样的一些要求，我们的出版业，就有了新的明确的方向和目标，具有了更加充分的文化自信。尤其是在智能时代，在融合媒体出版的新技术条件和生态下，更要遵照习近平总书记的要求，努力解决好“本领恐慌”问题，坚守经典主导理念，发挥好主流出版的引领性作用。那么，在这样的系统工程中，新媒体智能化传播与主导性媒体出版，无疑就极需要自身思想意识提升与责任心涵养。在具体的出版策略上，我们有以下思考。

（一）面向“后阅读”市场的经典意识与精品谋划

首先，就出版业而言，不仅要进一步加强深度融合媒介战略，更要坚

守生产优质内容，传播主流文化。尤其是5G技术条件和生态环境下，互联网建起了通往世界各个角落的信息通道，新型阅读媒介不断涌现。到今天，这种阅读媒介的变化带来的一个最基本的现实是，新型媒体的涌现催生了新的出版产业格局。放眼全球，尽管世界各地阅读媒介发展状况还不均衡，但不可否认的是，新的出版与阅读格局已经到来。每天人们一打开手机，就可以快速阅读浏览各种资讯。人工智能的发展，AR、VR、MR技术的革新，尤其是5G的落地，使得世界各地的人和人之间的交流可听可视可触。如何能够利用好新媒体手段坚守经典文化传播，发挥好经典导引作用，是今天的出版业必须解决的首要问题。

因此，利用新型主流媒体变革传统出版理念，一定要打破传统思维模式和生产流程，打破体制和组织架构的壁垒。除了必须要把互联网基因植入媒体，用全新的互联网思维来推进新型主流出版产业建设，还要在坚守传统出版媒体原创、首发、权威、观点独特等优势的基础上构建新型出版媒体；同时使传统出版和新兴出版机构深度融合，构建“资源共享”的新型出版产业。所以，我们的主流出版业的网络出版，一定要探索新的营销模式，针对各种行业，各种领域，各类喜好的群体，分众化地建构很多精准推送的经典作品平台。有了这样的平台，就可以在内容生产上放开手脚，组建团队，创作精品。

（二）以经典意识和精品创作培育经典受众群

出版业应对后阅读碎片化，游戏化的强大优势和挑战，这里其实还有一个十分重要的战略性问题，就是经典化出版，不能只是空对空的良好愿望和响亮口号。要能够使经典出版落地到经典市场，首先必须要从受众群的培育培养做起，而经典读者群的培养，当然也不可能是一朝一夕、一蹴而就的事情。所以要有长远的科学合理的战略性规划。那么，我们的出版研究部门以及有关文化教育部门，首先要充分关注和研究青少年的阅读行为习惯，这应该是经典阅读战略最为重要的一环。了解了他们的比较普遍的阅读行为习惯，就要注意制定以经典读物抵抗青少年的过度刷屏行为。然后，面向儿童和青少年的图书创作上的经典化追求就是责无旁贷的。从理论上讲，青少年时期行为习惯的可塑性很强，只要方法得当，渠道适合，出版内容有强大吸引力，就可以粘住广大少年儿童。并进一步强化他们的经典阅读欲望。在这方面，儿童文学家谭旭东教授就一再明确表示，他的创作的基本方向就是走经典化之路，注重“文学性＋知识性”，提高青少年人文素养。通过这样的儿童喜闻乐见的形式，经典文化受众群应该是可以培养的。近年来谭旭东教授已出版80余本童话和童诗，吸引着国内外少年儿童阅读。2017年，埃及文化部新月出版社“少男女图书”编辑部出版了他的童话集《森林里的路灯》。2019年，谭旭东教授的六册童话《神奇的阳光线团》《蜗牛的月光早餐》《花瓣雨里的小喇叭》《荷叶上的泡泡浴》《不想长大的秋千》等由俄罗斯莫斯科格林·普林特出版社出版。埃及的翻译者哈贝·萨米尔在《少男女新月图书·序》中，这样评价谭旭东的作品：我发现这些童话作品所写的主题、价值观等，不仅仅是中国的，而且是世界的①。这样的能够被世界广泛认可的作品，一定会引导孩子们养成爱阅读的习惯。

（三）传统经典内容和资源再生产

对于出版行业来说，打造精品出版格局，一个极为重要的职责和任务就是传统文化经典进行再生产，这种再生产，也是在适应新媒体语境下的再生产，要充分考虑到新的特征，调整出版产业方针。这就更需要宏观规划与策划。实际上，占领经典文化主战场，归根结底，必须是要以中国文化经典为引领。一方面，传统经典作品出版，应该特别注意其内容方面的再生产，再创作；另一方面，中华五千年的历史与文化，自然为当代的内容创作提供了坚实的基础，而我们想创新内容，亦要学会从传统文化中汲取养分。当文化产品具有超越时间的艺术品质时，才能够以媒介身份传播民族文化、构筑民族记忆②。如在具体实施中，传统文化经典再创作的系

---

① ［埃及］哈贝·萨米尔：《少男女新月图书·序》，埃及文化部新月出版社2017年版，第2页。

② 朱逸伦、郝雨：《新文创，让传统文化更好地“活”在当下》，《出版广角》2019年第12期。

列化、规模化、成套化，从而以规模化生产战胜零散化，以厚重化战胜泡沫化，这尤其是需要国家在场，多种出版媒介参与，形成新旧出版媒介合力。近年以来，《中国诗词大会》、“朗读者”，以及各地卫视纷纷推出关于传统经典传承与普及的节目，以传统文化为主题的电视节目普遍获得了巨大成功，由此来看，传统文化经典有着广大的民间基础，因此，传统文化经典还是具有很大出版市场的。根据这样的现实背景，可以策划一系列的《家庭藏书经典》《国学经典与传统文化全书》《青年必读经典丛书》《经典中国故事大全》等满足各种层次需求的传统文化经典出版物，经过出版专家加以精心研究选择，可以有针对性地编辑符合不同文化层次和兴趣的读者丛书及文库，并适合作为不同家庭或社区阅览室收藏的经典系列，如《“三代人”同读经典藏书》《书香门第家庭藏书》《盛世藏书家庭版》等，如此多方合力打造规模化精品，建设新时代的经典与精品系列和规模之作，既可以提升广大群众文化素质和精神消费水平，又可以在我国已经进入全面小康社会的基本背景下，更好地在全社会传承推进阅读风尚和文化习俗。这也应该是解决党的十九大提出的“我国社会的主要矛盾已经转化为人民日益增长的美好生活需要和不平衡不充分的发展之间的矛盾”的一个重要方面。

而像这样的规模化生产和投入，打造精品品牌，也绝不能只求一时利益，只是零零散散、单独一部作品的营销和售卖。经典文化舞台的占领，一定要成规模化，一定要有总体规划和运筹。在新媒体语境下，推进融媒全媒立体出版，全方位覆盖。也更彰显主流文化的高品位身份和身价的意义。在整个社会生活方式上形成一种时尚效应，乃至形成一种社会风气，更多人以收藏经典为荣，这是我们的经典出版重要目标。

发挥出版行业整体传播优势，用精品图书讲好中国故事。这其中，我们最不能忽略的就是主流文化的巨大作用，能够通过文化精品生产，尤其是能够深入浅出地切入那些特别需要研究和解决的关键性问题，而且要能够采用国人真正感兴趣的方式进行出版内容的创作生产。讲好中国故事，关键在于“讲好”，真正能够“讲好”，自然就是精品的保证。被称为超级畅销书作家的寒川子，十卷本长篇历史小说《鬼谷子的局》，出版首发就达到100万册。甚至仅越南一个周边国家就销售二十多万套。被誉为“二月河之后最好看的历史小说”，将中国传统古老智慧倾注于一个个故事当中，潜移默化地使人领略中国智慧文化的精髓，真正做到了“讲好中国故事”，又凝聚了中国智慧。我们今天的出版业应该成为讲好中国故事的精品基地！

（四）强化“技术思维”推进“数据库”经典出版

随着媒介技术的不断发展和新旧媒体之间的不断融合，受众对于阅读的需求也在不断发生着改变。美国多家研究调查机构数据显示，美国读者的阅读消费模式已经出现移动化、社交化、个性化等趋势。越来越少的读者会选择纸质版图书，更多的读者会选择不同在线阅读平台进行阅读，同时用户阅读时的活跃度和参与度也有了较大提升。在传统纸质阅读时代，读者大多是以“接受者”的角色出现，而在新型阅读时代，读者已经转变成为评论、点赞、收藏的“主动者”。正如中国网络文学在世界上受到广泛欢迎，我国出版社在对外出版工作中也应该从多个渠道进行，纸质出版物可以利用传统书店、电商平台和国际书展发行；电子出版物可以通过电子书和有声书等形式在线下载；还可以通过流媒体平台进行互联网、社交媒体和短视频宣传，打造自身的传播媒体矩阵。融媒体时代我国对外出版图书不仅要重视图书的“多媒体化”内容，也应注重出版的渠道和形式，努力迎合受众的数字化阅读和移动化阅读需求。

面对这样的大趋势，出版业应该塑造“技术思维”，连接新旧媒体，形成传播闭环。就目前形势来看，出版社应该在电子书、有声书和流媒体等领域进行图书数字化的探索。电子书的探索可以在众多电子书平台开展，例如亚马逊的kindle、苹果的iBook等，出版社可以在推出纸质版图书的同时与外方开展合作，进而上架相关电子书的产品。而有声书方面则可以与音频App合作，例如，免费公共领域有声电子书下载网站“books should be free”“The Audio Book bay”“thought audio”等有声读物平台，不仅可以通过视觉还可以通过听觉进一步推动外国读者接近中国文化作品。流媒体平台如奈飞（Netflix）、苹果 Apple TV+ 等也可丰富对外出版的传播渠道①。运用技术对用户数据进行深度分析，出版社才能准确把握用户的行为特征，从而对读者实现个性化、对象化、定制化传播。

此外，“数据库思维”推重数字出版。数字出版已经成为出版业未来发展的趋势，传统出版与数字出版共存的时代已经到来。数字时代最具价值的资产就是数据，出版业也不例外。数据库最初产生于20世纪60年代，是发展历史最为悠久的电子信息源。作为数字技术和数字出版代表出版形式的数据库，已经渗透于电子图书（e-book）、数字期刊、数字音像出版物和软件读物等其他形态的数字出版之中。在数字技术飞速发展的现在，各个国家都在不遗余力地打造本国主题数据库。数据库的完备程度已经成为衡量一个国家国际学术地位和文化发展程度的重要依据，具有代表性的有汤姆森学习出版集团的 Thomson Gale 数据库、爱思唯尔建立的科技医学全文数据库 Science Direct 等②。还有牛津大学出版社学术工具书数据库是以学术检索为目的，将大量学术工具书进行系统的整理，并进行数据化的处理，在学术工具书数据库领域占据较高的市场份额③。由此看来，开发图书数据库，是大势所趋也是我国出版业资源数字化整合的发展方向。因此，我国出版业需要打造具有自身特色的主题数据库，形成“中文主题数据库群”，逐渐积累起中国出版对外发声和传播的新平台，在国际出版行业发出自己的声音。为此，应先行研究借鉴他国成功经验，为我国主题数据库的建立提供参考。除此之外，我国一些老牌出版社和大学出版社已经具备一定的资源积累，在收集大量信息资源、保护版权和降低成本方面具有优势，并且拥有各自的特色，可以借鉴牛津大学出版社和剑桥大学出版社的相关经验进行构建④。在建立主题数据库时要注意选题的规划，以

---

① 徐丽芳、陈铭：《媒介融合与出版进路》，《出版发行研究》2020 年第 12 期。

② 韩文君：《中国出版走出去战略思考》，《新媒体研究》2018 年第 4 期。

③ 肖超：《面向数字学术的牛津大学出版社学术工具书数据库出版探析》，《出版发行研究》2020 年第 8 期。

④ 裴永刚：《出版“走出去”政策和项目现状、问题及建议》，《编辑之友》2020 年第 4 期。

期填满空白、避免重复工作；同时也需考虑读者的需求，注意实用性。还应培养出具备跨学科能力及复合型知识结构的数字出版人才，既要有深厚的文字功底，又要具有数字思维和市场营销能力。对外出版必须要重视数字出版，建造中国特色主题数据库，提升我国出版业在对外出版中选题策划、优质内容聚集和优化产业结构的实力，提高中国出版和中国文化的国际影响力。

（作者单位：郝雨，上海大学新闻传播学院；李娟，新乡学院）

媒介融合下的出版产业链转型[①]

张立园

研究产业融合不能不研究产业链。产业链是经济学中的概念，指具有内在联系的企业部门客观形成的一种链条式的经济形态。出版作为产业，也有自己内在的产业链条。传统出版产业链主要涉及“编辑—印制—发行”三个基本环节，呈线性分布。在媒介融合、行业融合、市场融合的今天，出版传媒企业通过整合、协同产业链条，提升了企业整体运作的效能，有利于打造企业品牌和形成核心竞争力。

业界目前普遍认为出版产业链拓展有三种基本形式：一是纵向关联，即由纸张原材料的生产至出版发行下游这一顺序连接，依然呈线性结构；

① 基金项目：中宣部文化名家暨“四个一批”人才工程项目·新时期文化企业改革与发展探索课题、国家新闻出版署出版融合发展（四川新华）重点实验室项目，媒介融合与出版传媒企业发展，项目编号：合字［2019］139号。

二是横向关联，即将传统的出版产业与网络、电视、广播等其他媒体的相互融合，呈现出一种网状的链接结构；三是混合关联，即将出版主业的盈利投资其他高回报的地产金融等行业，获利再反哺主业，也称为出版的多元化发展，呈现出一种多层次性。本文关于产业链的论述主要基于前两种形式展开。

一、两种出版产业链的特点

（一）纸质图书出版产业链

传统图书出版由市场调研开始，经选题策划、论证、报批，书稿组稿、审校、设计、排版、印制、入库，之后才是市场发行，周期长，效率低，回款慢，且前期大量生产要素的投入是既看不到影响，也无即时回报。后期发行也需要社会渠道的长期积累，才能走向市场。

（二）数字化出版产业链

数字化出版产业链是在传统出版产业链基础上，引入了数字设备辅助各个环节，比如编校软件让编辑摆脱纸质稿件的束缚，提高了空间的可移动性和灵活性。校对软件提高了校对人员的工作效率和质量。当然出版数字化也包括出版社对本版图书电子版本的开发，但这些都并没有改变传统出版生产方式，所以我们称之为出版数字化产业链。目前大部分出版传媒企业都存在这种生产方式。

二、出版产业链的创新重构

传统出版的内容和潜在价值要靠数字化进一步拓展、放大。进入媒介融合时代，出版传媒企业开始在编制、印刷以及发行产业的基础上，积极融合现代技术元素，突破传统上下游的单向线式结构，尝试产业链的多维度、多层面转型发展，同时交叉了游戏、影视等产业，大大丰富了产业链的形式。

（一）产业链上游的延展重构

出版产业链上游是内容生产，这是整条产业链的基础。未来专业的出版机构将可以独自运作内容的整合、中转与分发。另外，对中游编辑人才的培养也是当下出版产业链上游的一种建设。

1. 内容资源

出版产业“内容为王”，其传播的核心价值在于“内容”，全媒体出版产业链的拓展基础也是内容建设。同时，出版产业是一种资源经济，核心是内容资源，核心的外围是作者资源和版权资源，而外核则是信息资源和知识资源。内容资源生产就是出版企业在信息资源和知识资源的引领下，充分利用作者资源和版权资源生产的过程。

近年来，不少出版传媒企业出版了很多十万、五十万、上百万，甚至千万销量的爆款产品，但大部分集中在少儿板块，出版社原创能力不强，大多数还沿袭传统的内容生产方式，普通作者作品多，名家名作少；作者上门作品多，独家策划少；给予知识的作品多，饱含精神力量的精品少。这些问题说明优质的内容资源仍然是出版传媒企业出版生产的短板，千方百计抢抓内容资源，争夺作者资源和版权资源，利用信息资源和知识资源是现代重构出版产业链的第一要务。

（1）作者资源。优质的作者资源包括顶尖的名家名作资源、各专业领域一流的学术专家、引领风尚的网络出版达人，甚至是现象级的网络写手。出版传媒企业要注重出版经纪人，或者说是作者经纪人的培养和使用。一方面，屏阅读时代，出版传媒企业需要专人关注网络写手和草根作者，发掘、培育为自己的作者。另一方面，当前有实力的作家，特别是年轻作家，更加倾向于通过网络开展前期创作。这也需要出版经纪人去发掘，沟通，对有发展潜力的作者，应尽快将其“收编”为出版传媒企业的专有作者。当前，国际电商巨头亚马逊、国内电商京东都已经开始涉足内容生产领域，图书电商起家的当当已经开始“内容小微工作室”的孵化。

出版传媒企业一定要有远见，打破原有的“专家作家才是作者”的思维定式，多方位出击，抢抓全国、全球的优质作者。

（2）版权资源。版权可以交易、可以抵押、可以转让、可以授权，版权资源是出版社最重要的存量资产。出版企业应将现积累的版权资源进行梳理、盘活，再组合推出，使得存量资产变为增量资产。在欧美发达国家，有成就的著作权人一般都会将作品的全部版权委托给一家专业的版权代理机构运营。但在我国，成名的作家一般更倾向于把版权拆分为几个部分，分售给不同的机构。比如曹文轩儿童文学作品授权给人民文学出版社、江苏凤凰少年儿童出版社等单位出版，而将其影视改编权、海外代理权和数字出版权等又授予了曹文轩儿童文学艺术中心。这不利于版权的综合运营。相反，一些青年网络作家的作品反而更容易整体运作。比如网络作家流潋紫的《甄嬛传》从网络文学小说连载开始，积累了一定的流量后，系统运作影视剧和同名纸版图书、电子书等，形成了一种立体化多层次的传播盈利链网。

（3）信息资源。信息资源包括社会发展信息、科学文化信息、产业政策信息、出版动态信息等。大数据时代对于出版而言，最为显著的优势就是克服了信息的不对称性。信息创造价值，大量信息的及时沟通与有效整合能够帮助企业有针对性地进行生产，大大降低成本，是出版企业供给侧结构性改革的重要参考。现代出版已经加入了全球化进程，各省的出版传媒集团再想以偏居一隅的有限信息资源应对全国市场，参与全球竞争就显得力不从心。近年来，许多地方出版传媒企业把触角伸向了全国甚至国外，在北上广深等信息、知识资源富集的地区建立了分支机构。

（4）知识资源。知识资源还包括出版技术资源，包括排版技术、制版技术、印刷技术、装订技术等，特别是现代技术更迭如此迅速，出版传媒企业掌握了最先进的多种媒介技术，才能在出版融合发展过程中占据主导地位。

2. 出版教育与人才

出版无论是以内容取胜还是以技术取胜，两者的物化载体都是人。如

“内容+技术”“渠道+技术”“资本+技术”的实施者都是人。自第三次科技浪潮以来，出版传媒企业通过人才引进，聚集了不少人才，但真正参与市场运作后，企业的人才短板依然明显：懂得经营管理的人才相对较多，而懂技术、懂运营、懂贸易的人才，数字化人才很少。

（1）专业学历教育。媒介融合发展时期，出版专业学历教育显得更加重要，高校的出版教育除了要培养纯粹的编辑学者，还应跟上业界对人才的具体需求。高校可以与企业联合，共同制订计划，培养企业所需人才。比如，实行双导师制，将学校的专职老师作为导师，同时将出版传媒企业的资深人员作为其社会导师。

（2）社会行业教育。一线实践是最好的教学。各大出版传媒企业承担着国家出版发行的重点实验室、博士后流动站建设，有条件的出版企业应鼓励一线的工作者多参与其中的项目工程，争取做到产学研结合，在工作中学习，将市场需要创新转化为生产实践。

（二）产业链中游的延展重构

1. 编辑力赋能

大数据时代的编辑，除了要与时俱进，掌握不断更新的编校软件，主要还应有三方面的改变。一是选题策划方式的改变。在大数据技术的驱动下，编辑通过建立读者数据库，挖掘与分析读者数据，解读阅读需求、购买习惯等，为选题策划、市场投放等提供精准依据，有的放矢，提高出版效率。报刊编辑更须在分析用户需求的基础上策划、组合报道内容，避免内容同质化。二是编辑关注传统出版信息流转变为同时关注内容的数字化呈现，争取可以在多种终端机上呈现，即一次开发，多次利用，多种呈现，多级传播。三是编辑应从被动的文字编辑加工变为主动的内容组合加工，即向提供知识服务的转型。比如，《出版传媒商报》以提供出版专业新闻资讯而知名于业界，编辑手头积累了大量的行业信息，该报编辑将这些信息进行分类组合，便可为不同的客户提供有针对性的行业资讯。

对于出版企业来说，培养编辑、打造名编辑在品牌制胜的多媒体融合发展阶段也特别重要。好的编辑也是出版企业品牌重要的招牌。时代出版几年前就设立了“出版专项基金”，每年出资1000万元，资助优秀出版物和重大发行项目。新华文轩为优秀编辑成立了“名编辑工作室”，比如为“米小圈上学记”系列图书责编明琴成立了明琴工作室，倾斜资源，赋予权限，综合开发“米小圈”系列选题，努力将其培养成行业的领军人才。

2.平台化运营生态布局

产业平台是相关企业资源共享的一个系统，平台化运营是按照一定的标准来处理交易业务，这不但会降低参与企业的生产成本，便利业务活动，也可以让具体项目实施的企业没有过大的资产包袱，可以灵活地调整产品和服务，提高其适用性。出版企业要实现出版传统业态和新兴业态的融合发展，实现对优质内容资源的多业态开发、多媒体呈现、多渠道传播和多方式增值，关键在于要搭建媒介融合发展平台，将优质内容项目化，将优质项目平台化。

四川画报社在十多年建设和经营传统数字图片版权交易平台“图片库·中国”的基础上，又创新性地建设了新一代综合性数字影像资源共享式聚合传播平台——“轩视界”，集网络化数字资产聚合与管理、在线版权服务、赛事组织等于一体，以其开放的形式吸纳用户和机构进入平台进行资本化运营，共建良好的生态环境。又比如人民日报社在“中央厨房”的基础上，打造了全国党媒信息公共平台，通过连接“中央厨房”、人民日报客户端、人民网等机制与终端，实现了与全国多家入驻媒体的资源共享，构建了党媒信息传播生态圈，全面提升了党媒信息的生产力与传播力。

3.数字化印刷流程再造

我国出版印刷复制业正处在去产能、促转型的关键时期，出版传媒企业要不断创新印刷复制产业，向着绿色印刷、数字印刷和智能印刷方向转型。时代出版积极整合印刷资源组建了印刷投资集团，印刷技术的数字化让按需出版成为可能。凤凰出版利用国际领先的数字印刷技术，成功与网络创作、编校、排版实现无缝对接。新华文轩创新按需印刷方式，满足了读者自行设计印制纪念册、回忆录的需求。

4. 多元化阅读方式呈现

在出版企业的编辑环节，一定要关注内容产品的最终呈现形式。以"全球最专业的阅读平台"为愿景的新媒体出版公司掌阅科技，专注于数字阅读，与国内外600多家优秀版权方开展深度战略合作，为用户提供了图书内容和智能化的用户体验。掌阅科技不断更新完善阅读软件和硬件设备，支持手势翻页，有日夜多种看书模式，可备份看书历史、自定义编码等，功能非常强大。目前公司累计注册用户达到6亿，月活跃用户达到1亿。除了研发阅读器，出版传媒企业近年来非常重视与喜马拉雅电台等App的合作，开发听书等新的出版业态。

（三）出版产业链下游的延展重构

1. 发行渠道的拓展升级

发行环节的重构应以注重用户体验为第一原则，主要表现在两个方面，一是实体书店升级。近年来出版传媒企业开始关注读者体验需求，将实体书店升级打造为文化体验消费的场所，学术交流的平台、多种技术的媒体，有的甚至打造为地标性文化商业综合体。比如新华文轩以"都市青年的文化阅读领地""一座城市的文化面孔"为理念打造的文轩BOOKS品牌书店。另外，有些出版传媒企业响应当地全民阅读、文化惠民工程的号召，开发了社区店、校园店、自助店等图书零售体系建设的新业态，除了售书还可以开展小型学术讲座、沙龙交流等，实为小型的文化交流场所。

二是网络营销拓展。经历了与电商平台从竞争到合作，出版传媒企业愈发重视数字技术给出版流通带来的便利，积极借助先进的网络销售平台，提升出版物的市场流通能力。同时，网络销售平台便于跟踪用户，出版传媒企业要积极收集用户反馈信息，建立用户数据库，开展分众营销，为产品找到合适的读者，发挥长尾效应。

2. 周边文化创意产品开发

成功的出版物开发周边文化产品，可以延长出版产业链，拓展业务领域，丰富出版品牌内涵，带来利润的几何式增长。在出版媒介融合发展的背景下，以图书内容为核心，围绕优势IP的“出版+文创”路径也逐渐成为出版传媒企业产业链网状化发展的重要选择。常见的出版衍生文创产品形式有书签、明信片、笔记本、玩具、联名服装和电子产品等。

3. 影视同期书及同名游戏的开发

严格来讲，图书出版与影视制作的关联并不单纯是出版下游的延伸。进入“读网”时代，上市的出版传媒企业大都会涉及影视业务。出版传媒企业投资名家文本的影视制作，又借势影视宣传，带动图书的销售热潮。这种运作方式周期短，回报高，也是全版权运营的重要内容。凤凰传媒旗下的凤凰传奇影业和新华文轩旗下的华影文轩投资额都已过亿。与图书同名的电视剧《历史转折中的邓小平》登陆央视，并斩获“五个一工程”奖，图书与电视剧取得了双效丰收。《欢乐颂》则是图书先面世，同名电视剧热播后，带动了图书第二辑的出版。出版传媒企业在拓展产业链时，一定要重视同期书的内容和制作，切忌出版跟风作品和低俗作品，以免影响出版企业品牌的长远发展。

游戏方面，出版传媒企业主要通过并购延伸和完善产业链条。天舟文化收购以移动网络游戏研发为主的初见科技公司股权，完善天舟文化在网游行业的产品线。随着各种智能技术的应用，一些出版传媒企业在当地的文创产业园区将图书影视IP融合起来，为读者提供360度沉浸式体验，这也是未来出版服务的一种趋向。

随着大数据、5G、人工智能等新高科技的广泛渗透，出版传媒企业还应在多元化发展的同时，更加专注主营业务，调整产业结构，积极向智能全媒体出版发力。届时，出版产业链定将更加丰富、立体，也必将对社会产生更大的正面效用。

参考文献

[1] 邵文静、张夏雨：《智能时代下人与技术的关系——从“媒介即人的延伸”到“赛博人”》，《视听》2020年第12期。

[2] 汪启明：《如何实现从信息到选题到资本的飞跃》，《编辑之友》2006年第3期。

[3] 刘治禹：《2014—2017 年我国媒介融合研究综述》，《北京印刷学院学报》2018 年第 5 期。

[4] 孙晓翠、张美娟：《我国出版传媒集团产业链研究——以江苏凤凰出版传媒集团为例》，《出版广角》2015 年第 14 期。

[5] 张立园：《策划编辑时代的著作权主体》，《社会科学研究》2012 年第 2 期。

（作者单位：新华文轩出版传媒股份有限公司）

我国数字教材的媒介融合设计思想初探

王　军

数字教材是一类遵循学生阅读规律、利于组织学习活动、符合课程目标要求、按照图书风格编排的电子书或电子读物。[①]这个定义实际是数字教材一个不完全的定义，从一定程度上说，数字教材也是一个含义丰富、富于变化的概念，目前也还在发展当中，同时也和其他概念杂糅在一起，如电子教材、网络教材等。因此，在本文中并不对数字教材与电子教材做特别的区分[②]，主要代表媒介技术发展史中数字传播时代与纸质教材融合开发时期的教材，发展时间从 21 世纪初到现在。

---

① 陈桄、龚朝花、黄荣怀：《电子教材：概念、功能与关键技术问题》，《开放教育研究》2012 年第 2 期。

② 很多文献使用不同概念，但指代的教材发展形式还是基本一致的，因此本文中涉及文献的概念以原始文献表述为准，但统一归纳在数字教材发展时期。

一、数字教材的媒介技术特征

数字教材呈现出多样化发展趋势，本文基于教育出版中教材与媒介的不同融合路径，提出两种主要的数字教材发展脉络。

一种数字教材的发展脉络是沿着电教教材、多媒体教材的进路延伸过来。数字教材经过多媒体课件、“积件”、课程软件包开发时期的积累，出现了一种迭代的新型电子教材，它充分利用计算机和网络的优势，以网页的形式存在，构建一种网络化的学习环境，具有字、音、形、色、义等的合成性、动态性及可再生性等特点。①2012 年慕课大爆发，在线课程可以从这种角度看作多媒体教材在当今的迭代版本，多媒体教材与互联网的深度融合，逐步形成一种课程出版。这种发展脉络的数字教材，也有专家②从不同数字教材内容媒体的差异性分为静态媒体数字教材、多媒体数字教材及富媒体数字教材，实际也是数字教材媒介融合的三个阶段，静态媒体数字教材强调纸质教材内容的资源数字化，多媒体数字教材注重资源的呈现形式，富媒体数字教材注重用户的交互体验。这种发展方式着重整合教学资源的数字化、工具化、平台化，可以看作教育出版中教学属性的教材与媒介的深度融合。

另一种数字教材的发展脉络是从电子书的发展深化而来。这种类型的数字教材研发源于电子书的发展，特别是移动终端、手持阅读器的快速发展，大量出版物从单纯以纸和光盘为媒介的出版模式发展到基于互联网和移动终端为平台的创作、出版、发行、阅读模式，出现了“电子书”的新形态。整个电子书的发展与电子书内容、软件、硬件等产品的更新换代是不可分割的。③

---

① 项国雄:《从传统教材到电子教材》,《中国信息技术教育》2005 年第 5 期。

② 胡畔、王冬青、许骏等:《数字教材的形态特征与功能模型》,《现代远程教育研究》2014 年第 2 期。

③ 龚朝花、陈桄:《电子教材：产生、发展及其研究的关键问题》,《中国电化教育》2012 年第 9 期。

这种数字教材的发展脉络强调不断优化模拟“纸质书”的阅读体验，强化通过新媒介技术的使用，“真实还原”、“源于书、高于书”的用户体验，更是基于网络环境，进行整个图书出版行业的产业链升级改造，可以看作教育出版中图书属性的教材与媒介的深度融合。

从数字教材这两种发展脉络，我们可以找到一些数字教材在媒介融合中的共性技术特征：

（一）个人移动终端的便携性和智能化发展成为数字教材发展的媒介载体基础

移动终端是指可以在移动中使用的计算机设备，在大多数情况下，它指的是具有多种应用功能的智能手机和平板电脑。随着集成电路技术的飞速发展，移动终端的处理能力大大提升，移动终端正从一个简单的通信工具转变为一个整合的信息处理平台①，是一个完整的超小型计算机系统，可以完成复杂的处理任务。这种终端智能产品的多种特性在数字化时代给了教学情境发生改变的无穷想象，教学情境可以借助便携式的终端伴随学习者各处变化的生活场景成为新的教学场景，处于各种空间和时间的素材变成现场的教学素材，实现基于自适应学习的教学服务推送。

（二）数字时代的数字化书写阅读符号和学习行为习惯

在新媒介环境下成长起来的青少年，他们接受媒介技术习惯的学习变化，也对传统教材的形态提出了新的要求。2016年，麦格劳希尔教育公司设计和实施了一项调查，了解大学生对使用移动电子设备和数字学习技术学习的偏好和意见。调查发现，大学生喜欢并经常使用数字学习技术，认为数字学习技术有助于各种各样的学习活动，包括做作业、准备考试和做研究。大多数接受调查的大学生认为，通过学习数据分析得出的课程绩效持续反馈会对他们的学习产生积极影响。②客户需求的变化使得教

---

① 柴华、王梦思、龙明涛等：《多点触控手势识别技术发展综述》，《电视技术》2013年第S2期。

② McGraw-Hill Education: 2016 Digital Study Trends Survey, https://www.mheducation.com/highered/ideas/studies，2019-06-22/2021-07-23.

育出版者必须要考虑学习对象的新需求，改变教材的内容呈现方式和发行渠道，考虑运用多媒介的形式和网络渠道来制作和发行教育出版物。各种在线的数字化学习软件和平台受到了学生和老师的欢迎，慕课出版、App平台课程、知识付费课程等新媒介知识产品形态加入到教材市场竞争的行列。

（三）存储和复制叠加“云技术”几乎变成不受限制的随时随地的上传和下载

云技术是指在广域网或局域网内将硬件、软件、网络等系列资源统一起来，实现数据的计算、储存、处理和共享的一种托管技术。① 云技术应用的思想是，把力量联合起来，给其中的每一个成员使用。从最根本的意义来说，云计算就是利用互联网上的软件和数据的能力。② 而社会信息化凸显出基本特征：信息急剧增长和生活节奏加快的背景下③，在云技术的支撑下，知识的存储和复制就成为简单联网的问题了，随时随地可存取云上的资源，并充分利用云上的各种资源。

（四）网络的传播和社交媒体传播彻底打破单向传播或双向传播，进入非中心化传播

自从出现网络之后，人与人、人与知识的呈现与互动有了更多的可能性，数字教材有了更大的发展空间。网络传播中的信息空间重新塑造，信息贡献草根化、信息生产众筹化、信息选择个性化、联结关系网络化、信息与行为的可量化成为数字教材研发的显著特征。④ 网络技术这种惊人的生产力给教育的生产关系带来巨大的突破，推动人与人之间更加平等合作、互相理解。虚拟网络空间中的教育者的权威地位不再仅仅由传统课堂

---

① 顾永鑫、水晶、俞吉庆：《杭州湾跨海大桥智慧化云控平台建设应用》，《中国交通信息化》2021 年第 5 期。

② 《简单而美丽着　云计算之在线应用演义》，《微电脑世界》2010 年第 12 期。

③ 黄荣怀、张晓英、陈桄等：《面向信息化学习方式的电子教材设计与开发》，《开放教育研究》2012 年第 3 期。

④ 陈丽、逯行、郑勤华：《“互联网 + 教育”的知识观：知识回归与知识进化》，《中国远程教育》2019 年第 7 期。

教学中的教师身份定义，社会中的每个人都可以成为某类教育资源的传播者或生产者，都可能成为网络中的教育者。教育者在网络教学活动中的角色不再担任知识的传播者，可能仅仅只是一场知识探险活动的“引路人”；网络使教育活动日益社会化、大众化，接受网络教育的也不一定是通常意义上学校场景中的学生，社会中的每个人都可能在此时成为受教育者，在彼时则成为教育者。基于群体广泛、自发传播的社交媒体催化了数字教材在交互设计上的彻底改变以及塑造学习空间上的重大改变。人际交流网络已经与学科知识体系融合在一起，成为知识来源与知识内化的重要渠道。①

二、数字教材的重要设计思想

（一）设计强调便携性，移动性，碎片化，与泛在学习相融合

在数字化网络时代，数字教材以学习者为中心，主要从学习者、学习目标和学习活动等方面进行统筹考虑，而学习者思维将越来越倾向于主动学习和个性化学习，逐渐远离传统教学场景中的固定化时空安排和统一化学习管理。信息化社会中学习者的知识负载越来越大，灵活的学习方式能为学习者节省时间、提高效率。②数字教材充分利用个人智能终端以及相关软件技术构建便携性的学习空间，开展移动学习，满足自身学习风格、适应自身学习目标的学习方式将各种场景的学习纳入自身的学习总体规划之中，碎片化的学习场景借助移动智能设备的易用特性、数据精准推送与其他学习模式在整个学习过程中无缝衔接。利用数字教材开展的碎片化学习是在泛在学习环境下利用碎片化时间学习碎片化内容的一种新型学习方式，其明显特点是时间碎片化、内容碎片化和媒体碎片化。学习者可以借用数字教材轻松管理自己的碎片化知识，利用碎片化学习资源开展微型学

① 孙众、骆力明：《数字教材关键要素的定位与实现》，《开放教育研究》2013年第4期。

② 方海光、刘泮、黄荣怀：《面向电子书的移动学习系统环境应用及趋势研究》，《现代教育技术》2011年第12期。

习，利用碎片化学习资源构建社会认知网络[①]。通过移动化和碎片化的学习，学习者形成适应自己时间和空间的个性化学习方式，越来越多的知识学习过程构成了学习者娱乐生活工作的一部分，有效改善了学习者每个场景的学习情绪状态，学习的效果和效率得到极大提升。

（二）设计强调关联性，一体化，网络化，交互式，与社交化学习特点相融合

关联性是指教学目标、内容关联及知识结构重组，数字教材的关联性“从内容层面上讲，是指教学目标与内容之间、学习内容对象内部，学习内容对象之间以及目录与书签之间有关联；从外部环境方面讲，是指内容与虚拟学具、内容与学习服务之间关联”[②]。这种关联需要处于知识体系中的节点知识颗粒度更小，达成元数据的微小结构单元，建立多样化的标签化体系，这样可以产生更多关联触角更多组合可能。

数字教材的关联性强调知识之间的内容联系，一体化设计则强调知识之间的表征联系。数字教材设计的不同知识内容之间不仅有足够的关联，相同知识内容的不同呈现方式也需要统筹规划，一体化设计，达成不同媒介教材形态之间的互补。整合并优化各类学习资源呈现形式，为学生的自主学习提供多形态、多终端、多通道的选择方式，为学习者提供随时随地、个性化的学习路径[③]。

从本质上看，数字教材的目的在于提供丰富的教与学的资源，构建一种网络化学习环境，最大限度地实现和利用网络的优势。数字教材存在于这样一种超媒体的信息环境中，所有的教学资源以课文为基本单元，课文中又以知识点为节点，为师生提供一种可整合的学习资源环境[④]。网络空间的教学组织形式不仅仅局限于照搬线下的“班级授课”模式，而是根

---

① 魏雪峰、杨现民、张玉梅：《移动互联时代碎片化学习资源的适用场景与高效管理》，《中国电化教育》2017 年第 5 期。

② 吴永和、杨飞、熊莉莉：《电子课本的术语、特性和功能分析》，《现代教育技术》2013 年第 4 期。

③ 王然、郭鸿：《电子教材的研究与设计》，《中国远程教育》2014 年第 5 期。

④ 项国雄：《从传统教材到电子教材》，《中国信息技术教育》2005 年第 5 期。

据学习者特点、学习项目特点构建合适的教学形式，使网络空间的学习者的主动权和自由权更大。当然，这一切的基础离不开信息技术的支撑，知识传播载体的迭代让信息时代的学习者更有可能成为自己学习活动的主宰者，甚至随着信息技术的进一步发展，网络空间的学习供给实现学习者的“按需教学”，针对学习者个性化的学习兴趣和学习需求，使学习者在任何时间、任何地点按照自己的学习目标和学习内容获得基于场景推送的教学技术服务系统的支持。

这种设计上的关联性和一体化，构造一个自我的网络化学习场景，更需要借助网络的优势突出交互式设计。基于内容交互的社交化学习是数字教材区别传统纸质教材的一个关键特征与用户良好体验所在，是促进学生进行深度学习和增强阅读体验的重要所在①。与传统的教育模式相比，网络中的社交化学习具有连接人与人、人与内容的特性，将被动学习转化为主动学习②。社交媒体平台除了具有社交的特性外，也成为教育的入口和平台。数字教材的设计融入社交媒体的元素，通过这种交互功能实现了教育模式从传统学习向社交化学习的转变，打造教育新生态。碎片化学习资源是社交化学习的重要内容，反过来社交化学习需求进一步促进了碎片化学习资源的生产并对碎片化学习资源的使用者给予引导。

（三）设计强调尊重用户体验，个性化学习，处处体现“以人为本”

如果说以往的教材设计更多突出了一种“以设计者为中心”（这里的“设计者”主要指教师和编辑的组合），更多注重教材的内容和功能设计，数字教材则需从“以设计者为中心”转到“以用户为中心”，再好的媒介技术融合创新如果没有配合对用户体验的精心设计，技术创新带来的收益不能转化成为学生的高用户体验，也实现不了教材媒介创新的最终目的。

① 牟智佳、武法提：《电子教材写作工具的交互元件设计与功能实现》，《中国电化教育》2015年第8期。

② 魏雪峰、杨现民、张玉梅：《移动互联时代碎片化学习资源的适用场景与高效管理》，《中国电化教育》2017年第5期。

北师大电子教材研究团队通过调研发现，用户体验质量高低直接影响电子教材课堂教学质量，高用户体验通过增强学生的学习动机和学习活动参与度等，提升学生课程场景的教学满意度①。高用户体验需要最终用户实实在在感受到数字教材产品的有用性，而这种有用性通常又通过融合进入教材的技术实用以及可用体现出来。

技术的有用性常常是比较主观的，用户特征对其体验有较大影响，因此对教材使用目标群体的客观调研是必不可少的。对数字教材的画面设计、字体选择、视频长度、节奏把握以及相关配乐等都需要教材设计师秉持“以人为本”的理念从细节入手，更好体现对教学全过程的体验感受上。通过学习过程的记录和管理、知识表征的多样化以及对数字化学习资源的整合②，配合后台数据分析、数据挖掘等数据技术，数字教材有能力定义并收集用户行为数据，这样为针对性指导学生的自适应学习奠定了科学的基础③。这种适应个体的个性化学习需要体现在两个方面：一个是要适应学习者，另一个是要适应学习者所在的环境。因此，作为信息化学习空间入口的数字教材，就是要在适应学习者个性特征的基础上，提供适应学习者所在学习环境的个性化学习方式④。数字教材的设计需要在尊重用户体验的基础上，创造一种逐渐摸索学习者学习风格和学习场景的能实现“自我学习”的数字教材迭代系统。

（四）设计强调情境性，问题建构，关注深度学习

数字教材阶段，人类社会逐渐进入了一个信息化、多元化的社会，强调知识传递性的教学方式已经远远不适应社会和教育的发展趋势。20 世

① 王晓晨、杨娇、陈桄等：《基于用户体验元素模型的电子教材设计与应用研究》，《中国电化教育》2015 年第 10 期。

② 龚朝花、陈桄：《电子教材：产生、发展及其研究的关键问题》，《中国电化教育》2012 年第 9 期。

③ 陈桄、龚朝花、黄荣怀：《电子教材：概念、功能与关键技术问题》，《开放教育研究》2012 年第 2 期。

④ 孙众、骆力明、綦欣：《数字教材中个性化学习资源的推送策略与技术实现》，《电化教育研究》2014 年第 9 期。

纪以来，建构主义认识论正在取代客观主义认识论而成为教学领域的基本观念，信息技术的迅猛发展正在引起教学领域的深刻变革①。涉及教学改变的微观基础——教学设计核心的系统科学基本内容已由原来的“老三论”（即系统论、信息论、控制论），发展到由耗散结构理论、协同学、超循环理论为代表的“新三论”②；综合“面向全体学生的掌握学习理论、以问题为中心的首要教学原理、关注高阶思维养成的深度学习理论、促进记忆保留的主动学习理论”的混合式学习方兴未艾③。作为知识传播中心的知识本身也在进一步发生变化，1996年联合国经济合作与发展组织（OECD）将各种知识进行分类，即知识可以分为知道是什么（Know What）的事实知识、知道为什么（Know Why）的原理知识、知道怎么做（Know How）的技能知识和知道是谁（Know Who）的人力知识④，如何获取相应的知识需要与不同的教学方式进行搭配。整个教学和知识的变化都促使传统形态教材阶段以教师传递型知识传播方式的变革，一种强调师生、生生在合作和对话基础上的情境探究型知识传播方式逐渐进入学习者的视野。情境理论认为，概念与原理等学科内容的学习是不可能脱离具体的活动方式进行的，学校课程的学习应该注重学生参与多种类型的实践活动⑤。

基于探究的学习旨在通过构建一系列情境脚手架，促使学生能够积极主动探索，建构自己的知识体系，形成具有个人意义的认知世界。因此，传统形态教材阶段传递型教学倾向于使学习者更多具备立足工业社会的科学知识，新形态教材阶段探究型教学倾向于使学习者面向多元社会更好地驾驭自己的生活。各种多样化开放性情境设置突破了传递型课堂教学情境中以教师围绕统一的教材进行讲授为主的局限，形成个体与环境间、个体

① 杨修平：《论“课程育人”的本质》，《大学教育科学》2021年第1期。

② 何克抗：《运用“新三论”的系统方法促进教学设计理论与应用的深入发展》，《中国电化教育》2010年第1期。

③ 李逢庆：《混合式教学的理论基础与教学设计》，《现代教育技术》2016年第9期。

④ 冯宣：《以知识为基础的经济》，《中国软科学》1998年第3期。

⑤ 贾义敏、詹春青：《情境学习：一种新的学习范式》，《开放教育研究》2011年第5期。

与个体间、个体与社会间的多重互动建构格局，从而在一种合作、互动和共享中完成知识的建构。这种知识的建构力争完成一种深度的学习。深度学习方法主要有两种策略：一种是创设真实社会情境中的问题，学生需要解决真正的挑战；一种是基于项目的学习，学生需要创造完整的产品①。因此，数字教材要为知识的建构服务，而不是为知识的传授服务，由浅入深，服务于知识学习的各种场景②。

（作者单位：北京大学出版社）

① 杨琳、吴鹏泽：《面向深度学习的电子教材设计与开发策略》，《中国电化教育》2017 年第 9 期。

② 项国雄：《从传统教材到电子教材》，《中国信息技术教育》2005 年第 5 期。

5G背景下VR/AR童书发展新机遇及应对策略

秦红玉

VR是英文Virtual Reality的缩写，AR是英文Augmented Reality的缩写，广义上讲，两者都可以指代“虚拟现实”的概念。“虚拟现实”是利用计算机技术模拟出三维空间的虚拟世界，用户利用眼镜、头盔、手柄等终端设备进行视觉、听觉和触觉等多层次的交互体验。两者的主要区别是，VR营造的虚拟世界完全是假的，而AR在此基础之上，还能够将虚拟世界和现实世界进行叠加。本文取VR、AR广义的“虚拟现实”的概念，对VR/AR童书的发展现状、新机遇和应对策略进行阐述。

目前，VR/AR技术和出版业的结合已经初步成型，其中的典型产品当属VR/AR童书。和传统纸书不同，VR/AR童书能够带给儿童更直观、具体、逼真的阅读体验，这样的内容呈现形式非常契合儿童的认知习惯和思维状态[①]。但是，VR/AR 童书的发展受网络条件、终端设备和自身内容等因素的限制，近几年的发展并未达到预期。5G 时代的到来，不仅解决了制约 VR/AR 童书发展的网络条件问题，其强大的产业带动作用[②]，还将促进终端设备的优化和升级，催生新的服务和商业模式。VR/AR 童书正在面临前所未有的发展机遇和挑战。

一、VR/AR 童书出版现状

2016 年作为 VR 发展元年，众多出版社纷纷追赶潮流，倾力打造自己的 VR/AR 系列童书，如山东美术出版社的《萌鸡小队 AR 故事绘本》，北京少年儿童出版社的《大开眼界 恐龙世界大冒险》。这些图书一经问世，就受到了业界、学界和读者的广泛关注。VR/AR 童书成为出版界的"宠儿"风靡一时，但之后几年，VR/AR 童书的发展受自身网络条件、终端设备、内容质量等方面的限制，放慢了发展的速度。

（一）网络条件影响体验效果

VR/AR 童书能够提供沉浸式的阅读体验，得益于超高清、大流量的 VR 全景视频和视频传输。一般来说，VR 内容越精美对网络条件的要求也越高。华为实验室的数据显示，要想获得和超高清电视一样的体验效果，VR 视频的分辨率要达到 24K。要满足 24K 分辨率的 VR 视频传输需要 1Gbps 带宽的网络。在当前的 4G 网络下传输这个量级的数据必然会存在延迟和数据压缩，进而导致内容质量的下降。从终端读者角度来看，接收如此海量的 VR 视频数据，如果读者所处的网络环境，不具有 G 级的网络带宽和毫秒级的延迟，读者就会感觉到明显的顿挫感，难以真正体验虚拟世界和现实世界的"同步"。网络带宽不足、传输延迟是破坏沉浸式

① 李广欣、武锐燚：《虚拟现实技术与童书出版发展》，《现代出版》2017 年第 4 期。

② 黄震、刘军、李洋：《5G 商用元年发展现状及应用挑战》，《电力信息与通信技术》2020 年第 1 期。

体验效果的问题所在，无法依托当前的 4G 网络解决这个问题。

（二）终端设备影响体验效果

终端设备是制约 VR/AR 童书发展的又一因素。目前，用于体验 VR/AR 童书的终端设备主要包括手机、VR 眼镜、一体机、头盔和图形工作站。手机一般用于体验 AR 内容，读者下载对应的 App 观看相应内容。VR 眼镜又被称为“手机盒子”，从几十元的 DIY 纸质折叠产品到数千元的标准产品都有，它利用读者的手机担任控制器和显示屏，从读者体验上来说属于入门级产品。一体机和头盔属中、高端体验设备，具有独立的控制器和显示屏。图形工作站是高端的体验设备，一般由计算机、头显、手柄等部分组成，结构复杂，多出现在 VR 体验店中。

如上所述的设备中，一般不宜佩戴时间过长，否则会产生眩晕感。其中，手机、VR 眼镜、一体机和头盔这样的移动 VR 终端计算能力有限，难以胜任对超高清、超高细腻度的画面的渲染工作，从而导致读者只能体验简单的三维虚拟场景和较为初级的人机交互。工作站具有足够的计算和渲染能力，但是受连接线缆的限制，移动性不好。此外，无论是几十元成本的 DIY 眼镜还是几万元的图形工作站，对于定价在几十元、几百元的童书来说，都是一笔不小的开销。加上各终端设备没有解决佩戴体验不佳的问题，越来越少的家长愿意为此买单。

（三）产品同质化严重，形式大于内容

通过调研不难发现，现有 VR/AR 童书的内容同质化严重①，多以恐龙、宇宙等科普类题材为主，利用 VR/AR 技术提升内容的趣味性和参与感。图书市场容量有限，大量的同质化产品势必会加剧出版单位的竞争，到处都是价格战，影响出版单位的利润收入。另外，图书内容同质化使得出版单位缺乏对于新题材的研发和 IP 建设，只能将 VR/AR 童书出版维持在相对低的水平上，长期下去，将会严重影响 VR/AR 童书出版的良性发展。

现有 VR/AR 童书的另一个突出问题是形式化严重。部分出版单位过

---

① 饶国慧：《5G 技术助推下的“VR+ 教育出版”》，《出版广角》2020 年第 16 期。

分追求效果的呈现，导致技术使用过度而忽视了内容的科学性和严谨性。甚至有的打着 VR 的噱头，制作游戏化的内容而达到吸引儿童使用的目的。这种现象搅乱了童书市场的秩序，导致家长对 VR/AR 童书产生了质疑，使 VR/AR 童书产业无法良性发展。

二、5G 背景下，VR/AR 童书发展的新机遇

在 5G 的众多应用之中，VR/AR 结合 5G 所带来的极致体验是最吸引人的，也最能体现 5G 的价值所在。5G 背景下，制约 VR/AR 童书发展的网络瓶颈将被彻底突破，终端设备的结构将会不断优化，图书成本也会随之大幅降低。更重要的是，VR/AR 的普及将会促进 3D 素材、模型等井喷式发展，出版单位之间可通过共享 VR/AR 资源等方式，制作出题材更加广泛、内容更加精良的图书产品，真正做到提质增效，双效合一。

（一）5G 技术解决网络限制问题

国际标准化组织定义了 5G 的三大应用场景，包括 EMBB（增强移动宽带）、MMTC（海量机器通信）和 URLLC（高可靠低时延通信）。这三大场景中的 EMBB 和 URLLC 都和 VR/AR 产业密切相关。增强移动宽带场景中，具有远远高于现有任何网络的数据传输速率，最高可达 20Gbit/s，这是 4G 网络传输速率峰值的 20 倍，实现了 VR/AR 数据在无线环境下的高速传输，突破了 VR/AR 童书应用的网络瓶颈。在高可靠低时延通信场景中，5G 网络延迟将低于 1 毫秒，远远低于 4G 网络的 30—70 毫秒延迟，对 VR/AR 童书这种要求低时延、即时响应的应用来说提供了技术基础①。华为对于用户体验的研究显示，在时延低于 20 毫秒的网络环境中，用户眩晕感明显缓解，当网络时延小于 10 毫秒时，用户基本察觉不到任何画面延迟。

① 杨东：《5G 带动 VR 的发展及应用研究》，《通信与信息技术》2020 年第 6 期。

通过如上数据不难看出，在 5G 网络条件下，读者是能够获得极致的交互体验的。5G 解决了 VR/AR 童书网络带宽低、时延大这一痛点，必将促进 VR/AR 童书逐渐走向成熟。与此同时，VR/AR 童书带来的具体、逼真、沉浸式的阅读体验，也将充分体现 5G 的价值。VR/AR 童书和 5G 之间形成了相互推动的关系，VR/AR 童书定会成为 5G 应用中的一个佼佼者。

（二）5G 促进终端设备升级和优化

5G 有助于解决终端设备成本高、结构复杂、移动性差等问题。在 5G 时代，VR、AR 等虚拟现实技术将和云技术进行结合，从而实现虚拟现实的云化（Cloud VR），将内容的存储和渲染转移至云端①，依托超高带宽、超低时延的 5G 网络，将云端的内容传输到终端进行体验。通过在云端完成内容的计算和渲染，一方面解决了终端设备计算能力不足的问题，另一方面有助于简化终端设备结构。因为没有了计算能力的限制，终端设备可以选择低功耗的 CPU、GPU 和更轻巧的电池等硬件配置，成本也会大幅度的降低。使用手机、VR 眼镜等移动设备在 5G 网络环境已经能够获得极致的交互体验，不必再依赖复杂、笨重的图形工作站，终端设备的便捷性、佩戴舒适性也将得到显著的提升。

（三）5G 构建 VR/AR 童书生态圈，催生全新的商业模式

VR/AR 童书的产业链主要包括：终端设备供应、内容生产和内容发布渠道（平台）②。在 5G 时代，VR/AR 童书产业链上的各个部分都处于相同的生态圈里，这将有助于 VR/AR 出版资源整合和 VR/AR 素材共享，从而降低图书的开发周期，提高整体的制作水平，实现 VR/AR 童书产业的高速发展。利用 5G 催生的平台模式和生态模式，出版单位可及时获取读者需求、评价、问题反馈等相关内容，进而为读者提供更优质的内容和及时的服务。

在 5G 对 VR/AR 产业的带动作用下，还将会催生出全新的商业模式。与

① 李洁、林鹏、王宇等：《5G 网络视频业务承载与发展分析》，《邮电设计技术》2018 年第 11 期。

② 张宏伟、刘洋：《 基于 5G 对 VR 观影体验改善的研究》，《天津市电子工业协会 2019 年年会论文集》，2019 年。

现在的线上、线下售卖图书的模式不同，未来 AR/VR 童书租赁或将成为一种全新的探索。在这种租赁模式中，读者可以像使用“共享单车”一样方便、快捷地获取和使用终端设备，采用计时、包月等计费方式，进行极致的交互体验。租赁模式可使各出版单位充分发挥各自的优势，以 5G 通信技术为基础、以 VR/AR 资源共享为手段、以智能终端为载体，实现合作共赢。

三、5G 背景下，VR/AR 童书发展的应对策略

5G 时代，VR/AR 童书发展面临着前所未有的机遇，同时也面临着新的挑战。为了更好地应对 5G 带来的发展机遇，内容生产、行业规范和人才培养等应作为 VR/AR 童书发展的主要切入点。

（一）避免同质化和形式化，重视题材延伸

内容同质化的问题，也需要出版单位进行积极应对。除了宇宙、恐龙这些科普类题材，像教育、教辅等方向也都有巨大的潜能可挖掘。例如，可以结合日食、雷电等自然现象，或物理、化学实验现象，引入 VR/AR 技术，进行相应的虚拟现实场景开发。这样的图书产品，不仅可以提高儿童对于自然现象、理化实验现象的感受，还有助于儿童去认识自然和学习知识。同时，对于教育阶段的学生，这样题材的书籍，还能够解决教学中设备不足的问题，可有效降低物理、化学实验中的危险系数。

内容形式化问题，要引起出版单位的高度重视。图书是用来传承文化和传播知识的载体，VR/AR 的引入是为了更好地体现图书的内容，不可本末倒置，应该重视内容的科学性和严谨性。在避免 VR/AR 童书向形式化发展这一问题上，需要出版单位始终秉持初心，聚焦内容生产，坚持把社会效益放在首位①，通过与新技术的不断融合发展，推出更多服务人民、

---

① 蒋茂凝：《新时代出版业两个效益辩证统一的理论和实践》，《中国编辑》2020 年第 5 期。

服务社会的优质图书，最终实现双效合一。

（二）建立和完善行业标准

VR/AR 童书自诞生以来，在场景表示方法、应用程序兼容性、VR 眼镜设备分级、内容分级及评测等方面，一直缺乏统一的标准，从而导致市场上的 VR/AR 童书产品种类五花八门，图书质量也参差不齐。从经济转型升级的角度来看，标准化是创新技术产业化、市场化的关键环节。VR/AR 童书出版作为典型的创新产品，更需要在内容制作、人机交互、场景表示方法和建模等环节进行标准化，从而推动 VR/AR 童书出版的市场化和产业化。

作为参与 VR/AR 童书出版的单位需要积极参与和推动行业标准的建立。虽然一般情况下学术界是制定行业标准的基础，但是已经成为技术创新主体的出版单位更应该成为标准化制定的主体。该举措可由国家有关单位组织牵头，联合主流硬件制造商、软件开发商、平台商等行业角色，制定出符合我国 VR/AR 童书出版的行业标准。作为编辑人员，一方面需要积极收集和分析读者需求，建立读者画像，供制定标准时参考，例如，哪个类型的 VR 设备能带给读者良好的浸入感和舒适度，哪些内容有益于儿童的身心健康发展，哪些人机交互更符合儿童的表达方式；另一方面，需要编辑人员了解和掌握一定的 VR/AR 技术知识，从而避免在制定标准的过程中纸上谈兵。

（三）重视 VR/AR 童书出版领域的人才培养

VR/AR 童书出版中，除了硬件、软件的快速发展之外，人才的培养也需要迅速跟上。随着 5G 的商用落地，VR/AR 出版场景的出现，缺少编程开发、深度学习、大数据挖掘等专业人才的问题逐渐显露出来。面对人才缺失问题，一些出版单位探索和技术公司合作的方式，将相应的业务外包给技术公司，由出版单位提供内容，技术公司进行开发和维护。这种合作方式，由于出版单位缺少技术项目的开发和管理经验，最终往往被技术公司“过河拆桥”，或者项目“烂尾”。

出版业要解决人才缺失问题，一方面要注重现有人才的转型，另一方面要加强人才引进。

在传统出版行业中，出版人员往往具备扎实的编、校、审、印、发等出版知识，具有正确的价值观和很高的品德素养，但是缺乏 VR/AR 技术相关知识，制约媒体融合发展成效。出版单位需要将这部分传统人才进行引导和培训，转化为第一批出版业的 VR/AR 领域人才。与此同时，在 5G、VR、AR 等人工智能领域，已经涌现出一批高端人才，他们对相关技术具有全面系统的认知，然而对传统出版业的认识和相关知识的掌握不够。对于这样的人才，出版单位应该加强引进，给予对应的人才引进待遇，使其快速熟悉传统出版流程，和行业内现有人才进行融合发展。

四、总结

图书出版单位要以积极的态度，跟上 5G 时代的步伐。合理运用 5G、VR、AR 等技术赋能童书出版产业，建立和完善行业标准，聚焦内容生产，重视图书质量，重视人才培养，早日完成出版业数字化转型和融合发展的目标，为我国文化发展注入新动能。

（作者单位：辽海出版社）

知识类短视频用户需求的演变趋势研究

——基于出版企业知识服务转型[①]

石姝莉　刘泽晋[②]

海德格尔认为“世界被把握为图像”，而加持“动态图像”的知识则更具魅力。当下，用户规模已达8.88亿的短视频[③]作为一种极具吸引力的“动态图像”，正在为知识生产与知识传播注入更多驱动力和想象力。对

① 本论文为2020年辽宁省教育厅一般项目（LJC202017）“用户需求理论视域下出版业融合发展的路径选择研究”与辽宁大学2020年度本科教学改革项目（JG2020YBXM023）“媒介深度融合背景下传媒管理人才培养模式研究与实践”的阶段性研究成果。

② 石姝莉：辽宁大学新闻与传播学院副教授，博士，硕士生导师，研究方向为媒介经济与管理、数字出版。刘泽晋：辽宁大学新闻与传播学院2019级传播学硕士，研究方向为传媒管理。

③ 中国互联网络信息中心（CNNIC）：《第48次中国互联网络发展状况统计报告》，http://www.199it.com/archives/1302651.html，2021年8月27日。

各类专业及系统知识的短、精、深等迫切需求在一片娱乐化泛滥的短视频红海中脱颖而出且日益强烈。伴随知识类短视频各类用户需求的不断演变及迅速迭代，寻求能与生活方式和精神世界高度联结的、更精准丰富的知识内容及服务逐渐成为趋势。

一、知识类短视频的用户需求现状

本文倾向于将知识类短视频界定为“以分享知识为主要目的、以知识讲解为主要内容、观看者能从中获得知识的短视频”①。从2020年新冠肺炎疫情暴发至今，伴随线上获取知识习惯的迅速增多，随时随地展开学习的需求不断普及，面对包罗万象的知识类短视频，目前各年龄段用户体现出需求类型多元态势、需求偏好突出实用、用户满意度差异大等变化特征。

（一）需求类型：多元态势明显

1. 信息需求

信息需求，即个体为满足兴趣或达成目标而产生的信息期待。为充分了解环境的不确定性，用户会汲取多方信息来进行思考决策。来源于信息的知识，是基于某种内在逻辑而形成的彼此联系、互相印证的内容体系，对用户的认知有着更高层面的建构意义。在短视频打造的全景知识图谱里，不仅有跨越时空经纬的万物百态，还有丰富深刻的认知思索。由知识类短视频聚合的平台，构筑起一个广泛意义上的高阶“信息数据库”。用户或基于兴趣或基于问题展开搜索和浏览以汲取所需知识信息，继而建构、调整、修正自我认知框架，指导日常行为。

一直以来，出版企业凭借知识权威和专业优势，在系统性信息的供给方面发挥着不可替代的作用。2020 年新冠肺炎疫情暴发初期，不少出

① 清华大学新闻与传播学院、中国科学报社、字节跳动：《知识的普惠：短视频与知识传播研究报告》，http://www.199it.com/archives/819073.html。

版社就基于自身优势积极投入到专业知识的普及与推广中，如人民卫生出版社在2020年2月25日前出版的8种疫情相关电子书，总阅读量就达2000余万次①；而其在抖音发布的《防治新冠肺炎营养篇》系列知识类短视频更是受到用户的广泛关注，点击量远超其他同类短视频。

2.关系需求

关系需求，即人们对维持人际交往的相互关系的需要。作为社会性动物，人不仅存在于关系中，更基于关系与他人进行信息传递、情感联络等交往活动。基于知识类短视频情境，人与人的关系构建为两种：一种是用户与知识生产者建立的“准社会交往”关系，另一种是用户与志同道合者展开“同温层”社交后建立的拟态关系。不同于娱乐化短视频的快感获得，知识自身具备的流动性和思辨性激发用户展开更为积极的交流。而知识类短视频的评论区则为用户搭建了一个更适合共声探讨的思想交流场域，在其中，用户可在与他人的互动中提升自身知识的涉猎宽度和思考深度，亦可与兴趣爱好、立场态度、价值理念等近似的他人“抱团取暖”、相互支持，建立拟态人际信任，从而得到陪伴、认同和归属等跨时空的情感慰藉。

微播易数据研究院的调查显示，目前B站商业价值榜TOP50中，知识互动类高于其他类目内容，特别是评论数量，远超“4800+”的平均数；且知识科普类的内容分享数也远高于其他成熟内容类别②。同时，清博指数展现“抖音”和“快手”中知识类短视频排名前十的创作者在2021年7月18日到24日一周间，发布作品总数分别为194个和215个，而评论总数分别达到357709条和155312条。这足以显示用户对知识类短视频的追捧及知识交流的积极。

3.发展需求

发展需求，即个人谋求发展的内在愿望，通过开发个人潜力、提升个

① 中华读书报：《全国科技出版单位积极助力打赢疫情防控攻坚战》，https://epaper.gmw.cn/zhdsb/html/2020-03/04/nw.D110000zhdsb_20200304_3-01.htm，2020年3月4日。

② 微播易数据研究院：《散发理性光辉，B站“知识内容”成长经》，https://www.sohu.com/a/411759385_100150627，2020年8月6日。

人能力得以满足。从校园到职场，从居家到旅行，各年龄段、不同身份的用户有着广泛的发展需求。而短视频的知识海洋里，“既有一日三餐，也有宇宙运转”。无论是小众垂类还是大众日常，用户都可以在知识类短视频这个存储多维异构资源的知识库中搜寻到。

出版企业之于知识类短视频可谓“菜单”一应俱全：生活技能、工作职场、财经金融、精神哲思、健康养生……用户既可从中国少年儿童新闻出版总社“中少快乐阅读平台”里获取更专业的阅读指导与体验，也可从人民卫生出版社“人卫用药助手”中寻求专业用药指导；既可从中国建筑工业出版社“爱建筑”里学到专业建筑知识，也可从人民法院出版社“法信平台”寻求专业法律支持。多元知识碎片拼接出一个完整的世界图景，用户多维成长需求得以充分满足。

（二）需求偏好：实用诉求突出

虽说个体的追求和志趣各不相同，但数据显示，整体而言，多数用户偏爱实用性更强的知识类短视频。CSM 发布的《短视频用户价值调研报告》指出，88.4%的用户都期望通过短视频学习到知识。相较“财经金融”等具有特定受众群体的内容，“生活小窍门知识”“医疗、健康、养生”“人际关系处理”等较为大众、贴近日常生活的泛知识内容更受欢迎[①]；《2020 年中国移动互联网内容生态洞察报告》显示，用户对科普纪实的知识内容需求增加，知识性、实用性的泛知识类内容需求分别提升了 21.0%和 16.7%[②]。

纵观全局，知识类短视频中最受欢迎的内容是育儿知识和法律知识，最受认可（点赞比）的内容是语言教学、职场知识、医疗健康[③]这些实用技能。另外，中国青年报社社会调查中心的一项调查也显示，66.5%的受

① 丁迈、张天莉、罗佳：《短视频的用户生态与需求演进——〈短视频用户价值调研报告（2020）〉》，《新闻与写作》2021 年第 2 期。

② 艾瑞咨询：《2020 年中国移动互联网内容生态洞察报告》，http://www.100ec.cn/detail--6560493.html，2021 年 6 月 19 日。

③ 第一财经商业数据中心（CBNData）、快手、磁力引擎：《变局时代，把握新消费的风口——快手人群价值报告》，https://www.cbndata.com/report/2354/detail?isReading=report&page=6，2020 年 7 月 21 日。

访者表示内容实用是泛知识类短视频的主要吸引力①。可见，用户更倾向于实用性强的知识类短视频。

（三）用户满意度：两极化明显

期望确认理论认为满意度是用户根据期望确认程度产生的一种情感态度，是用户需求被满足后对其愉悦感的一种主观评价。更多研究表明，用户满意度是用户忠诚的基本条件，对用户持续使用意愿产生正向影响。《快手知识社交生态报告》(2020）②显示，超四成用户表示在快手平台的知识习得中获得了持续性进步感且满足感强烈；在知识交流中，近五成用户的“能力提升、认知拓展、保持成长”自我感知进一步促进了其自信心的提升。Yang Y. 和 Zilberg I.E.(2020）的研究发现，TikTok 中近八成用户将烹饪、锻炼、化妆等知识类短视频作为教程来学习现实生活技能，承认它们在现实生活中简短、有趣且实用。诚然，也有近三成用户对此类知识类短视频的可信度持怀疑态度，归咎于其中的表演成分过大且知识纯度偏低，与现实生活有一定疏离感③。

本文就相关问题的线下访谈④结果同样显示，作为知识类短视频重要用户之一的大学生们，超九成人认为短视频在知识传播方面有着独具一格的特色，且宽泛的知识内容迎合了他们对知识的接受习惯和知识需求。但知识内容高度同质、缺乏系统整体规划及搜寻查找不便等问题也是其最为不满之处。此外，伪科学泛滥、丧失独立思考能力也是用户认为泛知识类短视频存在的问题⑤。可见，目前知识类短视频的用户满意度呈现两极化

① 中国青年报社社会调查中心：《泛知识类短视频：受访者认为最大问题是内容同质化》，http://news.youth.cn/sh/202103/t20210318_12780233.htm，2020 年 3 月 18 日。

② 快手短视频、艾瑞咨询：《快手知识社交生态报告》，https://www.360kuai.com/pc/9f87bd033cc795553?cota=3&kuai_so=1&sign=360_57c3bbd1&refer_scene=so_1，2020 年 5 月 18 日。

③ Yang Y., Zilberg I E：《Understanding Young Adults' Tik Tok Usage》2020。

④ 《知识类短视频用户满意度调查——基于全国一二线城市大学生线下访谈》：调查时间为 2020 年 12 月至 2021 年 3 月；调查范围为北上广深一线城市、沈阳、长春、哈尔滨、济南、郑州、西安、武汉、重庆、南京、杭州；调查有效人数为 105 人。

⑤ 中国青年报社社会调查中心：《泛知识类短视频：受访者认为最大问题是内容同质化》，http://news.youth.cn/sh/202103/t20210318_12780233.htm，2020 年 3 月 18 日。

特点，而切实改善用户获取过程的知识体验、提供更为优质有效的知识服务必将成为知识类短视频发展的重要突破口。

二、知识类短视频的用户需求趋势

认知心理学表明用户更倾向于获取准确客观、容易理解、方便认知及有助自身有效完成任务的知识信息[①]。对知识的实际需求是用户关注、使用和依赖知识类短视频最为重要的动因。因此，为用户适配更为契合的知识场景、更精练易用的知识内容及更实用有效的知识体验将成为未来趋势。

（一）高场景度：切实适配、即时满足

用户需求会随自身所处的时空场景切换而有所变化，具体到知识类需求，即用户面对各种亟待解决的难题、未曾听闻的事物及不断更迭的时事热点时，寻求适配知识来答疑解惑、开启思路、指引行动。若将知识按场景的仿真度（即从抽象到具体）划分便会发现，单纯抽象概念的传递相对容易，但引入到具体场景展开多维分析和判断则较为困难。因此，用户基于个体与环境、个体与他人、个体与自我三层基本关系作用下产生的特定场景需求，须由丰富知识和经验的专业人士参与，制定同场景高度关联的诊断与对策，展开需求调适与情境优化。

知识类短视频因其具备创作主体生动阐释、影像叙事清晰易感等优势而成为用户求知解惑的重要选项之一。因此，用户在不同场景下呈现的多领域、多主题和多趣旨等知识需求，越来越需要“随时可变、即时可学”的高场景度知识类短视频来“即时回报”“即时满足”。如寻求面试技巧的用户需要的一定不只是“面试时如何自我介绍”“怎样获取面试官关注”

① 王崇梁、曹锦丹、邹男男：《信息用户认知需求与认知负荷相关性的理论探析》，《情报科学》2019 年第 3 期。

等宽泛性面试技巧，他更想寻求的是与自身专业匹配、能预设具体岗位问题等细化的知识类短视频。

（二）高精粹度：精练简洁、感知易用

技术接受模型显示，人们对信息技术及其产品的接受取决于两个重要因素：感知有用性和感知易用性①。也就是说，只有当用户认同某知识类短视频的使用价值及操作价值时，才会进行下一步的浏览和学习。另外，根据齐夫最小努力原则，个体试图解决某个问题或进行某项社会活动时，总试图花费最小的成本付出来换取最大限度的回报，获取知识也不例外。如今，面对信息总量的指数级增长，人们常感慨“身处信息的海洋中，却忍受着知识的饥渴”。知识生态也正面临着“表征碎片化、体系膨胀化、秩序无序化、消费娱乐化及焦虑放大化等全新挑战”②。远超认知负荷的知识量、长篇累牍的内容、良莠难辨的知识产品等只会挑战用户的耐性，致使知识传播过程极易被用户主动中断。此时，知识精粹度更高的知识类短视频正在凸显其价值。

精粹度，即精练度。移动媒体时代，相比于长篇大论的“固态”文本，注意力稀缺、身处碎片化场景捕获知识的用户更喜欢短小精悍的“干货”。加之网络信息的实时更迭迫使用户对知识接收和使用一直处于变化的高压下，“知识焦虑”的心态迅速被催化。因此，用户期待生产者提供一种简约有效、方便快捷的知识服务，同时知识产品可在短时间内被解码内化，且纯度要高，拒绝过度“复盘”和无效溯源。

（三）高实用性：学以致用、知行并进

正在努力搭建多元化内容、朝着多层面基础性应用转化的短视频，如今主要构建和传递的知识已不只是那种由学术机构生产的系统信息，也不

---

① Wu B., Chen X. H.:《Continuance Intention to Use MOOCs: Integrating the Technology Acceptance Model（TAM）and Task Technology Fit（TTF）Model》,《Computers in Human Behavior》2017年第2期。

② 蒋晓丽、朱亚希：《“知识求人”的时代：网络语境下的知识变革及新知识素养构建》,《四川大学学报（哲学社会科学版）》2020年第2期。

只是饱含精英价值的观点信息，而是一种与人们日常生活紧密相关的实践知识[①]。短视频平台内，实用技能知识正铺开更大的内容版图，吸纳更多的用户圈层。而用户对知识实用性的重视度也高于话题性，不仅要在认知层面知晓、学习，而且要在行为层面实现学以致用。

疫情时期，口罩的正确戴法、室内环境的自我防护、公共场所的消毒步骤等逐步成为安全必备的“硬知识”。知识类短视频用画面将关键注意点具象呈现，全面提升用户感知与满足用户需求，短时间内将防疫知识定点传达到每个个体，切实实现了知识普惠。如今考学类、才艺类、生活类、母婴育儿类等从众多知识类短视频中脱颖而出，颇受用户青睐，也是基于其实用性的考量结果。因此，在未来，用户基于场景化诉求会继续偏好实用且符合自我价值感知的知识类短视频，以便持续缩小知行鸿沟。

三、出版企业短视频知识生产的优化策略

出版企业凭借知识的产品化能力与知识资产管理经验而具备了知识服务的天然优势。在新技术不断渗透到出版各环节的今天，基于短视频这一载体将知识打造为可视可感的形态吸引并满足用户，正成为出版企业数字化提升、知识服务转型的有效路径之一。但探索与前行之路充满艰辛：王晓红指出，现下出版行业对短视频的应用很多时候只是陡然增加生产负担，并未带来生产力的实质性转化[②]；陈矩弘认为当前出版业短视频营销缺乏精准定位、创意和用户参与[③]；从挺在对出版机构抖音账号的短视频传播状况开展实证研究后，也认为短视频传播质量与传播效果仍有较大提

① 崔迪：《媒介知识：传播学视野下的知识研究》，复旦大学出版社 2019 年版，第 184 页。

② 王晓红：《短视频助力深度融合的关键机制——以融合出版为视角》，《现代出版》2020 年第 1 期。

③ 陈矩弘：《移动互联网时代出版业短视频营销研究》，《出版科学》2019 年第 4 期。

升空间①。究其根本，是对用户的了解流于浅层。对此，出版企业有必要根据用户复合多元、动态变化的知识需求对短视频知识生产模式进行创新与优化。

（一）关联场景、调动情绪

如果把“场景”二字分开，“场”就代表短视频的功能价值，而“景”则代表短视频产品的体验价值②。面对高场景度的知识需求，出版企业除需借助平台的大数据算法，通过纵向语义聚合和横向场景关联将个性化知识进行精准推送之外，还需将知识与生活经验叠加混编，把知识还原到应用场景，尽可能地打造立足“场景—用户—情境”的适配知识内容。这就要求其在短视频策划之时，将包括用户生活细节、情感体验等的需求场景预设其中，随后借助人物关系、台词、音乐、道具等进行演绎，利用短视频在语态上的天然亲近感和调动用户沉浸感的独特优势，全面激发用户的潜在情绪和相关认知，最后将图书中的知识巧妙引出，打破图书作者、讲述者和接受者之间的疏离关系，建立起图书与用户的紧密联系。同时，出版企业还可借助AR、VR、MR等数字化技术将图书内容打造成一个新的媒介情境信息系统，进一步提升短视频知识生产的可供性，从而增强用户体验的同时锻造高维竞争力。

如出版企业可推出近来广受欢迎的“沉浸式”短视频，打造与知识内容相关的沉浸式氛围，利用不同材质轻微的摩擦声和缓和的画面等视听刺激，激发用户产生自发性知觉经络反应（ASMR），让用户在头皮后部、颈部乃至全身感受到一种愉快和放松的刺麻感，从而使其在熟悉的场景中得到良好的体验感③。

① 丛挺、杨圣琪：《移动场景下出版机构短视频传播实证分析》，《中国出版》2020年第6期。

② 毕达天、王福、杜小民等：《短视频产业场景式服务及其价值创造路径研究》，《情报理论与实践》2021年第2期。

③ 王协顺、杨心玥、苏彦捷：《自发性知觉经络反应中产生刺麻感和积极情绪的原因》，《心理学探新》2021年第2期。

（二）择其精要、触手可及

短视频这种以影像为中心的感性主义知识传递方式，与以语言为中心的理性主义文本形式的知识传递方式在内容的构建上存在显著差异。为了强化传播效果，知识类短视频的内容应用幽默元素在所难免，但过度娱乐又会削弱知识比重、消减用户信任感。

面对高精粹度的知识需求趋势，出版企业首先要凝练出关键词，便于用户精准搜索，实现“触手可及”；视频封面也需精心设计，标题要让用户一目了然，准确把握视频核心知识。其次，视频需要开门见山、快速切入正题、迅速吸引用户注意，而无须做冗长的前奏铺垫和无谓的知识背景溯源。再次，充分利用讲述知识的每一秒，言简意赅、编排紧凑。最后，要注重视频整体布局，提前进行周密的主题策划，将知识结构化处理，把握关键节点，以有限的时长、生动的表现形式展现知识的精华部分，使知识更凝练、轻量，实现短视频从“Kill Time”到“Save Time”的质性升级。如机械工业出版社推出的知识类短视频《一眼辨别书的正盗版》，开篇直接点出是两个最简单的方法，将正盗版书封的手贴防伪贴和第一页的环衬这两个关键辨别点进行同框比对，立见高下。整个视频全程共 37 秒，专业性强、重点突出，并最大限度降低了信息损耗与误解，值得借鉴。

（三）切实可行、指导性强

用户在碎片化时间主动获取知识的行为证明，知识已逐渐从规训人的强制性力量角色转化为参与个体精神转变的促进者角色[①]。当然不只在精神层面，在生活实践方面，知识的作用也毋庸置疑。各项相关报告均指出用户浏览知识短视频的主要原因之一即要解决目前面临的棘手难题。面对用户高实用性的需求，紧跟热点、贴近实际，可有效指导实践的知识类短视频内容将日益获得更多追捧。

一直以来，以文字为载体的知识产品往往需要用户充分调动想象力进

① 汤景泰、董志杰：《从新传播到新教育——短视频平台构建崭新知识学习场景》，《南方传媒研究》2019 年第 5 期。

行解读，从动作到步骤、从方位到实操，知识在不断试错和矫正中完成吸收，不仅浪费用户精力、时间，更对用户专注度提出挑战。而知识类短视频则是通过视觉化与步骤化展现知识，用户根据自身学习进程随时暂停并反复观摩，这在很大程度上提升了个人学习的效率和进度。为此，出版企业可充分利用短视频的隐性知识显性化、抽象概念具象化等优势，通过画面和语言相互交织的阐释形式，多角度、多维度地展现知识分享与表述，给予用户参与观察式的学习体验，进而最大限度减弱信息传递的不确定性，让用户对知识的期待与想象在具体可感的视觉图谱中得以满足。如中国中医药出版社的知识类短视频《孩子发烧可选"退烧穴"》中，医生以详细的步骤、放大的特写对穴位和按摩方法加以展现，方便用户在"手把手"的教学中迅速掌握要领。

作为新时代视频文本，短视频所具备的知识生产潜力，正在为全社会知识的生产与传播打开更大的想象空间，不同信息组合形成种种非线性的文化理解通道。面对用户的高场景度、高精粹度、高实用性的需求趋势，出版企业须从场景化融合发展、精粹化提质赋能、实用性破圈扩容三方面发力，努力将知识类短视频打造成一个用户增值服务的入口，引导用户进入出版企业知识服务的整合平台，一方面最大化地发挥短视频的商业价值，另一方面积极助力出版企业的知识服务转型。

（作者单位：辽宁大学新闻与传播学院）

从简帛到App

——我国辞书载体的变迁和展望

朱　滔

我国是一个历史悠久的辞书大国。我国最早见诸史料的辞书是成书于春秋战国时期的《史籀篇》。之后的《尔雅》和《方言》，是我国古代最早的两部同义词典。东汉许慎所著的《说文解字》，则是我国古代第一部真正意义上的字典。从古至今两千年，我国的辞书事业不断发展，辞书的载体也发生了多次变化。从先秦时期的简册帛书，到当今人们手机里和辞书相关的各种应用程序（以下简称App），变化之大，可谓翻天覆地。本文尝试梳理我国辞书载体的历史变迁，展望辞书形态的发展趋势，并就辞书的融合出版模式做一些探讨。

一、我国辞书载体发展变迁的四个阶段

笔者根据我国辞书各种载体形态出现的时间顺序，把我国辞书载体的发展历程分为四个阶段。这四个阶段之间没有泾渭分明的分界线，前后两个甚至三个阶段往往会共存相当长的一段时间，只是某种载体在某个特定阶段会占据上风或者比较引人关注。

（一）简帛阶段

根据《现代汉语词典》里的解释，简，是“古代用来写字的竹片或木片”；帛，是“丝织物的总称”，古人以前常在缣帛等丝织物上书写文字。许慎在《说文解字·序》中提到：“著于竹帛谓之书，书者，如也。”可见，在许慎的年代，“竹帛”已经是历史悠久且使用普遍的文字信息载体。

辞书是出现得比较晚的书籍类型。它必须是社会文明发展到较高的程度，人群中有相当一部分重视文化教育的知识分子，才有可能被编纂出来。再者，辞书通常具备一定的规模，而甲骨、金石等古老的书写材料不太可能承载巨大的文字信息量，否则成本和体积会非常惊人。因此，制作成本低廉的竹木简牍和材料占用空间较小的丝织物，才是辞书载体的首选。

然而，简帛虽然相对甲骨、金石来说具有一定优势，但是也有很大的不足。以竹木简牍书写辞书，需要的简片数量极多，且制作卷册不易，体量庞大笨重，很容易丢失和损坏；而帛书虽然轻便，但是在当时丝织物是比较珍贵的奢侈品，非大众百姓所能负担，而且丝织物对保存条件的要求非常高，容易因虫、鼠、日光、水分等因素的影响而损毁，极难长久保存。因此，包括《史籀篇》在内的许多早期辞书已经失传，只在后世的一些史料中留下只言片语的记载，令人惋惜。

（二）纸书阶段

《说文解字》中已经有了对“纸”字的解释：“纸，絮一苫也。从纟，氏声。”那时候的纸跟后来的纸不太一样，它是人们在水中漂蚕丝时得到

的一种副产品，所以纸字才会“从纟”。这样的纸当然不可能量产，更不可能普及使用。许慎说“著于竹帛谓之书”，而没有说“著于纸谓之书”，也是基于当时的实际情况。

后来，人们发明了用植物纤维为原料制作纸张的方法，纸张的制作成本大大降低。东汉以后，造纸术得到进一步的改进和推广，特别是到了魏晋之后，纸张逐渐取代简帛，成为重要的文字信息载体。

载体从简帛转变为纸张，对于辞书来说是一个意义重大的命运转折点。

首先，以纸为媒介，许多书于简帛的早期辞书得到高效、广泛的复制和传播，即使原始版本湮灭了，仍有各种纸抄本、刻印本得以流传于世，大大降低了内容佚失的风险。比如，《说文解字》的简帛原书早已失传，流传至今最早的版本是唐抄本残卷，而当今市面上流行的版本大多是清代陈昌治刻本和段玉裁《说文解字注》。正是一千多年来代代纸墨相传，才使《说文解字》得以流传至今。

其次，以纸张为载体，大大降低了书写成本，提高了书写效率，对辞书的编纂有极大的促进作用。而且，使用纸张，也更便于多人合作，集中优势力量开展大型项目，如《康熙字典》就是张玉书、陈廷敬等多位学者合力编纂而成。近代以来的大部分辞书项目都是由多人团队合作完成，这在以简帛为主要载体的阶段是很难做到的。

再次，造纸术在世界范围内的传播，促进了世界文明的发展和交流，各国在翻译、外语教学、编辑出版技术等领域互相学习和借鉴，对辞书事业的发展也起到了极大的推动作用。

（三）封装型电子载体阶段

纸质书籍在全球范围内盛行千年，直到以计算机技术为底层技术的信息革命爆发，纸书的地位受到了来自电子出版物的挑战。

纸质辞书，特别是大中型辞书，往往比较厚重，难以随身携带和随时查阅。世人苦“大部头”久矣，电子载体很好地解决了传统纸质辞书的储存和携带问题。20 世纪 90 年代以来，掌上电子词典、光盘版电子词典等在我国兴起，经过二三十年的发展，取得了一定的成就。

以掌上电子词典来说，无论是舶来的“卡西欧”，还是国产的“文曲星”“好记星”等，都颇受市场的欢迎。这些掌上电子词典的内容和功能一直在不断进步：内容方面，从最初只能够收录一两本词典，到后来容量扩大到能够收录不同语种、不同领域的数十本工具书；功能方面，从最初只能进行简单的单词查询，到后来发展出了跨词典跳查功能、语音朗读功能甚至自动识别翻译功能等。一掌之中，包罗万象，极大地方便了查阅和学习，无怪乎得到大众喜爱。

掌上电子词典和光盘版电子词典，从携带和使用的便捷性来说，胜于纸书。它们的存储和显示依赖固定的实物，如特定的手持阅读器、专用的磁盘或光盘等，即所谓的封装型电子载体；它们在使用时无须连入互联网，属于“单机型”数字出版物。因此，在移动互联网技术普及之后，它们的优势就不再突出了。目前掌上电子词典依然占有可观的市场份额，使用者主要是学生群体；而光盘版电子词典，在网络辞书崛起之后，已经面临被淘汰的局面。

（四）网络型虚拟载体阶段

“网络型数字书籍通常是作者或出版者将作品内容制作成网页，或直接以某种形式存储在互联网的服务器上，为用户提供访问服务，用户可直接阅读、保存、复制、打印，从输入到输出的一切操作均在线上完成。”（耿相新，2021）随着互联网技术的发展，“网络型”数字出版物风头直起，渐渐盖过了“单机型”数字出版物。这一点在辞书领域体现得尤为明显。

从广义上来说，维基百科、百度百科等也可归入网络辞书的范畴；从狭义上来说，网络辞书则是指经过专业设计、开发和编辑的，可供用户在线查询条目内容的辞书网站，以及在手机上安装使用的辞书App。辞书网站一般在电脑上进行阅览，虽然手机上通常也能打开页面，但受字体格式、屏幕大小等因素限制，使用体验不如通过电脑屏幕查看。辞书App则是专供手机的应用小程序，使用者能通过手机获得很好的使用体验。

目前国内的辞书网站数不胜数，比较有名的有《辞源》网络版、《辞海》网络版、有道词典、百度汉语等；辞书 App 更是遍地开花，影响力较大的主要有《现代汉语词典》App、《新华字典》App、《新世纪英汉汉英大词典》App 等。

网络辞书真正的内容载体是服务器，辞书网站和辞书 App 只是呈现在使用者面前的虚拟载体。网络辞书脱离了封装型电子载体的桎梏，只要服务器没有问题，在不同的电脑或手机上打开的网站仍是原来的网站，App 仍是原来的 App，使用者可以任意更换电脑或手机，而不必担心内容损毁或丢失，使用体验中的自由度很高。

网络辞书还有一个好处，就是升级更新非常方便。无论是内容、功能还是视觉效果，都可以根据用户需要快速地进行升级改进。这一点是纸质辞书和封装型电子辞书望尘莫及的。

二、辞书形态的发展趋势及对辞书融合出版的思考

笔者认为，未来辞书的主流趋势是融合发展，但纸质辞书并不会在短期内消亡，而是会成为融合出版进程中不可或缺的一部分。

（一）纸质辞书会与电子辞书、网络辞书长期共存

在互联网时代，喜欢阅读纸质书的人越来越少，愿意翻查纸质词典的人也越来越少。那么，纸质辞书会在短期内消亡吗？

笔者认为，在相当长的一段时间内，纸质辞书还是会存在的。

首先，虽然利用网络检索信息、查阅资料非常方便，但是网上的信息鱼龙混杂，需要花费不少时间和精力去辨明真伪对错，稍有不慎就有可能会被误导，与其如此，还不如直接去查检一部权威、精当的纸质辞书。

其次，《现代汉语词典》《新华字典》《新世纪英汉汉英大词典》《辞源》《辞海》等辞书对应的 App 或检索网站，以及那些存储在手持阅读器的电子词典，和纸质版使用的是同一套数据库，其内容与纸质版并无二致。这些辞书的电子版本和网络化版本可以说是在纸质版的基础上诞生的，纸质

版是它们的根基，目前还不能完全摈弃。

最后，随着电子辞书和网络版辞书的普及度越来越高，纸质辞书的实用价值可能会越来越小，但这些“大部头”承载的是绵延千年的底蕴和情怀，它们在实用性之外的意义，是电子出版物远不能比拟的。因此，高品质的纸质辞书往往具有一定的收藏价值。

（二）辞书的融合出版模式探讨

虽然纸质辞书在短期内不会消亡，但是现代人的阅读和学习习惯发生巨变，是不争的事实。和其他许多图书一样，融合出版是辞书发展的必然趋势，也是必须选择的道路。

辞书的融合出版又与其他图书有所不同。无论采用什么样的载体形态，辞书都必须保有“检索”功能，方便用户搜索查阅。因此，TXT、PDF、EPUB 等普通的电子书格式是不适用于辞书的。辞书的融合出版，需要更复杂的思路和更高级的技术。

目前，对辞书出版方来说，最简单的融合出版模式是与掌上电子词典合作，推出依托于封闭型载体的电子辞书。掌上电子词典相当于一个现成的存储和显示平台，出版方只需提供辞书的电子文本即可，由合作方对辞书进行电子化加工，改造成适合在特定手持阅读器中储存和显示的格式，并连同阅读器一起售卖给使用者。

第二种模式是以特定纸质辞书的数据库为基底，开发辞书的网络化版本。上文提到的《现代汉语词典》《新华字典》《新世纪英汉汉英大词典》等辞书，都已经有配套的 App ；《辞源》《辞海》等辞书，最新的版本都是纸质版和网络版同时推出。这些都是我国的权威辞书，纸质版出版发行多年，在市场上和业界内都有比较高的声望和地位。出版方准确定位当今读者的需求，将经典的辞书以崭新的载体形态推出，是与时俱进之举。

第三种模式是不受限于特定的某部辞书，而是整合多部辞书以及其他资料的内容，打造综合型的语言文化学习网站或 App，可以说是第一种和第二种模式的结合升级模式。例如，商务印书馆的涵芬 App 集合了《新华字典》《现代汉语词典》《古代汉语词典》等多部经典辞书，提供深度融合的字词典智能查询、古今名著无障碍阅读、名师精品课、名家书法视频等一系列语言知识服务。再如，有道词典集合了《柯林斯英汉双解大词典》《牛津词典》等经典权威辞书的释义和例句，同时还从网络上收集了许多相关的用法和例子，供读者查阅参考。类似这样的网络辞书产品，对当今的读者用户来说是最实用、最需要的。不过，采用这种模式的项目实施方，需要具备一定的经济实力和丰富的技术经验，而且版权方面也要考虑周全，否则难以取得成功。

笔者相信，还有更多、更高级的融合出版模式正在酝酿中或已经付诸实践，辞书的融合出版未来可期。不过，融合出版虽然是大势所趋，但是当前并非所有辞书都适合开展融合出版。比如某些小众非通用语种相关的辞书，由于目前非通用语种词典领域的资料、人才、技术都十分匮乏，连纸质版的编纂和排版都很艰难，因此还是等内容和技术更成熟的时候再考虑融合出版为好。

从简帛、纸书再到电子辞书、网络辞书，两千多年过去了，辞书的载体随着社会的发展而变迁，我国也正在经历从“辞书大国”进阶为“辞书强国”的过程。在当今这个高速发展的时代，辞书编辑出版从业者必须与时俱进，深入了解用户需求和前沿技术发展状况，努力打造从内容到形式都能满足社会需求的优质辞书。

参考文献

[1] 中国社会科学院语言研究所词典编辑室:《现代汉语词典（第 7 版）》，商务印书馆 2016 年版。

[2] 肖东发等:《中国出版通史 1 · 先秦两汉卷》，中国书籍出版社 2008 年版。

[3] 周少川等:《中国出版通史 2 · 魏晋南北朝卷》，中国书籍出版社 2008 年版。

[4] 汪家熔:《中国出版通史 7 · 清代卷》，中国书籍出版社 2008 年版。

[5] 王余光、吴永贵:《中国出版通史 8 · 民国卷》，中国书籍出版社 2008 年版。

[6] 方厚枢、魏玉山:《中国出版通史 9 · 中华人民共和国卷》，中国书籍出版社 2008 年版。

[7] 耿相新：《书籍的革命》，《现代出版》2021年第4期。

[8] 魏向清、耿云冬、王东波：《中国外语类辞书编纂出版30年（1978—2008）回顾与反思》，上海辞书出版社2011年版。

[9] 杜羽：《互联网时代是否还需要查词典》，《光明日报》2019年8月19日。

（作者单位：广西教育出版社）

在全媒体语境下如何推广经典读物阅读策略研究

靳　莉

阅读是社会公众获取知识的主要途径，同时也是影响国民整体文化素养的决定性因素。经典读物是在漫长历史长河中逐渐沉淀和传承至今的作品，它体现了一个民族的文化底蕴。阅读经典读物有利于塑造正确的人生观、价值观和世界观，提升思想道德水平和文化素养。倡导阅读经典读物需要政府、学校、图书馆、社会公众和家庭共同参与。近年来，随着互联网技术和信息技术的快速推广及应用，人们的生活节奏加快，媒体信息传播方式也发生了巨大改变，人们的阅读兴趣和阅读习惯也在逐渐发生变化，无营养的快餐文化甚嚣尘上，经典读物则逐渐消失在社会大众的阅读书单中，人们阅读经典读物的时间和经典读物阅读量逐渐减少。因此，在全媒体时代环境下创新经典读物阅读推广模式至关重要。

一、经典读物及阅读现状

经典读物是特定时代以及民族文化的结晶，同时也是代代相传的人类文明成果，是经过历史选择后最有价值的书籍①。从教育部高等教育司制定的大学生必读书目100本中，我们发现经典读物主要包括以下作品：《红楼梦》《三国演义》《哈姆雷特》等中外古典名著；《百年孤独》《老残游记》《白鹿原》等具有深远影响力的中外作品；《泰戈尔诗选》《论语译注》等经今人译注、翻译并整理的作品；《语言与文化》等具有广泛影响力的语言文字教材。经典读物是经典阅读的主要内容，阅读载体既包括传统纸质书籍，也包含新兴数字媒体。阅读经典能增加文化认同感，陶冶情操，有利于文化传承并推动文化发展②。需要注意的是，经典阅读轻形式而重内容，无论是传统纸质阅读还是数字阅读，均存在经典阅读和功利化阅读现象，即全媒体语境下经典阅读的本质并无明显变化。

当前我国成年居民处于快节奏生活状态，很难有大块的时间来静心阅读，纸质书阅读量呈下降态势。有数据统计显示，2017年中国人均纸质书阅读量远低于发达国家（如图1所示），仅为4.66本，而美国为15.41本，以色列的人均阅读量达63.57本。2019年中国人均纸质书阅读量为4.65本，2020年我国成年国民人均纸质图书阅读量为4.70本，略有回暖，但情况不容乐观。而2020年全国公民阅读调查报告显示，高校图书馆借阅量创十年新低。除了阅读量低以外，阅读内容也偏离经典阅读，多为通俗作品，而且，多数年轻人喜欢通过影视剧来“阅读”经典。在各大院校的图书馆中经典读物的借阅量在总借阅量中占据的比例很小。以中医经典读物为例，广西中医药大学统计了中医四大典籍的流通数据，发现上述读物的借阅量仅占总借阅量的5%，借阅周期也呈

① 安卫华：《浅议我国经典阅读现状及推广经典阅读的意义》，《科技情报开发与经济》2012年第4期。

② 张文君：《新媒体时代多元化经典阅读推广方式研究》，《青年时代》2018年第10期。

下降趋势①。

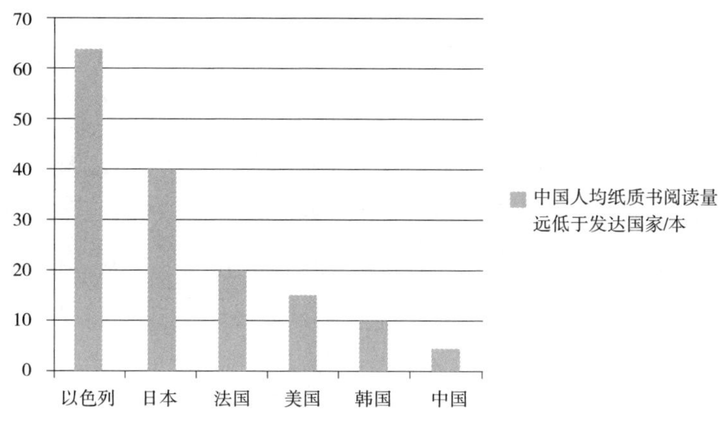

图 1　2017 年各国人均纸质书阅读量对比

二、全媒体语境下数字阅读的发展形势

目前，人类已进入全媒体信息时代，但如何界定“全媒体”尚无统一认识。有学者认为全媒体是媒体走向大融合的产物，是综合运用多种表现形式全方位、立体地展示所要传播的内容，并通过文字、声像、通信、网络等手段传输的一种新的传播形态。全媒体不仅包括电视、电影、报纸、杂志、广播、音像、网络、出版、卫星通信等传播载体工具，还涵盖所有接收资讯的感官（视觉、听觉、触觉等），结合受众需求选择最适宜的媒体形式深度融合，进一步细分服务，以达到全面覆盖受众，实现最佳传播效果的目的。身处信息资讯高度发达的互联网时代，社会公众接触信息的途径日益多样化，其信息获取、传播乃至利用能力都大大提升，普通民众也能成为信息加工者和传播者，信息服务在极大程度上获得了扩充和深

① 徐爽、许丹、陈斯斯等:《第三代图书馆对中医经典阅读推广创新模式的启发》,《中华医学图书情报杂志》2017 年第 10 期。

化。在这种背景下手机上网日益普遍，各种阅读载体不断涌现，互联网普及率也随之增长。随着信息资源日益丰富和阅读工具的发展进步，一种更为便捷且全新的阅读方式——数字阅读开始出现并逐渐受到广泛欢迎，近年来网络在线阅读接触率和手机阅读接触率均呈持续上升趋势，2012 年手机阅读接触率仅为 30%，网络在线阅读接触率为 40%，但 2013—2018 年我国网络在线阅读接触率和手机阅读接触率逐年升高，至 2018 年手机阅读接触率为 76%，网络在线阅读接触率则高达 80%，较 2012 年翻了一番（如图 2 所示）。

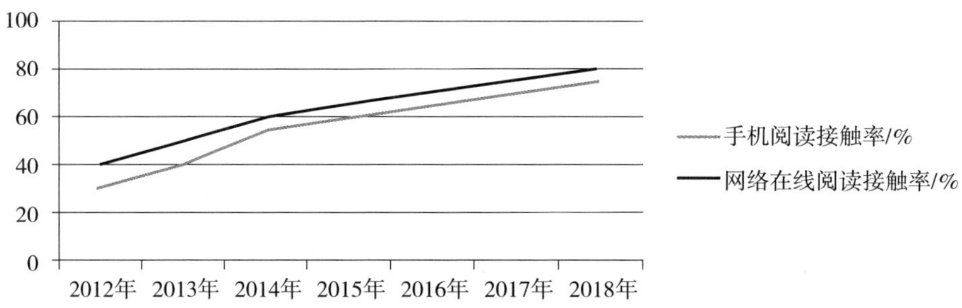

图 2 2012—2018 年我国网络在线阅读接触率和手机阅读接触率

与此同时，计算机和互联网技术的进一步发展及应用也对纸质图书的发行产生了深远影响，线上销售的规模也日益扩大。2012—2015 年实体书店图书销售码洋均高于线上图书销售，但 2016 年我国线上图书销售码洋第一次超过实体书店销售渠道，且在 2017 年、2018 年均呈增加趋势（如图 3 所示）。

数字阅读是指阅读内容及其形式的数字化，包括网络在线阅读、电子书籍、博客、网页、数码照片，还包括阅读器、手机、电脑、数字电视等阅读载体的数字化。目前，数字化的图书、报纸、杂志均已十分常见，这些数字资源既可在线浏览，又可下载至阅读器中自行阅读，由此可见数字阅读的内容及其形式均十分丰富。

全媒体时代下数字阅读主要有以下三个特点。一是数字阅读日益灵活、便捷。近年来智能手机、平板电脑等数字产品日益普及，移动通信技术不断发展成熟，社会公众的阅读习惯发生了很大变化，阅读载体的多样化在一定程度上提高了阅读的便捷性和灵活性。二是数字阅读的资源日趋丰富。目前，众多报业集团将旗下报纸电子化，一些发行量较大的报纸几乎都拥有自己的网站，一些网络信息服务公司、小说网站、网络公司也积极与出版社、作家、评论家以及其他写作者合作，部分广播电视台将自己的品牌栏目编成图书进行传播，因此数字阅读的资源十分丰富。三是数字阅读符合当前多种人的信息需求倾向。目前，普通民众的“浅阅读”倾向十分明显，通常没有过多的时间去耐心阅读一本篇幅较多的书籍，通常更加关注自身感兴趣的信息及相关图书，数字阅读的便捷性、灵活性和资源数量的可选择性恰好迎合了这种信息需求，因而受到广泛欢迎。

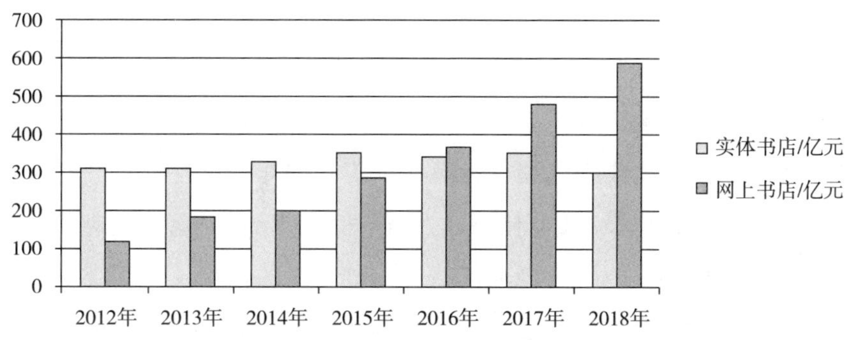

图 3　2012—2018 年我国图书线上销售与实体销售码洋对比

三、全媒体语境下创新经典读物阅读推广模式

当前，人们在阅读方面的功利化倾向十分明显，热衷于追捧那些谈成功、谈为人处世的书籍，在很大程度上提升了相关纸质书籍的市场销量，与此相关的电子书数量也大幅增加，电子书的阅读率随之增长，导致数字阅读的功利化倾向更加明显。经典读物以内容为重，阅读载体发生变化并不会对社会公众选择阅读经典读物产生太大影响。阅读推广以追求阅读及传播效果的最大化为主要目的，在全媒体语境下如何创新经典读物阅读推

广模式，提升传统经典读物的阅读体验，提高其传播效果成为业界探讨的重要问题。

一是要扩大经典读物阅读的推广主体范围。为了使社会公众长期接受与经典读物阅读相关的教育并提升推广效果，必须在重视发挥学校、图书馆、书店等推广主体作用的同时，努力将推广范围扩大到与社会公众日常生活密切相关的社区服务中心、乡镇文化服务站等场所，通过定期举办经典书籍展览、名家讲座、经典读物诵读比赛、文章鉴赏等文化活动加深社会公众对经典读物的了解程度，逐渐养成阅读经典书籍的习惯，消除部分民众对经典读物的抵触心理。在此基础上还可借助数字阅读这一新兴阅读方式，让社会公众通过手机、网络等阅读载体阅读经典读物，进而提高经典读物的阅读及传播效果。

二是要实现经典读物阅读推广形式的多样化。在全媒体出版语境下，经典读物阅读推广的形式也趋于多样化，其中一种形式是向社会公众（市民或学生）推荐必读或应读书目，但在宣传和推荐的过程中并没有或不重视提供阅读指导，也没有给出足够的推荐理由，导致公众对经典读物现时价值的理解出现偏差，认为经典读物是一种过时的作品，看这类书籍虽能了解中外文化、提升文化内涵和陶冶情操，但也仅此而已，对现实生活无指导意义，也没有实际作用。因此，应在全媒体语境下，结合当前蓬勃发展的数字阅读等新兴阅读形式，在推介经典读物的过程中给出充分的推荐理由，注重推广形式的多样化，努力创新阅读推广模式。以图书馆为例，图书馆在向读者推介经典读物时，不仅可以采取书展、讲座、征文等传统形式进行推广，还可以设计一个经典读物数据库，在精准分类的基础上详细介绍每一部作品的作者、创作的时代背景、作品主要内容、寓意与现时价值等，同时向读者提供可供下载的电子书资源，定期筛选、收录读者对某部作品的书评或读后感等，以增进读者对该作品的了解，激发其阅读兴趣。这样可方便读者在线阅读作品内容，通过下载电子版进一步阅读并了解作品，同时还可以通过浏览他人的读后感或评价来选择自己感兴趣的经典读物。图书馆系统在推广经典读物阅读方面有其得天独厚的优势，其全媒体馆藏资源是图书馆推广经典读物阅读的重要基础。近年来我国公共图书馆数及馆藏总量呈稳步增长态势，其中 2013 年我国共有公共图书馆 2709 个，图书总藏量约为 87659 万册，至 2018 年我国共有公共图书馆 3176 个，图书总藏量增加至 103716 万册，较 2012 年增长 118.32%，较 2017 年末则增长了 7.0%（如图 4 所示）。在全媒体语境下上述馆藏资源也有了更精准、更高效的推广路径。例如，广州图书馆依托自身丰富的馆藏资源、完善的分馆网络及门户网站，不仅可为读者提供最基本的阅读服务，还能充分利用新媒体平台为读者提供个性化阅读服务，例如其分设的特别馆区能满足不同读者群体的阅读需求，这对于推广经典阅读有积极作用。

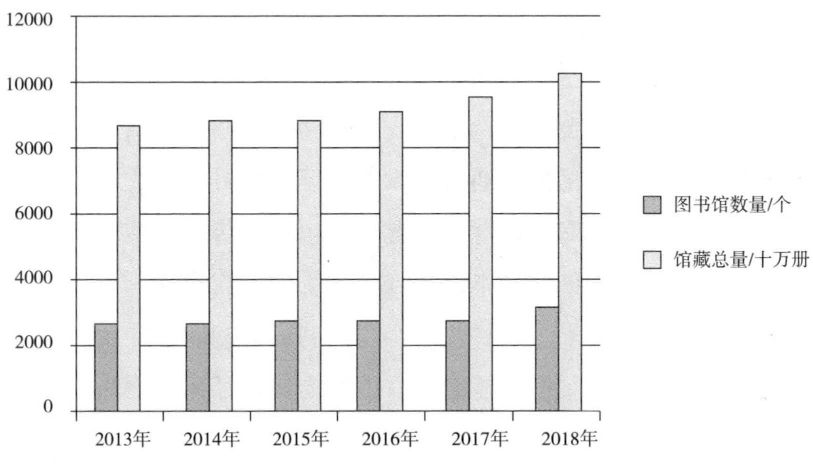

图 4　2013—2018 年我国公共图书馆数及馆藏总量变化情况

三是要加强图书馆、出版社和网站间的合作。近年来电子书阅读率大幅增长，人均电子书阅读量也不断增加，出版社应顺应这种趋势努力与图书馆、相关网站加强沟通和合作，在签署利益分配、版权保护协议的基础上实现经典读物的电子化，及时消除经典读物在传播过程中可能遇到的阻碍。在阅读推广过程中可以增设“作品介绍”，并给出恰当的阅读建议。

四是要充分发挥电视、广播、报刊等媒体的推广作用。可跨界整合优质资源并借此向读者推介经典读物，以中央电视台推出的《百家讲坛》《朗读者》为例，节目组积极创新理念，在文本内容及其表现形式上通过创新融合将经典文学作品的语言与音乐艺术、舞台视觉效果相结合，深入挖掘经典文学作品所蕴含的感染力和丰富情感，引起读者共鸣，进而提高经典读物及其内容的传播效果。同时，该节目组拥有一流的创作团队和强大的顾问团，一方面严格筛选经典读物，另一方面邀请相关领域的专家学者作为嘉宾提供指导，因此能大幅提升阅读量，使其收获众多赞誉，这种创新性的诠释经典读物及其内容的模式在很大程度上提升了经典作品的传播力度，数据显示《朗读者》节目播出后阅读量在10万以上的文章达300多篇，微信指数达2400万①。在全媒体语境下，一些富有革新意识和嗅觉灵敏的传统媒体努力拓宽思路，充分利用全媒体并依托优势资源推广经典读物阅读。以主流报刊为例，《光明日报》通过阅读推广、阅读栏目和新媒体等多种形式并结合自身优势来推动经典阅读，现已取得很大成效。一些都市类报刊如《东方早报》《大河报》《楚天都市报》《珠江青少年》等报刊则发挥其贴近读者的优势，通过增设经典读物栏目，以优秀传统文化浸润读者的心灵，增加其阅读黏性。由此可见，借助传统媒体和新兴媒体的传播力量，最大限度地创新和丰富了经典读物的推广模式，也大幅提高了优秀经典读物的传播效果。这种基于全媒体的经典阅读推广相当于构建了一张全方位、立体式的阅读传播网络，因而能实现经典读物阅读效果的最大化。

四、全媒体语境对出版业及编辑工作的影响

虽然目前业界对全媒体尚未给出统一、精确的定义，但结合传播内容形式、传播载体工具以及借助的各类技术支持平台来看，全媒体出版是一

① 《朗读者》获白玉兰奖最佳季播电视节目唯一大奖，http://ent.people.com.cn/n1/2017/0619/c1012-29348404-2.html。

种通过整合多种媒体资源来进行的营销传播。全媒体时代下的信息出版环境发生了很大变化，处于出版活动中心环节的编辑工作人员除需具备传统编辑技能之外，还要熟悉并掌握媒体技术、产品营销乃至网络信息资源开发等知识，努力实现观念转型与技能创新，提高自身核心竞争力，不断完善自身知识结构，提高对信息分析加工和集成应用的能力①。

一是向“信息内容综合提供者”转型。传统意义上的编辑一直是充当“文本审核者”的角色，全媒体出版语境下，尤其是网络与数字媒体出现时，出版社编辑在重视选题策划的同时也逐渐成为发行和营销环节的参与者。自媒体开始诞生并大量涌现后打破了一直以来媒体之间的机构割据和介质壁垒，促使其致力于资源共享和开放协作，一些知名数字化网络平台在很大程度上拓展了编辑工作的内涵与外延，使其从本文审核者向“信息内容综合提供者”转型，一些博客电子杂志的编辑从业人员既是信息内容的提供者、制作者和开发商，又是该媒体的主要负责人。这类新兴媒体在选稿和录用方面较大胆，只要是优秀的原创稿件都有可能刊登，进而使其在内容上更新颖，言论方面相对更自由，也利于媒体与读者间互动，甚至参与到编辑工作中来。

二是向“两栖型编辑”转型。现代传播技术的不断发展和数字媒介等新兴媒体的不断涌现在很大程度上影响了编辑工作流程，跨阶层、跨行业甚至跨地域的互动式信息传递已成为现实。在竞争日益激烈的出版市场，无论是传统的纸质书刊还是电子书刊都必须重视品牌建设，同时具备自身特色，这也对编辑人员掌握媒体技术的程度提出了更高的要求。因此，全媒体语境下的出版社编辑必须努力掌握新媒体技术，由传统的平面文字处理编辑向“两栖型编辑”转型，实现平面与媒体互通。总体而言，全媒体语境下的编辑应努力转变单向性的“文本审核者”和“纸质平面文字处理者”的固有思维，向“信息内容综合提供者”和“两栖型编辑”转型，以更好地为出版提供服务。

---

① 戎礼平：《全媒体时代加快编辑转型的思考》，《编辑学刊》2014 年第 1 期。

五、结语

全媒体语境下读者的阅读行为及习惯发生了很大改变，这给经典读物阅读推广带来了很大挑战。因此，应积极借势全媒体，在数字阅读等新兴阅读方式蓬勃发展的形势下创新经典读物阅读推广模式，努力提高经典读物阅读推广效果。

（作者单位：读者出版集团敦煌文艺出版社）

浅议基础研究学术出版与创新

——基于浙江大学出版社的科技原创学术出版的实践

许佳颖　金佩雯

基础科学是科学之本、技术之源，是衡量一个国家科技总体水平和综合国力的重要标志，对经济社会发展起着基础支撑和前瞻引领作用，决定着世界科技强国建设进程，对促进实现“两个一百年”奋斗目标具有重要的基础性作用①②。以习近平同志为核心的党中央高度重视基础研究。习近平总书记在2018年两院院士大会的讲话中指出“基础研究是整个科学体系的源头”，在2021年科学家座谈会上强调要“持之以恒加强基础研究”。

---

① 方曲韵：《杨卫：勾勒人类基础研究的天际线》，《光明日报》2020年7月5日。

② 李静海：《抓住机遇推进基础研究高质量发展》，《中国科学院院刊》2019年第34期。

根据国家统计局相关数据，“十三五”期间，我国基础研究经费从2015年的671亿元增长到2020年的1504亿元，增长1.24倍，年均增幅达到17.5%，基础研究经费占全年研究与试验发展（R&D）经费支出的比重从2015年的4.72%增长到2020年的6.16%。与此同时，基础研究资助体系逐步完善，科学问题凝练与重大专项立项机制不断推进，交叉学科建设不断深化。我国基础研究整体水平显著提高，破解“卡脖子”问题的能力和水平不断提升。部分学科研究水平稳居世界前列，如化学、物理等；重大创新成果加速产出，取得了一批以量子通信、铁基超导、干细胞为代表的重大原创性科技成果，国际影响力稳步提升①。

我们作为出版工作者，在亲眼见证近年来我国基础研究硕果累累的同时，深刻意识到学术出版的广度和深度应与之相匹配，更要牢记学术出版事业服务于学术研究本身的初心和使命。

一、基础研究学术出版现状

2020年9月，习近平总书记在科学家座谈会上指出：“希望广大科学家和科技工作者肩负起历史责任，坚持面向世界科技前沿、面向经济主战场、面向国家重大需求、面向人民生命健康，不断向科学技术广度和深度进军。”可见，基础研究具有两项重要使命：一是探索科技前沿，二是服务国计民生。就学术出版而言，这些研究成果通过合适的形式和平台展示出来，可突显国家重大科技政策的成效，揭示国家对基础研究进行战略布局的作用与意义，进而增强科研工作者的使命感、荣誉感，增加民众的认同感、自豪感。

在我国基础研究高质量发展之路上，学术出版任重而道远。学术出版须充分体现应有的担当，找准突破口和着力点，在推动学术话语权建立、

① 《我国科技创新五大能力显著提升有力支撑全面建成小康社会》，http://finance.people.com.cn/n1/2021/0727/c1004-32171699.html。

学术交流、成果传播等方面发挥更重要的角色和更大的作用，努力赶上基础研究的发展。

当前，基础研究的学术出版主要呈现以下几个特点。

（一）学术出版呈爆发式增长，影响力大幅提升，但结构不均衡，对学术话语权及学术影响力的构建作用不足

随着国家对科研领域的投入力度增大及科研成果的产出增长，学术出版蓬勃发展，量和质都有了极大的提高。国家统计局网站显示，2019年我国发表科技论文195万篇，出版科技著作52067种。2020年12月中国科学技术信息研究所发布的数据显示，截至2020年9月，我国高被引论文、热点论文数量继续保持全球排名第二，分别为37170篇（占全球总量的23.0%）和1375篇（占全球总量的38.4%）[①]。

在数量爆发式增长和影响力显著提高的情况下，我们也看到，学术出版形式相对单一，学术论文为主要形式，学术著作占比极少，这种情况在基础研究领域也同样非常明显。在内涵式高质量发展的背景下，学术话语权及学术影响力的构建是多维度的，既要有高峰的点状突破，更要有高原的整体提升，因此，相应的学术出版结构也应该是丰富、立体、有梯度的，以适应多种学术需要。既要有国家层面的科技战略布局的解读与思考，又要有学科发展层面的发展研究。既要有较专的“点”，如研究论文以及较窄领域的专业型学术著作；又要有把点串起来的“线”，如综述论文以及综述型著作；也要有整体的“面”，如体现大学科总领和前瞻的学术著作。只有点、线、面结合，才能形成合力并有效推动学科整体发展。

（二）学术出版的传播交流平台作用发挥不足，对学科交叉、基础研究与应用研究的融合发展起到的作用有限

学术论文和学术著作在发表的意义、目的、形式方面有较大的差异，但是也有很多共同点。两者都是对研究成果的发布与传播，都聚焦于某

① 张之豪：《2020年中国科技论文统计结果在京发布》，https://cn.chinadaily.com.cn/a/202012/29/WS5feade43a3101e7ce9738195.html。

一特定问题的发现与解决，阶段性的系统梳理不够，呈现出成果专业性强、体系性弱、受众面窄等特点。两者的写作主体和读者对象基本是同一专业、同一研究方向、同一研究层次的学者，交流范围相对有限，不同学科之间、学科不同方向之间、基础与应用之间的探讨和交流不足，学术成果的传播价值发挥不够。就学术交流而言，这类学术出版物以发布功能为主，交流探讨不够，研究思路、研究方法、研究技术难以在相似领域中形成创新式、突破式的发展与融合，形成学科合力、交叉合力。

基础研究具有前瞻性、引领性、开创性、探索性。做好基础研究，既要靠学科向纵深发展，更强调学科交叉融合①。某一学科的发展可能会推动另一学科实现飞跃式发展。例如，物理学因同步辐射光的研究与发展，大大推进了看似毫不相干的古生物学研究，中国科学院南京地质古生物研究所陈均远研究员和中国科学院高能物理研究所冼鼎昌院士通过合作，为整个微体古生物领域开拓了一个新的方向——微体化石的三维无损成像研究，在古生物学领域获得了一系列重大发现。这就需要我们认真探讨，如何通过学术出版激发不同学科之间的讨论和思考，为基础研究寻找更多的应用场景，最终推动学科的交叉发展，推动基础与应用的融合发展。

（三）学术成果出版量大，形成海量数据，但同质化现象突出，真正起到传播和启发其他研究的作用不足

近十年来，我国每年发表的科技论文均超过150万篇且数量不断增长，我国学术产出的全球占比持续上升，美、德、英等国的占比则徐徐下行，特别是材料学科，学术产出和学术影响力已经居世界第一②。但我们应当看到，这主要说明我们是学术产出大国，同一研究主题、类似研究成果的论文数量庞大，内容存在同质化现象，离高质量发展的目标差距还很大。

我国科研人员数量庞大，国家统计局网站显示，2019年，R&D人员全时当量达480.08万人年，其中R&D基础研究人员全时当量为39.20万人年，

① 罗俊：《释放基础研究新潜力》，《人民日报》2021年1月27日。

② 杨卫：《不忘初心，牢记使命，建设中国特色的基础研究强国》，《中国科学基金》2018年第32期。

人才结构呈金字塔形。相关科研人员资料搜集与分析能力差距较大，容易陷入海量数据中，时效和效率都不够高。同时，相关同质化信息较多，真正面向学科前沿的综述性传播内容不足，切实可供参考和借鉴的信息不足。

事实上，年轻科研工作者及相关产业工作者需要对国际研究态势、国家科技布局等具备充分的了解后，找准自己研究的定位，才能明晰其文献检索、数据分析的方向和目标，从而有的放矢地开展科研活动。

（四）学术出版对基础研究成果向应用转化的推动不够

目前，我们的基础研究与应用研究的结合还不是很紧密，从基础研究到技术研究再到成果转化的创新链还不是特别清晰①。我国的科技成果很多但是转化率不高，仅30%左右（发达国家是60%—70%）②，而真正被应用于实际生产进而形成产业的科技成果更是少之又少。虽然学术出版及传播不是核心因素之一，但可以也应该发挥比目前更大更重要的作用，扮演更重要的角色。

科学家主要专心于科学研究，取得重要研究成果和重大研究发现；学术出版发挥更大的传播交流作用，把科学原理和科学故事讲好了，把应用前景和可能与技术结合的点讲透了，充分了解和掌握基础研究成果转化的价值。当基础研究成果运用到产业中时，基础研究对于国民经济和社会发展的作用才能落到实处，惠及普通老百姓。

二、学术出版是基础研究科学传播的重要途径与主要方式

在世界新一轮科学技术发展浪潮中，机遇与挑战交汇并存，我国仍面

---

① 《夯实基础研究　筑牢创新根基——访中国科学院院士王贻芳》，《经济日报》2021年4月10日。

② 李毅中：《中国科技成果转化率仅为30% 发达国家达60%—70%》，https://finance.china.com/tech/13001906/20201205/37246683.html。

临很多“卡脖子”问题，基础研究同国际先进水平相比还存在一定差距。这主要是因为基础科学有其自身演变和发展的规律，必须经历一个长期积累的过程，夯实世界科技强国建设的根基。

近年来，科学研究要解决的问题越来越复杂，单一学科的理念、知识、方法、工具等已不足以破解那些重大的科学难题，加强学科交叉已成为基础研究发展的重要趋势和方向，促进跨界和学科交叉融合是各国对未来发展方向的共识。同时，科学研究范式正在发生深刻变革，促使科学家们更加关注研究内容、方法和范畴所发生的实质性变化①。只有主动适应变革和变化，才能占据更多发展先机，促进我国基础研究实现高质量发展。

学术出版是学术交流的重要途径之一，基础研究成果通过学术出版为广大同行所知并得到借鉴，以产生更进一步的学术成果。学术出版理应在整个基础研究过程中承担起应有的责任，与基础研究密不可分、相辅相成、环环相扣，在推动基础研究的良性发展上发挥自身的优势与作用。

就知识承载而言，学术出版与基础研究互相衔接、互为支撑。基础研究的一项重要功能是知识生产，而学术出版物是知识传播的载体和学术交流的媒介。学术出版所沉淀的历史文献及其所承载的知识，是开展基础研究的前提和支撑；基础研究成果通过出版物进行呈现，又为后继研究提供保障和参考。这是一个循环往复、螺旋式推进的过程。比如，我国成于公元1世纪左右的《九章算术》是世界上最早系统叙述分数运算的著作，后世的数学家大多是从《九章算术》开始学习和研究数学知识的。这部数学名著在隋唐时期即传入朝鲜、日本等地，对东方一些国家数学的发展具有重要影响。

就成果转化而言，学术出版为基础研究转化到实际应用所带来的学术传播与交流主要在学术专业圈里进行，各圈各有交叉。学术出版所形成的成果交流虽主要发生在学术同行之间，但也会对交叉学科及看似毫无关

① 李静海：《抓住机遇推进基础研究高质量发展》，《中国科学院院刊》2019年第34期。

联的学科有所触发。特别典型的是人工智能中的卷积网络神经（CNN）。Alex Krizhevsky 在 2012 年的 ImageNet 竞赛中用 CNN 将分类误差记录从 26%降到了 15%，在当时震惊了世界。自那之后，CNN 从学术界走向工程界，大量应用在图像分类、物体检测、图像分割、图像标注、图像生成等实际工程领域。比如，浙江大学医学院附属邵逸夫医院眼科主任姚玉峰教授与浙江大学人工智能研究所的潘云鹤院士和吴飞教授跨学科合作，开发了人工智能角膜病诊断系统，可对角膜病图像进行诊断。2018 年该系统的诊断准确率已达到 87%，而与全国 400 多位眼科医生的比对诊断中，医生准确率只有 50%左右。全国 1000 万的角膜病患者，诊断率每提高一个百分点，就意味着有 10 万病人不会被误诊①。

三、浙江大学出版社基于基础研究成果的学术出版实践

多年来，浙江大学出版社一直清醒且深刻地认识到基础研究的重要性，并充分认识到学术出版应该成为基础研究高质量发展的映照和助推力，因此，密切关注我国基础研究关键核心问题和研究热点，紧抓基础研究出版契机，基于国家级基础研究项目成果，由面及点、由点成面，深挖基础研究优质选题，引领高水平学术出版前沿。

（一）以宏观为引领，系统梳理国家重大研究成果

与国家自然科学基金委员会达成战略合作，组织策划“中国基础研究报告”丛书，系统梳理“十三五”期间国家自然科学基金重大研究计划项目成果，整体呈现我国基础研究水平和格局，系统展示我国重点布局的关键基础研究领域的重大原创成果，反映我国近年来在基础前沿领域的飞跃式发展。该丛书已入选 2020 年度国家出版基金项目。李克强总理在 2021

① 严红枫、姚玉峰：《勇攀世界眼科医学高峰》，《光明日报》2019 年 2 月 26 日。

年 7 月 19 日考察国家自然科学基金委员会时，该丛书作为基础研究的重要成果之一进行展示。

基于中国科学院战略性先导科技专项，瞄准事关我国全局和长远发展的重大科技问题，组织策划“中国科学院战略性先导科技专项报告”丛书。其中《大气灰霾追因与控制》是我国首次出版的关于大气灰霾生成、演化和防控技术的高水平原创学术著作，已入选 2019 年度国家出版基金项目。

（二）以“卡脖子”问题为导向，聚焦基础研究的核心问题

围绕航天飞行器的“心脏”——航天推进系统，以我国航天推进系统的主力研究单位以及相关学术机构为抓手，组织策划“航天推进前沿丛书”，旨在出版一批引领全球航天推进研究、服务国家重大需求、解决重大科学问题的经典著作，以加强中外学者在航天推进系统领域的合作与交流，进一步推动我国航天技术在新时代的快速发展。

聚焦舰船动力系统的核心子系统——多相整流发电机系统，策划《多相整流发电机及其系统的分析》，呈现了我国动力与电气工程专家马伟明院士及其团队自主研制的国产多相整流发电机的核心技术原理，相关研究成果大力推动了我国在大容量高功率密度中压直流源研究取得重大突破并确立国际领先地位。

（三）基础研究应用于国民经济主战场

近年来，我国页岩气勘探开发取得突破性进展。在页岩气的勘探过程中，找准页岩气高产的“甜点”层位是最关键的工作之一。我国页岩气的高产层位在奥陶系与志留系界线附近的一套黑色页岩中，其中含有的大量笔石用于判断地层年代的精确度甚至远高于同位素定年。

中国科学院南京地质古生物研究所的陈旭院士是笔石研究国际权威专家，长期指导中国石油、中国石化等的页岩气勘探层位锚定工作。他系统性总结了笔石的研究成果，形成了《中国西北地区奥陶系达瑞威尔阶至凯迪阶的笔石研究》《中国扬子区奥陶纪末至志留纪初含页岩气地层》等系列著作。书中所述研究成果成为我国西南页岩气、西北石油等油气资源勘探中卡准地层定位的金标准，为国家节省了几亿元的勘探费用。这是基础研究应用于国民经济主战场的典型案例，学术出版在其中起到了积淀知识、确立标准、助推应用的作用。

（四）掌握自主知识产权，在祖国大地上打造学术精品

近年来，浙江大学出版社在致力于出版高水平中文学术专著的同时，也积极做好英文及其他语种的版权输出工作，与国际知名出版机构合作出版海外版图书。与习近平总书记“把论文写在祖国大地上”的嘱咐相呼应，我们在牢牢掌握自主知识产权的前提下，向海外输出“中国科技进展”等代表中国水平的基础研究精品图书，对外讲好中国基础研究故事，传播好中国基础研究声音，同时仍把著作权留在祖国大地上。

出于科学传播和学术推广的考虑，借助国家自然科学基金委员会网站，以开放获取（OA）形式发布“中国基础研究报告”“中国基础研究前沿”各书目内容，使每一位有兴趣的读者可以免费阅读和了解国家在关键基础研究领域的具体布局及所获得的成果。

四、思考与启发

回顾过去几年我们在基础研究学术出版方面的工作，体会和思考颇多。

一方面，基础研究学术出版应切实促进知识传播和学科交叉，特别是助力基础研究成果转化并深化学科大同行传播。我国现阶段的大科学问题及大科学装置，并不是单个点、单维度的深入，而是迫切需要交叉融合的发展。因此，出版工作者应多拓展基础研究成果在学术圈的传播与交流渠道，让更多潜在的需求方看到基础研究前沿成果，从而推动学术融合、交叉发展。

另一方面，基础研究学术出版应积极促进基础研究与工程应用的对接，特别是专项问题的综合研究。例如，基于同一问题（如燃烧、振动、热防护）在不同类型航天发动机上的解决方案，构建以该问题为研究主题的学术著作，创造机会让航天发动机细分领域的专家在写作探讨过程中碰撞出火花，实现学科交叉和学术交流；再如，不仅关注人工智能技术本身，更加注重人工智能与其他学科的交叉以及相关应用（如人工智能 + 医学 / 制造 / 城市基础建设）；又如，材料领域的著作可不只专注于材料单项性能和指标的提升，而将注意力转至某一材料在不同应用场景下的综合性能；等等。

虽然学术出版编辑难以与基础研究科研工作者相提并论，但学术出版之不易，多少折射出基础研究之艰辛。我们衷心希望可以砌好学术出版这一块“砖”，为基础研究筑牢根基。

（作者单位：浙江大学出版社）

严格核查，深入思考，积极沟通，将引文编校落到实处

杨威威

正确处理引文，是编辑的必备技能。引文编校有三个层次：第一，严格核查引文，给引文纠错；第二，深入思考引文出错的原因；第三，就引文编校意见和处理结果及时与作者沟通以免引文错误扩大化。做好第一层次的工作，是一个合格编辑应尽的义务。做好第二、第三层次的工作，是成长为一个优秀编辑的必然选择。

下面，笔者结合自己的编校经历，谈谈这方面的感悟。

一、对来自《雪涛小书》引文的核查及探讨

（一）“到白公不知开扩多少”与“到白公不知开拓多少”

前段时间校稿时遇到一段引文，来自明代江进之《雪涛小书》：

白香山诗不求工，只是好做。然香山自有香山之工。前不照古人样，后不照来者议。意到笔随，景到意随，世间一切都着并包囊括入我诗内。诗之境界，到白公不知开扩多少。

作者引用时未标注《雪涛小书》版本信息。笔者先到读秀搜索“白香山诗不求工”，希望通过这句话确定引文在《雪涛小书》中的具体位置。搜索结果共有34条，童庆炳主编的《文学理论教学参考书》比较靠前。点击“阅读”链接，引文在《雪涛小书》中的具体位置没能确定，引出的问题倒挺让人头疼。手中稿件引文是“到白公不知开扩多少”，而《文学理论教学参考书》对应引文是“到白公不知开拓多少”①。

笔者又分别输入“诗之境界，到白公不知开扩多少”和“诗之境界，到白公不知开拓多少”，得到读秀搜索结果数分别是56和6。尽管“开扩”对“开拓”已占据压倒性优势，且很多使用“开扩”的引文有明确的版本依据（详参下文），但笔者仍要探究一下关于“开拓”的6条结果（见图1）“知识点例析”和“对‘意境’的六种理解”2条结果链接内容都是《文学理论教学参考书》中引文。李青春主编《手握青苹果：童庆炳教授七十华诞学术纪念集》收录论文《“意境”说六种及其申说》②，所用《雪涛小书》引文与《童庆炳谈古典诗学》③引文相同。王济民著作《中国古代文论陈述》④、楚小庆论文《王国维“境界”论的理论根源及其现代审美转换》⑤中对应的《雪涛小书》引文均为“诗之境界，到白公不知开拓多少。较之秦皇、汉武开边取境，异事同功”，都没有详细版本信息。

① 童庆炳：《文学理论教学参考书》，高等教育出版社2009年版，第148页。

② 童庆炳：《“意境”说六种及其申说》，载李青春主编：《手握青苹果：童庆炳教授七十华诞学术纪念集》，广西师范大学出版社2005年版，第254—264页。

③ 童庆炳：《童庆炳谈古典诗学》，河南大学出版社2008年版，第171页。

④ 王济民：《中国古代文论陈述》，华中师范大学出版社2002年版，第104页。

⑤ 楚小庆：《王国维“境界”论的理论根源及其现代审美转换》，《艺术百家》2013年第5期。

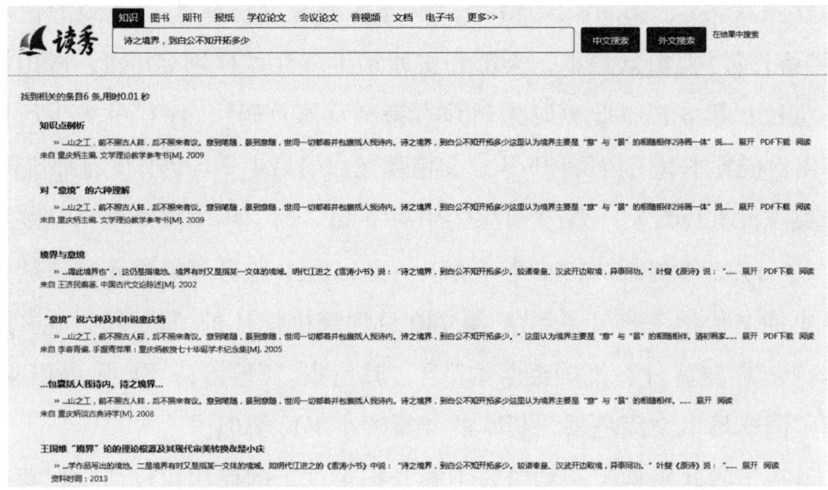

图 1 “诗之境界，到白公不知开拓多少”读秀搜索截图

于是，笔者就比较武断地把“到白公不知开拓多少”的传播“归功”于童先生了。在“诗之境界，到白公不知开拓多少”6 条结果中，有 4 条直接来自童先生相关的著作；而 1984—1985 年，王济民在北京师范大学中文系进修文艺学，童先生对他的影响不必多言。楚小庆现任江苏省文化艺术研究院副院长，从事艺术学理论研究，又曾与童先生同在“中国文艺评论家协会”供职，也极有可能受其文章影响。这是笔者在“撮合”6 条结果时的想法。所以，对“到白公不知开拓多少”的认可和使用，局限于童先生及其影响到的学者。“到白公不知开拓多少”的使用并不广泛，笔者当时推测原因是童先生最初对《雪涛小书》的引用，或许未参照权威的原版书籍。因为读秀搜到的引用“到白公不知开拓多少”的著作或文章，都没有给出详细版本依据。

笔者又查看了一下使用“到白公不知开扩多少”的学者，大多为当今古典文学研究领域的知名学者，比如霍松林、朱金城、杨明、尚永亮等，不大可能出现“到白公不知开拓多少”那种“由童先生引领”的由一到多的辐射性引用。且“到白公不知开扩多少”，笔者找到的版本依据有：在读秀查到的岳麓书社 1997 年出版的《江盈科集》，第 802 页；2008 年出版的《江盈科集》，第701、950页。鼎秀古籍全文检索平台查到的说郛本《雪涛诗评》[委山堂刻本，天都外史冰华生（江盈科别名）辑，虞山襟霞阁主重校] 第4页（此页码为鼎秀古籍浏览器页码）。霍松林先生所用引文即出自说郛本《雪涛诗评》①。文艳蓉《白居易生平与创作实证研究》②、宋立英《元和诗坛》③等文引用的中央书局“国学珍本文库丛书”《雪涛小书》④（1935年初版，1948年再版）。另，尚永亮等《中唐元和诗歌传播接受史的文化学考察（下卷）》第740页注释中标注的“江盈科：《求真》、《评唐》,《雪涛诗评》民国铅印本”⑤，其所指“《雪涛诗评》民国铅印本”或与“国学珍本文库丛书”版本的《雪涛小书》类似。

就在笔者几乎确定“到白公不知开拓多少”的使用仅仅局限在童庆炳及受其影响的学术力量圈层时，忽然想到查找的数据仅限于读秀，有失严谨。于是，笔者又打开中国知网查找引用“到白公不知开拓多少”的论文，共有7篇：陶新民《诗分唐宋试论》⑥(1998)、童庆炳《“意境”说六种及其申说》⑦(2002)、王济民《中国古代文论中的境、境界和意境》⑧(2003)、王斐《冯友兰“天地境界”新解——“天地境界”不能直接等同于“审美境界”》⑨（2006)、楚小庆《王国维“境界”论的理论根源及其现代审美转换》(2013)、卢文芳《白居易园林诗文研究》⑩(2015)、杨

---

① 霍松林：《霍松林选集》第1卷，《文艺学概论 文艺学简论》，陕西师范大学出版总社有限公司2010年版，第398页。

② 文艳蓉：《白居易生平与创作实证研究》，浙江大学2009年。

③ 宋立英：《元和诗坛》，华东师范大学2006年。

④ （明）江进之辑：《雪涛小书》，章衣萍校订，中央书店1935年版，第7页。

⑤ 尚永亮等：《中唐元和诗歌传播接受史的文化学考察（下卷)》，武汉大学出版社2010年版，第740页。

⑥ 陶新民：《诗分唐宋试论》，《江淮论坛》1998年第3期。

⑦ 童庆炳：《“意境”说六种及其申说》，《东疆学刊》2002年第3期。

⑧ 王济民：《中国古代文论中的境、境界和意境》，《华中师范大学学报（人文社会科学版)》2003年第1期。

⑨ 王斐：《冯友兰“天地境界”新解——“天地境界”不能直接等同于“审美境界”》，《兰州大学》2006年第13期。

⑩ 卢文芳：《白居易园林诗文研究》，安徽师范大学2015年。

玉锋《白居易诗歌疑问句研究》①(2016)。陶新民《诗分唐宋试论》使用“到白公不知开拓多少”最早，然文章并未标明引文版本依据。其后童庆炳、王济民、楚小庆的引文也均无版本依据，王斐的学位论文则对王济民先生的文章进行了转引。卢文芳、杨玉锋文章皆标注引文来自岳麓书社1997年版《江盈科集》第802页，然经笔者查证，该书相应内容为“到白公不知开扩多少”②。

到了这里，原先觉得渐渐清晰的追溯脉络又模糊起来。本觉得童先生“树大招风”，很多学者受他影响。但是，知网的数据一出来，笔者就没有这个想法了。想查出“到白公不知开拓多少”的“始作俑者”，希望似乎有点渺茫。

（二）“到白公不知开扩多少”与“到白公不知开阔多少”

引文核查，常常是一波未平，一波又起。还没有弄清“到白公不知开拓多少”出自哪个版本的《雪涛小书》，又一句“到白公不知开阔多少”差点让我崩溃。

笔者阅读毛妍君《白居易闲适诗研究》所引《雪涛小书》时，发现引文为“到白公不知开阔多少”，作者注明“转引自陈友勤（琴）《白居易资料汇编》，中华书局1962年版，第226页”③。笔者又以“到白公不知开阔多少”在知网进行精确搜索，共得12条结果，按照发表时间先后抄录相关论文题名、作者、来源、发表时间及数据库信息（见表1）。

表1　中国知网“到白公不知开阔多少”精确搜索结果

序号	题名	作者	来源	发表时间	数据库
1	试论白居易诗歌的艺术风格	蹇长春	社会科学	1980-04-30	期刊
2	用常得奇　以俗见志——浅论白居易以俗为美的叙事之作	姬秀梅	甘肃教育学院学报（社会科学版）	1998-12-30	期刊

① 杨玉锋：《白居易诗歌疑问句研究》，浙江工业大学2016年。

② （明）江盈科：《江盈科集（下册）》，岳麓书社1997年版，第802页。

③ 毛妍君：《白居易闲适诗研究》，陕西师范大学出版社2006年版，第121页。

续表

序号	题名	作者	来源	发表时间	数据库
3	晚明诗歌研究	李圣华	苏州大学	2001-04-01	博士
4	公安派研究	宋俊玲	首都师范大学	2004-05-01	博士
5	白居易闲适诗研究	毛妍君	陕西师范大学	2006-04-01	博士
6	论白居易的闲适诗	陈娜	黑龙江大学	2009-10-15	硕士
7	白居易巴蜀诗与唐宋诗歌嬗变	申东城	吉首大学学报（社会科学版）	2012-03-15	期刊
8	江盈科诗论研究	何欢	北京大学	2013-05-01	硕士
9	浅谈白居易的闲适诗	覃俏丽	名作欣赏	2013-09-01	期刊
10	性灵派对唐诗的接受与古典唐诗学的走向	查清华	社会科学战线	2014-02-01	期刊
11	论陆游闲适诗创作的艺术渊源	李建英	浙江师范大学学报（社会科学版）	2018-05-15	期刊
12	适性与白俗：论白居易闲适诗及其诗史意义	叶跃武	北京大学学报（哲学社会科学版）	2020-03-20	期刊

其中，姬秀梅《用常得奇　以俗见志——浅论白居易以俗为美的叙事之作》、覃俏丽《浅谈白居易的闲适诗》未标引文详细出处。李圣华、宋俊玲、何欢、查清华、李建英、叶跃武引用的《雪涛小书》虽版本不一，但笔者根据文章提供的参考文献核对，发现原书文字均为“到白公不知开扩多少”。如《适性与白俗：论白居易闲适诗及其诗史意义》标注引文出自《全明诗话》第4册，而该书对应文字为“到白公不知开扩多少”①。毛妍君、陈娜、申东城文章中都标注转引自陈友琴《白居易资料汇编》，然陈友琴《白居易资料汇编》原文也是“到白公不知开扩多少”②。

确定知网12位作者的引文“到白公不知开阔多少”均与其标注文献不符后，笔者又到读秀搜索“到白公不知开阔多少”，也得到12条结果。其中2条结果与知网重复：申东城《巴蜀诗人与唐宋诗词流变研究》③(书

① 周维德：《全明诗话（四）》，齐鲁书社2005年版，第2764页。

② 陈友琴：《古典文学研究资料汇编　白居易卷》，中华书局1962年版，第226页。

③ 申东城：《巴蜀诗人与唐宋诗词流变研究》，上海人民出版社2014年版，第90页。

中《雪涛小书》引文注释原文为“《薛涛小书》，‘陈编本’第 226 页”）与他的论文《白居易巴蜀诗与唐宋诗歌嬗变》所引《雪涛小书》文字相同，蹇长春《白居易论稿》则收录了他 1980 年发表的论文《试论白居易诗歌的艺术风格》①。1 位作者引用的文字在不同时期有差异：在读秀搜到的《唐代文学百科辞典》中，申东城注解“白居易”词条②120 所引“到白公不知开阔多少”与收录在《唐代文学研究》中的论文《试论白居易诗歌的艺术价值》③所引“到白公不知开扩多少（笔者注：引文未列出详细版本信息)”不同。文字引用与参考文献实际内容不符的结果有 1 条：戴红贤《袁宏道与晚明性灵文学思潮研究》引文为“到白公不知开阔多少”④，与岳麓书社 1997 年版《江盈科集》原文不符。以上四书中，仅《巴蜀诗人与唐宋诗词流变研究》引文当页列有参考文献版本，书末“主要参考文献”栏目中也有陈友琴《白居易资料汇编》，另外三书书末没有“主要参考文献”之类栏目。

除去《巴蜀诗人与唐宋诗词流变研究》《白居易论稿》《唐代文学百科辞典》《袁宏道与晚明性灵文学思潮研究》，当页未标注参考文献版本的结果有 8 条。笔者查了书末，希望能从“参考文献”之类栏目中找到相关引文版本信息，但并未如愿。调查结果见表 2。

表 2　当页未标注参考文献版本的图书调查结果

序号	书名	作 / 编者	引文页码	出版社及出版年份	（丛）书末有无“参考文献”之类栏目
1	中国诗学	叶军、彭玉平、吴兆路、赵毅、雷恩海	455	上海东方出版中心 1999 年版	书末无“参考文献”之类栏目

① 蹇长春：《白居易论稿》，敦煌文艺出版社 2005 年版，第 254—263 页。

② 卞孝萱主编：《唐代文学百科辞典》，汉语大词典出版社 2003 年版，第 120 页。

③ 中国唐代文学学会等主编：《唐代文学研究》，广西师范大学出版社 1992 年版，第 334 页。

④ 戴红贤：《袁宏道与晚明性灵文学思潮研究》，武汉大学出版社 2012 年版，第 281 页。

续表

序号	书名	作 / 编者	引文页码	出版社及出版年份	（丛）书末有无“参考文献”之类栏目
2	中国诗学	同上	455	上海东方出版中心 2008 年版	同上
3	中国诗学	同上	458	上海东方出版中心 2018 年版	同上
4	全唐诗流派品汇丙	孙映逵	1378	北岳文艺出版社 1998 年版	（丛）书末无“参考文献”之类栏目
5	唐宋诗选	管士光、杜贵晨	187	太白文艺出版社 2004 年版	书末无“参考文献”之类栏目
6	唐诗精选	管士光	201	大象出版社 2012 年版	同上
7	李白·杜甫·白居易诗	《线装经典》编委会	251	云南人民出版社 2017 年版	同上
8	唐诗类型的文化阐释	高春燕	206	九州出版社 2016 年版	书末有“主要参考文献”栏目，暂未从中找到相关引文准确版本信息

目前看来，所有引用“到白公不知开阔多少”的论文（著），引文均与所标参考文献不符，这与“到白公不知开扩多少”有众多的版本依据形成了鲜明对比。囿于笔者能力，“到白公不知开阔多少”或有版本依据未被发现。但是，目前的情况足以让人反思：作者对引文的使用，编辑对引文的核对，需要更加严格的标准。

二、严格核查，加强沟通，将引文纠错落到实处

从笔者的编辑和研究经验来看，一些作者在使用引文方面态度敷衍，一些编辑核对时也草草应付。相较于以前，引文查找和核对已经有了更多便利条件：高效便捷的互联网，功能强大的数据库，拥有海量资源的图书

馆……但是许多作者和编辑使用原版文献的意识，并没有与时俱进。

作者是文本的源头，编辑是文本传播链条的重要一环，从文本制造和传播上阻断控制引文问题，是必要的也是明智的选择。如果作者在写作时是认真对待的，那么接下来一定要充分发挥编辑的阻断控制作用：无论作者名气多大，来稿质量评价多高，引文都要认认真真核对，发现问题及时处理、反馈，防止问题扩大化。

（一）严格核查稿件中的引文

对于明确标注了版本信息的引文，一定要根据版本信息找到原文献认真核对——一般的标准是“一字不差”。对于没有标注版本信息的引文，一定要找到权威可靠的参考文献核对。如果作者使用的引文来源不够权威，可试着跟作者推荐一些权威的参考版本。

蹇长春在1980年发表的《试论白居易诗歌的艺术风格》和2005年的论文集《白居易论稿》中收录的《试论白居易诗歌的艺术风格》，所用《雪涛小书》引文均为“到白公不知开阔多少”；可在2002年出版的《白居易评传》中，引文却为“到白公不知开扩多少”①。笔者通过核查发现，“到白公不知开扩多少”有众多版本依据，而“到白公不知开阔多少”暂无版本依据。那么，对于蹇长春“到白公不知开阔多少”的使用，编辑心里就要打个问号了。

根据核查结果，笔者一度有如下猜测：《白居易评传》原稿中的引文或许也是“到白公不知开阔多少”，改动可能是他人手笔，蹇长春并不知情②。在南京大学出版社官网信息显示《白居易评传》编辑是“陈敏杰”。笔者查到南京师范大学古籍所陈敏杰曾于1991年在江苏古籍出版

① 蹇长春：《白居易评传》，南京大学出版社2002年版，第532页。

② 卞孝萱为蹇长春《白居易论稿》作序时写道：“友人蹇长春教授，以数十年的精力，专心致志于白居易的研究，发表了一系列重要的论文。今自选二十余篇，编成一集，题为《白居易论稿》，远道邮示，嘱为序言。”序言落款时间为“2001年之重阳节”。由此可知2001年重阳节之前《白居易论稿》选文篇目已基本确定。所以，可能还有一种极端情况：《白居易评传》还在编校时，《白居易论稿》已经定稿，但并未付印。蹇长春已意识到引文问题，但囿于实际操作的困难，未作修改。

社出版《白居易》一书，据此推测这“两个陈敏杰”应是同一人。于是通过谢秉洪老师联系到了陈敏杰老师，向其咨询情况。果不其然，《白居易评传》终审确实是陈老师做的。关于书中引用的《雪涛小书》文字，他明确表示没有做过改动。陈老师说他们当时有两个不随意改动：作者的观点不随意改动，引文不随意改动。可能作者来稿就是那样，也可能是其他人做过改动。和陈老师结束通话的那一刻，笔者内心有实事求是的踏实感。由于条件限制，进一步的考查工作暂且搁置。

说着说着，上面的许多工作已经涉及引文编校的第二层次了。

（二）深入思考引文出错原因

稿件中引文出错常见，查到相关错误也比较容易。但是，探查引文出错的原因，有时却颇费精力。可是，我们要相信，在编辑的田野里，“一分耕耘，一分收获”。必须深入思考引文出错的原因，对各种引文错误进行归类，逐步建立解析引文错误的思维模型。

笔者最近编辑《普通高中教科书　语文　必修上册》相关教辅，由于本书第一篇课文是毛泽东的《沁园春·长沙》，所以教辅中考查毛泽东诗词的题目较多。因为和“曾记否，到中流击水，浪遏飞舟”相关联，教辅中毛主席《游泳》残句“自信人生二百年，会当水击（击水）三千里”出现次数较多。可是，教材上对“击水”的注释只是简单的“指游泳”三字①，并未关联到毛主席的残句做讲解，所以笔者一时对《游泳》残句的准确内容感到困惑。用读秀搜索，“会当水击三千里”有2796条结果，“会当击水三千里”有2325条结果。中国知网“全文”精确搜索，前者共有2300条结果，后者共有1353条结果。哪一句是对的，抑或两句都对？

“击”“水”二字在古代都属仄声字，也就是说几乎不存在因平仄问题而修改二字顺序的可能。如果牵强地说，把“人”“生”二字分别看作名词和动词，用“水”“击”二字与之相对。但是，若是从与“曾记否，到

① 教育部组织编写：《普通高中教科书　语文　必修上册》，人民教育出版社2019年版，第3页。

中流击水，浪遏飞舟”的关系看，残句用“击水”似乎更合适。且看毛主席对“击水”的注解：“击水：游泳。那时初学，盛夏水涨，几死者数。一群人终于坚持，直到隆冬，犹在江中。当时有一篇诗，都忘记了，只记得两句：自信人生二百年，会当水击三千里。”① 毛主席注释“击水”，却引用了一个带“水击”的句子，笔者对此有点想不通。有注解者认为：“毛泽东此诗句，借写游泳以言志，自信人生能活到二百岁，一定能像大鹏鸟从北海飞向南海那样，翅膀拍起三千里的浪花，比喻相信这一辈子定将鹏程万里，大展宏图。”② 可是《逍遥游》中“翼若垂天之云”的大鹏在徙于南冥时“水击三千里”，写的是大鹏翅膀拍打水面造成的声势。尽管后来被用来指代远大志向，但是结合毛泽东诗作名“游泳”，“水击三千里”似乎没有“击水三千里”有说服力。“自信人生二百年”是说人生的长度③，那么如果一辈子坚持运动，能游多远呢？答案是“三千里”。所以，笔者一开始更倾向于使用“会当击水三千里”。因为暂时没有看到哪本著作说毛主席亲自解释“会当水击三千里”是用《逍遥游》典故，解析文章应该“知人论世”：“1964 年 1 月 27 日，毛泽东口头答复外文书籍出版局《毛主席诗词》英译者说：‘“击水”指在香江中游泳。当时我写的诗有两句还记得：“自信人生二百年，会当水击三千里。”那时有个因是子（蒋维乔），提倡一种静坐法。’”④ 毛主席特意说蒋维乔提倡静坐法，是因为静坐法主张静以养生，而毛主席主张通过运动来达到“野蛮其体魄”的目的，这也是他爱好游泳的原因。但一定要把游泳与大鹏“水击三千里”联系起来，笔者尚有疑问。

直到笔者找到毛主席在《毛主席诗词十九首》上做的批注（见图 2），

---

① 中共中央文献研究室编：《毛泽东文艺论集》，中央文献出版社 2002 年版，第 194 页。

② 刘金琼编著：《毛泽东诗词格律研究》，内蒙古人民出版社 1995 年版，第 70 页。

③ 有研究者认为毛主席此处的“自信人生二百年”是来自蒋维乔《废止朝食论》。笔者认为或可商榷。毛主席当时十分重视锻炼，常在晚上出去游泳、爬山。“自信人生二百年”，也许是当时日夜锻炼，一天当作两天过的写照。

④ 吕祖荫：《毛泽东诗词解读》，同心出版社 1999 年版，第 286 页。

才确定毛主席最终选用的确是“会当水击三千里”，也找到了异文产生的可能原因。从批注手迹看，毛主席最初回忆起的是“会当击水三千里”。也许是受为“曾记否，到中流击水，浪遏飞舟”作注影响，也许原诗就是“会当击水三千里”。但是，毛主席在写好之后又在“击”和“水”中间加了一个调换符号，这样后一句就变成了“会当水击三千里”。有些人可能没有注意到这个调换符号，有些人可能不懂这个符号的含义，导致“会当击水三千里”也流传开来。对作者手稿中某些符号认识不到位造成差错，这是笔者在记忆错误造成异文流传之外找到的，“会当水击三千里”被传成“会当击水三千里”的又一个可能原因。

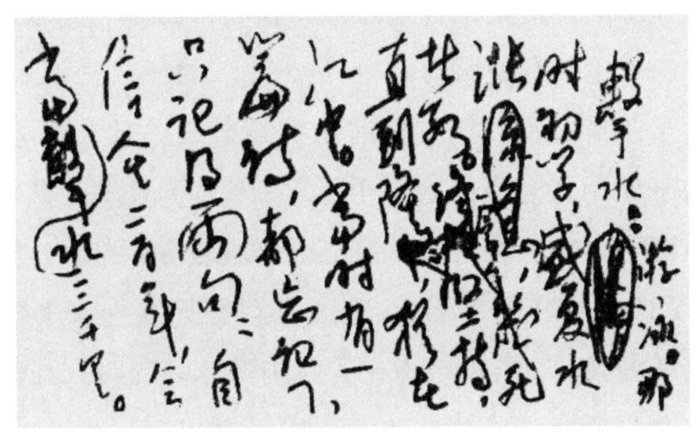

图2 毛泽东对“击水”一词的注释

注：图2截取自杜忠明《毛泽东名言故事》（辽宁人民出版社2014年版）第2页。

（三）积极与作者沟通

1.与作者沟通的作用

有些作者可能并未意识到引文有错，有些编辑对引文的质疑也可能在作者那里得到很好的解释。所以，编辑在加强引文编校能力的同时，还要积极与作者沟通。编辑发现引文错误可以防止作者以后再犯，作者化解编辑质疑有助于编辑编校能力。

笔者编校过一份稿件，曾引用仇兆鳌《杜诗详注》内容：“少陵以前，题咏泰山者，有谢灵运、李白之诗……”引文与权威版本《杜诗详注》一致，但是笔者在核对过后感觉仇兆鳌“少陵以前，题咏泰山者，有谢灵运、李白之诗”的说法可能有误。经过查考确定，李白题咏泰山的诗，作于杜甫相关诗篇之后①，遂将论点论据和处理意见提交给作者。作者看到编校意见后，决定删除文稿中该段《杜诗详注》引文，避免了错误引文进一步传播。

2. 与作者沟通的方法

得益于通信技术日新月异的发展，像卞孝萱在《唐代文学百科辞典》“后记”中所说的“本书出版前，不可能将校样一条一条剪下来，请分散在各地的作者一一寓目，希望能够得到他们的谅解”那样令人心烦的情况，已经一去不复返了。编辑要积极地投入到与作者交流的潮流中去，在更好地服务作者的同时提高自身编校能力。

关于如何就引文编校与作者沟通，笔者列出自己的做法供大家参考：

（1）核查引文时，将有疑问之处标出（电子稿上可以使用修改字体颜色、加底纹等方式突出显示问题引文），写上修改意见。

（2）如修改意见较长，可在纸质稿上写明主要修改思路，注明“详参电子稿”后在电子稿上详写修改意见、修改缘由等。

（3）编辑使用的参考文献，有 PDF 的可以就相关引文部分截图粘贴到电子文件中；使用纸质图书的，用手机拍照，在手机上或电脑上对照片进行适当编辑后粘贴至电子稿。在相关粘贴图片下写明参考文献的详细信息。

（4）给作者回复编校意见时，将所有编校过程中使用的参考文献用专栏列出（见图 3。与作者已有参考文献重复的可不列）。作者如有需要，可将编校过程中搜集的论文、论著等电子文件打包发送，某些纸质图书页面可拍照传送。

（5）把编校过的纸稿复印一份留存，将原稿寄给作者，同时将电子稿和编校意见发送给作者。

① 杨威威：《福尔摩斯的“十七级楼梯”之于编校的启发》。

3.实体参考书目

本次校对所用实体书有些与钱老师著书时参考版本有所不同,在此将常参书目列出，以便钱老师审阅时查找比对（所列书目，重印本只标第一版印刷时间）。

（1）（汉）孔安国传．尚书正义.上海：上海古籍出版社，2007.12.

（2）（清）孙星衍撰；陈抗，盛冬铃点校．尚书今古文注疏．北京：中华书局，1986.12.

（3）(清)皮锡瑞撰;盛冬铃，陈抗点校．今文尚书考证．北京:中华书局,1989.12.

（4）顾颉刚，刘起釪著．尚书校释译论．北京：中华书局，2005.04.

（5）曾运乾著．尚书正读．上海：华东师范大学出版社，2011.06.

（6）周秉钧著．尚书易解．上海：华东师范大学出版社，2010.06.

（7）江灏，钱宗武译注．今古文尚书全译 修订版．贵阳：贵州人民出版社，2009.12.

（8）（宋）蔡沈著.书集传．南京：凤凰出版社，2010.01.（9）慕平译注.尚书.北京：中华书局，2009.03.

（10）王世舜，王翠叶译注.尚书.北京：中华书局，2012.01.

（11）屈万里著.尚书集释．上海：中西书局，2014.08.

（12）李民，王健撰．国学经典译注丛书 尚书译注.上海：上海古籍出版社,2012.08.

（13）徐正英，常佩雨译注.周礼.北京：中华书局,2014.02.

（14）（清）王引之撰.经传释词.上海：上海古籍出版社，2014.01.

（15）（汉）司马迁著．中华经典普及文库 史记．北京：中华书局，2006.06.

（16）（汉）班固．中华经典普及文库 汉书．北京：中华书局，2007.08.

（17）（西周）姬旦著；钱玄等注译．周礼．长沙：岳麓书社，2001.07.

（18）（东汉）许慎撰．注音版说文解字．北京：中华书局，2015.06.

（电子版图书相关信息请参考文中截图下说明）

图 3 “钱宗武、秦力译注《尚书》一校反馈意见”中“实体参考书目”截图

三、小结

编辑在工作中要认真核查引文，努力发现引文中可能存在的问题，深入思考产生问题的原因，并就引文修改的思路和方法及时与作者沟通交流。如此方能把引文编校落到实处，将引文问题消除在图书出版之前。

最后，感谢南京师范大学陈敏杰老师、谢秉洪老师，南京大学出版社郑晓宾老师在笔者追查《白居易评传》引文问题时提供的帮助，感谢江苏凤凰教育出版社余立新老师对本文修改提出的意见。

注：读秀、知网所收资源处在动态变化之中，本文中所列读秀、知网搜索统计数据截止日期为 2021 年 9 月 14 日。特此说明。

（作者单位：江苏凤凰教育出版社）

探究新时代纸质书籍设计形态创新的思维模式

孙达铭

书籍从诞生之初，就是一个立体的物体形态，从造纸术发明之前通行于商周的简策装，到隋唐时盛行的卷轴装，到旋风装、梵夹装、经折装，再到流行于宋代的蝴蝶装、宋末出现的包背装，至盛行于明、清两代的线装①，一直演变到现今的胶装、锁线装、骑马订装、螺旋装订等，书籍的形态在不断地变化，这些变化是材料、技术的革新所带来的，时代的前进推动着书籍设计形态的创新。

一、新时代书籍设计形态的创新诉求

习近平总书记在中国共产党第十九次全国代表大会上的报告《决胜全

① 郑军:《历代书籍形态之美》，山东画报出版社 2017 年版，第 17—76 页。

面建成小康社会 夺取新时代中国特色社会主义伟大胜利》中指出“提供丰富的精神食粮。”书籍设计形态的创新是精神食粮高质量发展的外在表现形式之一，是思想内涵转变成新时代精神文化产品的必经之路。

面对新时代新发展的新要求，出版行业从规模化发展向高质量发展转型，这是时代的要求，也是任何事物发展的总趋向，更是人民群众对精神文化产品提出的新时代诉求①。书籍设计已经渐渐成为读者对书籍的挑选要求和评判标准之一，甚至成为部分读者的购买驱动力之一。《2020年中国图书市场研究报告》中提到，疫情期间，46.1%的用户增加了纸质书阅读的时间②，相比实惠、便捷但却单调、冷硬的电子阅读物，纸质书籍的触感、油墨的质感，每一本独特的形态更加能够满足处在快速生活节奏中的读者的情感关照。

现今人们所处的信息时代，书籍已经不再是获取信息、存储信息的唯一有效手段，书籍设计形态的创新也不再仅仅局限在材料和技术的革新上，各种形态各异的书籍打破了人们对纸质书籍的固有认识：书籍是四四方方的吗，不一定；书籍是由纸张装订在一起的吗，不一定；书籍上必须印刷有文字或者图片吗，也不一定。纸质书籍设计形态的创新千变万化，但其思维模式却是始终如一的，正如柳冠中老师在《事理学方法论》中所言，形态是事物外部的表现状态，现象之外的东西才是本质③。

二、新时代书籍设计形态创新的思维模式

书籍的功能是通过将信息保留在各种可长期保存的载体上，以延续人

① 金台资讯：《在新时代，出版业如何实现高质量发展》，https://baijiahao.baidu.com/s?id=1678149865957070486&wfr=spider&for=pc。

② 上海艾瑞市场咨询有限公司：《2020年中国图书市场研究报告》，https://baijiahao.baidu.com/s?id=1697444664884717531&wfr=spider&for=pc。

③ 柳冠中：《事理学方法论》，上海人民美术出版社2019年版。

类的文化传承。如何能从大量数据中获得有效信息，形成足够的资源整合能力，信息建筑合理、有效的构建过程即是书籍设计形态创新的思维模式。

为了使读者最大限度地接收信息，如何通过书籍设计形态更好地构建信息建筑至关重要。书籍的设计即信息建筑的设计，建筑是时间的艺术，书籍亦然。从概念出发有序地推进信息的层次表达，从层次推导到材质，从材质推导到形态，最后展现一个完整的视觉表现形式。一生二、二生三、三生万物，在书籍设计形态的创新上也是如此，抓住“九九归一”中的“一”，就能不断地发展、创新。

（一）信息的含义

这里的信息有两层含义：一是有逻辑性的知识，即通过文字、图片、图表所传达的内容；二是理念、创意的主观表达。前一类信息带有明显的叙事性，书籍设计的形态由文本出发，往往通过印刷，实现多副本的信息传递。有好内容的书籍如果没有合理的设计，将会对读者造成阅读的干扰或者阅读体验上的损失。后一类信息主要传达的是理念和创意，多在艺术类书籍、建筑类书籍，或者艺术装置中出现，书籍设计的形态更加自由，往往具有收藏价值的艺术品性质。不论是哪一类型的信息，都需要合理、有效地构建层次清晰的信息建筑，以书籍设计形态为媒介，传达给读者。

（二）逻辑信息的建筑构建引导书籍设计形态的创新

按照上文所述的信息的两层含义，书籍设计形态的创新也有所不同。针对知识性信息建筑的构建，书籍设计形态是对文本的再现和升华，通过开本的大小、纸张的质感、油墨的色彩、书口的处理、印刷的工艺、装帧的方式来指挥信息的流动、搭建信息的秩序。在一本书的编辑出版中，书籍设计形态的创新一般站在客观的角度，来搭建信息建筑的精准性、还原性、时空性及精神性。

1. 精准性。我社的《嘉卉：百年中国植物科学画》① 以 16 开最大限度地

① 张寿洲、马平：《嘉卉：百年中国植物科学画》，江苏凤凰科学技术出版社 2020 年版。

精准再现植物手绘珍贵图卷，全书近900面，厚达6厘米，为避免翻开时订口“吃图”，采用了平锁锁线腔背平装的装订方式，因为书脊和书芯是分离的，书脊和封面之间的间隙使得书芯的页面在翻转时有更多的移动空间，每一面都可以完全摊平。内页纸张选用无涂布的微泛黄的艺术纸，表面细看有微小的纸张纤维，精准地再现了植物画的手绘画纸。以书籍设计形态的创新精准地再现手稿资料的丰富灵动，精准地体现出植物画的朴实自然之感。

图1 《嘉卉：百年中国植物科学画》（该书荣获“2019中国好书”“2020中国最美的书”“2020英国D&ad黄铅笔奖”“2020日本字体协会最佳作品”“亚洲最有影响力设计铜奖”“360杂志年度设计奖”）

2. 还原性。《薄薄的故乡》① 就是一个很好的例子。封面上铺了一层半透明的硫酸纸，纸上印着划痕，划痕和封面上的序言文字重合，把部分有争议的内容划掉。在内页中，老照片都是翻拍的，保留肌理阴影。图片释语全部让作者王小帅手写。同时还保留了电影拍摄时的手写板的马克笔数字，还原电影场景的语境，铺设了各种阅读的线索，拉近了读者与作者的距离。

3. 时空性。在我社的《太阳能科学开发与利用》② 一书中，不同灰度的纸张交替使用，展现了太阳的光线随着翻阅的时光不断转变，扉页、前言、目录作为这本书文本信息的第一阶段，全黑的纸张上文本反白，模拟日出之前。篇章页也是全黑，以三个同心半圆形插页展现太阳的能量

---

① 王小帅：《薄薄的故乡》，中信出版社2015年版。

② 张耀明：《太阳能科学开发与利用》，中国人民大学出版社2012年版。

递进。之后进入文本信息的第二阶段——正文上篇，冷灰、暖灰色纸张交替，模拟太阳即将升起的晨灰。到文本信息的第三阶段——正文下篇，冷白、暖白色纸张交替，太阳已然升起。来到文本信息的最后阶段——主要参考文献，又恢复到全黑的纸张文本反白，暗示阅读的终点。以书籍设计形态的创新展现了一天中时空与空间的剧场，从太阳的未升起一直到太阳的落下不仅形象地诠释了太阳能在一天中产生的时空变化，也正好暗合了阅读这本专业科技读物对信息的理解程度不断深入。

图 2 《薄薄的故乡》（该书荣获“2015 中国最美的书”“2015 台湾金点设计奖”）

图 3 《太阳能科学开发与利用》

4. 精神性。主要体现在文艺类、纪实类书籍中，在此类书籍中信息除了文本信息的内容外，很重要的一点还包含了文本信息中蕴藏的文本气质和人文关怀语境，尤为突出的莫过于诗集。《文爱艺诗集》①，主色调为浓烈的红和本色的白，三侧书口刷专色红，像是框不住的情感顺着这一方纸面漫溢了出来，版面舒朗、干净，还未读任何一首诗，从书籍设计形态中就能充分地表现出诗中明丽高远的意境和情感。

① 文爱艺：《文爱艺诗集》，中央编译出版社 2018 年版。

图 4 《文爱艺诗集》（该书荣获“2011 中国最美的书”“2012 世界最美的书”）

纪实类文学《不哭》①一书，讲述了18个命运各异的少年的感人故事，反映了他们所遭遇的教育与生存困境。全书信息的建构基于现实感的弱小和梦想、希望的力量之上，所以选择最平实、“接地气”的可随时携带、随时阅读的平装书书籍形态，有效再利用循环纸张，高松厚度的纸张带来柔软的触感仿佛会吸收泪水，同时对油墨的吸收性特别强，印出的图片带有特殊的粗糙图片肌理，像少年的命运一样吸收任何来自生活的苦难。选用粗糙厚重的包装纸设计封面，并以纱布包裹书脊，在质朴中传递出对苦难的悲悯和对不幸的伤怀抚慰。

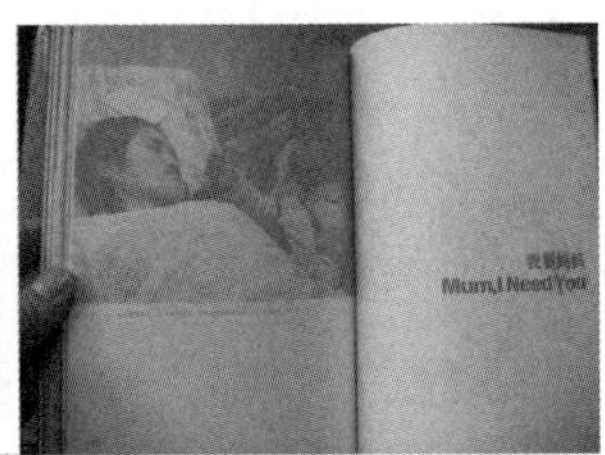

图 5 《不哭》（该书荣获“2008 中国最美的书”）

在这一部分书籍设计形态的创新中，对书籍文本信息的可视化编辑梳理至关重要，依据信息的主次安排书籍的节奏，置入有效视觉元素进行多元信息的同步，构建有序的、合理的信息建筑，求得阅读的逻辑秩序美和构建系统化的形态张力，引导读者理解书籍的文本信息和人文语境。对于

① 申赋渔：《不哭》，江苏文艺出版社 2008 年版。

纸张材质和工艺的选择，并不是越奇越好、越新越好、越贵越好。便宜材质、普通工艺只要用得适当、用在刀刃上，也能达到很好的信息建筑架构的目的，传达书籍本身的内在价值。

除了结合每一本书籍的内在气质，也要充分考虑每一本书籍的市场规模、运输距离、使用时效，选择最为合适的纸张材质和工艺，创造出富有秩序、令人愉悦的阅读体验，平衡想象力、独创性和美与度的把握。在这一类型的书籍设计形态的创新中，把设计做对比把设计做好更加重要。

（三）理念、创意等概念信息建筑的构建引导的书籍设计形态的创新

针对第二类信息——理念、创意等概念信息建筑的构建，书籍设计形态更多地偏向于突破和实验性，往往打破了一般的工业化印刷要求，加入很多需要人工操作的工序，有时难以满足市场化的生产规模，因此更加小众化，数量少。此类书籍设计形态的创新有些可以说是颠覆性的，类似于时装秀上的时装设计，或许穿上不会太舒服，但是确实是引领潮流的一种艺术展现和对常规书籍设计形态的思考与碰撞。这些书籍与艺术品相通之处是以传达情感和某一种理念为目的，为此不拘泥于任何表现手法。

不可否认的是，这一类书籍设计形态往往带有“炫技”的成分，因为其形态往往就是书籍信息的重要组成部分，有时甚至是全部。

《虫子书》①的著者和设计师均为同一人，打破了作者、编辑、设计者之间的边界，这本书可以说文本信息即设计，设计即文本信息，形态设计和信息完全结合成一体。全书无一字，都是各种昆虫行走时留下的痕迹，如果立体空间加上时间算是四维的话，那么这本书记录的就是各种昆虫的四维形态，这些类似书法的形态在著者、设计者朱赢椿老师的眼里成为了一种新的语言——虫子语，这些虫子语美丽、简单，虽然没有蕴含逻辑性文本信息的传递，但是传递了一种新的思考方式和全新的看世界、思考世界的角度，以小看大，充满了对宇宙哲学的探讨。

---

① 朱赢椿：《虫子书》，广西师范大学出版社 2015 年版。

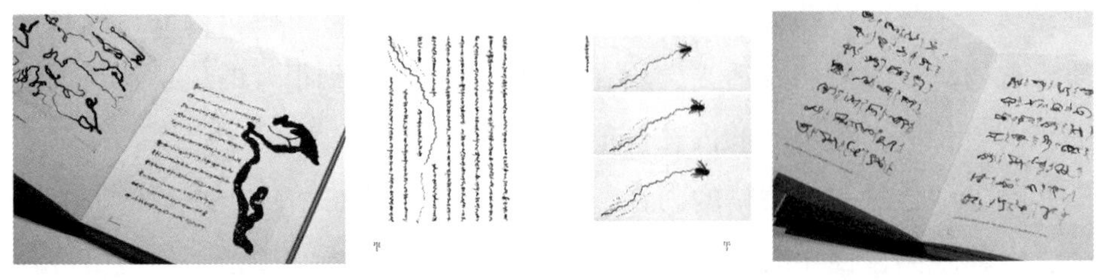

图 6 《虫子书》（该书荣获“2016 中国最美的书”、“2017 世界最美的书”）

由闻名于世的荷兰纸本艺术家 Irma Boom 设计的 *Irma Boom:The Architecture of the Book*① 一书，是该艺术家从 1986 年至 2010 年间的作品集，共 704 页，配有超过 450 页的彩图以及大量的文字注释和评论访谈，信息内容非常翔实，时间跨度也有 26 年之久。这本信息储量如此巨大的书籍，其外在形态却只比指甲盖稍微大一点，只有 5 厘米高、3.8 厘米宽、2.5 厘米厚。这样极致的书籍形态根本没有办法上架，而且拿着这本小书阅读时，手指会不可避免地遮盖住页面上的一小半，更不用说对近视眼、老花眼的读者来说会多么不方便。但是这本书籍作为这位著名纸本艺术家的“名片”，需要传达的更多应该是艺术家的独特之处，以如此极致的书籍设计形态完美地达到了这一目的，也许读者会忽略其中某几页的信息，却不会忘记这本带来独特体验的书籍、不会忘记这位艺术家的大胆和疯狂。

*Tree of Codes*② 是由设计师 Jonathan Safran Foer 设计的书籍，它向读者展示了电子阅读设备永远不可能达到的纸制书籍效果。这本书的设计师同时也是作者以一部小说为基本素材，裁掉了其中的一大部分，最终变成了一个新的故事。这本书每一面都有相当部分的模切工艺，而且每一页的模切样式都不相同，一共有 285 页。大量的镂空和个性的排布暗合书名《树木编码》，是一种对文本信息的再构建和再创造，信息不再局限在一

① TOPYS.BOOOOM！ --TOPYS 专访书籍设计师 Irma Boom, http://www.360doc.com/content/15/0121/21/17132703_442668211.shtml。

② 理想生活实验室：《不一样的可能》，《Tree of Codes》书籍设计赏，https://www.toodaylab.com/18111。

个页面上，而是顺着视线的移动“掉”到下一页、再“掉”到下一页、再回到上一页，来回地、不断地将信息拼贴、重组。如果上一页没有完全翻过去叠到下一页上，就会看不到镂空处下一页的信息，只有一个页面上残缺的信息，当然即使完全翻过去了，也不一定能看全所有的文本信息。这本书如迷宫一般，打破将书籍设计形态作为文本信息表现工具这个常规，反过来将文本信息作为一种独特书籍设计形态的表现工具。整个阅读体验被分割成由奇妙意象组成的信息编码剪贴簿，在悬疑和遐想中缓慢地阅读，是一种另类的“碎片式”纸本阅读体验。这本书在印刷时不可避免地遇到了麻烦，几乎没有印刷厂愿意接单，最后只有比利时的 Die Keure 印刷公司同意负责制作，即使如此，整个项目也耗时一年，工程量巨大。

图 7 *Irma Boom: The Architecture of the Book*

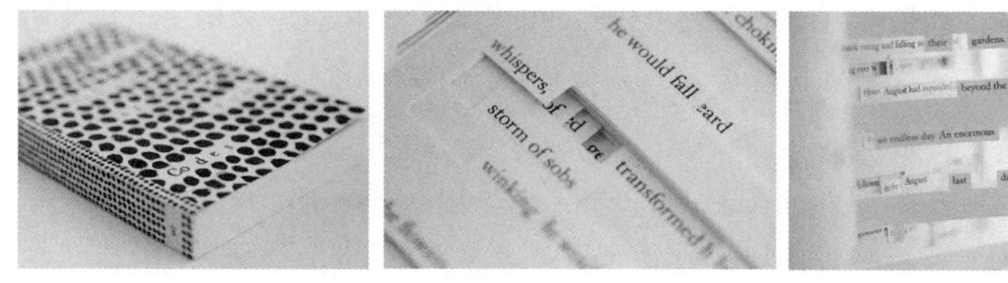

图 8 *Tree of Codes*

还有一些书籍设计艺术装置，是可以让艺术家发挥想象的艺术品。比如英国坎伯韦尔艺术学院的书籍设计艺术作品其中之一，以密密麻麻的长钉、各种大小的模拟眼球和栅栏分别做成三个立体的页面，并不装订，只是作为艺术装置同时并列，传达一种恐惧感和窒息感①。这是一种追求更加个人化、艺术化表达的书籍设计形态。

在这一类型书籍设计形态的创新中，设计师往往是作者，也是项目的发起人和负责人，在成本、时间上有着极大的话语权，可以在可操作的前提下完全开放地运用各种手段，法无定法，式无定式。书籍既可以是作家书写文字、传递自己想法的媒介，也可以是艺术家表达自己创意的途径。

三、结语

在各种纸张层出不穷、多种印刷工艺不断成熟的新时代，书籍设计形态的创新有了更大的空间和更多的可能；在电子阅读分担了部分“快餐式阅读”的新时代，书籍设计形态的创新有了更忠实、稳定的受众；在人们对于丰富的精神文化需求不断提升的新时代，书籍设计形态的创新有了更扎实的土壤和生机；在人们面对快节奏生活需要寻求一片宁静的新时代，书籍设计形态的创新有了更多的人文关怀和温暖情怀。

书籍设计形态的创新是新时代发展的要求，同时也推动着新时代书籍品质的高质量发展。单单设计一本书的封面已经远远不能满足新时代读者的品位追求和精神诉求，也无法在各种汇聚繁杂的信息中架构一条快捷明晰的通道，更无法在国际上更好地体现中国书籍、中国设计的文化之美、创新之美。

书籍设计形态的创新可以从设计风格、规格、色彩、材质、版式、字体、插图、纸张的纹理、油墨的气味、折页方式、印刷工艺、装订风格、书籍的体量感、书籍的使用环境、阅读方式等方面入手，同时大部分书籍

---

① 于博宸：《书籍设计的未来形态是如何？》，https://www.zhihu.com/question/28461713/answer/571341393。

设计形态也会受到成本预算、印制时间、印制数量、运输形式的不同程度的外在限制。然而，万变不离其宗，新时代书籍设计创新的思维模式是合理、有效地构建信息建筑，解构文本信息，重新搭建信息的传达方式和秩序，通过有效的视觉引导、不同触感以及多媒体的跨平台运用，构建一条填补信息到知识、理念到理解之间鸿沟的通道，从作者到读者或者从艺术家到受众之间的平坦桥梁。以信息建筑合理、有效的构建，达到书籍信息的精准性、还原性、时空性、精神性的再展现和再升华，使得书籍设计形态也成为内容的一个部分，读者在读信息的同时也可以读设计，从而创造出电子阅读无法达到的触感、空间感、想象力的无限延伸。通过信息建筑的构建，使得书籍成为一件综合的艺术作品，既能存储和保护信息以实现文明的延续，也能高效地传达多层繁杂的信息以实现知识的内在转化，并能传达不同层次的感受和情感以实现精神的共鸣和寄托，同时还能够传播新时代的设计魅力和文化之美。

（作者单位：江苏凤凰科学技术出版社）

新业态下古籍编辑怎样做出版

蒋　浩

2021 年 8 月 27 日，中国互联网络信息中心（CNNIC）发布的第 48 次《中国互联网络发展状况统计报告》显示，截至 2021 年 6 月，我国手机网民规模达 10.07 亿，较 2020 年 12 月增长 2092 万，互联网普及率达 71.6%，超过全球平均水平（65.6%）6 个百分点。

数据表明，随着 5G 技术的迅猛发展，数字化时代已全面来临，超越现实的数字孪生技术已经在多个行业得到深入应用，移动数字终端以其强大的功能占据了人们生活的大部分时间。毋庸讳言，人们对于传统出版物本就不多的注意力正在不断被消耗、吞噬。而传统出版业中的传统核心——古籍出版，在快消文化和轻阅读、碎片阅读的冲击下，遇到前所未有的困境和挑战。积极拥抱数字化技术，因应融媒体时代，深刻理解出版新业态，是新时代古籍编辑的责任和使命。

一、大数据技术给选题策划提供了有力支撑

（一）熟练运用大数据分析为选题策划精准定位提供服务

大数据技术的战略意义在于对庞大的、意义复杂的数据进行专业化甄别、处理，快速提升实时交互式的查询效率和分析能力。通过电商平台、短视频平台、直播平台等各类网络平台，对读者的相关数据进行合规采集和导入，利用云计算，对采集和导入的浏览痕迹、停留时长、购买数据以及网络反馈等庞杂的数据信息进行甄别、统计和分析，可精准有效地挖掘有价值的选题资源。近年来，以开卷数据，当当、新华文轩等发布的销售数据等大数据分析为代表，为编辑的选题策划提供了可靠的参考。虽然其仍有一定的局限性，但通过数据采集的完善、模型算法的改善，这种分析会越来越精准细致，从而做到选题可行性分析的数据化和精准化。新时代的古籍编辑一定要走出书斋，学会并熟练运用大数据分析为选题策划提供服务。

（二）利用大数据分析对读者进行侧写，创新选题策划

大数据分析显示出的读者兴趣偏好上的下沉化、多极化、开放性特征，对于古籍选题策划工作具有指导意义。一方面，古籍由于其产品特征，对于下沉化渠道和大众阅读友善度不够。因此，面对下沉化市场，古籍出版的普及性日益重要。怎样跟上时代的步伐，进行选题创新，进一步贴近读者需求？这就要求古籍编辑通过合理高效的大数据分析，实现对读者的侧写，发现读者的注意力和兴奋点，不断创新开拓选题。另一方面，多极化和开放性特征有利于在大数据分析前提下挖掘到有效读者，为古籍社多元化的小众图书品牌，如线装书、学术书等的出版创造机遇，为小众书的选题创新提供帮助。

在享受大数据便利的同时，古籍编辑也要避免这种便利带来的反噬：完全跟着读者的兴趣策划选题，导致粗制滥造的重复出版物大量涌现，脱离了出版的初衷和责任担当。这就需要编辑着力于“四力”的培养，一如

既往重视实地调研的脚力，提高眼力和分析的脑力，有引导和打动读者的笔力，在科学辩证分析的基础上让大数据为古籍出版提供技术支撑。

二、数字化技术的迅速发展提升古籍编辑案头工作效率

板凳一坐十年冷，古籍出版工作极为考验编辑的博学和坐功。从版本的甄别，底本的厘定，到引文的查核，繁异体字的校对，古籍编辑给人的印象都是焚膏继晷，皓首穷经。一名优秀的古籍整理编辑的培养需要时间的积累、学习的持恒和毅力的坚磐。

（一）数字化工程为古籍整理与编校工作提供了极大便利

古籍浩瀚如海，文献散如牛毛，加之历史和语言演进的原因，在数字化技术出现之前，古籍编辑不得不在案头常备各种大部头工具书。工具书之外，古籍编辑还要查阅大量的古籍资料，有时为了一个知识点或者一条引文，要花费一天甚至更多的工夫才能确勘无误，导致出版进程缓慢低效，古籍编辑苦不堪言。

近二十年来，国家图书馆、各省市级图书馆以及各高校图书馆的古籍馆均基本完成了数字化的改造。在古籍资源数字化工程方面，国家先后建成“中国基本古籍库”“中华经典古籍库”“中华古籍资源库”等。特别是随着近年来 OCR 技术的不断发展和完善，古籍资源的数字化更是迅猛发展，很多古籍的细分数据库得到大量开发，如“中国谱牒库”“中国历史人物传记资源数据库”等。各类古籍专业查询平台也大量涌现。如今，绝大部分的查询工作都可以通过网络完成，其精准度很高，极大地便利了古籍编辑的编校工作，提升了工作效率。

同时，随着数字化工程的不断细化和拓展，很多珍稀史料也进入出版视野，为编辑挖掘具有价值的古籍整理项目拓宽了机会。

（二）人工智能的发展让古籍编校系统越来越细分化、专业化

随着人工智能的发展，近年来，一些 IT 公司开始注重更加细分的出版编校系统开发，解决古籍编辑工作的痛点、难点。如北大方正公司开发的北大方正智能审校系统，针对古籍图书的繁异体字进行了算法优化，建立了语言模型，帮助编辑人员解决稿件编审中常见的繁异体字词及引文等方面的问题，让古籍编辑集中精力于学术、内容本身，实现出版规模和质量同步提升。

数字化时代，古籍编辑一方面应在掌握版本学、目录学、文字学等古籍出版相关学科的基础上，不断学习成长；另一方面，更要熟练各种数字化平台和系统的使用，提高工作效率，加快出版进程。

三、创新发展出版未来，技术赋能出版模式：融媒体时代的"出版+"思路

国务院总理李克强 2016 年 5 月 25 日在出席中国大数据产业峰会暨中国电子商务创新发展峰会时表示："以大数据为代表的创新意识和传统产业长期孕育的工匠精神相结合，使新旧动能融合发展，并带动改造和提升传统产业，有力推动虚拟世界和现实世界融合发展，打造中国经济发展的'双引擎'。"

中华上下五千年，流传下来的典籍不计其数，但在汗牛充栋的古籍资源中，能够让现代人能读爱读的品种又极为有限。数据显示，长销的古籍品种不超过五十种。如何延续古籍的生命周期，怎样赋能有限古籍资源予无限出版空间？融媒体时代"虚拟世界和现实世界融合发展"为实现"有限到无限"提供了可能。

近年来，古籍图书尝试融媒体出版方式，实体书与音、视频有机结合，多媒介立体出版，重塑了古籍图书在普通读者心中的印象，让读者轻松愉悦地发现古籍的美与价值。经典永不过时，过时的只是媒介，融媒体

的无边界融合特征，为古籍的“出版 + ”赋予了新的活力。

（一）古籍大 IP 的“出版 + ”

“四大古典文学名著”作为公版图书一直畅销不衰。历经出版界几十年来的开发出版，全国至今已有上千个品种，各有千秋。怎样才能在这片红海中占据有利位置？唯有创新。建社近四十年来，岳麓书社十分注重“四大名著”这个大 IP 的细分市场，对其进行了多角度、深层次、创新式开发：从 20 世纪 80 年代的 64 元小字本打响“用最少的钱买最好的书”的品牌和市场，到近几年受热捧的“四大名著”名家演播版，从“新瓶装旧酒”的形式创新到出版模式的突破创新。岳麓书社在融媒体的出版视域下，通过“出版 + 技术 + 空间”，使增强现实出版空间成为可能，形成高端市场与下沉市场的无缝对接。

2016 年，岳麓书社推出了“四大名著”名家演播版，甫一上市，就受到读者和行业内的高度关注。不仅在上市一年内销售达到 30 万套，更有业内专家盛赞：这已不是简单意义的形式创新，而是出版模式质的飞跃。这套书包括数字阅读、名家演播、专家讲解、互动游戏、读者互动五大模块，以融媒体形式为读者提供古典名著的多介质、立体化阅读产品和服务。

从选题构思，到最终编辑出版，岳麓书社“四大名著”名家演播版历经整整五年。其中，数字媒介从最初设定的光盘到 U 盘再到最终定稿的二维码，见证了数字化技术的突飞猛进和融媒体形式的迭代更替。2017 年，在演播版的基础上，岳麓书社又推出了可读、可听、可看、可玩的名家演播阅读无障碍版。技术服务公司在书中加入了 VR 元素，如扫码就能呈现《红楼梦》大观园的场景等。如今，岳麓书社开始对其他古典名著进行同类开拓，结合融媒体技术的发展进行产品的不断创新研发。

（二）文创 IP 的“出版 + ”

“国潮 IP”的强势崛起，引爆了中华民族的文化自信。有数据显示，“国潮”在过去十年中的关注度上涨了 528%，随着“国潮”风靡，越来越多的人开始关注、热爱和尊崇传统文化。因此，在“国潮”风的引领下，加大古籍相关文创 IP 的开发，势必成为一种新的出版思路。

以故宫博物院领衔，传统文化元素的文创产品已深入国人的消费观念中。古籍编辑在书籍出版时也会加入文创元素，但由于缺乏创新，同质化、粗浅化问题也日益明显，文创产品越来越难以给读者带来惊喜。因此，要推陈出新，就必须深入挖掘传统文化的意蕴和内涵，并充分利用 VR、AR、MR 等融媒体技术，拓展文创产品的表现形式。

当下故宫最活跃的IP，非《千里江山图》莫属。2021 年 8 月 27 日，“画游千里江山——故宫沉浸艺术展”在重庆礼嘉智慧公园正式开放。该艺术展运用数字投影、虚拟影像、互动捕捉等融媒体方式，形成物理空间和虚拟空间的交互，使人如临其境，给观众带来沉浸式的文化体验。这些融媒体文创 IP 的打造，让人耳目一新。他山之石，可以攻玉。古籍编辑只有大胆创新，突破原有的思维阈限，跳出舒适区，在古籍图书中发掘珠玉，研究现代读者的兴趣趋向并形成创意，才能不断突破，打造出引领“国潮”的文创 IP。

延伸开去，古籍“出版 +”的思路还有很多，包括出版和游戏的融合，出版和影视的融合，如故宫出版社的《谜宫·如意琳琅图籍》；影视作品中，从《大圣归来》《姜子牙》到《白蛇 2：青蛇劫起》，都跟古籍图书有着血脉关系。因此，怎样融汇不同媒介到古籍融媒体的开发之中，用游戏、影视等大众流行媒介反哺古籍出版，打造出“出版 +”乃至“+ 出版”的古籍出版新局面，正是新时代古籍编辑应该深刻思考的。

四、新媒体时代：古籍出版应把握对营销矩阵的辩证运用

（一）针对古籍出版特征辩证运用营销矩阵

在新媒体不断加速迭代的语境下，粉丝经济和流量经济成为新型业态，一些出版社和民营公司已然形成了以微博、微信、豆瓣、知乎、B 站、

抖音、快手、小红书为主的营销矩阵。以新近上市的果麦文化为例，其建立的新媒体矩阵，旗下多个微博账号、抖音账号、微信公众号，累计拥有达5500万的粉丝。但如果古籍编辑也对各种新媒体的运用一哄而上，则显然是没有辩证分析古籍出版专业特性的简单逻辑思维。

从发展路径来看，从微博、微信公众号、豆瓣、知乎等前期以文图为主的媒体平台的兴起到萎缩，再到今天短视频平台的蓬勃发展，新媒体是以下沉化为发展趋势的。古籍作为有一定阅读门槛的读物，更适合有深度阅读需求的用户群体。古籍编辑要明确自己潜在读者的属性，进行有针对性的营销。一方面，虽然传统媒体已然式微，线下营销也因后疫情时代的客观因素存在诸多限制，但传统营销渠道的用户黏性更大，因此古籍编辑要继续开拓深挖。另一方面，在新媒体的选择上，古籍编辑应继续通过微博和微信公众号等进行书籍的深度宣传，在知乎特别是豆瓣相关小组下做好信息宣发。

而各平台的短视频和直播间处于野蛮生长期，鱼龙混杂，网红主播的营销以低价量大为策略，如以“9.9元”和“全网最低价”为营销卖点吸引消费者，不一定适合古籍营销。因此，古籍编辑应研究各个平台的不同用户定位，根据古籍及单本图书的特性进行有目的的筛选，选择更趋专业性的电商平台如当当网，读书平台如“十点读书”等合作。

（二）古籍编辑应积极投身于新媒体营销的风口

对于新媒体营销矩阵的运用，古籍编辑应该自我沉淀，辩证分析，明确定位，科学选择。辩证运用，不等于做埋在沙子里的鸵鸟，在风口中精准驾驭，方显智慧。

在出版新业态的背景下，古籍编辑要从产品制造者转型为内容服务者，不再满足做隐身幕后的把关者、策划者、编校者，而要成为平台的运营者、音视频的UP主、受众群的服务者。

通过运用新媒体营销资源和手段，岳麓书社编辑引领下的营销团队不断提升新媒体营销能力，刺激销售转化，多本图书登上当当网等电商渠道的新书热卖榜或畅销书榜。2020年6月，《显微镜下的古人生活》出版，营销团队通过电商渠道的页面资源和微博、微信、抖音等资源进行营销的承接和联动，编辑依托自身团队而不是网红主播组织多场直播活动，最大限度扩大图书影响，提升销售。在新媒体营销矩阵的助力下，该书登上当当网6月历史新书榜第2名，月销近5000册，跻身当当网年度历史畅销榜第22名。到2021年6月，该书出版满一年，销量已超过3万册，加印超过5次。

同样，通过有选择性的新媒体矩阵营销，岳麓书社2021年4月出版的《建宋》，6月出版的《史记（全本全注全译）》也在销售业绩上表现优异。通过积极探索，岳麓书社营销团队加强了与内容端、渠道端的营销资源对接，初步掌握新媒体营销矩阵的运营模式，取得了不错的成效。

党的十九大报告强调，要“推动中华优秀传统文化创造性转化、创新性发展”，提出“深入挖掘中华优秀传统文化蕴含的思想观念、人文精神、道德规范，结合时代要求继承创新，让中华文化展现出永久魅力和时代风采”。科学技术是创新的原动力。在数字技术飞速发展下，各行业都将迎来大变革、大转型，传统出版必将被颠覆重构，古籍出版也必然被时代重塑。因此，新时代古籍编辑应该把握好时代脉搏，坚守文化传承阵地，拥抱出版新业态，守正出新，继续走好中华优秀传统文化的传承和发展之路。

参考文献

[1] 杨曦：《大数据时代的出版文化与编辑角色转型》，《中国传媒科技》2021年第1期。

[2] 刘英楠：《互联网时代古籍出版的出路与未来》，《科技传播》2019年第5期（上）。

[3] 王云峰、杨聪斌：《媒介融合背景下精品古籍出版的内容策划与营销创新》，《出版广角》2020年第19期。

[4] 白绍华：《融合媒体背景之下编辑转型之路》，《中国传媒科技》2021年第5期。

[5] 马美：《咬定青山不放松 致力传承优秀传统文化——以岳麓书社的古籍出版

为例》，《出版广角》2019年第5期（下）。

[6] 赵大川：《如何推进传统出版与新媒体融合发展》，《中国传媒科技》2021年第6期。

（作者单位：湖南岳麓书社有限责任公司）

家风家训对弘扬中华优秀传统文化的作用

——以《了凡四训（典藏版）》的策划浅谈

胡艳丽

一、策划背景

《礼记·大学》中说："所谓治国必先齐其家者，其家不可教而能教人者，无之。"中华民族自古以来就重视家庭、重视家教。"家和万事兴""天伦之乐""尊老爱幼""贤妻良母""相夫教子""勤俭持家""积善之家，必有余庆；积不善之家，必有余殃"等，都体现了中国人的家庭、家教观念。习近平总书记曾在多种场合、多次讲话中强调家庭教育的重要性。他指出："家庭是人生的第一个课堂，父母是孩子的第一任老师。孩子们从牙牙学语起就开始接受家教，有什么样的家教，就有什么样的人。"

家庭教育涉及很多方面，但最重要的是青少年的品德教育，是如何做人的教育。也就是古人说的“爱子，教之以义方”，“爱之不以道，适所以害之也”。习近平总书记多次强调“青年的价值取向决定了未来整个社会的价值取向，而青年又处在价值观形成和确立的时期，抓好这一时期的价值观养成十分重要。这就像穿衣服扣扣子一样，如果第一粒扣子扣错了，剩余的扣子都会扣错。人生的扣子从一开始就要扣好”。要求青少年从小学习做人，做一个好人。要做一个好人，就要懂得感恩，与人为善，多行善事，明礼诚信，争当学习和实践社会主义核心价值观的模范。

无论时代如何变化，无论生活格局发生多大变化，我们都要重视家庭建设，注重家庭、注重家教、注重家风，紧密结合培育和弘扬社会主义核心价值观，发扬光大中华民族传统家庭美德，促进家庭和睦，促进亲人相亲相爱，使千千万万个家庭成为国家发展、民族进步、社会和谐的重要基点，成为人们梦想启航的地方。

而传统家训文化中的忠孝仁义、立身报国、诗礼立身、勤俭持家、廉洁奉公、谦虚礼让、积善修德、志向高远、诚信治国等，都值得我们这一代新的青年人所借鉴，青年兴则国家兴，家训对于古人优良品格的形成和塑造所起的具体作用，也为今天人格培养和社会主义和谐社会的建立提供了借鉴。

在中国古代典籍中，有许多家规、家训之书，如北齐颜之推所著的一部系统而完整的家庭教育著作——《颜氏家训》，清雍正皇帝爱新觉罗·胤禛追述其父康熙皇帝爱新觉罗·玄烨平日对众位皇子的训诫整理而成的《庭训格言》，明代袁黄（字了凡）在69岁时所著的劝诫他的儿子袁天启的家训之书——《了凡四训》，清朝曾国藩所著的对子侄和家庭教育的《曾国藩家书》，等等。从中可以看出，中华民族自古以来就重视家庭、重视家教。习近平总书记曾在多种场合、多次讲话中强调家庭教育的重要性。

2016年中央纪检委网站号召学习“中国传统中的家规——袁黄《了

凡四训》”，中央电视台更是专门做过一期节目《了凡家风》，强力推荐《了凡四训》。那么究竟是什么原因，让它到现在都备受推崇呢？

明朝万历年间，袁黄出生于浙江嘉善，少年时，偶遇道士孔先生，获悉一生命数，觉得“一个人一生的吉凶祸福、贫富贵贱，都是上天安排好了的，不能强求。命里没有的，怎么努力都得不到；命里有的，不用努力，自然就会有”。后遇云谷禅师，告诉他：“命由己立，福自己求，祸福无门，唯人自招。一个人只要真诚用功、多做善事，没有不感应的。”之后，袁黄多做善事，最终改变了自己的命运。晚年便决定将自己抗争宿命的经历写下来，训诫后人。于是他撰写了四篇文章：《立命之学》《改过之法》《积善之方》《谦德之效》，他将这四篇文章命名为《训子文》，后因广为流传，大家将其称为《了凡四训》。

袁了凡的经历以及《了凡四训》所体现的“命由我作，福自己求”“我命由我不由天”的思想，告诉人们：一个人做到“立命、改过、积善、谦德”，那么福气、运气自然会降临。决定一个人富贵贫贱的主要因素，不是风水，不是星座、不是命数，而是一个人的“心田”，即你的思想、你的品德、你的行为。这些思想都与我们今天习近平总书记所提倡的“从善如登，从恶如崩。养成慎始、慎独、慎微的意识，经得住诱惑，管得住小节，走好人生每一步，不忘初心、砥砺前行”的思想不谋而合。

因此，在此基础上，我们策划了这套家训和劝善之书——《了凡四训(典藏版)》，共三卷四册。

二、书稿基本情况

（一）作者情况

《了凡四训》作者为明朝思想家袁了凡。袁了凡（1533—1606），明代浙江嘉善人，原名袁黄，字坤仪，又字仪甫，号原为学海，因拜访云谷禅师后，领悟立命之学，不愿再做一个受制于天命的凡夫俗子，因而改号为“了凡”。明朝思想家，为万历初“嘉兴府三名家”之一。万历十四年（1586）中进士，十六年授宝坻知县，颇有政绩。万历二十年（1592），升任兵部职方司主事，不久调任援朝军营赞划，谋划平壤大捷，一举扭转战局。后罢归乡里，著书立说，担任《嘉善县志》主笔，同时还是中国历史上规模最大、价值最高的一部大藏经《嘉兴藏》的最早倡刻者。作为一位伟大的思想家，袁了凡在许多方面作出了贡献。

他博学多才、涉足极广，在佛学、农业、民生、水利、医学、音乐、几何、数术、教育、军事、历法等方面均有涉猎，是一位“文理全才”式的人物。著有《两行斋集》《皇都水利》《评注八代文宗》《袁了凡纲鉴》等。

他还是江南善举运动的宣导者。明朝末年，江南社会变动剧烈，道德体系紊乱。袁了凡作为社会精英的士绅阶层，为了教化民众，将劝善惩恶的诸多事例刊刻成“善书”，通过小说、说唱而流行于民间，宣扬“诸恶莫作，众善奉行”，以通俗的形式将“民众的道德”具体化。

袁了凡于万历三十四年（1606）夏去世，享年74岁。一生有著述22部，198卷，《了凡四训》是他的传世名作，共11600多字，由《立命之学》《改过之法》《积善之方》《谦德之效》四篇文章组成。其中《立命之学》是他69岁晚年之作，《改过之法》和《积善之方》是他早年《祈嗣真诠》中的两篇，《谦德之效》是以前的《谦虚利中篇》。

在《了凡四训》里，袁了凡以其毕生的学问与修养，融通儒、释、道三家思想，用自己的亲身经历，结合大量真实生动的事例，告诫世人不要被“命”字束缚手脚，要自强不息，改造命运。

（二）内容简介

《了凡四训》一书结合儒、释、道三家思想精华，蕴含着中国文化的深邃和智慧，被誉为“东方第一励志奇书”，自问世以来影响较大，深受推崇。曾国藩读后，感念书中“今日种种，譬如今日生”之言，为自己改号“涤生”，并且要求曾氏子侄必读此书；胡适奉此书为研究中国中古思想史的重要代表作；“民国四大高僧”中的印光、弘一师徒提倡诵读；日本阳明学家安冈正笃认为本书是“人生所能动的伟大学问”，建议天皇及首相视之为“治国宝典”；素有日本“经营之圣”之称的稻盛和夫自称从本书中得到人生顿悟。《了凡四训》对提高人们的道德素质、改造社会也产生了重大影响。

首先，《了凡四训》是一位父亲写给儿子和子孙后代的人生教科书。作为一部家训，袁了凡的告诫多以他儿子熟悉的亲人、亲戚和乡亲作为例子，即所谓“用身边事来教育身边人”。文章篇幅虽然短小，但是寓理内涵深刻，论证了“我命由我不由天”“种瓜得瓜”“善有善报”“积极进取”“有愿皆成”的道理。平实而无虚华，简约而不简单，全文洋溢着一位父亲深沉的爱。所以数百年来历久不衰，时至今日，仍然被人们广为传颂，脍炙人口。

其次，一部渊博而浅显的经典国学典籍。《了凡四训》是明代重要思想家袁了凡的代表作，是其毕生感悟和盘托出，毫无保留。《了凡四训》中作者通过对自身命运的分析和对广义的“善”作了解释和辨析，融会了中国传统儒、释、道三家思想的精华，将儒、释、道三家思想——佛教的“因果报应”，儒家的“修身，齐家，治国，平天下”，道家推崇的“修身养性”完美地融合在一起。佛之慈悲，道之空灵，儒之入世，三者互相贯通，互相论证，又相对独立，极具独特性。同时，书中语言明白简洁，通俗易懂，是一部渊博而浅显的国学经典。

最后，《了凡四训》还是一部人生智慧之书。此书中，袁了凡谆谆讲授“我命由我不由天”的道理。行善事、得善果——以入世心劝人向善、谋求磊落的生活，堪为一部历久弥新的生活方式手册。曾国藩对《了凡四训》最为推崇，读后改号“涤生”，“涤者，取涤其旧染之污也；生者，取明袁了凡之言：‘从前种种，譬如昨日死；从后种种，譬如今日生也。’”将其列为子侄必读的第一本人生智慧之书。

《了凡四训》全文具有丰富深远的意义，本书稿在全部收录《了凡四训》四篇文章的基础上，又收录了袁了凡相关的其他家训，如《训儿俗说》《庭帏杂录》《静坐要诀》，同时，收录《颜氏家训》《庭训格言》，与“袁氏家训”之书进行对比，形成全新的“家训之书”，并从他书中摘录《袁了凡传》《云谷大师传》等，重新编排，故命名为《了凡四训（典藏版）》，内容丰富且具有代表性，希望读者能从中体味厚重的历史，领略治学、治家的精髓。

《了凡四训（典藏版）》，全书分三卷四册。

第一卷为《了凡四训》全文，包括第一篇《立命之学》、第二篇《改过之法》、第三篇《积善之方》、第四篇《谦德之效》。

第二卷包括两部分。一是收录了彭际清（字邵升，清代著名居士）撰写的《袁了凡传》、憨山德清（明代四大高僧之一）撰写的《云谷大师传》两篇文章，以补充介绍作者生平及其时代背景。二是收录了袁了凡的另一家训著作《训儿俗说》，袁了凡与兄弟袁衷、袁襄、袁裳、袁衮一起回忆并记录父亲袁仁（字参坡）、母亲李氏平时对他们的训教，后经明代钱晓（袁仁的女婿）装订整理的《庭帏杂录》，以及袁了凡所著的另一修身养性之书——《静坐要诀》。

第三卷为从古代家训中挑选出《颜氏家训》《庭训格言》两部家训经典以附录形式列于书后，同《了凡四训》进行最为直观的对比，使得作品内容更加丰富全面。

（三）本书亮点与优势

本书稿《了凡四训（典藏版）》，与市面上现行的同名书籍相比，具有内容收录全面，底本精选优良、校勘精详，形式简体竖排、设计精美三大特点。

1.收录全面

《了凡四训（典藏版）》全书分三卷四册。内容包括《了凡四训》全文、袁了凡相关“家训”主题类著作、与之相对比的其他“家训”主题类著作三部分。内容完整，对比直接，取其精华，启迪后人。具体所录内容如下。

《了凡四训》中的《立命之学》《改过之法》《积善之方》《谦德之效》这四篇文章自明末清初以《了凡四训》之名编辑成书之后，就深受世人追捧，逐步成为一部在中国社会广泛流布、长盛不衰的经典善书。

此为《了凡四训（典藏版）》第一卷内容。

而作为一本劝善书的同时，《了凡四训》又有家训言传身教、以德立身的特点。而说到真正意义上的家训，不得不提到袁了凡的另一本著作《训儿俗说》。在这部著作中，作者从立志、敦伦、事师、处众、修业、崇礼、报本、治家 8 个方面展开，详细讲说，循循善诱，完全以一位父亲的身份对其子进行谆谆教诲，严肃郑重，而又不失和蔼亲切。《训儿俗说》中展现出的优良家风家教在今天仍有非常重要的借鉴意义，其中儒、释、道三家思想的融合同样体现得清晰明确。

在这之前，袁了凡还曾以儿子的身份，与兄弟袁衷、袁襄、袁裳、袁衮一起回忆并记录父亲袁仁、母亲李氏平时对他们的训教，后经明代钱晓装订整理，名为《庭帏杂录》。这又是一种特别的家训，别开生面，它不同于一般由父、祖撰写的较为严肃的家训，而是以后辈的视角展现先辈们为人处世的准则，同时它还是历史上少有的记录家庭中母亲这一角色对子女进行言传身教的著作。通过《庭帏杂录》，读者可以于他们生活的琐细之处窥探明代家庭教育之一斑，以及这样的家庭教育对袁了凡思想形成的影响。

明代的读书人多提倡静坐，以帮助自己沉心静气，专注学习。到了明朝中后期，静坐之风愈加盛行，有关静坐的研究和专著也在人们的实践中慢慢出现。儒、释、道三家都讲究静坐，如果说儒家的静坐是“体悟中和”，道家的静坐强调“忘我”，那么，佛家的静坐则是“去执、修慧”。从明太祖首开“三教合一”的风气之后，静坐理论也呈现了儒、释、道三家融合的趋势和特点，袁了凡撰写的《静坐要诀》便是其中的代表之一。《静坐要诀》刊行于万历十八年（1590），是作者总结自己的静坐心得，根据佛教天台宗《小止观》与《六妙法门》并结合云谷大师、妙峰法师的修习心得撰写而成。全书分辨志、豫行、修证、调息、遣欲、广爱 6 篇，以佛教静坐法为主，同时又呈现出了明显的儒、释杂糅的特点。

为了使读者深刻体悟了凡作品中儒、释、道三家融合的思想特点，品味和传承其中承载的中华优秀传统文化，仅《了凡四训》是远远不够的，因此，本书稿将上述三本著作——《训儿俗说》《庭帏杂录》《静坐要诀》

也整理收编，此外，还收录了彭际清撰写的《袁了凡传》、憨山德清撰写的《云谷大师传》两篇文章，以补充介绍作者生平及其时代背景。

以上为《了凡四训（典藏版）》第二卷内容。

《了凡四训（典藏版）》第三卷内容是从古代家训中挑选出《颜氏家训》（北齐颜之推所著的一部关于为人处世、治家为学的经验总结，是一部系统而完整的家庭教育著作）和《庭训格言》（清雍正皇帝爱新觉罗·胤禛追述其父康熙皇帝爱新觉罗·玄烨平日对众位皇子的训诫整理而成，内容琐细，言语平实，是一部很有代表性的帝王家训）两部家训经典以“附录”形式列于书后，同《了凡四训》进行最为直观的对比，使得作品内容更加丰富全面。

2. 精选优质底本、校勘精详

《了凡四训》《云谷大师传》以清光绪己丑年（1889）湖北官书处刊本为底本，以《袁了凡先生四训》（1932年苏州弘化社藏版）为参校本，并参考《了凡杂著》等其他版本进行校对。添加有详细的注释，并进行白话文翻译，以“原文、注释、译文”的形式排列。

《袁了凡传》选自《续修四库全书·子部·宗教类》所收《居士传》（乾隆四十年镌，长洲彭氏藏版），因其内容与《了凡四训》有重复部分，故有所删减；《训儿俗说》《静坐要诀》均选自《了凡杂著》（明万历年间刻本）；《庭帏杂录》选自《学海类编》（大型丛书，清曹溶编）第三十五册。考虑到这部分文字比较口语化、日常化，所以并未对其进行白话文翻译，而是添加了详尽的注释，帮助读者扫清阅读障碍。

《颜氏家训》以《抱经堂丛书·颜氏家训》（清乾隆五十四年由卢文弨校补汇刻）为底本，《庭训格言》以《四库全书荟要·史部·圣祖仁皇帝庭训格言》为底本，并参考其他版本详加校对。虽为附录形式，但其内容与卷一、卷二部分同等重要，所以也添加有详细的注释，并进行了白话文翻译，以“原文、注释、译文”的形式排列。

校对过程中出现的脱字、误字等情况，一般直接改正，必要时用［］表示补充所缺内容。书中出现的异体字全部统一为现行规范字，异形词则以注释的形式加以注明，生僻字有注音和详细解释，注释中的历史人物生平参考《辞海》等权威词典，且体例统一。译文部分以直译为主，必要时辅以意译。

3. 简体竖排、设计精美

习近平总书记在党的十九大报告中提出，要“推动中华优秀传统文化创造性转化、创新性发展”，这句话为今后我国文化事业建设的发展指明了方向。以大众喜闻乐见的形式让经典深入人心、让经典在新时代下焕发出时代的魅力。在此指引下，本书一改往日古文佶屈聱牙的固有印象，在保留古籍竖排、线装的形式下，采用简体竖排，原文翻译，设计古朴典雅、精美大气而不失时尚。

（四）出版意义

1. 于父母而言，弘扬良好家风，修身齐家

家庭教育在一个人的一生中是非常重要的，父母是孩子的第一任老师。他们的一言一行和思想品德，深刻影响着孩子。因此，此书对于父母而言，学习好的家风，以此为鉴，发现自身的不足，修身齐家，言传身教，影响子孙。古人言“父母之爱子，则为之计深远”。明智的父母，要把良好的道德修养、人格风范留给子孙，把清风留给后人，这才是无价之宝。

2. 于子女而言，学习中华优秀传统文化，树立正确价值观，自强不息

《了凡四训》中的“要改命运、先改自身”，“清除内心的一些妄念、改正过去的不足”，“行善积德”，“为人谦和”等，这些都体现着中华民族千百年来评判是非曲直的价值标准，潜移默化地影响着中国人的行为方式。

《了凡四训（典藏版）》有助于青少年树立正确的世界观、人生观、价值观，只有梳理正确的价值观，再来看看社会万象、人生历程，一切是非、正误、主次，一切真假、善恶、美丑，自然就洞若观火、清澈明了，自然就能做出正确判断、做出正确选择，也才能在人生的道路上自强不息，做出更大的成绩。

3. 于青年而言，不忘初心，不负韶华，多行善事，莫问前程

《了凡四训》，就像一面辨别善恶的镜子。这面镜子无时无刻不在教育我们怎样做人，如何做事，“勿以善小而不为，勿以恶小而为之”，如此，则一定可以改变自己的命运，所谓“断恶修善，灾消福来”，这是改造命运的原理。因此，要不忘初心，多行善事，经常对照自己，发现缺点和不足，像袁黄那样改过自新，通过积德行善，改造命运，做一个有益于社会的人。

三、家风家训对中华优秀传统文化弘扬的作用

（一）传统家风家训的主要内容

家风家训是一个家族代代相传沿袭下来的体现家族成员精神风貌、道德品质、审美格调和整体气质的家族文化风格，是家族最核心的价值。中华民族历史悠久，中华文化源远流长。传统的中国家庭非常注重家风家训，讲究“国有国法，家有家规”，遵循“没有规矩，不成方圆”。不同的家庭，家风的呈现形式不尽相同，有的是有形的文字和格言，更多的是无形的言传身教、隐含于每个家庭成员的日常行为中。古人关于家风的名言、警句汗牛充栋。自古至今，为世人尊崇而广为流传的有诸葛亮的《诫子书》、陶渊明的《责子》、颜之推的《颜氏家训》、古训《增广贤文》、袁了凡的《了凡四训》和曾国藩的《曾国藩家书》等，这些家训无不体现良好的家风和关于修身、治家、立世的思想光芒。

《大学》中有：“古之欲明明德于天下者，先治其国；欲治其国者，先齐其家；欲齐其家者，先修其身；欲修其身者，先正其心；欲正其心者，先诚其意；欲诚其意者，先致其知；致知在格物，物格而后知至，知至而后意诚，意诚而后心正，心正而后身修，身修而后家齐，家齐而后国治，国治而后天下平。”从格物致知、意诚、心正到修身、齐家、治国、平天下的整体走向，并把提高自身修养和整顿家族、治理国家统一起来，形成

一个循序渐进的系统。从此可看出，中国传统家规家训的思想内涵主要是以儒家传统为基础的，将提升自我修养与促进家庭安定、社会发展联系在一起。

家训家规的首要功能是“齐家”，即对家庭进行有序治理，重视其规范功能。在儒家传统中，修身是齐家的基础，齐家又是治国平天下的前提。

家训家规的另一个重点是“修身”，即家训家规不仅提供行为规范、重视约束，更强调道德修身、德性养成，把家庭作为道德训练和培养的基本场所，认为有了在家庭中培养起来的道德意识作为基础，就可以推之于社会实践的其他范围。修身是为了更好地齐家，齐家的前提条件则是修身。

（二）家风家训是中华民族宝贵的精神文化财富

众所周知，好家风浓缩着华夏子孙几千年来的价值取向和精神追求，是中华民族世代相传的精神瑰宝，是涵养核心价值观的重要源泉，是核心价值观的微观体现，更是核心价值观宣传教育的重要载体。因此，培养良好家风，进一步弘扬优秀传统文化和传统美德，不断夯实中国特色社会主义的思想道德基础，对凝魂聚气开展核心价值观宣传教育、汇聚实现“中国梦”精神动力，具有不可代替的价值和意义。

1. 牢固树立爱国思想

家风与家训里，很早之前就确定了家与国的关系。我们将家国文化这个优秀文化内容代代传承下去，对于维护和捍卫国家之尊严有着非常重要的作用。

2. 有力推进文化建设

家风与家训，有的伴随一个家族延承了千年之久。本身就是一种极其宝贵的文化财富。他对当前的家族建设、国家建设都有着极大或者相当大的参考意义，对于新时期的社会主义文明建设也有着极大的促进作用。

3. 促进社会主义核心价值观的建设

社会主义核心价值观是对家风家训的总结和升华。社会是家庭和个人的联合体，这就决定了社会主义核心价值观和对每个公民、每个家庭的要求是密不可分的，传统家风家训对个人、家庭、社会和国家都有着非常重要的影响，从这个角度上讲，社会主义核心价值观的建设离不开家风的支撑，只有将社会主义核心价值观根植于人民和社会，才能建立社会风尚。社会主义价值观是建立在家庭风尚的基础上的，并将家庭的道德文化进行升华，最终提到社会的层面上来。

（三）弘扬继承家风家训须与时俱进

家风具有时代特点。各个时期的家风家训不同。家风有积极的、先进的、开放的、可以直接保留传承，也有消极的、落后的、不符合现在时代要求的、需要改进改造的。所以，传承家风，要取其精华、弃其糟粕。运用毛泽东同志教导我们的方法："去粗取精、去伪存真""古为今用，洋为中用"，有鉴别地加以对待，有扬弃地予以继承，做到人为我用、推陈出新。

我们应该礼敬传统，让勤劳守信、俭朴持家、睦邻友善、耕读孝义、诗书礼法、厚道正直等良好家风薪火相传。更应与时俱进，赋予家风新的时代内涵，使之与中国特色社会主义的发展相适应，与中华民族伟大复兴的中国梦相联系。唯有如此，家风才能顺应时代发展潮流，才能汇聚成传承中华文明的正能量，为改革开放宏业添砖加瓦，为实现国家富强、民族复兴、人民幸福的宏伟目标推波助澜。

（作者单位：三秦出版社）

危机与变局：疫情下我国图书市场发展格局演变及应对策略

程顺祺

国家统计局数据显示，我国图书零售商品销售额稳步提升，由1999年的216.43亿元增长到2019年的1257.04亿元，20年间增长了580.81%，年均增长达9.19%。图书出版机构的经营方式也由粗放型向精细化转变，新出版图书种数占出版图书总数的比例已经连续7年下滑，于2017年首次下降到50%以内，通过盲目新增品种来驱动市场的现象有所缓解。20年来，从图书市场萌芽到渠道的变迁，由"知识工程"到"全民阅读"，我国图书市场的繁荣景象与其说是政府有意识、前瞻性引导的成果，不如说是社会发展过程中人民群众对图书的客观需求造就的。但在2020年年初，一场突如其来的新冠肺炎疫情，对全社会正常运行机制造成了冲击，我国的图书零售市场也首次出现了负增长。在疫情防控工作常态化的背景下、把握市场长期发展规律的基础上，再对疫情期间短期图书市场进行对比分析，有助于抓住市场机遇，加速图书出版业转型的步伐。当前学界虽然不乏我国图书市场发展特点的截面分析，但较少涉及疫情前后出版业发展的对比分析，特别缺少借助大数据、从出版社角度出发进行分析的研究。更为重要的是，当前图书市场分析和对策提出中的理论联系较为薄弱。事实上，商业领域经典的“二八法则”就曾对图书市场有重要的启示：图书出版商和经销商应该重点关注前20%热门的头部图书市场以创造80%的效益①。但在互联网普及和个性化消费兴起的背景下，长尾理论应运而生，强调在存储和流通渠道足够大的前提下，以单品销量不大为市场表现的多数图书品种占有的尾部市场份额将有可能超过热门图书②③。既有的分析表明，我国图书零售市场呈“头部更大，长尾更长”的发展趋势④，疫情使实体书店的货架竞争愈加激烈，多数出版社转向线上布局，此时分析市场渠道变迁和空间配置显得尤为必要。鉴于此，本文先分析2010—2020年我国图书市场年际年内变化，把握不同渠道市场规模演变的一般规律，再聚焦2019—2020年我国图书市场⑤，分析图书市场总量和结构的演进特征，从出版社视角挖掘图书市场可能存在的问题，最终尝试基于长尾理论构建疫情下的图书市场多渠道协同模式，以期为后疫情时代出版社破局转型提供思路。

---

① 理查德·科克：《80/20法则》，冯斌译，中信出版社2008年版。

② 克里斯·安德森：《长尾理论》，乔江涛译，中信出版社2012年版。

③ 李镜镜、张志强：《长尾理论对图书营销的启迪》，《编辑之友》2010年第8期。

④ 虞洋：《中国图书市场的增长驱动力——开卷2017年图书零售市场报告分析》，《出版人》2018年第2期。

⑤ 数据均来源于开卷信息技术有限公司的“开卷全国图书零售市场观测系统”，数据统计时间为2010年1月至2020年12月。“开卷全国图书零售市场观测系统”根据全国图书市场的分布和结构以及零售POS系统的使用情况，抽样选取全国主要图书市场的主要零售门市，获取当月全品种的零售数据。抽样门店既包括实体书店，也覆盖网络书店，抽样的样本量大且较为稳定，数据分析结果能较为准确地反映图书的销售状况，适合进行不同年度的对比。截至2020年12月，抽样中的实体门店共有4700家，而网络书店主要包括京东和天猫全网数据。若未加特殊说明，本文数据均为开卷抽样实体门店统计的结果。

一、图书市场规模演变的一般规律

总体而言，2020年前的图书零售市场规模都是呈逐年增加的趋势。从分渠道看，我国图书市场也有着十分明显年内变化规律。

（一）线下：受学生读物销量变化的深刻影响

总体看来，疫情前的实体店图书市场发展较为稳定，其年内季节变化规律较为类似，销售的高峰一般集中于每年2月、7月与9月，这些都是教材教辅类和少儿类等学生读物热销季。特别是在7月与9月，各个年份的销售码洋往往较为相近，而因为每年寒假的放假时间不一致，所以2月的销售码洋往往出现年际变化。8月份，图书销售码洋有所回落，且回落的幅度有逐年拉大的趋势，但仍然显著高于全年最低谷的码洋。销售淡季则一般集中在第二季度和第四季度。但在2020年新冠肺炎疫情暴发后，实体书店受到严重冲击，2月的码洋跌至谷底，整个上半年的码洋都未能恢复到以往同期的水平。

（二）线上[①]：销量井喷且主要集中于电商促销时

总体而言，网店图书销售码洋增长速度远远超过实体店速度。越来越多的读者开始网购图书，2014—2018年，网店销售码洋由89亿元增至426亿元，增长了3.8倍。线上图书市场码洋变化既受学生读物市场需求变化的影响，也受电商图书销售策略的影响。京东“6·18”和天猫商城“双十一”两个促销活动折扣力度较大的时间节点吸引了大量读者选择这期间购买图书。市场销售码洋曲线波峰除了正常的寒暑假和开学季外，还在6月和11月增加了两个波峰。随着近年来“6·18”和“双十一”影响力的扩大，销售码洋曲线起伏的幅度越来越大，而销售低谷则一般出现在春节前后[②]

① 本文线上数据主要涵盖京东和天猫的图书销售数据。

② 与大多数年份不同，2017年销售码洋曲线在第一季度没有明显起伏，是因为当年春节在1月，而后又迎来开学季，所以图书销售码洋在2—3月期间稳步提升，类似的情况还发现在2014年。

和4—5月期间。从单月图书销售码洋比重看，2018年11月的图书销售码洋已占全年的12.56%，创下单月最高值53.50亿元。2020年新冠疫情对线上图书销售的影响相对有限，虽然在2月也有一定的下滑，但是在3月很快上升到正常水平，甚至比2018年的同期更高。疫情下读者一般通过网购实现居家阅读，这也在一定程度上加速了图书销售渠道的变迁。

二、疫情背景下图书市场的格局演变

（一）不同渠道图书市场的结构变化

受疫情影响，图书零售整体市场不仅规模出现下滑，而且大部分门类的图书码洋也都受到冲击。在图书结构上，除主题出版物、学习辅导资料以及少儿读物外，整体零售市场中其余门类均出现同比下滑，其中心理自助类降幅最大，仍在增长的少儿和教辅类图书增速也明显放缓。进一步从不同门类图书市场来看，线上线下的结构也存在分化。线下市场，受惯性和疫情双重影响波动下滑。2019—2020年线下图书市场中除学术文化传记、中小学幼儿园教材、法律等门类仍实现同比增长，其余门类都在下滑。由于民法典的颁布和主题出版的牵引，法律、学术文化分别由2019年的–33.57%、–32.19%转为2020年的63.69%、69.04%。另外，传记也由2019年的0.73%提升至2020年的30.89%。受疫情影响，中小学幼儿园教材同比增长由9.14%下滑至2.62%，但相较于教辅由7.77%下滑至–29.97%，仍显稳定。线上市场受疫情影响相对较小。在2019年，线上所有门类都实现了正增长，但2020年则有8个门类为负增长。但是，线下实现增长的，线上也同样增长，如法律由2019年的15.27%继续增加到2020年的40.91%；传记则由2019年的5.41%增至2020年的16.93%。同时，中小学幼儿园教材和教辅也较为稳定，分别由2019年的56.80%、34.61%小幅波动至2020年的48.33%、31.04%。其余实现增长的门类大多较 2019 年有着不小的下滑。其中，在线下市场连续两年下滑的成长励志类图书，在 2019 年的线上市场由于受抖音流量带动，增幅达 88.04%，但在流量减少的 2020 年陡然下滑至 –26.65%，成为下滑最多的门类。

（二）出版社视角下的图书市场的动态变化

疫情背景下整体市场走向、各类出版社的资源禀赋及其采取的不同的市场策略共同决定了他们在不同渠道的市场表现。本文主要从市场份额、新书数量、出版效率等多方面做出综合研判。市场份额方面，中央及军队出版社、高校出版社与地方出版社在整体市场的码（实）洋占比大致稳定在 4∶1∶5 左右，地方出版社在线下的市场占比更高，而高校出版社则在线上更有优势。从不同渠道市场份额的变化情况看，线下市场，中央及军队出版社占比提高，而地方出版社则略有下滑；线上市场，地方出版社占比略有提升。高校出版社和中央及军队出版社在 2020 年线上实洋占有率均高于其码洋占有率 1%左右，表明其图书折扣较高，这可能受益于其所掌握的优势内容资源。

图书品种方面，中央及军队出版社、高校出版社在线上的动销品种数、新书品种数均大于线下，地方出版社虽然线上动销品种数大于线下，但新书品种数却明显少于线下。2019—2020 年，在线下，各类出版社动销品种数、新书品种数均面临大幅下滑；在线上，虽然总体上新书品种减少，但动销品种数增加，这表明不少读者图书消费习惯可能由线下转向线上。地方出版社无论线上线下的新书品种数均在大幅下滑，幅度相近，特别是其线上下滑幅度远超其他出版社致使其线上新书品种数仍少于线下，表明地方出版社新书仍未能及时上线。根据长尾理论，除了地方教育出版社出版的地方教辅外，这些书的大多数可能的消费对象应该是份额不大且分散着的，但这些群体在被联结在互联网这个超越地域和空间的平台上后，其对总体收益的贡献也变得不能小觑。

出版效率方面，各家出版社的出版效率有着较大差异，总体上线上的出版效率高于线下，但不同类别出版社在线上线下的表现有着明显分化[①]。除地方地图旅游出版社、地方辞书出版社、地方少儿出版社外，其他类别的出版社中还存有过低码洋品种效率的情况。虽然中央及军队出版社在线上和线下出版效率的分布较为集中，且其四分位间距框都位于1之下，但却分布着不少的异常值，即部分出版社有着数倍于多数出版社的出版效率，表明中央及军队出版社在出版效率上内部极化现象较为严重。分渠道比较，中央及军队出版社线下的码洋品种效率高于线上，而除地方少儿出版社、地方科技出版社、地方古籍出版社、地方地图旅游出版社以及城市与地方媒体出版社外，其他类型的地方出版社线上的出版效率优势并不明显。

2019—2020年，各出版社在不同渠道出版效率分布的四分位间距框收窄且下移，表明各出版社出版效率分布有进一步集聚的趋势，同时，出版效率总体上在降低。其中，线下下滑最为明显的当属地方美术出版社和地方辞书出版社等，而后者在线上下滑得更为严重。不过，总体上线上出版效率下滑的情况较轻，如地方少儿出版社虽然在线下出版效率的平均值和中位数都在下降，但在线上却有所提升，同时其内部差异有所扩大，表明少儿社加速了其产品在线上布局；地方美术出版社等也有着类似情况。中央及军队出版社的线上市场的实洋品种效率中位数高于其码洋品种效率，相应的其他地方出版社的实洋品种效率中位数却大多不及其码洋品种效率，再一次表明了前者折扣高于市场平均水平。

（三）出版社视角下的图书市场的渠道变迁和空间集聚

除民族出版社、辞书出版社以及教育出版社外，大多数出版社的线下图书市场份额都不到20%。疫情加快了各类出版社图书销售线上布局的步伐。从各类出版社自有的图书市场份额变化看，除地方古籍出版社、地方民族出版社有少量（1%上下）的增长之外，几乎所有类别的出版社线下图书市场占比都出现了下滑。地方出版社线下下滑的比例高于高校出版社和中央及军队出版社，其中下降幅度最大的地方教育出版社达8.98%，

① 为了方便不同年份不同类型出版社对比，本文统一对出版效率在6以上属异常值的出版社进行了剔除，这些出版社多数属于中央及军队出版社。

疫情对其教材教辅的线下发行产生了巨大的冲击。不过由于线下的图书折扣较高，其实洋占比均高于码洋占比，其中地方美术出版社线下实洋占比是码洋占比的 1.74 倍，但也反映出其在线上市场的折扣较低。

疫情使得线下的图书市场遭受重创，但这并不代表线下市场可以忽略，相反，线下市场正如长尾理论中曲线尾部的大量利基图书产品，甚至很多图书产品在线下能取得更好的销售业绩。在线上电商“价格战”仍在持续，出版社利润空间被过度挤压的背景下，若忽视自有图书产品市场的空间均衡，产品销售过于集中于个别区域，在疫情呈零星散发和局部聚集性交织叠加态势下市场存在很大的风险。鉴于此，本文引入地理集中指数反映不同类别的出版社线下图书市场的均衡程度，其公式如下所示。

$$G=100\times\sqrt{\sum_{i=1}^{n}\left(\frac{X_i}{T}\right)^2} \quad (1)$$

式中：G 为某家出版社图书市场的地理集中指数；X 为这家出版社在第 i 个省区市场规模；T 为这家出版社的市场规模总量；n 为省区总数。G 取值在 0—100 之间，G 值越大表示这家出版社的图书市场分布越集中；G 值越小则分布越均衡。根据上述公式，本文对各出版社的码洋地理集中指数进行了测算，并分类汇总求得各类出版社平均值，以反映疫情下的空间均衡格局变化。中央及军队出版社和地方辞书出版社的码洋地理集中指数都较低，表明二者的市场并没有局限于个别省区，在空间上较为均衡。在地方出版社中，码洋地理集中指数排前五位的分别是地方电子音像社、地方民族出版社、地方地图旅游出版社、地方教育出版社和地方人民出版社，市场在空间上较为集聚，可能与这些出版社的图书的本土性比较强有关。而地方少儿出版社、地方美术出版社、地方文艺出版社、地方科技出版社等专业出版社的图书市场在空间上较为均衡。由于线下折扣都较高，故各类出版社实洋地理集中指数与码洋地理集中指数曲线基本重合。从时间变化情况看，大部分类别的出版社码洋地理集中指数都有一定的提升，这也表明疫情限制了各出版社在线下市场的空间拓展。

为了进一步分析不同类别出版社产品布局与市场份额分布的空间关系，本文利用码洋地理集中指数和品种地理集中度的不同组合考察各类出版社的空间均衡的差异化表现。结果表明，中央及军队出版社和地方辞书出版社码洋—品种地理集中度组合多为低—低型，这再次表明他们在码洋和品种市场布局上均较为均衡。品种地理集中度指数25%上下分布着较多出版社，但其码洋地理集中指数相差较大，表明这些出版社铺货的范围较大，但创造码洋的空间尺度存在差异。码洋—品种地理集中度组合高—低型多为地方出版社。这表明这些地方出版社虽然铺货能力较强，但是图书码洋却高度聚集于部分区域。没有任何出版社属于码洋—品种地理集中度低—高型组合，表明在品种分布失衡的情况下，不可能出现在图书市场实现码洋均衡。换言之，均衡的图书市场必须以产品的均衡分布为基础，并以优质的内容资源开拓市场。图书品种在空间上的高度集聚会带来图书码洋的高度集聚。码洋—品种地理集中度组合高—高型的出版社则须反思市场过度聚集可能潜在的风险。东部沿海图书市场由于竞争愈加激烈，利润可能越来越少，而中西部区域的图书市场仍然具有增长潜力，其利润可能越来越大。近年来，线上图书市场增长较快省区、城市多位于中西部，特别集中于少儿出版和大众出版，而线下主要图书市场区域在不同梯队间的差异有进一步缩小的趋势。但大多数出版社尤其是地方出版社为了能在有限空间内获得最大利润，往往将产品重点布局于东部地区的优势区域，而这不仅忽视了优势区域之外的利润潜力，也给新冠肺炎疫情下的线下市场发展带来了不确定因素。

三、结论与讨论

（一）研究结论

本文先分析了我国图书市场发展一般规律，再分渠道把握疫情下的图书市场的结构变化，最后聚焦出版社视角下的图书市场的动态变化、渠道变迁和空间集聚，主要结论如下。

第一，我国小幅增长的线上图书市场仍难阻整体零售市场规模的下滑，线下图书市场结构变化继续朝单一化发展。疫情导致2020年我国图书零售市场首次出现负增长，长期形成的稳定的市场规模年内变化规律也随着改变，这集中反映在线下市场销量下滑的时点与疫情暴发密切相关，而线上市场受到的影响较小。由不同门类的图书市场结构看，除主题出版物和学生读物实现同比增长外，不少原有正向增长的图书门类转为负增长，其中以线下尤为严重，线上虽有半数以上图书门类实现正增长，但其同比增幅也明显下降。线上线下结构变化的机制存在差异：线下市场，受惯性和疫情双重影响，绝大多数图书门类面临不同程度的下滑，对主题出版物和教材的依赖性进一步加强；线上市场主体偏向于大众出版类，受疫情影响较小，与当年读者阅读热点与流量引导密切相关。

第二，各类出版社新书数量均有所下滑，且其在不同渠道的市场份额、出版效率等市场表现有所分化。地方出版社在线下的市场占比更高但有所下滑，线上市场则略有提升；高校出版社在线上的份额优势则更为明显，其与中央及军队出版社在线上的实洋占有率均高于其码洋占有率。各类出版社一般在线上有着较为丰富的图书品种数，但地方出版社却在线下布局更多新书。疫情后各出版社线上线下的新书均有大幅下滑，地方出版社线上的下滑幅度远高于其他出版社，延续了新书线下布局的传统。出版效率方面，各家出版社差异较大，除中央及军队出版社和少量地方出版社外，其他出版社线上的出版效率高于线下。疫情导致各出版社出版效率总体上在降低，同时在分布上进一步集聚，但线上总体上下滑幅度较小，地方少儿出版社、地方美术出版社等在线上出版效率还有所提升，同时其内部差异也在扩大。

第三，大多数出版社的线下图书市场多受严重冲击但实洋贡献仍不可忽略，其在线下市场的空间拓展被进一步限制。疫情影响下出版社线下码洋占比普遍下滑，其中地方出版社下滑幅度最大，不过由于线上图书折扣普遍偏低，各出版社线下实洋仍占有相当比例。总体而言，中央及军队出版社、地方辞书出版社、地方少儿出版社等市场在空间上较为均衡，其他地方出版社和高校出版社市场在空间上较为集聚，且多数类别的出版社市场还有继续集聚的趋势，这种聚集加之其下滑的码洋品种效率充分反映出其在疫情下的现实困境。多数出版社铺货的范围较为均衡，但创造码洋的区域均衡性存在差异，仍有不少出版社的图书市场高度聚集于部分区域。图书品种在空间上的高度集聚只会带来市场的高度集聚，均衡的图书市场必须以产品的均衡分布为基础。

（二）对策建议

上述研究结果对疫情下我国图书市场均衡发展有着重要的启示：本文主要从渠道、技术以及内容三个维度提出相应对策建议，以期实现多渠道图书市场的协同。

第一，把握市场一般规律，畅通发行渠道。在当前国内疫情可控且无大范围暴发的可能性的背景下，各出版单位应该深入分析预判市场的发展动向，进一步密切与线下实体书店的合作。出版单位应准确把握不同渠道市场变化的规律，提早准备相应的选题，安排好新书上市时间；要在淡旺季分别采取不同的营销方案：既要为即将来临的旺季做好备货，也要在淡季做好针对性的营销。针对品种较为均衡，但码洋集聚的情况，各出版社特别是地方出版社要加强与各区域实体书店的合作，更好地做好线下品种的甄选与投放工作，选品更严格、陈列更精。当然，也要尽快建立自己的线上销售平台，充分利用精准直播带货、短视频营销、渠道拓新等方式，大力加强图书营销，实现销量增长，有效规避电商的价格战①。

第二，利用大数据，助力市场均衡布局。线下市场仍然是各出版社获

① 程丽、周蔚华：《2020—2021年中国图书出版业发展报告》，《出版发行研究》2021年第2期。

取图书实洋的重要渠道。因此，各出版社要高度重视线下图书市场的均衡布局。在疫情防控工作常态化的背景下，人员流动依然受限，外出发行业务不得不减少。为了更为精准地进行市场开拓和管理，出版单位可以通过高效利用大数据，如开卷Smart数据查询系统，实时监控自有产品不同地区销售动态。例如，重点追踪自身重点图书在各实体店的在架、动销、库存情况，防止因过低的存销比而出现断货。当然，也可以将线下线上销售情况进行比对，分析不同品类图书在不同渠道销售差异的原因，根据用户需求做到差异化供书。此外，除了新书的策划，老书的加印、再版也可以充分利用图书大数据平台挖掘潜在市场，辅助图书加印决策，这样不仅能降低图书断货风险，而且能降低图书库存风险，有效地提升图书的利润空间。

第三，坚持“内容为王”，打造有竞争力的产品体系。中央及军队出版社线上的实洋占比明显高于其码洋占比；中央及军队出版社在全国图书市场分布也更为均衡。前者直接表明中央及军队出版社的产品具有不可替代性，电商的“折扣战”较难对其奏效，后者表面上看起来是发行渠道的问题，但也与图书的内容有很大关系。地方出版社的产品过于“地方化”“本土化”，将不利于其在线下图书市场均衡布局。因此，地方各类出版社要立足于自身的专业，树立自主图书品牌，逐步形成有全国影响力的产品线；同时，还要加强与其他省区兄弟出版社的合作，共同策划系列图书，联手开拓全国市场。各地方出版行政管理部门应该继续着力推进图书精品战略的实施，引导各出版单位明确主业，放眼全国市场，开发适销对路的畅销书、常销书。

综上所述，出版单位既要充分掌握市场总体运行规律，于线上探索多元化的网络营销模式，于线下加强社店合作；又要透彻领悟长尾理论的精髓，善于挖掘读者大数据，把更多尾部市场读者需求满足方案低成本地整合到网络平台上，同时有效拓展线下市场，使产品和码洋等在区域间均衡布局。总而言之，在强化传统营销平台的同时打造基于互联网的专业化、个性化的整合平台，探索产品跨界营销模式，通过技术、内容等驱动线上线下图书零售市场协同发展。

（三）研究展望

本文分别使用码洋占比、新书品种数、出版效率等从出版社角度测度市场发展变化趋势，并分别基于图书码洋和品种分布构建地理集中指数测度市场布局的空间均衡性。但这些严格意义上仍然并非用户数据而是市场汇总数据，在疫情下图书市场进一步分众化、社群化的过程中[①]，通过网络协同过滤系统和市场调研等准确捕捉读者群体并与其深度交互，推进图书的个性化定制，有着重大的现实意义，值得进一步研究。同时，在未来市场形态趋于异质化、多样化的背景下，过度追求出版效率必然忽略长尾尾部小众图书市场越来越大的利润潜力。因此，未来还有待于建立更为多元化的测度指标体系，以对整体市场发展格局及演变有更科学全面的判断。

（作者单位：福建人民出版社）

① 徐俊、理查德·查金、白冰、黎遥、皮特·尤斯伯恩、妮可拉·尤斯伯恩、安德烈亚斯·罗策、胡长青、柴畅：《中外书企大咖说：哪样因素会影响大众出版社市场?》，《中国出版传媒商报》2021年2月6日。

出版社构建自媒体矩阵的法律风险防控

郭向南

一、出版社自媒体矩阵的概念和构建的必要性

（一）出版社自媒体矩阵的概念

所谓自媒体，是指各类主体在其中平等地，以信息化的手段，提供与分享信息的媒体①；而矩阵本是一个数学概念，指按照阵列排列的数的集

① “自媒体”这一概念最早由谢因波曼和克里斯威利斯完整定义，他们在“We Media”中这样定义：“自媒体是由普通大众经过数字科技强化、与全球知识体系相连之后，一种开始理解普通大众如何提供与分享他们本身的事实、他们本身的新闻的途径。”显然，自媒体具有平民性、信息化的特征。鉴于出版社、电视台等传统媒体也纷纷投身自媒体，成为自媒体的主体，在此，笔者将自媒体主体扩大，不限于普通大众，但给出一条限制——地位平等，即传统媒体与普通大众在自媒体中地位平等。

合。在此，出版社自媒体矩阵指的是，出版社通过在多个自媒体平台开设账号，且在同一平台内细化板块，形成自己的媒体矩阵，产生集合效应。通过自媒体矩阵，出版社既能精准投放信息，也能最大限度地强化某一信息。例如，山西人民出版社即采用“公众号预告—抖音直播—将直播转化为短视频”的流程推广图书，使同一本书通过不同形式展示给读者，取得不错的营销效果；中信出版社更是在各种短视频、直播、资讯类、社交类平台共开设数十个账号①。

（二）出版社构建自媒体矩阵的必要性

自媒体兴起后，发展迅速，尤其是在疫情之后，直播、短视频等呈现火爆态势。而且其不仅本身发展迅速，在媒体数量、经济规模、社会影响力方面突飞猛进，对于传统媒体也产生了巨大的影响。自媒体一方面冲击了传统媒体，挤压传统媒体的生存空间，甚至间接促使大量纸媒成为历史；另一方面也为传统媒体数字化转型提供了平台。对于出版社而言，这是挑战，更是机遇。可以说，如果能成功拥抱自媒体，出版社将如虎添翼，有力推动数字出版的发展和营销水平的提升；否则，就难免不进则退。所以，面对这一形势，出版社已经达成共识——发展自媒体。

具体而言，自媒体平台包括微博、微信、今日头条、百度百家号、抖音、快手等。在资源内容方面，包括图、文、音频、视频等；在呈现形式上，包括实时媒体和非实时媒体。显然，每一种平台适合投放的内容不同，吸引的人群也不同。所以，出版社不可能只依赖某一种平台。从自媒体行业发展现状来看，也没有出现一家独大的局面。就拿直播平台为例，抖音、快手、淘宝、斗鱼等各有各的流量池。出版社进行直播，就要进行选择，选择某一个或某几个平台。因此，出版社要构建自媒体营销矩阵。

---

① 王一佼：《出版业私域流量运营初探——以“华理日语”新媒体矩阵为例》，《现代出版》2021年第2期。

二、出版社构建自媒体矩阵的法律风险

法律风险，是指行为主体在实施行为过程中，由于外部环境的影响，或出于自身的原因，未按照法律规定或合同约定行使权利、履行义务，而给行为主体带来负面法律后果的可能性。因此，分析出版社构建自媒体矩阵的法律风险，就有必要综合分析客观上可能面临的风险，以及出版社主观上的不足。

（一）出版社构建自媒体矩阵可能面临的法律风险

1. 单一平台中内容违法

第一类是内容危及或者破坏国家安全和社会稳定，或者内容涉及色情、淫秽、暴力、恐怖等。基于长期的图书编校经验积累，合格的出版社编辑不会出现这种违法违规行为。但是，出版社进行自媒体营销，仅仅靠编辑是不够的，毕竟编辑引流能力有限。所以，出版社要挖掘作者资源、社会资源等，也就是请外援。最典型的就是与网红合作，直播卖书，而社外人士就有可能有意或无意发表不当言论。第二类是捏造虚假信息，隐瞒真实情况，夸大本社图书的优势，或通过诋毁同类图书宣传本社图书，对同类图书造成实质不利影响。前者是虚假广告，后者是不正当竞争行为。第三类是未经授权使用他人作品，包括本社图书的内容、其他自媒体的作品，侵犯他人的著作权。尤其是在直播中，出于互动的需求，主播会进行一定的表演，包括演唱他人歌曲、朗读文章等，在没有授权的情况下，这类表演属于侵权行为。第四类是侵犯自然人、法人或其他组织的人身权。最典型的例子是，借用名人的肖像等推广本社图书，侵犯了其肖像权；借用权威机构的名义推广本社图书，侵犯了其名称权等。

2. 跨平台运营违法

出版社构建自媒体矩阵，自然要跨平台运营。如果出版社基于本社图书开发自媒体资源，投放到不同的平台，就面临不同的授权需求。比如，直播虽然也是通过信息网络传播，但并不受控于信息网络传播权，因为直

播如果不能回放，受众就必须按照出版社自媒体安排的时间被动地观看直播；而信息网络传播权，是指以有线或者无线方式向公众提供作品、表演或者录音录像制品，使公众可以在其个人选定的时间和地点获得作品、表演或者录音录像制品的权利。所以，不能回放的直播并不受控于信息网络传播权。当然，具体应该受控于广播权还是表演权，尚且存在争论①。

跨平台的资源重复利用，还面临内容编辑失误的风险。例如，将直播转化为短视频，会凸显其中的某些细节。如很多对话、表演、观点都是具体情境下的表达，如果结合上下文并不会有问题。但是单独拿出来，就可能存在偏颇，甚至违法。

（二）出版社构建自媒体矩阵的法律风险防控不足

1. 出版社法律风险防范意识低

虽然自媒体主体具有平等性，但出版社作为专业媒体，对于其开设的自媒体，受众自然会抱有较高的期望。相应的，受众容错率会比较低。尤其是法律领域，如果出版社自媒体违法、违约或侵权，不仅要承担不利的法律责任，还要承担不利的舆论后果，对自身形象造成破坏性影响，进而影响出版主业。

但是，出版社往往仅将自媒体视为手段，努力迎合自媒体技术的发展潮流，无暇对其法律风险进行评估和防范。而且，不同于公众的刻板印象，出版社虽然是文化领域的专业单位，但在法律领域却存在短板。大部分出版社并没有专门的法务部门，法务工作往往由总编室兼职，而自媒体矩阵构建工作多由发行部门负责。由于专业能力和精力的不足、机构设置的障碍，新媒体矩阵构建的法律风险防范难免会有疏漏。

2. 出版社构建自媒体矩阵的法律认识误区

误区一：出版社自媒体属于非营利性质。

出版社的自媒体往往并不是为了通过打赏、广告费等直接获利，而是

---

① 相关讨论参见张伟君：《广播权与表演权和信息网络传播权的关系辨析》，《苏州大学学报（法学版）》2020年第2期。

为了宣传本社的图书。从表面上看，不具有营利性质。据此，很多出版工作者陷入误区，认为出版社自媒体属于非营利性质，并以此为理由提出使用他人作品为合理使用，或为拒绝支付商用字体等费用辩护。事实上，其一，出版社的自媒体承担着广告的作用，是出版社营销手段的一种，并不属于非营利行为；其二，根据《著作权法》，非营利性使用也并不一定构成合理使用情形，合理使用的核心标准是“不得影响该作品的正常使用，也不得不合理地损害著作权人的合法权益”①。

误区二：出版社有丰富的著作权资源。

出版社发展自媒体可以借用已有的图书内容资源，如通过公众号节选图书内容、基于图书内容改编短视频、直播分享阅读等。但是，出版工作者要意识到一点，出版社并不享有这些图书的著作权，而是按照合同约定享有出版权。运用自媒体开发图书内容涉及广播权、信息网络传播权、改编权等各种权利，而这些权利只有经由著作权人的授权，出版社才能行使。所以，出版社构建自媒体矩阵，有的是内容资源，而非著作权资源。

三、出版社构建自媒体矩阵的法律风险防控建议

首先，出版社要重视法律风险防控，加大投入，完善法律风险防控体系，配备专业的法务人员、专门的法务部门。其次，出版社要走出认识误区，认清出版社自媒体运营可能面临的法律风险，特别是中高层管理人员要树立法律风险防控意识。最后，也是最为重要的，出版社要加强法律风险防范和应对能力。具体而言，要做到：

① “合理使用”是对著作权的一种限制，在符合合理使用的情况下，使用人可以不经著作权人许可，不向其支付报酬。《著作权法》第 24 条规定了合理使用的判定标准，其中包括 12 种具体情形和一条“法律、行政法规规定的其他情形”。也就是说，合理使用必须有明确的法律依据。而在现有法律法规中，并没有出于非营利目的即可合理使用他人著作权的规定。

（一）梳理内容资源，建立事前防范

出版社发展自媒体矩阵的最大优势是，通过图书出版积累了丰富的内容资源。但并不是所有的内容资源都适合转化为自媒体资源。而且，所有图书都要获得与自媒体传播相关的授权，难度较大。正在进行中的图书项目和未来的图书，借助出版过程中便利的沟通条件，更容易获得相关的授权。但是已经出版的图书，经过一定的周期，再向作者追加授权，难度较大。所以，出版社要梳理内容资源，结合自媒体的品牌定位拣选图书，然后通过与著作权人充分协商获得授权。

另外，有些图书本身在出版过程中就要经历更为严格的把关，用自媒体进行宣传相对而言把关较弱，难免出现问题。如涉及民族问题的选题，比如讲少数民族艺术的，转化为自媒体内容有一定的吸引力。但是，这样的选题在出版时不仅要经过三审三校，还要进行重大图书选题专题报批、备案，才能保证内容合格，而自媒体很难做到这种程度。

（二）完善工作流程，加强内容把关

虽然自媒体具有即时性，但出版社不能依赖这一点，随机发布内容，这会让内容把关失守。出版社可以借用图书出版的流程，梳理新媒体矩阵运营的流程，建立“选题策划—选题论证—筹备—制作—内容审核—内容发布”的流程。以直播为例，由策划人提出选题；自媒体运营部门、法务人员、相关编辑等论证选题，其中法务人员结合本社内容资源状况、相关授权情况在法律风险方面给出建议；筹备阶段，要补齐授权、审核草稿，如果要推荐图书，要确保主播充分了解图书的基本信息；直播中，法务人员要通过在场或线上监控，对于主播的不当言论，及时警示。

对于跨平台的资源共享，可以适当略过某些流程，但绝不能省略内容审核流程。例如，把直播转化为短视频后，要将短视频作为独立的作品进行内容审核，确保没有不当内容。总之，要将内容把关贯穿新媒体矩阵运营全过程。

（三）制定应急预案，做好事后补救

再完备的预防，也有可能出现疏漏。况且，自媒体作为新兴的媒体形

式，其法制生态尚处于成长阶段，许多问题尚无定论。出版社构建自媒体矩阵也难免发生法律纠纷。出版社要对客观可能存在的法律风险进行评估，预估其发生的可能性以及将会对本社造成的影响。更为重要的是，制定应急预案，提前化解风险。对于已经发生的法律问题，出版社要及时、最优地解决问题。要求出版社加强法律意识，投入必要的人力和物力监测自媒体矩阵运营状态。发现问题后，出版社要合理选择是删除内容，还是追加授权。选择应对方式，要综合考量可能造成的后果。

四、结语

新冠肺炎疫情后，短视频、直播等自媒体火爆发展，出版社构建自媒体矩阵的需求更为迫切。但是，加快发展并不等同于盲目发展。出版社构建自媒体矩阵客观上存在法律风险，主观上存在防控漏洞，加强法律风险防控势在必行。笔者在此提出粗略的建议，希望能有所助益。而如何加强出版社构建自媒体矩阵的法律风险防控，仍需要在发展中不断探索。

参考文献

[1] 史际春:《论营利性》,《法学家》2013 年第 3 期。

[2] 张洪忠、梁爽、张诗雨:《自媒体发展的现状与未来》,《新闻与写作》2016 年第 5 期。

[3] 张彬:《对“自媒体”的概念界定及思考》,《今传媒》2008 年第 8 期。

[4] 王一佼:《出版业私域流量运营初探——以“华理日语”新媒体矩阵为例》,《现代出版》2021 年第 2 期。

[5] 黄大灿:《出版融合要发挥好新媒体矩阵作用》,《中国出版传媒商报》2019 年 8 月 6 日。

[6] 马玉伶、王法文:《论出版社自媒体营销矩阵的应用》,《中国传媒科技》2021 年第 7 期。

[7] 叶璐、韦丽杉：《出版直播营销中的风险与对策》，《出版广角》2020年第12期。

[8] 郑明礼：《直播带书渐趋火爆，法律风险不可忽视》，《中国新闻出版广电报》2020年11月11日。

[9] 张伟君：《广播权与表演权和信息网络传播权的关系辨析》，《苏州大学学报（法学版）》2020年第7期。

[10] 张琦、谢思慧：《融合发展背景下直播、短视频在传统出版行业中的应用研究》，《出版科学》2020年第28期。

（作者单位：山西人民出版社）

浅谈出版行业对于直播营销的适应性

鲍卓尔

从 2020 年年初的疫情重创了各大实体行业的经营与发展之后，图书出版行业的实体发行也开始向直播和短视频等新媒体带货方向寻找突破点。各大出版社纷纷组建团队进行研究与尝试，以求拓宽市场，谋求新的出路。

在试水两年之后，图书直播并没有像大家想象的那样占据新媒体营销的一席之地，反而慢慢从各自声势浩大地“炫耀”高销案例，走向了一个大多数出版社不知道要不要往下坚持的尴尬境地。

本文对出版行业和图书产品进入直播领域的适应性和包容性展开理性的研究与剖析，并粗略地探讨图书出版行业进入直播领域可行的类别和方向。

一、图书出版行业进入直播领域的可行性

其实正如上述所说，全国各大出版社早就已经尝试并“成功进入”直播领域，并且已经有不少成绩斐然的高销量案例。这里还在分析其可行性，其实有点马后炮的嫌疑。但相信仍有不少还在尝试中的出版社无法找到适合自己的定位。

图书出版行业作为一个含纳知识性、内容性、专业性的纸媒载体，必然不仅仅只追求经济效益，而是应该经济效益与社会效益相结合。因此，对于图书产品的新媒体营销和直播内容，也必然不仅仅只局限于产品的带货这么简单。

（一）从客群观看目的分析图书直播的类别适应性

首先可以通过分析观众观看直播的目的性来分析，不同的直播内容对于图书产品的包容空间和适应性，理性分析利弊。在各大出版社依然要投入成本参与直播之前，就能够提前预估可能出现的问题，减少不必要的试错，规避可能出现的风险。

1. 带货直播产品性价比高，价格优惠力度大

大多数用户会花时间观看带货直播最原始的目的是：直播中购买产品比直接购买更便宜。

但在如今这个直播市场过于充盈的时代，大众选择面非常广，同一时段可能有上千万场不同主题不同商品不同类别的直播，通常空闲时间大家都会选择刚需或正好想要购买的类目观看，并会在潜意识中权衡观看直播带来的优惠力度是否与投入的时间成本相匹配。然而在国内图书实际销售码洋折扣过大、竞争激烈的“内卷”大形势下，图书利润越来越微薄，除一些印量极大的低成本图书以外，几乎很难做到像其他行业快消产品高利润前提下能够给到的折扣力度。

2. 网课型内容直播，以学习为目的

疫情影响下，被动推动了全世界的网课行业，甚至连很多原本只在线

下授课的名师都开始投身网课教学。配合现今社会学科外学习氛围浓厚，越来越多的人愿意去花时间在一些非学科型的网课上，汲取更多的技能或专业知识，如理财、经济学等应用类课程和声乐、美术等艺术类课程。在网课教学模式下，课程如果非常精彩，还可以带动配套教材或相关图书的销售，比较适合图书出版行业直播的方向。

但网课教学要能够吸引别人观看，首先得有专业、稳定的师资直播，也会在无形中额外产生一个长期的成本投入。如果网课类直播无法长期、规律性开课，也很难吸引、稳固固定观众，无法形成购买力量。

另外，现有网课平台、类别和品种极多，学习方式相比购买书籍自学更直观便捷。如果网课内容和图书内容没有极度紧密关联的吸引力和独特性，更多用户可能会选择转战其他相似科目的网课或实体班教学。

3. 娱乐性内容配合带货，在心情放松中购物

从头部主播李佳琦的走红不难看出，直播带货的话术和风格上要有个性和亮点。因为“Oh My God”和“美眉们，买它！”等标志性语言“出圈走红”，很多人因为觉得新奇有趣才去观看了他的直播。而首先要有这样的观看冲动，不断形成新鲜的观看客群，才有机会用更多的销售话术和商品信息留住这些潜在客户。另外，还有一种以“沉浸式体验”给人以解压和味蕾共鸣的特殊类别，即“吃播”。“吃播”带货带的都是食品类，通常只要吃得香，销售成绩都不错。

然而，出版社作为主流媒体，在宣传方式上有一定的局限性，无法用太过于出格或诙谐的方式吸引观众眼球。而如果只是介绍书籍内容，在长期看来会过于枯燥，只能针对本身对此已有兴趣的读者和观众做更进一步的介绍和推荐。

现在许多有较大规模的网店几乎都有专人每天 24 小时不间断直播，目的就是顾客随时进入直播间都能够看到直播，可以随时向主播提出问题。但这种直播的意义其实相当于在视频介质上较为直观的在线客服，主要作用是回答疑问、展示产品和一定程度上的推荐。由于这类主播通常对图书内容也不甚了解，因此很难对商品未在页面上展示的内容进行更多深

入的介绍和解说，很难做到直接刺激消费。

4.明星粉丝效应，为其本身个人魅力或其专业性而来

明星带货、做客直播间和明星品牌代言其目的都是一样的，就是利用明星现有的粉丝人气和已积攒的群众信任度，向大众或粉丝推荐商品。购买他们推荐的“自用”商品，一方面可以拉近作为普通群众与平时遥不可及的“高端消费人群”的距离，另一方面也是一种“支持”与“应援”。这其实是一种心理学范畴上的暗示和自我满足感的实现。从另一个角度来说，在某一专业领域的名师或专家学者，有一定的社会和学术权威性，他们对于产品的推荐更有说服力和引导性，会去观看的目标人群也比较具有靶向性，针对性高、带货效果好。对于图书的产品属性而言，这是最适合图书项目的直播带货方式。

《消费者行为学》中提出：当产品的必需性越不高，参考群体的影响程度就越高。比方说，在2020年，当人们发现周围的同龄或同圈层，甚至各种新媒体和综艺都在讨论或者玩梗“爬山”和“小白船”的时候，人们必然会对这个“梗”的来源产生好奇，或被“安利”，并将此转化为观看电视剧《隐秘的角落》的实际行为。甚至这部小说改编的电视剧不仅仅带动了原著的阅读量，甚至由于其中剧情的影响，连河北人民出版社在1997年出版的《笛卡尔传》都获得了空前关注。当然，这样的现象级群体影响产生的条件十分苛刻。但远在16年前，接力出版社出版的《鸡皮疙瘩》系列小说在通信和网络媒体甚至线上购物都还并不够发达的2006年，就因为一句“胆大的翻开，胆小的走开”的广告词，几乎零成本开创了一个属于“胆大才会购买”的自发性自主宣传消费群体，引领了一阵空前的销售热潮。

然而群体影响又通常是被部分领导者或权威者引导的影响，因此这类图书，最适合由相关类目的权威专家学者、学术网红流量来带货。

（二）从客户需求出发分析适合直播带货的图书类目

图书类产品对比其他类目直播带货的商品（如食品、日用品、化妆品等快消产品），同样属于已知的市场空间，即经济学中的“红海”领域。

但由于图书内容分类与面对受众群体分类过细，在营销时需要针对不同的目标人群和不同的需求制定不同的营销策略和方向。在马斯洛需求层次理论[①]中，审美和阅读需要，本身就凌驾于吃喝拉撒的生理需要之上，处于尊重需要和自我实现需要之间的高层次需要。消费者拥有的需求层次越高，就越不容易被满足。

对于一场具有明确主题性的图书商品直播而言，一来受众群体覆盖面较为狭窄，二来图书的品类特性也决定了不容易形成冲动消费。

虽然理论上很难推进，但也不是说实体图书就完全不能通过直播来促进销量。在众多的图书品类中也有比较有优势的项目，它们分别是教育教辅类图书、少儿类图书、休闲类图书三大种类。

首先，这三类图书的市场适应性高、受众范围广，而且需求模式更偏向于刚性需求。虽说其营销性别属性是属于“雌书”[②]类别，并不直接激发读者的消费欲望，但面对的人群更多是社会型人格和目标型人格[③]。他们注重他人的认可和肯定，以及有明确需要达成的目标，即“别人都在看所以我也要看看”的从众心理和教育考试需求。

教育教辅类和少儿类图书针对的客群主要是数量庞大的学生群体、老师和家长。在现下日趋激烈的考试竞争环境中，学生群体对于教辅类书籍的需求必然且迫切。这种刚性需求受价格的影响较小，只要不上涨过高，几乎不会影响产品的供求关系。

其中教辅类图书一般来说单册利润不高，但印量巨大，市场需求持续。普通的一本单科目中小学教辅的印量通常都在几十万上下，有

---

① 马斯洛需求层次理论是人本主义科学的理论之一，其不仅是动机理论，同时也是一种人性论和价值论。马斯洛认为，人的需要由生理的需要、安全的需要、归属与爱的需要、尊重的需要、自我实现的需要五个等级构成。

② 图书的营销性别属性，区分雌书（节约成本、获取捷径）和雄书（激发欲望、激发需求）的概念，将雌书转化为雄书以刺激消费是最简单的运营体系。

③ 国家新闻出版广电总局某出版融合发展实验室将图书的读者分为四种人格类型：社会型人格、狩猎型人格、目标型人格和观察型人格，以达到针对目标读者对症下药的营销目的。

一些因为持续的需求不断加印重印，印量能达到百万。在这样庞大数量的基础上，即使每本只是有微薄的后续盈利，加起来就是可见的高额利润。

休闲类图书，如漫画、小说等，由于阅读门槛低，几乎只要识字就可以阅读。因此其客群体量最大，群众接受度最高。如果作品本身很知名，或有授权电影电视剧等背书，销量都会比较可观。但市场竞争激烈，品种过多，而且容易受到电子书和网络盗版的制约。新作者的新品种图书没有一定量的固定读者很难依靠直播打进市场。

二、图书产品的直播营销局限性

与其说是图书的直播营销局限性，不如说是图书这个商品类型能够进行刺激性消费的局限性。综上所述，图书行业的新媒体营销最适合也最能够获得成效的就是名人或流量主播推荐带货。然而图书讲求的长销，不是一波两波的一次性带货就可以完成的。针对一般图书这种买过就几乎不会再回购的特殊品种，行业内流量一般来说也不会针对同一本书进行重复推送。也就是说，如果需要长期效益，就需要每次都找到新的权威流量或推销新的品种，很难形成长期合作关系，也无法以重复推销的方式利用殆尽其自身的粉丝群体，可能只能起到一个宣传推荐效果，而很难做到像其他低层次需求的快消产品一样反复推动海量购买的经济效果。并且本身自带流量越大的权威人士或头部主播，需要邀请或投入的费用成本就越高。之前各出版社在直播领域获得的优秀销售战绩，大多都是由于图书品种本身市场适应性高，受众群体广泛。而且也与大家前期不计成本的投入脱不开关系。图书利润低，客单量也不高，图书收效和成本投入相对比来说，这样并不是持久之计。

正如一、(一)、1.所述，2021年以来继大宗商品价格上涨之后，纸品原材料上涨，导致国内纸价水涨船高。而笔者调查了头部主播代销的部分图书品种，基本销售码洋都多在 2 折、3 折左右，这里还没有刨去主播带货的抽成利润。试问有多少出版社能够将成本控制在这么低的情况下，还能有利润空间？

然而就算各大出版社愿意一直赔本赚吆喝去打价格战，最终势必会引起行业“内卷”，形成恶性循环：读者长期购买极低折扣的图书，在不刚需情况下，就再不会考虑购买正价或高折扣图书。低折扣图书在直播中销量越高，这种情况就会出现得越普遍。出版社利润越来越薄，出版企业生存环境只会越来越艰难。

据市场调查，粉丝过万的视频主制作一条软广视频的报价大概在 5 万元上下，这是一般图书无法单独承担的高额成本。但图书类目的局限性就是无法在同一内容中同时推送多本图书，效果也不会好。还得分批次分品种，依次逐步投放。而找知名人士直播带货，则是以抽成的方式。有的甚至在打折卖出后仍要抽走图书码洋的 50%，在这样高昂的成本面前，合作的可行性变得十分值得商榷。

因此，为了节约成本，很多出版社开始考虑自行运营，有的建立与其他营销团队合作的在线客服式直播；有的开始招聘新人，试图打造自己的“网红”和头部主播；有的尝试由编辑自行组建直播团队策划并担任主播。

而每个独立出版社相较于其他产业的限制就是产品的局限性，图书的产品特性导致了需要根据不同图书品种针对不同客群给出相对应的营销手段和营销风格。出版图书品种的单一化决定了受众群的过窄，而品种的多样化反而限制了直播内容的垂直性。如果需要针对垂直的客群，在各直播平台智能算法的运营下，则需要针对不同品种和类型的图书开不同账号，以不同的内容和主播、不同的运营方式吸引不同的目标客户。这势必要投入大量的人力物力去运营和操作，然而在孵化出“网红”和头部主播之前，直播销售带来的利润在几年之内可能都无法与之成本持平。

三、针对图书品种直播营销弊端转换可行思路

依上述可知，图书品种限制比较大、产品覆盖面较窄；单品种针对消费者类型比较单一，多品种又无法精准推送；非作者的流量合作带货成本高，MCN等专业运营公司抽成高，图书利润微薄无法反复带货也无法进行长期合作。

这些都是图书要走上直播营销路上所要面临最大的瓶颈和阻碍。但越是这种情况，越要换个角度来看待这个问题。如果图书的新媒体营销不是一个可以直接将直播带货套用来将流量变现获得收益的方式，那么是否要选择放弃这个营销发展的新趋势，被先驱者们远远地甩在身后？这时候出版业者应该转变的应该是做这件事情的目的性——既然做不到短期变现，那么可以通过新媒体营销达成的应该是长期的品牌运营。

比如，大家熟知的人民文学出版社在其自身巨大作者资源和内容资源做背书的支撑下，除了直播其举办的各类阅读活动和茅盾文学奖系列沙龙以外，还通过对于一些“最熟悉又陌生”词汇的文学性解释和印厂工人检查样书等视频，引发了大量的关注热潮。

因此，在新媒体营销的浪潮中，不要被偶尔一两场带货的销售数据蒙蔽了双眼。出版社在全盘分析前期成本的投入和后期运营维护的持续投入的总和，以及后期可能带来的现金收入或品牌影响力等社会效益是否能够带来正向收益之后，再投入直播营销时，出版业者应该着眼的是要充分展示品牌的专业优势和特色，以品牌塑造为目的来进行新媒体的全盘营销，这样响亮的品牌才是未来有机会成功将其产生的社会价值和流量转化为实际的经济价值的砝码。

直播营销能给出版行业带来的是出版社和编辑与目标读者更直接且近距离的沟通方式，使作者和出版社都更能清晰明确地了解最真实的消费者反馈和市场需求，也能够让消费者有了解和接触作者和编辑并达成有效信息交流的途径。我们能够从新媒体浪潮中获得的绝不仅仅是一两波带货得

到的那点微不足道的经济收益，而是更广阔的市场前景和品牌影响力。

因此，出版社在定位自己的新媒体运营方式和内容的时候，一定要充分考虑其根本目的，做长远的规划和打算。要学会因地制宜，不要被一时利益蒙蔽，避免行业内的不良竞争，少做一些事倍功半的随波逐流，多做一些更新鲜更有趣的探索和尝试。在定位准确之后，铆足了劲儿去做，去坚持对的方向。相信一定能够得到意想不到的收获。

参考文献

[1] 迈克尔 ·T. 麦特森、约翰 ·M. 伊万舍维奇：《管理与组织行为经典文选》（第七版），机械工业出版社 2000 年版，第 358 页。

[2] 李柏洲等：《管理学概论》，哈尔滨工程大学出版社 2002 年版，第 250 页。

[3] 彭聃龄：《普通心理学》，北京师范大学出版集团 2003 年版。

[4] 叶浩生：《西方心理学的历史与体系》，人民教育出版社 1998 年版。

[5] 迈克尔 · R. 所罗门：《消费者行为学》，中国人民大学出版社 2009 年版。

（作者单位：广西美术出版社）

实体书店个性化文化服务空间转型策略研究

郭　梦　徐立萍

随着信息技术、移动互联技术的不断完善和发展，信息的传播速度越来越快，表现形式越来越立体，从文字、图像到音频、视频、公众号推文再到更加直观的短视频、直播等①。技术的驱动在为人们提供多元化的信息获取方式与渠道的同时，也在潜移默化之中改变着人们的阅读行为和消费习惯，数字阅读、虚拟阅读、碎片化阅读使得传统的深层阅读逐渐淡化，网络消费习惯使得具有绝对价格优势的线上书店不断抢占着实体书店的销售空间。在信息丰富多元的现在，人们更倾向于获取个性化的符合自身特点的知识信息。且 2020 年突如其来的疫情再次提醒实体书店行业要

① 孙楠：《实体书店衰落原因及破局转型路径探析》，《2020 全国教育教学创新与发展高端论坛会议论文集（卷四）》，2020 年。

不断改变以适应社会的发展。北京开卷信息技术有限公司发布的数据显示，2015 年至 2019 年间，中国图书整体零售市场一直保持 10%以上的增速，2020 年受疫情影响首次出现负增长，且实体店渠道受疫情影响明显，同比下降 33.8%，与前几年相比下降幅度进一步扩大。

本文在分析归纳现有实体书店业态发展现状和存在问题的基础上，从一个新的视角出发，提出了打造个性化文化服务空间的构想，并采用问卷调查法进行市场调研和用户意向数据采集，以探究构想实施的可行性、探索实体书店转型发展的新模式。

一、实体书店转型现状

2020 年中国书店大会上发布了《2019—2020 中国实体书店产业报告》。报告中数据显示，中国实体书店数量超过 70000 家，2019 年中国新开书店数量超过 4000 家。近年来，在生存压力下，多元业态已成为实体书店传统图书零售业务之外的探索，通过多项产业融合的方式，为书店增加了社交和文化传播等功能。诚然，这一系列的改变与提升给读者带来了全新的多感官体验，大大提高了读者对实体书店的评价，有效地促进了实体书店的转型升级。但革命尚未成功，仍需积极探索转型之路。

（一）书店“颜值”提升，但未促进消费

提升书店“颜值”，吸引消费者走进来是产生购买行为的第一步。于是各种美轮美奂、充满设计感像艺术品一样的书店应运而生，也有不少书店成为城市的文化风景或者文化地标，这些“网红书店”吸引着无数的消费者前来打卡，但是“只打卡拍照，不看书不买书”的现象也时有发生。

（二）多业态融合发展，但缺乏知识引导

如今，实体书店改变了传统的经营思维，不仅将书店开进商场，还不断丰富业态。“书店 +”的经营模式使得书店的服务面不断扩大，书店不再只是卖书的场所，卖咖啡、卖文创产品、卖文具、卖快餐等已成为常

态，从图书销售转变成了多元业态的线下阅读和消费体验空间。[①] 但当所有书店都往这个方向去迈进时，书店品牌之间的差异点似乎越来越小，选书的大类目、文创产品都差不多，也有咖啡馆、阅读区等，缺乏自身的特色。此外，消费者进入书店后只关注书籍以外的东西而不关注书籍本身也是当前书店存在的一大问题。

（三）打造文化服务场所，但缺少情感共鸣

实体书店不仅是商业实体，除了基础的商品销售服务，还在文化传播方面做了许多探索，承担起了阅读推广的重任。[②] 通过举办文化讲座、好书推荐、图书签售会、交流研讨、亲子互动等多元活动来加强读者与读者、读者与书店，甚至读者与作者之间的互动性，以此来增加用户黏性，挖掘书店的更多属性，满足消费者更多需求。但同样，如果只是单纯地举办一场活动，发推文进行宣传，而没有考虑到是否能够真正引起读者的共鸣，让消费者对书店、对书籍、对文创产品等产生兴趣并购买，就不能称之为文化服务之地。

（四）创新经营形式，寻求新的发展契机

还有一些书店更是紧跟时代发展，有着自己独特的思路和想法。开在酒吧林立的三里屯的新三联书店，除了选址奇特，更是采用了24小时不打烊的创新形式。河北雄安新区容城县的一家书店在24小时不打烊的基础上，在5G技术的助力下又擦出了新的火花，无人书店不仅减少了人力运营成本，还能够借助技术通过大数据分析了解读者阅读偏好，更好地开展精准营销，提供给读者符合阅读口味的好书，可谓一举多得。[③] 更有书店卖门票，位于河北石家庄的一家书店实行入场阅读收费制。虽然大家对这些书店新形式褒贬不一，产生的实质效果也有待观察，但是每一个创新的举动都有可能为实体书店的成功转型带来契机。

---

① 胡蔚：《实体书店要在转型中觅新机》，《中国旅游报》2020年10月15日。

② 刘明清：《实体书店“十四五”的转型升级之路》，《中国新闻出版广电报》2020年8月10日。

③ 徐倩：《雄安24小时5G无人智慧书店正式营业》，《河北画报》2019年第8期。

二、打造个性化文化服务空间的必要性

随着实体书店的不断转型升级，书店已成为集餐饮、展览、讲座、文创、娱乐等于一体的多业态线下阅读和消费体验空间，呈现出“大而杂”的特征，但书店与书店之间的同质化现象，书店内部各服务之间的关联性差等问题显著。若转换思维角度，通过细分受众打造个性化书店，无论是在图书种类、店面设计还是其他文化活动体验等方面都只服务于吸引特定的读者群体，使书店向“小而精”转变。

本研究采用问卷调查法，旨在分析此种实体书店转型方式的用户意向。问卷主要通过网络进行发放，共回收有效问卷567份。因书店受众群范围较广，问卷发放对象覆盖各个年龄层，其中，“17—28岁”占53.09%，“29—50岁”占38.27%，“50岁以上”占7.76%，“16岁以下”占0.88%。根据受众不同，问卷以图书种类为分类设置跳转问题，根据用户选择的“心理励志类”“儿童图书类”“科学类”“商业财经类”“历史传记类”“文学文艺类”这六种图书类别跳转出不同的问题（各图书种类的受众选择情况见图1），问题设置主要从知识引导、主题活动、场景体验三个方面出发，在一定程度上做到了细分受众，为个性化书店打造奠定基础。在问题“您一个月逛书店的频率？”中，将“很少会去”“不喜欢去书店，更喜欢网购”两个回答项设计跳转问题，意图将线上读者吸引到线下。

（一）社会发展的个性化需求

随着移动互联的不断发展，人们的阅读媒介逐渐从线下转为线上，从纸媒转为数媒，从以前的“人找信息”到现在的“信息找人”，信息呈现出多元发展态势。但随着大数据推送，对用户画像的精准分析，一旦分析到用户对某一内容感兴趣，便会不断地进行推送，产生的结果是人们只能接收到单一的信息内容，甚至到最后，需要把自己感兴趣的内容标记为不感兴趣才有可能接收到下一个感兴趣的内容信息。由此可见，人们需要的

既不是纷繁复杂、没有经过分类加工的信息，也不是太过于单一乏味的信息，而是出于自身需要的信息内容，是多元趋势下的相对个性化信息。基于以上分析，在书店转型趋于更加多元业态的场景下，有必要转换思维，打造能够满足读者个性化需求的文化服务空间。

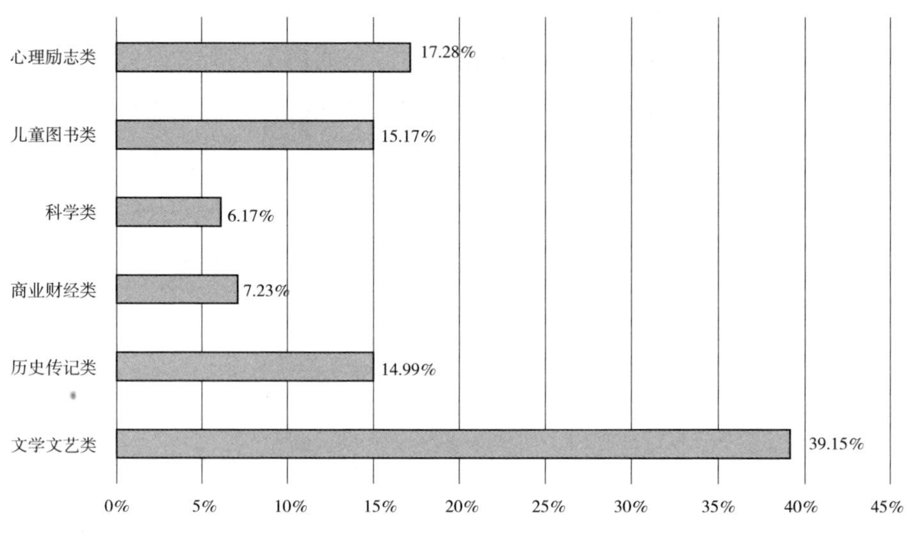

图 1　图书种类受众选择情况

（二）多元业态发展下用户需求

在当前的信息时代背景下，人们获取信息的渠道越来越多，信息内容的展现方式也越来越多元。知识获取方式从传统的文字、图像的单向传播到借助二维码以及依托喜马拉雅、懒人听书等知识分享平台，将传统的一维阅读升级为二维阅读，使得信息内容的呈现增加了影音功能，这在一定程度上缓解了枯燥乏味的阅读体验，让阅读变得更有趣。如今，随着 AR、VR 等技术在阅读领域的应用，为读者提供了沉浸式的阅读体验，正逐步向三维阅读转变。信息内容呈现的不断立体化延伸了人们的视觉、听觉、触觉等多种感官功能，迎合了读者多样化的阅读体验需求。在经济快速发展的今天，阅读不仅是大众获取知识技能的途径，而且在很大程度上代表着一个人的生活品质。因此，阅读体验在很大程度上影响着读者的持续阅读状况。

（三）文化传承产业发展需求

开展全民阅读活动是我国构建公共文化服务体系的一项重要部署，我国多部政策都提出通过完善公共文化设施促进全民阅读。截至2020年1月，我国已有13个省、市针对全民阅读制定了专门的地方法规及规章（含草案），其余省、市也已处于全民阅读立法工作的提案和调研阶段。同年10月中央宣传部印发《关于促进全民阅读工作的意见》，全面部署深入推进全民阅读①。阅读基础设施是推动全民阅读战略有效实施的必要条件，是将政策指导转化为工程实施的重要保证。而实体书店作为人们最熟悉的阅读场所、最常见的阅读空间，必然承担起传播文化、促进全民阅读的重任。

三、多元业态下个性化文化服务空间构建方案

如前文所述，多元业态下个性化文化服务空间即在图书分类的基础上细分受众，分析特定读者的阅读、文化等需求，主要从文化服务的知识引导、符合读者需求的主题活动、场景体验三个方面的精心设计，将空间内各种文化功能元素高度联结到一起，共同致力于提高读者的阅读兴趣和促进读者的消费动机，此文化空间的拟服务模式见图2。

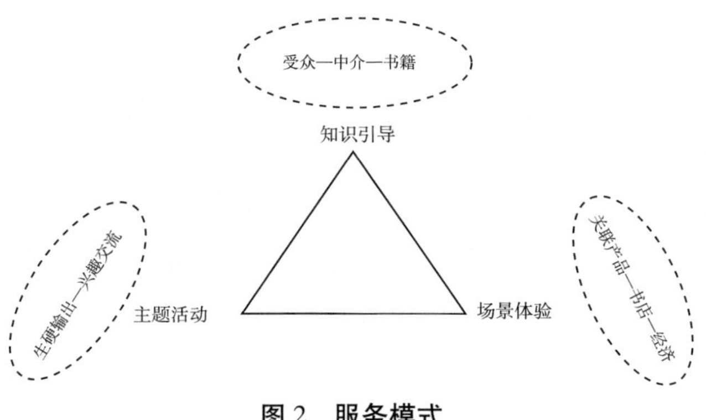

图2　服务模式

① 聂震宁：《全民阅读：奠定基础并将深入推进——我国“十三五”时期全民阅读的回顾与展望》，《中国出版》2020年第23期。

（一）有效知识引导

文化服务的知识引导是当前实体书店中缺失的一种引导功能，这也是造成书店内其他元素与图书分离这一现象的关键原因之一。读者进入书店后，如果只是对文创产品、店面装潢等书本以外的东西感兴趣，那么，作为书店内最不可或缺、最重要元素的书籍便成为一种摆设。而如果能够通过书店内的其他元素将读者注意力转移到书籍本身，便可以成为读者对某本书籍甚至某类知识产生兴趣的契机点，并由此引发购买行为。这一知识引导的过程相当于架在读者与书籍之间的桥梁，而好奇心就是读者穿过桥梁寻求知识的驱动力。根据图书受众不同，意向有所区别，但趋于一致，如表1所示，受众对各问题的倾向率都平稳保持在60%以上。此处因篇幅有限，仅详细介绍三种图书类型。

表1　知识引导受众意向信息

	问题数量	回答人数	各问题倾向率	总倾向率
商业财经类	2	41	75.6% /65.9%	58.5%
儿童图书类	2	86	64% /67.4%	58.1%
历史传记类	2	85	93% /81.1%	74.1%
科学类	1	35	71.4%	71.4%
文学文艺类	1	222	78.4%	78.4%
心理励志类	2	98	61.2% /73.5%	50.0%

以商业财经类书籍为主题的个性化书店，因为喜爱此类书籍的大多是一些商业人士、高精尖的白领，喝咖啡是他们的常态，所以提供咖啡也是现在书店的一项主要业务。可以在咖啡杯上随机提出一个与此类书籍相关的问题并标注答案在书架第几排第几本书的哪一页，将读者的好奇心转换为实际的对知识的探索过程。调查问卷中问："如果在咖啡杯上随机提出一个与商业财经书籍相关的问题并标注答案在哪一个书架第几排第几本书的哪一页，您会对此问题感兴趣吗？"感兴趣的人数占到75.61%。

而进一步追问“如果您对此问题有着独到的见解您愿意写出自己的想法吗？”，愿意比例也占到了 65.85%。因此，为了进一步加强互动性，读者如果有自己独到的见解，也可以写在小卡片上交予工作人员，工作人员进行筛选后会将对于此问题的优质回答公布到书店内电子屏幕上，而这一行为有“一举三得”的效果，其一，这是一个发现优质潜在作者的过程；其二，优质回答的提供者在获得成就感的同时增加了用户黏性；其三，可以供其他读者观看讨论，从而产生兴趣。在知识引导之前，读书和喝咖啡是两件相对独立的事情，而知识引导之后，加强了二者之间的联系。

以文学文艺类书籍为主题的个性化书店里可以设计一面经典语录墙，抽出一条条经典语录，显示的是这条语录出自哪本书。以上想法基于一种常见的现象：大多数人对经典语录的认识仅限于“觉得熟悉”“听过”之类，但是不知道出自哪里，也没有探索过背后的故事。通过这样的方式可以引导读者去了解更加深入的知识。

以心理励志类书籍为主题的个性化书店，可以通过扫描二维码的形式提供各种专业的或者带有娱乐性质的心理小测试，如九型人格测试等，并将最终测试结果引导至相应的书籍中或推荐相关读物。问卷调查中显示，有 61.22%的回答者表示“对各种专业的或者娱乐性的心理测试感兴趣”。

（二）特色主题活动

目前实体书店文化主题活动以图书签售会、好书荐读、文化讲座等为主，除活动形态同质化现象严重外，活动本身的内容、创新性、价值等都欠缺温度，这在某种程度上难以深刻地引起读者的情感共鸣。① 对于个性化主题书店而言，应该在受众细分的基础上，站在读者的角度认真分析其需求，探索更多新的文化主题活动和表达形态。在问卷中针对不同细分受众的文化需求所提出的活动形式取得了良好的反馈，如图 3 所示。此处因篇幅有限，仅详细介绍排名前三的图书类型。

① 江凌、张敏：《论实体书店共情营销》，《科技与出版》2020 年第 9 期。

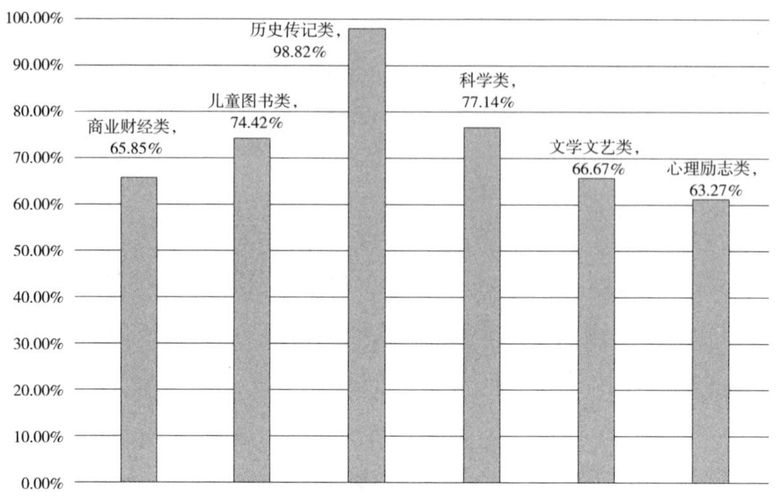

图 3　主题活动意向参与率

历史传记类书籍有时生涩难懂，且内容较为丰富复杂，会使很多原本喜爱这类书籍的读者望而却步。但是如果邀请历史名家，以一种通俗易懂的方式，从自己独特的视角出发讲解一些历史典故或者分享一些阅读技巧，会大大提高这类书籍的吸引力。而问卷数据也表明，高达 98.82%的回答者对此表示肯定。

在以科学类书籍为主题的个性化书店中举办文化主题活动应该强调实践性，可以定期举办科学小实验活动，让读者不再只停留于书本知识的想象中，而可以自己动手，发现其中的原理与奥妙，更深入了解此知识的过程中，也进一步提高了读者的兴趣。在调查问卷中提问“如果举办科学小实验体验活动，你愿意参加吗？”，愿意参加的占到 77.14%。

在以儿童读物为主题的个性化书店中举办文化主题活动，应该抓住两个要点，一是儿童爱玩耍的天性，二是亲子互动性。因此，可以举办角色扮演活动，让家长和孩子充分参与到活动中，自制服装等道具，扮演某种书中特定角色，演绎书中故事情节。同时在这一主题活动中能使儿童更深入地了解书本中的内容，产生阅读兴趣。调查问卷显示，74.42%的家长愿意支持或参与。

（三）阅读场景体验

为了将书店打造成个性化文化服务空间，与书店主题高相关性的，能把其打造成一站式体验空间的场景设置也是非常重要的。而且，近年来随着书店的不断转型，相应的成本也越来越高，这也是造成书店经营困难的因素之一。但是，如果这些与书店主题高相关性的场景体验元素直接入驻相关主题书店，这对于书店和产品销售商而言可以达到双赢的效果。一方面，对于产品销售商来说，可以直达精准受众，扩大受众接触面，提高受众接触产品的效率，直接促进相关产品的销售。另一方面，对于书店而言，产品销售商类似于赞助商，从某种程度上可以给书店提供一定的经济资助，缓解书店的经济压力。场景体验用户意向如表 2 所示。

表 2　场景体验用户意向

类别	场景体验活动 /（受众倾向参与率）
商业财经类	互动型科技产品（68.29%）；新技术动态展示书籍内容（78.05%）
儿童图书类	新技术动态展示书籍内容（87.21%）；点读机、儿童手表等学习生活用品（74.42%）；兴趣班（79.07%）
历史传记类	古装体验 / 历史人物扮演（68.24%）；历史主题密室逃脱（77.65%）
科学类	人工智能学习平台（80%）；科学主题密室逃脱（74.29%）
文学文艺类	艺术创作 DIY 区（73.42%）；专属植物（79.73%）
心理励志类	按摩仪器体验区（68.37%）；解压娱乐游戏区（68.37%）

四、结语

随着实体书店的不断转型升级，书店业态越来越趋多元化，但这种多元化似乎只是多个元素的相加组合，是停留在外部的多元化。而个性化文化服务空间通过知识引导、主题活动、场景体验等的设计，加强了书店内部各文化功能相互之间以及与书籍、知识、读者兴趣之间的联系，并伴随着一定的引导作用。以图书种类划分，分别设立不同主题的文化空间，且每个空间呈现出不同的特点，满足不同读者的文化需求，从而使其呈现出个性化特征。从调查问卷的结果看，此种个性化文化服务空间存在一定的可行性，为书店的进一步转型提供了借鉴意义。

参考文献

[1] 孙楠：《实体书店衰落原因及破局转型路径探析》，《2020全国教育教学创新与发展高端论坛会议论文集（卷四）》，2020年。

[2] 胡蔚：《实体书店要在转型中觅新机》，《中国旅游报》2020年10月15日。

[3] 刘明清：《实体书店"十四五"的转型升级之路》，《中国新闻出版广电报》2020年8月10日。

[4] 徐倩：《雄安24小时5G无人智慧书店正式营业》，《河北画报》2019年第8期。

[5] 聂震宁：《全民阅读：奠定基础并将深入推进——我国"十三五"时期全民阅读的回顾与展望》，《中国出版》2020年第23期。

[6] 江凌、张敏：《论实体书店共情营销》，《科技与出版》2020年第9期。

（作者单位：上海理工大学）

地理媒介学视域下实体书店的转型升级

王　强

新兴的地理媒介学关注大众传播和空间之间的关系，将地理作为一种独特的传播媒介。随着移动互联技术、无处不在的数字设备和新兴的社交媒体平台的兴起，地理媒介大量采用空间数据和位置感知服务，将分散的信息地理化、实时化，越来越多地与地理元素全面深度融合。无处不在、位置感知、实时反馈和融合构成了地理媒介四个交叉关联的维度，媒介技术被用于激活本地场景并与特定地点建立连接，既帮助人们突破地理空间的束缚，又以虚拟空间的方式产生新的地理认知。城市公共空间作为城市生活和社会交往的节点功能正在被新的逻辑全面改造，越来越紧密地与不断涌现的新媒介传播技术联系起来，与人类的精神需求和社会环境产生关联。

数字化进程中，实体书店的属性和价值都在被重新定义。长期以来，实体书店作为人们文化消费的重要场所，在方便市民生活、服务文化阅读等方面发挥了重要作用。但近些年，人们的阅读习惯和购买方式发生巨大变化，图书销售格局发生巨变，方便快捷、折扣优惠的线上渠道成为购书的首选，很多实体书店生存艰难。但另一方面，凭借服务理念新颖，空间布局精美、经营内容灵活的新商业模式的实体书店不断兴起，迅速成为城市靓丽的名片。百道网发布的《2020—2021 中国实体书店产业报告》显示：2020 年，中国大约有 1573 家书店闭店，4061 家实体书店新开，新开书店数量远远超过关闭书店数量。实体书店通过转型升级，依然焕发出巨大的活力。实体书店越来越多地与人们的社会生活和数字传播媒介发生全面的深度融合。

一、作为“位置感知”的实体书店

位置感知媒介“将个人用户和城市环境中自由的活动与大规模数据分析及位置追踪功能结合起来，形成了新的城市逻辑”。实体书店作为城市中的地理标记，是城市空间的一部分，在彰显城市文化特征、满足市民文化需求上发挥了巨大的作用，成为城市的“文化地标”。融媒体时代，“万物皆媒”赋予了它新的内涵。

（一）满足城市文化需求

“书”是书店产业价值的基础，实体书店通过销售图书，满足了当地市民的阅读需求，这是实体书店存在的价值和根本前提。通过围绕书和知识开展的一系列文化活动，满足了服务范围内人们的精神文化需求。如西西弗书店秉承“参与构成本地精神生活”的价值理念，致力于建设共享城市文化空间。南京先锋书店以“好书总在先锋书店”为宗旨，保证图书的主体和品质。实体书店在发展过程中，从满足本地文化需求出发，通过选书、售书，满足了市民的购买、阅读等需求。

（二）彰显城市文化特征

实体书店不仅仅是图书陈列、销售的场所，它利用风格设计、店堂布局所营造出来的空间氛围，通过本地化的文化元素、文化活动所凸显出的文化气质，彰显了城市的文化特征，成为城市“文化地标”。书店凝聚了一大批读书人，成为当地作者、名家和读者沟通交流的纽带，成为城市文化传递的载体。南昌青苑书店以“南昌读书人的理想书房”为目标，每年举办大量的公益性书友会和形式多样的交流活动，成为南昌书友重要的文化休闲场所和学术交流空间；围绕江西作者开展的各类文化活动，结合景德镇陶瓷、海昏侯、八大山人等区域文化特色打造的文创产品，进一步彰显了江西地方特色。

（三）新晋“网红”打卡地

一大批新开业的书店改变传统书店的模块化单调布局，以时尚典雅的空间设计和人性化的店面布局营造出温馨舒适的环境和充满人文艺术气息的氛围，迅速在社交媒体和网络平台蹿红，成为城市的“网红”打卡地。“打卡”以一种亲临现场的仪式感，在微博、微信朋友圈和短视频等平台发布记录，通过构建形象，在与其他观看者的互动中获得身份认同和满足感，使现实生活和虚拟空间产生融合。近年来，以“最美书店”作为评选活动或新闻宣传屡见不鲜，“高颜值”成为人们走进实体书店又一个理由，通过吸引人们注意力，延长用户在店停留时间，带动图书和其他品类的消费，同时也是对书店品牌的一种宣传。

二、提供“实时反馈”的实体书店

与网络购书相比，实体书店由于人在现场，通过提供新的社会共时性体验，对读者行为和现场情景进行实时反馈，强化与读者的互动，提升读者的现场体验感，使读者和书店场景产生共鸣，增强读者对现场的依赖性。实体书店与人的精神生活天然相连，为构建多维度的文化场景提供了可能性。

（一）亲临现场的文化体验

书店是文化知识传播的重要节点，书店以书为载体，围绕社会热点、生活休闲所举办的专题讲座、阅读分享、艺术展览、文化沙龙等，以知识和内容为核心，将静态的、个性化的阅读和购买行为转变为互动性的大众化交流。通过这些文化活动，在丰富市民的精神生活，加速文化知识流动的同时，缩短了读者与书店之间的距离，增加了受众与现场环境的黏合度。

（二）群体文化的场景聚合

为满足不同群体的阅读需求，实体书店依据不同的社区环境、受众特点等，在细分市场精耕细作，摆脱传统的“大而全、多而杂”的经营思路，涌现出相当数量的特色主题书店和概念书店，如绘本馆、电影书店、女性书店等，吸引具有相同文化背景、阅读偏好或兴趣爱好的群体。即使是同一品牌的连锁书店，在不同地理位置也会进行差异化的选品和定位，塑造出不同的文化场景。西西弗书店对图书和阅读细分出不同的产品线，“分别匹配不同城市商业体定位，为读者打造层次丰富的阅读体验”。

（三）特色文化的场景再造

实体书店结合各类主题开展的场景营销，通过空间布局营造一种现场氛围，激发读者同理心，使人们在购书的同时获得文化认同。每逢重要节日和重大社会热点，书店都会通过店面设计和陈列营造出相符的文化氛围，调动读者的情感认同，达到营销的目的。此外，一些书店在选址设计时就会找准定位，依据地理位置和区域环境进行整体场景设计，凸显所处环境的特色，与环境融为一体。如“井冈山红色书店”以五角星、草帽、红军背包，以及老照片等众多“红色”元素，与店内的红色书籍、音像和文创产品相得益彰。北京的“老书虫书吧”，结合三里屯的人群特点和文化氛围，以优雅的格调和典雅的布局，彰显现代都市人时尚悠然的阅读品性。

三、走向融合发展的实体书店

新商业模式的兴起打破了人们对消费场景的传统认知，实体书店在吸引读者购书的核心业务基础上，叠加发展出多种复合功能，以“书店+”的融合发展模式成为主导。2016年，中宣部等11部门发布的《支持实体书店发展的指导意见》中明确指出：支持实体书店进一步融入文化旅游、创意设计、商贸物流等相关行业发展，努力建设成为集阅读学习、展示交流、聚会休闲、创意生活等功能于一体的复合式文化场所。

（一）提供复合型的消费体验

为应对图书销售不振的局面，实体书店很早就开始探索破解之道，实践出“图书+会员借阅”“图书+咖啡”“图书+文创”等模式的发展道路，开始了初级的融合发展，并逐步将非图书的业态融入店面布局、经营模式中。向上延伸到出版物定制和文创产品设计、制作等环节，提升书店核心业务的盈利空间；对内拓展空间利用效率，提供试听服务、空间租赁、展示交流等服务，吸引不同类型的人群走进书店；横向则利用书店聚集的智力资源，开展艺术运营、展会设计、文化创造等服务，使书店的盈利模式更加多元化。

部分品牌书店融合发展模式

书店	融合发展模式
方所文化	涵盖文化商业、文化运营、艺术运营三大领域，以书店、时尚、文旅、儿童、美食等复合业态为核心，打造围绕社区服务创新、城市更新、文化艺术与创作的文化综合体，满足当代社会生活审美需求
西西弗书店	全国性主题体验连锁精致书店，旗下有西西弗书店、矢量咖啡、不二生活文创、七十二阅听课儿童阅读体验空间、推石文化等子品牌
南京先锋书店	“学术、文化沙龙、咖啡、艺术画廊、电影、音乐、创意、生活、时尚”为主题的文化创意品牌书店经营模式，搭建一座可供开放、探讨、分享的公共性平台
单向街	提供智力、思想和文化生活的公共空间，由单谈（沙龙品牌）、单读（出版物）、单厨（餐饮品牌）、单选（原创设计品牌）组成
言几又	以实体文化空间运营为载体，集实体书店、咖啡文化、文创产品、文艺沙龙特色体验空间为一体的文化生活体验空间

资料来源：书店官网或网络搜集整理。

（二）成为公共性的文化场所

空间优势是实体书店与网络书店的最大区别，在空间优势上叠加服务性功能，为社区居民的日常学习、生活需求提供便利，使实体书店成为社区公共生活的聚集地，社区公共文化的服务空间，是社会公共文化服务发展的必然趋势。文化和旅游等三部门在《关于推动公共文化服务高质量发展的意见》中要求，创新打造一批融合图书阅读、艺术展览、文化沙龙、轻食餐饮等服务的“城市书房”“文化驿站”等新型文化业态，营造小而美的公共阅读和艺术空间。为提升公共文化服务质量，促进全民阅读持续发展，多个城市出台具体措施，投入资金对实体书店进行补贴，将书店的内容特色和服务模式作为考核指标，强调书店的社会服务功能和在公共文化体系建设的作用。实体书店在转型升级过程中，利用国家对实体书店文化惠民的支持政策，发挥好书店的文化服务功能和社区覆盖功能，提供各种附加服务或延长服务时间，推进城市公共文化建设，在与城市空间的融合共生中促进了自身发展。

四、成为“无处不在”的书店

互联网时代，实体书店突破物理空间的限制，从现实走向“虚拟”，书店已经不仅仅指某个具体的地理位置或空间场所，它通过网络所塑造和传达出的虚拟形象构成了书店品牌密不可分的一部分。文化被转变成了生成数据以了解消费者并进行精准传播的手段。

（一）线上线下共融发展

利用互联网，书店有了直达用户手段，通过对用户消费大数据的分析，将新书宣传、活动预告、店面促销等信息精准传递给目标受众，实现线上到线下的引流；一些书店公众号基于图书内容撰写宣传文案或提供其他附加内容服务，构建自有新媒体传播渠道，大大提升了用户的忠诚度；通过第三方销售平台、小程序、企业微信等工具提供咨询、购买、预约、积分等功能，提供线上购买、店面提货或快捷送货等服务，有效增加用户对书店的黏性，拓展实体书店的发展空间；通过短视频营销、直播带货新型传播方式，将用户从公域流量池导入私域流量池，激活用户潜在购买力，减缓网络书店的冲击。

（二）数据化的社交空间

用户生成的内容，例如产品评价、消费体验和店面评级等，通过分享在网络上传播，为人们到店消费提供了参考，将生活和市场有效衔接起来。在豆瓣、微博、微信、抖音等各类网络空间，书店官方或网民自发组织的小组、公众号、讨论区等广泛存在，用户根据进店体验、服务消费等亲身经历的发帖、短视频等比比皆是，引起众多网友的围观或讨论，成为数据化的社交空间。塑造和维护书店网络形象，搭建网络沟通平台，及时处理用户反馈，成为实体书店在新媒体环境下生存的必备技能。

如今，人们的精神文化需求更加深层化、多元化。实体书店作为连接线上与线下、虚拟与现实、精神与物质的城市地理空间，借助无处不在的互联网设备和新媒体平台，静态的地理空间被赋予了社会化传播媒介职能，融入公共交往的社会实践进程中。实体书店的发展必须突破地理空间限制，与人们的阅读习惯、消费体验和社交分享等社会行为建立连接，从单一的图书销售场所走向知识传递、场景融合、服务社会的公共文化空间，与社会共融共生。

参考文献

[1] [澳] 斯科特·麦夸尔：《地理媒介：网络化城市与公共空间的未来》，潘霁译，复旦大学出版社 2019 年版，第 180 页。

[2] 艾文婧、许加彪：《城市历史空间的景观塑造与可沟通性——城市文化地标传播意象的建构策略探究》，《陕西师范大学学报（哲学社会科学版）》2021 年第 4 期。

[3] 谭宇菲、赵茹：《从空间体验到文化理性：实体书店经营转型的发展进路》，《编辑之友》2019 年第 11 期。

[4] 沈悦：《媒介场景化背景下的实体书店多模态空间建构》，《中国编辑》2021

年第 5 期。

[5] 闫敏、原静文：《新型实体书店的场景美学与公共文化建构分析》，《出版广角》2020 年第 21 期。

[6] 付国帅：《“书 +X”：实体书店复合式经营发展新路径》，《出版广角》2018 年第 5 期。

[7] 曹子郁：《图书新零售：以用户思维和场景思维重新定义书店价值》，《出版发行研究》2019 年第 6 期。

[8] 李淼：《“去”书店：基于场景的实体书店转型策略与实践》，《编辑之友》2018 年第 11 期。

[9] 张萱：《日常化与景观化：实体书店在阅读推广中的观念、角色与方式创新》，《出版广角》2021 年第 12 期。

[10] 朱静雯、王佳敏：《实体书店转型之光，照亮全民阅读道路》，《出版广角》2019 年第 6 期。

[11] 周敏、马晋雅：《社交媒体视阈下实体书店的自我呈现策略研究》，《科技与出版》2019 年第 3 期。

（作者单位：中国人民大学出版社）

责任编辑：朱琳君　张双子
封面设计：徐　晖

图书在版编目（CIP）数据

建设高素质编辑队伍　推动出版高质量发展：中国编辑学会第 22 届年会获奖论文：2021 / 中国编辑学会 编．— 北京：人民出版社，2022.7
ISBN 978 – 7 – 01 – 024825 – 7

I. ①建…　II. ①中…　III. ①编辑学 – 中国 – 文集　IV. ① G232-53

中国版本图书馆 CIP 数据核字（2022）第 099044 号

建设高素质编辑队伍　推动出版高质量发展
JIANSHE GAOSUZHI BIANJI DUIWU TUIDONG CHUBAN GAOZHILIANG FAZHAN
——中国编辑学会第 22 届年会获奖论文（2021）

中国编辑学会　编

人民出版社 出版发行
（100706　北京市东城区隆福寺街 99 号）

中煤（北京）印务有限公司印刷　新华书店经销

2022 年 7 月第 1 版　2022 年 7 月北京第 1 次印刷
开本：710 毫米 ×1000 毫米 1/16　印张：41.5
字数：595 千字

ISBN 978 – 7 – 01 – 024825 – 7　定价：99.00 元

邮购地址 100706　北京市东城区隆福寺街 99 号
人民东方图书销售中心　电话（010）65250042　65289539